CAD mit NX 4

NX basiert auf Unigraphics und I-deas

Von Marcel Schmid
Eidgenössische Technische Hochschule
Zürich

Mit 642 Bildern, oftmals mit Teilbildern
und 15 Tabellen

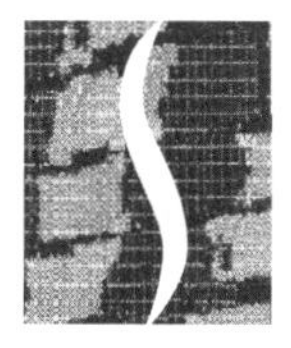

J. Schlembach Fachverlag

NX 4® ist ein eingetragenes Warenzeichen der Firma UGS.
Weitere Informationen zu UGS und ihren Produkten gibt es im Internet über
http://www.ugs.com

Studenten, Schüler, Bildungseinrichtungen und Forschungsinstitute können NX 4 und andere Produkte von UGS zu sehr günstigen Konditionen online bestellen über
http://www.cad4academics.de

Bibliografische Information Der Deutschen Bibliothek
Die Deutsche Bibliothek verzeichnet diese Publikation in der Deutschen Nationalbibliografie; detaillierte bibliografische Daten sind im Internet über http://dnb.ddb.de abrufbar.

ISBN-13: 978-3-935340-47-2
ISBN-10: 3-935340-47-8

Printed in Germany

Vorwort

Dieses Buch ist entstanden auf der Basis der Vorlesungsskripte der CAD-Lehrveranstaltung an der ETH Zürich, wo das CAD-System NX von der Firma UGS bereits seit mehreren Jahren für die Ausbildung der Studierenden in Maschinenbau und Verfahrenstechnik erfolgreich eingesetzt wird. Es hilft dem Anwender, sich möglichst rasch in das komplexe CAD-Programm einzuarbeiten.

Bei NX handelt es sich um ein CAD/CAM/CAE-System, welches den gesamten Produktentwicklungsprozess unterstützt – von der Idee bis zur Fertigung. NX wird seit über 30 Jahren von einer großen Anwenderzahl eingesetzt. Basierend auf dem Parasolid-Kernel steht damit ein offenes, flexibles und parametrisierbares 3D System für Entwicklung und Konstruktion, Styling, Zeichnungserstellung, Simulation und Fertigung zur Verfügung. Die Version NX 4 vereint zum ersten Mal die Stärken der beiden CAD-Systeme Unigraphics NX und I-deas NX und wird sich in diese Richtung zukünftig weiter entwickeln.

Als Ergänzung zu diesem Buch gibt es ein durchgängiges Konstruktionsbeispiel einer Zahnradpumpe. Dieses Übungsbeispiel wurde aus Umfangsgründen nicht ins Buch aufgenommen, ist aber über das Internet zugänglich und kann frei heruntergeladen werden unter *www.zpeportal.ethz.ch/education/bachelor/1cad*. Diese CAD-Übung führt den Anwender durch den Konstruktionsprozess und beinhaltet folgende Themen: 3D Modellierung, 2D Zeichnungsableitung, Baugruppenkonstruktion, etwas Freiform-Modellierung, Zusammenbauzeichnung, Fotorealistische Darstellung und eine einfache Bewegungssimulation.

Mein ganz besonderer Dank geht an meine liebe Frau Maria, die mich während der Manuskripterstellung liebevoll versorgt hat und mir viel Geduld und Verständnis entgegenbrachte. Ein weiterer Dank geht an Mike Hausdorf von der Firma UGS, der mir zahlreiche wertvolle Tipps und Hinweise gegeben hat. Nicht zuletzt danke ich Herrn Dr. Jens Schlembach vom Verlag für die gute und konstruktive Zusammenarbeit.

Zürich, im September 2005 Marcel Schmid

Inhaltsverzeichnis

0 CAD Grundlagen

0.1 Historische Entwicklung

Frühgeschichte: Schon in der frühen Geschichte versuchten die Menschen zur Realisierung eines Werkes ihre Ideen zeichnerisch abzubilden. Sehr oft waren dies 3-dimensionale Skizzen.

19. Jahrhundert: Es werden Normen und Regeln zur Darstellung von technischen Zeichnungen festgelegt. Dies in der Absicht, dass involvierte Mitarbeiter die Zeichnung auch so verstehen, wie dies der Erzeuger beabsichtigt hat.

1940er Jahre: Die Entwicklung erster einfacher elektronischer Computer wird in Angriff genommen.

1950er Jahre: Mit der Entwicklung von höheren Programmiersprachen wie FORTRAN oder COBOL Ende der 1950er Jahre wird der Weg frei für die Entwicklung von 2D CAD-Systemen.

1961: Das erste interaktive Zeichnungsprogramm mit dem Namen Sketchpad wird von Ivan Sutherland am MIT in Amerika entwickelt. Im gleichen Zeitraum wird auch an der Programmierung von 3D Darstellungen gearbeitet. Erste Ansätze sind 3D Drahtmodelle. Diese stellen ein Objekt näherungsweise mit Hilfe von Kurven dar, welche Kanten und Flächen umreißen.

1960er Jahre: Neben der Weiterführung von 2D CAD-Programmen wird auch die Entwicklung erster 3D Algorithmen im komplexeren Oberflächenbereich in Angriff genommen, mit der Absicht, die Schwächen von 3D Drahtmodellen zu überwinden. Erste Anwender von Freiformflächen sind die Automobil- und Flugzeugindustrie.

Zu erwähnen ist hier die Oberflächenbeschreibung des Renault Ingenieurs Pierre Bezier und des Citroen Ingenieurs Paul de Casteljau, welche in Konkurrenz zueinander Mitte der 1960er Jahre die Definition parametrischer Raumkurven entwickelten. Paul de Casteljaus Arbeit wurde nie veröffentlicht, so dass die Oberflächenbeschreibung heute Paul Beziers Namen trägt, obwohl die fundamentalen Algorithmen, welche die Bezier Kurven beschreiben, heute Paul de Casteljau zugesprochen werden.

1970er Jahre: Die Weiterentwicklung der vollständigen dreidimensionalen Beschreibung eines Objektes wird an den Universitäten durch die Volumendefinition (Solids) vorangetrieben.

1980er Jahre: CAD ist immer noch einem auserlesenen Kreis von Anwendern vorbehalten. Diese müssen nicht nur jede Menge investieren – Summen in siebenstelliger Höhe sind durchaus keine Seltenheit – sondern auch viel Geduld mitbringen.

Erste Solid-Modeler kommen auf den Markt. Diese sind aber noch nicht sehr komfortabel in ihren Möglichkeiten und der Bedienerfreundlichkeit.

Das Softwareangebot wird im Laufe der 80er Jahre immer vielfältiger. 1986 macht das PC-basierte 2D CAD-System AutoCAD verstärkt auf sich aufmerksam, obwohl es noch von vielen belächelt wird.

Die Hardwarepreise fallen, obwohl es ständig neue Leistungssteigerungen zu vermelden gibt. Ein Trend, der sich bis heute fortgesetzt hat.

1987: Die ersten von den Anwendern akzeptierten 3D Solid-Modeler kommen auf den Markt.

1990: Die ständig steigende Leistungsfähigkeit bei Hard- als auch Software ermöglichen neue Einsatzfelder wie Simulationen von Bewegungen, Belastungen, Strömungen und Thermo-Simulationen.

1991: Erste CAD-Systeme unterstützen Concurrent Engineering, d.h. parallele Entwicklungszusammenarbeit mit dem Ziel, den Produktentwicklungsprozess zu verkürzen.

1992: Von vielen noch nicht so ganz ernst genommen, gibt es aber immer mehr CAD-Systeme, die auf der Windows-Oberfläche basieren. Vor allem kleinere Anbieter sehen hier ihre Marktchance. Die Grossen werden später nachziehen müssen.

Die Offenheit der Systeme schreitet voran. Immer mehr Anbieter geben ihren Softwarepaketen speziell entwickelte Schnittstellen auf den Weg, damit der Datenaustausch zwischen unterschiedlichen Systemen „ohne Datenverlust" funktioniert.

1993: Windows NT setzt neue Zeichen. Es beginnt der Verdrängungswettbewerb gegen UNIX, den, wie wir inzwischen wissen, Windows NT gewinnen wird.

CAD und Virtual Reality: Ein neues Softwarepaket, entwickelt vom Fraunhofer Institut, ermöglicht „Spaziergänge durch 3D Objekte in Echtzeit. Der industrielle Einsatz lässt aber noch ein paar Jahre auf sich warten.

Parasolid wird neben ACIS die Basis vieler moderner Modellierer. Dieser Kern bietet parametrische Konstruktion, Einsatz von Feature-Technik, vereinigt Draht-, Flächen- und Volumengeometrie in einem Datenmodell und bietet volle Assoziativität in allen Entwicklungsstufen.

1994: Die 3D Welt wird immer schöner. Spezielle Rendering-Software bietet fotorealistische Bilder von hoher Qualität.

1995: Rapid Prototyping: 3D Modelle direkt aus dem CAD-System mit Verfahren wie Stereolithografie, Selectiv Laser Sintern, Laminated Object Manufacturing und Fused Deposition Modeling werden industriell genutzt. Der große Durchbruch wird jedoch noch ein paar Jahre dauern. Client/Server Architektur rückt immer mehr in den Mittelpunkt der Interessen. Es ermöglicht allen Mitarbeitern eines Unternehmens, jederzeit und über geografische und systembedingte Grenzen hinweg auf wichtige Informationen zuzugreifen.

1996: Die ersten Konstruktionshilfen bietet das Internet in Form von Katalogen an. Einzelteile, Baugruppen oder ganze Kataloge können heruntergeladen werden.

Eine Marktstudie offenbart es: Nahezu hinter jedem Produkt, das heute auf den Markt kommt - von der Kaffeemaschine über die Brille bis zum Passagierflugzeug – steckt der Einsatz von CAD als Herzstück der Produktentwicklung. Erstaunlich dabei: Immer noch liegt der Schwerpunkt auf 2D Systemen.

1997: Ohne Digital Mockup ist nach Meinung von Fachleuten aus der Luft- und Raumfahrt sowie der Automobilindustrie die Entwicklung komplexer Produkte nicht praktikabel. Um Zeit und Kosten in den Griff zu bekommen, zählt Digital Mockup zu den Knüllern im Engineering-Bereich.

Integrierte EDM-Systeme (Engineering Data Management) ermöglichen den schnellen Zugriff auf alle vorhandenen Daten, auch von entfernten Standorten. Die Kontrolle der Prozesse garantiert eine optimierte Ablauforganisation und eröffnet damit große Kostenreduzierungsmöglichkeiten.

1998: VR (Virtuelle Realität): Konstruktionsplanung im virtuellen Raum. Lange bevor eine Maschine gebaut und der erste Testlauf gestartet wird, können Ingenieure gemeinsam Einbauprobleme, Ergonomie, kinematische und dynamische Beziehungen erkunden.

1999: Java-Programme sind die Schlüsseltechnologie für die Integration zwischen Engineering und Unternehmens-IT. Viele Informationen, die für den Konstruktionsprozess nützlich sind, werden durch den Einsatz von Java schneller und problemloser greifbar.

Die rasante Globalisierung erfordert EDV-Werkzeuge, die weltweites Concurrent Engineering ermöglichen.

2000: Geeignete EDM/PDM-Lösungen ermöglichen ein effektives Knowledge-Management im technischen Bereich.

Eine wichtige Rolle beim Aufbau von vernetzten Strukturen spielen das Internet, XML (Extended Markup Language) und ASP (Application Service Provider).

Neue Softwareprodukte sind webfähig und ermöglichen es dem Entwicklungsingenieur über das Netz mit Auftraggebern, Zulieferern und Partnern zusammenzuarbeiten. Dabei handelt es sich nicht um bessere Kommunikationswege, sondern vor allem um neuartige Dienste, die erst durch das Internet möglich werden.

2001: PLM (Product Lifecycle Management) stellt die Verbindung her zu anderen Anwendungen und Prozessen im Unternehmen. Mitarbeiter eines Unternehmens, Zulieferer, Partner und Kunden werden eng in den Produkt-Entwicklungsprozess eingebunden. Ganz nebenbei kann PLM auch dazu beitragen, mit dem dreidimensional dargestellten Produkt die Kosten beispielsweise für Service- und Wartungsarbeiten drastisch zu verringern.

2002: Bis dahin war die Forderung, die Einzelschritte der Produktentwicklung aus einem 3D Modell heraus mit den notwendigen Daten zu unterstützen. Heute ist das Ziel, das Produkt als digitales Produkt über den gesamten Lebenszyklus zu verwalten, über Firmen, Länder- und Systemgrenzen hinweg.

0.2 Produktentwicklung

Unter dem Begriff Produktentwicklung kann allgemein der Prozess verstanden werden, welcher von einer Idee bis zu deren fertigen Realisierung durchlaufen wird. Dabei ist es irrelevant, ob es sich bei dem Produkt um das Tomatenhäuschen eines Hobbygärtners oder um den hoch entwickelten Motor eines Rennwagens handelt. In allen Fällen muss sich der Entwickler vorher grundlegende Gedanken über den Sinn, Zweck und den Realisierungsweg seines Produktes machen, bevor er dieses in die Realität umsetzt.

Es versteht sich für einen Hobbygärtner von selbst, dass er kaum einen Computer einsetzen wird bei der Konstruktion eines Tomatenhäuschens, da zu dessen Überblickbarkeit und Realisierung ein allgemeines Vorstellungsvermögen und ein handwerkliches Geschick ausreichen.

Ein Rennmotorentwickler wird jedoch in der heutigen kurzlebigen Zeit ohne die Möglichkeiten eines Computers nicht in der Lage sein, einen konkurrenzfähigen Motor in einer vorgegebenen, kurzen Zeit zu entwickeln. Es gibt heute kaum mehr einen Entwicklungsbereich, welcher nicht durch Computersoftware unterstützt und optimiert wird.

In den 1970er und 1980er Jahren war die IT-Landschaft heutiger Unternehmen charakterisiert durch eine große Anzahl unterschiedlicher Applikationen, optimiert auf die spezifischen Bedürfnisse einzelner Funktionsbereiche. Untereinander waren diese Applikationen kaum oder nur unzureichend verknüpft und unterstützten daher nur einen sehr begrenzten Datenaustausch. Im Zuge der Bestrebungen um eine durchgängige und ganzheitliche Rechnerunterstützung wurde deshalb unter dem Schlagwort **CIM** (**C**omputer **I**ntegrated **M**anufacturing) in den 1990er Jahren vielerorts die Vision einer integrierten Gesamtlösung verfolgt (Fabrik der Zukunft). Die weltweite Förderung des CIM-Gedankens hat auch die Weiterentwicklung und den praktischen Einsatz von CAx-Systemen nachhaltig beeinflusst. Es ist heute möglich, komplexe Produkte, wie z.B. einen Rennwagenmotor, dreidimensional am Computerbildschirm zu entwickeln und dies sogar an verteilten Entwicklungsstandorten. Dieses virtuelle Produkt ist der scheinbar fertige, fotorealistisch dargestellte Rennmotor, ohne dass von diesem auch nur ein Teil bereits gefertigt worden ist. Heute spricht man nicht mehr von CIM, aber der Grundgedanke des Informations- und Kommunikationsverbundes besteht mehr denn je. Heute sprechen wir in diesem Zusammenhang vom Digitalen Produkt.

0.3 Das digitale Produkt

Das Konzept des Digitalen Produktes zielt auf eine definierte, konsistente Daten- und Informationsstruktur. Alle Daten, die das Produkt realitätsnah beschreiben und von Unternehmensprozessen genutzt werden, sind in Datenbanken mit festgelegter Datenhoheit abgelegt und miteinander verknüpft.

Die Produktdaten werden innerhalb der Primärentwicklung erzeugt und während des gesamten Produktlebenszyklus ergänzt, modifiziert und gepflegt. Die Erzeugung erfolgt mit dem Ziel der optimalen Nutzung in den nachgelagerten Unternehmensprozessen: Herstellung, Vertrieb und Marketing, Betrieb und Service, Entsorgung und Recycling. Damit profitieren von diesen Daten die Unternehmensprozesse Verkauf, Kunde, Service, Produktion und Logistik, denn sie können jederzeit auf die Informationen des Digitalen Produktes zugreifen und effizient Nutzen daraus ziehen.

Neue Bedürfnisse, Schwachstellen, Erfahrungen fließen permanent zurück und werden durch die Sekundärentwicklung in das Digitale Produkte integriert oder verbessern dieses.

Am Zentrum für Produktentwicklung der ETH Zürich ist das Digitale Produkt wie folgt definiert:

- Das Digitale Produkt ist die Gesamtheit der Produktdaten, welche in der Primärentwicklung erzeugt, konsistent verwaltet und über den Lebenszyklus laufend ergänzt werden und das reale Produkt hinreichend genau repräsentieren, um von Unternehmensprozessen mittels Diensten genutzt zu werden.
- Unternehmensprozesse sind wertschöpfende Handlungen des Unternehmens unter Einbezug aller Partner, welche das Digitale Produkt unter Verwendung von Diensten nutzen, modifizieren und ergänzen.
- Dienste sind spezifische Anwendungen, welche es Unternehmensprozessen ermöglichen, individuell oder in Teams, im Digitalen Produkt zu navigieren, zu interagieren, dieses zu visualisieren und zu modifizieren. Für die Realisierung der Dienste kommen moderne kommerziell erhältliche oder eigens implementierte IT-Tools zur Anwendung.

0.4 CAx im Produktentwicklungsprozess

Produktentwicklung ohne die Mithilfe von Computern ist heute kaum mehr denkbar. Dabei nimmt **CAD** (Computer Aided Design) eine wichtige Stellung ein.

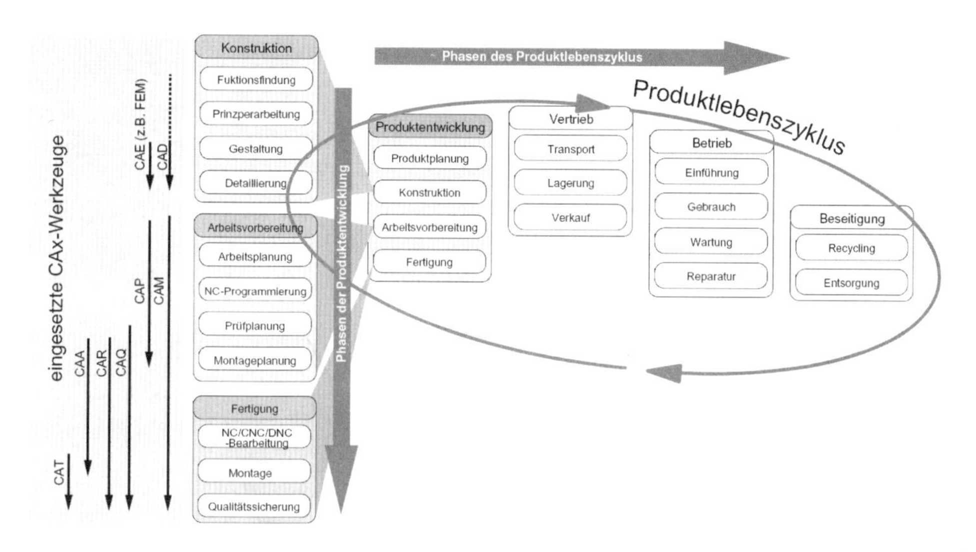

Bild 0.1 CAx im Produktentwicklungsprozess

Die im CAD erstellten 3D Datensätze dienen idealerweise als Grundlage für die nachgelagerten Entwicklungsschritte wie z.B. 2D Zeichnungsableitung, Fotorealistische Darstellung, Festigkeitsberechnung, Bewegungssimulation, Animation, NC-Programmierung, Montageanleitungen, usw.

CAD-integrierte Anwendungen wie **CAM** (Computer Aided Manufacturing) und **CAE** (Computer Aided Engineering) gewinnen immer mehr an Bedeutung. Dank dem Einsatz von **PDM**-Systemen (**P**roduct **D**ata **M**anagement) zur Verwaltung aller Produktdaten entlang eines Produktlebenszyklus kann die Entwicklungszeit erheblich verkürzt werden.

Die hohe Komplexität einer Produktentwicklung, wie z. B. derjenigen eines Rennwagenmotors, wenn wir bei diesem Beispiel bleiben wollen, kann nicht von einer Person allein gemeistert werden. Ein solches Produkt wird in mehreren, auf bestimmte Funktionen spezialisierten Teams erarbeitet. In welchem Zeitabschnitt ein Entwicklungsteam dabei sein Spezialwissen in die Arbeit einbringt, hängt nicht zuletzt von der Unternehmensstruktur und dem Einsatz integrativer Applikationssoftwares ab.

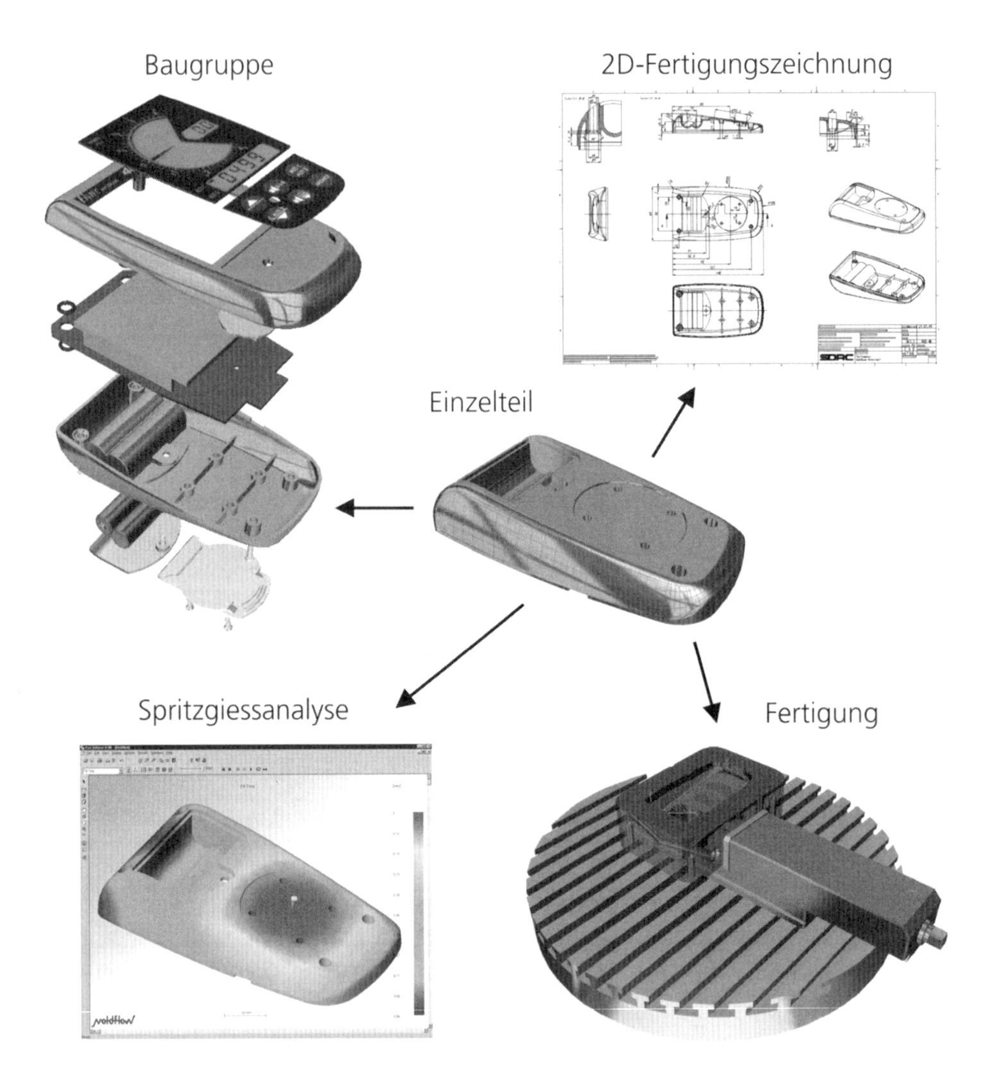

Bild 0.2 Weiterverwendung von CAD-Daten

0.5 Concurrent Engineering - Produktentwicklung im Team

Wo früher ein Produkt durch eine Abfolge sequentieller Tätigkeiten mittels Weitergabe von erarbeiteten Dokumenten an die nachfolgenden Funktionsbereiche entwickelt wurde, wird heute die weitgehende **Parallelisierung der Entwicklungstätigkeiten** angestrebt. Ziel von Concurrent Engineering ist, die Produktentwicklungszeit drastisch zu verkürzen.

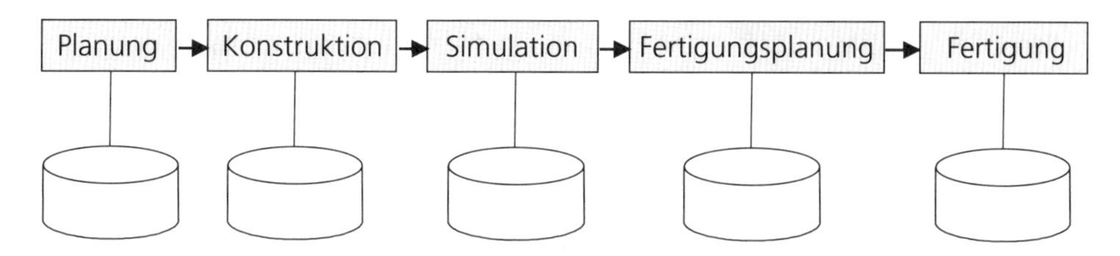

Bild 0.3 Sequentieller Entwicklungsprozess

Dabei bildet ein straffes Projektmanagement die Basis von Concurrent Engineering. Bei der Entwicklung eines Produkts sollen von Anfang an alle Beteiligten zusammenarbeiten: Entwickler, Konstrukteure, Fertigungsexperten, Berechnungsingenieure, Formenbauer, Zulieferer, usw.

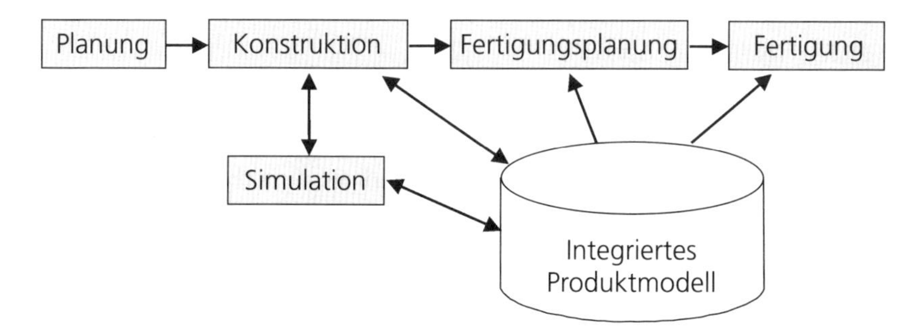

Bild 0.4 Paralleler Entwicklungsprozess

Mit Concurrent Engineering werden diese Personen in einem Projektteam zusammengefasst. So fließt aus allen Gebieten spezifisches Fachwissen ein. Fehler werden frühzeitig erkannt und kostspielige, da verspätet ansetzende, Änderungen weitgehend vermieden. Zusätzlich führt ein derartiger Ansatz der Produktentwicklung zu einer Qualitätsverbesserung.

Damit diese Projektorganisation optimale Arbeitsvoraussetzungen erhält, muss eine Bereiche übergreifende, rechnerinterne Datenintegration verfügbar sein, auf die alle Projektmitglieder entsprechend ihren Rechten zugreifen und den aktuellen Stand abrufen können. Die Entwicklungsteams arbeiten so gemeinsam und weitestgehend parallel an der Konkretisierung des Produktmodells. Am Ende existiert ein vollständiger digitaler Datensatz des zu erzeugenden Produktes.

Wenn wir diese Funktionsabläufe betrachten, egal ob es sich um einen sequentiellen oder um einen Concurrent Engineering Ablauf handelt, ist davon auszugehen, dass in einem Entwicklungsprozess verschiedene Arten von Computern und Software-Lösungen zum Einsatz gelangen. Es muss daher gewährleistet werden, dass die einmal erzeugten 3D Daten auch in einer anderen Umgebung weiter verwendet werden können.

0.6 Das Master-Modell Konzept

Das Master-Modell Konzept ist eine Methode zur Trennung von verschiedenen Datensätzen (z.B. 3D Modell und 2D Zeichnung) mit dem Ziel, Concurrent Engineering nutzen zu können. Die meisten modernen CAD-System unterstützen dieses Konzept. Die Vorteile sind:

- Verschiedene Personen können an ein und demselben Bauteil parallel arbeiten und davon verschiedene Datensätze ableiten, z.B. 2D Zeichnungen, FEM-Daten, NC-Daten, usw.
- Es gibt nur einen Master eines Bauteils.
- Bauteiländerungen werden am Master-Modell ausgeführt.
- Zusätzlich erzeugte Elemente (z.B. Bemaßungen, Hilfslinien oder Symbole in einer Zeichnung) verändern das Master-Modell nicht.

Beispiel: Eine Baugruppe beinhaltet nicht die eigentlichen Master-Modelle, sondern nur die Referenzierungen (Verknüpfungen). Dabei bleiben die eigentlichen Geometriedaten in den Master-Modell-Dateien. Dadurch ist die Dateigröße einer Baugruppe relativ klein. Dies erklärt auch, warum für das Laden einer Baugruppe auch die Einzelteildateien vorhanden sein müssen.

0.7 Klassifizierungsmerkmale eines CAD-Systems

Für die klassifizierenden Merkmale eines CAD-Systems wird heute meist vereinfacht nur die Dimensionalität des Darstellungsraums verwendet, welche für die Abbildung eines Objektes verwendet wird. Daher unterscheiden wir generell zwischen **2D** Systemen und **3D** Systemen. Dabei handelt es sich bei den 2D CAD-Systemen um intelligente Zeichnungssysteme, welche das Zeichenbrett aus den früheren Jahren ersetzen.

Bei 3D CAD-Systemen wird hinsichtlich der Geometrie beschreibenden Elemente unterschieden:

- **Drahtmodell (Wireframe)**: Die Darstellung einer Objektgestalt beruht auf der Zerlegung der Körperkanten in Linien, Bögen und Kurven. Drahtmodelle sind verschiedenen Einschränkungen unterworfen und können mitunter mehrdeutig sein.
- **Flächenmodell (Surface)**: Die Darstellung einer Objektgestalt erfolgt über die Beschreibung der Begrenzungsflächen. Zur Flächenbeschreibung werden verschiedene mathematische Algorithmen benutzt, z.B. Bezier oder Nurbs.
- **Volumenmodell (Solid)**: Die Darstellung einer Objektgestalt erfolgt über die Beschreibung des Volumens. Volumen-Modelle sind die einzigen rechnerinternen Geometriedatenstrukturen, welche ein Objekt in seiner Form und seinen massenspezifischen Eigenschaften vollständig beschreiben.

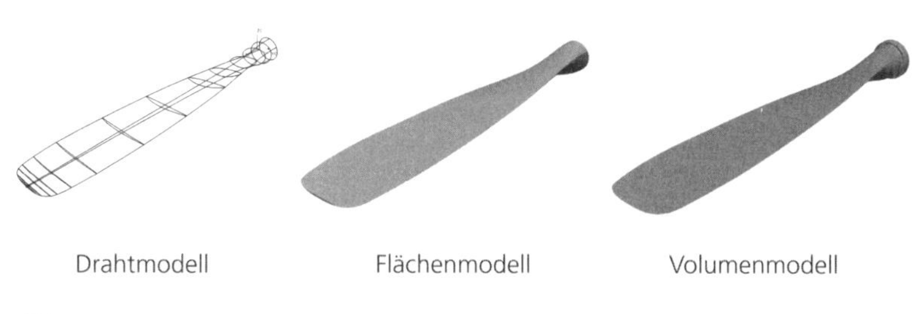

Bild 0.5 CAD Geometrie Modellarten

Mit zunehmender Vollständigkeit einer Objektbeschreibung in einem Rechnermodell nehmen auch die Komplexität der Software und der Speicherbedarf zu. Dies erfordert vom Anwender ein erhöhtes Wissen, sowie gute Kenntnisse über die Konstruktionsmethodik. Dabei geht es um die Art und Weise, wie mit einer spezifischen Software am besten 3D Computermodell aufgebaut werden kann. Dieser

fischen Software am besten 3D Computermodell aufgebaut werden kann. Dieser Aufbau gestaltet sich meist in mehreren Schritten.
Neben dem Unterscheidungskriterium des Darstellungsraums werden 3D CAD-Systeme auch nach der Art ihrer internen Geometriedatenmodelle und der Art ihrer Editierbarkeit differenziert:

- **CSG** Systeme (**C**onstructive **S**olid **G**eometry) basieren auf der Abfolge von Kombinationen geometrischer Grundkörper. Die CSG-Darstellung entspricht einem Ablaufbaum Mengenverknüpfter Operationen (Boolesche Operationen) von Grundkörpern, welche das Volumenmodell definieren. Bei reiner CSG-Darstellung werden nur die Operationen, die Namen der Grundkörper und ihre Parameter gespeichert.

Vorteile dieser Datenstruktur sind die Gewährleistung der Konsistenz des Modells und der geringe Speicherplatzbedarf. Nachteil ist, dass bei einer Änderung eines einzelnen Parameters das gesamte Model neu abgearbeitet werden muss.

- **B-REP** Systeme (**B**oundary **Rep**resentation) basieren auf der Darstellung der äußeren Hülle, welche das Volumen umschließt. Bei der Beschreibung der Hülle wird zwischen Geometrie und Topologie unterschieden. Die Geometrie bestimmt die Größe und Form des Modells. Die Topologie definiert die Verbindungsstruktur der einzelnen Geometrieelemente untereinander und ist invariant gegenüber geometrischen Daten.

Vorteilhaft ist dabei der direkte Zugriff auf alle Geometrieelemente des Modells, während sich der große Speicherplatzbedarf als Nachteil auswirkt.

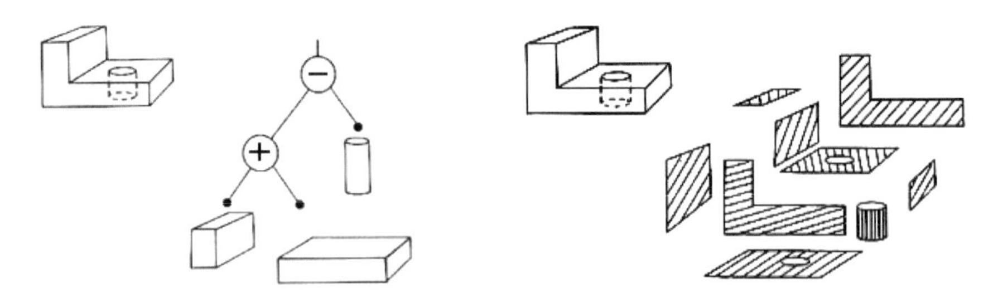

Bild 0.6 CSG Geometriedatenmodell B-REP-Geometriedatenmodell

- **Hybrid-Systeme** vereinigen die Vorteile verschiedener Modellarten, indem die Entstehungsgeschichte und die Topologie der begrenzenden Oberflächen verwaltet werden.

0.8 CAD Grundfunktionen

Für die Modellierung eines Objekts mit einem 3D CAD-Systems stehen dem Anwender verschiedene Grundfunktionen zur Verfügung: Erzeugen, Ändern, Kopieren und Löschen.

0.8.1 Geometrie erzeugen

Die Konstruktion eines 3D Volumenmodells erfolgt durch sequentielles Erzeugen und Zusammenfügen einzelner Konstruktionselemente (**Features**). Dabei unterscheidet man zwischen verschiedenen Arten von Features, die aber nicht bei allen Systemen in der beschriebenen Form vorhanden sind.

- **Grundkörper** sind einfache Körper wie Quader, Zylinder, Kegel, Kugel.

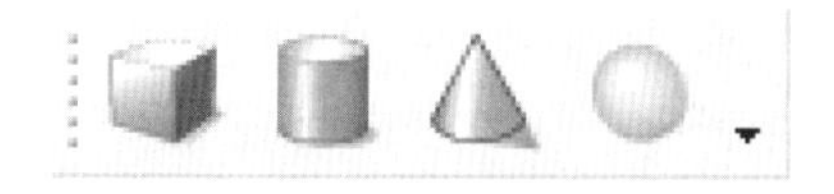

Bild 0.7 Grundkörper

- **Konstruktionselemente** basieren normalerweise auf einem skizzierten Querschnitt, welcher in die Tiefe gezogen, um eine Achse rotiert oder entlang einer Raumkurve gezogen wird. Damit können praktische alle erdenklichen geometrischen Formen modelliert werden.

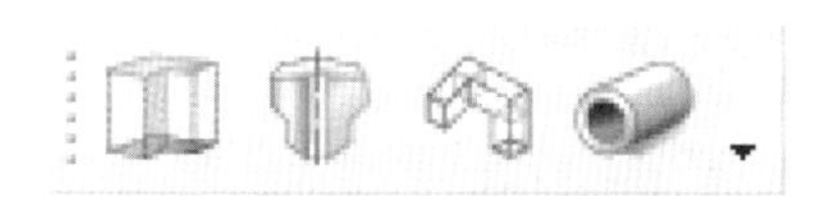

Bild 0.8 Konstruktionselemente

- **Formelemente** sind vordefinierte Geometrieelemente. Typischerweise sind dies Bohrungen, Zapfen, Taschen, Polster, Langlöcher, Freistiche, Nuten und Rippen.

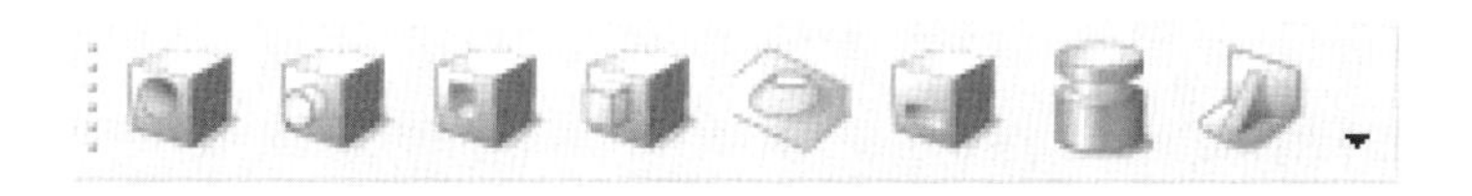

Bild 0.9 Formelemente

- **Featureoperationen** sind formverändernde Funktionen, welche direkt auf die Geometrie angewendet werden, beispielsweise Formschräge, Runden, Fasen, Aushöhlen, Gewinde anbringen, Aufmass erzeugen, Skalieren und Trimmen.

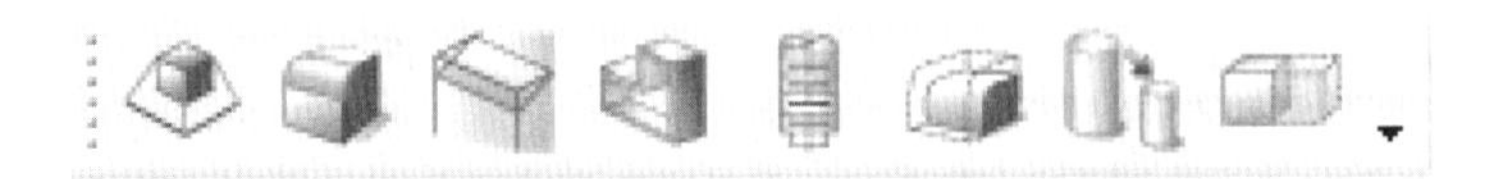

Bild 0.10 Featureoperationen

- **Skizzen** dienen als Basis für Konstruktionselemente. Die Skizzierebene kann vom Anwender beliebig im Raume definiert werden, sei es eine bereits bestehende Körperfläche oder eine frei definierbare Bezugsebene.

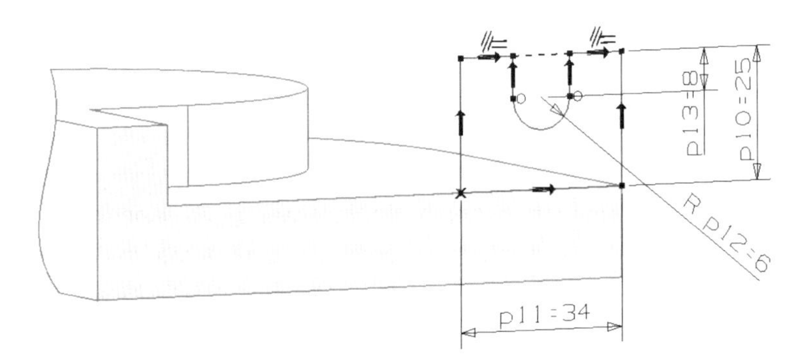

Bild 0.11 Beispiel einer Skizze auf bestehender Körperfläche

Eine Skizze beinhaltet eine 2D Drahtgeometrie, geometrische und maßliche Bedingungen. Beim Skizzieren wird der Anwender unterstützt durch den dynamischen Navigator, welcher diese Bedingungen automatisch erkennt und erzeugt. Die Bedingungen können auch wieder gelöscht werden.

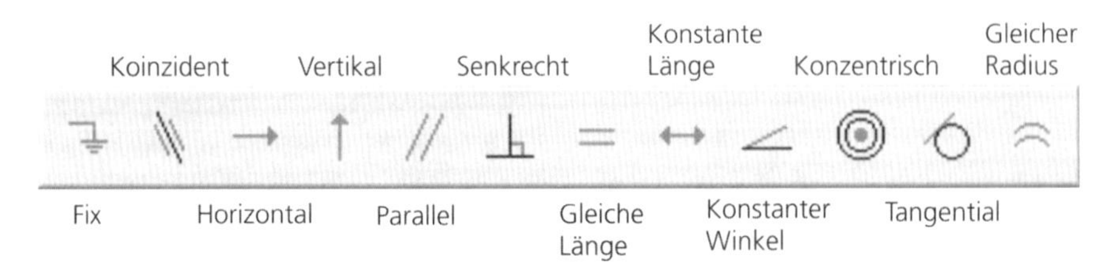

Bild 0.12 Geometrische Bedingungen

- **Bezugsebenen und Bezugsachsen** (Datums) sind Hilfselemente und werden beispielweise benötigt zum Positionieren eines Formelementes (z.B. einer Bohrung), zum Skizzieren oder als Ebene zum Spiegeln eines Körpers.

Bild 0.13 Bezugsebenen, Bezugsachsen und Bezugskoordinatensystem

- **Boolesche Operationen** ermöglichen das Kombinieren bereits vorhandener Volumen- und/oder Flächenkörper. Folgende Boolesche Operationen können angewendet werden:

Vereinen (Unite)
Subtrahieren (Subtract)
Schnittmenge (Intersect)

Bild 0.14 Boolesche Operationen

0.8.2 Geometrie kopieren

Das Kopieren dient dazu, Features mehrfach in einem Bauteil zu verwenden. Dabei sind die meisten Systeme in der Lage, die Kopien wahlweise abhängig oder unabhängig vom Ursprungselement zu behandeln. Ein weiterer Vorteil von Kopien besteht in der Referenzierung von Komponenten in Baugruppen. Wird z.B. in der Originalbohrung eines Lochbildes eine Schraube eingesetzt, so können bei Bedarf in die restlichen Bohrungen automatisch die gleichen Schrauben platziert werden.

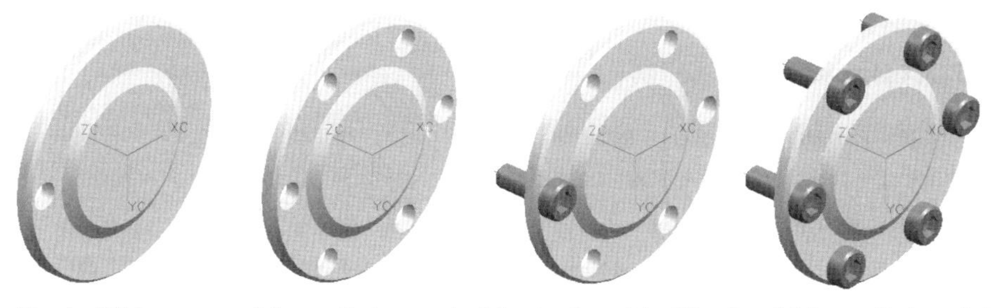

Bild 0.15 Beispiel eines Lochbildes

0.8.3 Geometrie ändern

Um 3D Volumenmodelle einfach ändern zu können, muss die CAD-Software die Fähigkeit besitzen, die bestehenden Geometriedaten zu editieren. Hier kennen wir zwei verschiedene Arten der Änderungsmethodik.

- **Parametric Editing** beruht auf einer ablaufbasierenden Datenstruktur, bei der die Entstehungsgeschichte gespeichert wird. Dabei muss jedes Konstruktionselement vollständig definiert und in Beziehung zu den bereits bestehenden sein. Bei einer parametrischen Änderung wird das Modell Schritt für Schritt neu berechnet. Dabei kann es vorkommen, dass Beziehungen zwischen den Elementen beim Aktualisieren verloren gehen. Diese Beziehungen müssen unter Umständen mit viel Aufwand hinzugefügt werden.
- **Variational Editing** beruht auf Gleichungen, welche die geometrischen Beziehungen einzelner Konstruktionselemente miteinander verbinden. Bei einer parametrischen Änderung werden diese Gleichungen simultan gelöst, also nicht sequentiell. Der Vorteil ist, dass die Geometrie nicht vollständig beschrieben sein muss. Dadurch kann ein nicht optimal angegangener Konstruktionsprozess leichter korrigiert werden.

0.8.4 Geometrie löschen

Beim Löschen von Elementen muss darauf geachtet werden, dass abhängige Elemente nicht mitgelöscht werden. NX gibt dem Anwender einen entsprechenden Hinweis, welcher unbedingt beachtet werden sollte. Um zu verhindern, dass abhängige Elemente mitgelöscht werden, müssen diese zuvor umreferenziert werden, z.B. eine Bohrung auf eine andere Fläche beziehen. Der Part Navigator stellt die Abhängigkeiten (Assoziativitäten) im Detail dar.

0.8.5 Assoziativität

CAD-Systeme bestehen aus mehreren Anwendungsmodulen wie beispielsweise Zeichnungserstellung, CAM, Kinematik/Dynamik oder FEM. Bei integrierten Systemen kommt es dabei zu keiner Datenübergabe. Die Applikationen greifen direkt auf dasselbe 3D Modell zu. Änderungen am 3D Modell wirken sich direkt auf die abgeleiteten Datensätze aus. Man spricht dabei von Assoziativität.

Auch innerhalb eines 3D Volumenmodells existieren Abhängigkeiten. Dabei handelt es sich vor allem um geometrische und topologische Beziehungen. Diese werden vom CAD-System verwaltet. Mehr dazu siehe Part Navigator (Kapitel 1.9.3).

0.8.6 Parameter eines 3D Modells

Schon mehrfach ist der Begriff „Parameter" aufgetaucht, ohne dass dieser genauer erläutert wurde. Die meisten Konstruktionselemente (Features) besitzen zur Beschreibung Parameter. Diese Parameter steuern die Abmessungen des 3D Modells und können vom Anwender verändert werden. Die Parameter werden vom CAD System automatisch vergeben, außer bei Skizzen, wo die Parametrisierung vom Anwender nach eigenen Wünschen festgelegt werden kann.

Die Benennung der Parameter setzt sich zusammen aus dem Buchstaben p und einer fortlaufenden Nummer:

- z.B. p4 = 40.000

Auf Wunsch lassen sich die Parameternamen ändern. Jeder Parametername muss eindeutig sein und darf nur einmal in der Modelldatei existieren.

- z.B. Laenge = 35.000

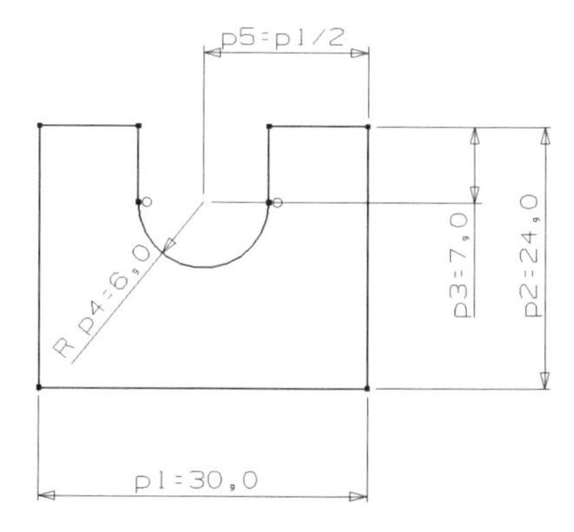

Bild 0.16 Parameter einer Skizze

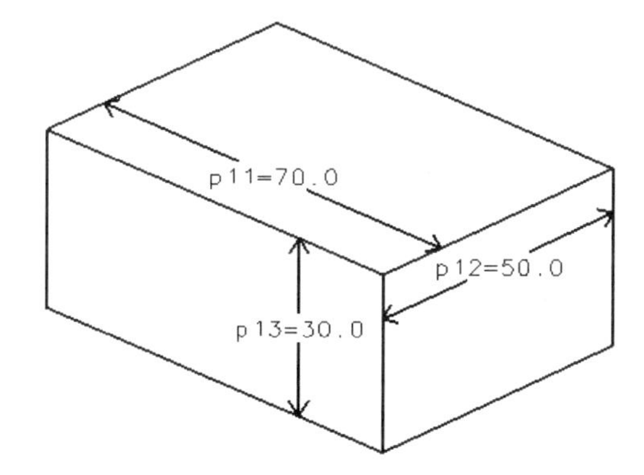

Parameter eines Grundkörpers

Tipp: Verwenden Sie in NX für Benennungen weder Umlaute noch Leerzeichen.

0.8.7 Empfehlungen für das Erzeugen eines 3D Modells

Ein 3D Modell erzeugt man mittels einer sequentiellen Folge von Konstruktionselementen (Features). Dieser Vorgang lässt sich mit der Erzeugung eines Tonmodells von einem Objekt vergleichen. Man nehme einen Grundkörper und schneide Formen heraus oder modelliere zusätzliche Formen hinzu, bis das Objekt dem gewünschten Ergebnis entspricht.

Obwohl die Arbeitsweisen bei den verschiedenen CAD-Systemen etwas voneinander abweichen, sind folgende Empfehlungen generell gültig:

- Mit einer Skizze beginnen.
- Möglichst einfache und überschaubare Konstruktionsschritte wählen.
- Parametrische Verknüpfungen erstellen zur Minimierung des Änderungsaufwandes.
- Abhängigkeiten wenn möglich auf Bezugsebenen/-achsen setzen und nicht auf Geometrieelemente.
- Rundungen und Fasen möglichst erst am Ende anbringen.
- Gleiche Rundungen und Fasen in einer Operation zusammenfassen.

Diese Liste ist nicht als vollständig zu betrachten. Weitere Erfahrungen bei der Anwendung lassen sich im Laufe der Zeit in die Arbeitsweise mit einbringen.

1 3D Modellieren

1.1 Einführung in NX 4

1.1.1 Benutzeroberfläche

Als Erstes werden die Benutzeroberfläche und die gängigsten Funktionen von NX 4 vorgestellt. Die nachfolgenden Kapitel beinhalten die wesentlichen Funktionen zur Erstellung eines Einzelteils.

NX 4 präsentiert sich in einem modernen Windows-Layout mit Grafikbereich, Menüleiste, Werkzeugleiste, Statuszeile, Dialogfenster, Hilfe, usw.

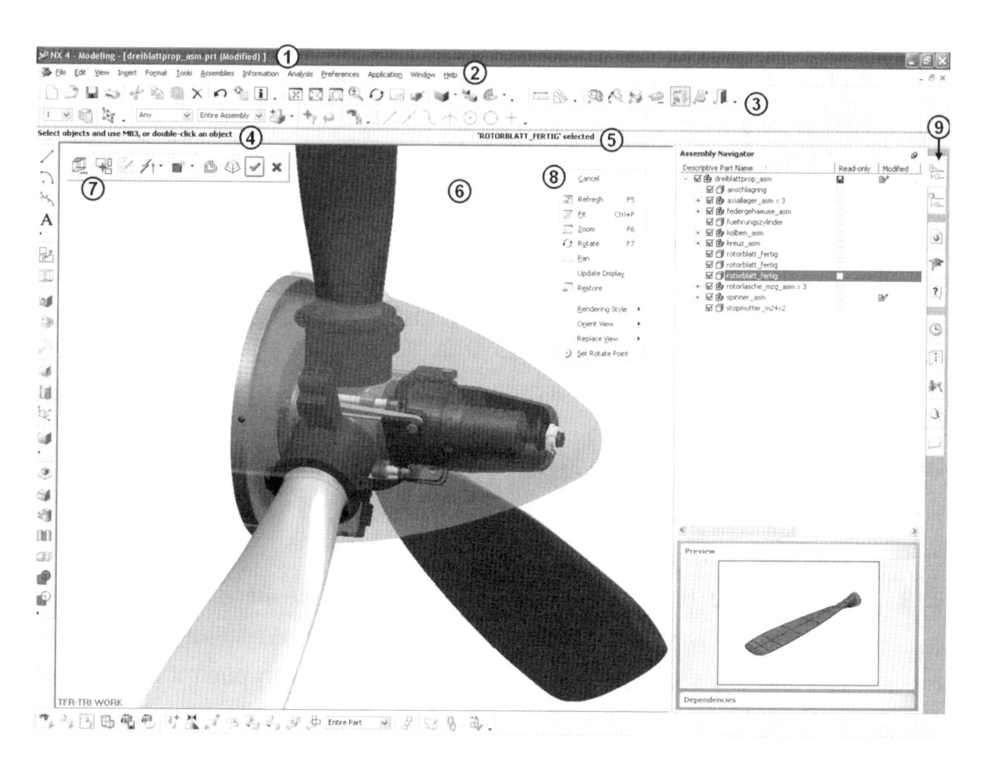

Bild 1.1 Benutzeroberfläche von NX 4

1. Die **Titelleiste** (Title Bar) enthält Informationen über den Status der aktiven Datei.
2. Die **Menüleiste** (Menubar) enthält verschiedene Optionen zum Auswählen. Jede dieser Optionen entspricht einer Funktionskategorie. Mit diesen Optionen sind Pulldown-Menüs verbunden, über die verschiedene Funktionen aufgerufen werden können.
3. Die **Werkzeugleisten** (Toolbars) bestehen aus einer Reihe von Symbolen, über die Funktionen gestartet werden können. Die meisten Funktionen, die in der Menüleiste enthalten sind, lassen sich auch über die Werkzeugleisten aufrufen. Das Aussehen der Werkzeugleiste lässt sich benutzerspezifisch anpassen (siehe Kapitel 1.1.1.1).
4. Die **Tippzeile** (Cue Line) befindet sich standardmäßig oben links. Im Tipp-Bereich werden Eingabeaufforderungen für die aktuelle Funktion angezeigt. Diese Mitteilungen geben die nächste auszuführende Aktion an. Die Erfahrung zeigt, dass beim Erlernen des CAD-Programms dieser Zeile zu wenig Beachtung geschenkt wird.
5. Die **Statuszeile** (Status Line) ist rechts von der Tippzeile angeordnet und zeigt Meldungen über die aktuelle Funktion, beispielsweise über die Anzahl selektierter Objekte.
6. Im **Grafikfenster** (Graphics Window) werden Geometrien erzeugt, dargestellt und geändert. Wenn es maximiert ist, nimmt es den größtmöglichen Platz ein.
7. Beim Aufrufen einer Funktion wird eine **Symbolleiste** (oder ein **Dialogfenster**) eingeblendet. Hier wird der Anwender durch die Funktionsdialoge mit dem Programm geführt (siehe Kapitel 1.1.1.3).
8. Das **View Popup Menü** wird durch Drücken der rechten Maustaste im Grafikbereich aufgerufen (siehe Kapitel 1.1.1.4).
9. Die **Hilfsleiste** (Resource Bar) enthält verschiedene Registerkarten. Diese beinhalten alle Navigator-Fenster, einen integrierten Web-Browser, die Trainingsseite und die History Palette. Die Hilfsleiste kann auch links platziert werden im Menü Preferences → User Interface.

1.1.1.1 Die Werkzeugleisten (Toolbars)

Die Werkzeugleisten dienen zum schnellen Zugriff auf häufig verwendete Funktionen, welche auch über die Menüleiste aufgerufen werden können. Die Icons sollten selbsterklärend sein. Durch Bewegen des Mauszeigers auf ein Icon erscheint ein Hilfetext, welcher die zugeordnete Funktion anzeigt.

Beim ersten Starten von NX 4 werden die Werkzeugleisten nach einem voreingestellten Standard dargestellt.

Anpassen der Werkzeugleisten

Die Werkzeugleisten lassen sich nach eigenem Geschmack anpassen. Diese Anpassungen werden gespeichert unter „Documents and Settings\<Username>\Local Settings\Application Data\Unigraphics Solutions\NX4" in der Datei user.mtx und beim nächsten Starten von NX wieder geladen. NX enthält eine Anzahl von logisch gruppierten Werkzeugleisten. Welche davon gerade dargestellt sind, hängt von der gewählten Applikation ab.

- **Verschieben**: Jede Werkzeugleiste hat an ihrem linken bzw. oberen Rand eine Markierung. Wenn man diese Markierung selektiert, dann kann die Werkzeugleiste per Drag & Drop an eine beliebige Stelle verschoben werden.
- **Icons hinzufügen/wegnehmen**: Dies erfolgt über das kleine Dreiecksymbol rechts bzw. am untern Rand.

Bild 1.2 Werkzeugleiste „Form Feature"

- **Ein-/Ausblenden**: Dies ist möglich entweder über das Menü Tools → Customize oder durch Drücken der rechten Maustaste an einer beliebigen Stelle im Werkzeugleistenbereich. Dabei wird ein Auswahlfenster mit einer Liste aller Werkzeugleisten dargestellt. Diese lassen sich durch den entsprechenden vorgelagerten Schalter ein- bzw. ausblenden.

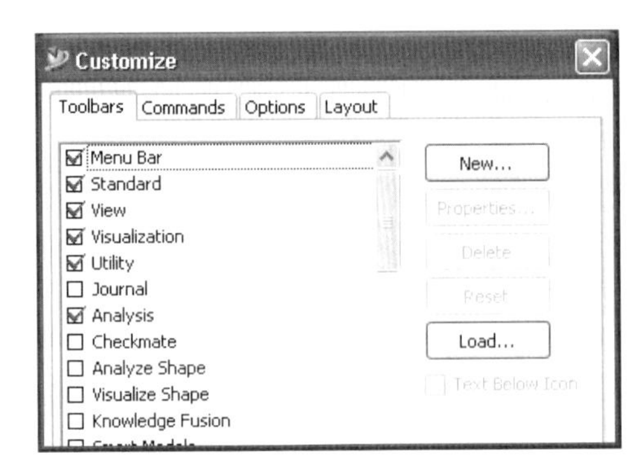

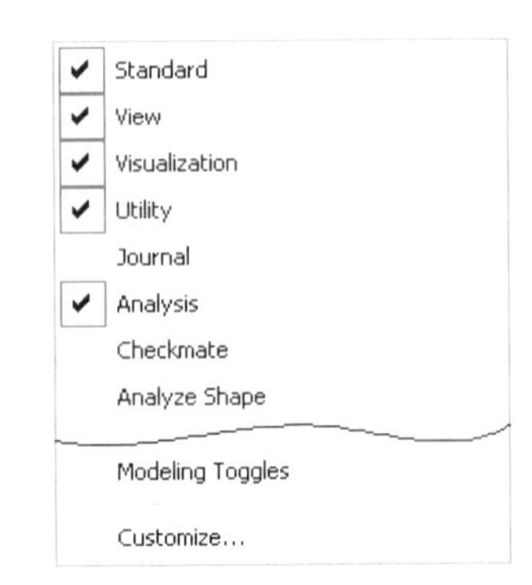

Bild 1.3 Menü Tools → Customize Werkzeugleisten ein-/ausblenden

Weitere Einstellmöglichkeiten im Menü Tools → Customize.

Registerkarte Options: Ändern der Icongröße und Personalisieren der Menüs

Registerkarte Layout: Speichern, Zurücksetzen

Die Standard Werkzeugleiste

Die Standardfunktionen stehen in allen Applikationen zur Verfügung und werden hier in Kurzform beschrieben.

Bild 1.4 Standard Werkzeugleiste

	New	Erzeugt eine neue NX-Datei	(Ctrl+N)
	Open	Öffnet eine bestehende NX-Datei	(Ctrl+O)
	Save	Speichert eine NX-Datei	(Ctrl+S)
	Print	Druckt eine NX-Datei (nicht zu verwechseln mit File – Plot)	
	Cut/Copy/Paste	Ausschneiden, Kopieren, Einfügen	(Ctrl+X/C/V))
	Delete	Löschen von Objekten	(Ctrl+D)

	Undo	Macht den letzten Schritt rückgängig. Vorsicht: **Kein Redo** vorhanden! Mehrere Operationen auf einmal rückgängig machen mit Edit → Undo List	(Ctrl+Z)
	Properties	Zeigt die Objekteigenschaften	
	Information Window	Zeigt das Informationsfenster an	F4
	Fit	Stellt Objekte bildschirmfüllend dar	(Ctrl+F)
	Fit View to Selection	Stellt das gewählte Objekt bildschirmfüllend dar	
	Zoom	Vergrößert die Darstellung mit Hilfe eines rechteckigen Ausschnittes	F6
	Zoom In/Out	Vergrößert/Verkleinert die Darstellung (Ziehen mit der linken Maustaste)	oder durch Drehen des Mausrades
	Rotate	Dreht die Darstellung (Ziehen mit der linken Maustaste)	F7
	Pan	Verschiebt die Darstellung (Ziehen mit der linken Maustaste)	
	Perspective	Perspektiven-Darstellung Ein/Aus	
	Steuert die Darstellung der Objekte	1 Schattiert mit Kanten 2 Schattiert 3 Drahtdarstellung mit, 4 ohne unsichtbaren Kanten 5 Studio Display Modus (schattiert mit Materialeigenschaften) 6 Face Analysis (für Flächenanalysen) 7 Teilweise schattiert 8 Drahtdarstellung statisch	
	Face Edges	Körperkantendarstellung Ein/Aus	
	Views: - Trimetric - Top - Isometric - Left - Front - Right - Back - Bottom	Ruft vordefinierte Ansichten auf	

1.1.1.2 Mausbedienung

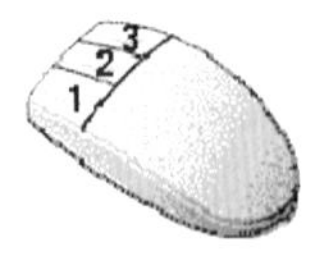

In diesem Buch werden die drei Maustasten mit der Abkürzung **MB1**, **MB2** und **MB3** bezeichnet (**MB** = **M**ouse **B**utton), von links nach rechts betrachtet.

Die Maustasten sind in NX mit folgenden Funktionen belegt:

MB1	**Selektieren** von Menüs, Icons, Eingabefeldern und Objekten
Shift + MB1	**Abwählen** von gewählten Objekten
MB2	**OK**
Ctrl+MB2	**Apply** (Dialogfenster bleibt geöffnet)
MB3	Ruft je nach Situation das **Kontextmenü** oder **Popup Menü** auf
MB3 gedrückt halten	Ruft die **Radial Popups** auf mit den am meisten verwendeten Funktionen oder Optionen, abhängig vom selektierten Objekt (siehe Kapitel 1.1.1.5)
Doppelklick	auf ein Objekt ruft die **Defaultaktion** auf.

Drehen, Verschieben und Zoomen ist wie folgt implementiert:

Rotate	MB2
Pan	Shift+MB2 oder MB2+MB3
Zoom	Ctrl+MB2 oder MB1+MB2 oder Mausrad drehen

Für alle drei gilt: Im Grafikbereich gedrückt halten und ziehen (**Drag**).

Weitere Tipps:

- Wird die mittlere Maustaste gedrückt gehalten ohne zu bewegen, dann setzt NX in der aktuellen Cursorposition einen **temporären Drehpunkt**.
- **F8** orientiert zur nächsten Standardansicht.
- **F8 bei vorselektierter ebener Fläche** orientiert die Blickrichtung normal zur Fläche.
- Der Mauszeiger wird als Symbol angezeigt. Er kann aber auch als Fadenkreuz dargestellt werden. Die Einstellungen für Mauszeiger und Selektieren von Objekten sind zu finden unter Menü Preferences → Selection.

1.1.1.3 Benutzerführung

Die Benutzerführung wird normalerweise über Symbolleisten (oben links im Grafikfenster) gesteuert. Die Symbole stellen die einzelnen Auswahlschritte dar. Je nach Funktion sind unter den Symbolen verschiedene Optionen zu finden.

Besonders am Anfang empfiehlt es sich, die Tippzeile oben links mit den Aufforderungen zu beachten. Ebenfalls hilfreich sind die Quick Tipps, welche angezeigt werden, wenn man den Mauszeiger über ein Symbol bewegt.

Die Eingabe von Werten erfolgt meistens über dynamische Eingabefenster oder durch ziehen an den angezeigten Drag Handles.

Tipp: Die Schaltfläche OK wird erst aktiviert, wenn die notwendigen Eingaben gemacht wurden.

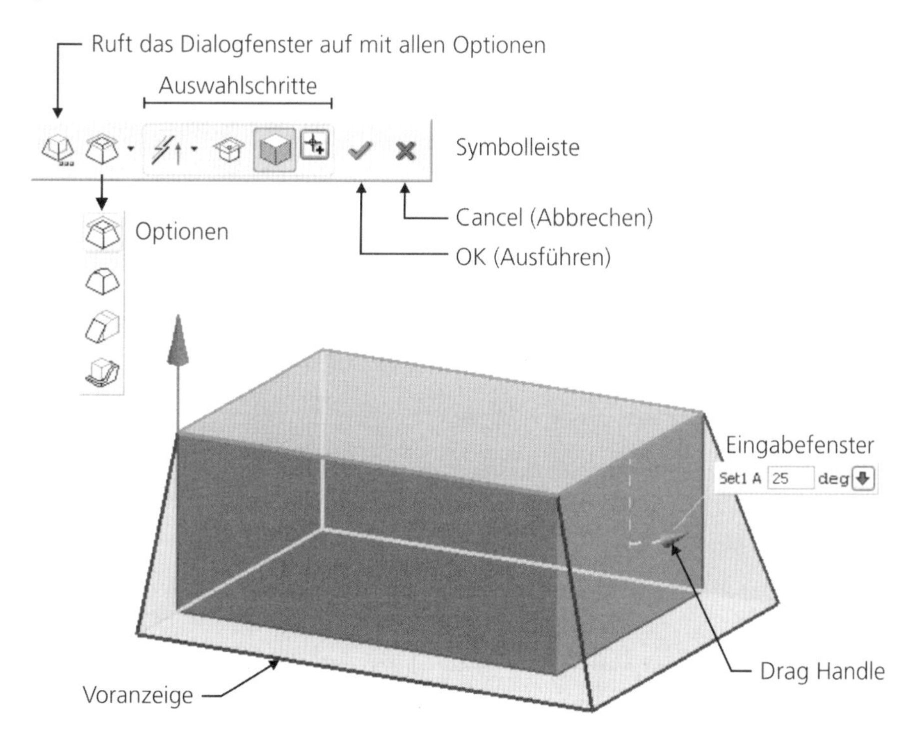

Bild 1.5 Beispiel einer Symbolleiste: Draft (Formschräge)

Das erste Symbol ruft das Dialogfenster mit allen zur Verfügung stehenden Optionen auf. Für die meisten Fälle genügt jedoch der vereinfachte Dialog. In den Programm-Einstellungen kann festgelegt werden, welcher Dialogart bevorzugt wird.

1.1.1.4 Das View Popup Menü

Gewisse Darstellungsfunktionen lassen sich direkt über das View Popup Menü aufrufen. Das Aufrufen dieses Menüs erfolgt durch Drücken von MB3 im Grafikbereich. Das View Popup Menü enthält folgende Funktionen:

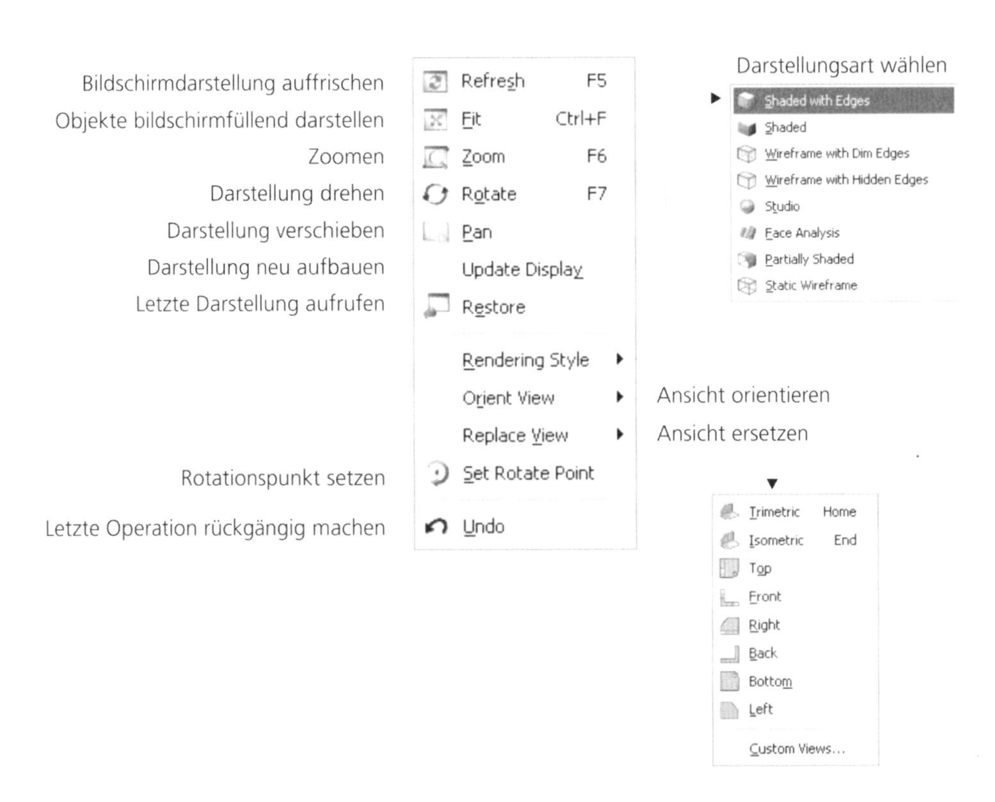

Bild 1.6 View Popup Menü

Hinweis:
Ein Rotate Point ist so lange aktiv, bis dieser durch „Clear Rotate Point" wieder gelöscht wird.

1.1.1.5 Radial Popups

Durch gedrückt halten der rechten Maustaste im Grafikbereich werden die Radial Popups aufgerufen. Der Vorteil der Radial Popups ist der schnelle Zugang zu den am meisten verwendeten Funktionen. Abhängig vom selektierten Objekt werden um den Mauszeiger herum bis zu acht Icons eingeblendet.

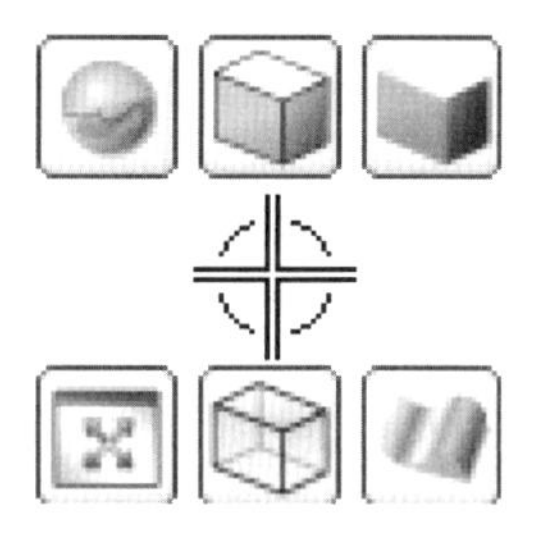

Bild 1.7 Radial Popups, wenn kein Objekt selektiert ist

Tipp:
Eine Popup Funktion kann auch direkt gewählt werden, indem man sich die Position des gewünschten Symbols merkt und die rechte Maustaste gedrückt in Richtung des Symbols bewegt, z.B. nach unten links für Fit.

1.1.1.6 Selektieren von Objekten

Bei allen Funktionen, die das Selektieren von Objekten erfordern, wird die Auswahl über die Werkzeugleiste **Selection** gesteuert.

Bild 1.8 Werkzeugleiste Selection

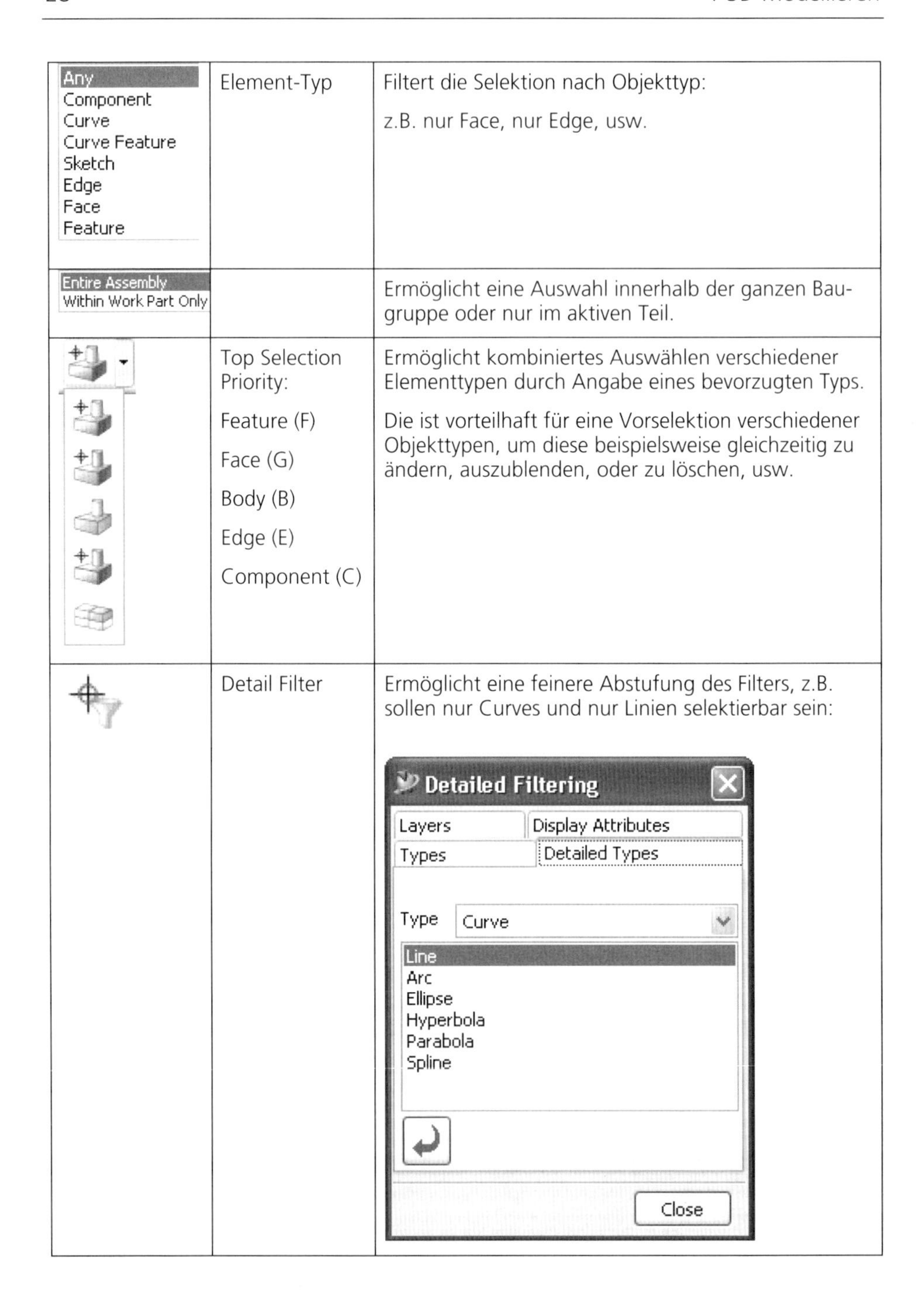

Any Component Curve Curve Feature Sketch Edge Face Feature	Element-Typ	Filtert die Selektion nach Objekttyp: z.B. nur Face, nur Edge, usw.
Entire Assembly Within Work Part Only		Ermöglicht eine Auswahl innerhalb der ganzen Baugruppe oder nur im aktiven Teil.
	Top Selection Priority: Feature (F) Face (G) Body (B) Edge (E) Component (C)	Ermöglicht kombiniertes Auswählen verschiedener Elementtypen durch Angabe eines bevorzugten Typs. Die ist vorteilhaft für eine Vorselektion verschiedener Objekttypen, um diese beispielsweise gleichzeitig zu ändern, auszublenden, oder zu löschen, usw.
	Detail Filter	Ermöglicht eine feinere Abstufung des Filters, z.B. sollen nur Curves und nur Linien selektierbar sein: Detailed Filtering Layers, Display Attributes, Types, Detailed Types Type: Curve Line Arc Ellipse Hyperbola Parabola Spline Close

	Color Filter	Filtert die Selektion nach Farbe.
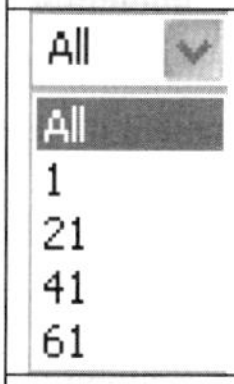	Layer Filter	Filtert die Selektion nach Layer.
	Reset Filters	Setzt alle Filter zurück.
	Class Selection Menü	Ruft das alte Dialogfenster „Class Selection Menü" auf: 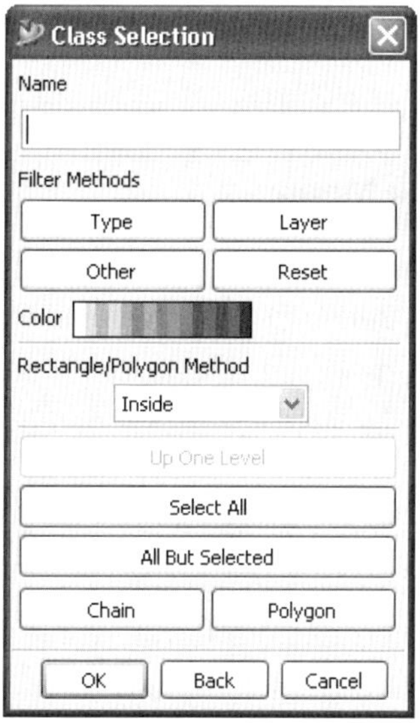 Dieses Dialogfenster wurde in früheren Versionen von NX benutzt und steht noch als Alternative zur Verfügung. Auf eine detaillierte Beschreibung wird hier verzichtet.
	Select All (Ctrl+A)	Selektiert alle sichtbaren Objekte.
	Deselect all	Wählt alle selektierten Objekte wieder ab.
	All But Selected	Wählte alle außer den selektieren Objekten aus.

	Chain	Wählt eine Kette Objekten aus: Drahtgeometrie (Curves) oder Körperkanten (Edges). Vorgehen: 1. Erstes Element in Richtung Kette wählen 2. Option Kette aktivieren 3. Letztes Element der Kette wählen Alle dazwischen liegenden Elemente werden selektiert
	Restore	Selektiert die zuletzt gewählten Objekte erneut.
	Find in Navigator	Zeigt die selektierten Objekte im Part Navigator an.
		Diese fünf Optionen steuern die Darstellung von gewählten Elementen.

1.1.1.7 QuickPick Menü

Sobald ein Objekt vom Mauszeiger erfasst wird, hebt sich dieses Magenta (Violett) hervor (Preselection). Befinden sich mehrere Objekte im Fangbereich, dann erscheinen nach einer gewissen Verweilzeit neben dem Mauszeiger drei kleine Rechtecke. Wird jetzt die linke Maustaste gedrückt, erscheint das QuickPick Menü zur Auswahl des gewünschten Objektes. Dieses Fenster erleichtert dem Anwender die Auswahl von Objekten, welche nahe beieinander oder hintereinander liegen.

Durch Bewegen des Mauszeigers über die Liste der gefundenen Objekte werden die Objekte entsprechend grafisch hervorgehoben.

Tipp: Schrittweises Durchblättern durch die Liste mit rechter Maustaste.

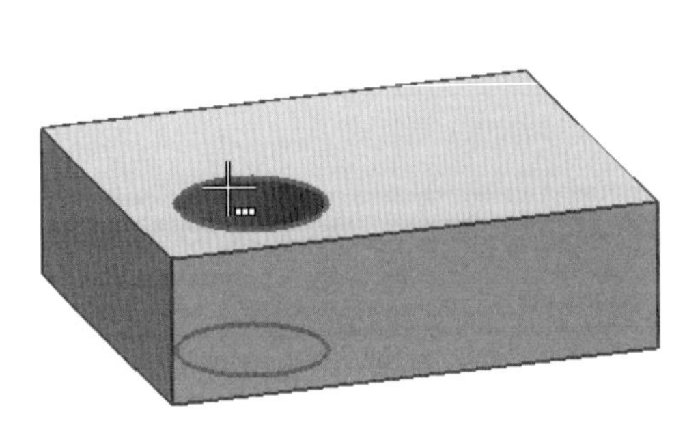

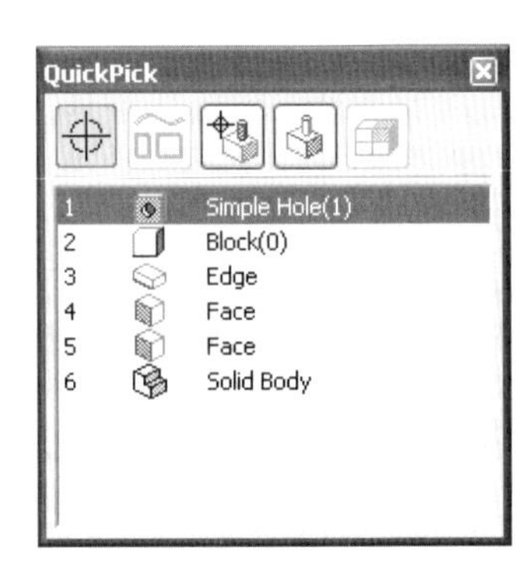

Bild 1.9 Cursor Preselection QuickPick Menü

Weitere Tipps zum Selektieren von Objekten:

- Durch die Verwendung von Selektionsfiltern lassen sich die Auswahl der Objekte reduzieren.
- Wenn ganz kleine Objekte schwierig zu selektieren sind, empfiehlt sich die Rechteck-Selektion (linke Maustaste gedrückt halten und über das Objekt ziehen).
- Für Rechteck- und Polygon-Selektion stehen verschiedene Optionen zur Verfügung: **Inside** wählt nur Objekte, die ganz innerhalb des Bereiches liegen, **Outside** nur Objekte ganz außerhalb und **Crossing** nur Objekte, welche das Rechteck/Polygon kreuzen.
- Einstellungen zum Selektieren können gesetzt werden unter Menü Preferences → Selection oder global unter File → Utilities → Customer Default.

1.1.1.8 Selection Intent (Auswahlabsicht)

Selection Intent dient zum Steuern der Auswahl von mehreren Objekten. Die Idee dahinter ist, eine Gruppe von Kurven/Kanten/Flächen so zu selektieren, dass bei einer Konstruktionsänderung die definierte Absicht mitberücksichtigt wird (z.B. Tangentenkette). Die dazugehörige Werkzeugleiste wird nur dann eingeblendet, wenn Konturen oder Flächen ausgewählt werden müssen. Dies ist beispielsweise der Fall bei Extrude, Revolve, Sweep, Draft, Edge Blend, Shell, usw.

Optionen für Kurven-/Kantenselektion

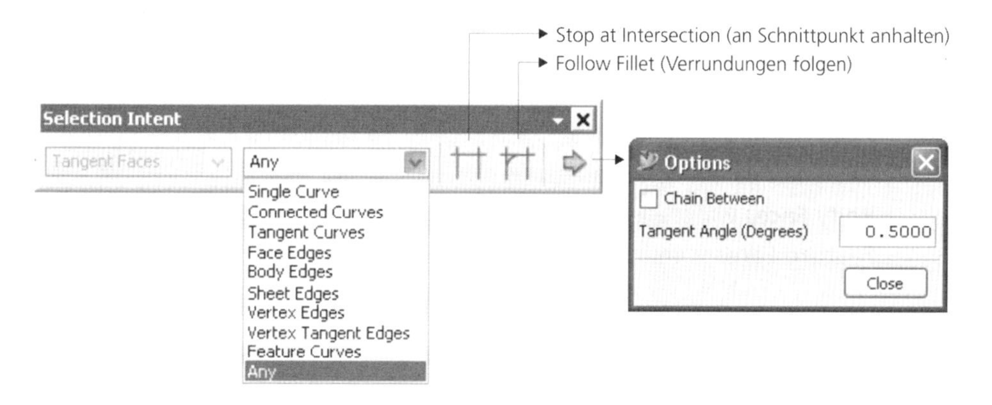

Bild 1.10 Werkzeugleiste Selection Intent für das Selektieren von Kurven/Kanten

Je nach gewählter Funktion erscheint nur eine Teilmenge dieser Optionen:

- **Single** dient zum Selektieren einzelner Kurven/Kanten.
- **Connected Curves** wählt alle zusammenhängenden Kurven.
- **Tangent Curves** wählt alle Kurven, die tangential anschließen.
- **Face Edges** wählt alle Kanten einer Fläche.
- **Body Edges** wählt alle Kanten eines Körpers.
- **Sheet Edges** wählt alle Randkurven einer Fläche eines Sheet Body.
- **Vertex Edges** wählt alle Kanten, die am Eckpunkt zusammenlaufen.
- **Vertex Tangent Edges** wählt alle Kanten, die am Eckpunkt zusammenlaufen und tangential verlaufen.
- **Feature Curves** wählt alle Kanten des gewählten Features.
- **Any** findet irgendeines der obigen Objekte.

Optionen für Flächenselektion

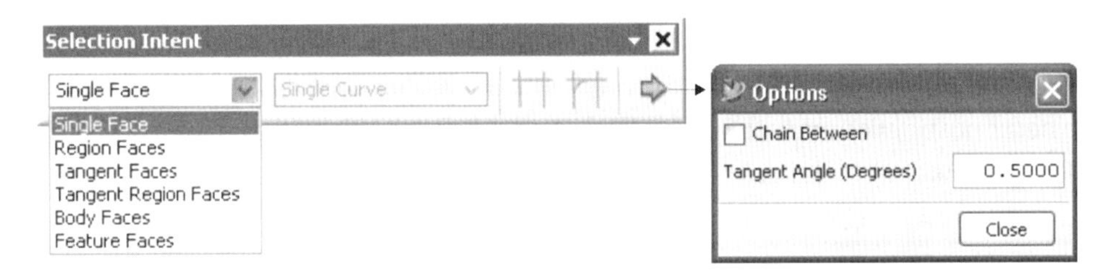

Bild 1.11 Werkzeugleiste Selection Intent für das Flächenselektieren

- **Single Face** dient zum Selektieren einzelner Flächen.
- **Region Faces** wählt alle Flächen innerhalb einer definierten Begrenzung.
- **Tangent Faces** wählt alle Flächen, die tangential anschließen.
- **Tangent Region Faces** wählt alle Fläche, die tangential anschließen innerhalb einer definierten Begrenzung.
- **Body Faces** wählt alle Flächen eines Körpers.
- **Feature Faces** wählt alle Flächen eines Features.

1.1.1.9 Snap Points (Fangpunkte)

Sobald ein Punkt oder eine Position angegeben werden muss, wird automatisch die Werkzeugleiste „Snap Point“ aktiviert. Diese Toolbar hilft dem Anwender durch Ein- und Ausschalten der Punkteoptionen den richtigen Fangpunkt mit dem Mauszeiger auswählen zu können. Snap Point ersetzt mehrheitlich den bisherigen Point Constructor (siehe Kapitel 1.1.1.10).

Bild 1.12 Werkzeugleiste Snap Point

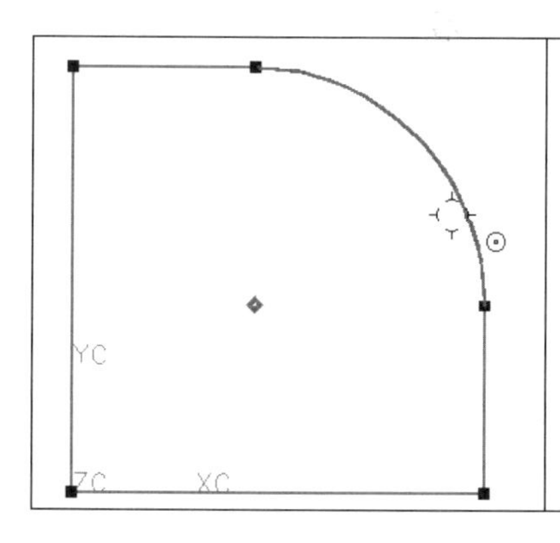

Tipps:
Nur die aktivierten (gedrückten) Punkteoptionen werden beim Fangen erkannt. Die aktuelle Option wird am Mauszeiger grafisch angezeigt. Im Beispiel links wird der Bogenmittelpunkt „gefangen“.
Um einen freien Bildschirmpunkt zu wählen, deaktiviert man alle Punkteoptionen.

1.1.1.10 Point Constructor (Punktemenü)

Alternativ zu den Fangpunkten (Snap Points) bietet NX zum Positionieren oder Auswählen von Punkten den Point Constructor an. Diese Punkte verhalten sich jedoch nicht assoziativ, was auf Änderungen Auswirkungen haben kann.

Deshalb sollte angestrebt werden, Fangpunkte zu verwenden.

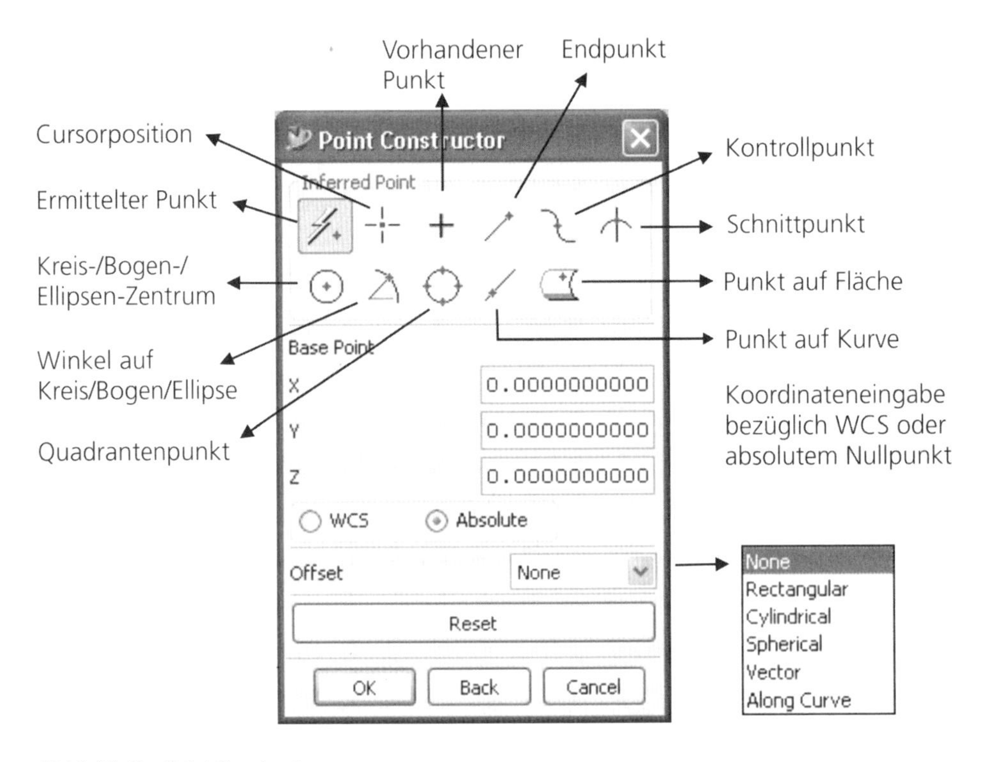

Bild 1.13 Der Point Constructor

Hinweis: **Offset** erlaubt die Eingabe eines Abstandes bezüglich eines zu definierenden Punktes. Der Typ des Koordinatensystems muss gewählt werden.

Vorgehen:

1. Offset Koordinatensystem wählen.
2. Referenzpunkt definieren mit den obigen Optionen.
3. Offsetwert eingeben.

1.1.1.11 Vector Constructor (Richtungsmenü)

Manche Funktionen fordern vom Anwender die Angabe einer Richtung, beispielsweise für Entformungsschrägen, Extrude, Projizieren von Kurven, usw.
Der Vector Constructor bietet dazu verschiedene Möglichkeiten an:

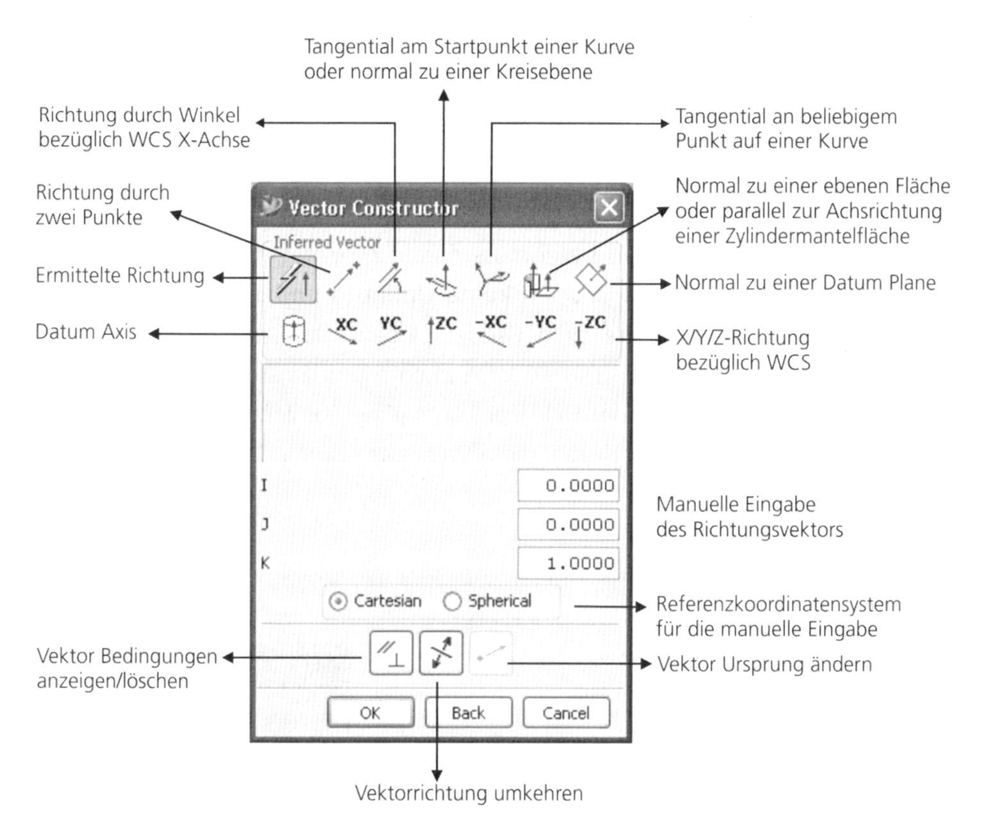

Bild 1.14 Der Vector Constructor

1.1.2 Dateiverwaltung in NX

Die Dateiverwaltung ist ähnlich aufgebaut wie in anderen Windows Applikationen wie z.B. in Microsoft Office Applikationen. Die wichtigsten Menüs sind in ihrer Bezeichnung selbsterklärend, so dass nur kurz auf die wesentlichen Dialogfenster eingegangen werden muss.

1.1.2.1 Datei anlegen

NX-Dateien besitzen immer die Endung ***.prt**, egal ob es sich um ein Einzelteil, eine Baugruppe oder Zeichnung handelt. Die Endung muss bei der Benennung nicht angegeben werden.

Beim Anlegen einer neuen Datei muss darauf geachtet werden, dass für die Benennung von Dateien und Ordnern **keine Umlaute und Sonderzeichen** verwendet werden. Insbesondere beim Ordner „Eigene Dateien" ist zu beachten, dass sich dieser standardmäßig in „C:\Dokumente und Einstellungen\ <Loginname> befindet. Wenn in diesem Falle der Loginname Sonderzeichen enthält (z.B. Björn), dann ist NX nicht in der Lage, diese Datei anzulegen oder zu öffnen.

1.1.2.2 Datei öffnen

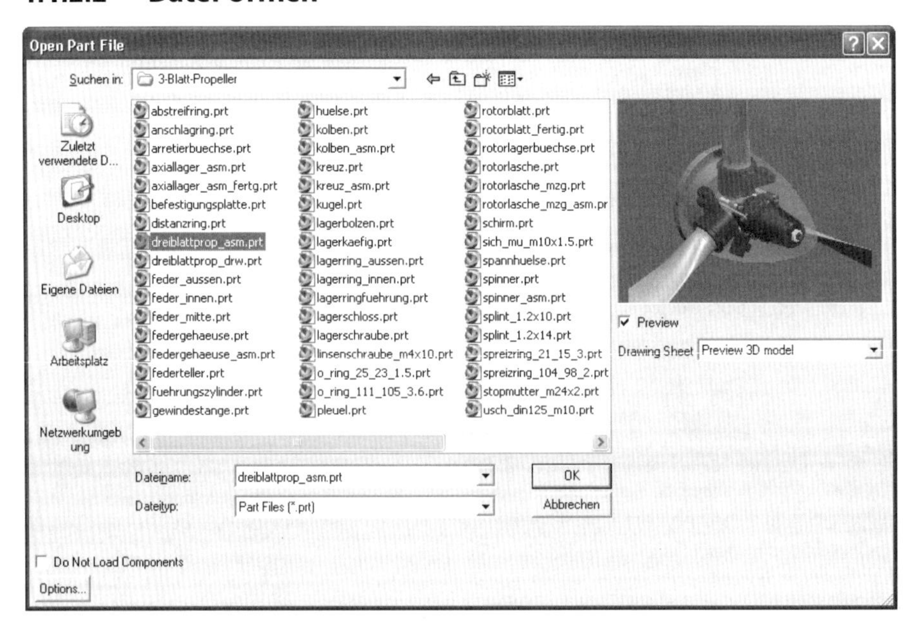

Bild 1.15 Dialogfenster Open Part File

Das Öffnen von NX-Dateien erfolgt über ein Windows Dialogfenster. Handelt es sich um eine Baugruppe, dann sind die Ladeoptionen zu beachten. Standardmäßig sind diese so gesetzt, dass NX alle Komponenten im gleichen Verzeichnis sucht. Die Ladeoptionen können direkt im Dialogfenster „Open Part File" aufgerufen werden unter der Schaltfläche „Options" oder im Menü File → Options → Load Options (Beschreibung siehe Kapitel 3.5.2.1).

1.1.2.3 Datei(en) speichern

Darüber hinaus bestehen noch weitere Möglichkeiten zum Speichern von Dateien:

- File → Save: speichert die aktive Datei (siehe Title Bar)
- File → Save Work Part only: speichert nur das aktive Teil
- File → Save As: speichert die Datei unter einem neuen Namen
- File → Save All: speichert alle geöffneten Dateien
- File → Close ...: schließt geöffnete Dateien

Tipps:

- Um bei Instabilitäten des Systems Datenverluste möglichst gering zu halten, sollten die geöffneten Dateien häufig gespeichert werden.
- Sind mehrere Dateien gleichzeitig geöffnet, empfiehlt sich, Save All zu verwenden, insbesondere beim Arbeiten mit Baugruppen. (Save All speichert nur diejenigen Dateien, welche modifiziert wurden).
- Sind beim Beenden des Programms nicht alle geänderten Dateien gespeichert, dann erscheint folgende Meldung:

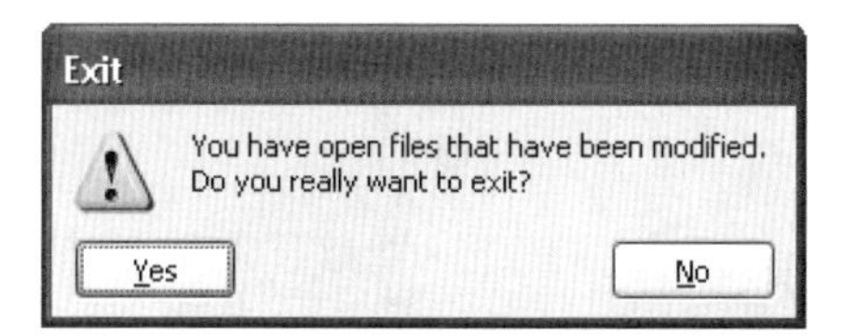

Yes = Beenden ohne Speichern No = Zurück ins Programm

1.1.2.4 Datei löschen/umbenennen

Löschen oder Umbenennen von Dateien erfolgt in der Windows Betriebssystemumgebung. Aber Vorsicht bei Baugruppen oder Zeichnungen: NX findet verloren gegangene Referenzen nicht selbständig. Diese müssen manuell im Assembly Navigator wieder hergestellt werden mit MB3 → Open → Component As.

1.1.3 Das Hilfe-Menü

Das Menü Help beinhaltet wertvolle Informationen und Hilfen für das Anwenden von NX. Insbesondere zu erwähnen sind:

- **On Context** oder durch Drücken von F1 bei einer aktiven Funktion gelangt man direkt an die entsprechende Seite in der Hilfe.
- **Documentation**: Ruft die Startseite der Online-Hilfe auf.
- **Training** (CAST) enthält schrittweise Anweisungen und Online-Übungen unter Verwendung von NX-Dateien und erleichtert das Selbststudium.

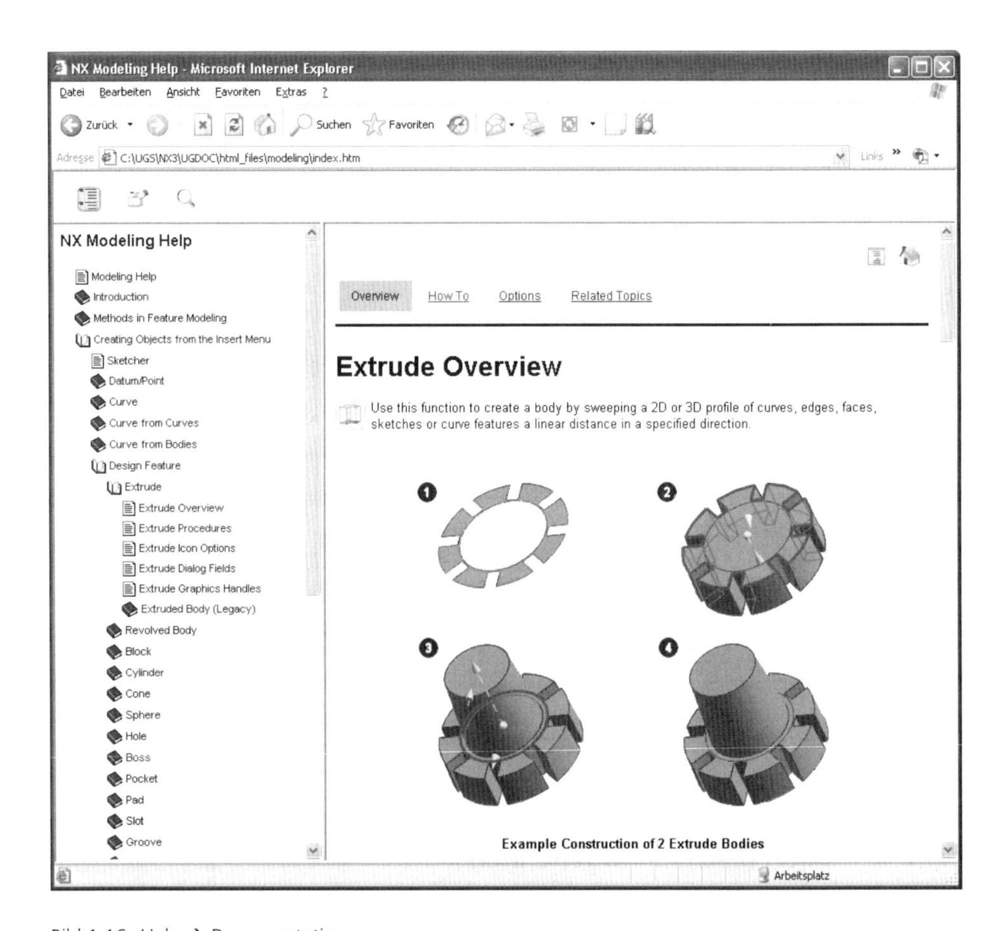

Bild 1.16 Help → Documentation

1.2 Programm-Einstellungen

Sowohl für die verschiedenen Applikationen wie Modeling, Drafting, Assemblies, usw. als auch für die globalen Aspekte wie Benutzeroberfläche, Visualisierung, Selektieren, usw. können diverse Einstellungen vorgenommen werden. Grundsätzlich gibt es zwei verschiedene Möglichkeiten:

1.2.1 Menü Preferences

Die hier gemachten Einstellungen gelten größtenteils nur für die aktuelle Session bzw. werden nur in der aktuellen Datei gespeichert (z.B. die Hintergrundfarbe).

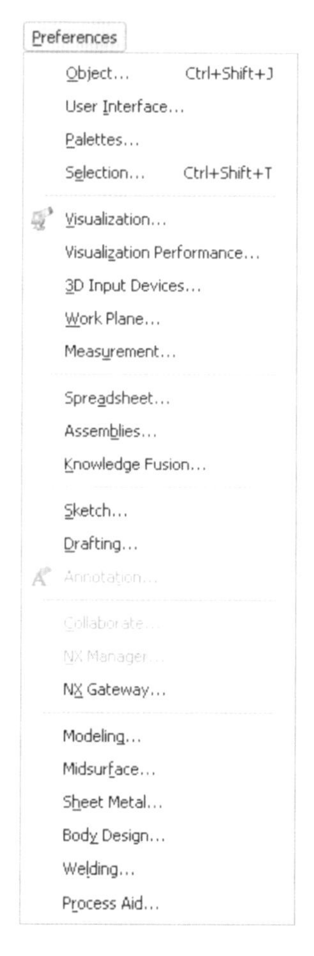

Bild 1.17 Menü Preferences

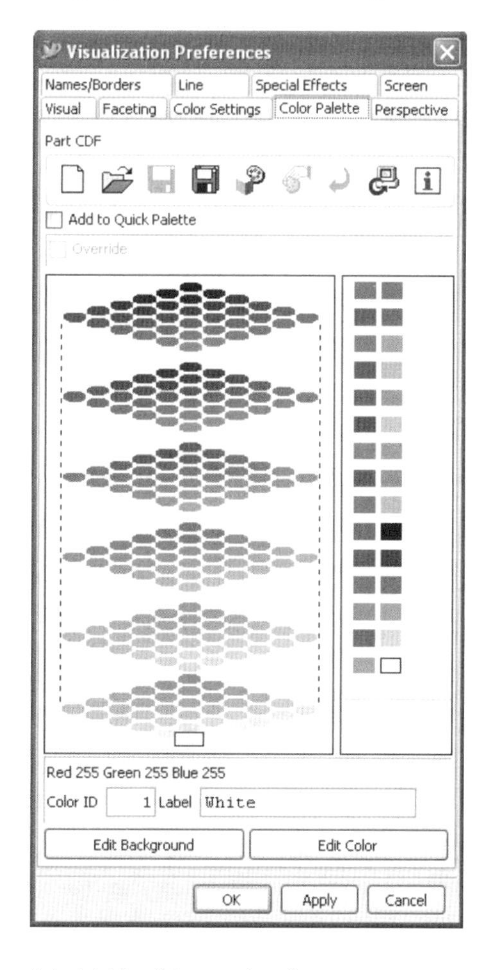

Beispiel: Visualisierungseinstellungen

1.2.2 Customer Defaults

Menü File → Utilities → Customer Defaults …

Die hier gesetzten Einstellungen speichert NX in einer xml Datei. Dazu muss in der Datei „ugii_env.dat" folgende Variable gesetzt sein:

UGII_LOCAL_USER_DEFAULTS=${USERPROFILE}\${USERNAME}.dpv

Diese Datei wird bei jedem Start von NX gelesen und lässt sich bei einem Wechsel auf eine neue Programmversion leicht portieren.

Im Weiteren ist es möglich, die Customer Defaults für eine ganze Installation vorzugeben (site spezifisch), wobei sich die einzelnen Einstellungen für den Anwender gezielt sperren lassen.

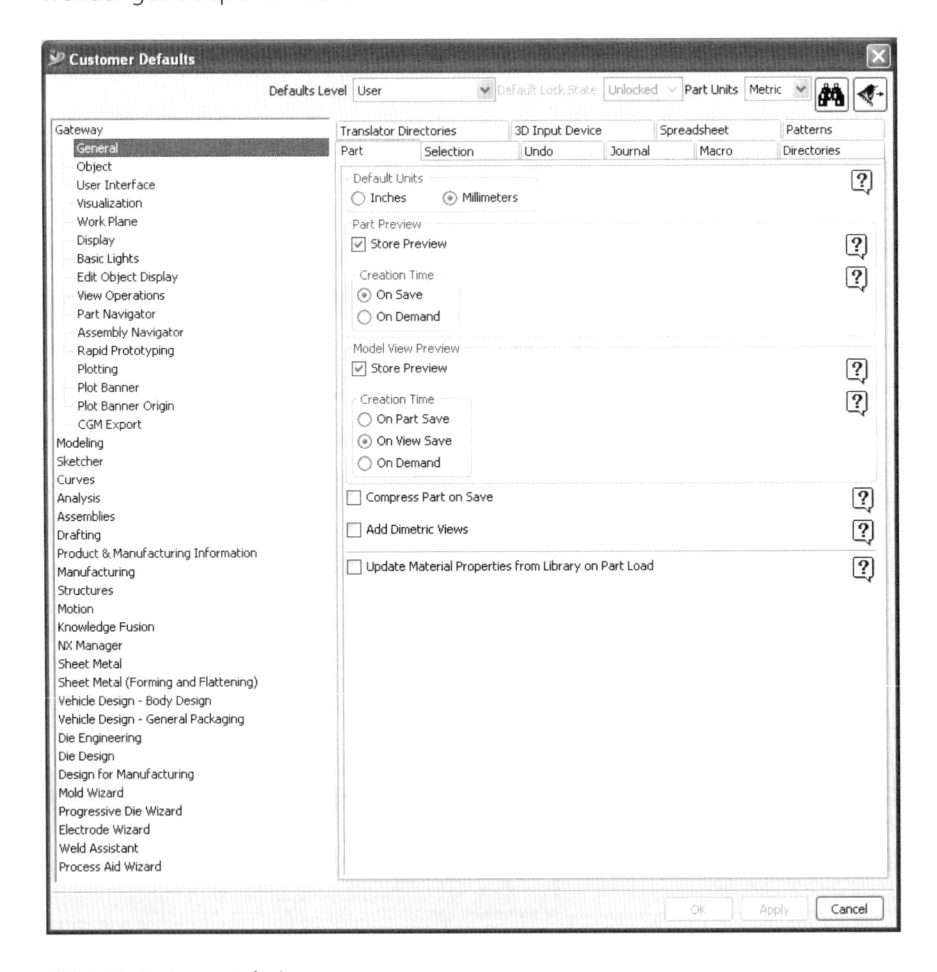

Bild 1.18 Customer Defaults

1.3 Darstellungsoptionen

Auch wenn diese Möglichkeiten etwas früh aufgeführt werden, erscheint es doch sinnvoll zu wissen, schon bevor man überhaupt anfängt, Geometrie zu erzeugen, welche Visualisierungsmöglichkeiten es gibt, wenn mit 3D Objekten gearbeitet wird.

1.3.1 Blank (Ausblenden)

Menü Edit → Blank

Blank ist die einfachste Art, Objekte gezielt aus- und wieder einzublenden.

Blank ist vor allem dann geeignet, wenn ein Element kurzzeitig ausgeblendet werden soll, z.B. um ins Innere einer Baugruppe zu blicken oder wenn bei der Einzelteilmodellierung gleichzeitig mit mehreren Objekten gearbeitet wird.

Sind mehrere Objekte ausgeblendet, so lassen sich diese gezielt wieder einblenden durch Selektieren (Ctrl+Shift+U) oder nach Elementtyp.

Tipps:

- Es lohnt sich hier, sich die Tastenkombinationen zu merken.
- Es gibt keinen Hinweis, ob und welche Elemente ausgeblendet sind (außer bei Komponenten im Assembly Navigator)!

Ausblenden selektiv

Aus-/Eingeblendete invertieren

Einblenden selektiv

Einblenden nach Element-Typ

Alles Einblenden

Einblenden nach Elementname

Bild 1.19 Edit → Blank (Ausblenden)

1.3.2 Layer

Bei komplexeren 3D Modellen kann aufgrund der Menge benötigter Hilfsgeometrien leicht die Übersicht verloren gehen. Aus diesem Grunde bietet NX die Möglichkeit, Geometrieelemente auf verschiedene Layer zu legen. Diese Layer können wahlweise ein- oder ausgeblendet werden. In der Handhabung sind Layer vergleichbar mit durchsichtigen Folien, die übereinander gelegt werden.

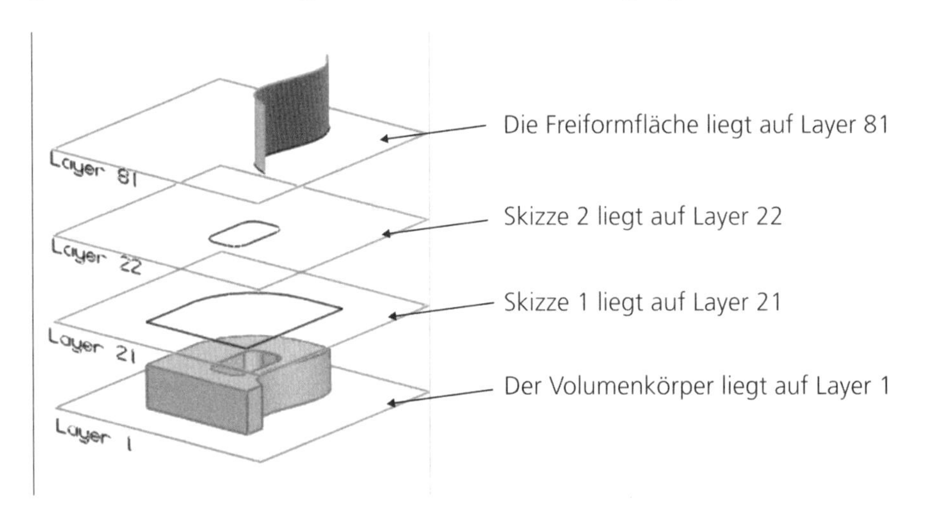

Bild 1.20 Beispiel für Layer

Eigenschaften von Layers:

- NX kennt 256 Layers.
- Jedes Objekt ist einem Layer zugeordnet. Skizzen und Volumenkörper bestehen aus mehreren Elementen, sind aber nur einem Layer zugeordnet.
- Neu erstellte Objekte werden automatisch auf den Work Layer gelegt.
- Objekte können jederzeit auf einen anderen Layer verschoben werden.

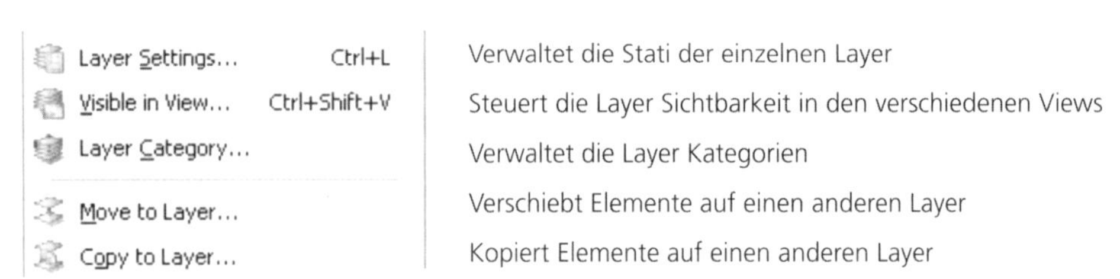

Bild 1.21 Layer Funktionen im Menü Format

1.3.2.1 Layer Settings

Menü Format → Layer Settings (Crtl+L)

Im Dialogfenster Layer Settings wird im Wesentlichen angegeben, welcher Layer welchen Status haben sollen. Ein Layer kann folgende Stati haben:

- **Work:** Work-Layer.
- **Selectable**: Elemente auf diesem Layer sind sichtbar und selektierbar.
- **Invisible**: Elemente auf diesem Layer sind weder sichtbar noch selektierbar.
- **Visible Only**: Elemente auf diesem Layer sind nur sichtbar, aber nicht selektierbar.

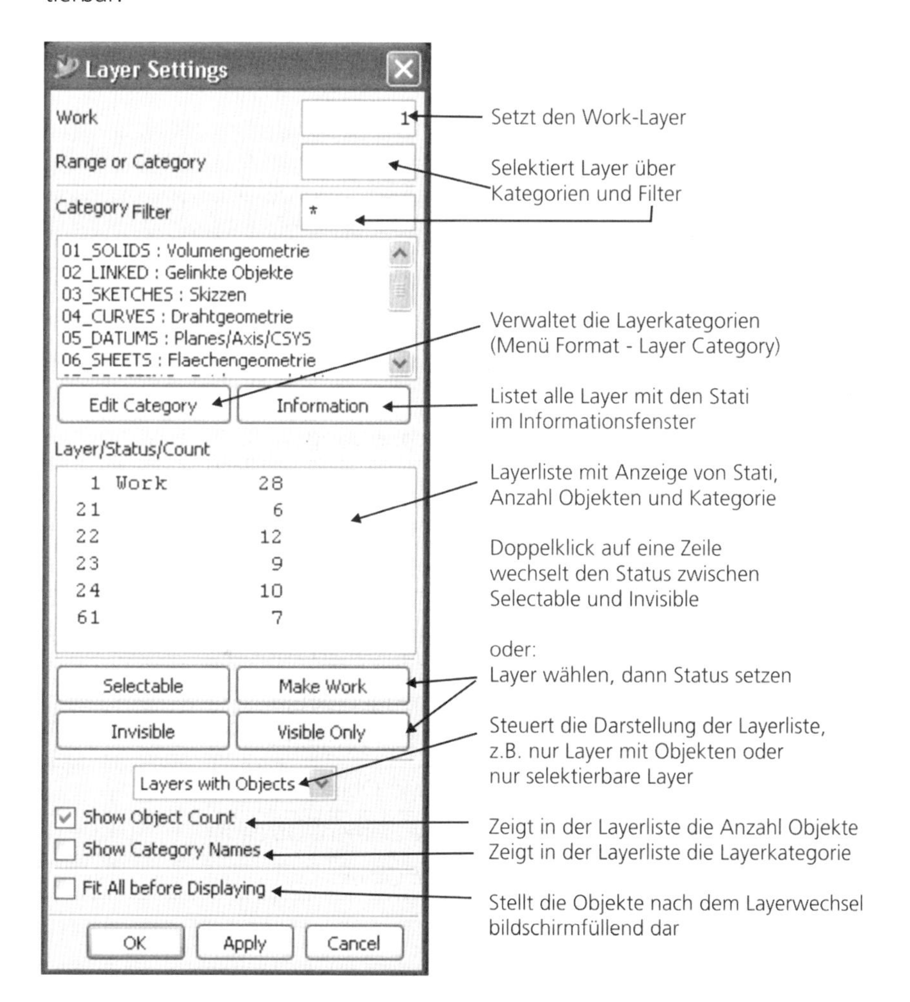

Bild 1.22 Dialogfenster Layer Settings

1.3.2.2 Work-Layer

Für das Setzen des Work-Layers muss nicht unbedingt das Menü Format → Layer Settings aufgerufen werden. Die Layernummer kann direkt in der Werkzeugleiste „Utilities" (standardmäßig oben links unterhalb der Standard Werkzeugleiste) eingegeben werden. Der bisherige Work-Layer wird dabei auf Selectable gesetzt.

Bild 1.23 Work Layer setzen in der Werkzeugleiste Utilities

1.3.2.3 Layer Kategorien

Es wird empfohlen, Objekte einheitlich nach firmeninternen Richtlinien auf Layer abzulegen. Dies könnte wie folgt aussehen:

Layer	Layer Kategorie	Beschreibung
1-15	SOLIDS	Volumengeometrie
16-20	LINKED-OBJECTS	Teileübergreifende Konstruktionsobjekte
21-40	SKETCHES	Skizzen
41-60	CURVES	Drahtgeometrie
61-80	DATUMS	Datum Planes/Axis/CSYS
81-100	SHEETS	Flächengeometrie
101-120	DRAFTING	Zeichnungsrahmen
121-130	MECHANISM	Motion Objekte
131-150	FEM	Finite Element Objekte
151-180	CAM	CAM Objekte

Tabelle 1.1 Beispiel einer Layerstruktur

1.3.3 Werkzeugleiste Visualization

Die Werkzeugleiste Visualization enthält einige erwähnenswerte Funktionen für die Visualisierung von Objekten. Es wird nicht im Detail auf alle Möglichkeiten eingegangen, da diese selbsterklärend sind.

Basic Lights: Steuert die acht vordefinierten Lichtquellen

High Quality Image: Erzeugt hochauflösende Bilder

Animate: Erstellt eine Animation

Navigation Options: Setzt die Einstellungen für eine Animation

Section: Stellt das Objekt geschnitten dar (siehe nächstes Kapitel)

Erzeugt eine TIFF-Datei von der aktuellen Ansicht

Visualization Preferences: Voreinstellungen für die Darstellung

Random Color Display: Stellt das Objekt mit Zufallsfarben dar

Shuffle Random Color: Ändert die Zuordnung der Zufallsfarben

Face Edges: Blendet die Körperkanten ein/aus

Facet Edges: Blendet die Flächefacetten ein/aus

Bild 1.24 Werkzeugleiste Visualization

Hinweis: Zum Erstellen von fotorealistischen Bildern sind die Funktionen der Werkzeugleiste „Visualize Shape" erforderlich. Dort können erweiterte Licht- und Schatteneigenschaften sowie Materialeigenschaften und Texturen definiert werden. Beschreibung siehe Kapitel 1.3.6.

1.3.4 Section View (Geschnittene Darstellung)

Menü View → Operation → Section

Diese Funktion ermöglicht es, ein 3D Objekt durch eine oder mehrere Ebenen zu schneiden und ist vor allem in der Baugruppenkonstruktion hilfreich. Überschneidungen lassen sich grafisch anzeigen. Im geschnittenen Modus kann auch weiter konstruiert werden.

Vorgehen:

- Werkzeugleiste „Visualization" einblenden
- „Section ..." wählen

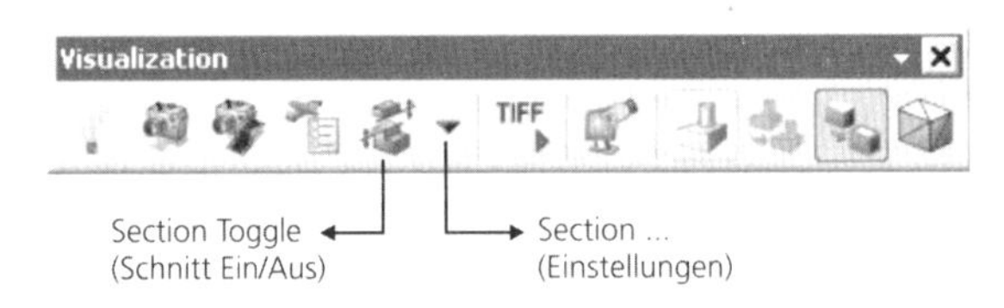

- „Sectioning Definition Dialog" wählen

- Einstellungen setzen

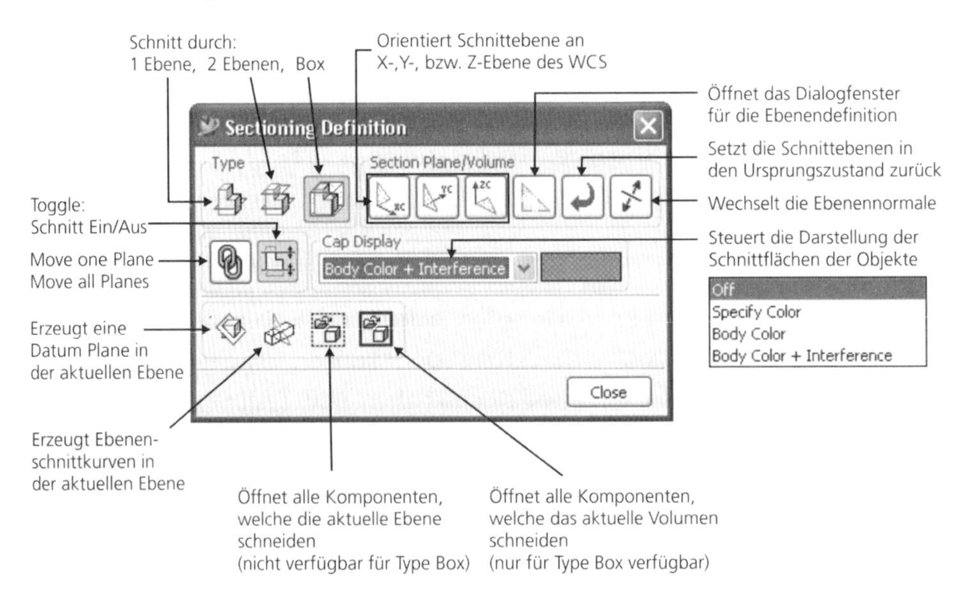

Bild 1.25 Sectioning Definition Dialog

Die Schnittebene wird dynamisch interaktiv festgelegt durch Ziehen an den Drag Handles des temporär angezeigten Koordinatensystems. Bei der Box Darstellung kann direkt die gewünschte Ebene durch gedrückt halten der Maustaste dynamisch verschoben werden.

Soll die Ebene genau durch einen Punkt verlaufen, wählt man den Ursprungspunkt des Koordinatensystems, danach mit Hilfe der Fangpunkte einen Punkt am Objekt.

Wenn man die Funktion Section verlässt, bleibt die Schnittdarstellung erhalten. Diese kann mit dem Icon Section Toggle ein- oder ausgeschaltet werden.

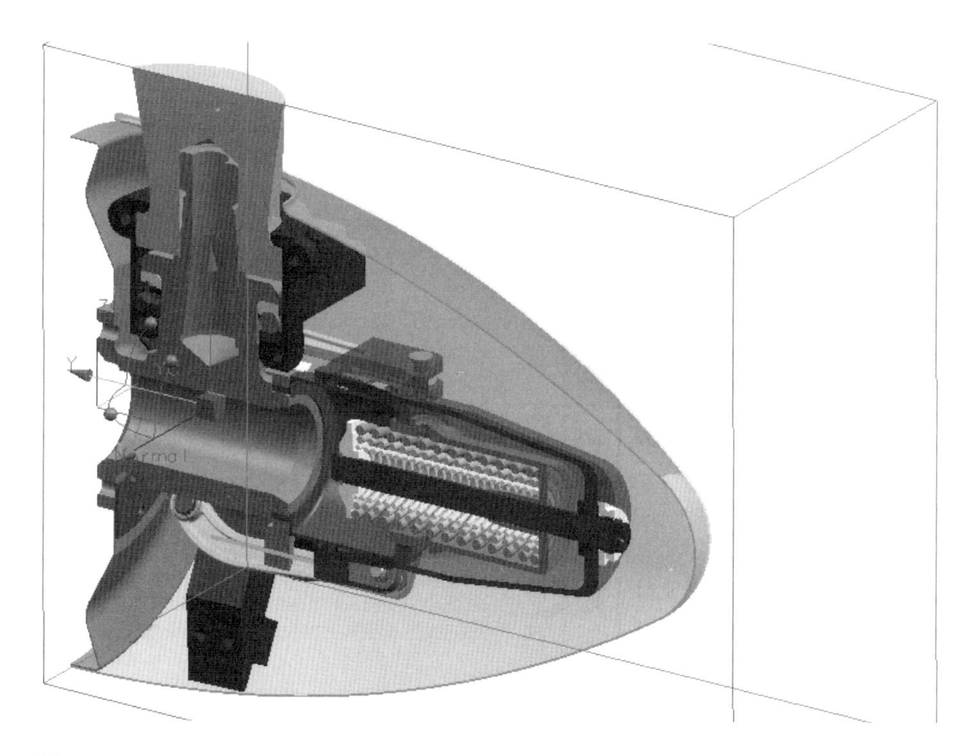

Bild 1.26 Beispiel einer geschnitten Darstellung (Type = Box)

1.3.5 Edit Object Display (Objektdarstellung ändern)

Menü Edit → Object Display (Ctrl+J)

Diese Funktion bietet weitere sehr nützliche Möglichkeiten, Objekte in der Darstellung zu beeinflussen. Neben dem Ändern der Farbe ist vor allem die transparente Darstellung ganz praktisch. Beispielsweise beim Arbeiten mit Baugruppen können die äußeren Teile transparent gemacht werden, um in das Innere sehen zu können. Die Transparenz lässt sich mit Hilfe eines Schiebereglers stufenlos einstellen.

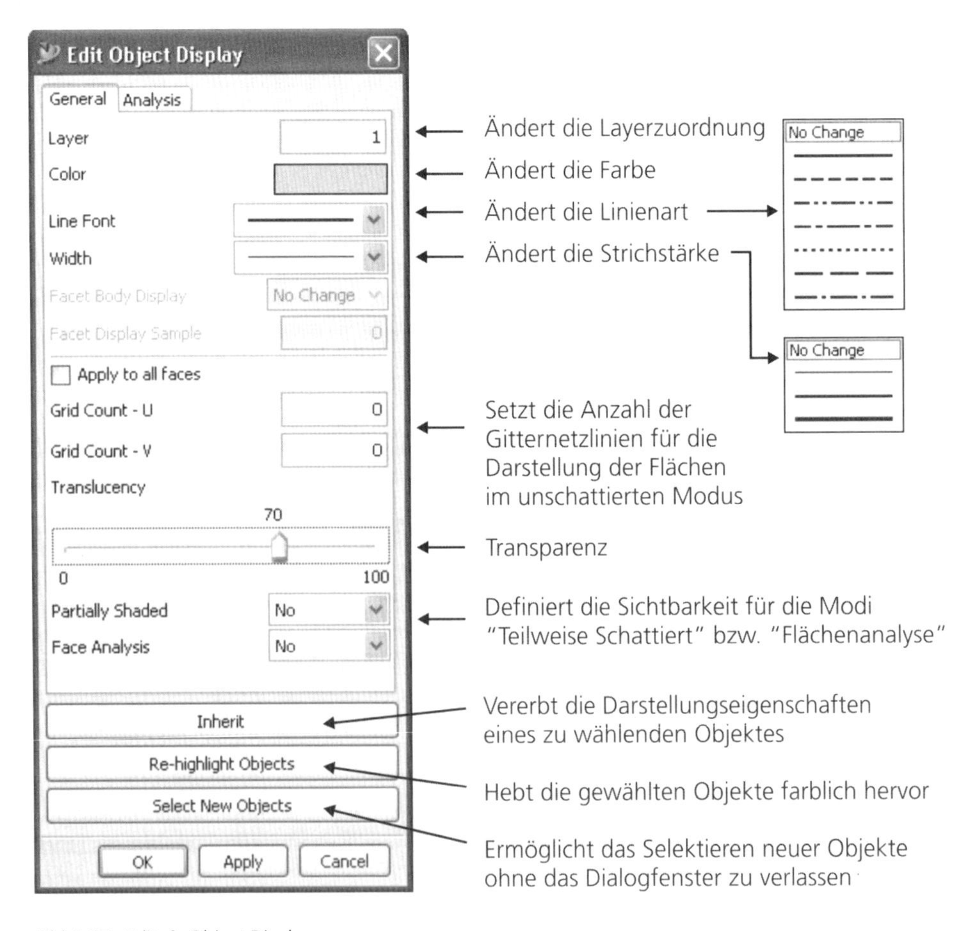

Bild 1.27 Edit → Object Display

1.3.6 Fotorealistische Darstellung

Menü View → Visualization

Fotorealistische Bilder finden hauptsächlich Verwendung in Präsentationen, Marketing- und Verkaufsunterlagen. Zum Erstellen von fotorealistischen Bildern empfiehlt es sich, die Werkzeugleiste „Visualize Shape“ einzublenden:

 High Quality Image: Erzeugt hochauflösende Bilder

 Artistic Image: Erzeugt Kunstbilder mit Spezialeffekten

 Materials and Textures

 Advanced Lights für erweiterte Lichtquelleneinstellungen

 Shadow Settings

 Realtime Shadows

 Advanced Studio Display

 Visual Effects: Hintergrund, Nebel, Fotoeffekte, usw.

 Definiert die Showroom Umgebung

Showroom Darstellung Ein/Aus

 Start Shade: Berechnet das fotorealistische Bild

 Erase Shade: Löscht das zuvor berechnete Bild

 Raster Image: Importiert ein Tiff-Bild auf die XY-Ebene des WCS

Bild 1.28 Werkzeugleiste „Visualize Shape“

1.3.6.1 Perspektive-Darstellung

Um Objekte realistischer darzustellen, sollte die Perspektive eingeschaltet werden:

Bild 1.29 Perspektive-Darstellung Ein/Aus

Einstellungen für Perspektive sind zu finden im Menü Preferences → Visualization

1.3.6.2 Materialien und Texturen

Menü View → Visualization → Materials/Textures ( )

NX beinhaltet eine Bibliothek an Materialien und Texturen, welche Objekten angefügt werden können. Dabei lassen sich auch eigene Materialien und Texturen definieren.

Vorgehen:

- Werkzeugleiste „Visualization" einblenden
- Darstellung auf **Studio Display Modus** umschalten

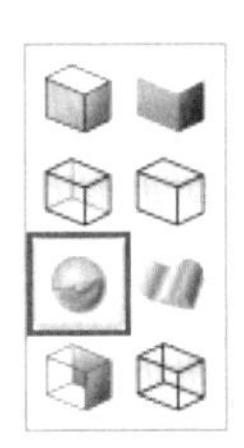

- Materials and Textures aufrufen
  Dabei erscheinen rechts in der Hilfsleiste **zwei zusätzliche Tabs**:

- Material aus der Bibliothek auswählen
- Gewünschte Objekte grafisch selektieren
- Apply oder MB2

Tipp: Material einem Objekt zuweisen geht auch mit Drag & Drop.

Alle verwendeten Materialien werden vom System in die aktuelle Datei kopiert und sind zu finden im Tab „Materials in Part". Hier können Materialien verändert oder neue hinzugefügt werden. Vorgehen für Material ändern:

- Tab „Materials in Part" öffnen
- MB3 auf gewünschtes Material, dann → Edit

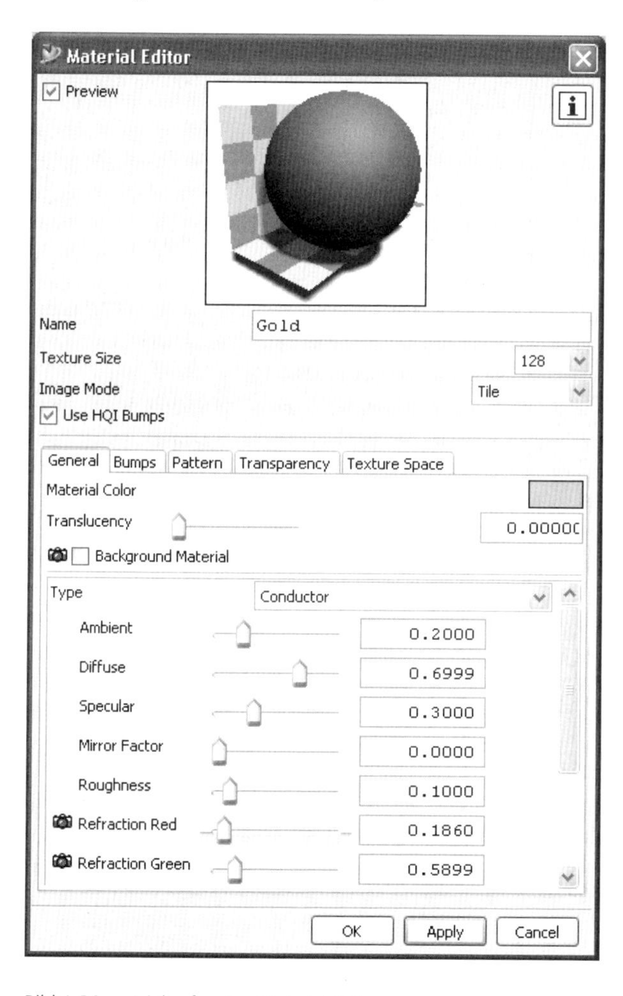

Bild 1.30 Dialogfenster Material Editor

Hinweis: Im Studio Display Modus sind nicht alle Effekte dargestellt. Diese werden erst im fotorealistischen Bild erkennbar. Betroffen sind Optionen mit dem Kamerasymbol davor (📷).

1.3.6.3 Advanced Lights

Menü View → Visualization → Advanced Lights ( )

Im Gegensatz zu den Basic Lights lassen sich hier zusätzlich Lichtquellen mit erweiterten Eigenschaften wie Schattenwurf, Farben und Spotlampen definieren.

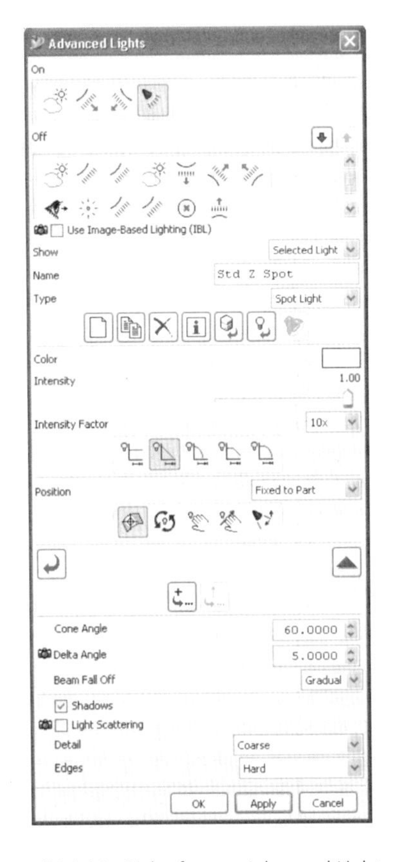

Aktive Lichtquellen

Entfernen/Hinzufügen (Ein/Aus) von Lichtquellen

Inaktive Lichtquellen

Zeigt grafisches Symbol für Lichtquelle

Name für Lichtquelle

Typ der Lichtquelle →

Ambient Light
Distant Light
Eye Light
Point Light
Spot Light
Scene Light

Lichtquelle erstellen, kopieren, löschen, ...

Farbe der Lichtquelle

Lichtintensität (für konstanten Verlauf)

Lichtintensität (für nicht konstanten Verlauf)

Intensitätsverlauf (konstant, linear, quadratisch, ...)

Position der Lichtquelle (relativ zum Objekt/Betrachter)

Für Spotlampen: Dynamisch verschieben, rotieren, Richtung und Kegelgröße ändern

Verschiedene Optionen für Spotlampen

Schattenwurf Ein/Aus

Lichtstreuung

Darstellungsqualität

Bild 1.31 Dialogfenster Advanced Lights

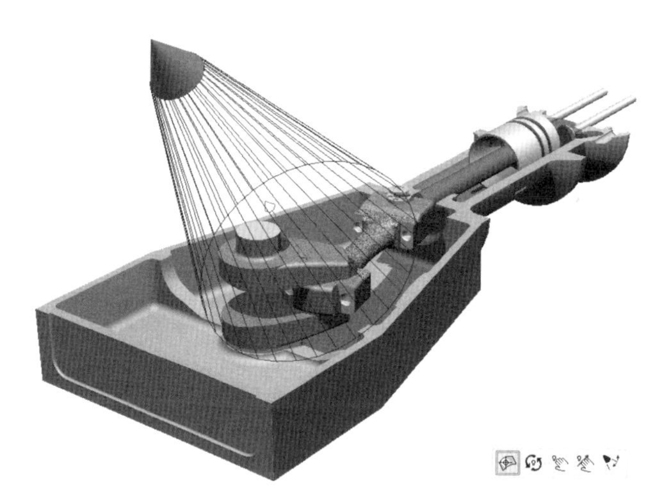

Bild 1.32 Dynamisches Ziehen für Spotlampen

1.3.6.4 Nebeleffekt

Um einen Nebeleffekt zu bewirken, muss als Erstes unter Menü Preferences → Visualization → Special Effects der Schalter „Fog“ aktiviert werden.

Unter der Schaltfläche „Fog Settings“ befinden sich die Einstellungen.

Der Nebeleffekt basiert auf der Möglichkeit, jedem Pixel eines Objektes einen Z-Wert bzw. Tiefe zuzuordnen. Pixel, welche vom Betrachter aus gesehen nahe sind, werden verschieden dargestellt gegenüber Pixel, die sich weiter entfernt befinden.

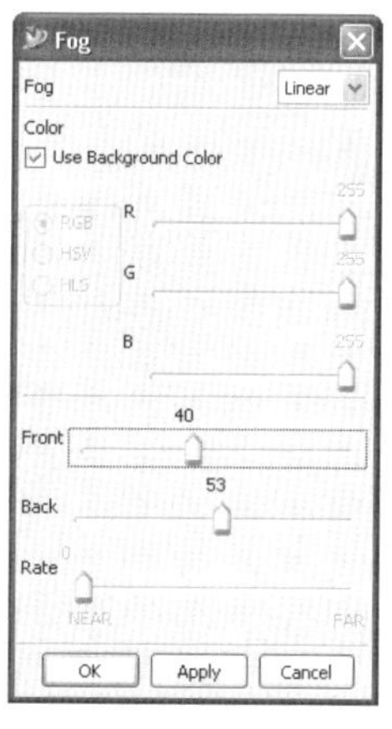

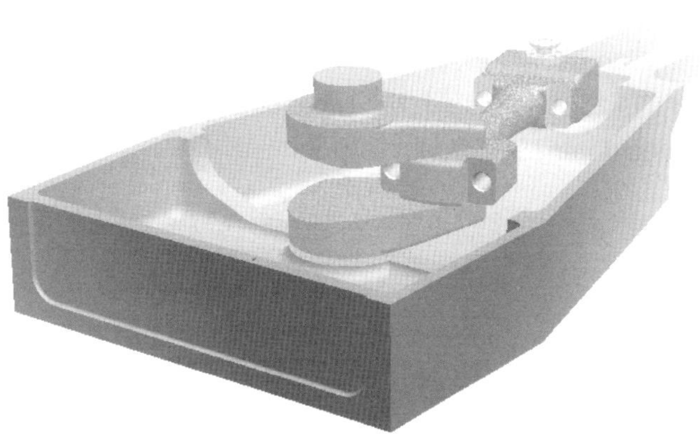

Bild 1.33 Nebeleffekt

1.3.6.5 Visual Effects (Spezialeffekte)

Menü View → Visualization → Visual Effects ()

Dieses Menü beinhaltet verschiedene Optionen, die für fotorealistische Bilder gesetzt werden können. Als Vordergrund und/oder Hintergrund kann ein beliebiges tiff-Bild verwendet werden.

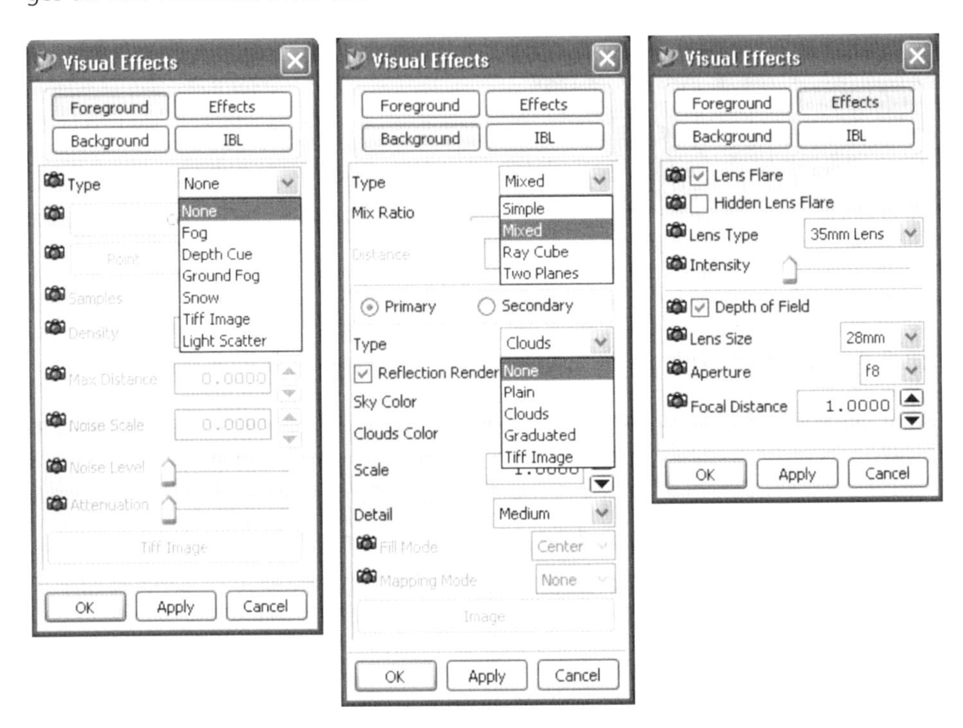

Bild 1.34 Visual Effects

Hinweis: Für die Gestaltung der Umgebung stehen in NX neue Möglichkeiten zur Verfügung unter „Showroom Environment".

1.3.6.6 Showroom Environment (Umgebung)

Menü View → Visualization → Showroom Environment ( )

Showroom beinhaltet eine Reihe von vordefinierten Umgebungen. Dabei wird das Objekt in einen virtuellen Raum platziert, welcher die Form eines Würfels darstellt. Die sechs Seitenflächen sind mit Texturen versehen, welche beliebig angepasst werden können, beispielsweise mit eigenen tiff-Bildern.

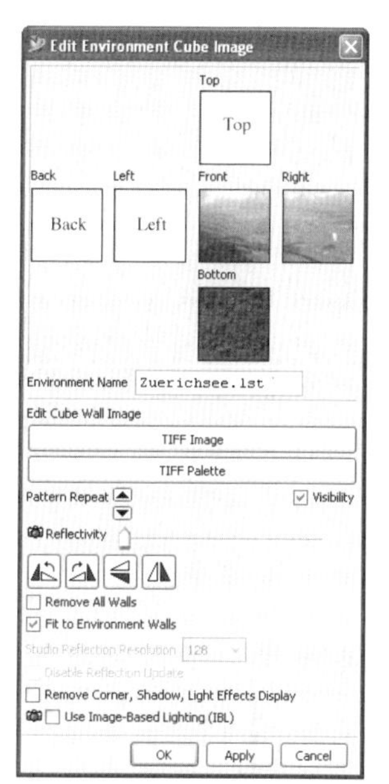

Bild 1.35 Showroom Environment

Für anspruchsvollere Anforderungen kann die Umgebung selbstverständlich mit NX beliebig aufwändig gestaltet werden.

1.3.6.7 Rendern

Menü View → Visualization → High Quality Image ( )

Der letzte Schritt zum fotorealistischen Bild ist das Rendern. Es sind verschiedene Algorithmen hinterlegt. Für eine schnelle Berechnung zur Verifizierung des Objektes empfiehlt es sich, einer der drei Preview Renderer zu verwenden, für die endgültige Berechnung Photo-Realistic oder Ray Traced.

Detaillierte Anleitungen zum Rendern sind zu finden auf der Internetseite *www.lightworks-user.com/tutorials/ug/nxrender*.

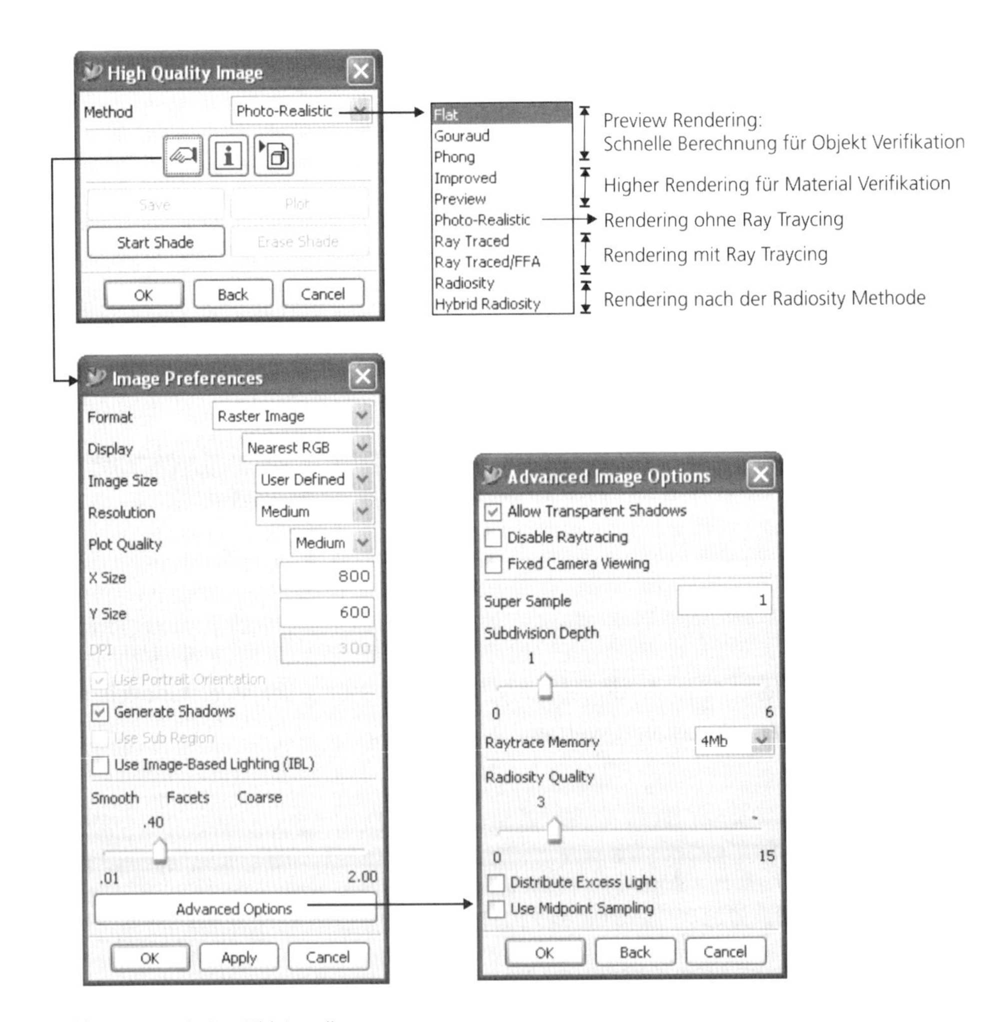

Bild 1.36 Rendering Bildeinstellungen

1.4 Koordinatensysteme

Koordinatensysteme sind in CAD-Programmen wichtige Hilfs- und Orientierungsmittel. Sehr oft beziehen sich die Eingabewerte auf ein Koordinatensystem.

Zur Beschreibung der X-, Y- und Z-Achsen bedient man sich am einfachsten der Rechten-Hand-Regel.

Das Bild rechts verdeutlicht diese Regel, wobei die positive X-Achse in Richtung des Daumens zeigt, die positive Y-Achse in Richtung des Zeigefingers und die Z-Achse in Richtung des entgegenkommenden Mittelfingers.

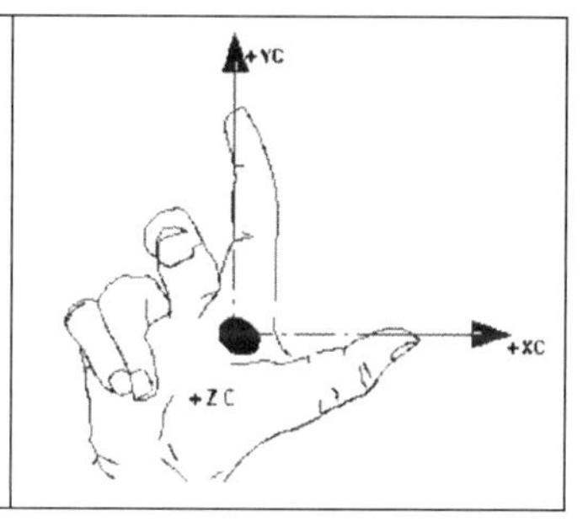

Für den Anwender sind grundsätzlich zwei verschiedene Typen von Koordinatensystemen von Bedeutung:

1.4.1 Absolutes Koordinatensystem

Jede NX-Datei besitzt ein absolutes Koordinatensystem, welches nicht verändert werden kann. Es ist für den Anwender unsichtbar.

1.4.2 Work Coordinate System (Arbeits-Koordinatensystem)

Das Work Coordinate System (WCS) kann vom Anwender beliebig verschoben und gedreht werden. Von Bedeutung ist das WCS beispielsweise dann, wenn eine Koordinateneingabe erforderlich ist. Hier kann gewählt werden zwischen Absolut und WCS. Da der absolute Wert oft nicht bekannt ist, bezieht man sich einfacher auf das WCS, welches zuvor geeignet positioniert wird.

Ebenfalls von Bedeutung ist das WCS bei freiem Positionieren mit Hilfe des Mauszeigers. NX bezieht sich dabei jeweils auf die XY-Ebene des WCS.

Noch ein Hinweis: NX verwendet häufig die Bezeichnungen horizontal und vertikal. Horizontal bedeutet parallel zur XC-Achse, vertikal parallel zur YC-Achse.

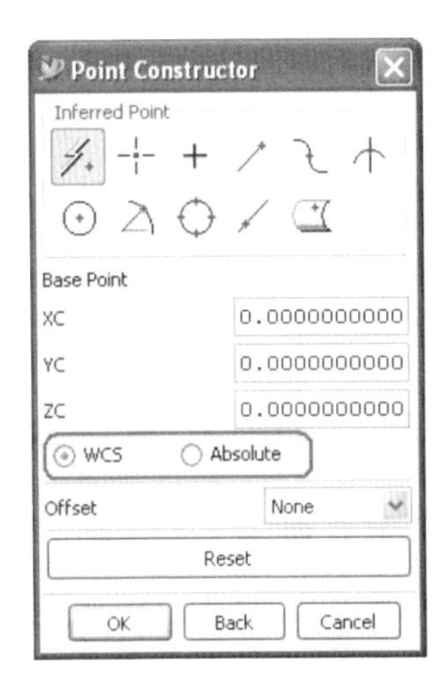

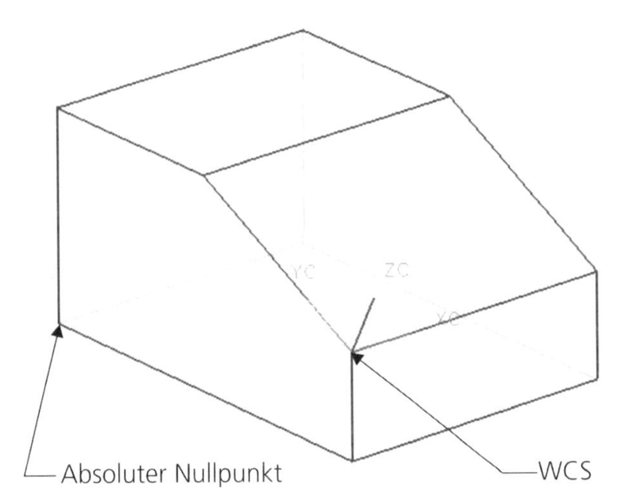

Bild 1.37 Koordinatensysteme

Das WCS kann jederzeit zurückgesetzt werden in die ursprüngliche Lage des absoluten WCS: Menü Format → WCS → Orient: Absolut CSYS ( )

Am häufigsten benötigt wird das dynamische Positionieren und Drehen des WCS:
Menü Format → WCS → Dynamic ( )

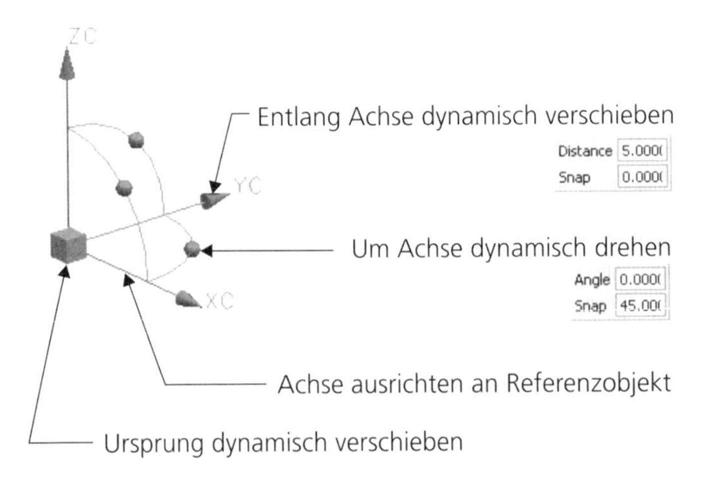

Bild 1.38 WCS → Dynamic

Hinweise:

- Beim Verschieben des Ursprungs aktiviert das System die Werkzeugleiste Snap Point (Fangpunkte) für das Einrasten auf ein bestehendes Objekt.
- Das Ausrichten einer Achse an einem Referenzobjekt geht wie folgt: Gewünschte WCS Achse anwählen, dann eine Körperkante für die Ausrichtung selektieren oder mit Hilfe des Vector Constructors (↳...) die Richtung definieren.
- Das Menü WCS beinhaltet noch weitere Funktionen, die jedoch seltener zur Anwendung kommen. Erwähnenswert ist Save. Save speichert das aktuelle WSC ab. Auf dieses WCS kann später zurückgegriffen werden mit WCS → Orient: CSYS to CSYS ( ).

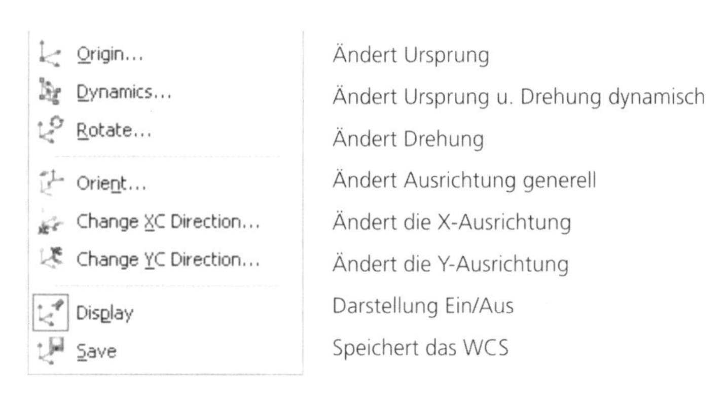

Bild 1.39 Menü WCS

1.4.3 Ansicht am WCS orientieren

Die Werkzeugleiste View enthält die Funktion „Set to WCS", welche die aktuelle Ansicht auf das aktuelle WCS orientiert.

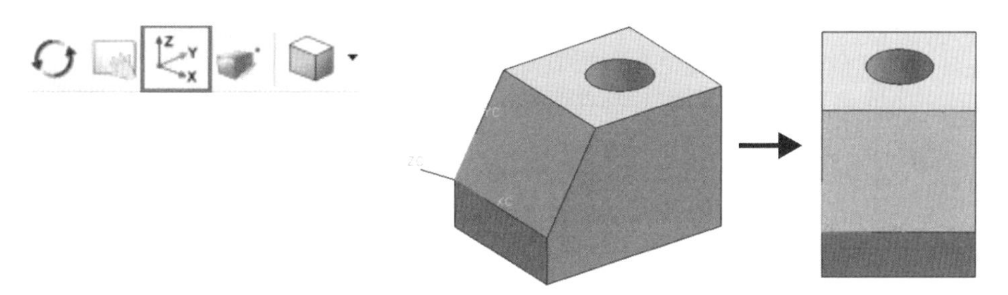

Bild 1.40 Set View to WCS

1.5 Konstruktionselemente

Ein 3D Modell entsteht schrittweise durch das Verbinden von Konstruktionselementen. Verbinden kann heißen: Hinzufügen, Wegschneiden oder eine Schnittmenge bilden. Hierfür gibt es die Booleschen Operationen.

1.5.1 Boolesche Operationen

Normalerweise wird die Art der Booleschen Operation direkt bei der Erzeugung eines Konstruktionselementes (z.B. bei Extrude und Revolve) bestimmt. Bei den Formelementen (Bohrung, Zapfen, Tasche, usw.) ist die Art der Operation logischerweise vorgegeben.

Es gibt aber in der Praxis immer wieder Fälle, wo es Sinn macht oder wo man nicht darum herumkommt, mit mehreren Volumenkörpern zu arbeiten und diese dann miteinander verbindet (Menü Insert → Combine Bodies: Unite, Subtract oder Intersect).

Beschreibung anhand eines einfachen Beispiels:

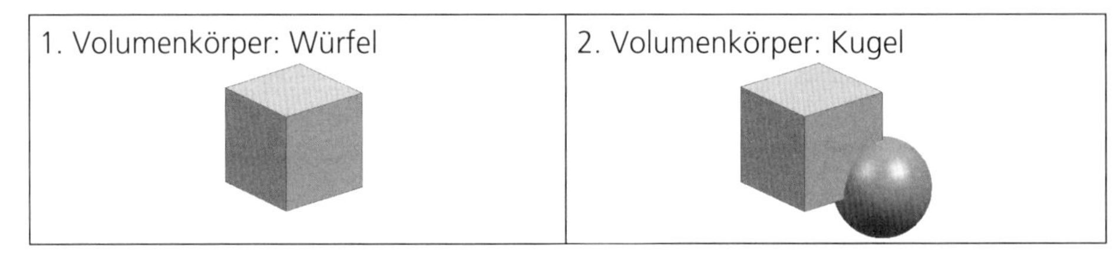

1. Volumenkörper: Würfel	2. Volumenkörper: Kugel

Optionen für Boolesche Operationen:

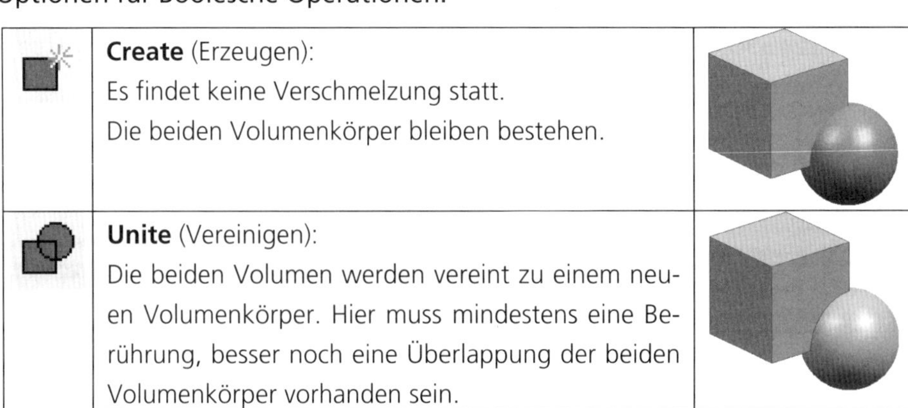

	Create (Erzeugen): Es findet keine Verschmelzung statt. Die beiden Volumenkörper bleiben bestehen.	
	Unite (Vereinigen): Die beiden Volumen werden vereint zu einem neuen Volumenkörper. Hier muss mindestens eine Berührung, besser noch eine Überlappung der beiden Volumenkörper vorhanden sein.	

	Subtract (Subtrahieren) Die Kugel ist vom Kubus subtrahiert worden. Hier muss eine Überlappung der beiden Volumenkörper vorhanden sein.	
	Intersect (Schneiden): Das Resultat ist die Schnittmenge beider Volumenkörper. Auch hier muss eine Überlappung der beiden Volumenkörper vorhanden sein.	

Tabelle 1.2: Boolesche Operationen

1.5.2 Grundkörper (Primitives)

Menü Insert → Design Feature:

Bild 1.41 Die vier Grundkörper

Grundkörper sind die einfachsten Volumenelemente, welche zur Modellierung eines Objektes zur Verfügung stehen. Grundkörper sollten aber mit großer Vorsicht verwendet werden. Der Grund ist, dass ein Grundkörper nur absolut im Raum (XYZ) platziert werden kann, sich also nicht zur bestehenden Modellgeometrie positioniert lässt. Damit ist die Assoziativität nicht gegeben.

Deshalb sollte ein Grundkörper nur als erstes Geometrieelement in einem Modell verwendet werden. Besser jedoch ist es, generell mit einem Sketch (Skizze) zu beginnen. Folgendes Beispiel soll die Problematik von Grundkörpern erläutern.

- Erster Körper: Würfel mit Kantenlänge 100 mm im Ursprung des WCS.

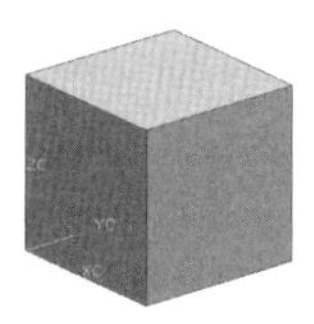

- Zweiter Körper: Kugel D=50 mm, positioniert am Eckpunkt des Würfels.

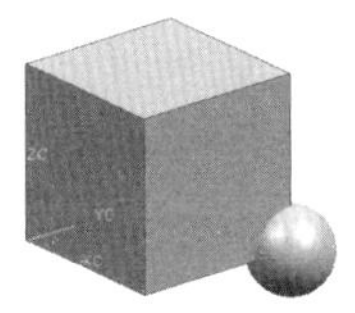

Für den Anwender entsteht hier der Eindruck, dass die Kugel in Bezug zum Eckpunkt des Würfels positioniert wurde. Dies ist aber nicht der Fall. Die Kugel ist in Wirklichkeit nur absolut im Raum positioniert.

- Vereinigen der beiden Grundkörper (Insert → Combine Bodies → Unite):

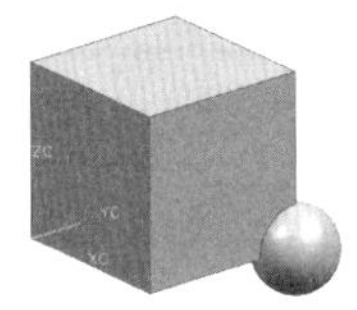

- Ändern der Würfel-Parameter auf Kantenlänge von 100 auf 50 mm.
- Beim Aktualisieren des 3D Modells erscheint eine Fehlermeldung, weil sich die beiden Körper nicht mehr berühren und die Boolesche Operation nicht mehr ausgeführt werden kann. Der Part Navigator kennzeichnet dies durch ein entsprechendes Symbol.

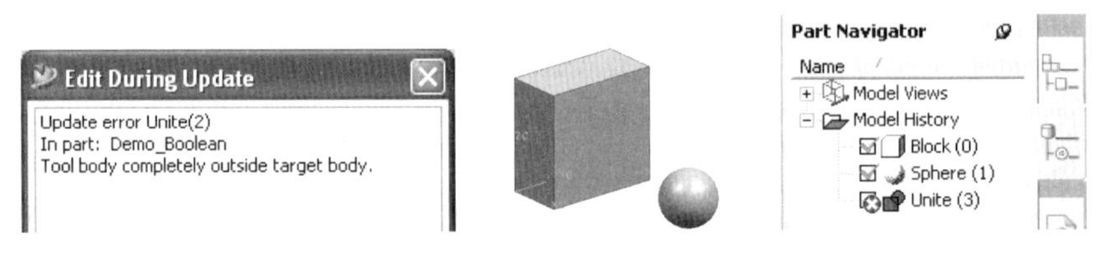

Fehlermeldung beim Aktualisieren | Geändertes Modell | Part Navigator

Bild 1.42 Fehlermeldung beim Aktualisieren nach einer Modelländerung

In diesem Beispiel ist der Fehler offensichtlich. Es kann aber ebenso gut der Fall auftreten, dass alle Operationen zwar fehlerfrei aktualisieren, das Modell jedoch nicht dem Konstruktionsziel entspricht.

Erzeugen von Grundkörpern

Die Dialogfenster der verschiedenen Objekte sind einander ähnlich. Die Benutzerführung hängt ab von der Wahl der Erzeugungsmethode.

Erzeugen eines Quaders mittels Angabe der Kantenlängen:

- Applikation Modeling (Ctrl+M) aktivieren.
- Menü Insert → Design Feature → Block ( ).

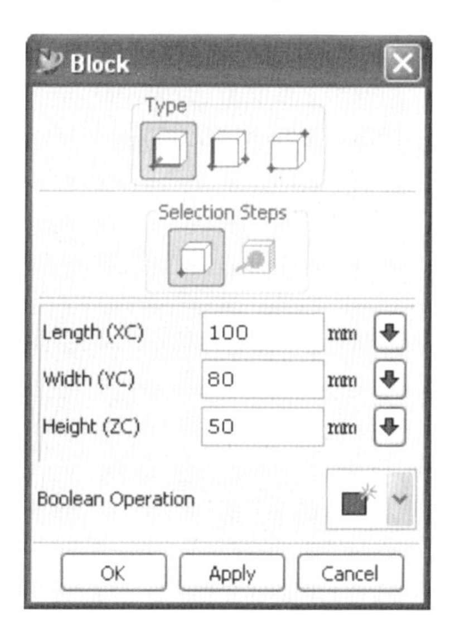

Erzeugungsmethoden:
1. Ursprung und Kantenlängen
2. Zwei Punkte und Höhe
3. Zwei Punkte der Körperdiagonale

Auswahlschritte:
Sind abhängig von der Erzeugungsmethode

Beispiel für Methode 1:
Drei Kantenlängen des Quaders eingeben

Boolesche Operation wählen
Ist noch kein Volumenkörper vorhanden, erscheint hier nur die Option Create

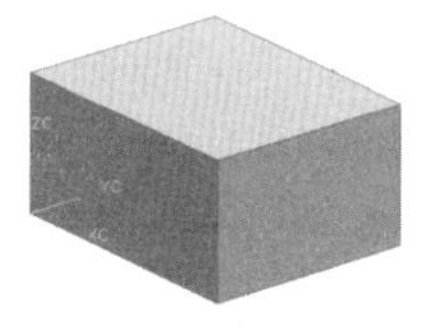

Bild 1.43 Dialogfenster Block

Block 100x80x50

- Parameter für Kantenlängen eingeben.
- Positionieren des Blocks mit Hilfe der Snap Points (Kapitel 1.1.1.9) oder dem Point Constructor (Kapitel 1.1.1.10).
  Falls es das erste Geometrieelement in der aktuellen Datei ist, kann der Block mit OK in den absoluten Nullpunkt gesetzt werden.

Tipp: Ein Grundkörper kann nachträglich verschoben werden mit Hilfe von Menü Edit → Transform (Ctrl+T).

1.5.3 Formelemente

Menü Insert → Design Feature

Formelemente sind vordefinierte Konstruktionselemente, welche über Parameter in ihrer Größe definiert sind. Formelemente werden in Bezug zum bestehenden Modell positioniert und vereint.

Bild 1.44 Übersicht: Formelemente

1.5.3.1 Hole (Bohrung)

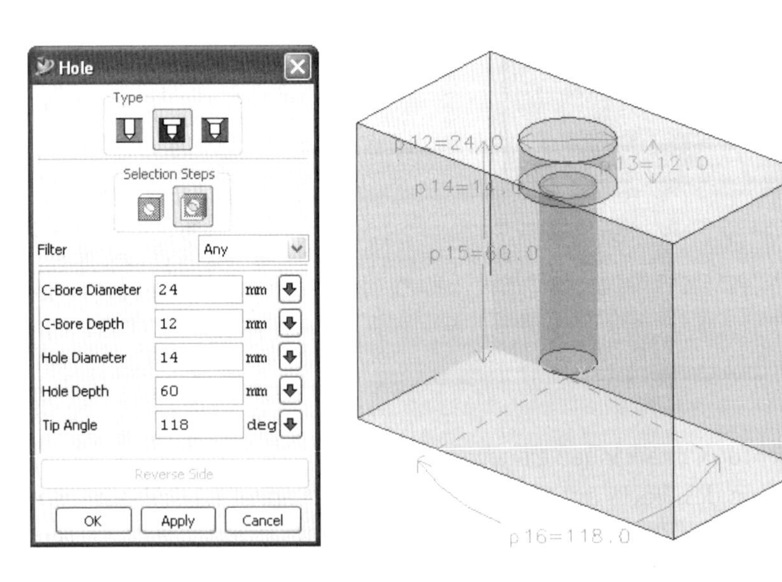

Bild 1.45 Optionen für Hole

Tipp für Durchgangsbohrungen: Neben der Positionierungsfläche eine Austrittsfläche wählen. Dadurch entfällt die Eingabe der Bohrtiefe.

1.5.3.2 Boss (Knauf)

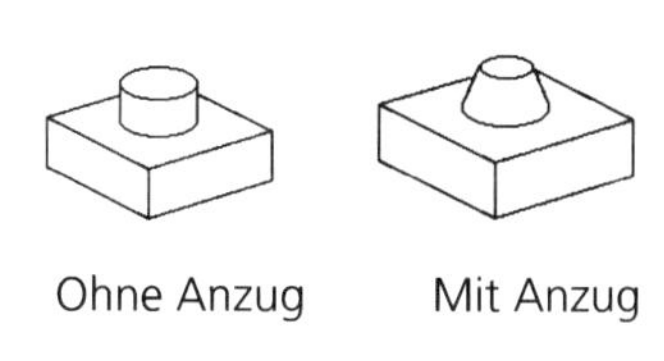

Bild 1.46 Optionen für Boss

1.5.3.3 Pocket (Tasche)

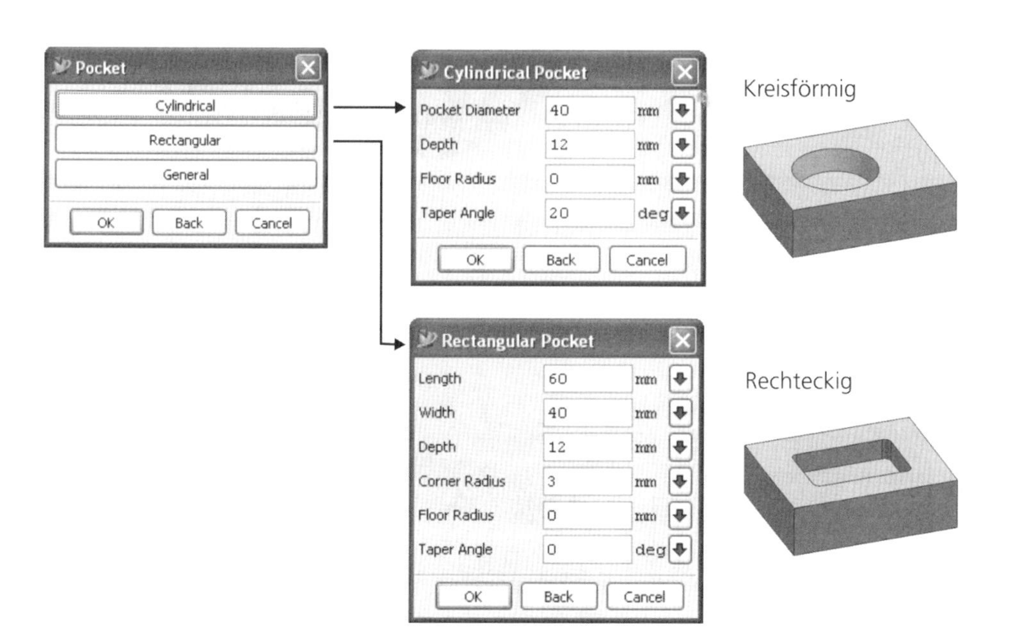

Bild 1.47 Optionen für Pocket: Kreis und Rechteck

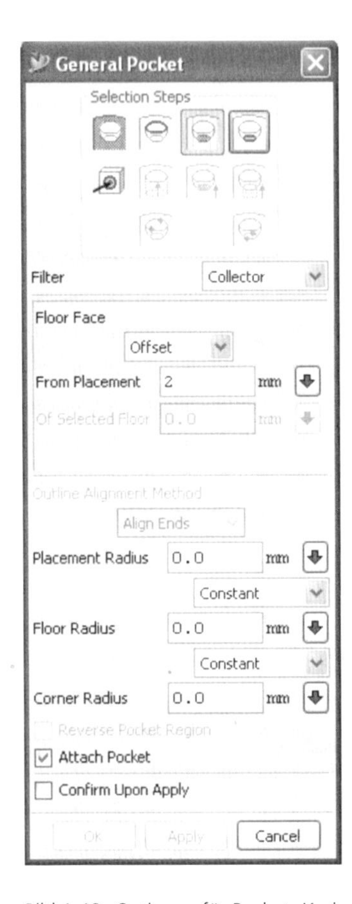

Allgemeine Tasche:
Diese Funktion ist sehr vielfältig anwendbar, meistens um eine Tasche mit einer beliebigen Kontur aus einem Teil herauszuschneiden.

Optional sind folgende Besonderheiten enthalten:
- Runden sämtlicher Taschenkanten (Ecken, Boden, Eintrittskante)
- Formschräge
- Projektionsrichtung
- Zweite Kontur für Taschenboden

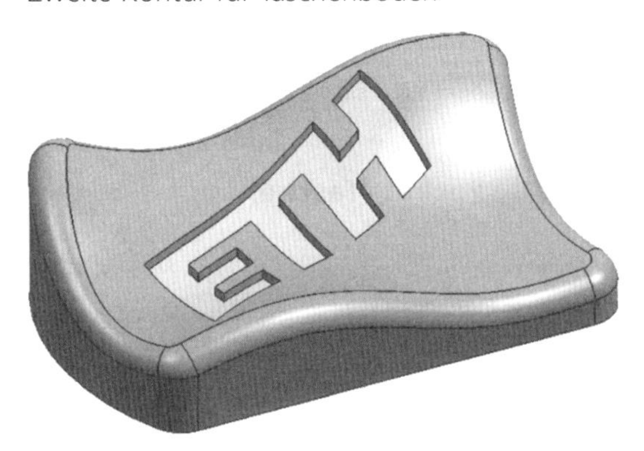

Bild 1.48 Optionen für Pocket: Kreis und Rechteck

1.5.3.4 Pad (Aufsatz)

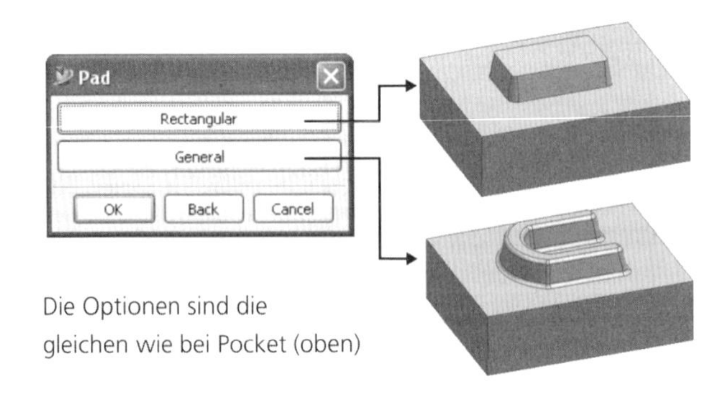

Die Optionen sind die gleichen wie bei Pocket (oben)

Bild 1.49 Optionen für Pad

1.5.3.5 Slot (Nut)

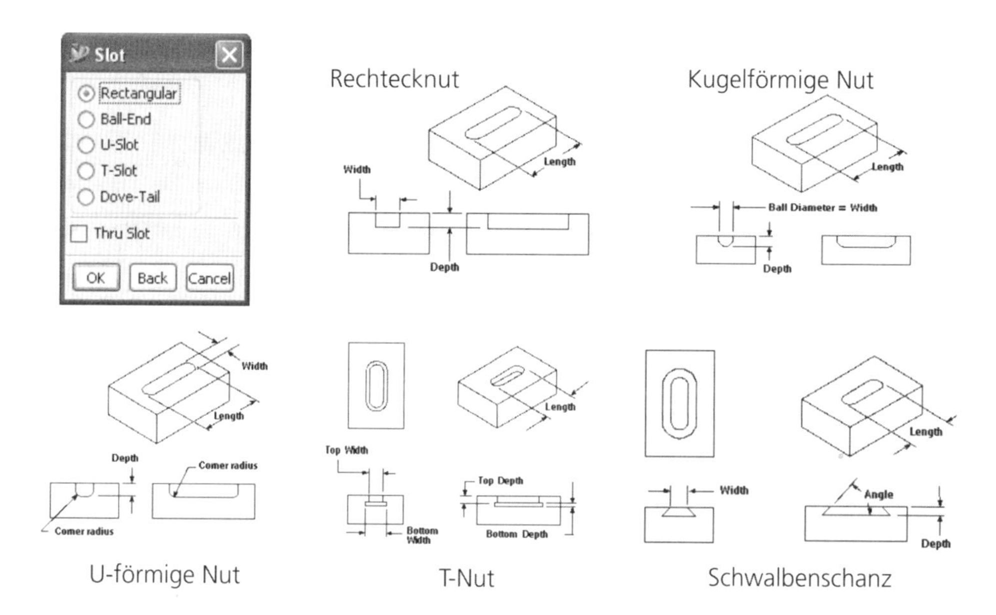

Bild 1.50 Optionen für Slot

1.5.3.6 Groove (Welleneinstiche)

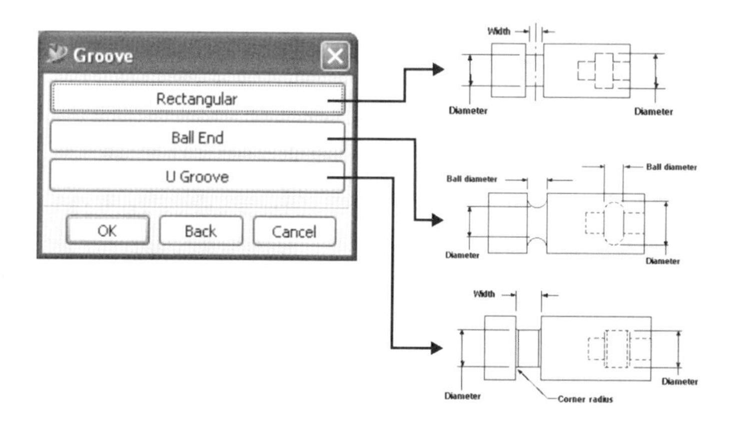

Bild 1.51 Optionen für Groove (Welleneinstiche)

Beispiel: Erzeugen eines Rectangular Slot (Rechtecknut):

- Menü Insert → Design Feature → Slot ( )
- Option „Rectangular"
- Positionierungsfläche selektieren

- Horizontale Ausrichtung festlegen

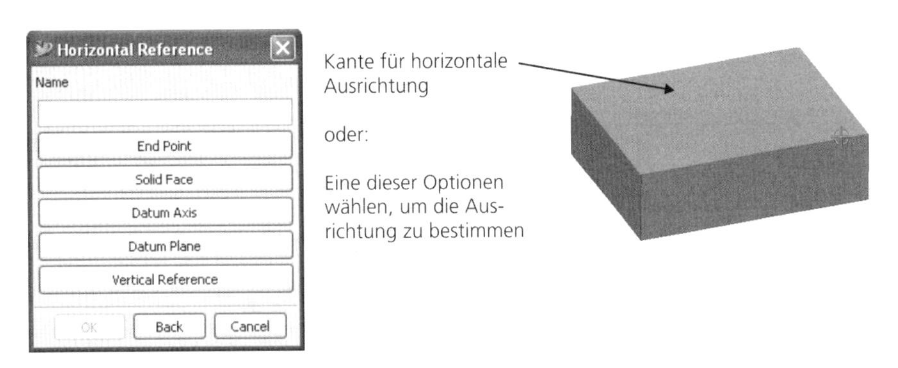

- Parameter für Nut eingeben, dann OK:

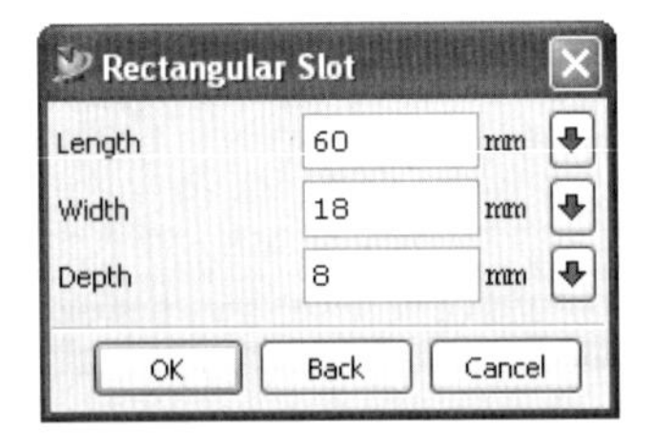

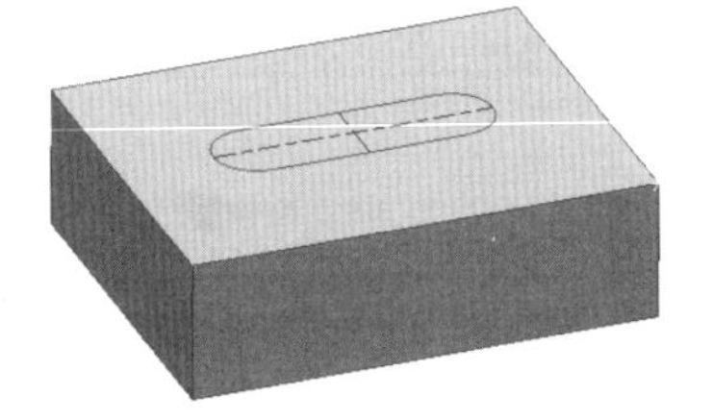

- Formelement positionieren:
  (Detaillierte Beschreibung siehe weiter unten)

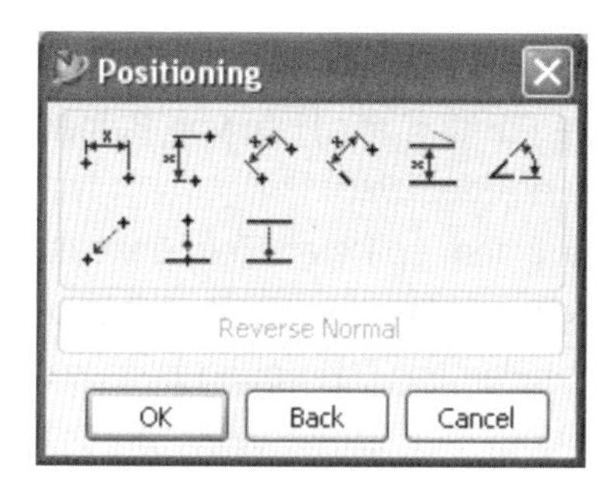

Positionieren bezüglich zwei Aussenkanten

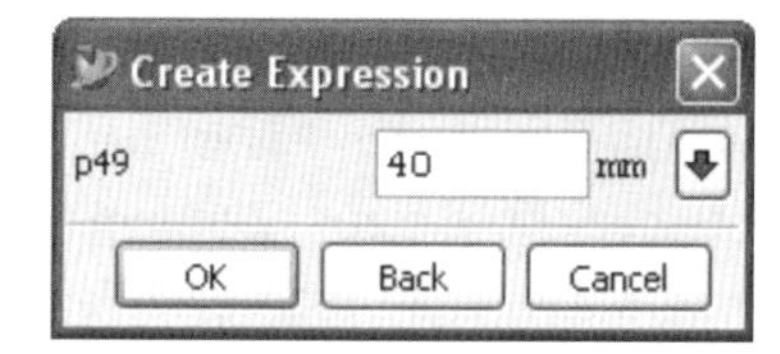

Jeweils Abstand zur Aussenkante zuweisen

- Fertig

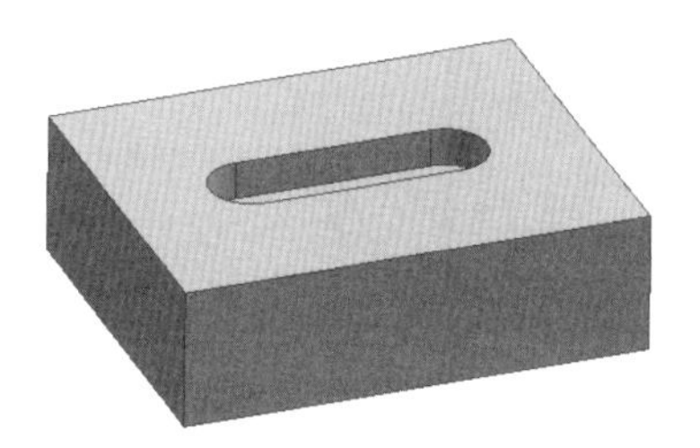

Bild 1.52 Beispiel: Rectangular Slot

Wie hier am Beispiel gezeigt, muss zur Platzierung des Formelementes eine ebene Körperfläche oder eine Datum Plane (Kapitel 1.5.4) gewählt werden. Wenn diese Fläche/Datum Plane aus irgendeinem Grund gelöscht wird, dann weist NX darauf hin, dass abhängige Objekte und Beziehungen ebenfalls gelöscht werden. Hier kann man noch abbrechen und das Feature neu zuordnen (Kapitel 1.9.7) und/oder neu positionieren (Kapitel 1.9.5).

1.5.3.7 Formelemente positionieren

NX lässt es dem Anwender grundsätzlich offen, ob ein Formelement positioniert werden soll oder nicht. Standardmäßig wird es dorthin platziert, wo mit dem Mauszeiger die Positionierungsfläche selektiert wurde. Diese Position ist zumeist willkürlich. Daher gibt es die Möglichkeit, die Position mit Hilfe von Bemaßungen gegenüber bereits bestehender Geometrie zu positionieren.

Hinweis: Das Positionieren kann auch zu einem späteren Zeitpunkt durchgeführt werden. In diesem Fall ist darauf zu achten, dass man sich auf Geometrieelemente bezieht, die zum Zeitpunkt der Formelement-Erzeugung bereits existierten. Andernfalls erhält man eine Fehlermeldung. Der Grund liegt darin, dass NX wie die meisten anderen CAD-Systeme History Based ist. NX berechnet das Modell, indem es die Entstehungsreihenfolge sequentiell durchläuft.

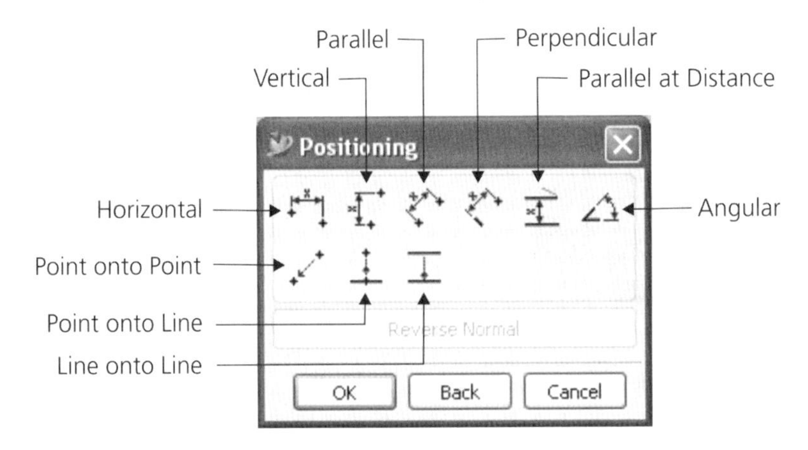

Bild 1.53 Dialogfenster Positioning

Besonders zu achten ist auf die Reihenfolge bei der Benutzerführung.

- **Select Target Object** bedeutet: Kante am bestehenden Modell
- **Select Tool Edge** bedeutet: Kante am Formelement

Für **Horizontal** und **Vertical** gibt es zwei Besonderheiten:

- Es ist nicht immer eindeutig zu erkennen was Horizontal und Vertical ist. Deshalb wird empfohlen, den Typ „Parallel at a Distance" zu verwenden.
- Mit Horizontal und Vertical ist es nicht möglich, sich auf Datums (Bezugsebenen und -achsen) zu beziehen.

1.5.4 Datums (Bezugselemente)

Bezugselemente dienen als Hilfen, wenn keine geeigneten Ebenen vorhanden sind, beispielsweise zum Skizzieren, Positionieren von Formelementen oder als Bezug für Bemaßungen.

Es gibt drei Typen von Bezugselementen (Menü Insert → Datum/Point):

 Datum Plane (Bezugsebene)

 Datum Axis (Bezugsachse)

 Datum Coordinate System (Bezugskoordinatensystem)

Bild 1.54 Datum Typen

Im Zusammenhang mit Bezugsebenen und -achsen ist es sehr wichtig, folgende Unterscheidung zu kennen:

Feste (fixed) Bezugselemente stehen absolut im Raum. Sie haben keinen Bezug zu bereits existierender Geometrie. Fixed Datums werden beim Erzeugen in den WCS Ursprung gelegt.	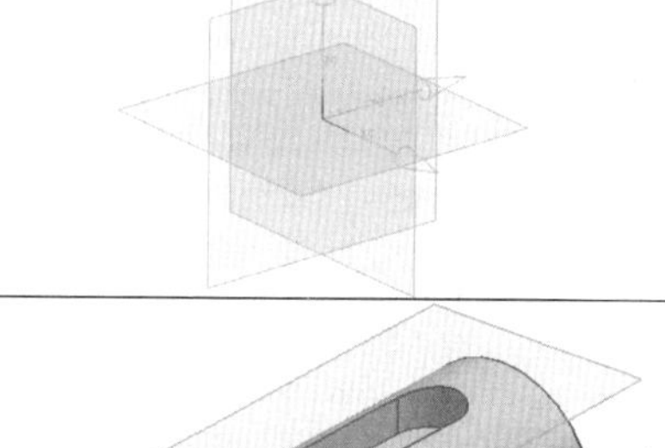
Relative Bezugselemente werden in Bezug zum 3D Modell erzeugt und mit geometrischen Bedingungen versehen. Sie sind assoziativ. Im Beispiel rechts ist eine Welle mit einer Nut und einer schiefen Durchgangsbohrung jeweils ausgerichtet auf die Bezugselemente.	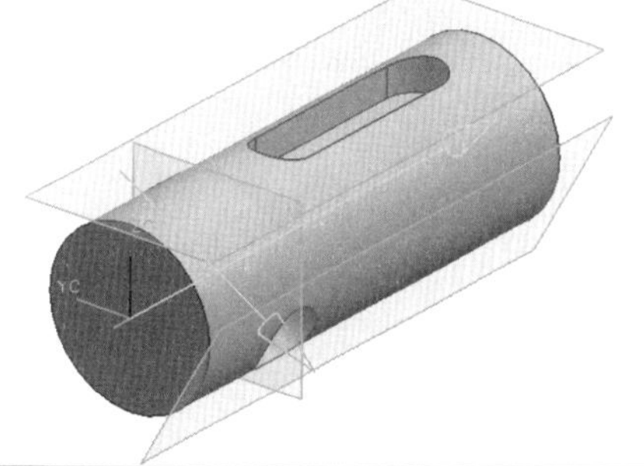

Bei Bezugskoordinatensystemen wird nicht unterschieden zwischen fix und relativ. Ein absolut erzeugtes Datum CSYS kann nachträglich in Bezug zum Modell gebracht werden.

1.5.4.1 Datum Planes

Datum Planes sind unendlich gross. Das System passt lediglich die Darstellung an die Modellgröße an. Diese Darstellung kann mit Hilfe von Drag Handles verändert werden. Für das Erzeugen von Datum Planes stehen eine Reihe von Optionen zur Verfügung:

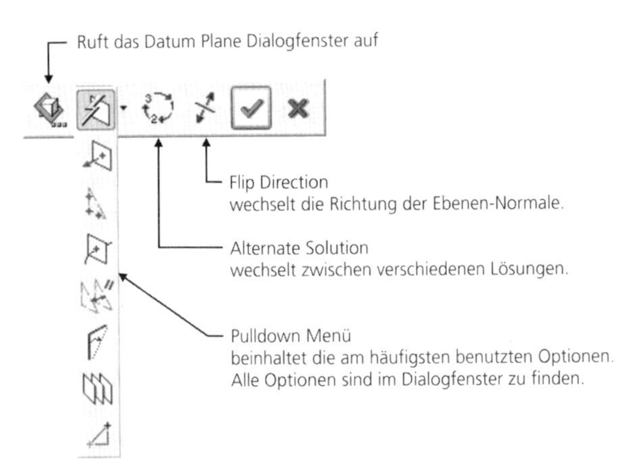

Bild 1.55 Datum Plane Symbolleiste

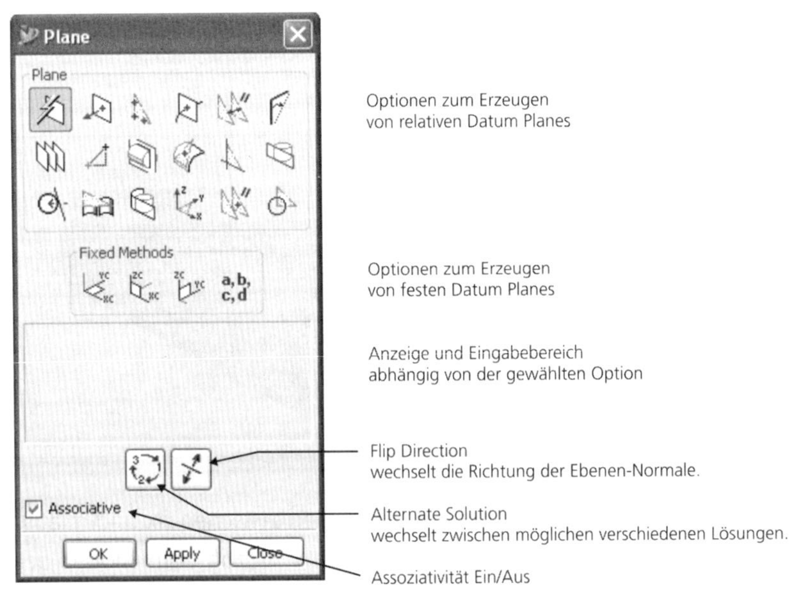

Bild 1.56 Datum Plane Dialogfenster

Kurzbeschreibung der Optionen für Datum Planes:

	**Inferred** (Ermittelt): Das System ermittelt die Absicht des Anwenders, abhängig vom gewählten Objekt. Meistens führt dieses Vorgehen zum Erfolg, andernfalls muss die gewünschte Option explizit gewählt werden.	
	**Point and Direction:** Erzeugt eine Datum Plane durch den Ursprungspunkt und einen Punkt in der Normalenrichtung.	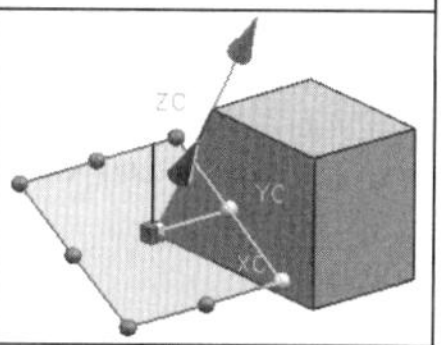
	**Three Points:** Erzeugt eine Datum Plane durch drei Punkte.	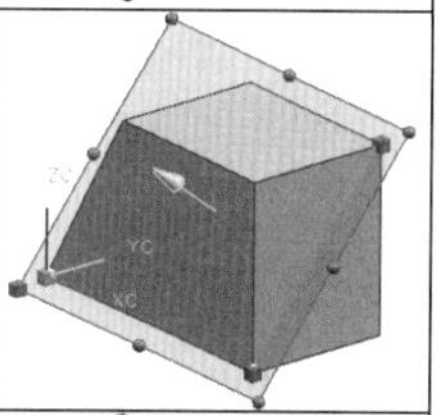
	**Plane on Curve:** Erzeugt eine Datum Plane normal durch einen Punkt auf einer Kurve.	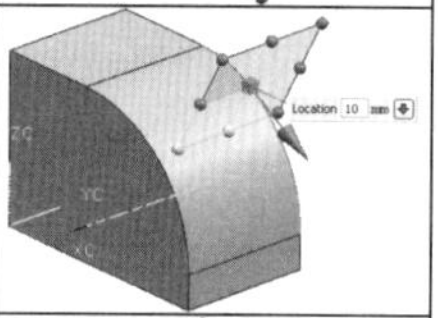
	**At Distance:** Erzeugt eine oder mehrere Datum Planes parallel zu einer ebenen Fläche oder Datum Plane.	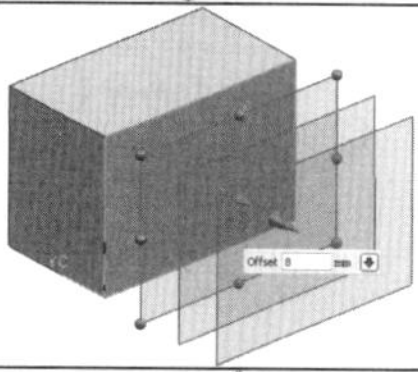
	**At Angle:** Erzeugt eine Datum Plane, gedreht um einen Winkel bezüglich einer ebenen Fläche, Datum Plane und einer Linie oder Datum Axis.	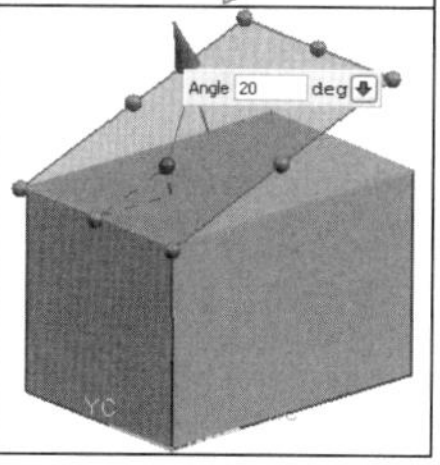

	**Bisector Plane:** Erzeugt eine Datum Plane als Mittelebene zwischen zwei ebenen Flächen bzw. Datum Planes.	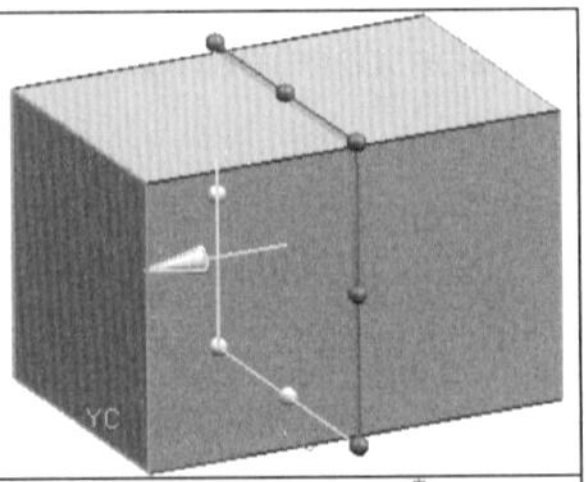
	**Curve and Point:** Erzeugt eine Datum Plane durch Angabe eines Punktes und einer Linie, Kante oder Datum Axis.	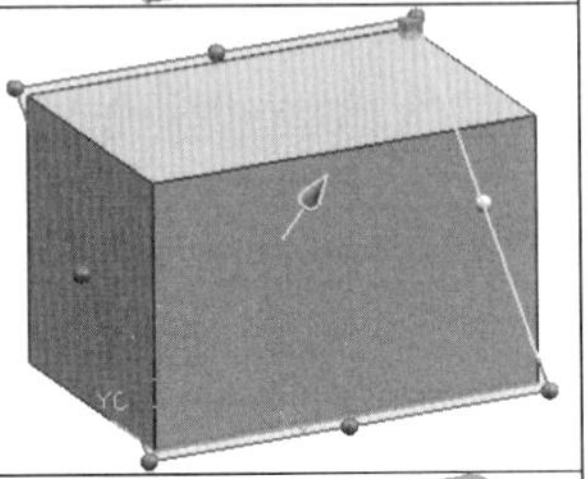
	**Through Natural Plane of Face Axis:** Erzeugt eine Datum Plane im Ursprung eines Rotationsköpers.	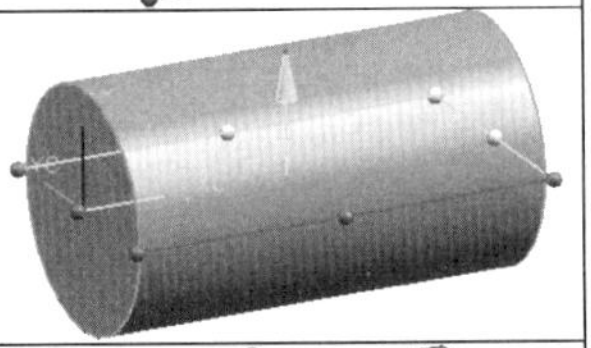
	**Plane Tangent to Surface Through Point:** Erzeugt eine Datum Plane tangential zu einer Fläche und durch einen Punkt.	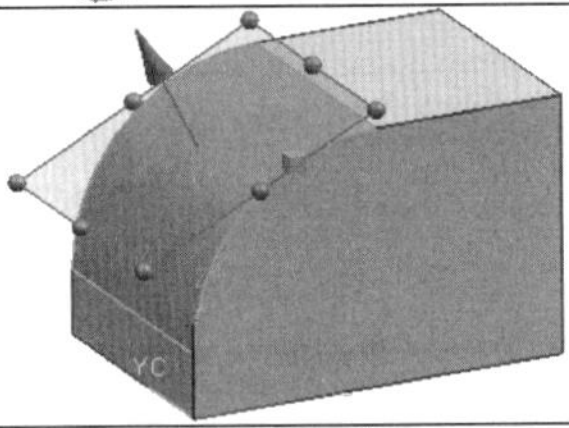
	**Two Lines:** Erzeugt eine Datum Plane definiert durch zwei Linien/Kanten/Datum Axis.	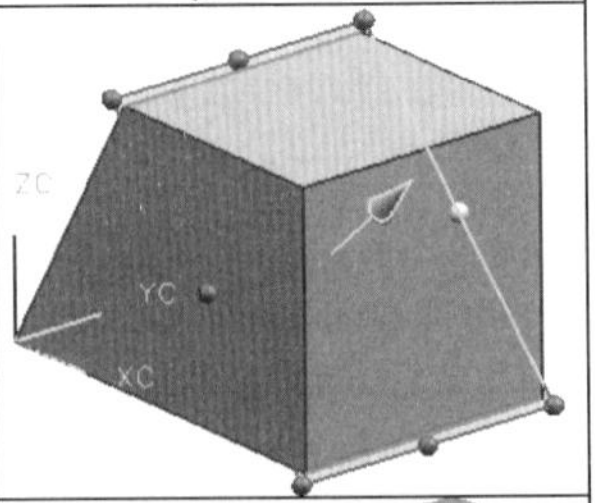
	**Tangent to Surface:** Erzeugt eine Datum Plane tangential zu einer Fläche.	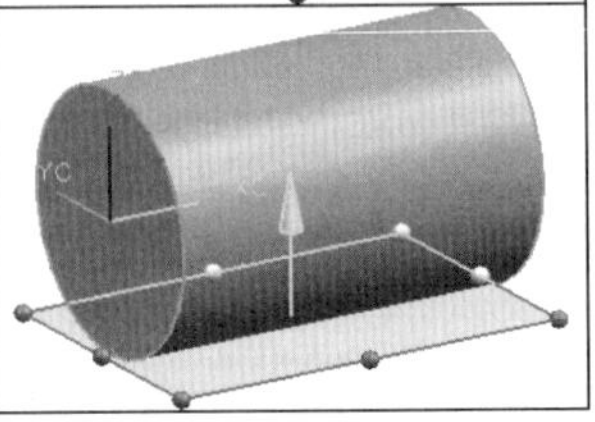

	**Tangent to Surface:** Erzeugt eine Datum Plane tangential zu einer zylindrischen Fläche und durch Winkelangabe bezüglich einer ebenen Fläche oder Datum Plane.	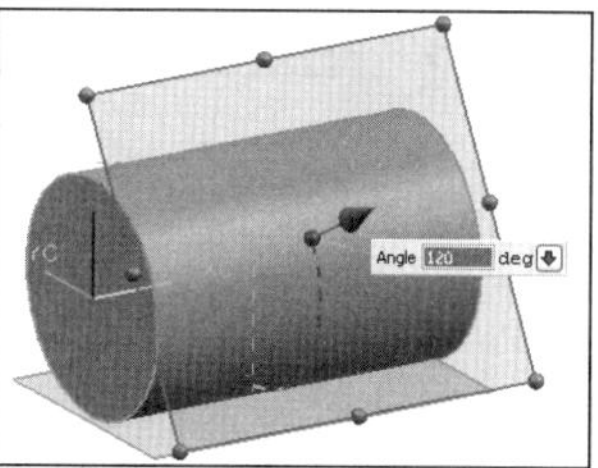
	**Tangent to two Faces:** Erzeugt eine Datum Plane tangential an zwei Flächen.	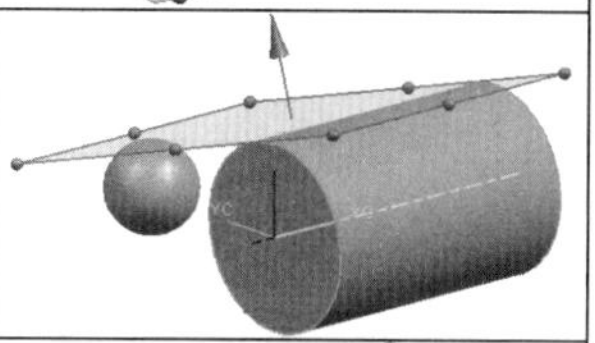
	**Tangent Through Line:** Erzeugt eine Datum Plane tangential an eine zylindrische oder kegelförmige Fläche und durch eine Linie oder gerade Kante.	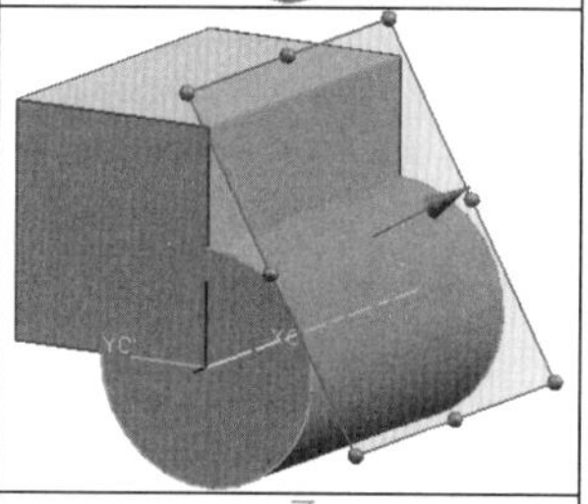
	**Plane of CSYS:** Erzeugt eine Datum Plane in der XY-Ebene eines gespeicherten Koordinatensystems.	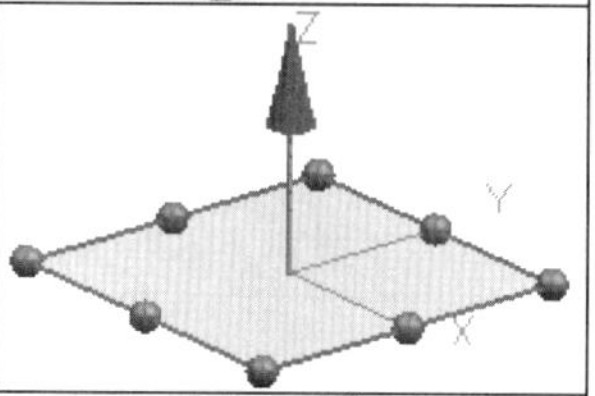
	**Parallel at Point:** Erzeugt eine Datum Plane parallel zu einer ebenen Fläche oder Datum Plane und durch einen Punkt.	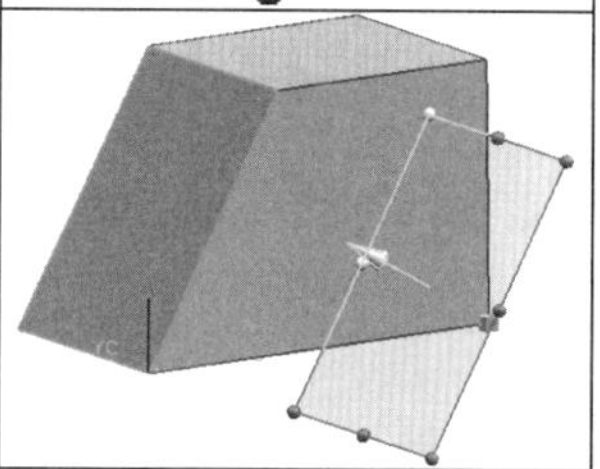
	**Plane of Object:** Erzeugt eine Datum Plane in der Ebene eines beliebigen Objektes.	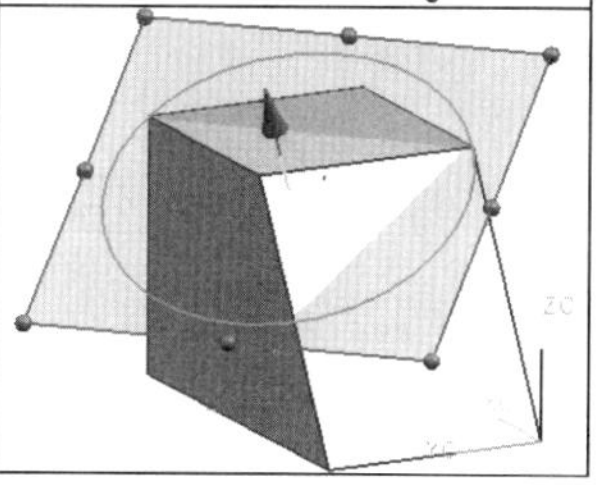

Tabelle 1.3: Optionen für Datum Planes

1.5.4.2 Datum Axis

Datum Axis sind –wie Datum Planes - unendlich gross. Das System passt lediglich die Darstellung an die Modellgröße an. Diese Darstellung kann jedoch hier nicht geändert werden. Für das Erzeugen von Datum Axis stehen folgende Optionen zur Verfügung:

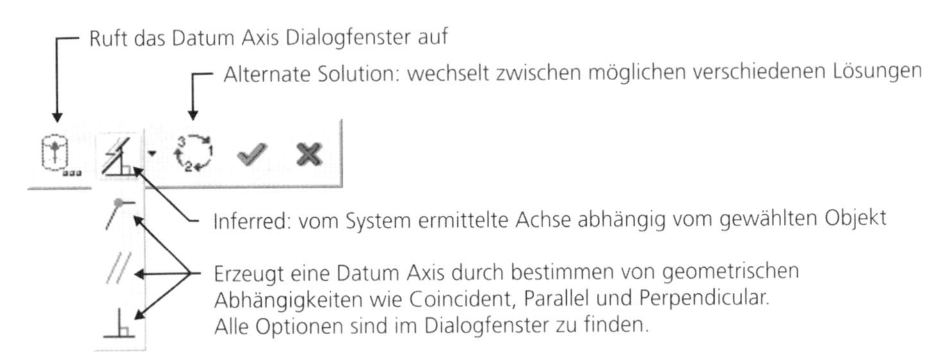

Bild 1.57 Datum Axis Symbolleiste

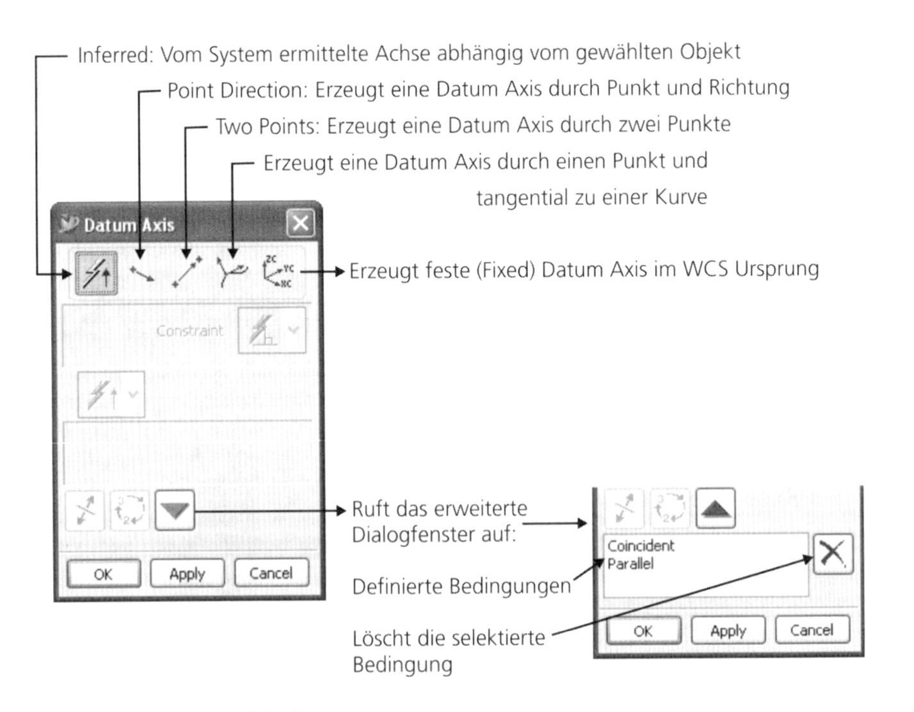

Bild 1.58 Datum Axis Dialogfenster

Hinweis zur Option **Point on Curve**:

Die Eingabe des Abstandes zum Kurvenendpunkt ist in mm oder % möglich:

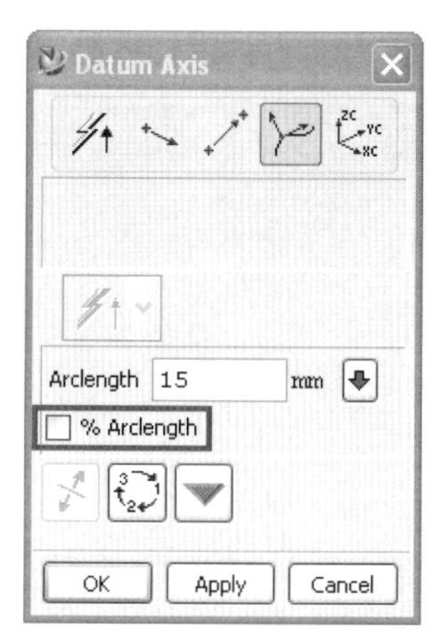

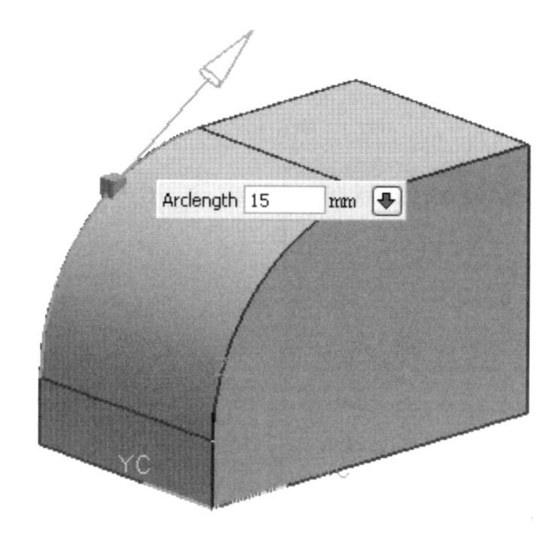

Bild 1.59 Arclength Eingabe in mm oder in %

1.5.4.3 Datum Coordinate Systems

Bezugskoordinatensysteme sind assoziativ und können beliebig in ihrer Position und Lage geändert werden. Sie sind geeignet als Basiselement für Rotationskörper und als Bezugselement für Verknüpfungsbedingungen (Mating Conditions) in Baugruppen. Ein Bezugskoordinatensystem besteht aus drei Achsen und drei Hilfsebenen, welche beispielsweise zum Skizzieren oder Positionieren von Formelementen verwendet werden können.

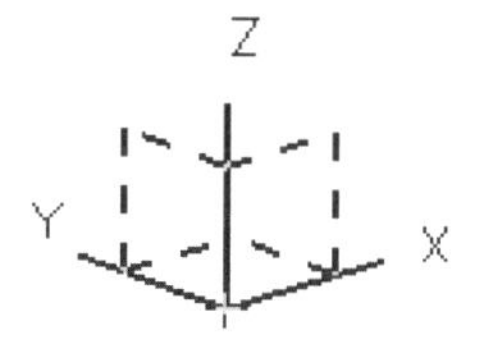

Bild 1.60 Datum Coordinate System (CSYS)

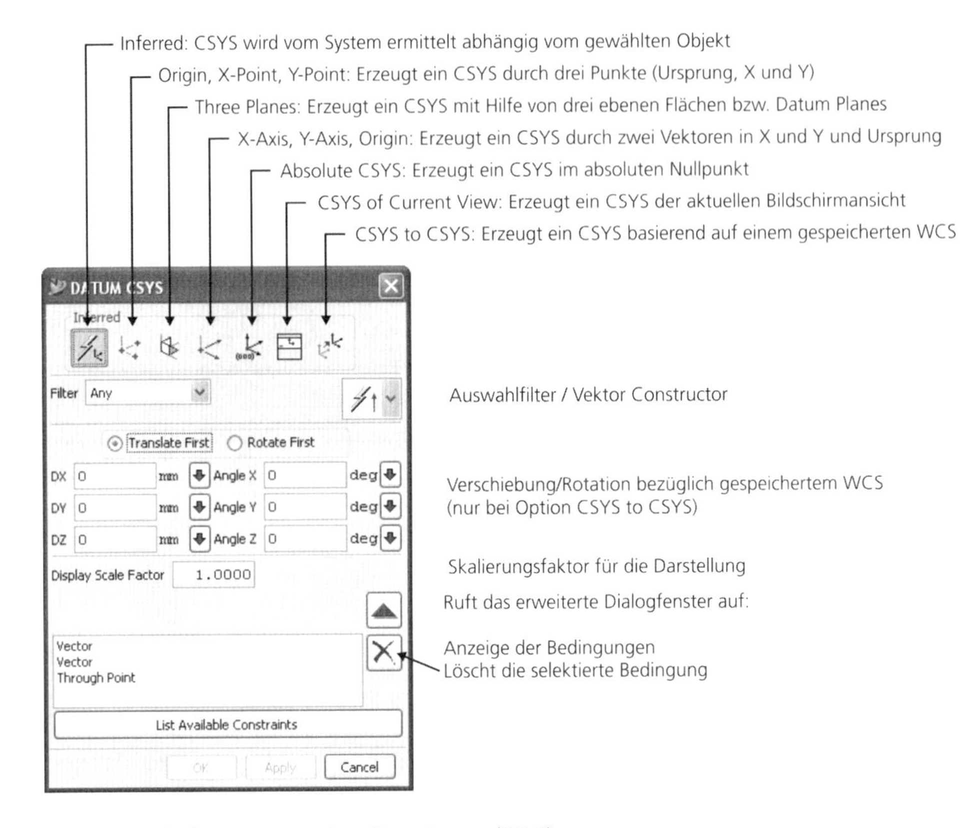

Bild 1.61 Dialogfenster Datum Coordinate System (CSYS)

1.5.5 Allgemeine Volumenkörper

Menü Insert → Design Feature

Es gibt in NX vier Basisfunktionen zum Erzeugen allgemeiner Volumenkörper. Drei davon haben gemeinsam, dass sie als Basis einen Querschnitt benötigen (beispielsweise eine Skizze). Dieser Querschnitt wird entweder in die Tiefe gezogen, um eine Achse rotiert oder entlang einer Leitkontur geführt. Die vierte Basisfunktion (Tube) ist ein Spezialfall: Der Querschnitt ist hier kreisförmig.

 **Extrude:** Querschnitt ziehen

 **Revolve:** Querschnitt um eine Achse rotieren

 **Sweep along Guide:** Querschnitt entlang einer Leitkurve führen

 **Tube:** Kreisquerschnitt entlang einer Leitkurve führen

Bild 1.62 Übersicht: Allgemeine Volumenkörper

1.5.6 Extrude

Insert → Design Feature → Extrude ( )

Diese Funktion erzeugt einen Volumen- oder Flächenkörper durch lineares Ziehen eines Querschnittes. Optional lassen sich die Formschräge und/oder ein dünnwandiger Körper erzeugen.

Vorgehen:

- Funktion Extrude aufrufen
- Querschnitt selektieren (oder neu erzeugen)
- Extrusionsdistanz und eventuell Richtung bestimmen
- Typ für Boolesche Operation wählen
- Optional Draft (Formschräge) und/oder Offset für dünnwandigen Körper festlegen
- Eventuell erweiterte Optionen im Dialogfenster auswählen

Beim Aufrufen von Extrude wird oben links folgende Symbolleiste eingeblendet:

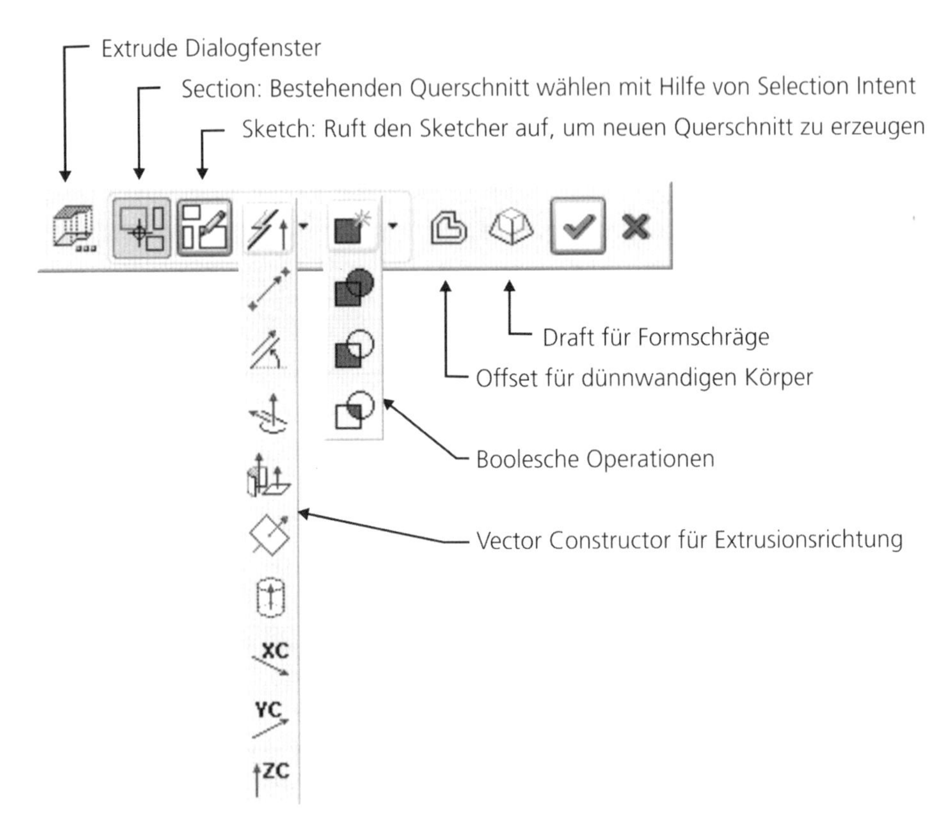

Bild 1.63 Symbolleiste Extrude

Als Erstes wird ein bereits bestehender Querschnitt selektiert mit Hilfe der Einstellungen in der Werkzeugleiste Selection Intent (→ Detaillierte Beschreibung siehe Kapitel 1.1.1.8.), oder es wird von hieraus der Sketcher (Kapitel 1.7) aufgerufen, um einen neuen Querschnitt zu erstellen.

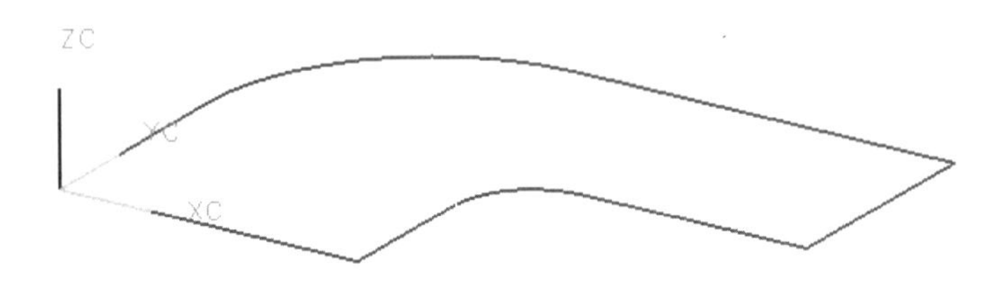

Bild 1.64 Beispiel: Querschnitt für Extrude

Nach dem Bestimmen des Querschnitts erscheint eine halbtransparente Voranzeige des Körpers. Entweder wird die Dicke durch ziehen an den Drag Handles bestimmt oder durch direkte Eingabe eines Wertes.

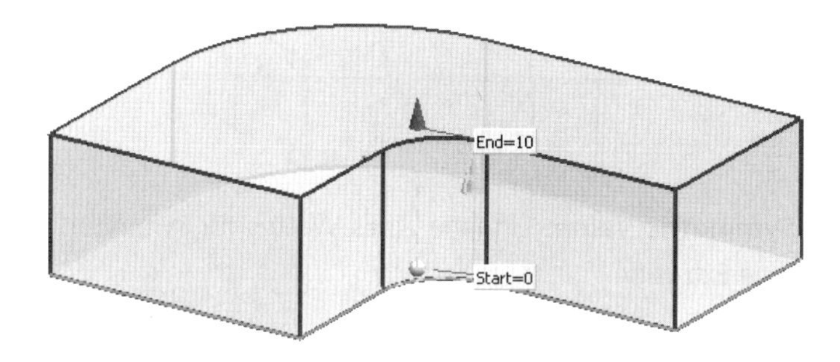

Bild 1.65 Extrude Voranzeige mit Drag Handles

Hinweis:

- Voreingestellt ist die Boolesche Operation vom Typ „Create". Vor dem Bestätigen sollte die richtige Option gesetzt werden, ansonsten muss das Verbinden mit dem bestehenden Körper als separate Operation durchgeführt werden (Menü Insert → Combine Bodies).

Das Dialogfenster Extrude beinhaltet zusätzliche Optionen:

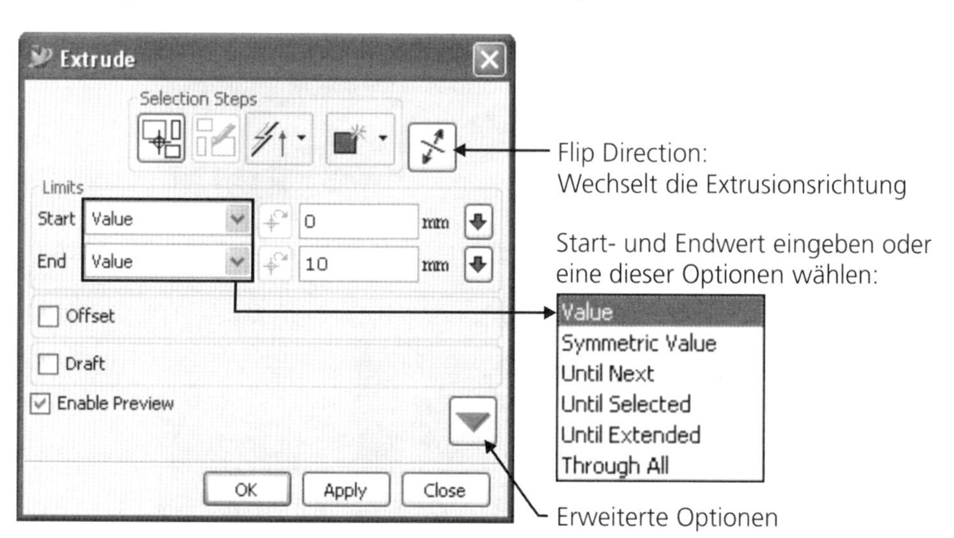

Bild 1.66 Dialogfenster Extrude

Value
Symmetric Value
Until Next
Until Selected
Until Extended
Through All

Value: Manuelle Eingabe von Start- und Endwert

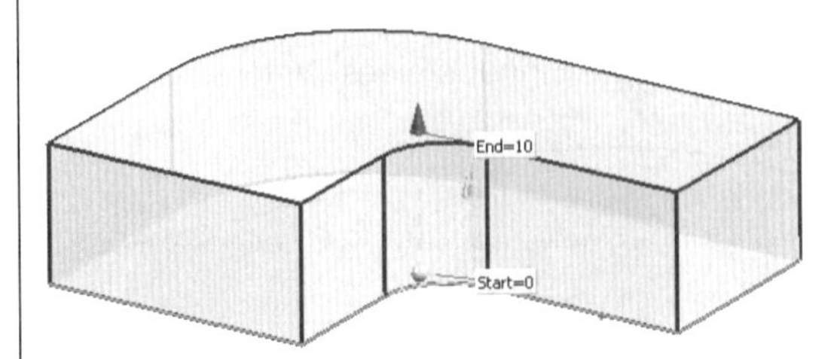

Symmetric Value: Eingabe eines Wertes für symmetrische Extrusion

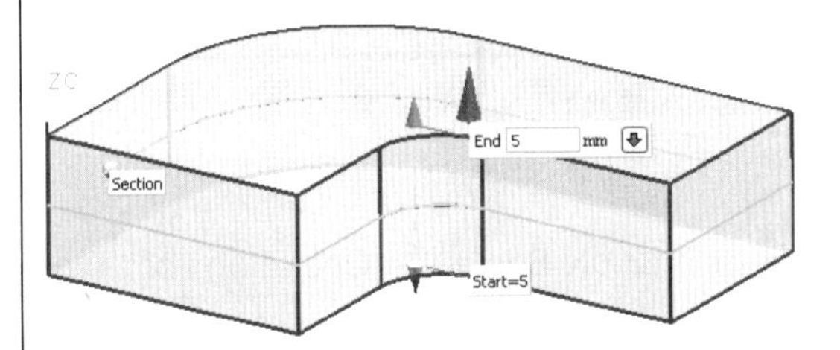

Until Next: Extrudiert bis zur nächsten Fläche

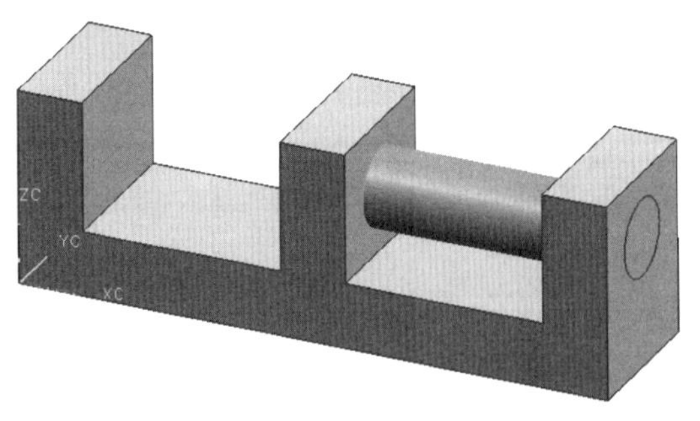

Until Selected: Extrudiert bis zu einer definierten Fläche

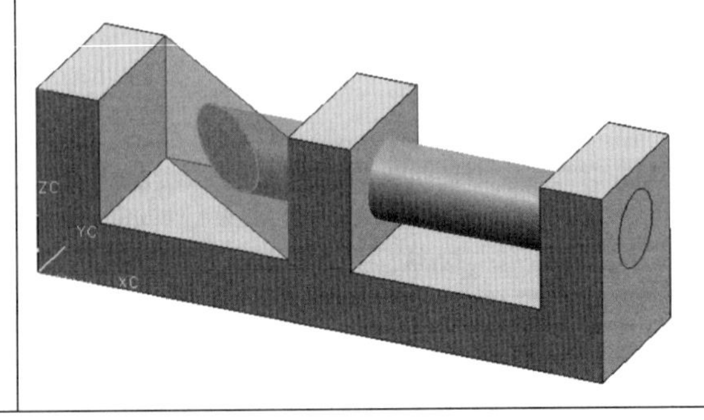

<table>
<tr>
<td></td>
<td>

Until Extended: Extrudiert bis zu einer definierten Fläche oder in deren Verlängerung

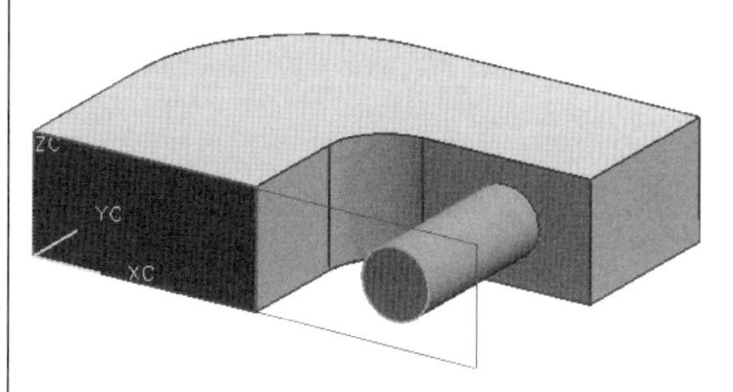

Through All: Extrudiert durch das ganze Teil

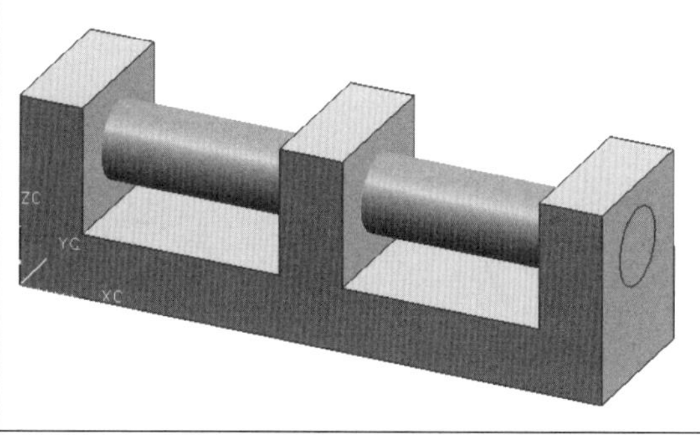

</td>
</tr>
<tr>
<td>

</td>
<td>

Offset: Erzeugt einen dünnwandigen Körper, abgeleitet aus Aufmaßwerten der Kontur

Optionen für Offset im Dialogfenster:

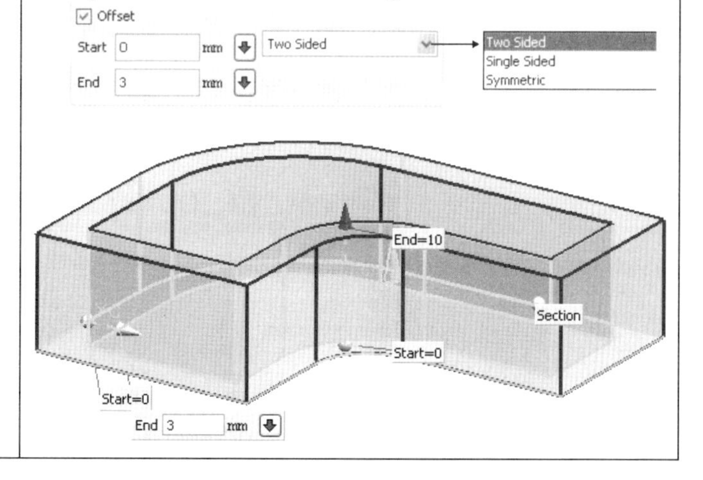

</td>
</tr>
</table>

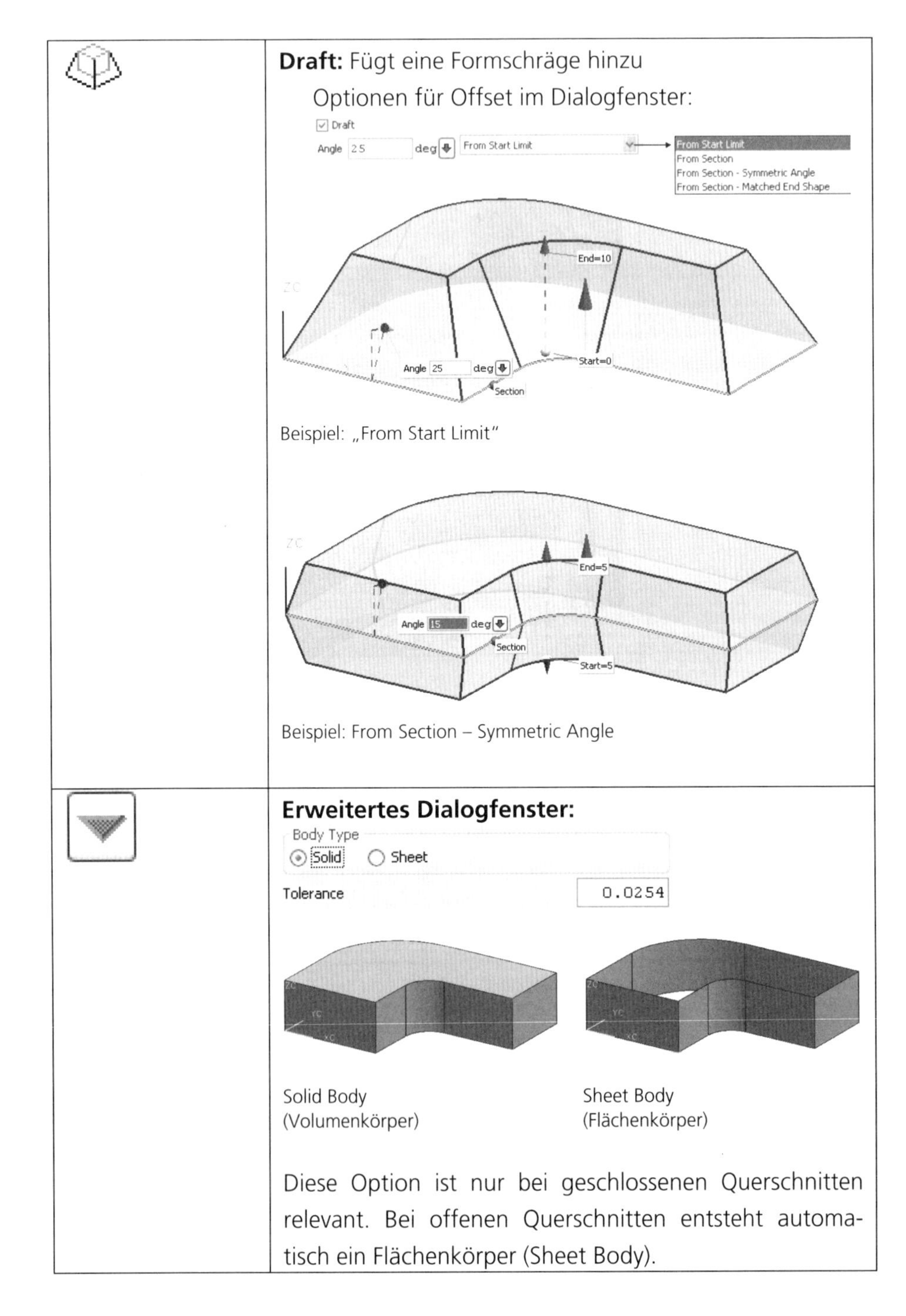

Draft: Fügt eine Formschräge hinzu

Optionen für Offset im Dialogfenster:

Beispiel: „From Start Limit"

Beispiel: From Section – Symmetric Angle

Erweitertes Dialogfenster:

Solid Body (Volumenkörper)

Sheet Body (Flächenkörper)

Diese Option ist nur bei geschlossenen Querschnitten relevant. Bei offenen Querschnitten entsteht automatisch ein Flächenkörper (Sheet Body).

1.5.7 Revolve

Insert → Design Feature → Revolve ( )

Diese Funktion erzeugt einen Volumen- oder Flächenkörper durch Drehen eines Querschnittes um eine Achse und einen Winkel. Das Vorgehen ist ähnlich wie bei Extrude, nur muss hier zusätzlich eine Rotationsachse selektiert werden. Es kann auch ein dünnwandiger Körper erzeugt werden (Offset).

Vorgehen:

- Funktion Revolve aufrufen
- Querschnitt selektieren (oder neu erzeugen)
- Rotationsachse bestimmen
- Rotationswinkel und eventuell Richtung festlegen
- Typ für Boolesche Operation wählen
- Optional Offset für dünnwandigen Körper festlegen
- Eventuell erweiterte Optionen im Dialogfenster auswählen

Beim Aufrufen von Revolve wird oben links folgende Symbolleiste eingeblendet:

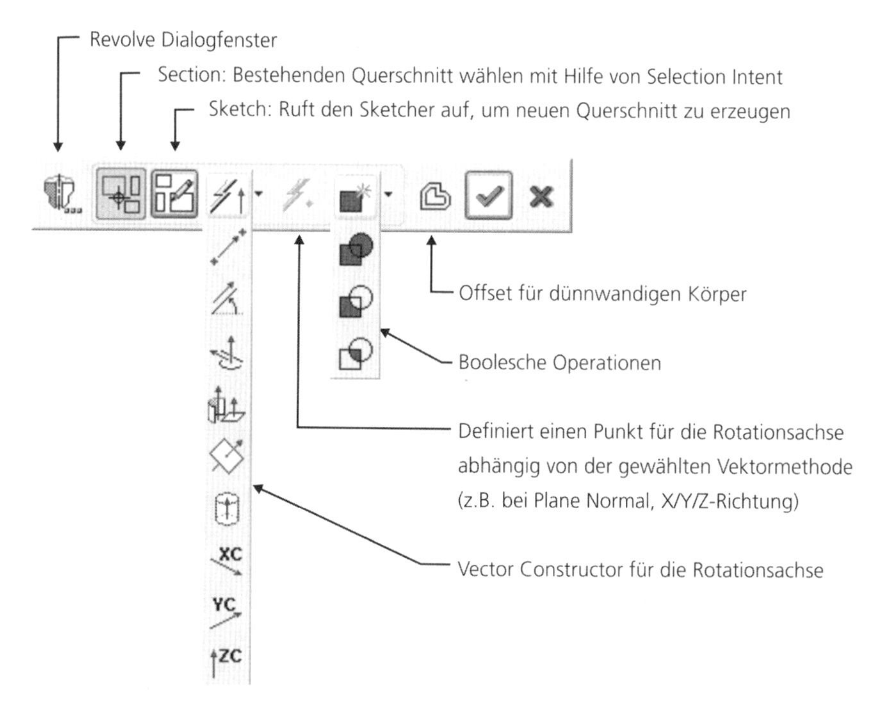

Bild 1.67 Symbolleiste Revolve

Als Erstes wird ein bereits bestehender Querschnitt selektiert mit Hilfe der Einstellungen in der Werkzeugleiste Selection Intent (→ Detaillierte Beschreibung siehe Kapitel 1.1.1.8.), oder es wird von hieraus der Sketcher (Kapitel 1.7) aufgerufen, um einen neuen Querschnitt zu erstellen.

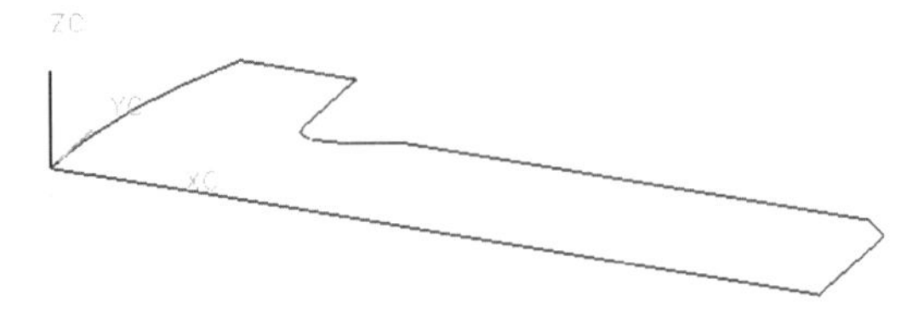

Bild 1.68 Beispiel: Querschnitt für Revolve

Sobald der Querschnitt bestimmt ist, kann mit MB2 der Vector Constructor in der Symbolleiste aktiviert werden zum Selektieren der Rotationsachse. Danach erscheint eine halbtransparente Voranzeige des Körpers, standardmäßig als Vollrotationskörper (360°). Entweder wird der Winkel durch ziehen an den Drag Handles bestimmt oder durch direkte Eingabe eines Wertes.

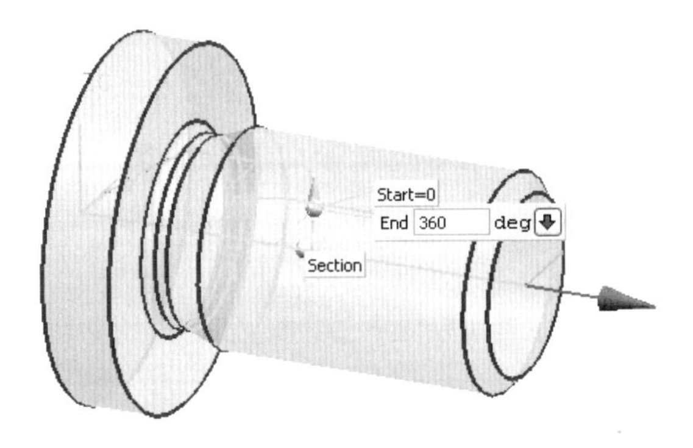

Bild 1.69 Revolve Voranzeige mit Drag Handles

Hinweise:

- Der Querschnitt darf die Rotationsachse nicht überschneiden.

Das Dialogfenster Revolve beinhaltet zusätzliche Optionen:

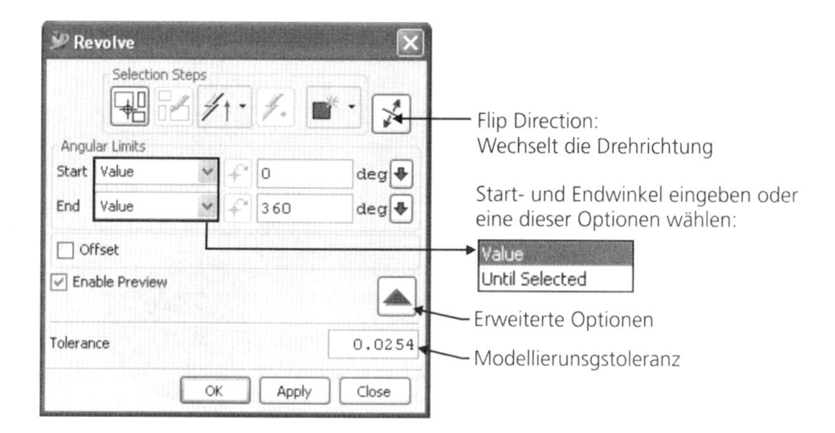

Bild 1.70 Dialogfenster Revolve

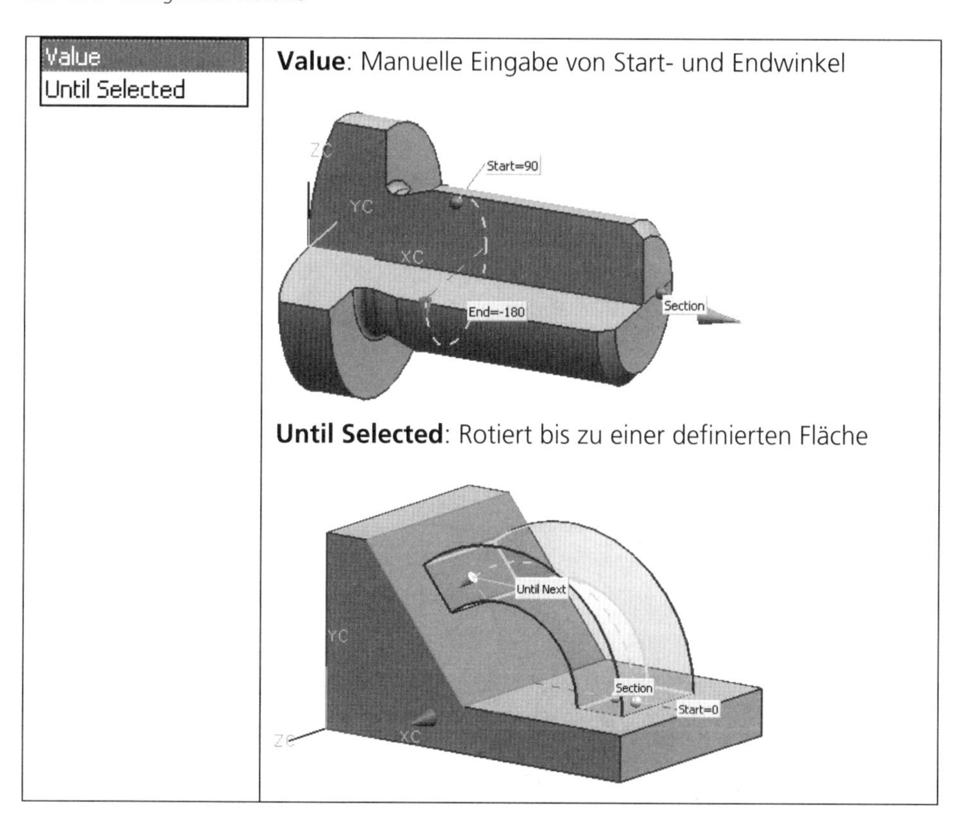

Value Until Selected	**Value**: Manuelle Eingabe von Start- und Endwinkel **Until Selected**: Rotiert bis zu einer definierten Fläche

Offset: Erzeugt einen dünnwandigen Körper, abgeleitet aus Aufmaßwerten der Kontur

Optionen für Offset im Dialogfenster:

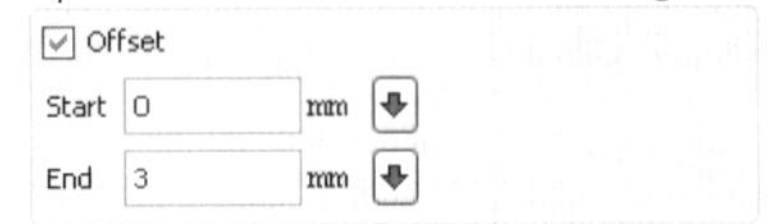

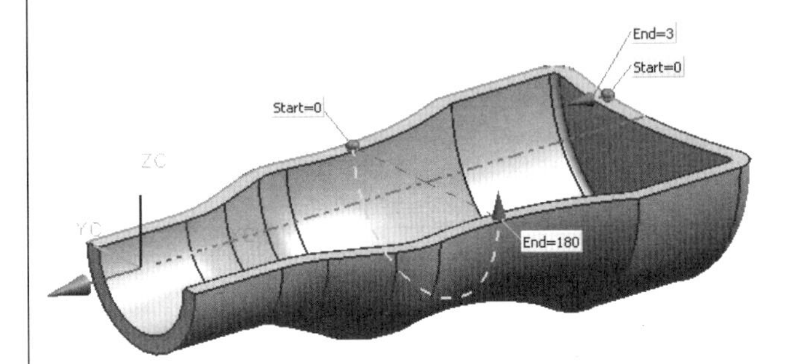

Hinweis:

Wenn bei offener Kontur beide Offsetwerte = 0 gesetzt werden, dann entsteht ein Flächenkörper (Sheet Body).

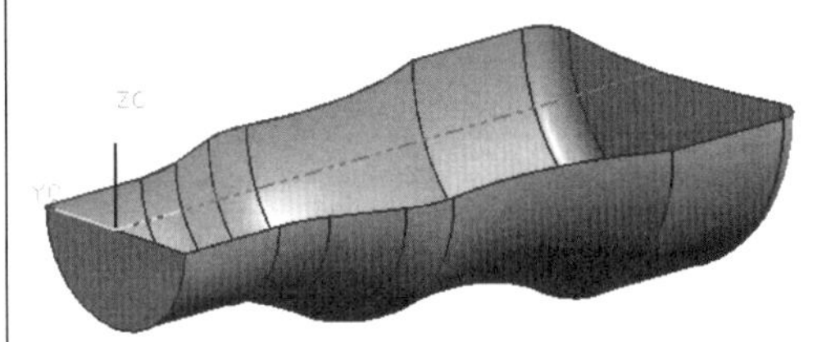

Anders verhält es sich, wenn der Rotationswinkel 360° beträgt und der Querschnitt mit der Rotationsachse einen geschlossenen Bereich bildet.

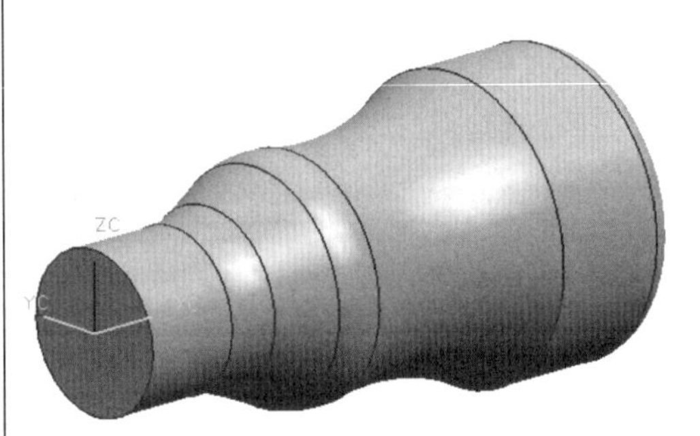

1.5.8 Sweep along Guide (Extrudieren entlang einer Leitkontur)

Insert → Sweep → Sweep along Guide ( )

Diese Funktion erzeugt einen Volumen- oder Flächenkörper durch Führen eines Querschnittes entlang einer Leitkontur. Es lassen sich vielfältige Formen auf einfache Art erzeugen. Querschnitt und Leitkontur können offen oder geschlossen sein und dürfen scharfe Ecken enthalten. Falls mehrere Querschnitte und Leitkonturen vorhanden sind, dann kommen die Freiformfunktionen zur Anwendung wie Swept oder Mesh.

Vorgehen:

- Querschnitt (Section String) selektieren mit Hilfe von Selection Intent (Kapitel 1.1.1.8.), dann mit OK bestätigen.
- Leitkontur (Guide String) selektieren und OK.

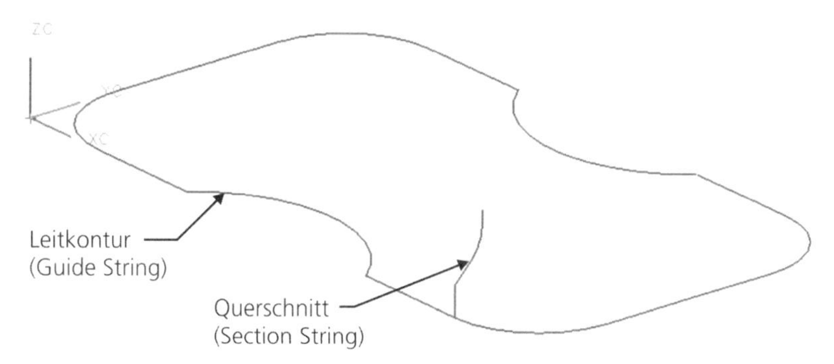

- Falls die Leitkontur geschlossen ist: Leitrichtung definieren.
- Optional Offsetwerte eingeben für dünnwandigen Körper (ähnlich wie bei Extrude und Revolve).

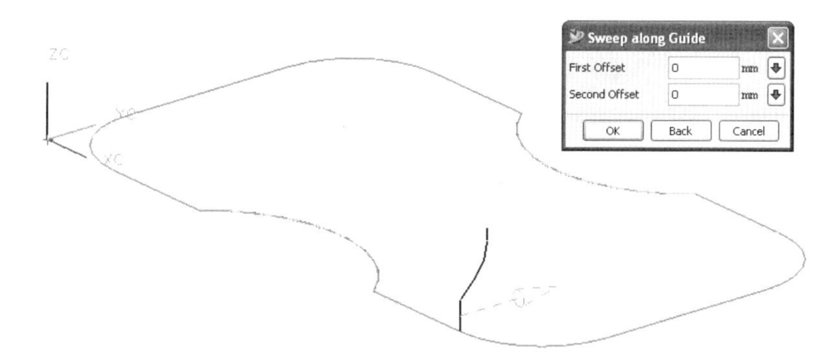

- Falls schon ein Volumenkörper vorhanden ist:
  Boolesche Operation wählen (Create/Unite/Subtract/Intersect).

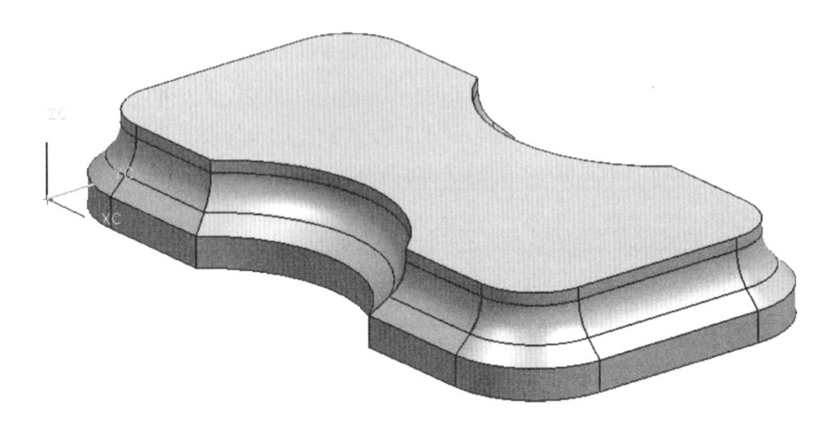

Bild 1.71 Beispiel für Sweep along Guide

Nützliche Hinweise:

- Falls der Querschnitt nicht senkrecht zur Leitkontur liegt, kann die Option Offset zu unerwarteten Resultaten führen.
- Ist die Leitkontur offen und liegt der Querschnitt nicht am Startpunkt der Leitkontur, dann beginnt der Volumen- bzw. Flächenkörper nicht am Startpunkt, sondern erst in der Position des Querschnittes.

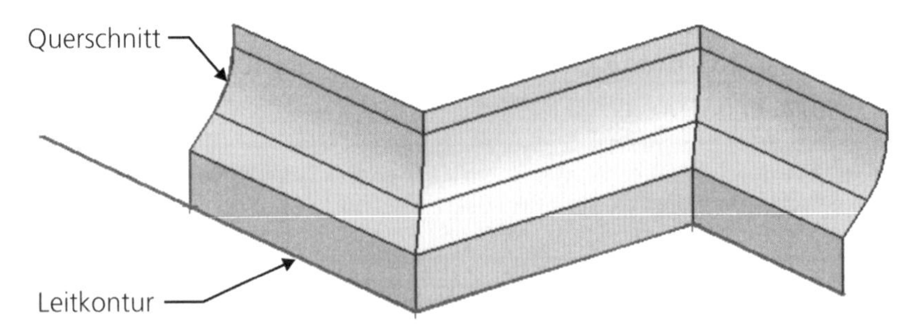

Bild 1.72 Beispiel: Querschnitt liegt nicht am Startpunkt der Leitkontur

- Bei einer geschlossenen Leitkontur muss der Querschnitt im Schnittpunkt zweier Leitkonturelemente liegen.

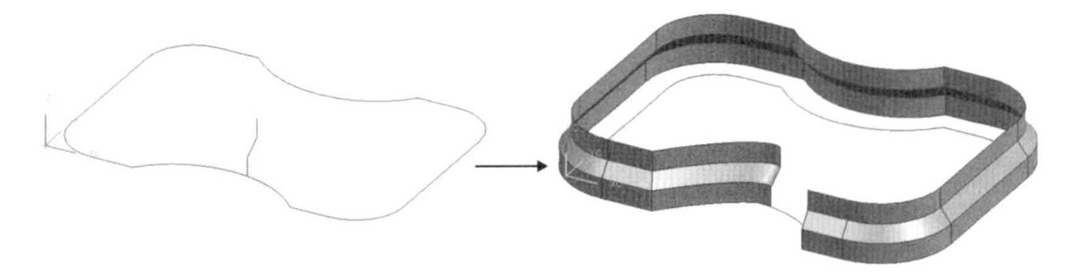

Bild 1.73 Beispiel: Querschnitt liegt nicht im Schnittpunkt zweier Leitkonturelemente

- Bei einer geschlossenen Leitkontur darf der Querschnitt nicht in einer scharfen Ecke definiert werden, da sonst eine Lücke entsteht.

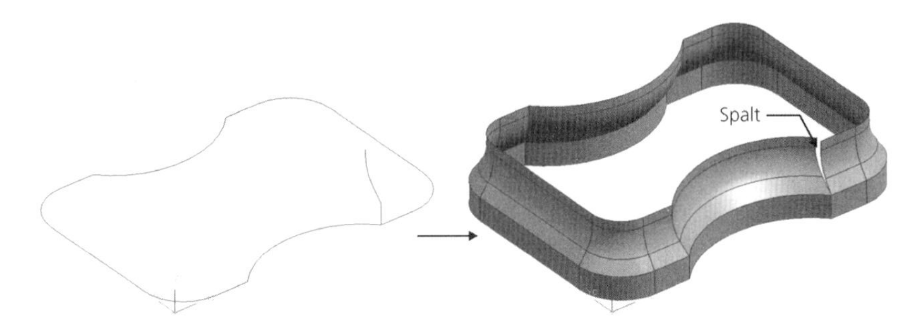

Bild 1.74 Beispiel: Querschnitt liegt nicht in einer scharfen Ecke der Leitkontur

- Selbstüberschneidungen können vom System nicht erzeugt werden.

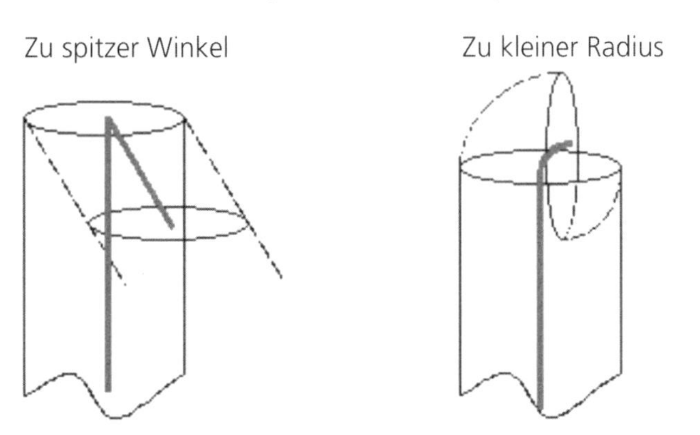

Bild 1.75 Mögliche Ursachen für Selbstüberschneidung

1.5.9 Tube (Rohr)

Menü Insert → Sweep → Tube ( )

Diese Funktion erzeugt einen Volumenkörper durch Führen eines kreisförmigen Querschnittes entlang einer Leitkontur. Diese Funktion eignet sich beispielsweise für Verkabelungen und Verrohrungen oder auch um eine Feder zu konstruieren.

Es kann entweder ein Vollkörper oder ein Hohlprofil definiert werden. Die Leitkontur kann offen oder geschlossen sein und darf scharfe Ecken enthalten.

Vorgehen:

- Werte eingeben für Außen- und Innendurchmesser, dann weiter mit OK.

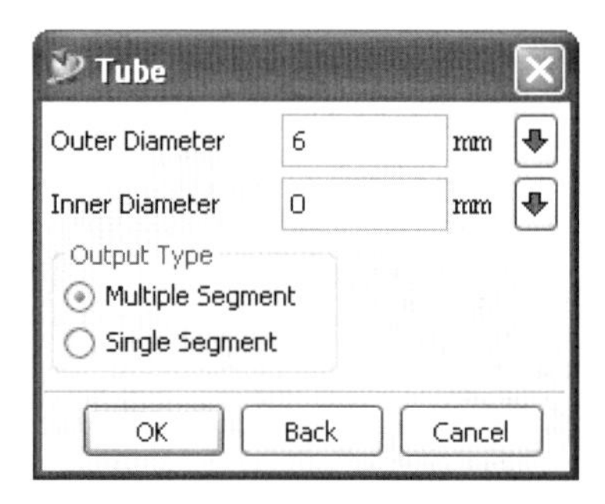

- Leitkontur (Guide String) selektieren mit Hilfe von Selection Intent (Kapitel 1.1.1.8.), dann mit OK bestätigen.

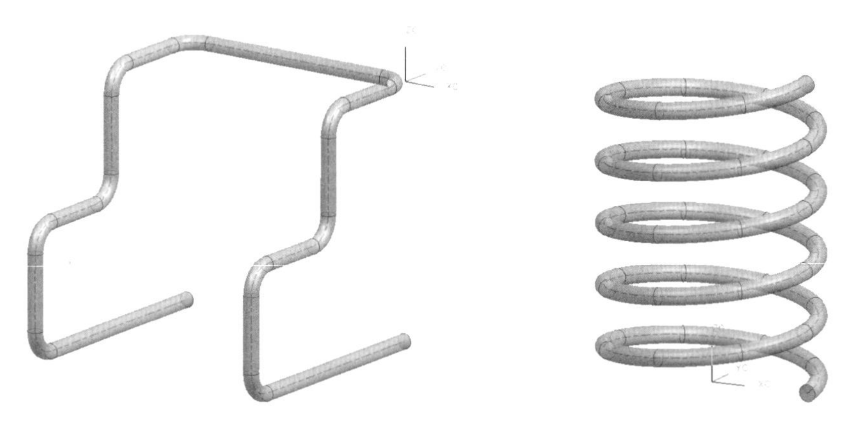

Bild 1.76 Beispiele für Tube

1.6 Feature-Operationen

Feature-Operationen sind formverändernde Funktionen, welche direkt auf die Geometrie angewendet werden, beispielsweise Runden, Fasen, Aushöhlen, Formschräge, Gewinde anbringen, Aufmaß erzeugen, Skalieren, Trimmen, usw.

Dieses Kapitel beschreibt die am meisten verwendeten Feature-Operationen. Sie sind in der Werkzeugleiste Feature Operation zu finden. Hier folgt eine Übersicht:

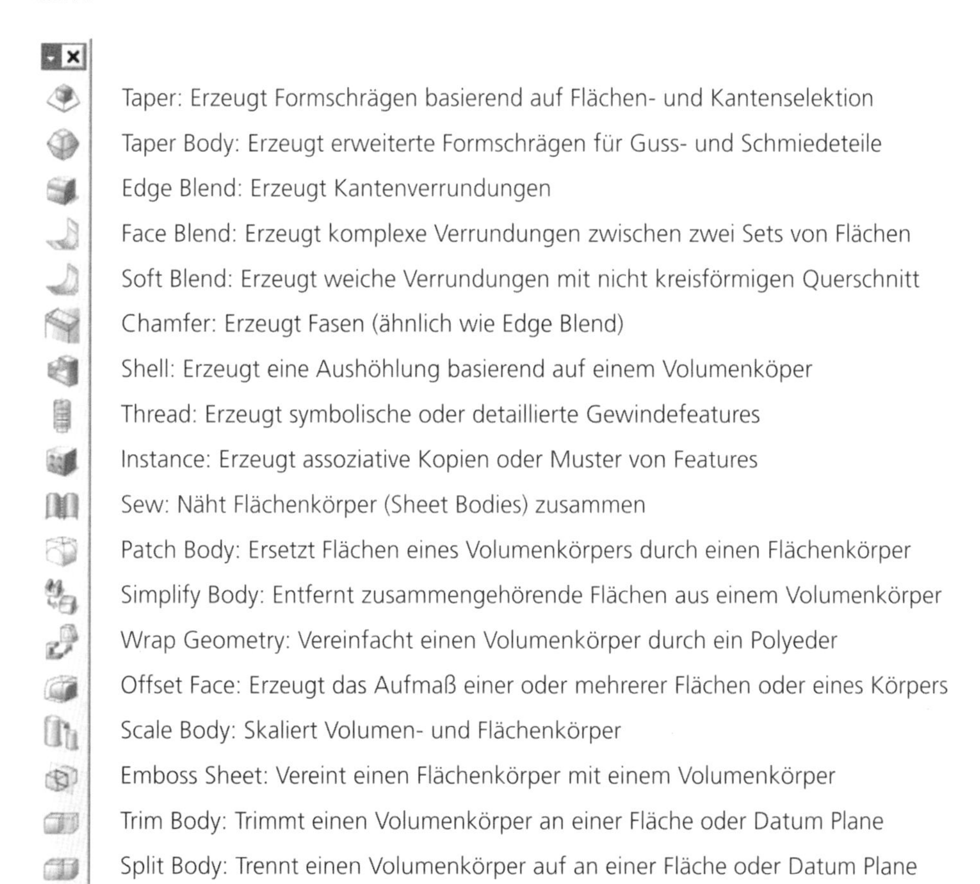

Bild 1.77 Übersicht Werkzeugleiste Feature Operation

1.6.1 Edge Blend (Kantenverrundung)

Menü Insert → Detail Feature → Edge Blend ( )

Mit dieser Funktion lassen sich Kanten eines 3D Modells praktisch beliebig verrunden. Die Algorithmen sind ziemlich robust. Das Selektieren der Kanten erfolgt mit Hilfe von Selection Intent (Auswahlabsicht) und die Voranzeige unterstützt den Anwender in der Benutzerführung.

Einige Tipps:

- Verrundungen so spät wie möglich am 3D Modell anbringen
- Verrundung mit dem größten Radius eher zuerst erzeugen
- Gleiche Verrundungen zu einer Verrundung zusammenfassen
- Mehrfachverrundungen in mehreren Schritten durchführen und dabei die Reihenfolge beachten

Vorgehen:

- Beim Aufrufen von Edge Blend wird oben links folgende Symbolleiste eingeblendet:

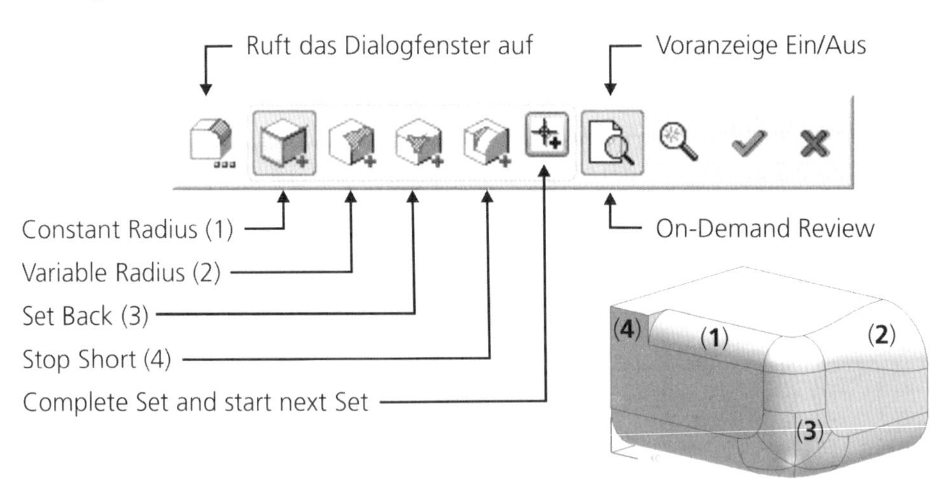

Bild 1.78 Symbolleiste Edge Blend

- Als Erstes wird eine Körperkante selektiert mit Hilfe von Selection Intent (→ Beschreibung siehe Kapitel 1.1.1.8.). Es erscheint eine Voranzeige der Verrundung.

- Die Größe der Verrundung kann durch Ziehen an den Drag Handles oder durch direkte Eingabe definiert werden.

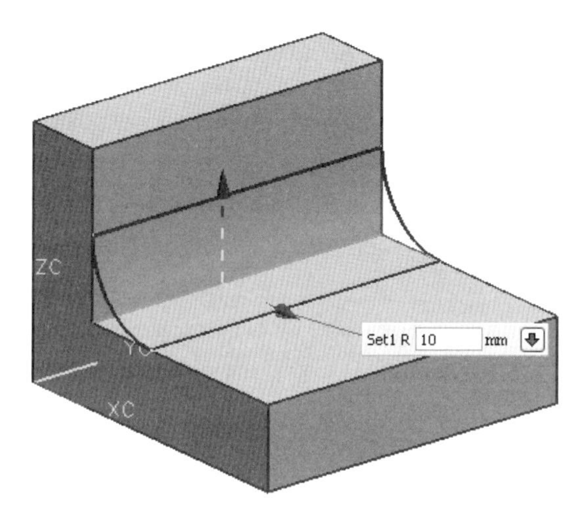

Bild 1.79 Beispiel Edge Blend constant

Optionen der Symbolleiste Edge Blend:

Constant Radius: Erzeugt Verrundungen mit konstantem Radius.
Es können mehrere Kanten gleichzeitig gerundet werden.

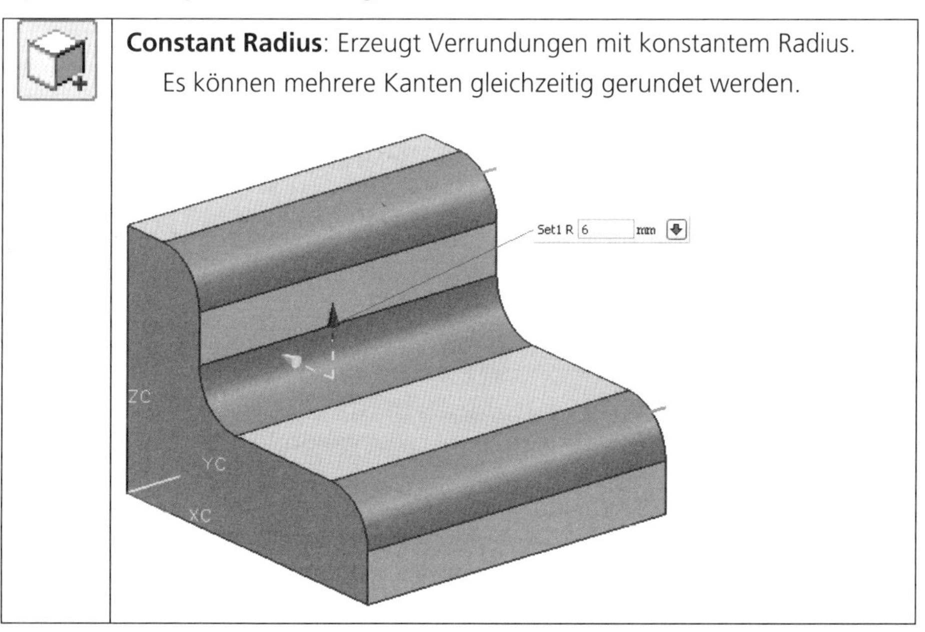

Variable Radius: Erzeugt Verrundungen mit variablem Radius.

Hier müssen zusätzlich auf der selektierten Kante Punkte gezeigt werden, bei welchen eine Radiuseingabe erfolgen soll. Dazu sind die Einstellungen der Fangpunkte (Snap Points) zu beachten.

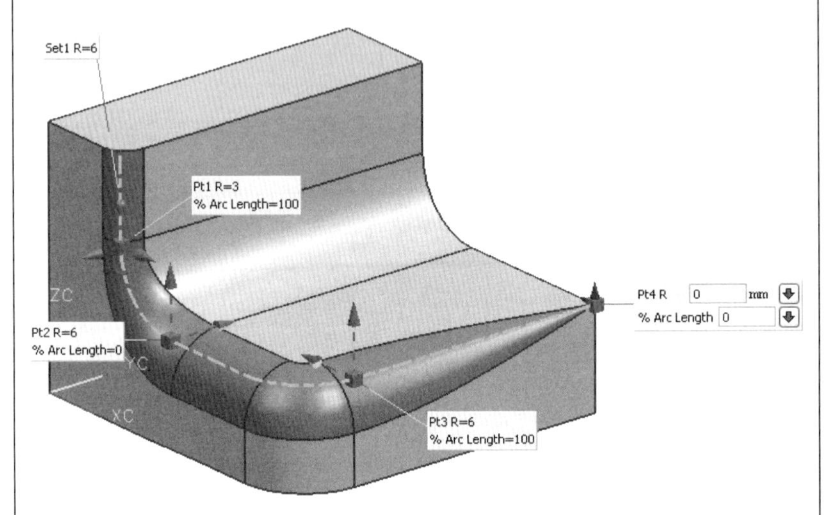

Für den Radius kann auch der Wert = 0 eingeben werden. Dies hat zur Folge, dass vier Kanten in einem sogenannten singulären Punkt zusammenlaufen.

Stop Short: Erzeugt eine Verrundung für einen Teilbereich einer Kante. Der Teilbereich wird in % der Kantenlänge angegeben.

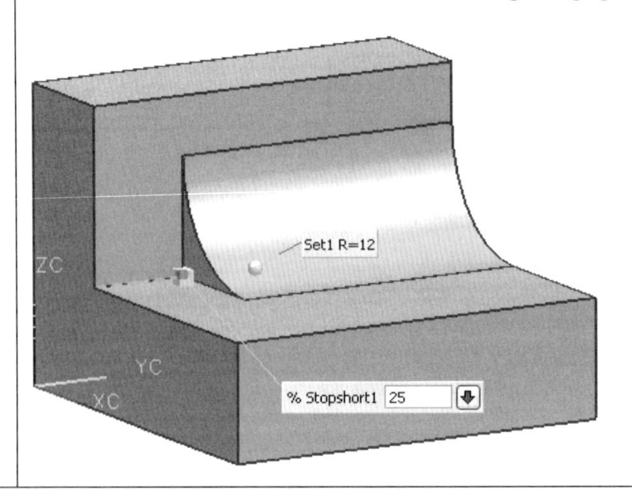

Set Back: Erzeugt eine Verrundung mit zurückversetzten Bereichen.

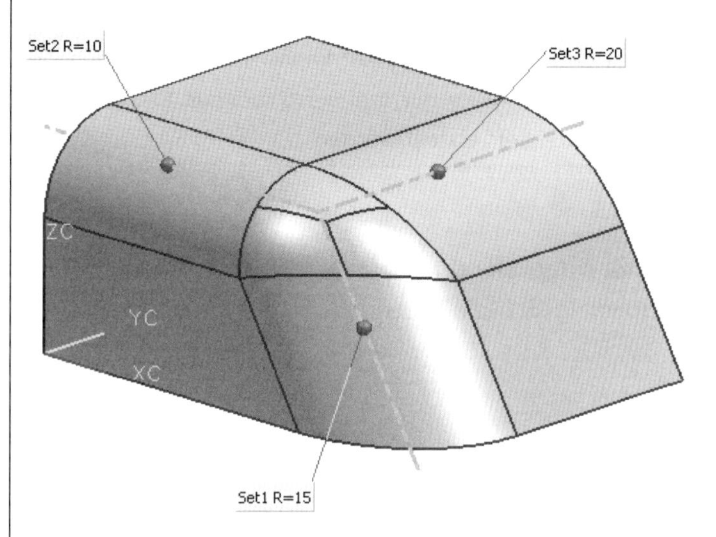

Bild 1.80 Edge Blend **ohne** Set Back Option

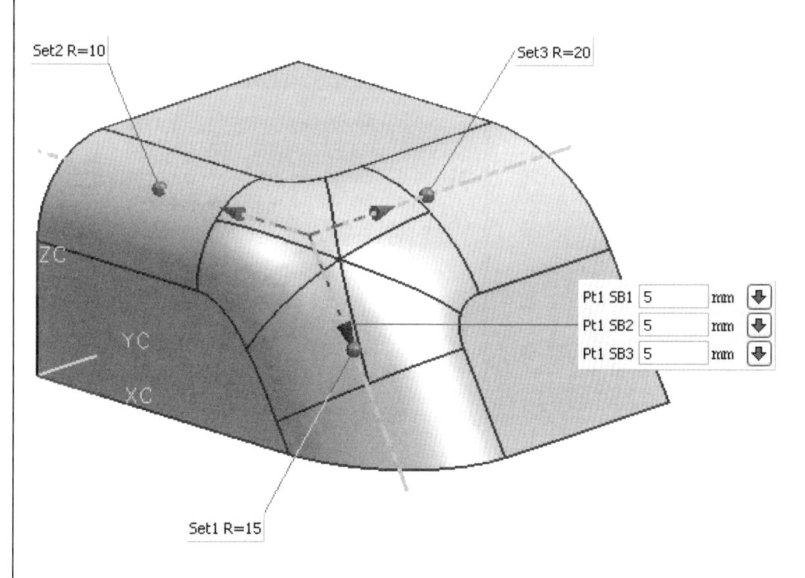

Bild 1.81 Edge Blend **mit** Set Back Option

	**Complete Set and start next Set** Ermöglicht das Erstellen einer Mehrfachverrundung in einem Schritt mit Hilfe verschiedener Sets. Ein Set beinhaltet eine oder mehrere selektierte Kanten. Pro Set kann ein Radius eingegeben werden. Eine Kofferecke (Ecke mit drei verschiedenen Radien) kann beispielsweise mit drei Sets erstellt werden.

Das **Dialogfenster Edge Blend** beinhaltet noch weitere Möglichkeiten, um den Verlauf der Verrundung zu beeinflussen.

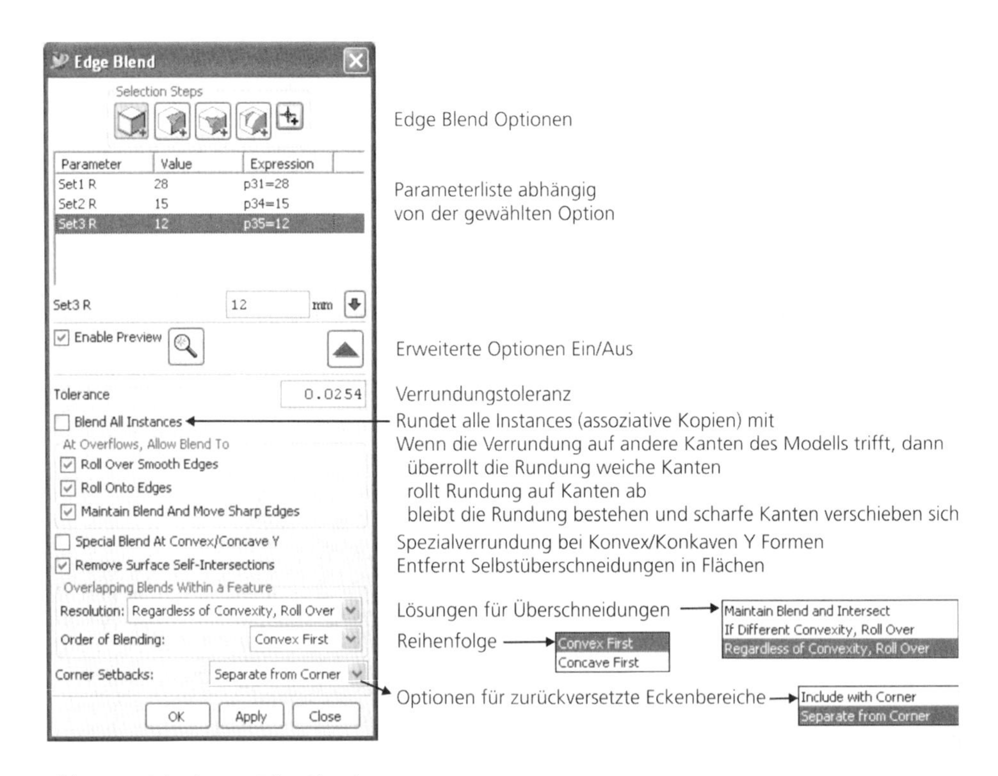

Bild 1.82 Dialogfenster Edge Blend

Beispiele zu den Overflow Optionen:

Ein Overflow (Überlauf) tritt auf, wenn die Verrundung auf eine andere Kante des Modells trifft. Folgende Optionen beeinflussen den Verlauf der Verrundung bei Overflows. Manchmal ist es erforderlich diese Optionen einzeln und/oder in Kombination auszuprobieren.

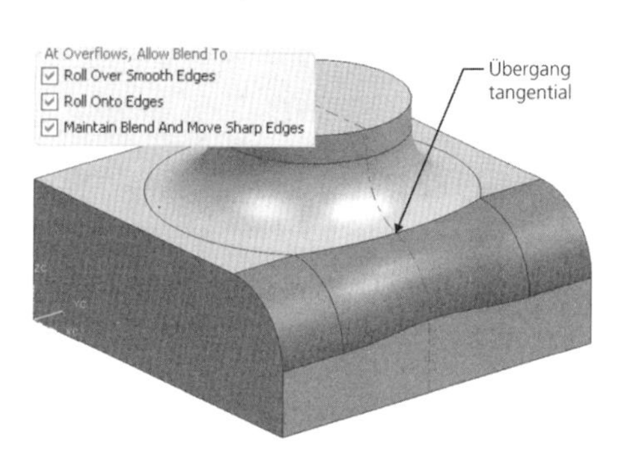

Bild 1.83 Roll Over Smooth Edges = ON   Roll Over Smooth Edges = OFF

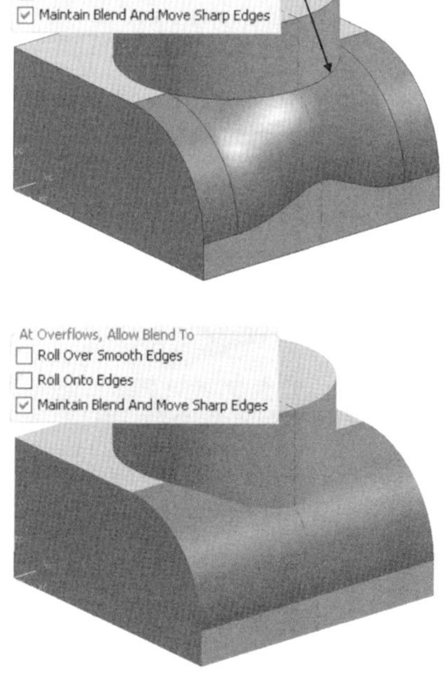

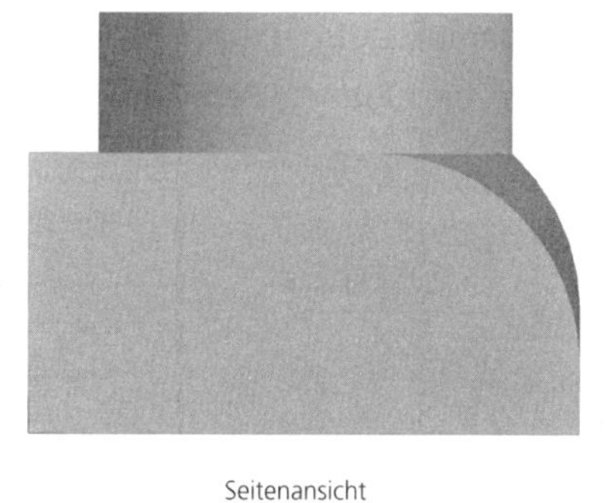

Seitenansicht

Bild 1.84 Overflow Option: Roll Onto Edges

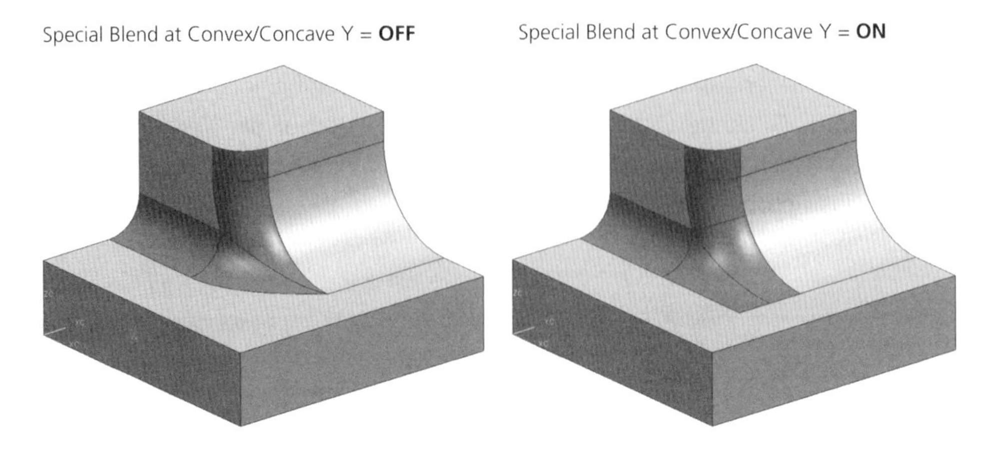

Bild 1.85 Option: Special Blend at Convex/Concave Y

Selbstüberschneidungen

In engen Bereichen kann es passieren, dass die Verrundungsfläche sich selbst überschneidet. Schon beim Auswählen der Kantenfolge macht NX den Anwender grafisch darauf aufmerksam. Damit NX diese Verrundung trotzdem erzeugen kann, muss die Option „Remove Surface Self-Intersections" aktiviert werden.

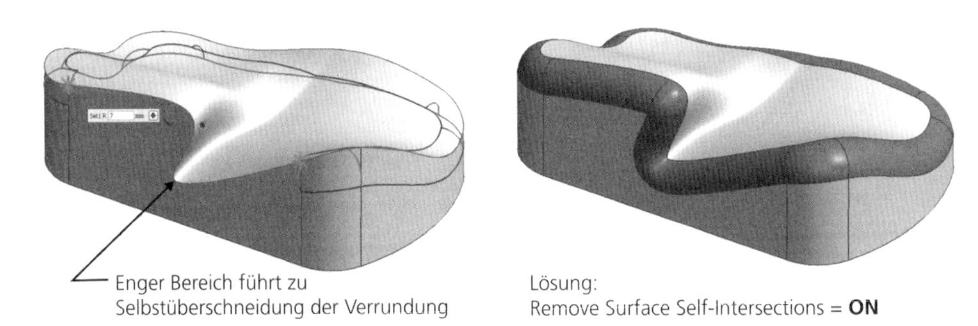

Bild 1.86 Beispiel einer Selbstüberschneidung

1.6.2 Chamfer (Fase)

Menü Insert → Detail Feature → Chamfer ( )

Chamfer (Fase) funktioniert ähnlich wie das Verrunden. Es gibt drei Typen von Fasen mit verschiedenen Parametern für die Erzeugung.

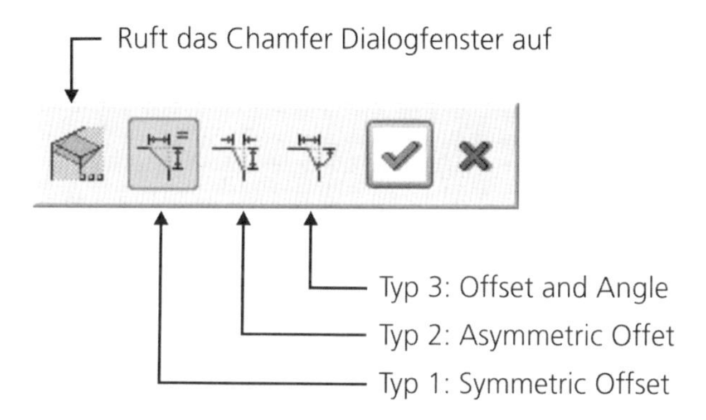

Bild 1.87 Symbolleiste Chamfer (Fase)

Vorgehen:

- Funktion Chamfer aufrufen
- Typ wählen
- Kante(n) selektieren mit Selection Intent (Kapitel 1.1.1.8.)
- Größe der Fase bestimmen mit Hilfe der dynamischen Elemente

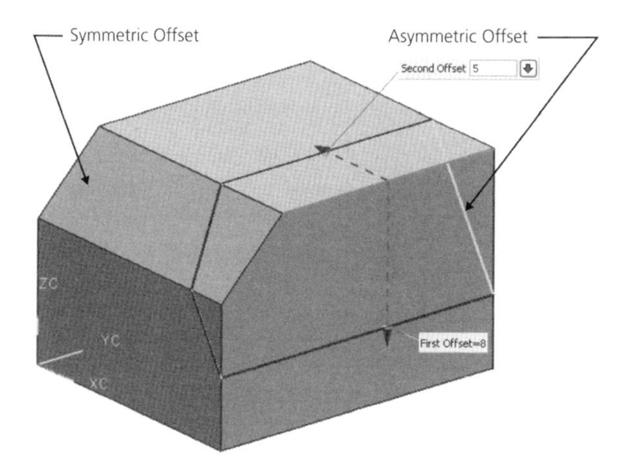

Bild 1.88 Beispiel Chamfer (Fase)

Das Dialogfenster Chamfer beinhaltet weitere Möglichkeiten, um den Verlauf der Verrundung zu beeinflussen.

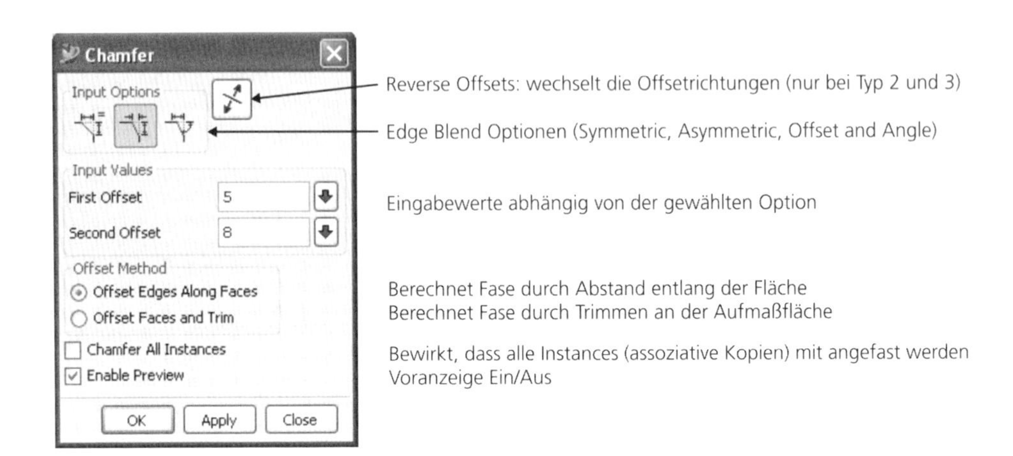

Bild 1.89 Dialogfenster Chamfer (Fase)

Hinweis:

Die **Offset Methode** ist dann von Bedeutung, wenn die Flächenpaare nicht senkrecht aufeinander stehen oder wenn diese nicht planar sind.

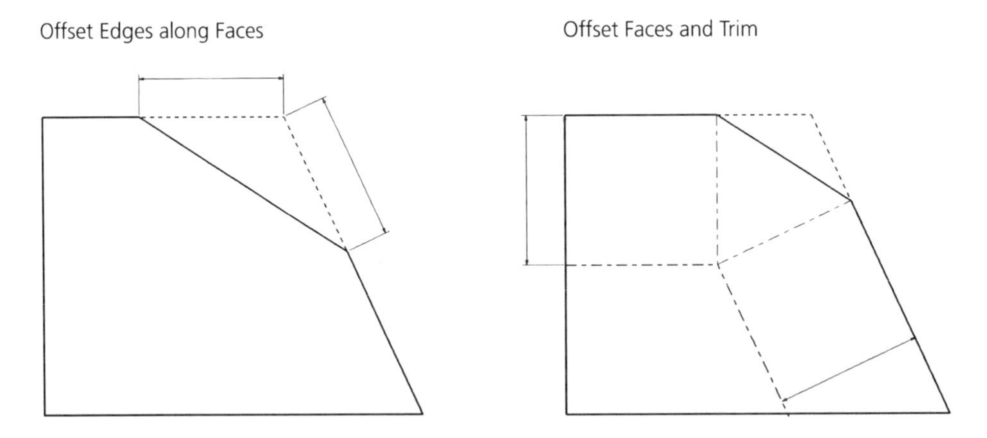

Bild 1.90 Unterschied der beiden Offset Methoden

1.6.3 Shell (Aushöhlung)

Menü Insert → Offset/Scale → Shell ( )

Shell (bisher bekannt unter dem Namen Hollow) höhlt einen Volumenkörper aus oder erzeugt eine Schale drum herum, je nachdem, ob das Aufmaß (Offset) nach innen oder außen gerichtet ist.

Wie bei Edge Blend können auch hier Flächen-Sets definiert werden, welchen verschiedene Wandstärken zugeordnet werden können. Dabei muss eine scharfkantige Abgrenzung vorhanden sein. Anders ausgedrückt: Tangential angrenzende Flächen können nicht mit verschiedenen Wandstärken ausgehöhlt werden.

Vorgehen:

- Funktion Shell aufrufen. Folgende Symbolleiste wird oben links angezeigt:

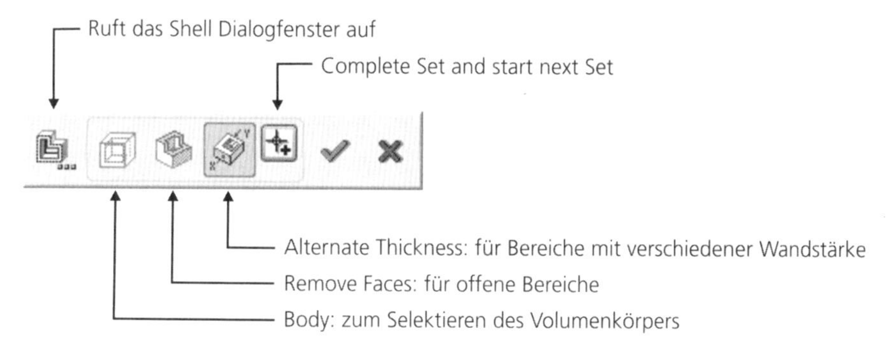

Bild 1.91 Symbolleiste Shell

- Körper auswählen (falls mehrere vorhanden sind).
  Dieser wird nun mit einer vorgegebenen Wandstärke vollständig ausgehöhlt und vorangezeigt.
- Fläche(n) selektieren, welche nicht „ausgehöhlt" werden soll(en). Dabei ist die Auswahlabsicht Selection Intent (Kapitel 1.1.1.8.) aktiv.

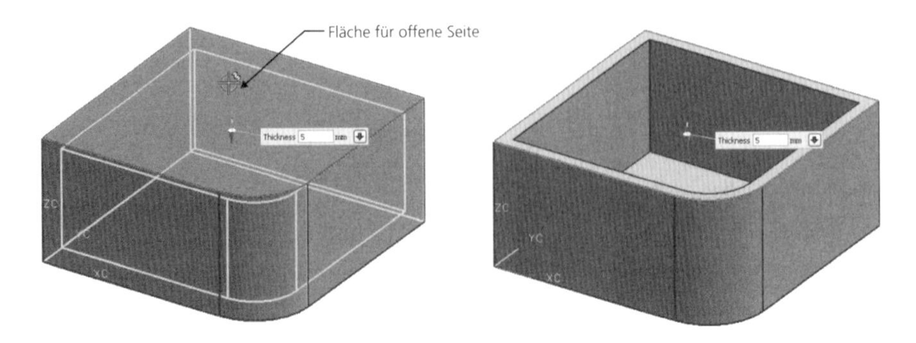

Bild 1.92 Voranzeige ohne und mit selektierter Fläche für offene Seite

- Optional Fläche(n) für alternative Wandstärke(n) bestimmen (mit Selection Intent)

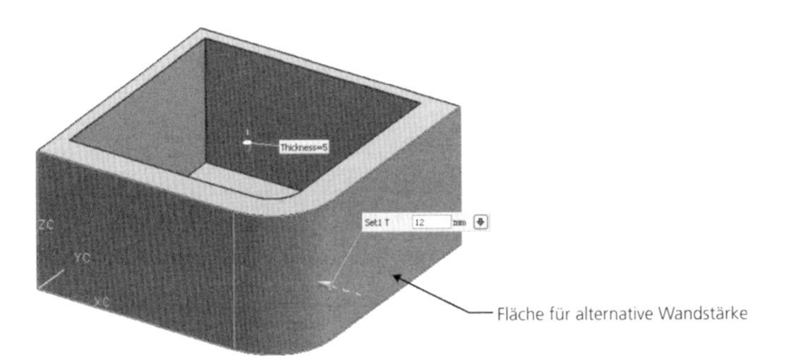

Bild 1.93 Verschiedene Wandstärken

Hinweis: Beim Selektieren der Fläche werden automatisch alle tangential angrenzenden Flächen mitselektiert (siehe Bemerkung weiter oben).

- Eventuell erweiterte Optionen im Dialogfenster auswählen:

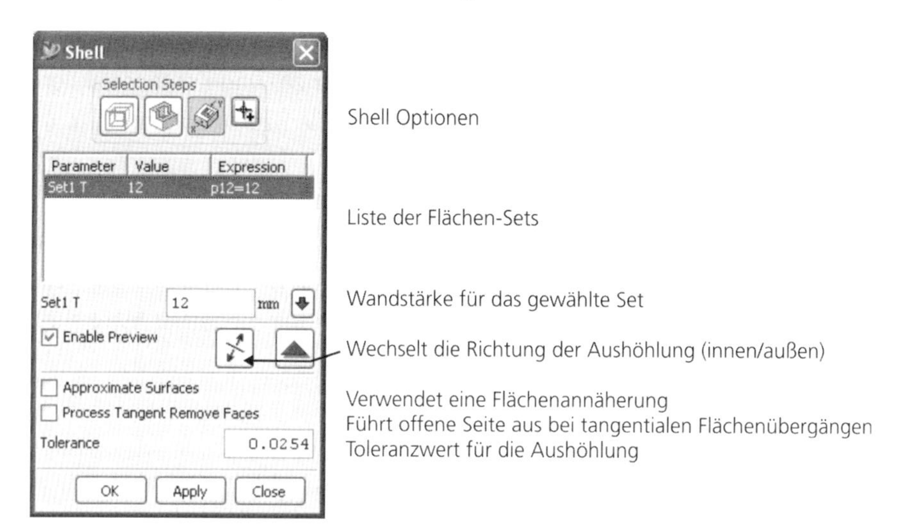

Bild 1.94 Dialogfenster Shell

Beispiel für die Option „Process Remove Tangent Faces":

Wird als offene Seite eine Fläche gewählt, deren Nachbarfläche (es können auch mehrere sein) tangential angrenzt, dann führt NX die Aushöhlung nur aus, wenn diese Option aktiviert ist.

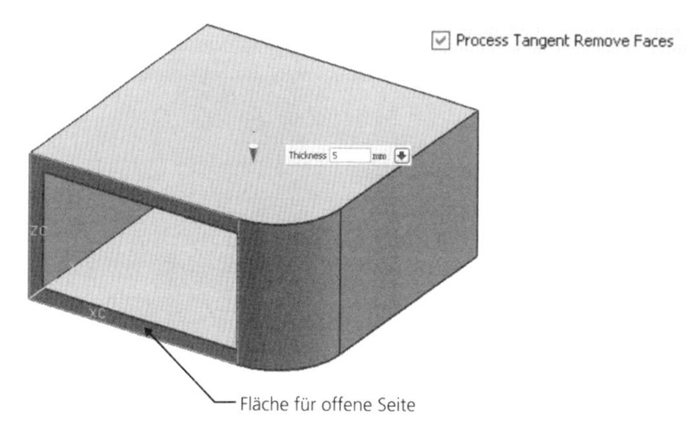

Bild 1.95 Option „Process Remove Tangent Faces"

1.6.4 Draft (Formschräge)

Menü Insert → Design Feature → Draft ( )

Draft erzeugt Formschrägen basierend auf Flächen- und Kantenselektion.

Häufig kommt diese Funktion bei Spritzgießteilen zur Anwendung, um Entformungsschrägen anzubringen.

Hinweis: Für die Formschräge benötigt NX einen Richtungsvektor. Der Winkel für die Formschräge bezieht sich auf den Richtungsvektor. Um sich dies besser vorstellen zu können, denke man sich den Vektor in der Mitte des Teils. Ein positiver Winkel bewirkt eine Formschräge nach innen, ein negativer Winkel nach außen.

Vorgehen:

- Funktion Draft aufrufen. Folgende Symbolleiste wird oben links angezeigt:

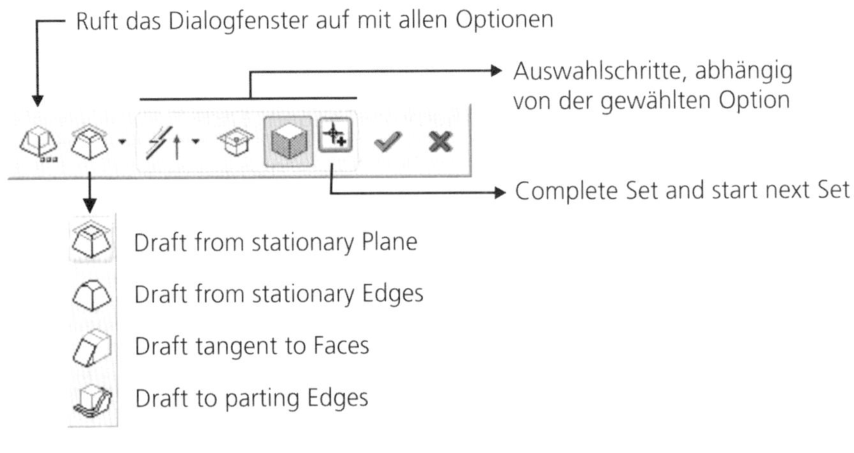

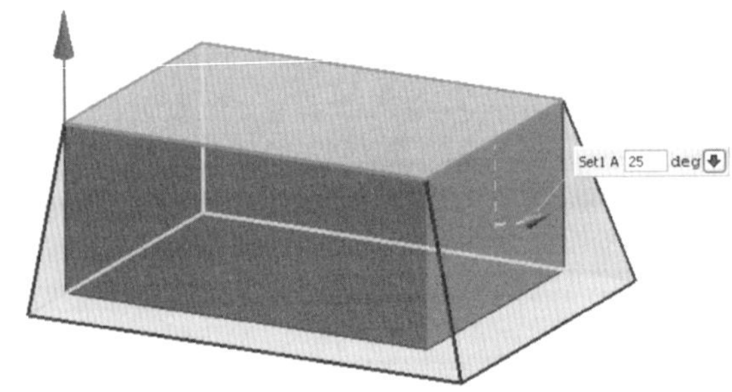

Bild 1.96 Symbolleiste Draft

- Option für die Formschräge wählen (zweites Symbol)
- Richtungsvektor bestimmen (⁄↑ ▾)
  Tipp: Ein Doppelklick auf den Richtungspfeil wechselt die Richtung.
- Je nach gewählter Option Flächen bzw. Kanten selektieren (mit Selection Intent)
- Winkel eingeben oder Wert durch Ziehen an den Drag Handles bestimmen

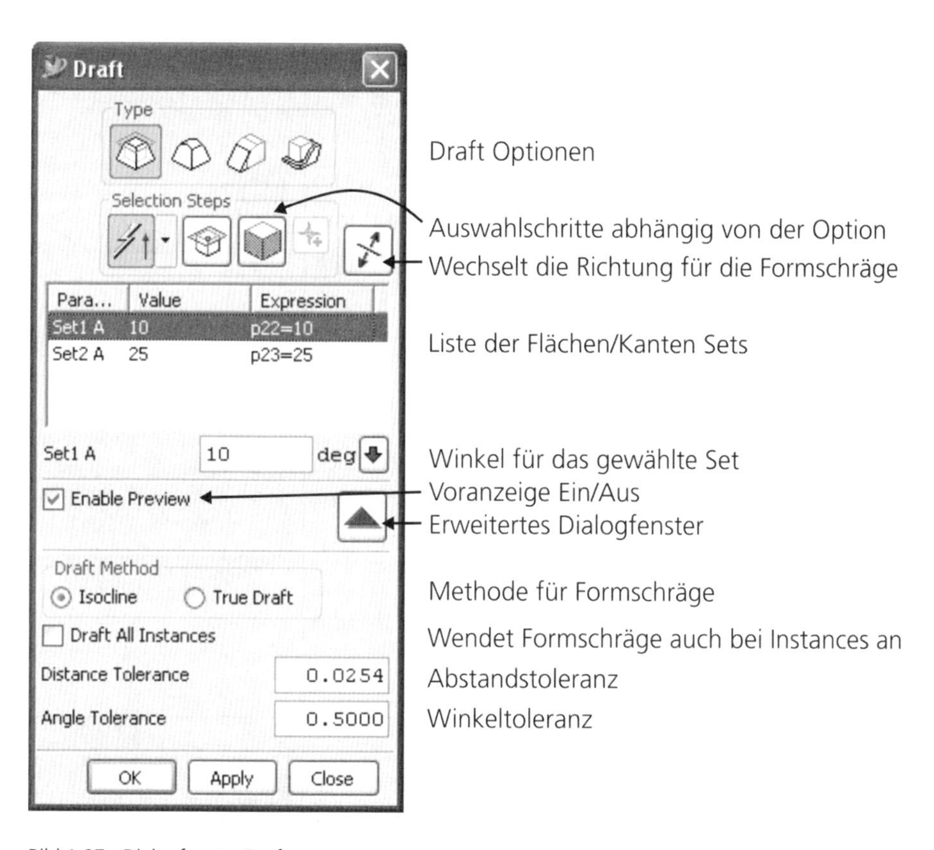

Bild 1.97 Dialogfenster Draft

Beschreibung der Optionen:

	**Draft from stationary Plane** Erzeugt Formschrägen durch Auswählen der betroffenen Flächen.	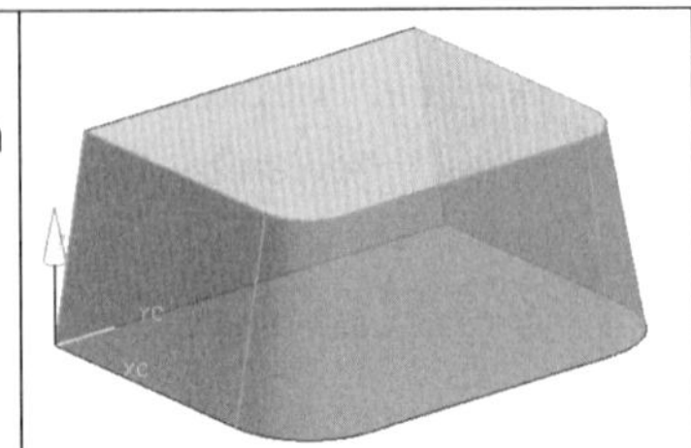
	**Draft from stationary Edges** Erzeugt Formschrägen ausgehend von einer Kontur. Diese Option ist dann nützlich, wenn die Kontur nicht in einer Ebene liegt und wenn diese nach der Schrägung erhalten bleiben soll.	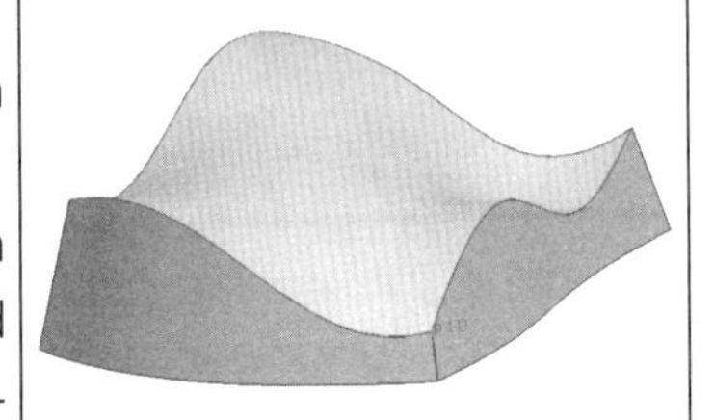
	**Draft tangent to Faces** Erzeugt Formschrägen tangential an Flächen. Diese Option kann nützlich sein, wenn die Verrundungen bereits vorhanden sind, beispielsweise bei Guss- und Schmiedeteilen. Hinweis: Es kann nur „Material" hinzugefügt werden.	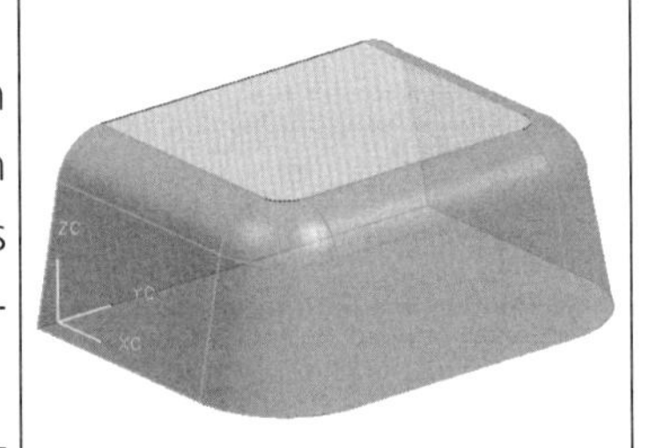
	**Draft to parting Edges** Erzeugt Formschrägen ausgehend von einer aufgetrennten Fläche. Zum Auftrennen von Flächen eignet sich Menü Insert → Trim → **Divide Face**.	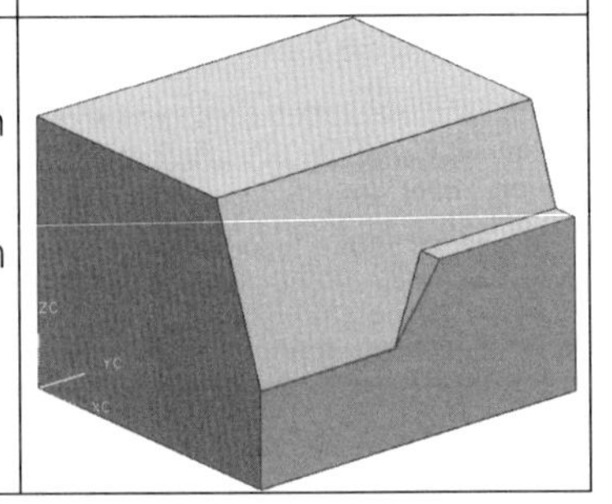

Isocline versus True Draft:

Diese beiden Modi basieren auf verschiedenen Algorithmen. Standardmäßig verwendet NX Isocline für Formschrägen.

Isocline erzeugt Formschrägen unter Berücksichtigung der eingegebenen Winkelbedingung.

True Draft verwendet eine andere Geometriedefinition für die zu schrägenden Flächen. Das Resultat ist in gewissen Fällen genauer. Bei dieser Methode wird jedoch die Winkelbedingung nicht zwingend eingehalten.

Es gibt Fälle, bei welchen Isocline nicht funktioniert, mit True Draft hingegen zum Erfolg führt. Beispiel:

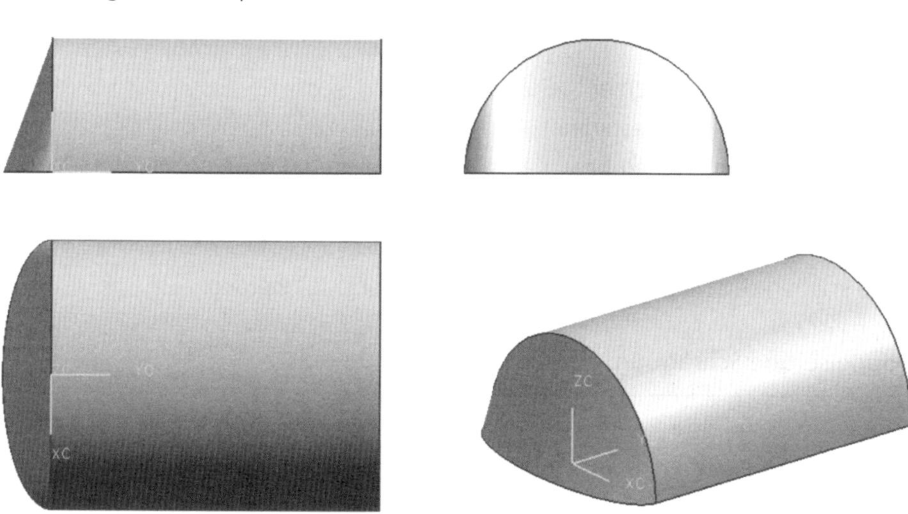

Bild 1.98 Beispiel für True Draft

1.6.5 Body Taper (Körperschrägung)

Menü Insert → Design Feature → Body Taper ( )

Body Taper erzeugt erweiterte Formschrägen für Guss- und Schmiedeteile.

Insbesondere ermöglicht diese Funktion, Schrägungen an beiden Seiten einer Trennfläche zu erzeugen mit oder ohne Anpassen der Flächen sowie automatisches Hinzufügen von Material in Hinterschnittbereichen. Body Taper wird in der Regel nach dem Erstellen des Konzeptteils angewendet.

Vorgehen:

- Funktion Body Taper aufrufen
- Typ für Formschräge wählen (Edge oder Face)
- Parameter eingeben
- Formtrennungs-Element selektieren
- Richtungsvektor bestimmen
- Je nach Typ Flächen bzw. Kanten für die weiteren Auswahlschritte selektieren (mit Selection Intent)

Es können verschiedene Arten von Schrägen erzeugt werden:

Doppelseitige Schrägung

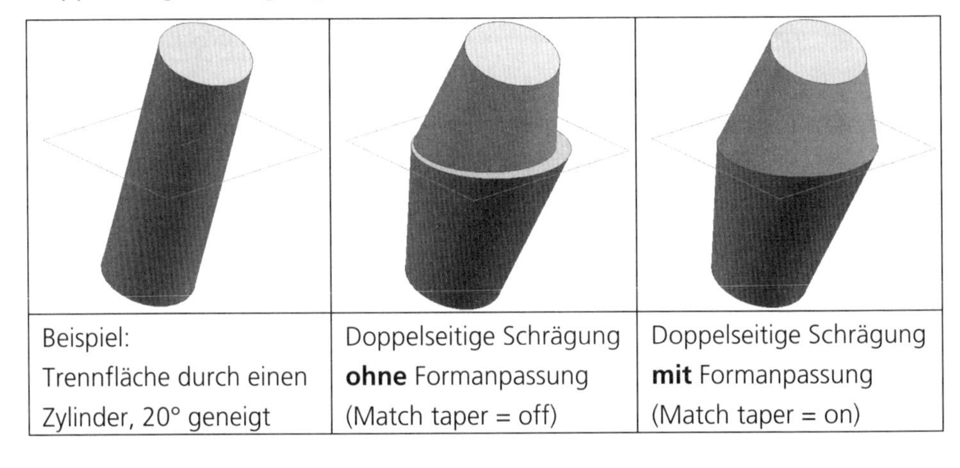

Beispiel: Trennfläche durch einen Zylinder, 20° geneigt	Doppelseitige Schrägung **ohne** Formanpassung (Match taper = off)	Doppelseitige Schrägung **mit** Formanpassung (Match taper = on)

Hinterschnittene Schrägung

Hinterschnittene Formschrägen sind einseitig. Der hinterschnittene Bereich wird mit Material gefüllt.

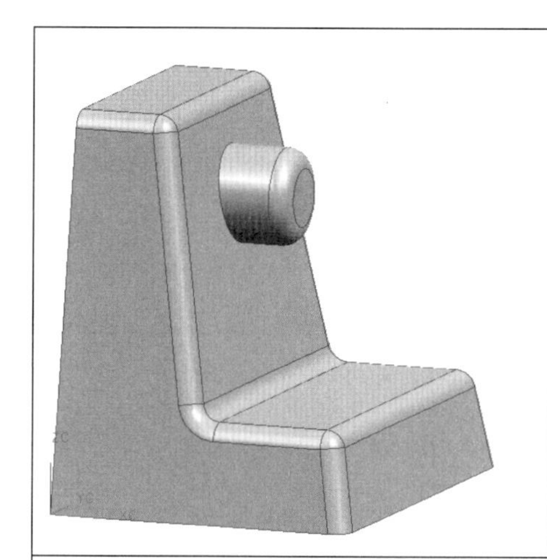	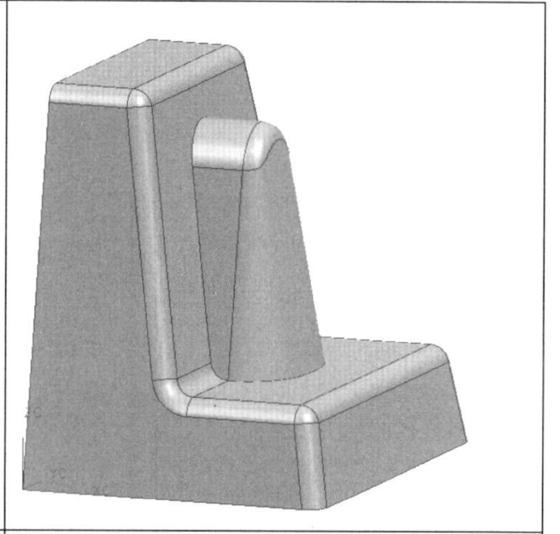
Ausgangslage: Körper mit hinterschnittigem Bereich	Ergebnis mit 10° Schrägung und entferntem Hinterschnitt

Formschräge mit höchstem Referenzpunkt

Mit dieser Option legt man fest, dass für die Schrägung der höchste Referenzpunkt jeder Fläche zu verwenden ist. Wenn die Trennfläche (oder Ebene) die abzuschrägenden Flächen schneidet, werden auf beiden Seiten Schrägungen erzeugt.

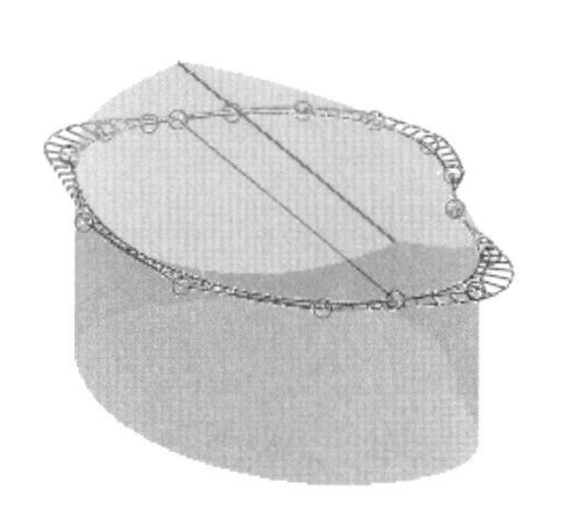

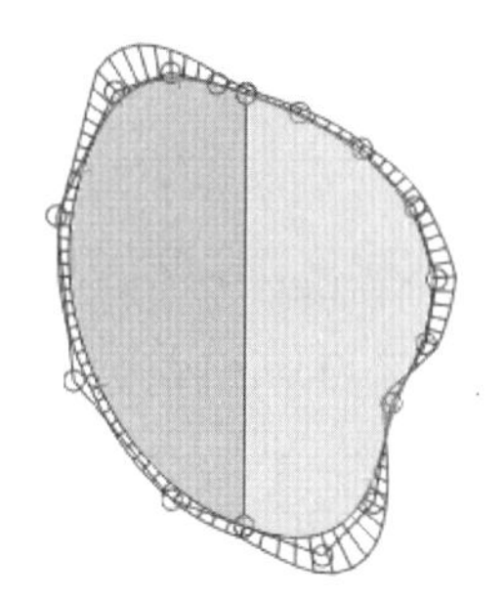

Bild 1.99 Schrägung mit höchstem Referenzpunkt (mit dargestelltem Krümmungskamm und Kontrollpolygon)

Optionen für Body Taper (Körperschrägung)

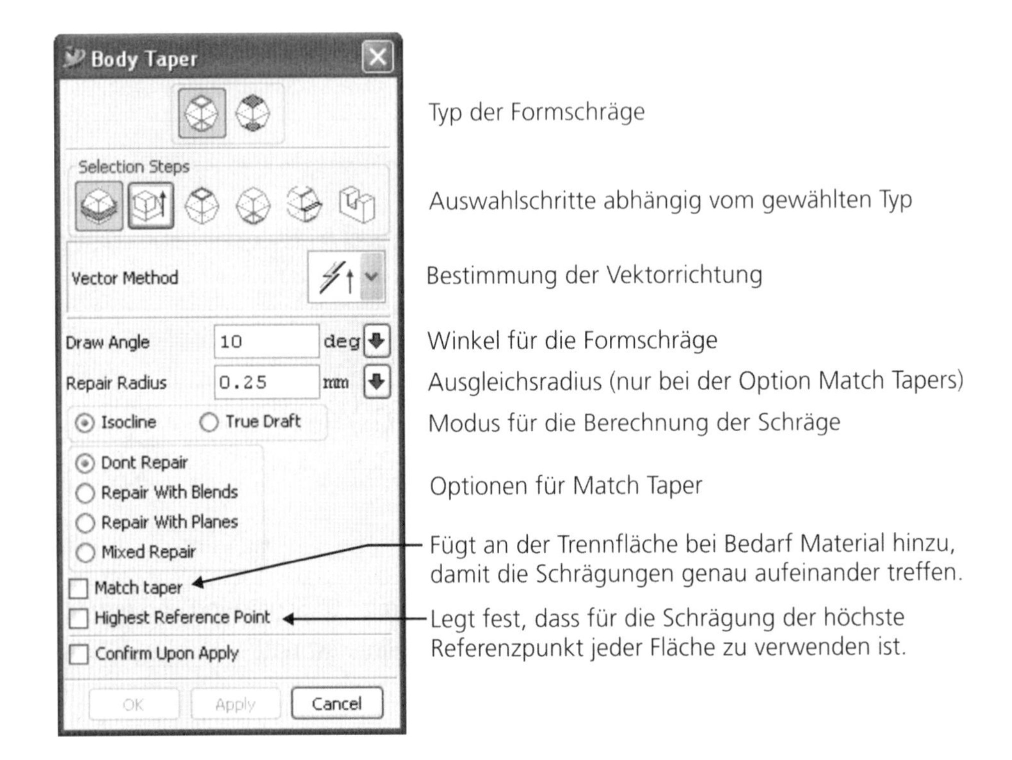

Bild 1.100 Dialogfenster Body Taper

Option **Type**: Um Schrägungen zu erzeugen, können entweder Kanten (**Edge**) oder Flächen (**Face**) selektiert werden und dabei dieselben Ergebnisse erzielen. Je nach Topologie ist eine der beiden Methoden unter Umständen besser geeignet.

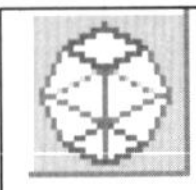	**Edge** (Kante): Diese Methode erzeugt Körperschrägen, indem auf beiden Seiten der Trennfläche je ein Konturzug (Loop) definiert wird. Es ist auch möglich, nur ein Trennobjekt, eine Entformungsrichtung und einen Konturzug, entweder ober- oder unterhalb des Trennobjekts, zu spezifizieren. Für Hinterschnittene werden nur die Entformungsrichtung und der Konturzug oberhalb davon festgelegt. Alle anderen Auswahlschritte sind optional.

	**Face** (Fläche): Diese Methode erzeugt Körperschrägen durch Spezifizieren von Flächen. Für doppelseitige Schrägung müssen das Trennobjekt, die Entformungsrichtung und die zu schrägenden Flächen spezifiziert werden. Für Hinterschnittene, die das Trennobjekt nicht schneiden, sind die Entformungsrichtung und die zu schrägenden Flächen festzulegen. Alle anderen Auswahlschritte sind optional.

Allgemeine Auswahlschritte:

	**Parting** (Formtrennung): Selektieren einer Trennfläche oder Bezugsebene. Die Trennfläche muss nicht planar sein.
	**Draw Direction** (Zeichenrichtung): Entspricht der Entformungsrichtung

Auswahlschritte für Typ Edge (Kante):

	**Loop Above Parting** (Konturzug oberhalb der Trennung): "Oberhalb" ist die Seite der Trennfläche, in deren Richtung der Zeichenvektor zeigt.
	**Loop Below Parting** (Konturzug unterhalb der Trennung): "Unterhalb" ist hier die Seite der Trennfläche, aus deren Richtung der Zeichenvektor zeigt.
	**Unmatched Edges** (Kanten ohne Übereinstimmung): optional Legt fest, bei welchen Kantenpaaren die Schrägung nicht übereinstimmen soll.
	**Movable Edges** (Bewegliche Kanten): optional Legt fest, welche Kanten beim Schrägen bewegt werden dürfen. Die Randbedingung "Fixed Position" wird hier aufgehoben, so dass die Kante beim Schrägen frei verschoben werden kann.

Auswahlschritte für Typ Face (Fläche):

	Faces to be Tapered (Abzuschrägende Flächen)
	Unmatched Faces (Flächen ohne Übereinstimmung): Legt fest, welche mit "Faces to be Tapered" gewählten Flächen nicht mit benachbarten Flächen übereinstimmen sollen.
	Movable Faces (Bewegliche Flächen): Legt fest, welche Flächen während der Schrägungsoperation bewegt werden können. Die Schnittkanten zwischen beweglichen Flächen und abgeschrägten Flächen werden als bewegliche Kanten verwendet. Die Randbedingung "Fixed Position" der spezifizierten Flächen wird hier aufgehoben, so dass diese beim Erzeugen der Schrägung frei verschoben werden kann. Dieser Schritt ist optional, für bestimmte Flächen kann er jedoch erforderlich sein.

Weitere Optionen:

Draw Angle	Winkel der Formschräge bezüglich „Entformungsrichtung
Isocline/ True Draft	**Isocline** erzeugt Formschrägen unter Berücksichtigung der eingegebenen Winkelbedingung. **True Draft** verwendet eine andere Geometriedefinition für die zu schrägenden Flächen. Das Resultat ist in gewissen Fällen exakter. Bei dieser Methode wird jedoch die Winkelbedingung nicht zwingend eingehalten. Es gibt Fälle, bei welchen Isocline nicht funktioniert, mit True Draft hingegen zum Erfolg führt. Beispiel siehe Kapitel vorher.
Highest Reference Point	Diese Option legt fest, dass für die Schrägung der höchste Referenzpunkt jeder Fläche zu verwenden ist. Wenn die Trennfläche (oder Ebene) die abzuschrägenden Flächen schneidet, werden auf beiden Seiten der Fläche Schrägungen mit doppelseitiger Fläche erzeugt.

Match Taper	Mit dieser Option wird bei Schrägungen an der Trennfläche bei Bedarf Material hinzugefügt, damit diese genau aufeinander treffen. 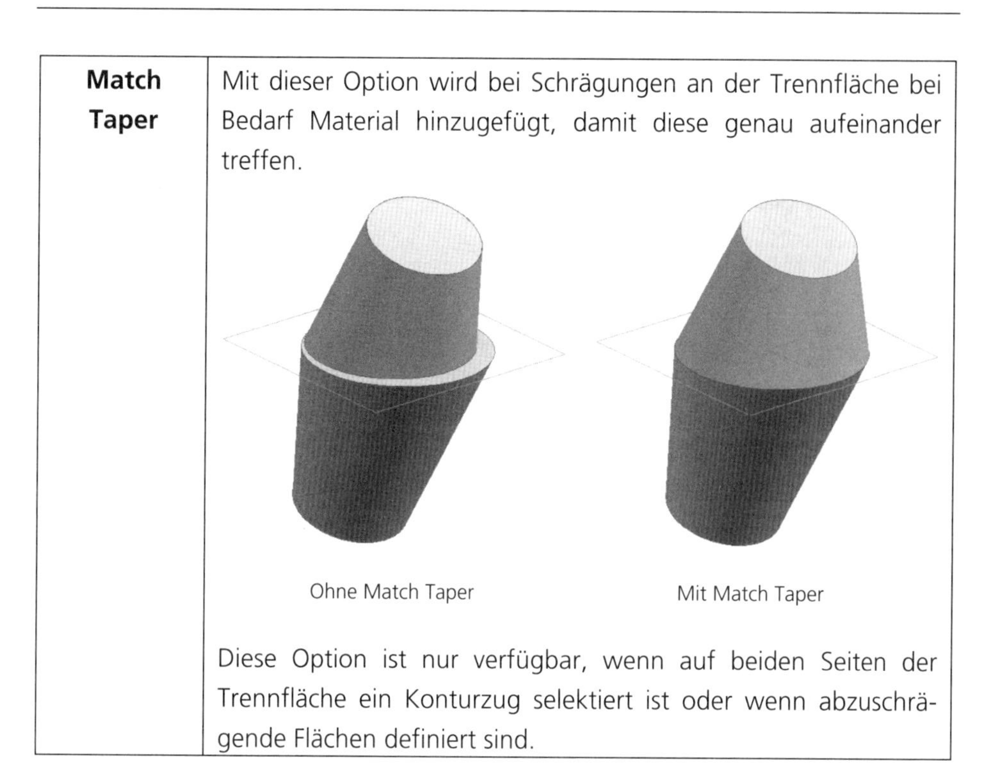 Ohne Match Taper Mit Match Taper Diese Option ist nur verfügbar, wenn auf beiden Seiten der Trennfläche ein Konturzug selektiert ist oder wenn abzuschrägende Flächen definiert sind.

1.6.6 Trim Body (Körper trimmen)

Menü Insert → Trim → Trim ()

Diese Funktion ermöglicht das Trimmen (Abschneiden) eines Körpers mittels einer Fläche oder einer Ebene. Der Anwender kann festlegen, welcher Teil des Körpers beibehalten werden soll. Um beide Volumenteile erhalten zu können, muss die Funktion Split Body verwendet werden. Aber Achtung: Bei Split Body geht die Parametrik verloren!

Vorgehen:

- Funktion Trim Body aufrufen. Folgende Symbolleiste wird oben links angezeigt:

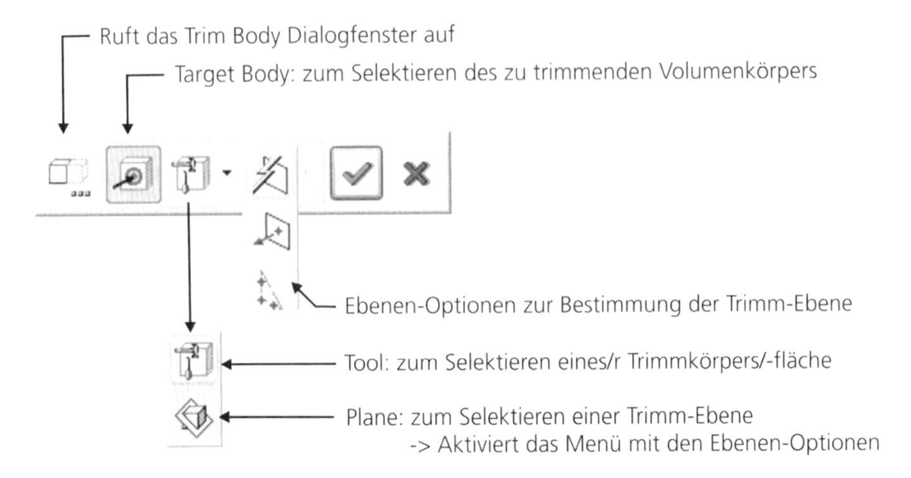

Bild 1.101 Symbolleiste Trim Body

- Zu schneidenden Volumenkörper selektieren, dann MB2.
- Trimmfläche/Trimmkörper auswählen oder zur Option Plane wechseln, um eine Trimm-Ebene zu bestimmen
- Falls erforderlich die Trimmseite wechseln mit Doppelklick auf den Pfeil.

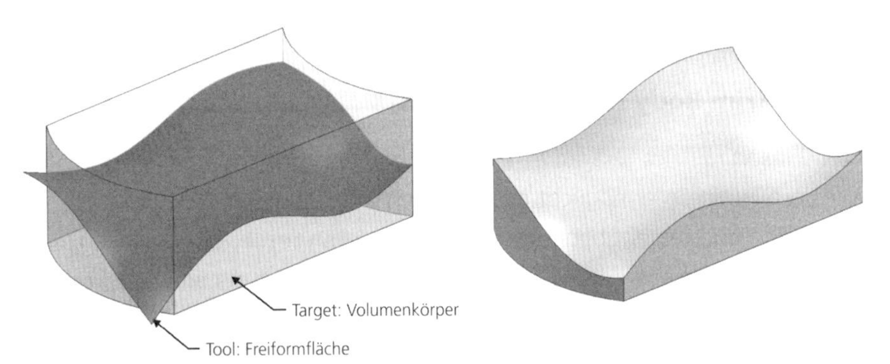

Bild 1.102 Beispiel Trim Body

1.6.7 Instance (Assoziative Kopie)

Menü Insert → Associative Copy → Instance ( )

Diese Funktion erzeugt assoziative Kopien (Instances) von Features oder Volumenkörpern. Dabei können rechteckige oder kreisförmige Muster gebildet werden. Instance beinhaltet auch das Spiegeln von Volumenkörpern und Features.

Hinweise:

- Objekte, die nicht kopiert werden können, sind Feature-Operationen wie Shell, Edge Blend, Chamfer, Draft, Offset Face usw., aber auch Datums.
- Kopierte Features müssen sich innerhalb des Körpers befinden. Handelt es sich um einen ganzen Körper, dann müssen sich dessen Kopien überschneiden oder zumindest berühren.
- Feature kopieren funktioniert nur innerhalb des gleichen Körpers und kann somit nicht auf andere Zielkörper angewendet werden.

Optionen:

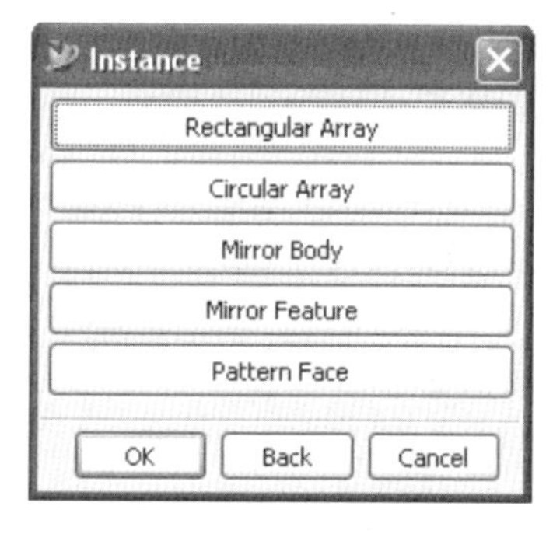

Erzeugt ein rechteckiges Muster

Erzeugt ein kreisförmiges Muster (z.B. Lochkreis)

Spiegelt einen Körper an einer Datum Plane

Spiegelt Features an einer Datum Plane oder einer ebenen Fläche

Ermöglicht das Kopieren/Spiegeln durch Selektieren einzelner Flächen (ist auch geeignet für nichtparametrische Objekte)

Bild 1.103 Instance Optionen

1.6.7.1 Rectangular/Circular Array

Die X- und Y-Richtung beim Rectangular Array beziehen sich auf das WCS (Work Coordinate System). Deshalb muss dieses zuvor in die gewünschte Lage gebracht werden. Für Circular Array wird eine Datum Axis benötigt.

Beispiel für Rectangular Array:

- WCS-Orientierung prüfen und wenn nötig ändern
- Funktion Instance aufrufen
- Option Rectangular Array
- Zu kopierendes Feature auswählen: grafisch, in der angezeigten Liste oder im Part Navigator

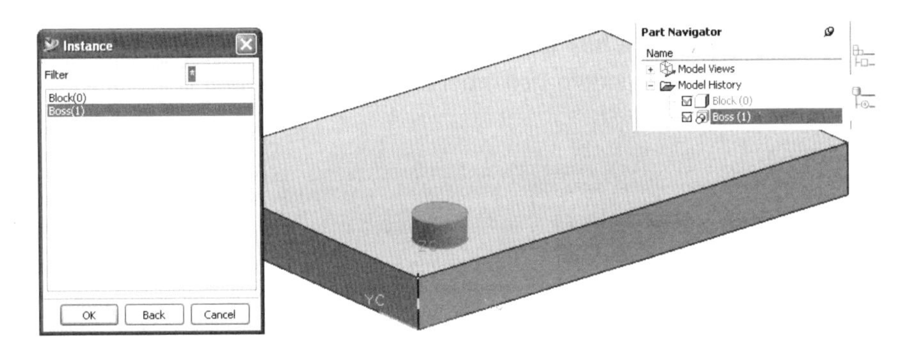

- Anzahl Kopien und Abstände in X- und Y-Richtung eingeben, dann OK

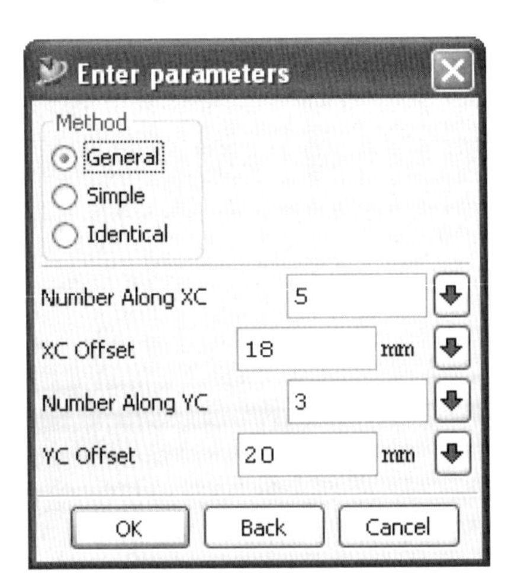

- Es erscheint eine Voranzeige. Bestätigen mit Yes oder zurück mit No.

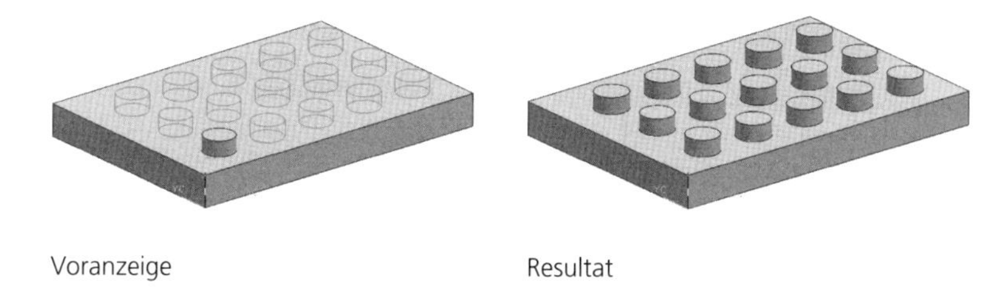

Voranzeige Resultat

Beispiel für Circular Array:

- Prüfen, ob eine geeignete Datum Axis vorhanden ist
- Funktion Instance aufrufen
- Option Circular Array
- Zu kopierendes Feature auswählen: grafisch, in der angezeigten Liste oder im Part Navigator (dito Rectangular Array)

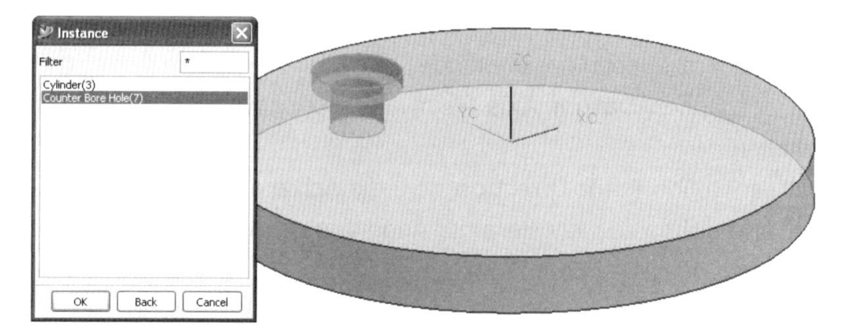

- Anzahl Kopien und Delta-Winkel eingeben, dann OK

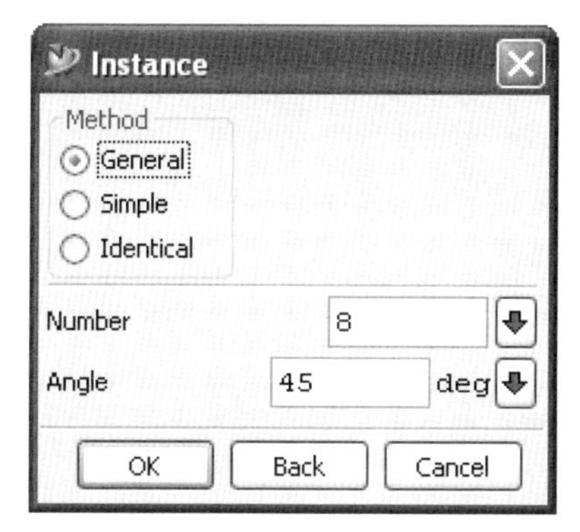

- Achsendefinitionsmethode wählen

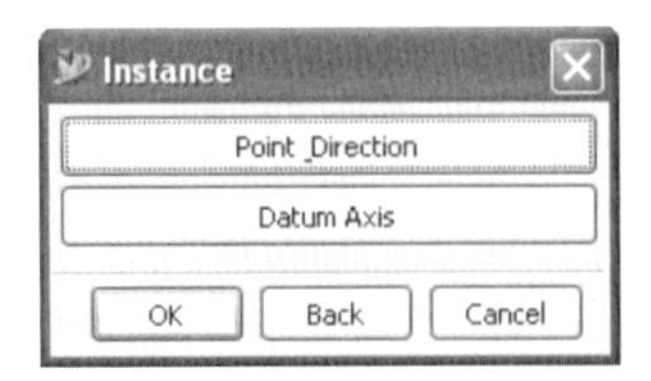

Die Option "Datum Axis" ist zu bevorzugen aus Gründen der Assoziativität (siehe Hinweis weiter unten)

- Datum Axis selektieren (oder Richtung und Drehpunkt angeben)
- Es erscheint eine Voranzeige. Bestätigen mit Yes oder zurück mit No.

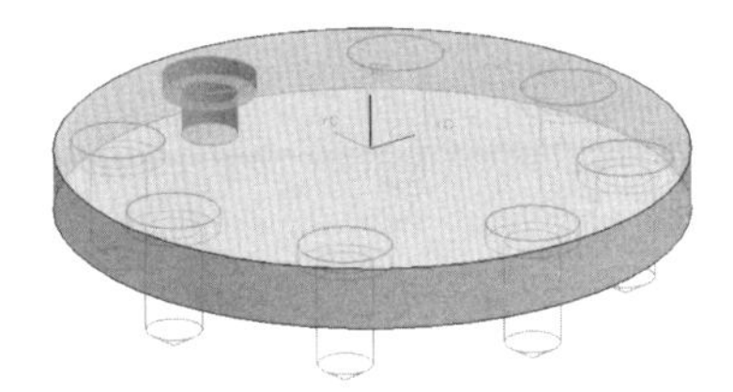

Voranzeige

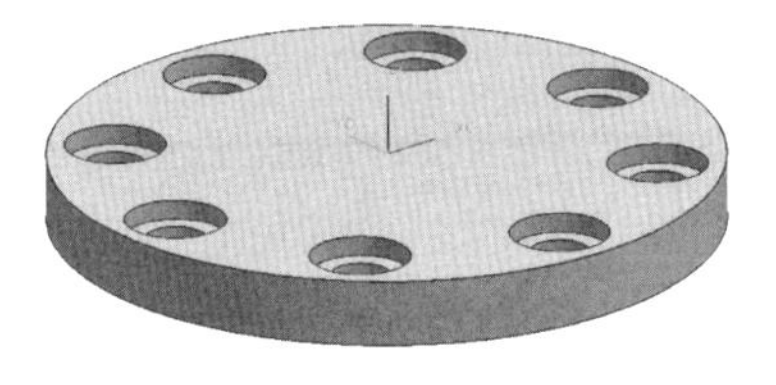

Resultat

Hinweis zur Achsendefinitionsmethode:

- Mit der Option **Datum Axis** bleibt die Assoziativität zum Volumenkörper erhalten.
- Mit der Option **Point Direction** wird die Achse absolut im Raum definiert, d.h. also nicht assoziativ. Bei einer Änderung des Modells bleibt die Achse in ihrer ursprünglichen Position stehen.

1.6.7.2 Mirror (Spiegeln)

Spiegeln wird häufig bei symmetrischen Teilen benutzt. Dadurch muss z.B. nur die Hälfte oder ein Viertel eines 3D Modells konstruiert werden. Eine weitere typische Anwendung ist linkes und rechtes Teil.

Hinweise:

- Es können ganze Volumenkörper oder nur einzelne Features gespiegelt werden.
- Der gespiegelte Teil ist mit dem ursprünglichen assoziiert und enthält keine Parameter mehr. Änderungen müssen deshalb auf der Ursprungsseite ausgeführt werden.
- Mirror Body benötigt eine Datum Plane als Spiegelebene, bei Mirror Feature kann auch eine ebene Fläche verwendet werden.

Beispiel für Spiegeln eines Features:

- Prüfen, ob eine geeignete Datum Plane oder ebene Fläche vorhanden ist.
- Funktion Instance aufrufen.
- Option Mirror Feature.
- Zu kopierende Features auswählen: grafisch, in der angezeigten Liste oder im Part Navigator und mit dem Pfeilsymbol oder Doppelklick auf die rechte Seite des Dialogfensters verschieben.

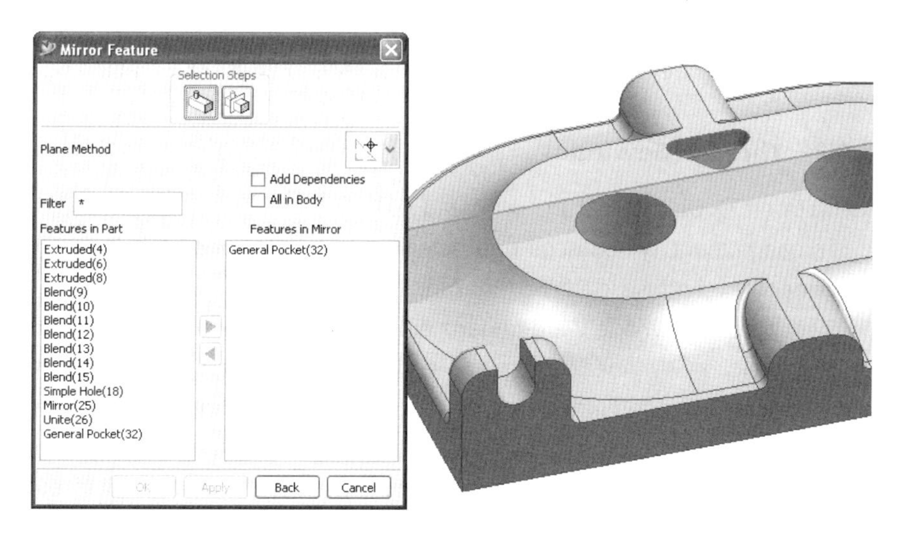

- Zum Selection Step „Mirror Plane" wechseln und die Spiegelebene grafisch zeigen. Das Spiegeln wird ausgeführt.

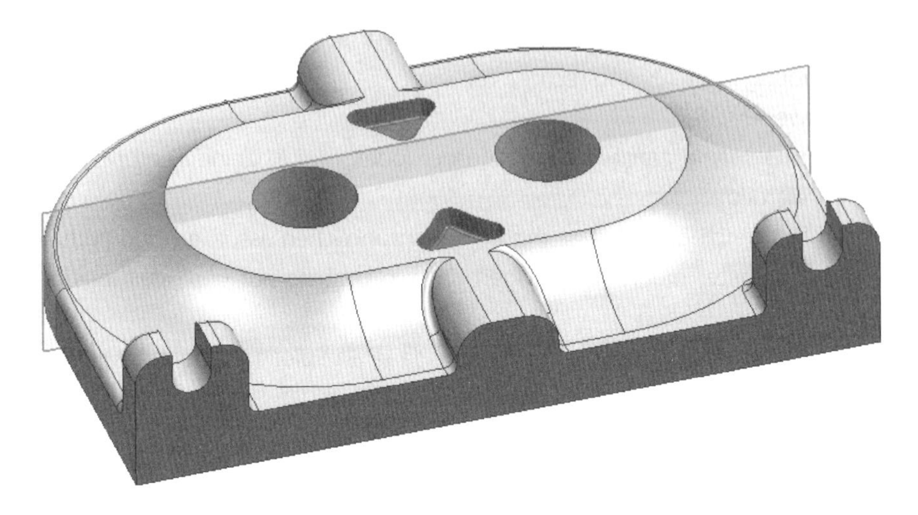

Bild 1.104 Beispiel für Mirror Feature

Hinweis:

- Im Beispiel oben wurde das gespiegelte Feature automatisch vom Körper subtrahiert, weil der Boolesche Operationstyp am Feature hängt.
- Beim Spiegeln eines Volumenkörpers hingegen entstehen zwei Volumenkörper. Diese müssen in einem separaten Schritt miteinander vereint werden mit Hilfe der Booleschen Operation (Menü Insert → Combine Bodies).

1.6.8 Thread (Gewinde)

Menü Insert → Design Feature → Thread ( )

Thread erzeugt symbolische und detaillierte Gewinde. Als Basis für ein Gewinde dient eine zylindrische Fläche (Bohrung oder Welle).

Symbolische Gewinde werden ganz einfach durch zwei gestrichelte Kreise dargestellt, welche Gewindeanfang und - ende kennzeichnen. Die detaillierte Gewindedarstellung hingegen erfordert eine sehr hohe Grafikleistung und ist vor allem in größeren Baugruppen nur beschränkt anwendbar. Detaillierte Gewinde werden deshalb hauptsächlich benutzt, um schöne Bildchen für Marketing und Verkauf zu schießen.

Im Normalfall genügt also die symbolische Darstellung. Hinzu kommt, dass NX bei der 2D § diese symbolischen Gewinde erkennt und normgerecht darstellt – sowohl in der Draufsicht als auch in einer geschnittenen Ansicht.

Vorgehen:

- Funktion Thread aufrufen
- Bohrung/Welle selektieren
- Parameter im Dialogfenster setzen (Gewindelänge, ...), dann OK

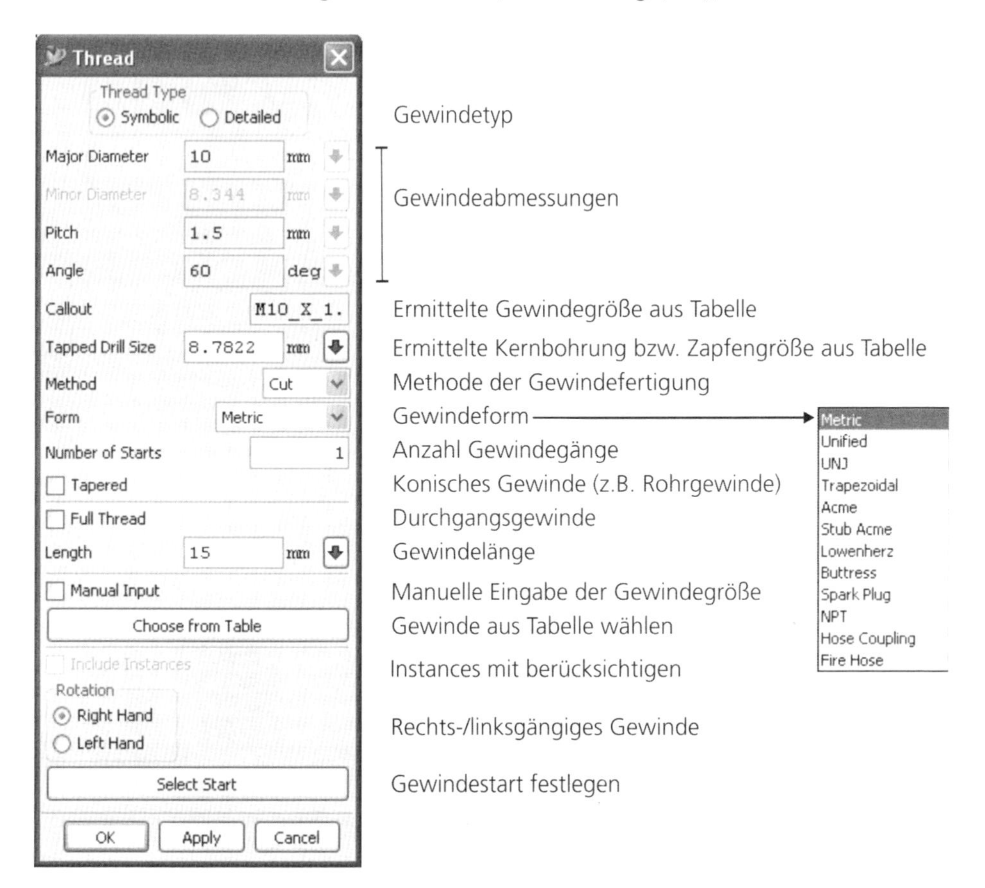

Bild 1.105 Dialogfenster Symbolic Thread

Beim Selektieren einer Bohrung bzw. Welle ermittelt NX den Durchmesser und sucht sich aus einer Tabelle die nächste Gewindegröße heraus. Bei Bohrungen ist der Kerndurchmesser maßgebend, bei Welle der Außendurchmesser. Ermittelt das System nicht die gewünschte Größe, dann kann die Gewindegröße aus einer hinterlegten Tabelle gewählt werden (Choose from Table).

Nach dem Ausführen von Thread passt NX den Bohrungs- bzw. Wellendurchmesser dem Tabellenwert an, indem es einen neuen Parameter (Drill/Shaft Size) erzeugt und den ursprünglichen Durchmesserwert damit verknüpft.

Das Dialogfenster für Detailed Thread beinhaltet weniger Eingabemöglichkeiten als bei den symbolischen Gewinden:

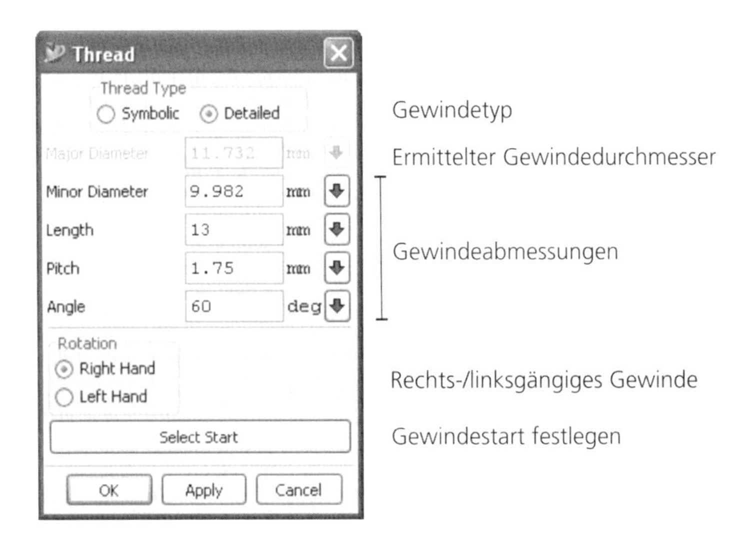

Bild 1.106 Dialogfenster Symbolic Thread

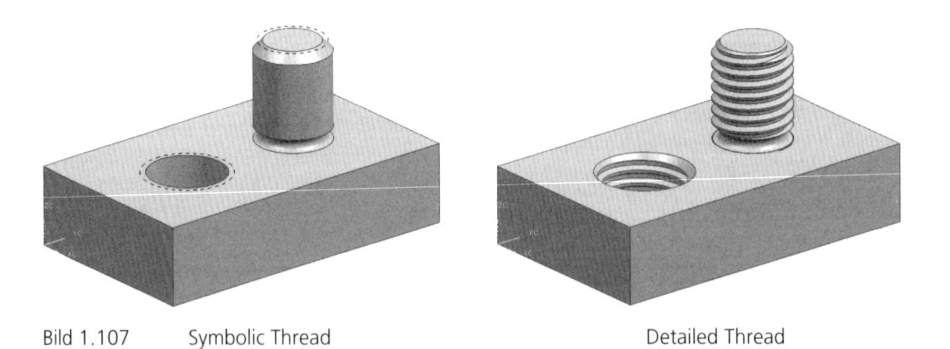

Bild 1.107 Symbolic Thread Detailed Thread

1.7 Sketch (Skizze)

Der Sketcher (Skizzierer) ist ein Werkzeug zum Erstellen von 2D Konturen (und Punkten). Diese dienen als Basiskontur, um Konstruktionselemente zu erzeugen, wie Extrude, Revolve und Sweep, aber auch für Freiformflächen.

Ein Sketch wird mit geometrischen und maßlichen Bedingungen versehen. Dies nennt man Parametrisieren. Ein Sketch muss nicht von Anfang an vollständig bestimmt werden (Fully Constrained). Selbstverständlich können die Bedingungen zu jedem beliebigen Zeitpunkt vervollständigt, geändert oder gelöscht werden.

Sketches werden im Part Navigator als eigenständiges Feature dargestellt und verhalten sich assoziativ, d.h. Änderungen des Sketches haben direkten Einfluss auf das Modell.

Wichtig: Es gibt unter Menü Insert → Curves (Kapitel1.8) einzelne Funktionen, die sich nicht assoziativ zur Modellgeometrie verhalten, z.B. Basic Curves, Ellipse, Spline. Für gewisse Ausnahmefälle haben diese Curves ihre Berechtigung. Sie sollten aber nur mit Vorsicht verwendet werden. Deshalb empfiehlt es sich, den Sketcher zu benutzen, um Kurven/Konturen zu erstellen.

Generell wird empfohlen, ein neues Modell mit einem Sketch zu beginnen.

Sketch Voreinstellungen

Diese können gesetzt werden für die aktuelle Datei unter Menü Preferences → Sketch oder global unter Menü File → Utilities → Customer Defaults (siehe auch Kapitel 1.2). Die wichtigsten Einstellungen sind die dargestellte Schrifthöhe und die Anzahl der Nachkommastellen für Maßwerte.

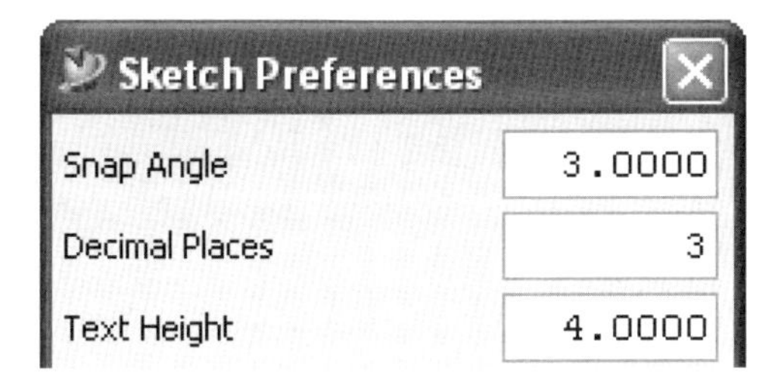

Bild 1.108 Menü Preferences → Sketch

1.7.1 Sketch erzeugen

Ein neuer Sketch kann mit einer der folgenden Möglichkeiten erzeugt werden:

- Icon Sketch
- Menü Insert→ Sketch
- Aus einer Funktion (Extrude und Revolve)
- Datum Plane oder eine ebene Körperfläche selektieren, dann MB3 → Sketch wählen

Falls weder eine Datum Plane noch eine ebene Körperfläche selektiert wird, dann erzeugt NX automatisch eine Standard Datum Plane auf der XC-YC-Ebene mit zwei Datum Axis. Diese Achsen können in ihrer Richtung umgekehrt werden durch einen Doppelklick auf eine der drei grünen Achsen.

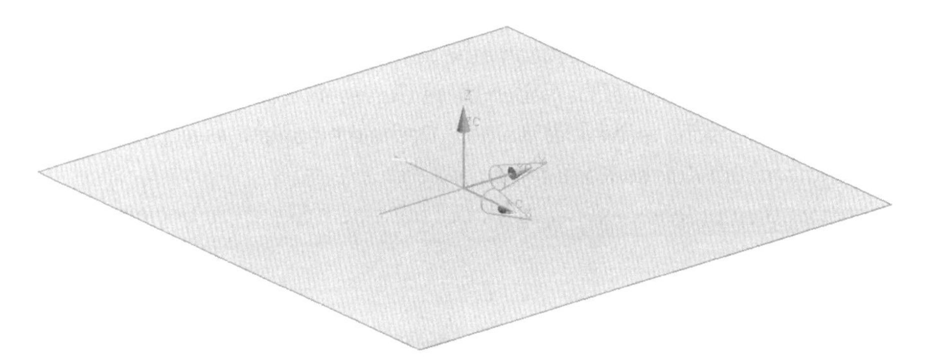

Bild 1.109 Standard Datum Plane und zwei Datum Axis

Falls eine andere Skizzierebene gewünscht wird, kann eine der angezeigten Sketch Plane Options aus der Symbolleiste oben links ausgewählt werden.

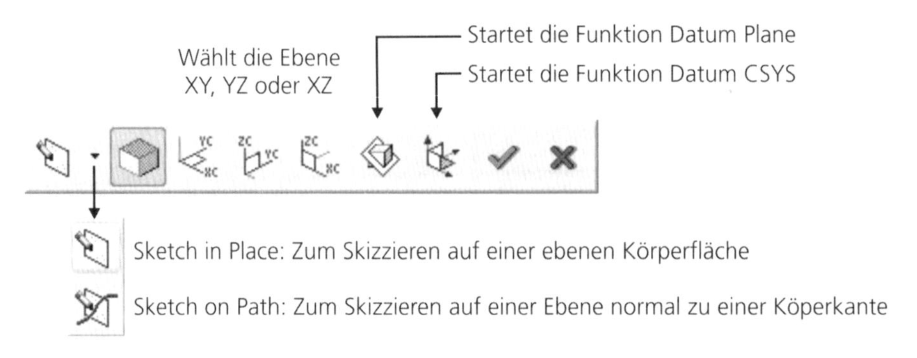

Bild 1.110 Optionen für Skizzierebene

Weiter geht es zu den Sketch-Funktionen entweder mit MB2, OK oder durch wählen einer Kurvenfunktion. Die Blickrichtung wird dabei automatisch senkrecht auf die Sketchebene gedreht und die Sketcher Task Umgebung aufgerufen.

Die nächsten Schritte sind:

- Skizze erstellen (Sketch Curves)
- Geometrische Bedingungen bestimmen (Constraints)
- Maßliche Bedingungen anfügen (Dimensions)
- Sketch beenden

1.7.2 Sketcher Task Umgebung

In der Sketcher Task-Umgebung befindet man sich in einem Unterprogrammbereich innerhalb der NX Modeling-Applikation mit eigenen, Sketch-spezifischen Werkzeugleisten. Diese Umgebung ist immer dann aktiv, wenn entweder ein Sketch erstellt oder geändert wird. Hier noch einige Hinweise:

- Ein 3D Modell kann zwar mehrere Sketches enthalten, aber nur ein Sketch kann aktiv sein. Um einen bestehenden Sketch zu aktivieren, geht man nach einer der folgenden Möglichkeiten vor:
  - Doppelklick auf Sketch (im Grafikfenster oder im Part Navigator)
  - Sketch grafisch selektieren, MB3 drücken und Edit wählen
  - MB3 auf Sketch Feature im Part Navigator, dann Edit wählen
  - Sketch-Name auswählen aus der Liste in der Sketch-Werkzeugleiste
- Das Deaktivieren des Sketch erfolgt durch das Verlassen der Sketch Task-Umgebung mittels Menü Task → Finish Sketch ( ).
- Geometrie, welche bei aktivem Sketch erzeugt wird, wird diesem automatisch hinzugefügt.
- Sketches und Layer verhalten sich wie folgt:
  - Wenn ein Sketch aktiviert wird, dann wird automatisch der dazugehörige Layer als Work-Layer gesetzt.
  - Beim Deaktivieren eines Sketch wird der Status des Layers bestimmt durch die Einstellung im Menü Preferences → Sketch:
    „Maintain Layer Status = OFF": Der Sketch-Layer bleibt der Work-Layer.
    „Maintain Layer Status = ON": Die Sketch-Layer werden zu jenen Stati zurückgesetzt, die vor dem Aktivieren des Sketch gesetzt waren.

1.7.3 Die Sketch Werkzeugleiste

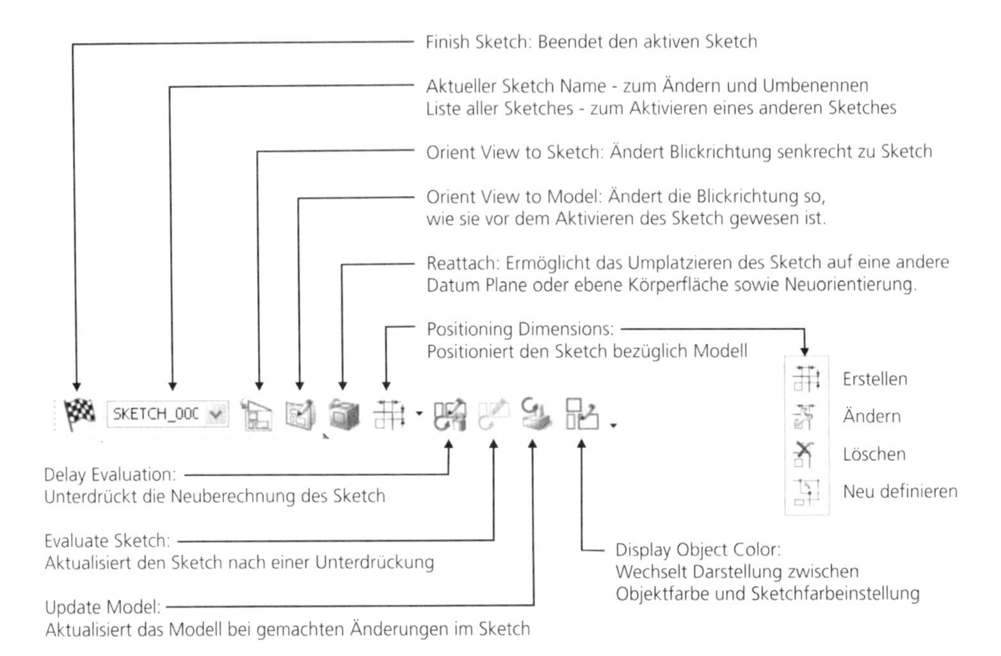

Bild 1.111 Sketch Werkzeugleiste

Hinweis zu Reattach:

Beim Umplatzieren des Sketches auf eine andere Datum Plane bzw. ebene Körperfläche kann nur ein Objekt selektiert werden, welches in der Entstehungsgeschichte vor dem Sketch liegt.

Hinweis zu den Positioning Dimensions:

Diese Funktion dient zur Positionierung des aktiven Sketches in Bezug auf die Modellgeometrie. Es erscheint das gleiche Dialogfenster wie beim Positionieren eines Formelementes (siehe Kapitel 1.5.3.7). Die Meinungen darüber gehen auseinander, ob ein Sketch überhaupt positioniert werden soll oder nicht. Meine Empfehlung: Sketches nicht positionieren, sondern die ganz normalen Bedingungen und Bemaßungen verwenden, bis der Sketch vollständig bestimmt ist.

1.7.4 Smart Sketch Interface

Das Smart Sketch Interface enthält viele intelligente und dynamische Elemente, welche in diesem Kapitel beschrieben sind.

Icon Options

Erscheint im Grafikfenster bei aktiver Kurvenfunktion und ermöglicht das Wählen von verschiedenen Kurvenoptionen, z.B. für Profile:

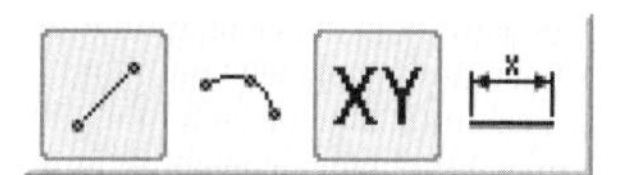

Bild 1.112 Icon Options

Dynamische Eingabefelder

Dynamische Eingabefelder dienen zum einfachen Eingeben von X-, Y-Koordinaten oder Kurvenparametern, je nachdem, welcher Kurventyp gerade erstellt wird.

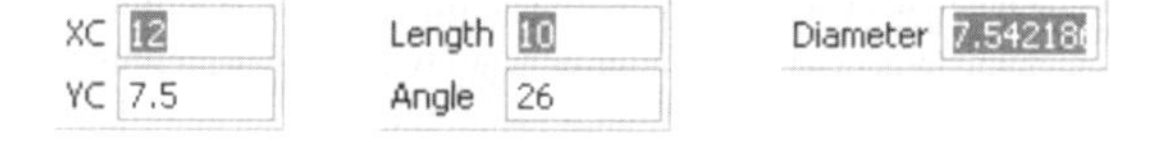

Bild 1.113 Dynamische Eingabefelder

Ein Wert kann direkt mit der Tastatur eingegeben werden. Das dunkelblaue Feld ist das aktive Feld. Mit der Tabulator-Taste kann zwischen den beiden Eingabefeldern hin- und hergeschaltet werden.

Dynamische Voranzeige

Beim Erzeugen von Kurven werden diese temporär, dynamisch vorangezeigt inklusive möglicher geometrischer Bedingungen wie z.B. horizontal, tangential, usw. Diese Bedingungen werden beim Absetzen der Kurve übernommen.

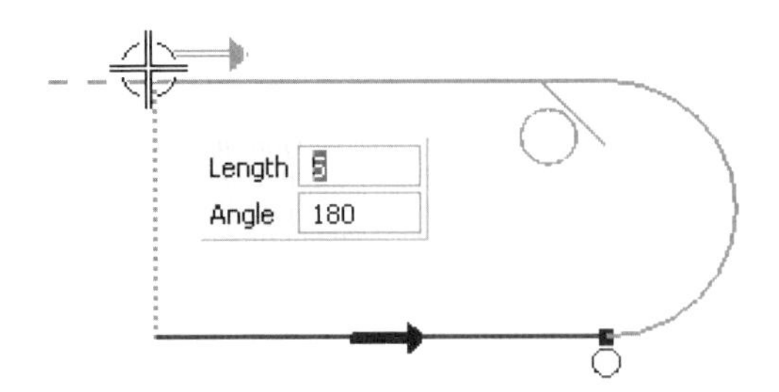

Bild 1.114 Dynamische Voranzeige: Horizontal und tangential

Hilfslinien

Hilfslinien verlaufen ausgerichtet durch Kontrollpunkte von bereits bestehenden Kurven. Das sind z.B. Endpunkte, Mittelpunkte und Kreiszentren. Es gibt zwei Typen von Hilfslinien (siehe Bild oben):

- Eine punktierte Hilfslinie zeigt die Ausrichtung zu anderen Objekten.
- Eine gestrichelte Hilfslinie ist die Voranzeige für die geometrische Bedingung, welche beim Drücken von MB1 erstellt wird.

Sperren einer vorangezeigten Bedingung

Die durch eine gestrichelte Hilfslinie vorangezeigte geometrische Bedingung kann gesperrt werden durch Drücken von MB2. Das Aufheben der Sperrung erfolgt durch nochmaliges Drücken von MB2.

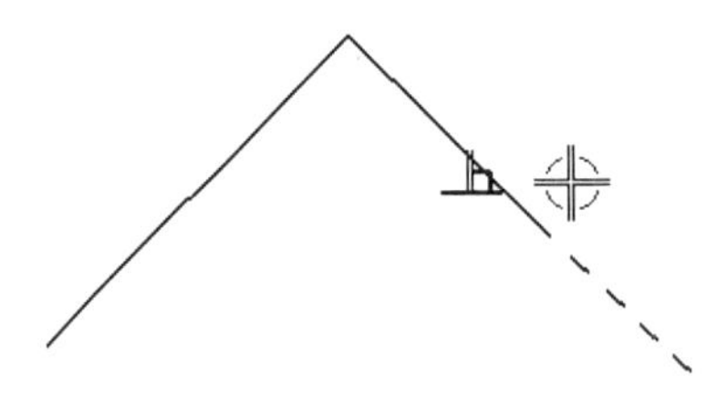

Bild 1.115 Sperren einer Bedingung

Short List

NX speichert eine interne Liste (Short List) von fünf Objekten, welche für die Voranzeige der geometrischen Bedingungen verwendet werden. Ein Objekt wird zur Liste hinzugefügt, wenn es erzeugt wird oder wenn der Mauszeiger über das Objekt bewegt wird. Diese Short List verhindert, dass die Voranzeige nicht mit jeder Kurve im Sketch berechnet werden muss, da dies bei einem komplexen Sketch sehr unübersichtlich werden kann. Diese Short List ermöglicht es also, nur ganz spezifische Objekte auszuwählen, mit denen eine geometrische Bedingung erstellt werden soll.

Hinweise zur Short List:

- Die Short List ist strukturiert von oben nach unten. Neue Objekte werden von oben eingefügt. Wenn die Liste voll ist, was bei fünf Objekten der Fall ist, dann fällt das älteste Objekt unten raus.
- Der Sketcher löscht die Short List, wenn die Kurvenfunktion verlassen wird.
- Wenn der Sketcher eine geometrische Bedingung erkennt, dann wird das betroffene Objekt farblich hervorgehoben und die Bedingung als Symbol angezeigt. Beispiel: Um eine parallele Bedingung zu erhalten, den Mauszeiger so lange bewegen, bis das dynamische Symbol angezeigt wird.

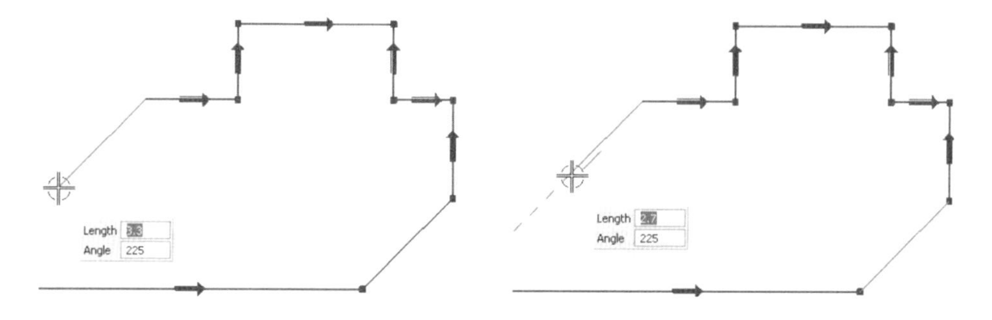

Bild 1.116 Geometrische Bedingung: Parallelität

1.7.5 Objekt Operationen

In der Sketcher Task Umgebung wird unterschieden zwischen einer Object-Action Operation und einer Action-Object Operation.

- Eine Object-Action Operation heißt, zuerst ein Objekt selektieren, dann eine Operation.
- Eine Action-Object Operation heißt, zuerst eine Operation selektieren, dann ein Objekt.

Object-Action Operations

Es gibt drei Operationen, die auf selektierte Objekte ausgeführt werden können: Ziehen (Drag), Doppelklick und MB3-Optionen. Dabei darf keine Funktion aktiviert sein.

1. **Ziehen (Drag)**

   Sketch verschieben:
   - Sketch oder Teile des Sketch mit Hilfe eines Rechtecks selektieren
   - Mauszeiger auf ein Sketchobjekt bewegen
   - MB1 drücken und ziehen

   Bemaßung verschieben:
   - Bemaßung mit MB1 selektieren und ziehen

   Endpunkt einer Kurve verschieben:
   - Mauszeiger auf gewünschten Punkt bewegen
   - MB1 drücken und ziehen

   Verschieben einer Kurve (außer Kreisbogen):
   - Mauszeiger auf Mitte der gewünschten Kurve bewegen
   - MB1 drücken und ziehen

   Verschieben eines Kreises oder Kreisbogens:
   - Mauszeiger auf den Zentrumspunkt bewegen
   - MB1 drücken und ziehen

   Hinweise:
   Beim Ziehen einer Kurve werden die bereits definierten Bedingungen mitberücksichtigt. Damit lassen sich auch offene Freiheitsgrade anzeigen.
   NX zeigt beim Ziehen einer Kurve dynamisch mögliche Bedingungen zu anderen Objekten an und erzeugt diese beim Loslassen der Maustaste.
   Ctrl+Ziehen kopiert die selektierte Kurve(n).

2. **Doppelklick**

   Bemaßung ändern:
   - Doppelklick auf die gewünschte Bemaßung
   - Neuen Namen und/oder Wert eingeben

3. **MB3-Optionen**

   Durch Drücken von MB3 auf ein Objekt wird ein PopUp-Menü angezeigt mit objektspezifischen Optionen. Fett dargestellt ist die Default Doppelklick-Option.

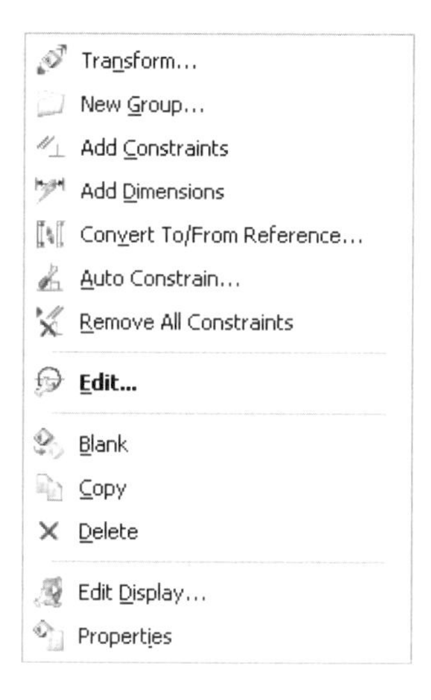

Bild 1.117 Optionen bei rechter Maustaste (MB3) auf Kurve

Action-Object Operation

Es sind viele Action-Object Operationen verfügbar in den Menüs Edit und Information. Das Menü Edit enthält die Funktionen Delete, Blank, Transform, Object Display und Properties. Das Menü Information enthält die Funktionen Object, Point, Spline und Expression.

Diese Funktionen arbeiten in gewohnter Weise. Zum Löschen kann auch das Icon benutzt werden. Löschen eines Sketch-Objektes:

1. Delete Icon wählen. Das Sketch Delete Dialogfenster wird angezeigt.
2. Gewünschte Objekte selektieren
3. OK

1.7.6 Sketch Farbcodes

Die Farben im Sketcher haben eine spezielle Bedeutung. Die folgende Beschreibung gilt für die Default Farbeinstellungen. Diese Farbeinstellungen können unter Menü File → Utilities → Customer Defaults geändert werden, was allerdings nicht zu empfehlen ist.

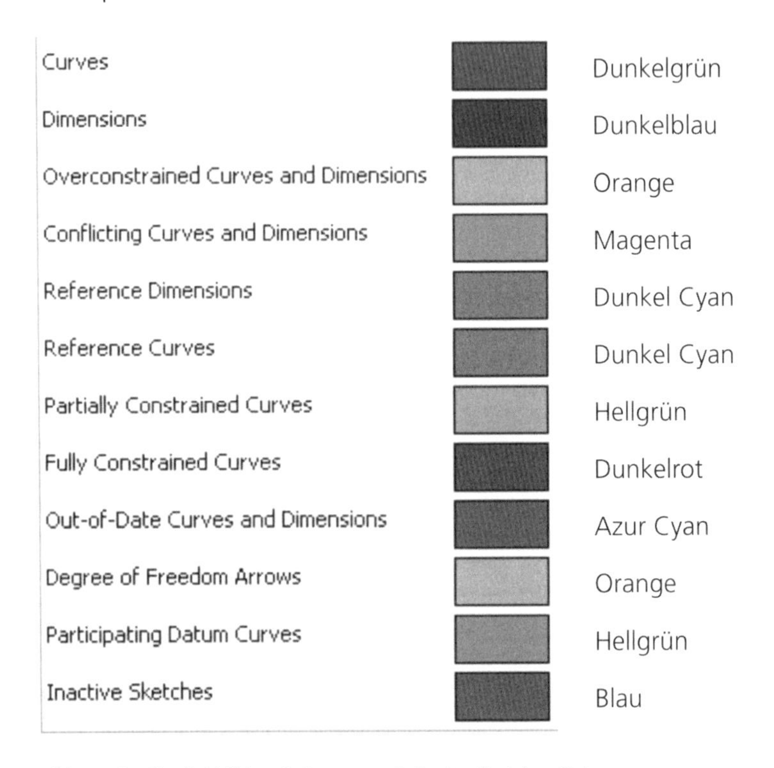

Bild 1.118 File → Utilities → Customer Defaults: Sketcher Colors

Seit NX 4 ist es möglich, den verschiedenen Objekttypen (Linien; Kreise, usw.) eigene Farben zuzuordnen, unabhängig von der Sketchfarbe. Die Darstellung lässt sich einfach hin und her wechseln mit „Display Object Color" ( ) in der Sketch Werkzeugleiste.

1.7.7 Sketch Curves

Menü Insert → …

Die Werkzeugleiste Sketch Curves enthält alle Funktionen zum dynamischen Erstellen von Kurven und Punkten, dann Trimmen, Verlängern, Verrunden, usw.

Die Spline-Funktionen werden ausführlich im Kapitel 4.1 beschrieben.

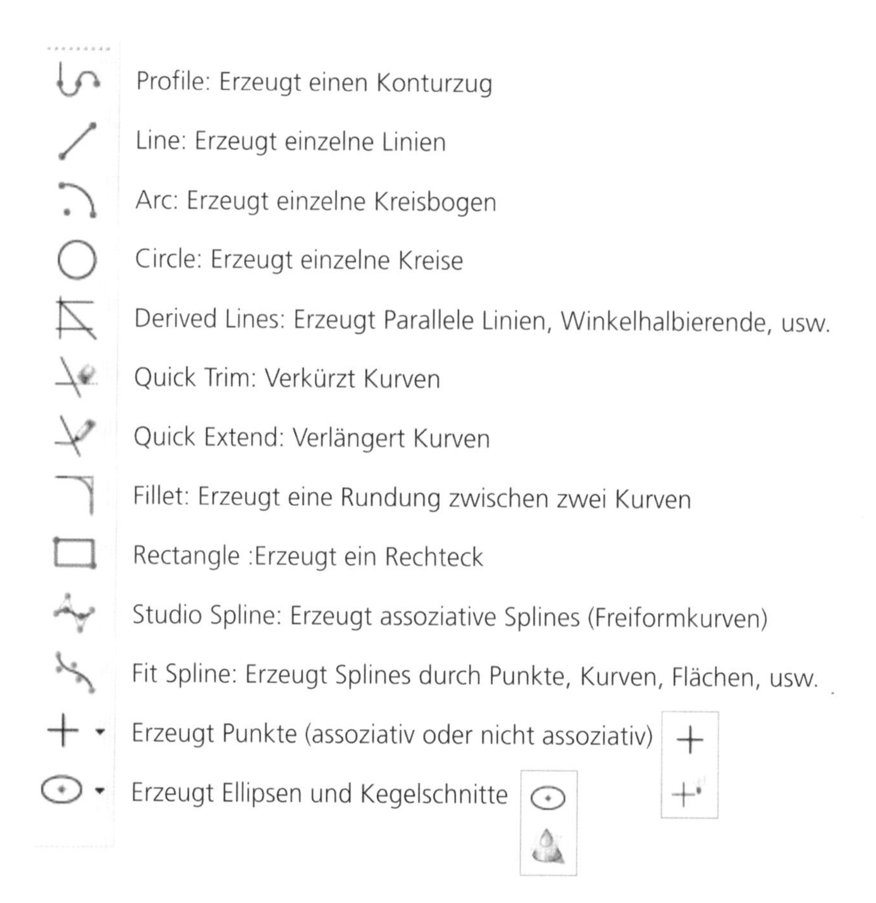

Bild 1.119 Werkzeugleiste Sketch Curves

1.7.7.1 Profile

Menü Insert → Profile ()

Diese Option erstellt Linien und Kreisbögen im Kettenmodus (das Ende der letzten Kurve ist zugleich der Anfang der nächsten Kurve). Der Kettenmodus kann unterbrochen werden mit MB2.

Oben links im Grafikfenster erscheint folgende Symbolleiste:

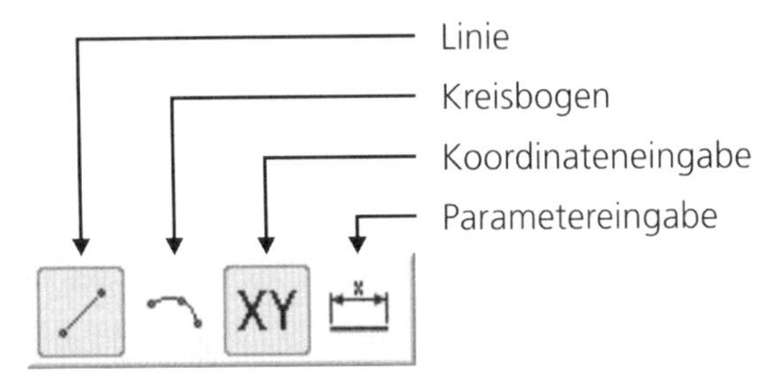

Bild 1.120 Symbolleiste Profile

Tipps: Nachdem ein Kreisbogen erzeugt ist, wechselt die Symbolleiste automatisch zurück in den Linienmodus. Ein Doppelklick auf das Kreisbogen-Icon verhindert dies und ermöglicht eine Serie von verketteten Kreisbögen zu erzeugen.

Um vom Linienmodus in den Bogenmodus zu wechseln, gleich nach dem Absetzen des letzen Linienpunktes mit gedrückter Maustaste wegfahren. Die Wegfahrrichtung bestimmt, ob der Bogen tangential oder rechtwinklig angefügt wird.

1.7.7.2 Line (Linie)

Menü Insert → Line ()

Erzeugt einzelne Linien.

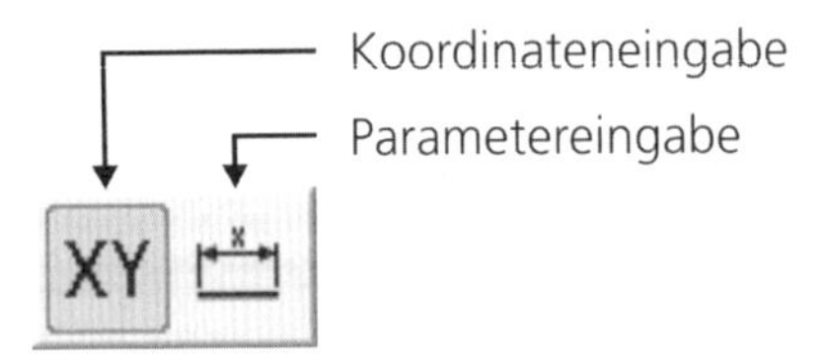

Bild 1.121 Symbolleiste Line

Tipp: Der Eingabemodus kann gesperrt werden durch einen Doppelklick.

Linie mit relativem Winkel zu einer bestehenden Linie

Vorgehen:

- Sperren einer Bedingung (parallel, senkrecht, usw.) mit MB2.
- Folgendes Menü zur Eingabe von Länge und eines relativen Winkels wird dargestellt:

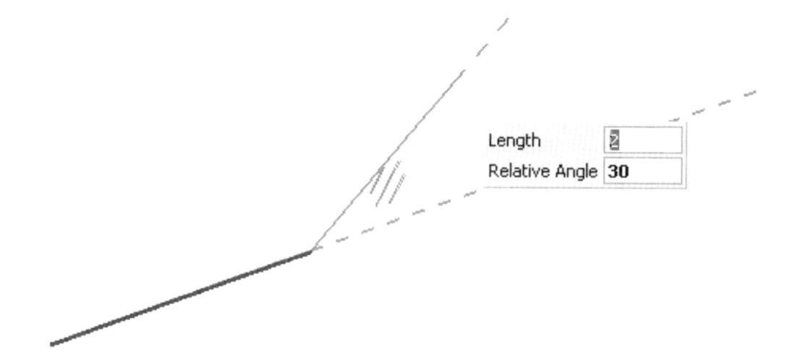

Bild 1.122 Linie mit Winkel zu bestehender Linie

- Mit der Tab-Taste das Feld Relative Angle aktivieren und gewünschten Wert eingeben.

1.7.7.3 Arc (Kreisbogen)

Menü Insert → Arc oder ( )

Erzeugt einzelne Kreisbögen.

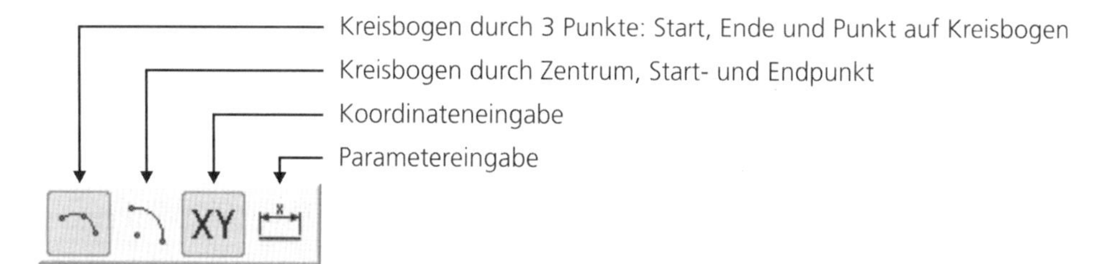

Bild 1.123 Symbolleiste Arc

1.7.7.4 Circle (Kreis)

Menü Insert → Circle ( )

Erzeugt einzelne Kreise.

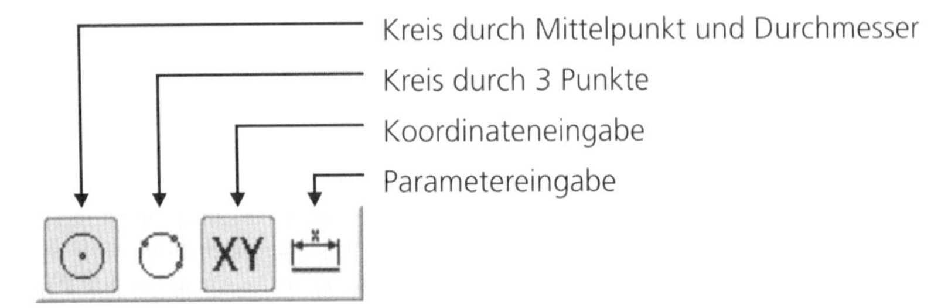

Bild 1.124 Symbolleiste Circle

Tipps:
Beim Ziehen des Kreisdurchmessers ist es möglich, interaktiv eine tangentiale Bedingung an eine bestehende Kurve zu erzeugen.

Mehrere Kreise mit dem gleichen Durchmesser lassen sich wie folgt erzeugen:

- Circle aufrufen
- Kreis frei platzieren
- Wert für den Durchmesser über Tastatur eingeben
- Kreise so oft wie gewünscht absetzen
- Mit MB2 den Copy-Modus beenden

1.7.7.5 Derived Lines (Abgeleitete Linien)

Menü Insert → Derived Lines ( )

Mit dieser Option können folgende Linientypen aus bestehenden Linien abgeleitet werden:

- **Parallele Linie(n)**
  - Basislinie mit MB1 selektieren, falls gewünscht, Offset (Abstand) eingeben, dann Linie platzieren.
  - Falls mehrere Offset-Linien von der gleichen Basislinie erzeugt werden sollen, dann Basislinie mit <Ctrl>+MB1 selektieren.
  - Die Bedingung Parallelität wird automatisch hinzugefügt.

- **Winkelhalbierende**
  - Wenn zwei Linien selektiert werden, dann wird eine Winkelhalbierende erzeugt. Diese kann grafisch platziert und auf Wunsch mit einer bestimmten Länge versehen werden.
  - Falls die beiden Basislinien parallel sind, dann entsteht eine Mittellinie.

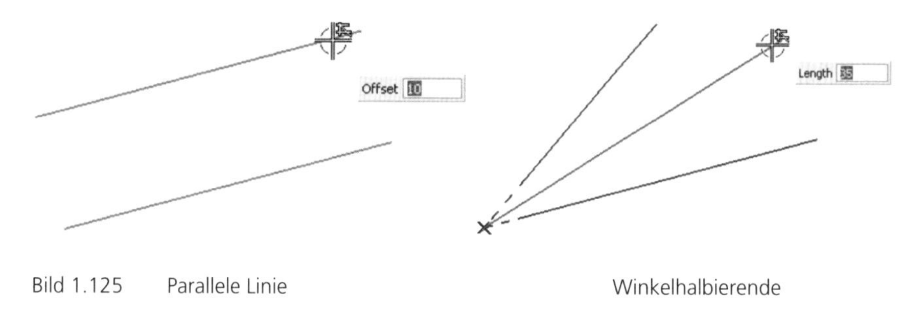

Bild 1.125 Parallele Linie Winkelhalbierende

1.7.7.6 Quick Trim (Trimmen)

Menü Edit → Quick Trim ( )

Diese Funktion dient zum Trimmen von Kurven bis zum nächstgelegenen Schnittpunkt. Falls kein Schnittpunkt besteht, wird die Kurve gelöscht. Es gibt folgende drei Möglichkeiten:

- Einzelne Kurven trimmen
  Mauszeiger über gewünschtes Element bewegen und MB1 drücken (Voranzeige beachten)

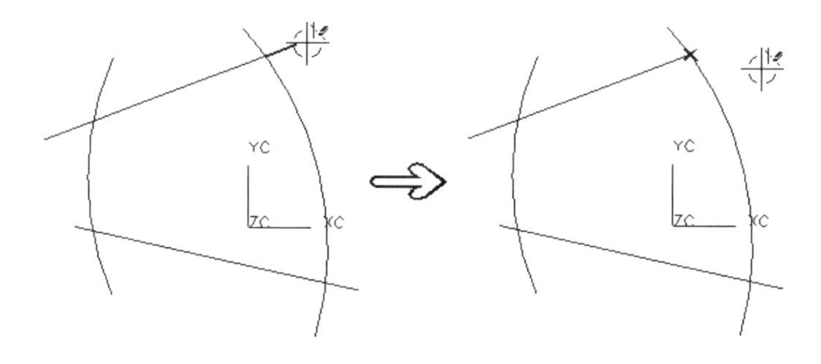

Bild 1.126 Einzelne Kurven trimmen

- **Mehrfach Kurven trimmen**
  Gedrückt halten von MB1 und Ziehen über die zu trimmenden Kurven.

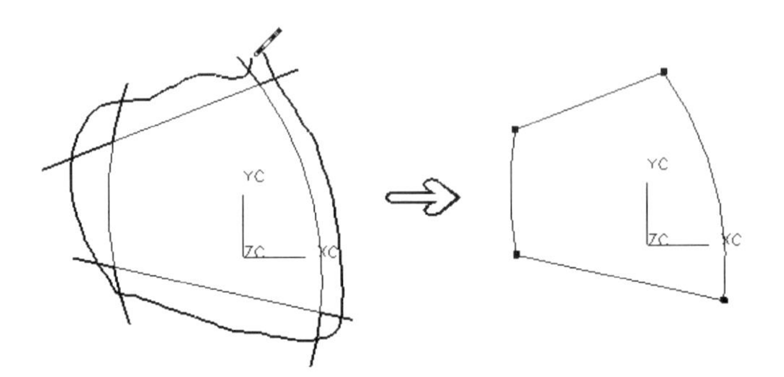

Bild 1.127 Mehrfach trimmen

- **An einer Begrenzungskurve trimmen**
  Begrenzungskurve mit <Ctrl>+MB1 selektieren, danach die zu trimmenden Kurven.

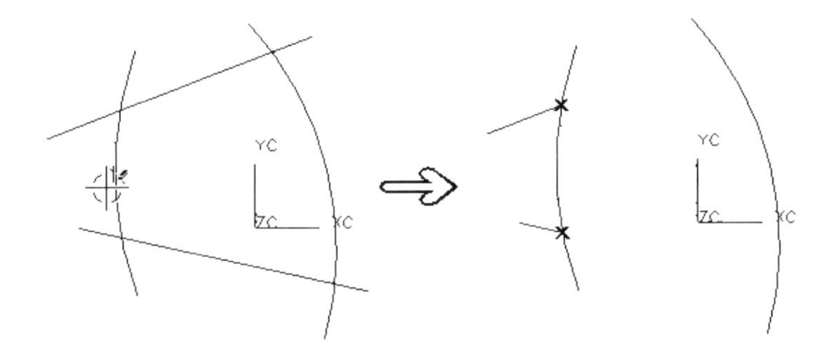

Bild 1.128 Trimmen an Begrenzungskurve

1.7.7.7 Quick Extend (Verlängern)

Menü Edit → Quick Extend ( )

Diese Funktion dient zum Verlängern von Kurven zu einer anderen nahe liegenden Kurve. Die Interaktion ist sehr ähnlich dem Trimmen.

- **Verlängern einzelner Kurven**
  Mauszeiger über gewünschtes Element bewegen und MB1 drücken (Voranzeige beachten).

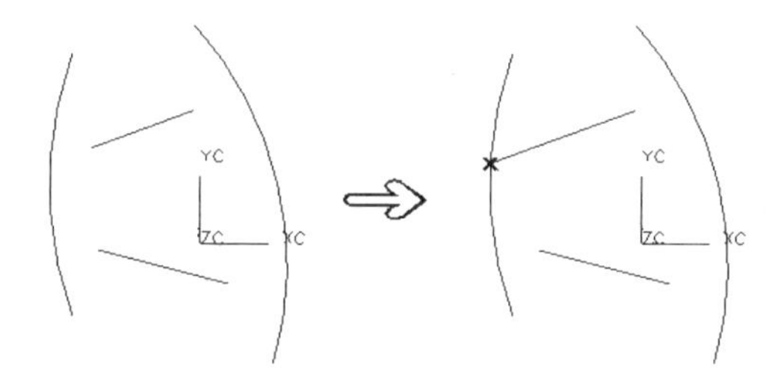

- **Mehrfach Verlängern von Kurven**
  Gedrückt halten von MB1 und Ziehen über die zu verlängernden Kurven.

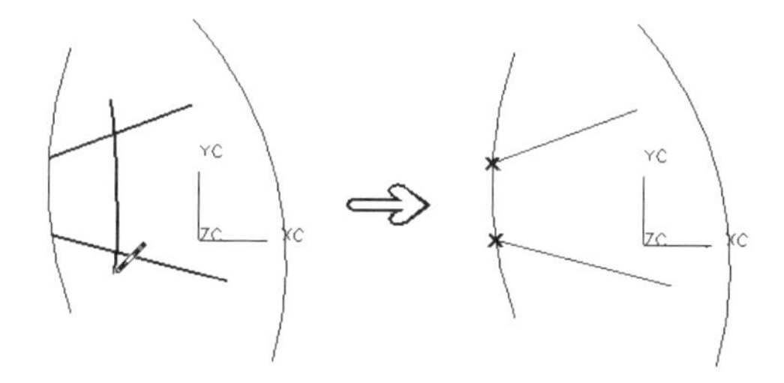

- **Verlängern an einer Begrenzungskurve**
  Begrenzungskurve mit <Ctrl>+MB1 selektieren, danach die zu trimmenden Kurven.

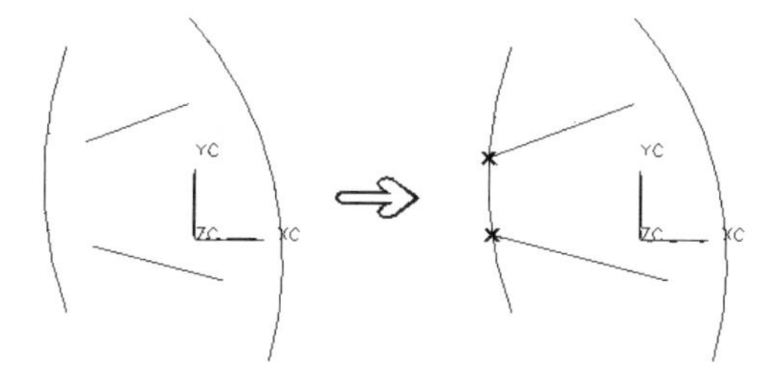

1.7.7.8 Fillet (Verrundung)

Menü Insert → Fillet ( )

Fillet dient zum Erzeugen einer Verrundung zwischen zwei oder drei Kurven (Linien, Kreisen, Kreisbogen und Ellipsen). Man kann einen Radius eingeben oder die Größe des Radius mit Hilfe der Voranzeige dynamisch bestimmen.

Optionen (Symbole oben links):

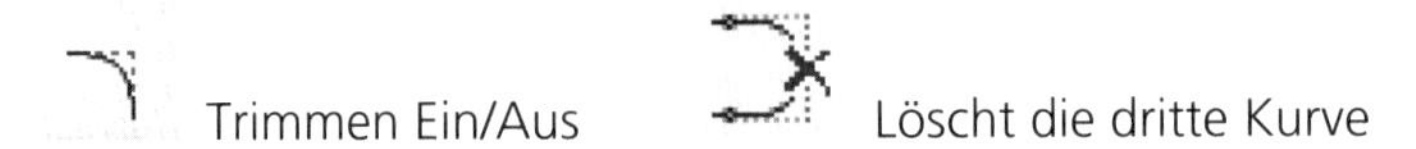

Im Radius Eingabefeld kann ein Wert eingegeben werden. Dieser Wert ist haltend und kann für mehrere Verrundungen mit dem gleichen Radius verwendet werden. Sobald zwei Kurven selektiert sind, wird eine Verrundung vorangezeigt und kann dynamisch oder durch Radiuseingabe erzeugt werden.

Komplementäre Lösung

Zur Komplementärlösung kann während der Voranzeige durch Drücken der Taste <Page Up> gewechselt werden.

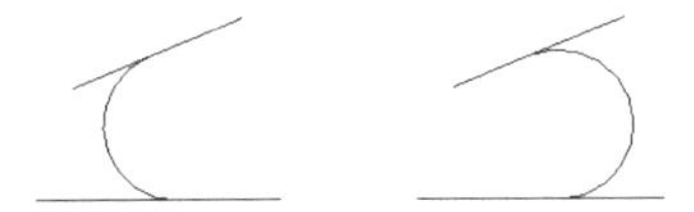

Bild 1.129 Erste Lösung und komplementäre Lösung

Verrunden mit dem Zeichenstift

Dies erfolgt durch gedrückt halten von MB1 und Ziehen des Mauszeigers über zwei Kurven. Wenn kein Radius eingegeben wird, dann versucht der Sketcher den Radius ungefähr durch die Punkte zu legen, wo der Mauszeiger die Kurven berührt hat.

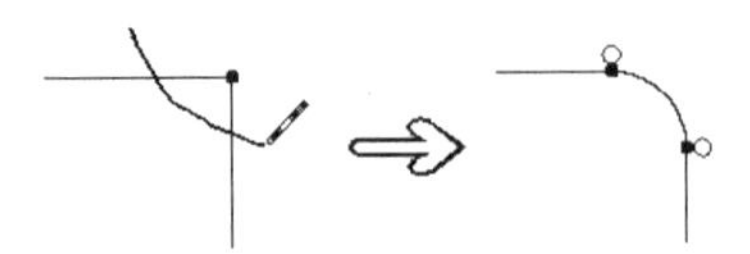

Bild 1.130 Verrunden mit Zeichenstift

1.7.7.9 Rectangle (Rechteck)

Menü Insert → Rectangle (□)

Diese Funktion erzeugt ein Rechteck auf verschiedene Arten:

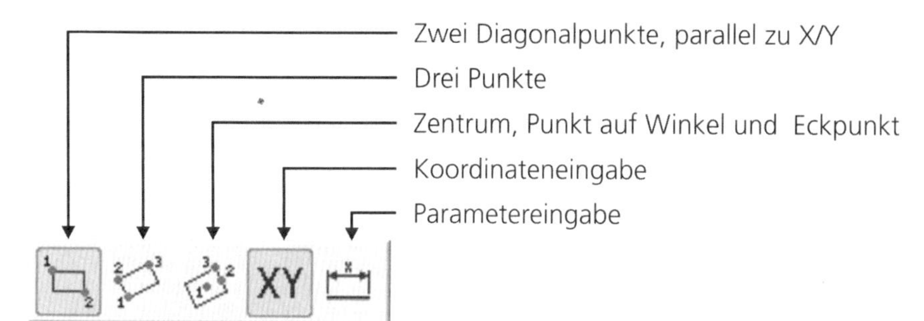

Bild 1.131 Symbolleiste Rechteck

1.7.7.10 Ellipse

Menü Insert → Ellipse (⊙)

Das Erzeugen einer Ellipse ist vor allem für das Zeichnen eines perspektivisch verkürzten Kreises hilfreich. Es können diverse Parameter eingegeben werden:

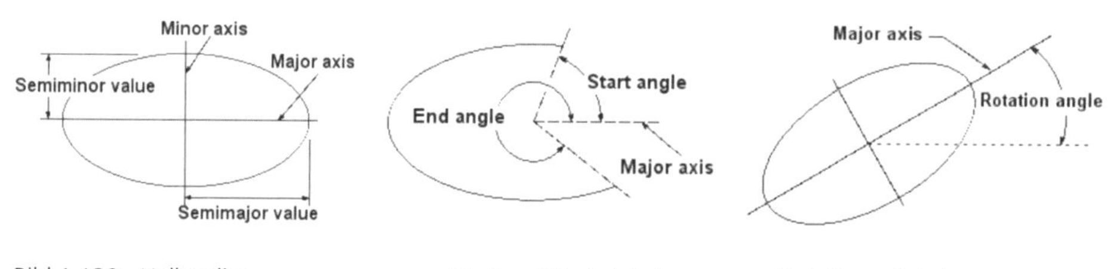

Bild 1.132 Halbradien Start und Endwinkel Rotationswinkel

Tipp:
Es kann Sinn machen, je nach Verwendungszweck eine Ellipse mit Bedingungen zu versehen, um die Größe zu steuern, z.B. durch vier Tangenten an ein Rechteck.

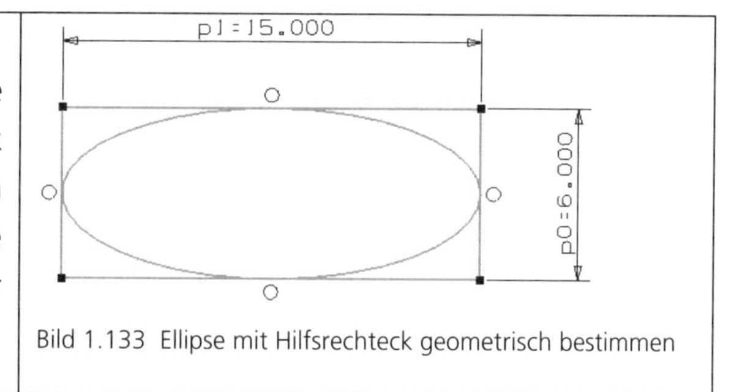

Bild 1.133 Ellipse mit Hilfsrechteck geometrisch bestimmen

1.7.7.11 Conic (Kegelschnitt)

Menü Insert → General Conic ( )

Die Funktion ermöglicht das Erzeugen von Kegelschnitten, je nach gewählten Eingabedaten entweder einen Kreis, eine Ellipse, eine Parabel oder eine Hyperbel.

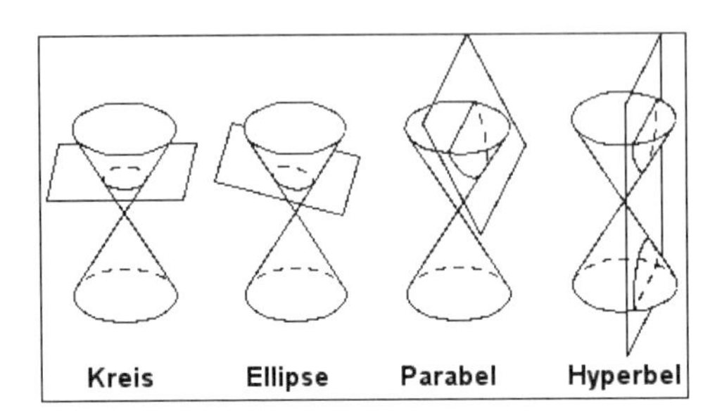

Bild 1.134 Kegelschnitte

2 Points, Anchor, Rho (2 Punkte, Anker, Rho)

Ein Kegelschnitt wird erzeugt durch zwei Punkte auf dem Kegelschnitt und durch einen Ankerpunkt zur Bestimmung der Anfangs- und Endneigung sowie durch eine projektive Diskriminante Rho. Mit Rho bestimmt das System den dritten Punkt auf dem Kegelschnitt. Hierbei kann eine gedachte Linie vom Ankerpunkt zum Mittelpunkt der Linie, die beide Endpunkte des Kegelschnitts verbindet, zum besseren Verständnis beitragen. Der dritte Punkt auf dem Kegelabschnitt liegt an einer beliebigen anderen Position auf dieser Linie.

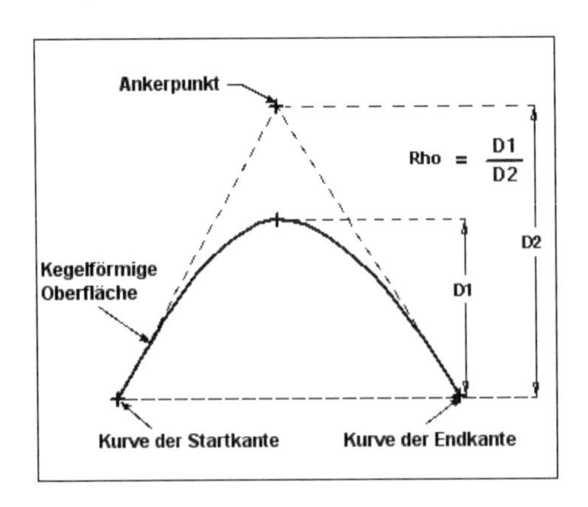

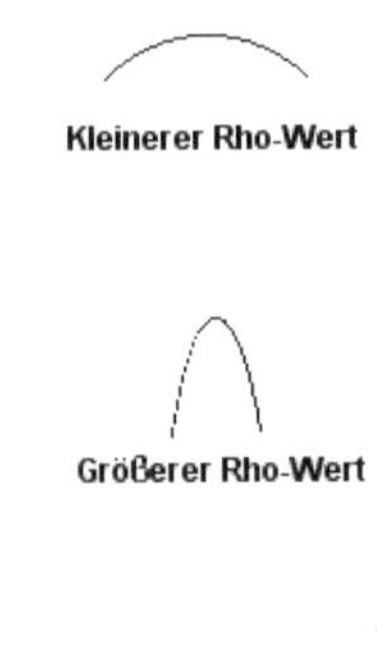

Bild 1.135 Die projektive Diskriminante Rho

In der oben stehenden Abbildung wird der Abstand D1 über den für Rho eingegebenen Wert ermittelt. Der für Rho eingegebene Wert muss zwischen 0 und 1 liegen. Die Form des erzeugten Kegelschnitts richtet sich nach diesem Wert.

- Ist Rho < 1/2, wird eine Ellipse erzeugt
- Ist Rho = 1/2, wird eine Parabel erzeugt
- Ist Rho > 1/2, wird eine Hyperbel erzeugt

An Stelle eines dritten, in der Mitte liegenden Punktes kann die Dehnung der Kurve über den Wert Rho gesteuert werden. Dieser Wert steht für einen Dezimalbruch aus der Distanz der Endpunkte zum Ankerpunkt. Je mehr der Wert Rho gegen Eins geht, desto stärker wird der Kegelschnitt gedehnt.

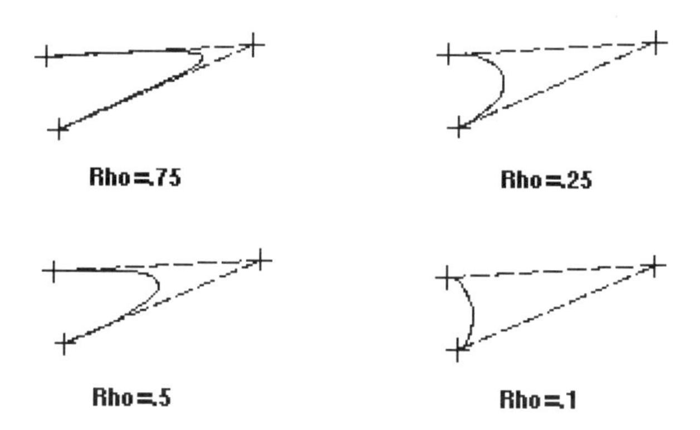

Bild 1.136 Einfluss von Rho auf die Dehnung der Kurve

1.7.7.12 Point (Punkt)

Menü Insert → Point (+)

Bei dieser Funktion wird der Point Constructor aufgerufen. Dieser ermöglicht das Erzeugen von Punkten mit Hilfe vorhandener Geometrie oder durch Eingabe der Koordinaten X, Y, Z. Diese Punkte verhalten sich nicht assoziativ und sollten möglichst nicht verwendet werden.

1.7.7.13 Associative Points (Assoziative Punkte)

Diese Funktion erzeugt assoziative Punkte innerhalb eines aktiven Sketches. Diese Punkte sind referenziert zu ihrem Eltern-Element (z.B. Kurve, Kante, Expression) und werden bei deren Änderung automatisch entsprechend aktualisiert. Assoziative Punkte können auch mit geometrischen Bedingungen versehen werden (z.B. Point on Curve oder Bemaßungen).

Erzeugen von assoziativen Punkten

Menü Insert → Point (+˙)

Die Benutzerführung ist gleich wie bei Point (siehe oben).

Assoziative Punkte können auch von späteren Sketches referenziert werden. Zu jedem erzeugten Punkt wird automatisch die dazugehörige Expression X/Y/Z generiert. Diese Expressions können wie folgt geändert werden.

Ändern von assoziativen Punkten

Innerhalb des Sketch: Doppelklick auf Punkt.
Außerhalb des Sketch mit Hilfe des Menüs Tools → Expressions (Ctrl+E).

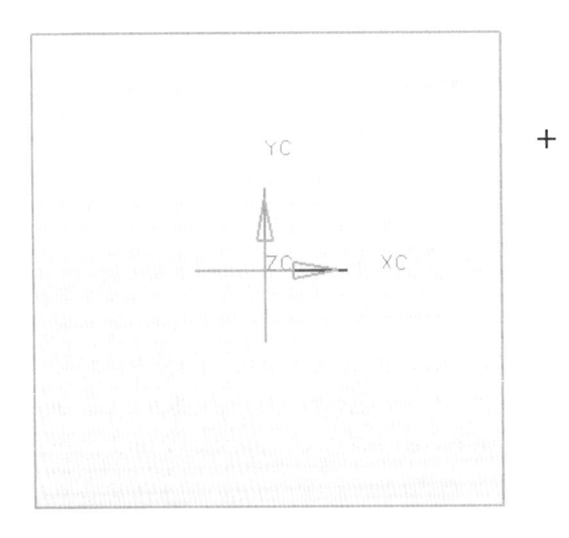

+

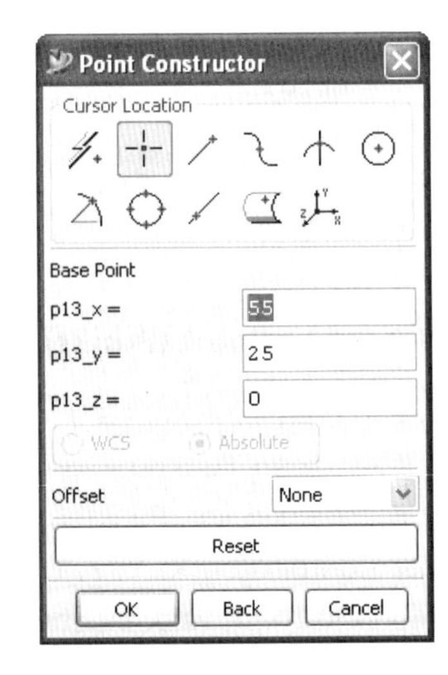

Bild 1.137 Assoziativen Punkt ändern durch Doppelklick

1.7.8 Sketch Constraints (Bedingungen)

Die Sketch Constraints beinhalten im Wesentlichen Funktionen zum

- Erstellen von geometrischen und maßlichen Bedingungen
- Steuern der Sichtbarkeit der Bedingungen
- Wählen der Optionen für die Bedingungen

Dimensions: Bemaßungsbedingungen

Constraints: Geometrische Bedingungen

Auto Constrain Creation: Erzeugt Bedingungen automatisch

Show all Constraints: Stellt alle Bedingungen mit Symbolen grafisch dar

Show No Constraints: Löscht die Darstellung der Bedingungssymbole

Dialogfenster zum Verwalten und Löschen von Bedingungen

Animate Dimension:
Zeigt die dynamische Animation eines Maßes innerhalb eines Bereiches

Convert To/From Reference:
Konvertiert eine Kurve oder Bemaßung zwischen active und reference

Alternate Solution: Wechselt zwischen verschiedenen möglichen Lösungen

Einstellung der Bedingungstypen beim Erzeugen von Kurven

Kurven mit/ohne Bedingungen erzeugen

Bild 1.138 Werkzeugleiste Sketch Constraints

1.7.8.1 Bedingungen

Es gibt zwei Arten von Bedingungen:

1. Bemaßungsbedingungen
2. Geometrische Bedingungen

Zweck dieser Bedingungen ist es, eine Skizze vollständig zu bestimmen.

NX lässt es zwar zu, unbestimmte Skizzen zu verwenden. Dies macht beispielsweise während der Entwicklungsphase Sinn. Vor der Freigabe eines Bauteils sollte jedoch sichergestellt werden, dass alle Skizzen vollständig bestimmt sind. Ansonsten können bei Änderungen einer nicht vollständig bestimmten Skizze unerwartete Resultate auftreten.

Bemaßungsbedingungen

Bemaßungsbedingungen ermöglichen das Festlegen der Größe eines Objektes (z.B. Länge einer Linie, Radius eines Kreisbogens) oder die Beziehung zwischen zwei Objekten (z.B. Abstand zwischen zwei Punkten). Eine Bemaßungsbedingung hat das gleiche Aussehen wie die Bemaßung auf einer Zeichnung.

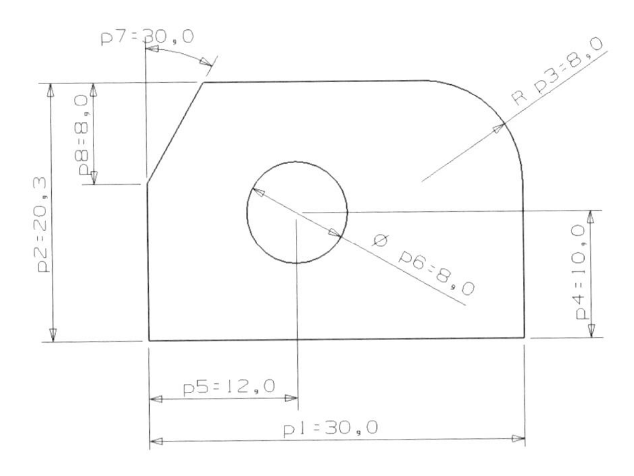

Bild 1.139 Sketch mit Bemaßungsbedingungen

Geometrische Bedingungen

Eine geometrische Bedingung bestimmt die Charakteristik eines Sketch-Objektes (z.B. Line ist horizontal) oder die Art der Beziehung zwischen zwei Objekten (z.B. zwei Linien stehen senkrecht oder parallel zueinander, oder zwei Kreise haben denselben Radius).

Verhalten von Bedingungen

Die Funktionen in der Werkzeugleiste „Sketch Constraints" ermöglichen das Erzeugen, Ändern und Löschen von Bedingungen.

Wenn ein Sketch unterbestimmt (underconstrained) ist, dann wird dies mit Hilfe gelber Pfeile an den entsprechenden Punkten dargestellt. Diese Pfeile zeigen die offenen Freiheitsgrade an. Sobald alle Freiheitsgrade eingeschränkt sind, erscheint eine Meldung im Status Fenster, dass der Sketch vollständig bestimmt ist (Fully Constrained). Vollständig bestimmte Objekte werden andersfarbig hervorgehoben.

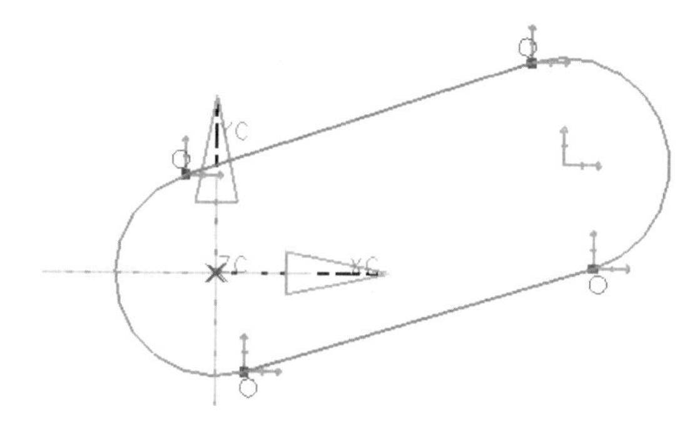

Bild 1.140 Darstellung der Freiheitsgrade im Sketch

Es kommt vor, dass es beim Erzeugen von Bedingungen zu Konflikten kommt mit bereits bestehenden. In diesem Fall hebt NX die betroffenen Objekte Magenta hervor. Dieser Farbcode deutet darauf hin, dass der Sketch nicht aufgelöst werden kann.

Es ist also möglich, dass eine Kurve oder ein Punkt im Sketch überbestimmt sein kann (overconstrained). In diesem Fall werden die betroffenen Geometrien und Bemaßungen orange hervorgehoben. Sketcher Farbcodes siehe Kapitel 1.7.6.

Hinweis:

Standardmäßig berechnet NX den Sketch neu, wenn eine Bedingung hinzugefügt wird. Um dies zu unterdrücken, kann die Delay Evaluation Option auf ON gesetzt werden (Menü Tools → Delay Evaluation). Dies gilt so lange, bis eine der folgenden Schritte ausgeführt wird:

- Delay Evaluation Option = OFF
- Menü Tools → Evaluate Sketch
- Sketcher Task beenden

Neu besteht auch die Möglichkeit, in einem „No Constraint"-Modus zu arbeiten. Bei Skizzen mit sehr vielen Objekten ist es manchmal nicht erwünscht, dass

Bedingungen laufend berechnet werden. Daher kann der Anwender den Modus „Create Inferred Constraints" ausschalten. Die bedeutet, dass zur Erzeugung von Geometrie nach wie vor die Bedingungen genutzt werden, aber nach dem Absetzen von Objekten nicht erzeugt werden. Dies erzeugt Skizzen ohne Bedingungen.

Tipps zu Sketch Constraints (Bedingungen)

Dieser Abschnitt enthält allgemeine Tipps, wie ein Sketch zu bestimmen ist und was zu tun ist, wenn ein Sketch überbestimmt ist. Die Bestimmung eines Sketches hängt von der Konstruktionsabsicht ab. Die Art der definierten Bedingungen bestimmt, wie der Sketch bei einer Änderung reagiert. Hier ein paar Hinweise dazu:

- Obwohl ein Sketch nicht vollständig bestimmt sein muss, um daraus ein 3D Modell zu erstellen, wird empfohlen Sketches generell vollständig zu bestimmen. Ein vollständig bestimmter Sketch stellt sicher, dass jederzeit eine konsistente Lösung gefunden wird bei einer Konstruktionsänderung.
- Falls je ein überbestimmter Sketch vorhanden ist (z.B. wenn Kurven, Symbole, Bemaßungen gelb oder pink dargestellt sind), sollte dieser Konflikt sofort behoben werden, indem Bedingungen gelöscht werden.
- Im Allgemeinen macht es nichts, redundante, aber konsistente geometrische Bedingungen zu verwenden. Vermeiden hingegen muss man redundante konsistente Bemaßungen.
- Negative Werte in Bemaßungen dürfen nicht verwendet werden, weil der Sketcher für die Berechnung nur absolute Werte akzeptiert.
- Null-Bemaßungen sollten vermieden werden. Diese können zu Problemen führen mit Mehrdeutigkeiten. Weiter kann beim Ändern eines Nullwertes ein unerwartetes Resultat auftreten.
- Es wird empfohlen, keine Kettenbemaßungen zu erzeugen, sondern Basisbemaßung möglichst in Bezug auf das gleiche Objekt (siehe Bild).

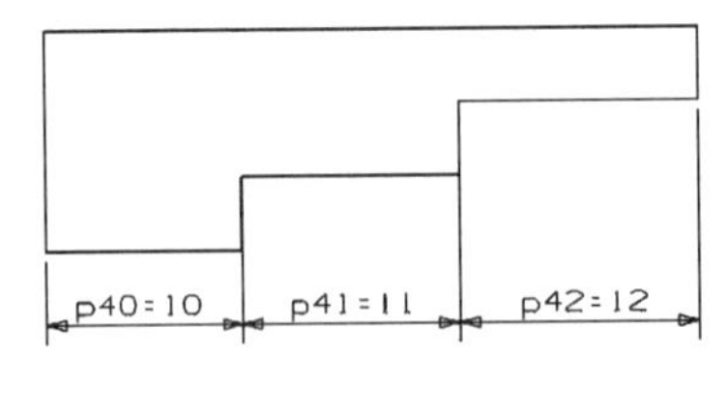

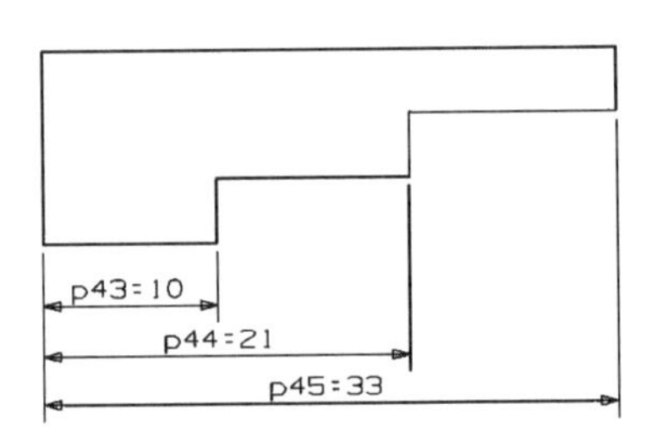

Bild 1.141 Kettenbemaßung vs. Basisbemaßung

1.7.8.2 Dimensions (Bemaßungsbedingungen)

Menü Insert → Dimensions ()

Sketch Bemaßungen dienen zur Bestimmung der Größe eines Objektes oder des Abstands zwischen Objekten. Bemaßungen bieten auch die Möglichkeit, einen Sketch zum bestehen 3D Modell zu positionieren. Dies funktioniert aber nur dann, wenn keine Positioning Dimensions vorhanden sind (siehe Kapitel 1.7.3).

Zum Bemaßen können Punkte, Kurven, Kanten, Bezugsebenen und Bezugsachsen ausgewählt werden. Für Punkte sind die Einstellungen der Snap Points (Fangpunkte) zu beachten.

Ändern einer Bemaßung (Wert und Parametername):
Mit Doppelklick oder im Dialogfenster Dimensions.

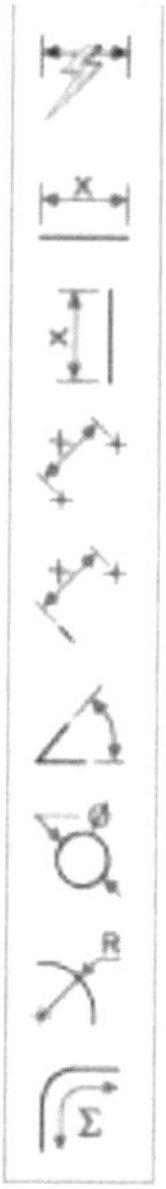

Inferred Dimensions: Dynamische Bemaßungen

Horizontal: Horizontale Bemaßungen

Vertical: Vertikale Bemaßungen

Parallel: Parallele Bemaßungen

Perpendicular: Senkrechte Bemaßung

Angular: Winkelbemaßung

Diameter: Durchmesserbemaßung

Radius: Radiusbemaßung

Perimeter:
Erzeugt eine Bemaßungsbedingung für die Gesamtlänge einer Kurve oder eines Konturzuges. Wählbar sind Linien, Kreise und Kreisbogen. Die Perimeter-Bemaßung wird grafisch nicht angezeigt. Sie wird als Expression gespeichert und kann auch über das Dialogfenster Sketch Dimensions angezeigt werden.

Bild 1.142 Werkzeugleiste Bemaßungen

Inferred Dimensions (Dynamische Bemaßungen) 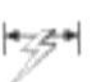

Das System erkennt anhand der vorgenommenen Auswahl, welche Art von Bemaßung erzeugt werden soll. Diese Methode wird am meisten angewendet, weil damit praktisch alle Typen von Bemaßungen erstellt werden können. Beispiel:

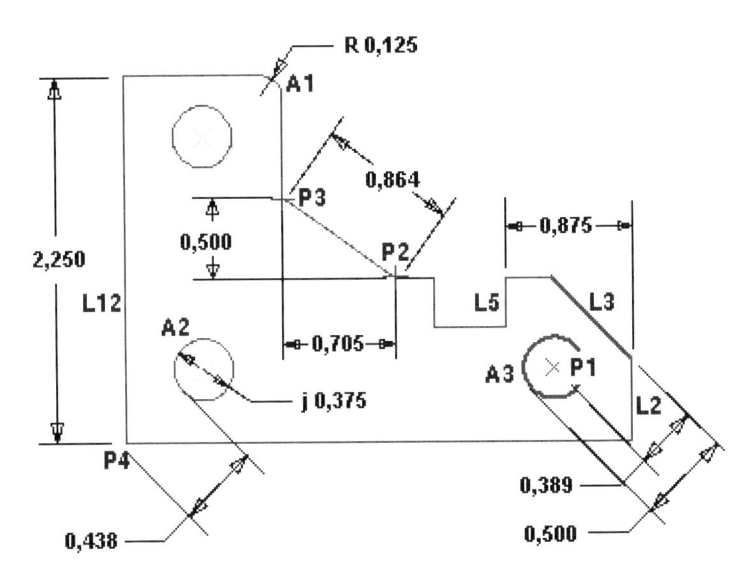

Bild 1.143 Beispiel für dynamische Bemaßungen

Gewählte Geometrie	Resultierender Bemaßungstyp
L12	Parallel
L2 & L5	Parallelenabstand
L3 & P1	Senkrecht
L3 & A3	Senkrecht
P4 & A2	Je nach Fadenkreuzposition horizontal, vertikal oder parallel
P2 & P3	Je nach Fadenkreuzposition horizontal, vertikal oder parallel
A1	Radius
A2	Durchmesser

Tabelle 1.4 Dynamische Bemaßungstypen

Es gibt Fälle, wo Inferred Dimension nicht zur gewünschten Bemaßung führt. Hier muss dann explizit eine der Bemaßungsoptionen (Bild 1.138) gewählt werden.

Dialogfenster Sketch Dimensions

Ist eine Bemaßungsfunktion aktiv, erscheint oben links eine Symbolleiste:

Bild 1.144 Symbolleiste Sketch Dimensions

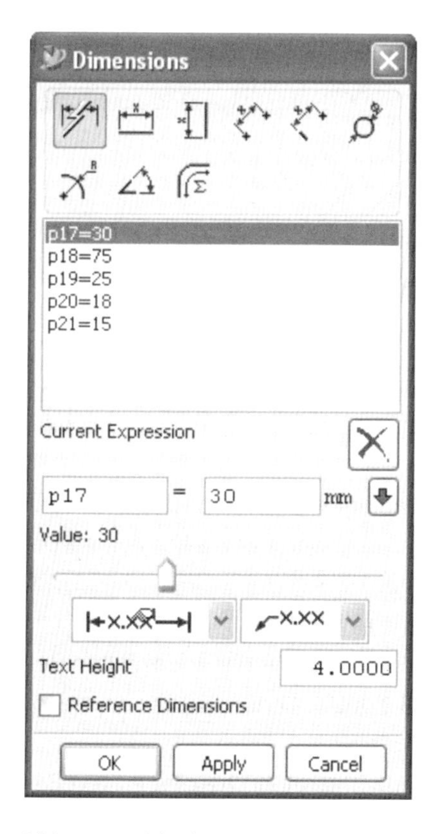

Bemaßungstyp

Liste der bereits erstellten Bemaßungen

Löscht die selektierte Bemaßung

Bemaßungsparamater

Value: Aktueller Wert

Schieberegler zum dynamischen Ändern des Wertes

Ändert die Darstellung der Bemaßung

Ändert die Texthöhe

Erzeugt eine Referenzbemaßung

Bild 1.145 Dialogfenster Sketch Dimensions

Reference Dimensions

Reference Dimensions sind Bemaßungen, welche keine Bedingung erzeugen, d.h. es sind keine steuernden Bemaßungen. Reference Dimensions werden farblich anders dargestellt. Sie erscheinen weder im Dialogfenster noch in den Expression.

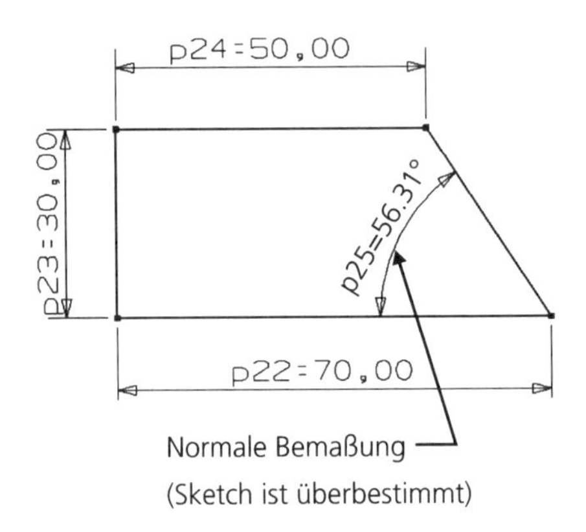

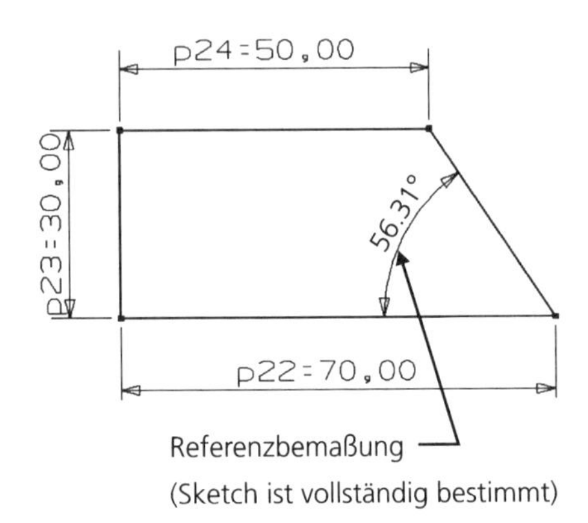

Bild 1.146 Beispiel für Reference Dimensions

1.7.8.3 Constraints (Geometrische Bedingungen)

Menü Insert → Constraints (//⊥)

Constraints dienen dazu, eine Skizze mit geometrischen Bedingungen zu versehen. Der Sketcher berücksichtigt gleichzeitig geometrische und maßliche Bedingungen, um einen Sketch zu berechnen.

Es gibt auch die Möglichkeit, geometrische Bedingungen zum bestehenden 3D Modell zu erzeugen. Dies funktioniert aber nur dann, wenn keine Positioning Dimensions vorhanden sind (siehe Hinweis im Kapitel 1.7.3).

Das Erzeugen geometrischer Bedingungen ist ganz einfach:

Ein oder mehrere Sketch-Elemente selektieren, dann eine der angezeigten Bedingungen oben links auswählen oder mit MB3 PopUp-Menü aufrufen und auswählen. Abwählen eines Objektes mit der Taste <Esc>.

Der Sketcher gibt dem Anwender nur die momentan möglichen Typen von Bedingungen zur Auswahl.

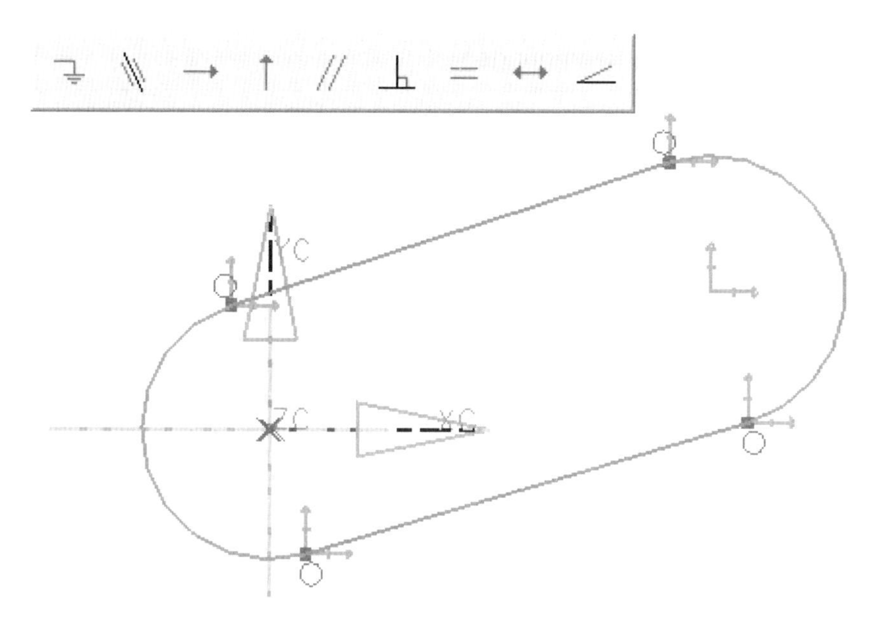

Bild 1.147 Geometrische Bedingungen (beide Linien sind selektiert)

Hinweise:

- Unabhängig davon, ob die Option Show No Constraints = ON ( ) ist, werden Constraints immer dargestellt: Coincident, Point on Curve, Midpoint, tangent und Concentric.
- Mit der Option Show all Constraints ( ) werden alle Bedingungen angezeigt außer diejenigen, die an sehr kleine Elemente geknüpft sind. Um wirklich alle zu sehen, kann Menü Preferences→ Sketch→ Dynamic Constraint Display = OFF gesetzt werden.

Typen von geometrischen Bedingungen

Fixed	Je nach gewähltem Elementtyp wird das Element wie folgt fixiert: Punkt: Position Linie: Winkel Endpunkt eines Elementes: Endpunkt Zentrumspunkt eines Elementes: Zentrumspunkt Kreis oder Kreisbogen: Radius und Position Ellipse: Radien und Position Spline Kontrollpunkt: Position des Kontrollpunktes Hinweis: Hier ist darauf zu achten, dass es eine Rolle spielt, ob z.B. bei einem Kreis die Kurve oder der Zentrumspunkt selektiert wird!
Coincident	Legt fest, dass zwei oder mehr Punkte die gleiche Position haben
Concentric	Legt fest, dass zwei oder mehr Kreis- und Ellipsenbogen denselben Mittelpunkt haben
Collinear	Legt fest, dass zwei oder mehr Linien auf derselben geraden Linie liegen bzw. durch diese Linie gehen
Point on Curve	Legt fest, dass die Position eines Punkts auf einer Kurve liegt
Point on String	Legt fest, dass die Position eines Punkts auf einem extrahierten Konturzug liegt. Hinweis: Dies ist die einzige Randbedingung, die auf einen extrahierten Konturzug angewendet werden kann.
Midpoint	Definiert die Position eines Punkts in gleichem Abstand zu den beiden Endpunkten einer Linie oder eines kreisförmigen Bogens liegend. Hinweis: Bei dieser Randbedingung darf die Kurve nicht an ihren Endpunkten ausgewählt werden
Horizontal	Definiert eine Linie als horizontal
Vertical	Definiert eine Linie als vertikal
Parallel	Definiert zwei oder mehr Linien oder Ellipsen als parallel zueinander liegend

Perpendicular	Definiert zwei Linien oder Ellipsen als senkrecht zueinander liegend
Tangent	Definiert zwei Linien oder Ellipsen als tangential zueinander liegend
Equal Length	Definiert zwei oder mehr Linien als gleich lang
Equal Radius	Legt fest, dass zwei oder mehr Kreisbogen denselben Radius aufweisen
Constant Length	Legt fest, dass eine Linie eine konstante Länge aufweist
Constant Angle	Legt fest, dass eine Linie einen konstanten Winkel aufweist
Mirror	Definiert zwei Objekte als Spiegelungen voneinander
Slope of Curve	Legt fest, dass ein an einem Definitionspunkt ausgewählter Spline und ein anderes Objekt am ausgewählten Punkt tangential zueinander verlaufen
Scale, Uniform	Ein Spline wird proportional skaliert, sodass seine ursprüngliche Form bei Verschiebung seiner Endpunkte (das heißt, wenn der Wert einer zwischen den Endpunkten definierten horizontalen Randbedingung geändert wird) erhalten bleibt
Scale, Non-Uniform	Bei Verschiebung beider Endpunkte eines Splines wird dieser in horizontaler Richtung skaliert, wohingegen in vertikaler Richtung die ursprünglichen Maße erhalten bleiben. Der Spline wird gewissermaßen gestreckt. **Hinweis**: Ein Scale Constraint kann nicht auf einen Spline angewendet werden, wenn einer seiner inneren Definitionspunkte mit Randbedingungen definiert ist.
Associative Trim	Dies ist die Bedingung eines Splines (Freiformkurve), die assoziativ getrimmt wurde.
Associative Offset	Dies ist die Bedingung einer Offset-Kurve, entstanden aus einer extrahierten Kurve (Offset Extracted Curve)

1.7.8.4 Auto Constrain (Automatisch bedingen)

Menü Tools → Constraints → Automatic Constraints ( )

Diese Funktion fügt automatisch geometrische Bedingungen hinzu. Das System analysiert die selektierte Skizzen-Geometrie und weist die gewünschten Bedingungen zu, sofern dies möglich ist.

Diese Funktion ist beispielsweise nützlich, wenn 2D Geometrie aus einem anderen CAD-System importiert wurde.

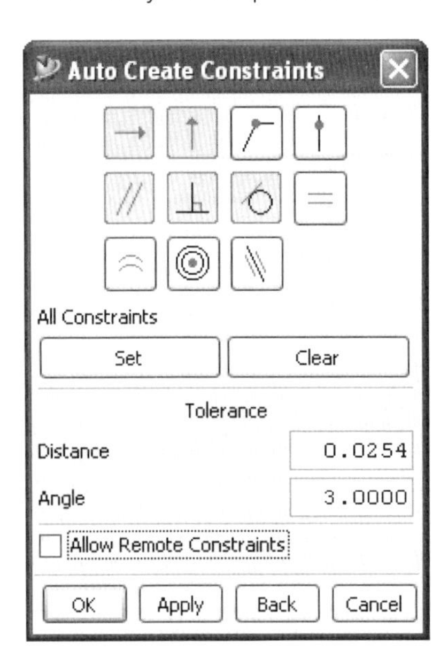

Bild 1.148 Dialogfenster Auto Constrain

Hinweise:

- Für jede Randbedingungsart, die vom System hinzugefügt werden soll, muss auch die entsprechende Schaltfläche aktiviert werden.
- Die "Distance Tolerance" (Abstandstoleranz) gibt an, wie dicht die Endpunkte von Objekten zueinander liegen müssen, um als zusammenfallend zu gelten.
- Die "Angle Tolerance" (Winkeltoleranz) gibt an, wie dicht Linien zueinander liegen müssen, damit das System horizontale, vertikale, parallele oder senkrechte Randbedingungen zuweisen kann.

1.7.8.5 Animate Dimension

Menü Tools → Constraints → Animate Dimension ()

Diese Funktion verändert den Wert einer Bemaßung innerhalb eines Bereiches, um die Auswirkungen einer Änderung auf die Skizze dynamisch darzustellen. Nach der Animation wird der Maßwert wieder in den ursprünglichen Zustand gesetzt.

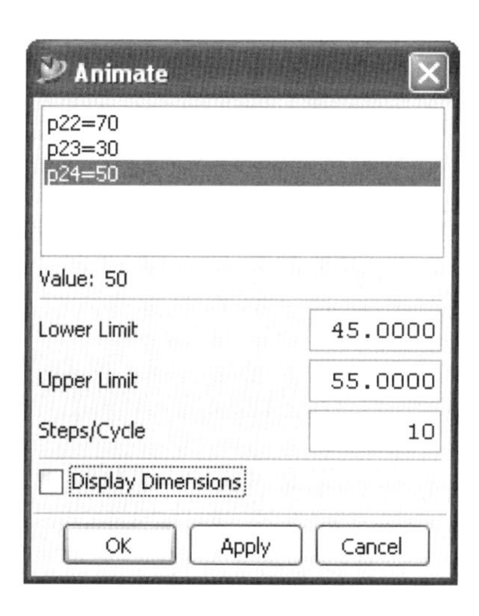

Bild 1.149 Dialogfenster Animate Dimensions

1.7.8.6 Convert To/From Reference

Menü Tools → Constraints → Convert To/From Reference ()

Konvertiert Skizzenkurven oder Bemaßungen vom Status "Active" (Aktiv) in den Status "Reference" (Referenz) und umgekehrt.

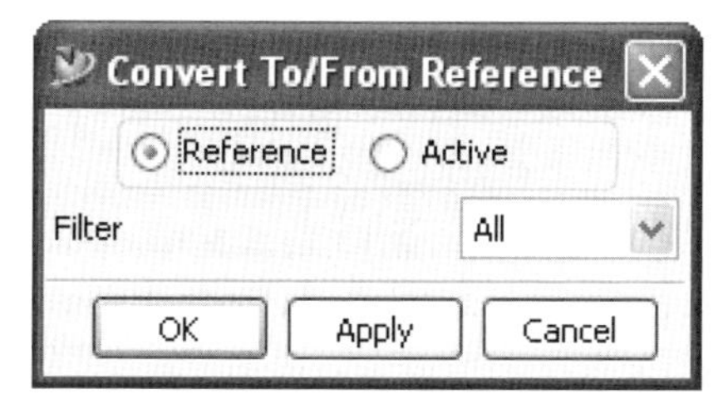

Bild 1.150 Dialogfenster Convert To/From Reference

Hinweise:

- Referenz-Bemaßungen erscheinen zwar im Sketch und ihr Wert wird aktualisiert, sie steuern jedoch keine Skizzengeometrie.
- Referenzkurven werden andersfarbig mit Strich-Zweipunkt-Linien angezeigt.
- Bei Extrude oder Revolve einer Skizze werden die darin enthaltenen Referenzkurven ignoriert.
- Eine Bemaßung vom Typ Perimeter kann nicht in eine Referenz konvertiert werden.

1.7.8.7 Show/Remove Constraints

Menü Tools → Constraints → Show/Remove Constraints ( )

Öffnet ein Dialogfenster zum Anzeigen und Löschen der geometrischen Bedingungen.

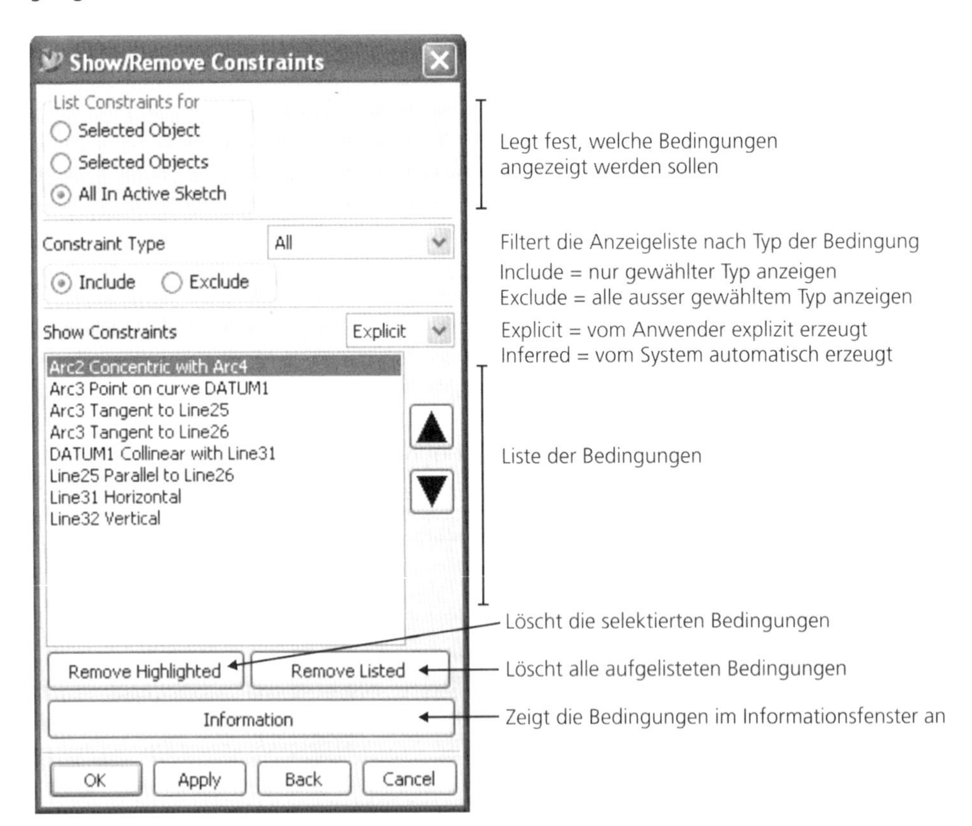

Bild 1.151 Dialogfenster Show/Remove Constraints

Tipp: Beim Bewegen des Mauszeigers über eine Skizzenkurve werden alle mit ihr assoziierten Kurven hervorgehoben, inklusive der betroffenen geometrischen Bedingungen.

1.7.8.8 Alternate Solution

Menü Tools → Constraints → Alternate Solution ()

Ermöglicht das Wechseln zwischen verschiedenen Lösungen, wenn beim Zuweisen einer Randbedingung mehrere Lösungen möglich sind.

Beispiel 1 zeigt, wie bei gleicher Geometrieauswahl zwei verschiedene Lösungen möglich sind, wenn zwei Kreise tangential zueinander bestimmt werden sollen. Beide Lösungen sind gültig.

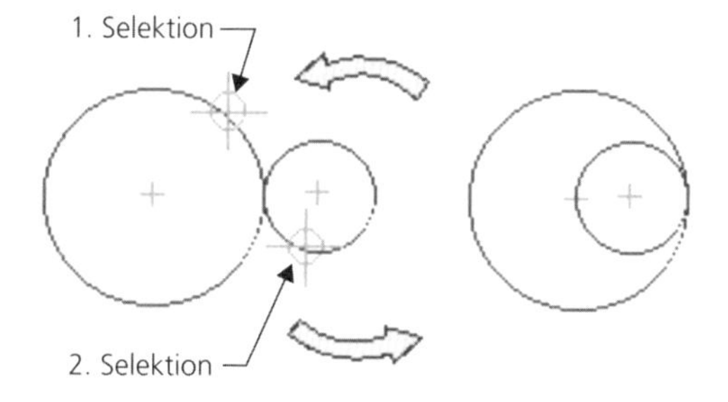

Bild 1.152 Beispiel 1 für alternierende Lösung

Beispiel 2 zeigt, wie bei einer Bemaßung von einer möglichen Lösung zur anderen gewechselt werden kann. Die Bemaßung *p4* kann eine gültige Bedingung für beide Lösungen sein.

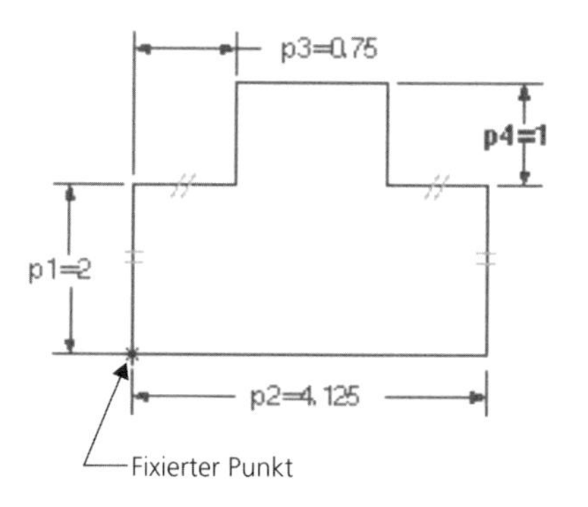

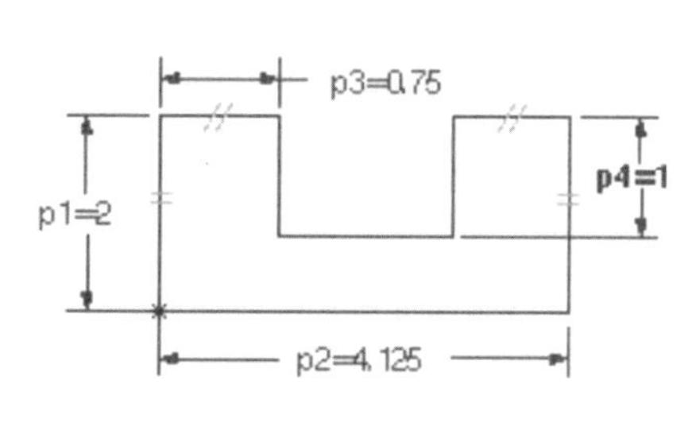

Bild 1.153 Beispiel 2 für alternierende Lösung

1.7.8.9 Infer Constraint Settings

Menü Tools → Constraints → Infer Constraint Settings (⊥)

Diese Einstellungen steuern, welche Bedingungen beim Skizzieren automatisch vom System erzeugt werden.

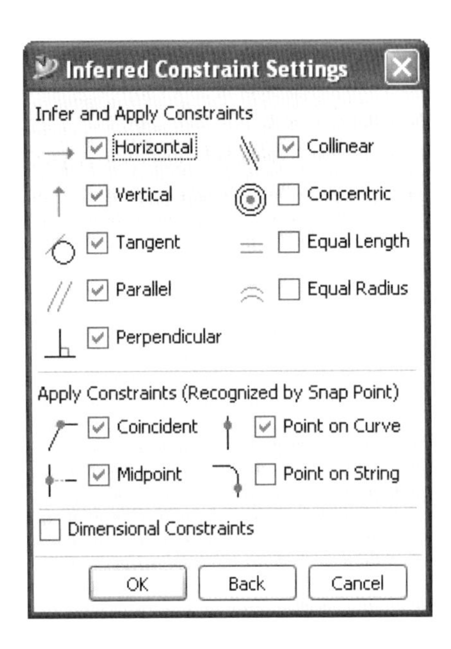

Bild 1.154 Infer Constraint Settings

Inferred Constraints verhalten sich gleich wie die normal erzeugten. Sie können auch angezeigt und gelöscht werden mit Show/Remove Constraints.

Mit aktiviertem Schalter „Dimensional Constraints" kann erreicht werden, dass das System automatisch eine Sketch-Bemaßung erzeugt, sofern beim Skizzieren von Profilen, Kreisen oder Linien ein Wert ins dynamische Feld eingegeben wird.

1.7.9 Sketch Operationen

Die Sketch Operation Toolbar enthält spezielle Funktionen, die an Sketchobjekten ausgeführt werden können.

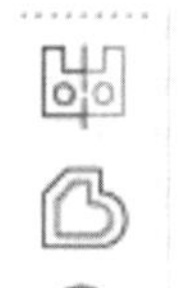

Mirror: Spiegelt Skizzengeometrie an einer vorhandenen Linie im Sketch

Offset Curves: Erzeugt eine Kurve/Kontur mit konstantem Abstand zu einer Kurve/Kontur

Edit Curve: Ändert eine bestehende Kurve

Edit Defining String: Hinzufügen oder Wegnehmen von Kurven eines Querschnitts (z.B. von einem Extrude)

Add existing Curves:
Fügt externe Kurven zum Sketch hinzu

Intersect: Erzeugt einen assoziativen Punkt im Schnittpunkt zwischen einer Kurve und der Sketchebene

Project: Projiziert externe Objekte (Kurven/Kanten/Punkte) senkrecht zur Skizzierebene

Bild 1.155 Werkzeugleiste Sketch Operations

1.7.9.1 Mirror (Spiegeln)

Menü Edit → Mirror ()

Ermöglicht das Spiegeln einer Skizzengeometrie an einer vorhandenen Linie in der Skizze. Zuerst wird eine Linie als Spiegelachse gewählt, danach die zu spiegelnden Elemente selektiert. Die geometrische Bedingung "Mirror" wird dabei sowohl auf die ursprünglich ausgewählten als auch auf die gespiegelten Elemente angewendet.

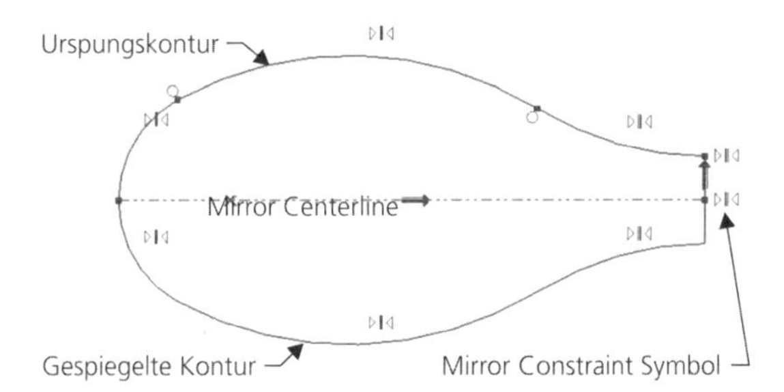

Bild 1.156 Mirror (Spiegeln)

1.7.9.2 Offset Curves (Abstandskurven)

Menü Insert → Offset Curves ()

Erzeugt eine Kurve/Kontur mit konstantem Abstand zu einer bestehenden Kurve/Kontur.

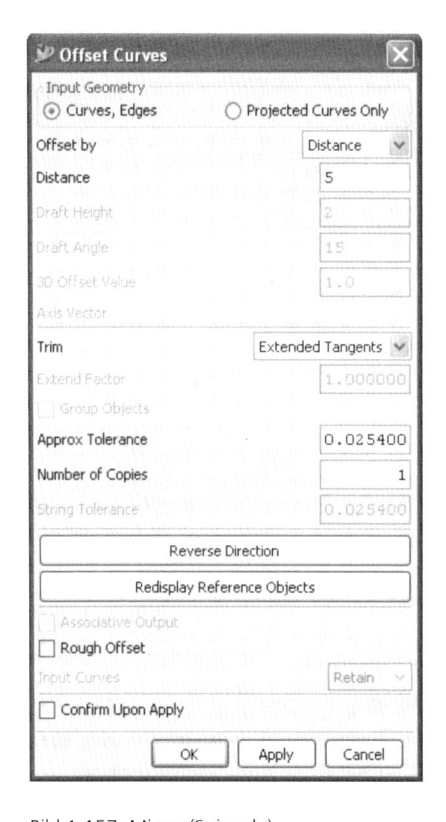

Typ der Ursprungskurve/-kontur

Offset durch Abstand oder Law Control (regelbasiert)

Abstand

Weitere Offset-Optionen abhängig vom Offset-Typ. (Diese sind im Sketcher nicht verfügbar, sondern nur im Menü Insert -> Curve from Curves -> Offset)

Eckenoption: Ecken verlängern oder runden

Spline Annäherungstoleranz

Anzahl Offsets

Querschnittstoleranz

Wechselt die Offset-Richtung

Stellt die Referenzobjekte neu dar

Bild 1.157 Mirror (Spiegeln)

Hinweise:

- Ist die Ursprungskurve/-kontur vom Typ „Curves/Edges", dann ist der Offset nicht assoziativ und muss noch mit Bedingungen ergänzt werden.
- Ist die Ursprungskurve/-kontur vom Typ „Projected Curves Only" (Insert → Project), dann ist der Offset assoziativ. Bei den Offsetkurven handelt es sich um Splines, auch wenn das Ursprungselement eine Regelgeometrie ist (z.B. Linie oder Kreis).

1.7.9.3 Edit Curve (Kurve ändern)

Menü Edit → Edit Curve ()

Das Edit Curve Menü enthält eine ganze Reihe von Möglichkeiten, Kurven zu ändern. Es ist zu erwähnen, dass viele Kurven auch dynamisch interaktiv verändert werden können durch einfaches Ziehen mit gedrückter MB1. Es wird auch empfohlen, die neuen Trimm-Funktionen im Sketcher zu verwenden, da diese bedeutend komfortabler anzuwenden sind.

Für eine detaillierte Beschreibung von Edit Curve sei auf die Help → Documentation verwiesen. Hier folgt eine kurze Übersicht über die Möglichkeiten:

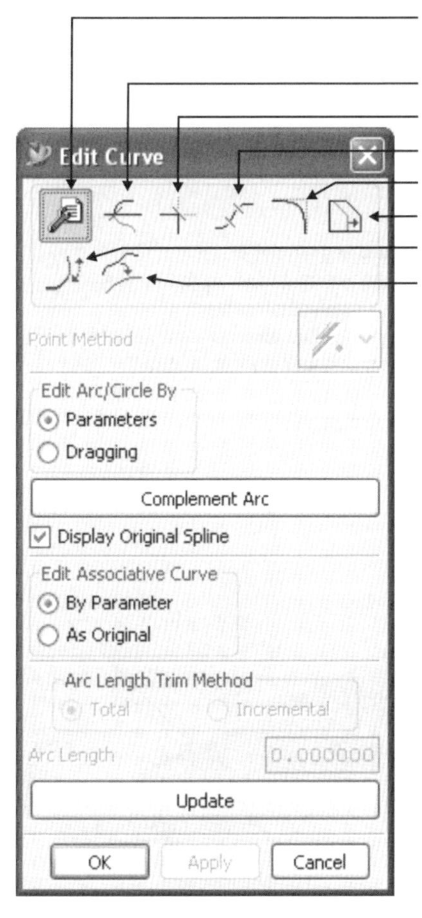

Edit Curve Parameters: Ändert Kurvenparameter (Länge, Winkel, Radius, usw.)

Trim Curve: Verkürzt oder verlängert Kurven

Trim Corner: Trimmt zwei Kurven am Schnittpunkt

Divide Curve: Trennt eine Kurve auf

Edit Fillet: Ändert Rundungsradius

Stretch: Dehnt Kurve(n)/Kontur

Arc Length: Verkürzt/Verlängert Kreisbögen

Smooth Spline: Glättet einen Spline

Point Method: enthält die verschiedenen Möglichkeiten zur Punktselektion

Option zum Ändern von Kreisen/Kreisbögen: Durch Ziehen (Drag) oder über die Parameter

Erzeugt den komplementären Kreisbogen (nur bei Edit Curve / Parameters)

Zeigt den ursprünglichen Spline (vor der Änderung) an

Bestimmt, ob eine erzeugte Kurve ihre Assoziativität beibehält (By Parameters) oder nicht

Methode für Arc Lenght Trim: Angabe der Bogenlänge inkremental oder gesamt

Eingabefeld für Bogenlänge

Update: führt die Änderung aus

Bild 1.158 Dialogfenster Edit Curve

1.7.9.4 Edit defining String (Querschnitt ändern)

Menü Edit → Edit Defining String ( )

Diese Funktion dient dem Hinzufügen oder Wegnehmen von Objekten eines Sketches, mit welchen bereits ein Konstruktionselement (Extrude, Revolve, Sweep) erstellt wurde. Es handelt sich hier um eine Topologieänderung im Gegensatz zu einer parametrischen Änderung, wo nur Bemaßungswerte geändert werden.

Vor dem Aufrufen von Edit Defining String müssen die neuen Sketchgeometrien bereits erstellt und eventuell bestehende Kurven den neuen angepasst sein (Verkürzen, Verlängern, Spiegeln, usw.).

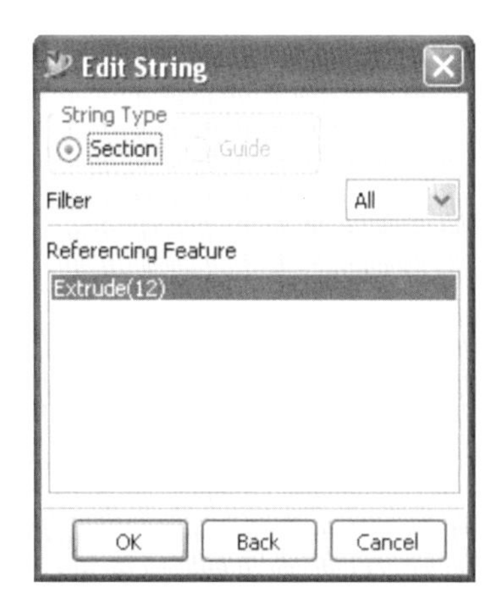

Typ des selektierten Konturzuges:
(Querschnitt / Leitkurve)

Filter zum Selektieren neuer Objekte →

All
Curve
Edge
Face
Sketch

Wird der Konturzug von mehr als einem Konstruktionselement benutzt, dann erscheinen in dieser Liste alle referenzierten Features, um die Topologieänderung selektiv durchzuführen

Bild 1.159 Dialogfenster Edit Defining String

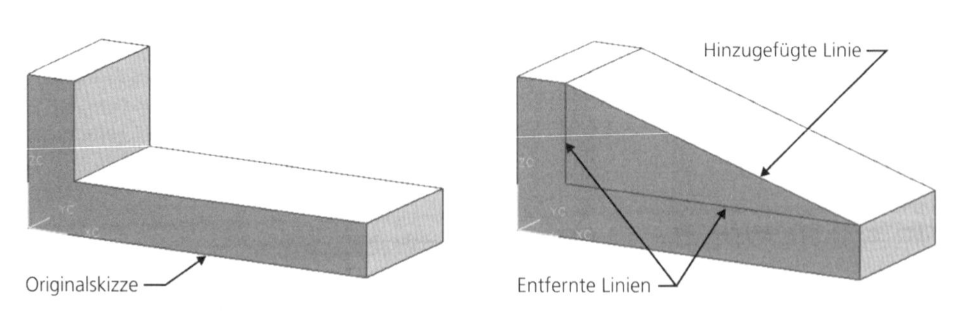

Bild 1.160 Hinzufügen von Objekten mit MB1, Wegnehmen mit <Shift>+MB1

1.7.9.5 Project (Projizieren)

Menü Insert → Project ()

Projiziert externe Objekte senkrecht zur Skizzierebene. Mögliche Objekte sind Kurven, Körperkanten und Punkte. Wird eine Fläche selektiert, dann werden automatisch alle zugehörigen Randkurven gewählt.

Beim Aufrufen von Project erscheint folgende Symbolleiste:

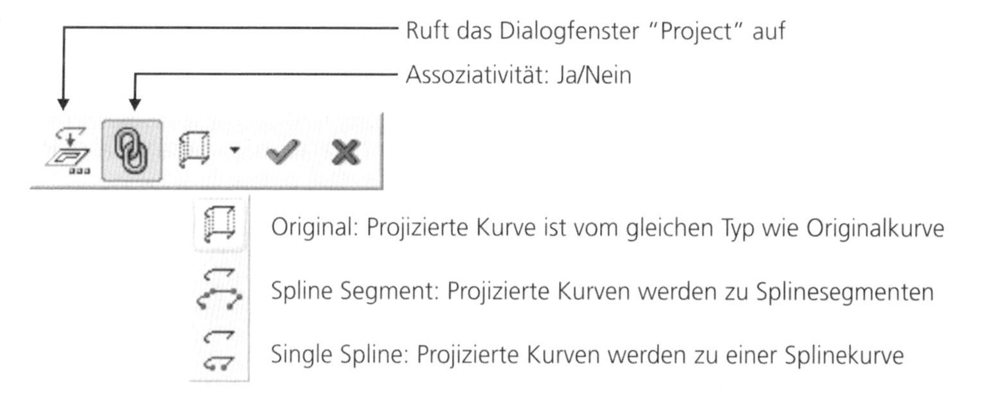

Bild 1.161 Dialogfenster Project

Hinweise:

- Assoziativ projizierte Kurven sind andersfarbig dargestellt als die normalen Skizzenkurven.
- Beim Ändern kann die Assoziativität aufgehoben werden. Danach verhält sich die entsprechende Kurve wie jede andere Skizzenkurve. Wichtig: Die Assoziativität kann nicht wieder hergestellt werden.

1.8 Punkte und Kurven

Punkte und Kurven dienen beim 3D Modellieren als Hilfsgeometrie oder Stützkurven. Vor allem die seit NX 3 eingeführten assoziativen Kurven sind ganz praktisch, um schnell eine räumliche 3D Drahtgeometrie aufzubauen. Weiter bietet das Menü Curves Funktionen, welche im Sketcher nicht zur Verfügung stehen. Einige der Kurven verhalten sich jedoch nicht assoziativ und sollten nur mit Vorsicht verwendet werden. Dies gilt vor allem für das Ändern des Modells.

Übersicht der Funktionen

Die in den folgenden vier Abbildungen mit * gekennzeichneten Funktionen verhalten sich nicht assoziativ. Man sieht das übrigens auch daran, dass diese Objekte im Part Navigator nicht aufgeführt sind.

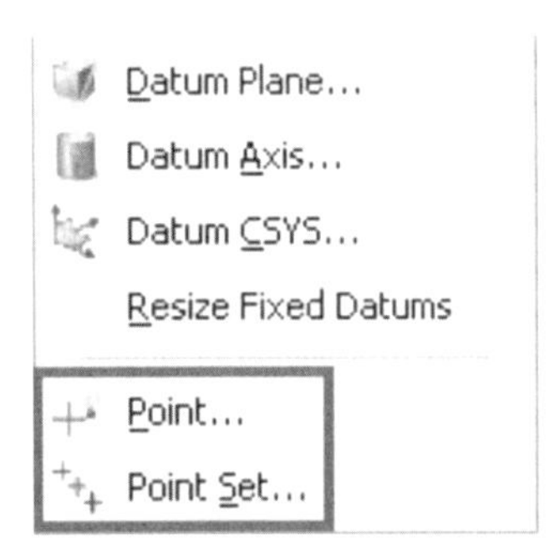

Erzeugt assoziative oder nicht assoziative Punkte

* Erzeugt eine Reihe von Punkten auf Kurven

Bild 1.162 Menü Insert → Datum/Point

Point Sets verhalten sich nicht assoziativ und beinhalten folgende Optionen:

- Points on Curve: Punkte auf einer Kurve, z.B. mit gleichem Abstand
- Add Points to Curve: Fügt einer Kurve Punkte hinzu
- Point at Curve Percentage: Punkt auf Kurve mit prozentualem Abstand
- Spline Defining Points: Spline Erzeugungspunkte
- Spline Knot Points: Spline Knotenpunkte
- Spline Poles: Spline Polpunkte
- Points on Face: Punkte auf einer Fläche
- Point at Face Percentage: Punkt auf Fläche mit prozentualem Abstand
- Face (B-Surface) Poles: Polpunkte einer B-Fläche

Curves

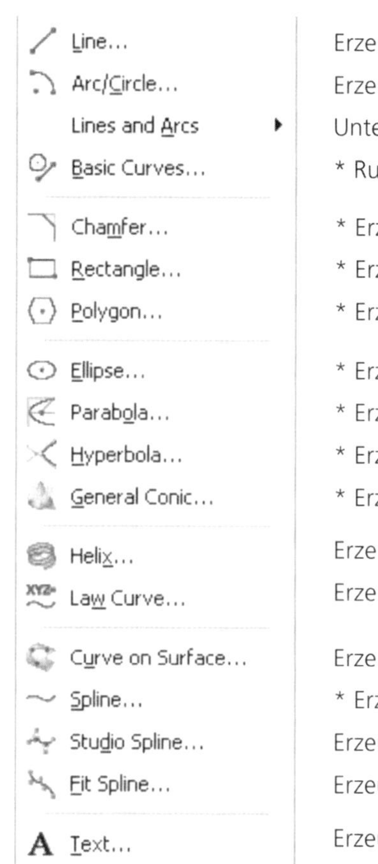

Erzeugt assoziative Linien

Erzeugt assoziative Kreisbogen und Kreise

Untermenü mit allen Linien- und Kreisbogen-Funktionen

* Ruft das alte Dialogfenster "Basic Curves" auf

* Erzeugt eine Fase zwischen zwei Linien oder Kurven

* Erzeugt ein Rechteck durch zwei Punkte der Diagonalen

* Erzeugt ein Polygon (Vieleck)

* Erzeugt eine Ellipse (Beschreibung siehe Sketch Curves)

* Erzeugt eine Parabel

* Erzeugt ein Hyperbel

* Erzeugt einen Kegelschnitt mit verschiedenen Optionen

Erzeugt eine Helix

Erzeugt eine Regelbasierte Kurve

Erzeugt eine Kurve auf einer Fläche

* Erzeugt einen nicht assoziativen Spline

Erzeugt einen Studio Spline

Erzeugt einen Spline durch Punkte, Kurven, Flächen, usw.

Erzeugt Texte basierend auf Windows TrueType Fonts

Bild 1.163 Menü Insert → Curves

Die Beschreibung der Helix, Law Curve und Splines ist im Kapitel 4.1 zu finden.

Die anderen Curve-Funktionen sind in der Anwendung sehr einfach und werden hier nicht näher beschrieben.

Curve from Curves

Erzeugt Kurve/Kontur mit konstantem Abstand
Erzeugt Kurve/Kontur mit konstantem Abstand auf Flächen

Erzeugt eine tangentiale Verbindungskurve
Erzeugt eine vereinfachte Kurve
Verbindet mehrere Kurven zu einer neuen Kurve

Projiziert Kurven/Punkte auf Flächen/Ebenen
Erzeugt eine kombinierte Projektion
Spiegelt Kurven um an einer Datum Plane oder ebenen Fläche

Abwickeln/Aufwickeln von Kurven auf eine Kegel- oder Zylindermantelfläche

Bild 1.164 Menü Insert → Curve from Curves

Curve from Bodies

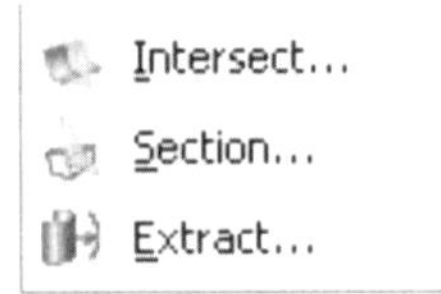

Erzeugt die Schnittkontur zwischen zwei Sets von Objekten
Erzeugt Ebenenschnitte
Extrahiert Körperkanten, isoparametrische Flächenkurven, Silhouettekurven, sichtbare Kanten der aktuellen Ansicht, Isocline Curves (Kurven bei gleichem Formschrägenwinkel) und Körperumrisskurven

Bild 1.165 Menü Insert → Curve from Bodies

1.9 Ändern eines 3D Modells

Die Praxis zeigt, dass beim Erstellen eines 3D Modells ein großer Teil der Zeit für geometrische Änderungen aufgewendet wird. Diese Änderungen können einzelne Parameter betreffen, was relativ einfach zu bewerkstelligen ist, oder aber es sind topologische Änderungen, welche bedeutend mehr Erfahrung im Umgang mit der CAD-Software benötigen. Topologische Änderungen können z.B. zusätzliche Geometrieelemente bei einer Querschnittdefinition für ein Extrude sein.

Für eine Modelländerung muss die Applikation Modeling aktiviert sein.

1.9.1 Aktualisieren des Modells nach einer Änderung

Da NX standardmäßig das Modell nach einer Änderung sofort neu berechnet, werden größere Änderungsaktionen über mehrere Elemente an einem großen Modell unter Umständen zu einer zeitraubenden Angelegenheit.

Es besteht deshalb die Möglichkeit über das Menü Tools → Update → **Delayed Update on Edit** das Aktualisieren zu unterdrücken. Die Aktualisierung lässt sich zum gewünschten Zeitpunkt durch Deaktivieren von „Delayed Update on Edit" oder über Menü Tools → Update → **Update Session** im Modell ausführen.

1.9.2 Fehlermeldungsfenster beim Aktualisieren

Bei Änderungen kommt es immer wieder vor, dass NX die Neuberechnung des 3D Modells nicht ausführen kann. Das System unterbricht die Aktualisierung und öffnet ein Fehlermeldungsfenster. Der Anwender ist nun aufgefordert, das Problem zu analysieren und entsprechende Maßnahmen zu ergreifen. Dies ist oft nicht ganz so einfach. Generell ist es von Vorteil zu wissen, wie das Modell aufgebaut wurde.

Es ist hier unmöglich, alle möglichen Fälle aufzuzeigen. Im Kapitel 1.9.6 wird anhand Topologieänderung ein Fall gezeigt, bei welchem die Aktualisierung des Modells fehlschlägt und wie dabei vorzugehen ist.

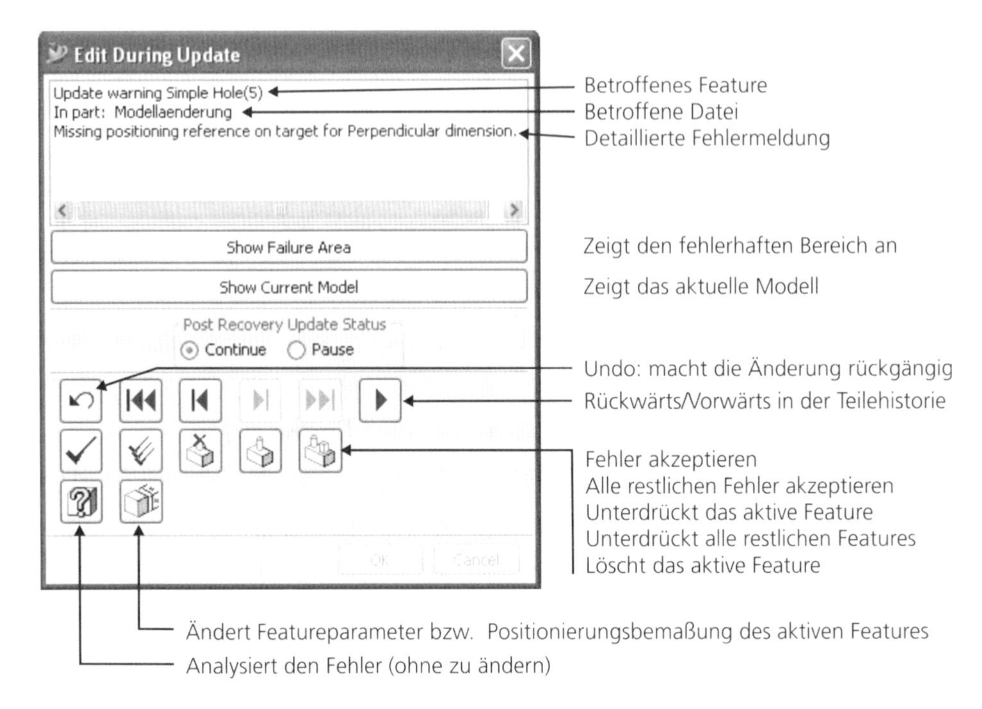

Bild 1.166 Fehlermeldungsfenster

1.9.3 Der Part Navigator

Bevor ein Modell geändert wird, sollte man analysieren, wie das Modell aufgebaut wurde (Teilehistorie) und welche Abhängigkeiten vorhanden sind. Der Part Navigator

- stellt die Struktur des Modells dar
- zeigt die Abhängigkeiten zwischen den Features
- ermöglicht schnellen Zugang zu den Features

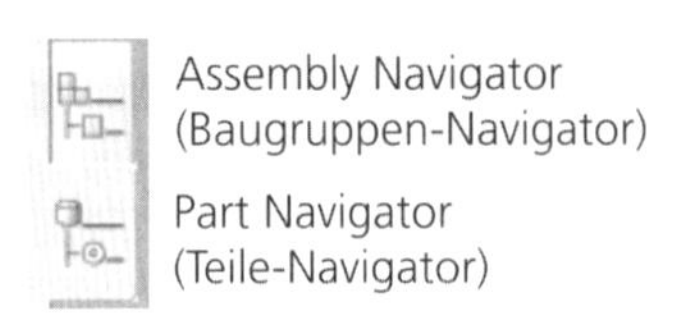

Bild 1.167 Part Navigator öffnen in der Hilfsleiste

Grundsätzlich gibt es zwei verschiedene Sichten auf das Modell:

- Die **Modellsicht** basiert auf Reference-Sets (Kapitel 3.5.2.4), welchen die Körper bzw. Objekte zugeordnet sind. Diese Sicht hilft, die relevanten Teile des Modells schneller zu finden und einfach zu ändern, ohne zuerst den Aufbau des Modells verstehen zu müssen.
- Die **Timestamp Order** Sicht (Zeitstempel) zeigt alle Features in der Reihenfolge der Erzeugung.

Standardmäßig ist die Modellsicht aktiv. Das Umschalten der Sichten geht über Menü Tools → Part Navigator → Timestamp Order oder über MB3 in der Titelleiste, dann Timestamp Order.

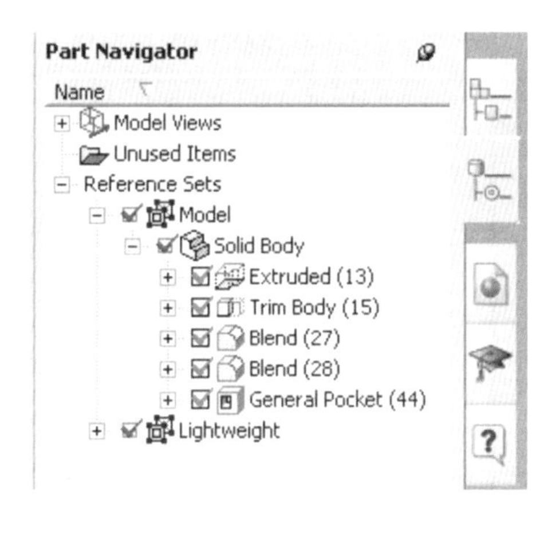

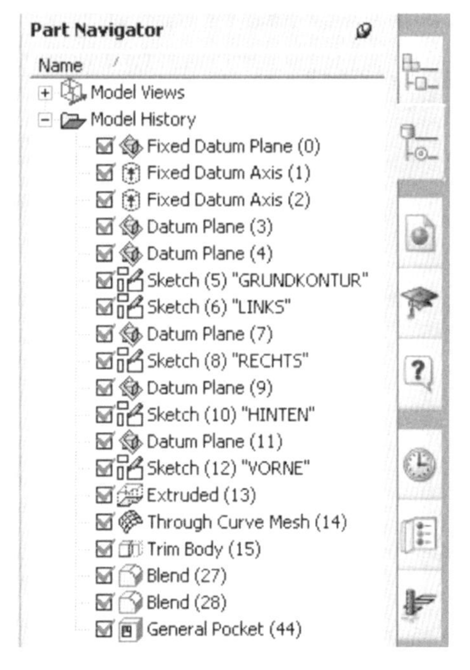

Bild 1.168 Modellsicht Timestamp Order (Entstehungsgeschichte) Sicht

Dependencies (Abhängigkeiten)

Mit Hilfe der Dependencies lassen sich sehr einfach die Abhängigkeiten (Children/Parents) in einem Modell darstellen. Zusätzlich lassen sich für jedes Feature mit Hilfe des Icons „Detail View" die abhängigen Flächen und Kanten anzeigen.

Das Fenster Dependencies ist am unteren Rand des Part Navigator angeordnet und kann wahlweise ein- oder ausgeblendet werden. Die Anzeige bezieht sich jeweils auf das im Part Navigator selektierte Feature.

Ein selektiertes Objekt wird zusätzlich grafisch beim Modell hervorgehoben.

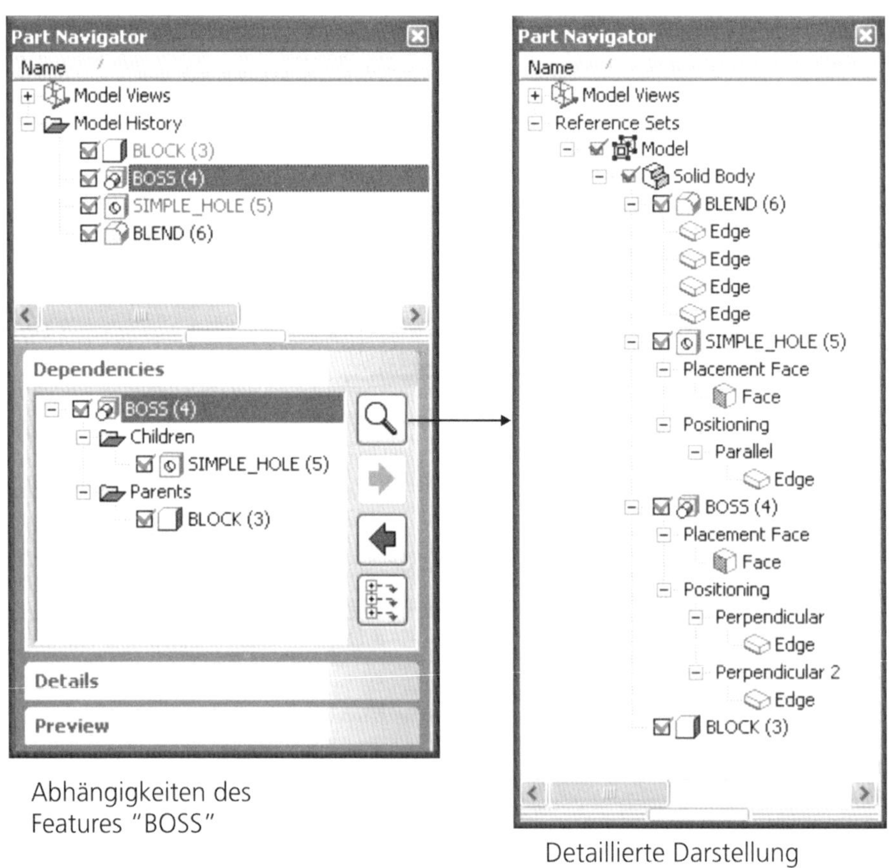

Bild 1.169 Part Navigator – Dependencies

Details (Feature-Details)

Das Fenster Details bietet eine schnelle und komfortable Möglichkeit, die Parameter eines Features zu prüfen und zu ändern (Doppelklick).

Details

Parameter	Value	Expression
Size X	70.000[mm]	p11=70
Size Y	50.000[mm]	p12=50
Size Z	30.000[mm]	p13=30

Bild 1.170 Part Navigator – Details

Funktionen im Part Navigator

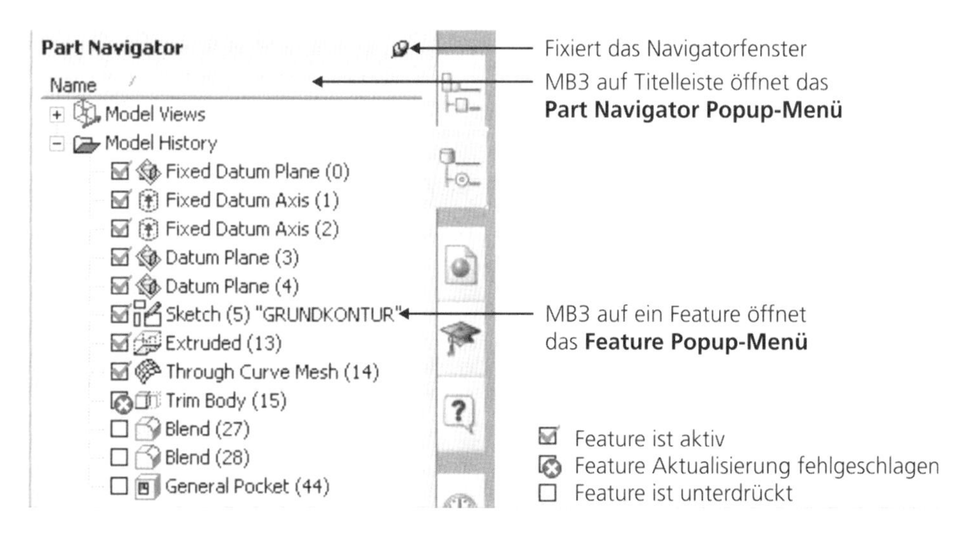

Bild 1.171 Funktionen im Part Navigator

Part Navigator Popup-Menü

Dieses Popup-Menü steuert hauptsächlich die Darstellung der Inhalte des Part Navigators (Aufrufen durch MB3 auf Titelleiste):

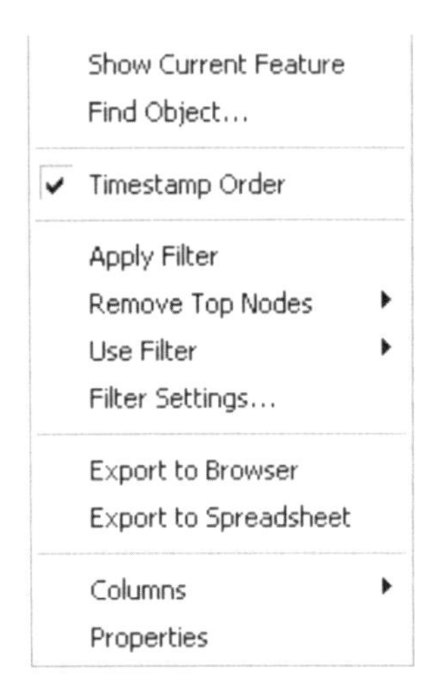

Zeigt das letzte aktive Feature an
Ermöglicht Suche nach Features

Schaltet um zwischen den beiden Sichten

Wendet den Filter an
Entfernt Anzeigesymbole oben
Filter für unterdrückte Features
Filtereinstellungen

Exportiert Fensterinhalt nach html
Export Fensterinhalt nach Excel

Ändert die Darstellung der Spalten
Ändert die Darstellungseigenschaften des Part Navigators

Bild 1.172 Part Navigator Popup-Menü

Feature Popup-Menü

Dieses Menü beinhaltet vor allem Funktionen zum Bearbeiten der Features. Der Aufruf erfolgt durch Bewegen des Mauszeigers auf das gewünschte Feature, danach Drücken der rechten Maustaste (MB3).

Hinweise:

- Die Applikation Modeling muss aktiviert sein.
- Die Feature-Änderungsfunktionen sind auch im Menü Edit → Feature zu finden.

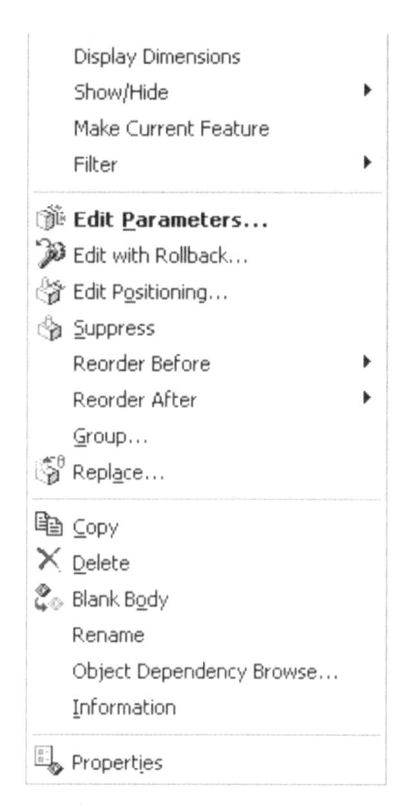

Stellt die Featureparameter dar
Ein-/Ausblenden von featurebezogenen Elementen
Aktiviert den Einfügmodus
Ein-/Ausblenden mit Hilfe von Filtern

Ändert die Featureparameter
Ändert die Featureparameter im Rollback Modus
Ändert die Positionierung des Features
Unterdrückt das Feature
Verschiebt das Feature vor ...
Verschiebt das Feature nach ...
Gruppiert Features
Ersetzt das aktuelle Feature durch ein anderes

Kopiert das Features
Löscht das aktuelle und ev. abhängige Features
Blendet den Volumenkörper aus
Feature umbenennen
Abhängige Objekte anzeigen
Ruft das Feature- Infofenster

Feature Eigenschaften

Bild 1.173 Feature Popup-Menü

Dargestellte Spalten im Part Navigator

Der Part Navigator stellt in Spalten folgende Informationen dar.

- **Name**: Feature Name
- **Layer**: zeigt an, auf welchem Layer sich das Feature befindet
- **Status**: suppressed (unterdrückt), modified (geändert und noch nicht aktualisiert), update failed (Aktualisierung fehlgeschlagen), inactive
- **Out of Date** zeigt an, ob ein Feature aktualisiert ist oder nicht
- **Created**: Erstellungsdatum
- **Modified**: Letzte Änderung
- **Comment**: zeigt den Feature Kommentar an (kann mit MB3 → Properties → Feature Attributes hinzugefügt werden)

Part Navigator

Name	Layer	Status	Out of Date	Created	Modified	Comment
+ Model Views						
− Model History						
Fixed Datum Plane (0)	61		No	27 Jan 2004	27 Jan 2004	
Fixed Datum Axis (1)	61		No	27 Jan 2004	27 Jan 2004	
Fixed Datum Axis (2)	61		No	27 Jan 2004	27 Jan 2004	
Sketch (5) "GRUNDKONTUR"	21		No	27 Jan 2004	02 Feb 2004	
Extruded (13)	1		No	27 Jan 2004	Loaded	
Through Curve Mesh (14)	81		No	27 Jan 2004	Loaded	
Trim Body (15)	1	update failed	Yes	27 Jan 2004	Loaded	
Blend (27)	1	suppressed	No	27 Jan 2004	Loaded	

Bild 1.174 Spalten im Part Navigator

Hinzufügen und Wegnehmen von Spalten:
MB3 in der Titelleiste → Columns (→ Customize)

1.9.4 Featureparameter ändern

Die Funktionen zum Ändern von Features lassen sich auf verschiedene Arten aufrufen:

- Menü Edit → Feature → Parameters
- MB3 auf Feature im Part Navigator oder 3D Modell, dann Edit Parameters
- Doppelklick auf das Feature
- Im Detailfenster des Part Navigators
- Radial Popups: Mauszeiger über das Feature bewegen (Selektionstyp muss auf Feature stehen), dann mit gedrückter rechter Maustaste nach rechts wegfahren.

Beispiel:

- MB3 auf Feature BOSS, dann Feature Parameter wählen
- Feature Dialog aufrufen
- Gewünschte Parameter ändern, dann 2x OK (oder MB2)

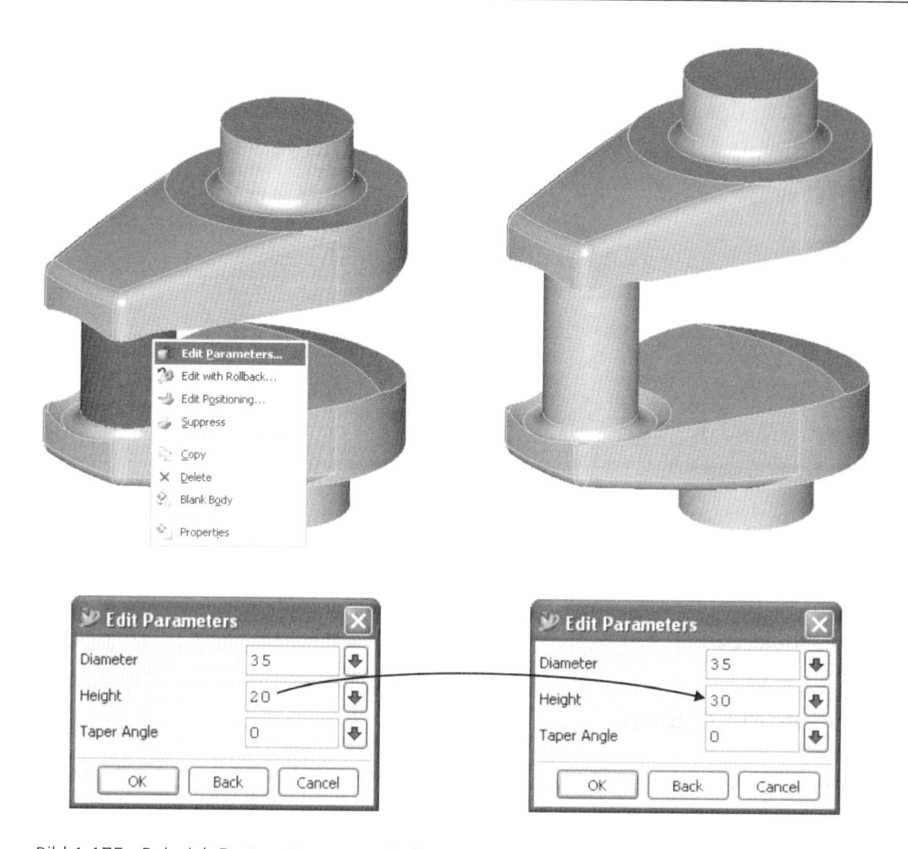

Bild 1.175 Beispiel: Feature Parameter ändern

Das Modell wird nach der Änderung neu berechnet und dargestellt, es sei denn der weiter oben erwähnte Delayed Update-Schalter ist aktiviert.

1.9.5 Positionierung eines Features ändern

Positionierungs-Bemaßungen sind nur bei Formelementen vorhanden, die relativ zum Modell positioniert werden können (Kapitel 1.5.3.7).

Die Änderung der Positionierung lässt sich auf verschiedene Arten ausführen:

- Menü Edit → Feature → Positioning
- MB3 auf Feature im Part Navigator oder 3D Modell, dann Edit Positioning
- Im Detailfenster des Part Navigators

Falls man einem Formelement eine Positionierungs-Bemaßung hinzufügen möchte, muss man darauf achten, dass nur Objekte selektiert werden, welche zum Zeitpunkt der Entstehung des Konstruktionselementes bereits vorhanden waren. Andernfalls erscheint die folgende Meldung:

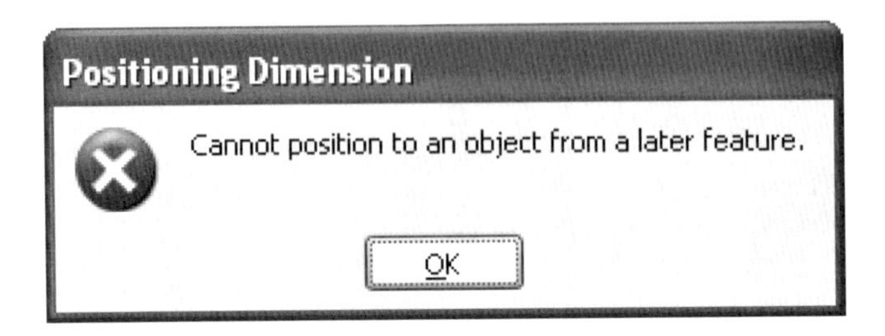

Bild 1.176 Fehlermeldung aufgrund eines Entstehungszeitpunkts-Konfliktes

Hier hilft es, das Feature zum „Current Feature" zu machen, um alle nachfolgenden Features inaktiv zu setzen.

1.9.6 Topologie ändern

Sollen Geometrieelemente eines Querschnittes oder einer Leitkurve ausgetauscht, hinzugefügt oder gelöscht werden, so spricht man von einer Topologieänderung. Diese ist nicht mehr ganz so einfach zu bewerkstelligen, wie eine reine Parameteränderung, bei der nur der Wert einer Variablen geändert werden muss.

Beispiel:

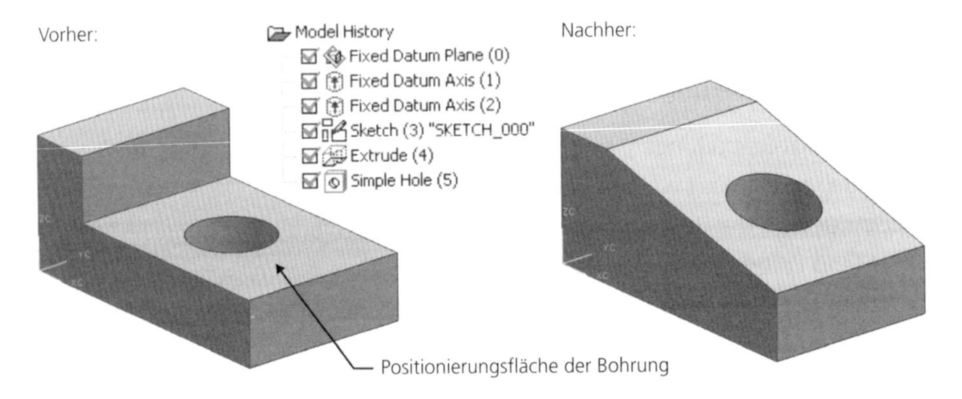

Bild 1.177 Beispiel für Topologieänderung

- Als Erstes wird dem Sketch eine neue Linie hinzugefügt und zwei bestehende gelöscht:

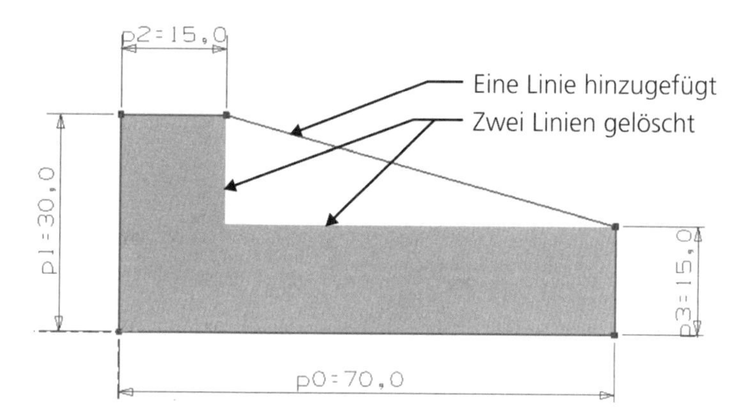

Bild 1.178 Sketchänderung

- Sketch beenden und Modell aktualisieren
- Es erscheint ein Fehlermeldungsfenster:

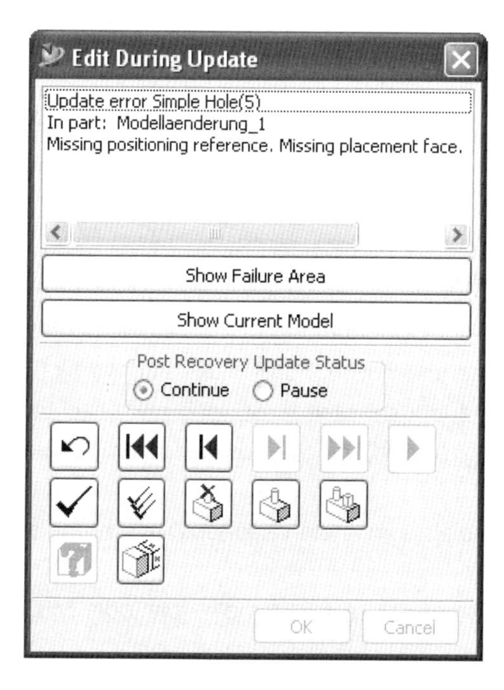

Bild 1.179 Fehlermeldungsfenster bei der Aktualisierung

Die Fehlermeldung sagt aus, dass die Positionierungsfläche der Bohrung nicht mehr vorhanden ist. Der Grund liegt in der gelöschten Linie.

- Mit Accept (☑) weiterfahren
  Das Modell wird so weit wie möglich neu berechnet und dargestellt.
  Im Part Navigator werden die fehlgeschlagenen Features (in diesem Falle die Bohrung) markiert.

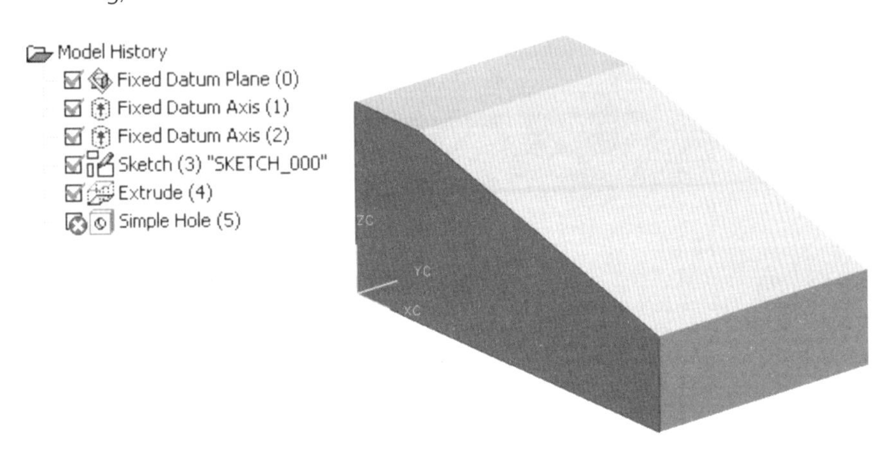

Bild 1.180 Fehlgeschlagene Aktualisierung

Um diesen Fehler zu beheben, muss der Bohrung eine neue Positionierungsfläche zugewiesen werden (siehe nächstes Kapitel).

1.9.7 Reattach (Neu zuordnen)

Mit dieser Option können Position oder Orientierung eines Formelementes geändert werden, d.h. Ändern von Platzierungsfläche, horizontaler oder vertikaler Ausrichtung sowie Positionierungs-Bemaßungen. Man muss auch hier beachten, dass nur Beziehungen zu Elementen möglich sind, welche zum Zeitpunkt des aktuellen Features bereits vorhanden sind.

Es folgt die Fortsetzung des Beispiels vom letzten Kapitel. Die Bohrung soll neu positioniert werden.

- Im Part Navigator Doppelklick auf das Feature Simple Hole (oder MB3, dann „Edit Parameters")

- Option Reattach wählen

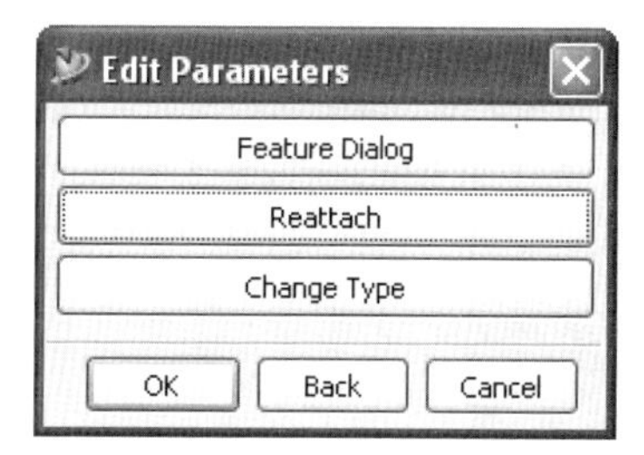

- Das Dialogfenster „Reattach“ wird eingeblendet:

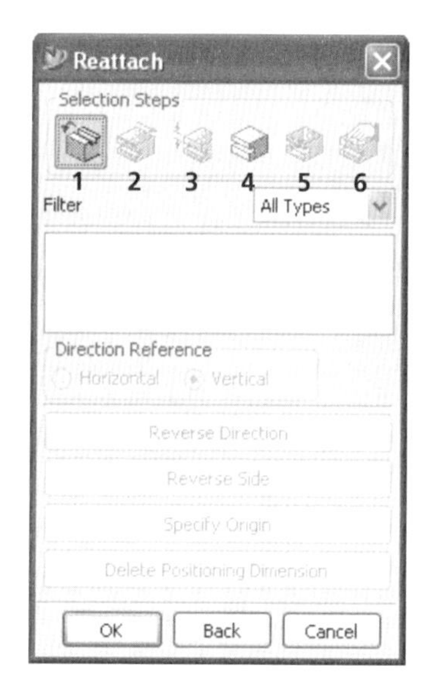

1) Ändert die Positionierungsfläche

2) Ändert die horizontale oder vertikale Ausrichtung

3) Ändert eine Positionierungsbemaßung

4) Ändert die Durchgangsfläche (Through Face)

5) Ändert gegebenenfalls die zweite Referenzfläche (z.B. bei Trim between two Faces)

6) Ändert die Werkzeugfläche eines benutzerspezifisch definierten Features (UDF)

Bild 1.181 Dialogfenster Reattach

- Als neue Positionierungsfläche die Bodenfläche des Körpers selektieren

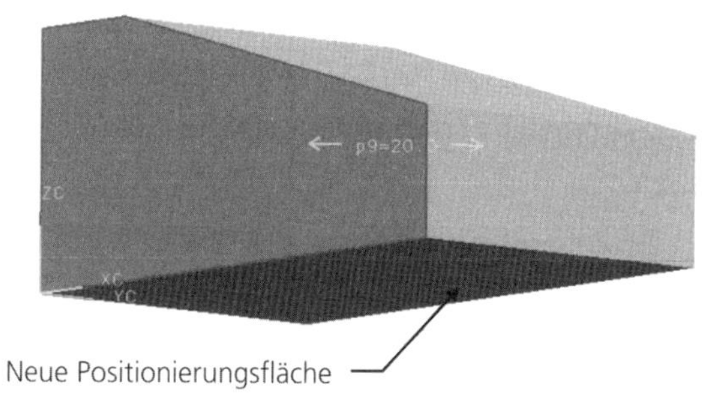

- Weil für die Bohrung eine Durchgangsfläche selektiert wurde beim Erzeugen, muss diese hier auch neu zugeordnet werden.

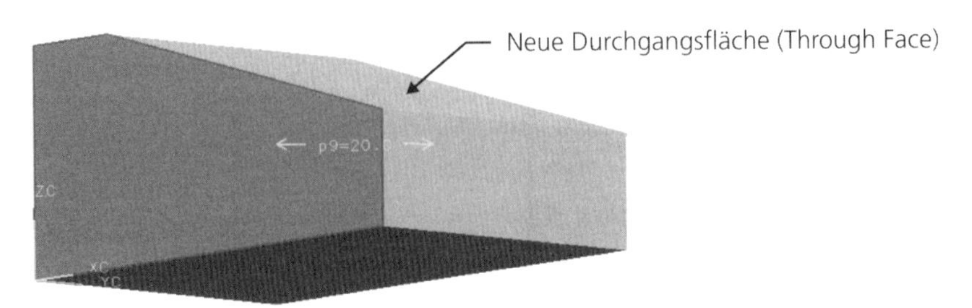

- Weiter mit 2x OK. Das Modell wird aktualisiert.

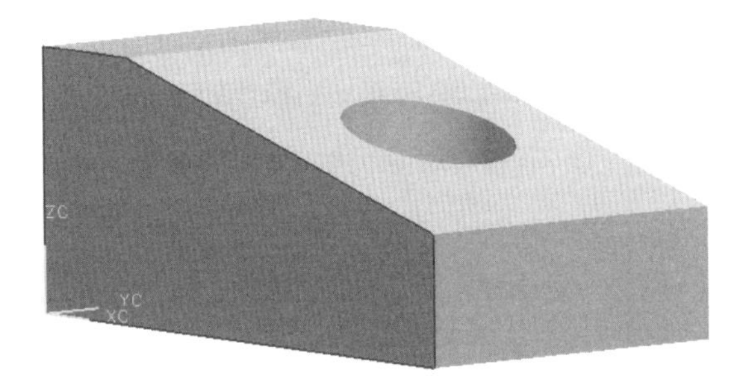

Bild 1.182 Topologieänderung fertig

1.9.8 Features löschen (Delete)

Oft ist es einfacher ein oder mehrere Features zu löschen und neu aufzubauen. Die Schwierigkeit dabei besteht darin, dass sich unter Umständen andere Elemente auf das zu löschende Feature referenzieren. Sind es nur weiche Abhängigkeiten, so werden diese Beziehungen einfach gelöscht (z.B. Positionierung eines Formelementes). Wenn es sich aber um harte Abhängigkeiten handelt, so werden abhängige Konstruktionselemente ebenfalls gelöscht. Das System weist darauf hin.

Ziel ist, basierend auf den gesammelten Erfahrungen, ein 3D Modell möglichst änderungsfreundlich aufzubauen.

Die Funktion Löschen kann auf verschiedene Arten aufgerufen werden:

- Menü Edit → Delete (Ctrl+D)
- MB3 auf Feature im Part Navigator oder 3D Modell, dann Delete wählen

Tipp: Mit Undo kann ungewolltes Löschen rückgängig gemacht werden.

1.9.9 Features unterdrücken (Suppress)

Eine weitere Möglichkeit besteht darin, dass man ein oder mehrere Features vorübergehend unterdrückt. Beim Unterdrücken gilt dasselbe wie beim Löschen. Features mit harter Abhängigkeit werden automatisch mit unterdrückt.

Am einfachsten werden Features unterdrückt, indem man im Part Navigator die entsprechende Checkbox links vom Feature Namen selektiert. Die Unterdrückung wird angezeigt, indem die Aktiv-Haken verschwinden und in der Statuszeile der Kommentar „suppressed" erscheint.

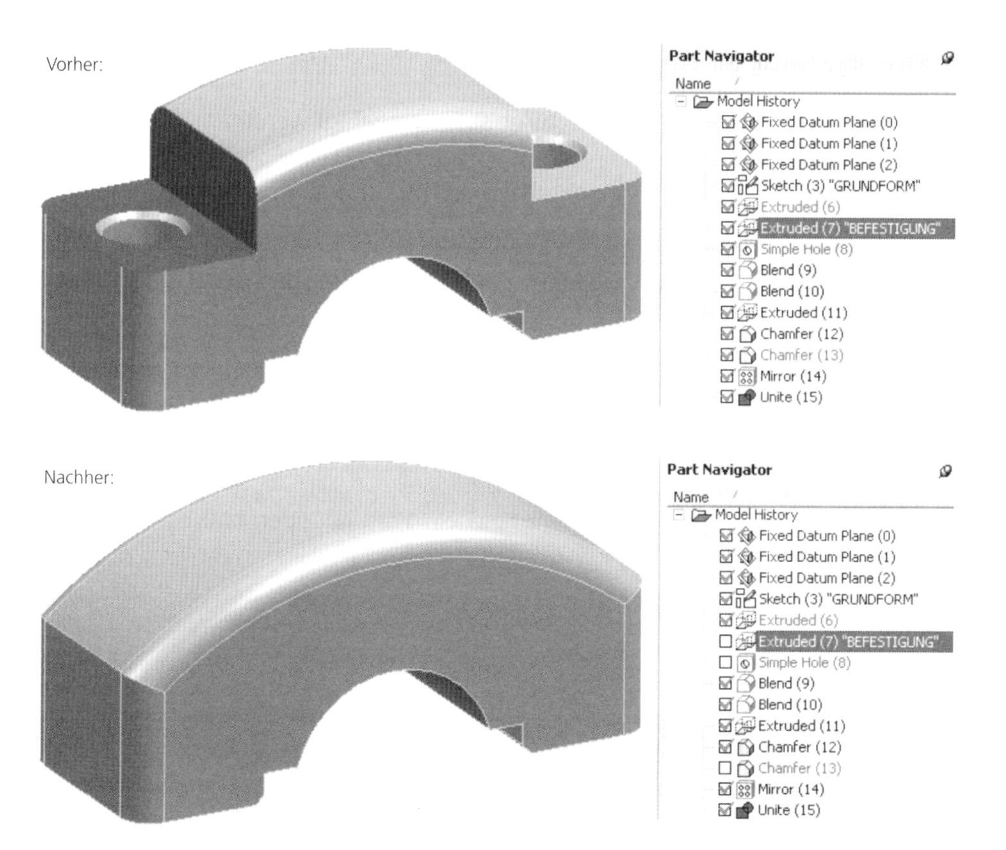

Bild 1.183 Beispiel für Unterdrücken von Features (suppress)

Durch erneutes Selektieren der Checkbox wird die Unterdrückung wieder aufgehoben.

Wofür wird denn nun eigentlich das Unterdrücken von Features benötigt?

- Um vorübergehend eine Konstruktionsalternative aufzubauen. Sollte sich diese nicht bewähren, kann die vorgängige Lösung wieder aktiviert, andernfalls gelöscht werden.
- Bei sehr großen 3D Modellen. Das Unterdrücken nicht benötigter Features führt zu einer besseren Computerperformance. Speziell gilt dies für Freiformflächen und Verrundungen.
- Für Finite Elemente Analysen. Kleine Aussparungen und Verrundungen werden unterdrückt, um eine harmonischere Netzberechnung zu erhalten.

1.9.10 Features einfügen

Oft gibt es Fälle, wo Features in die Teilehistorie eingefügt werden müssen.

Vorgehen:

- Im Part Navigator mit MB3 auf gewünschtes Feature, dann „**Make Current Feature**" wählen. Die Entstehungsgeschichte wird am aktuellen Feature angehalten. Alle nachfolgenden Features erhalten den Status inaktiv und sind ausgeblendet.
- Im Einfügemodus weiter modellieren.
- Darstellungszeitpunkt (Timestamp) wieder auf das zuletzt erzeugte Feature setzen (wieder mit MB3, dann „Make Current Feature").

Bei folgendem Beispiel sollen vor dem Spiegeln Verrundungen und eine Fase eingefügt werden:

- Modell in den Einfügemodus setzen (vor dem Spiegeln)

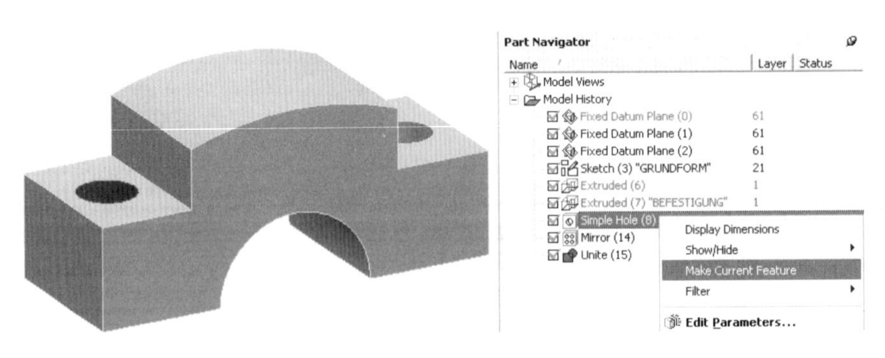

Bild 1.184 Beispiel: Einfügen von Features mit MB3 → Make Current Feature

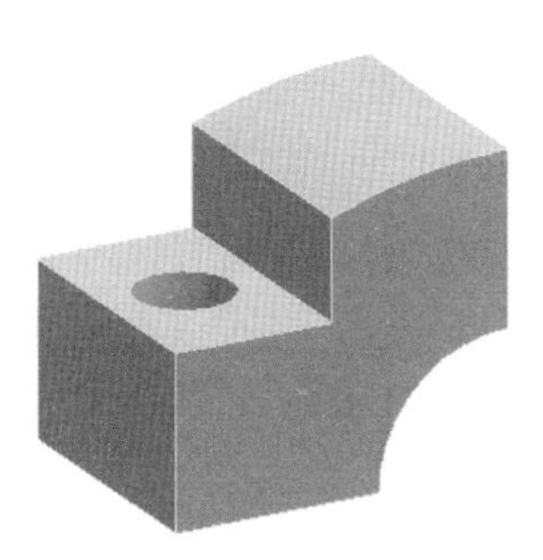

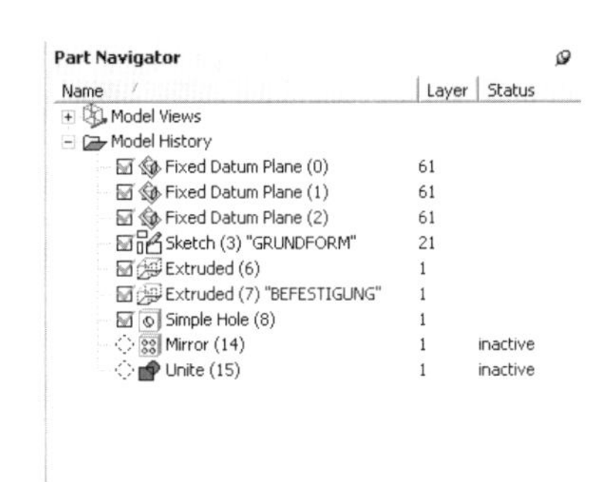

Bild 1.185 Modell im Einfügemodus

- Verrundungen und Fase einfügen

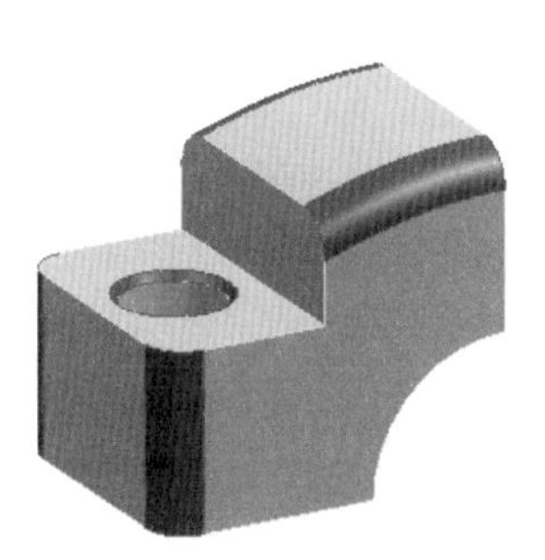

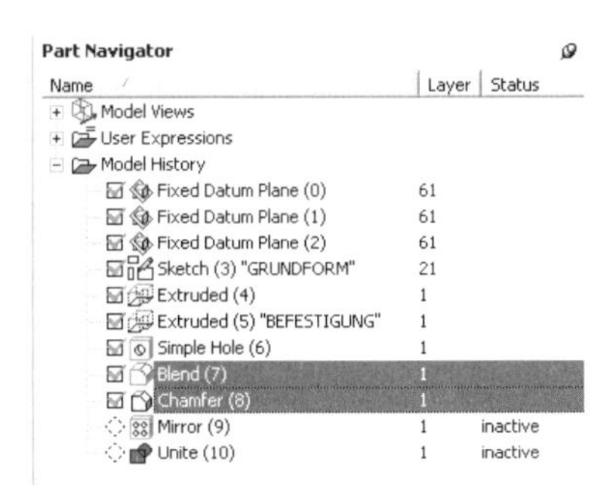

Bild 1.186 Modell im Einfügemodus mit Verrundungen und Fase

- Spiegeln wieder zum aktuellen Feature machen (MB3 auf Unite)

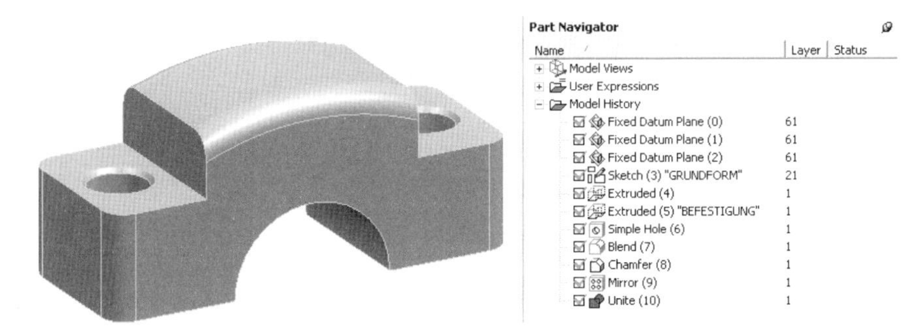

Bild 1.187 Modell fertig mit Verrundungen und Fase - auch auf der gespiegelten Seite

Hinweis: Die Features wurden bei diesem Vorgang automatisch neu nummeriert.

2 2D Zeichnungen

2.1 Grundsätzliches zu 2D Zeichnungen

Weshalb überhaupt Zeichnungen? Die Rede ist hier selbstverständlich von technischen Zeichnungen und nicht von Gemälden oder Comics. Auch wenn in manchem Ingenieur und Konstrukteur ab und zu schon das Gefühl gewachsen ist, ein kleines Kunstwerk geschaffen zu haben, so war es doch einfach eine gelungene technische Zeichnung und kein Kunstgemälde. Nun aber zurück zur Frage, wofür diese technischen Zeichnungen eigentlich benötigt werden. Die Antwort liegt in der Kommunikation.

Es hat sicher schon jeder einmal versucht, einem anderen etwas mündlich zu beschreiben und dabei erfahren, wie kompliziert und missverständlich das ganze Unterfangen ist. Sehr oft greift man dann zu einem Stück Papier oder einem Bierdeckel und einem Bleistift oder dem Lippenstift der Freundin und zeichnet das so umständlich zu beschreibende Ding schnell auf.

Diese Problematik existiert auch in einer Firma. Man möchte jemandem ein Bauteil genau beschreiben und es darf dabei kein Missverständnis geben, da dies hohe Kosten verursachen könnte. Also erstellt man eine Zeichnung mit allen notwendigen Angaben, damit der Mitarbeiter in der Arbeitsvorbereitung oder in der Fertigung exakt versteht, um was es bei dem betreffenden Bauteil oder der Baugruppe geht.

Nun könnte man dazu einwenden, dass diese Methode doch überholt ist und im Zeitalter der Informationstechnologie andere Möglichkeiten bestehen, um mit Mitarbeitern zu „kommunizieren". Stimmt im Prinzip, nur besitzen noch längst nicht alle Unternehmen heute moderne Kommunikationstechniken. Hinzu kommt, dass diese noch längst nicht ausgereift sind, hohe Kosten verursachen und entsprechendes Knowhow vorhanden sein muss. Da ist es nach wie vor sehr oft einfacher, mit Papierzeichnungen zu kommunizieren.

2.1.1 Voraussetzungen für die Zeichnungserstellung

Je nach Komplexität kann der Aufwand für eine Zeichnungserstellung größer sein als das Erstellen des 3D Modells. Eine qualitativ gute Zeichnung zu erstellen erfordert viel Disziplin und ist Knochenarbeit. Eine 2D Zeichnung muss übersichtlich gestaltet sein unter Berücksichtigung der geltenden Normen. Man muss sich also vorher einige Gedanken machen, mit welchen Ansichten und Schnitten ein Bauteil in einer Zeichnung exakt und eindeutig beschrieben wird. Es braucht bei komplexeren Bauteilen wie z.B. Gussgehäusen schon eine gewisse Erfahrung und Begabung, die Ansicht- und Schnittwahlen so einfach wie möglich und so komplex wie nötig zu wählen.

In NX könnte man, wenn es einem Spaß macht, eine 2D Zeichnung von Grund auf neu zeichnen. Das heißt, der Konstrukteur zeichnet jede Linie und jeden Kreis, als ob er an einem Reißbrett arbeiten würde. (Weiß ein angehender Maschinenbau-Ingenieur heute überhaupt noch, was ein Reißbrett ist? Hat nichts mit einer indonesischen Reistafel zu tun.) Dieser Ansatz gilt für 2D CAD-Systeme und wird in diesem Buch nicht weiter behandelt. Wir gehen davon aus, dass in NX ein 3D Modell erstellt wird und davon eine Zeichnung abzuleiten ist. Im Kapitel 0.4 wurde aufgezeigt, dass in einem modernen CAD-Programm das 3D Modell als Basis für alle nachfolgenden Tätigkeiten dienen soll. Dies gilt insbesondere für das Erzeugen von 2D Fertigungszeichnungen. Dazu wird in NX das Master-Modell Konzept angewendet (siehe auch Kapitel 0.6 und 2.1.2).

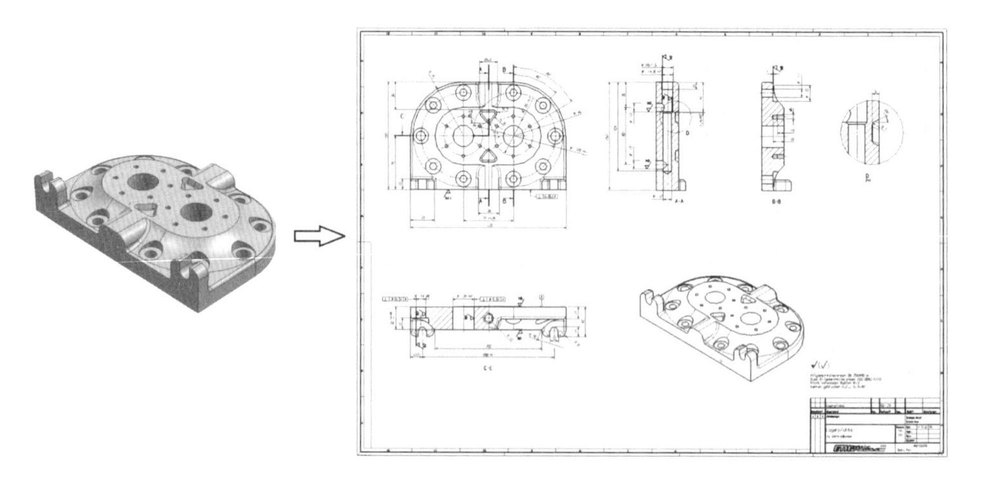

Bild 2.1 Vom Master-Modell abgeleitete 2D Zeichnung

Die Ansichten, Schnitte und Detailansichten werden vom System automatisch berechnet und verhalten sich assoziativ zum 3D Modell. Der Anwender entscheidet nur, welche Ansichten und Schnitte in welchem Maßstab wo auf der Zeichnung dargestellt sein sollen. Hinzu kommen anschließend Ergänzungen wie Mittellinien, Bemaßungen, Toleranzangaben, usw. gemäß den eigenen Wünschen oder firmeneigener Normen.

Allgemeine Hinweise zur Benutzerführung:

- Die meisten Zeichnungsobjekte lassen sich sehr einfach per Drag & Drop verschieben oder mit Hilfe der rechten Maustaste bzw. einem Doppelklick bearbeiten.
- Gestrichelte Hilfslinien unterstützen den Anwender beim Ausrichten von Ansichten, Bemaßungen und Beschriftungen.
- Ähnlich wie beim Part Navigator werden in der Zeichnung Objekte wie Ansichten, Schnittlinien und Stücklisten hierarchisch dargestellt. Diese Objekte lassen sich hier auch bearbeiten.

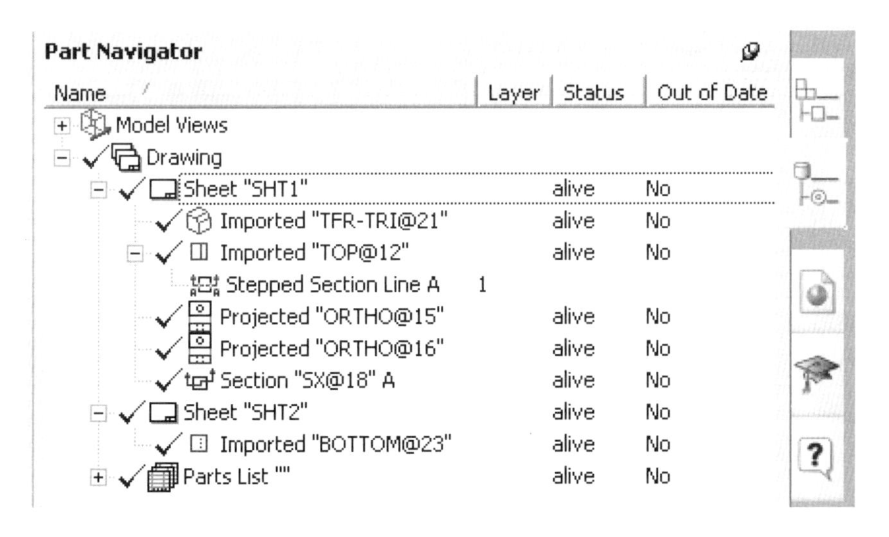

Bild 2.2 Drawing Navigator

2.1.2 Master-Modell Konzept einer 2D Zeichnung

NX erlaubt grundsätzlich das Ableiten einer 2D Zeichnung innerhalb der gleichen Datei, wo das 3D Modell erzeugt wurde. Dieser Ansatz widerspricht jedoch dem Konzept von Concurrent Engineering, welches im Kapitel 0.5 prinzipiell erklärt wurde. Das Master-Modell Konzept ist Voraussetzung für Concurrent Engineering. Wie sieht das konkret aus für eine Zeichnungsableitung in NX? Grundsätzlich wird eine 2D Zeichnung in einer neuen, separaten Datei erstellt. In diese Zeichnungsdatei wird das gewünschte 3D Modell hinein referenziert.

2.1.3 Generelles Vorgehen bei der Zeichnungserstellung

	Beschreibung	**Menü**	**Kapitel**
1.	Neue Zeichnungsdatei eröffnen gemäß Master-Modell Konzept	File → New: „<Name>_drw.prt“	
2.	3D Modell oder Baugruppe hineinreferenzieren	Assembly → Components → Add Existing	2.1.4
3.	Zeichnungs-Applikation aktivieren	Application → Drafting	
4.	Zeichnungsrahmen		2.2.6
5.	Ansichten	Insert → View	2.3/2.4
6.	Hilfssymbole	Insert → Symbol →Utility Symbols	2.5
7.	Bemaßungen anbringen	Insert → Dimension	2.6
8.	Texte, Form- und Lagetoleranzen	Insert → Annotation	2.7
9.	Symbole für Bearbeitung, Schweißnähte, usw.	Insert → Symbol → Surface Finishing Symbols / Weld Symbols	2.8
10.	ID-Symbole für Stückliste erstellen	Insert → Symbol → ID Symbol	3.7.6
11.	Stückliste generieren	Insert → Parts List	3.7.4

Tabelle 2.1 Generelles Vorgehen bei der Zeichnungsableitung ausgehend von einem 3D Modell (Die Schritte10 und 11 betreffen nur die Erstellung einer Zusammenbauzeichnung)

Hinweis: Da NX bei der Dateinamenerweiterung (.prt) keine Unterschiede macht zwischen Zeichnungsdateien und Modelldateien, wird empfohlen, der Zeichnungsdatei eine sinnvolle Bezeichnung zu geben. Am besten verwendet man denselben Namen des 3D Modells und fügt als Erweiterung die Bezeichnung „**_drw**“ (für Drawing) hinzu (z.B. Lagerplatte_drw.prt). Dadurch erkennt man anhand des Dateinamens, von welchem 3D Modell die 2D Zeichnungsableitung abstammt.

2.1.4 Erzeugen einer Referenzierung auf ein 3D Modell

Nachdem eine neue (leere) Zeichnungsdatei erstellt wurde, folgt das Hineinreferenzieren des gewünschten 3D Modells (oder einer Baugruppe).

Eine Zeichnungsdatei entspricht im Grunde genommen einer Baugruppendatei mit einer Referenzierung. Das hier beschriebene Hineinreferenzieren gilt also nicht nur für die Zeichnungsableitung, sondern auch für die Baugruppenkonstruktion.

Benutzerführung:

- Menü Assembly → Components → Add Existing
- Gewünschtes 3D Modell oder Baugruppe auswählen

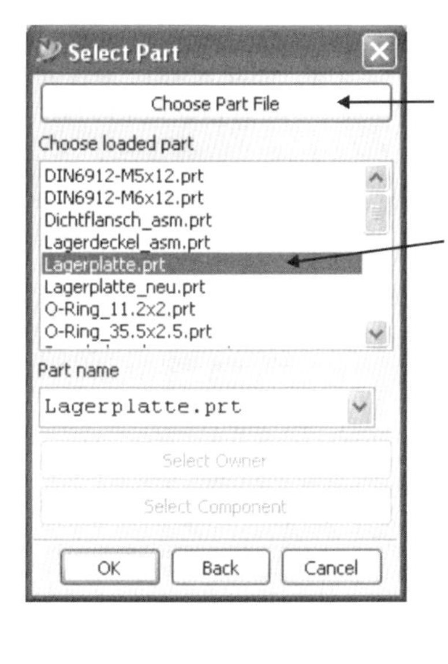

Ruft das Windows Datei Dialogfenster auf. Dieser Schalter wird benötigt, wenn die gewünschte Datei nicht bereits geöffnet ist.

Auswahl eines 3D Modells aus der Liste der bereits geöffneten Dateien.

- Definieren der Darstellung

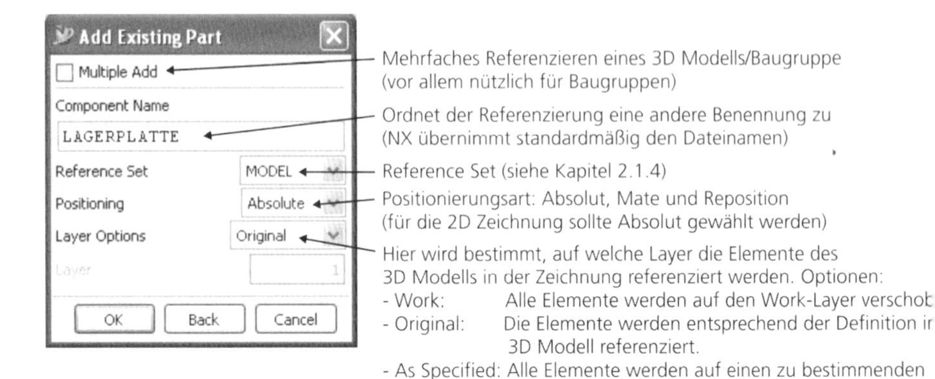

Es wird empfohlen, die Layer Options auf Original zu setzen. Dadurch wird die Layerstruktur des 3D Modells in die 2D Zeichnung übernommen.

- Positionieren im Raum (absolut)

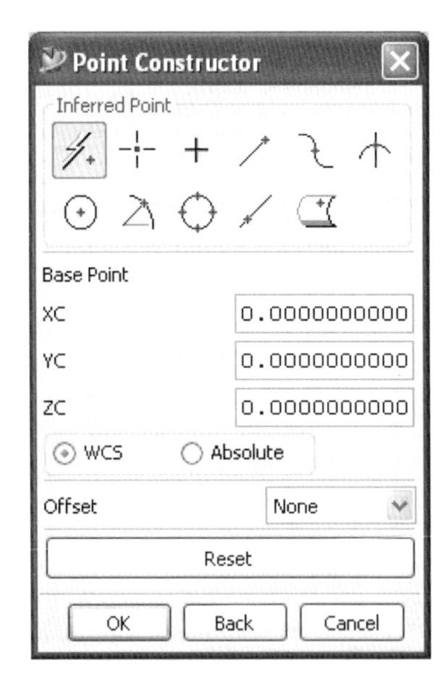

Es wird empfohlen, das 3D Modell in den Nullpunkt zu positionieren.

- OK referenziert das 3D Modell bzw. die Baugruppe. Das Objekt wird im Grafikfenster angezeigt.

Im Assembly Navigator kann geprüft werden, ob die Referenz richtig importiert wurde. Die Baugruppenstruktur sollte für eine Zeichnungsdatei wie folgt aussehen:

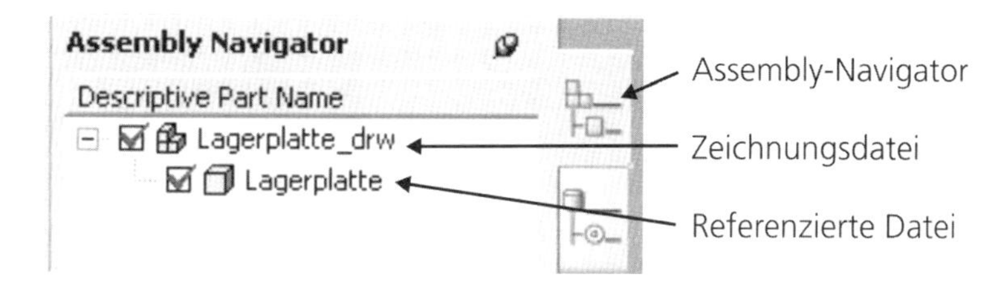

Bild 2.3 Referenziertes 3D Modell im Assembly Navigator

Alternative Methode

Alternativ bietet NX die Möglichkeit, beim Erstellen einer neuen Datei direkt eine Referenzierung zu erstellen. Dabei muss im Dialogfenster „New Part File" der Schalter „Non-Master Part" aktiviert werden.

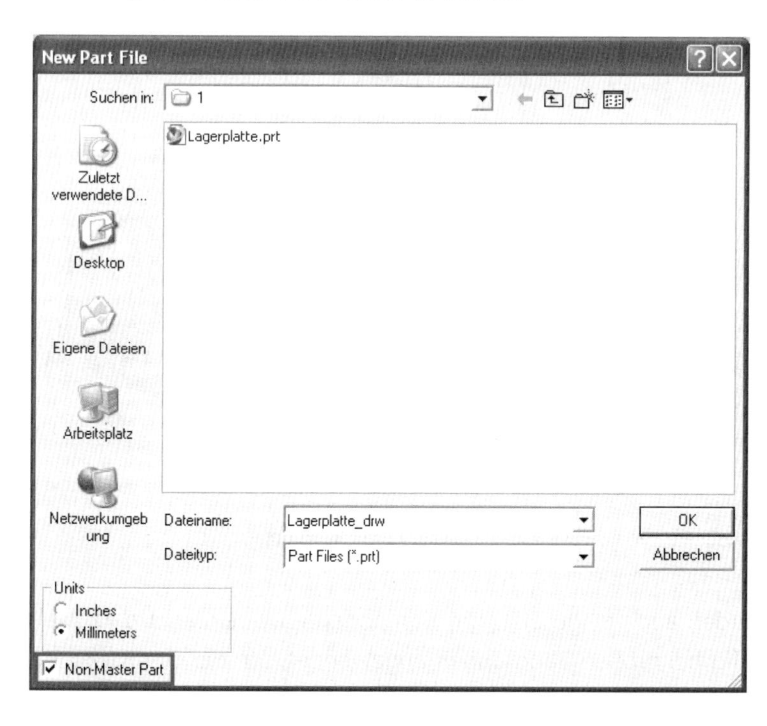

Bild 2.4 Non-Master Part

Bei diesem Vorgehen muss als zusätzlicher Schritt das zu referenzierende Objekt ausgewählt werden.

Nachteilig ist, dass alle Geometrieelemente des 3D Modells auf den Layer 1 verschoben werden. Vorteil ist, dass bei diesem Vorgehen keine Assembly-Lizenz benötigt wird.

2.1.5 Reference Sets

Bei einem Reference Set handelt es sich um eine Teilmenge der Daten eines 3D Modells. Reference Sets ermöglichen das Herausfiltern von unerwünschten Elementen eines referenzierten 3D Modells. Die Verwendung von Reference Sets kann die grafische Darstellung von Komponenten einer Baugruppe drastisch reduzieren.

Es kann z.B. ein Reference Set mit dem Namen „MODEL" erstellt werden, welches nur den Volumenkörper enthält. In der Zeichnungsdatei kann dann dieses Reference Set aktiviert werden. Somit ist nur noch der Volumenkörper sichtbar und andere Elemente wie Datums, Curves, usw. sind ausgeblendet.

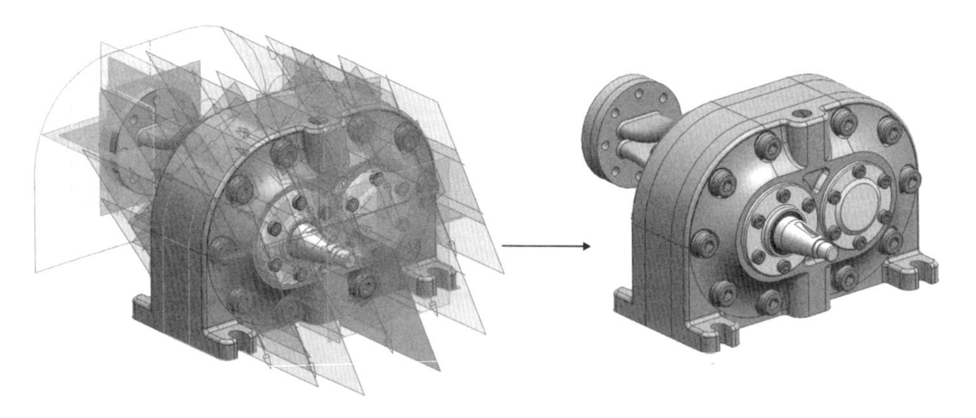

Bild 2.5 Beispiel: Herausfiltern von unerwünschten Objekten einer Baugruppe

Reference Sets werden auch eingesetzt, um Komponenten vereinfacht darzustellen. Dies wird häufig bei großen Baugruppen angewendet, um die Grafikleistung zu verbessern.

Bild 2.6 Beispiel: Vereinfachte Darstellung einer Schraube

Erstellen eines Reference Sets

- Wechsel in die Master-Modell Datei (entweder im Assembly Navigator zum Work Part machen oder mit Datei öffnen)
- Menü Format → Reference Sets...
- Im Dialogfenster ein neues Set definieren (New)

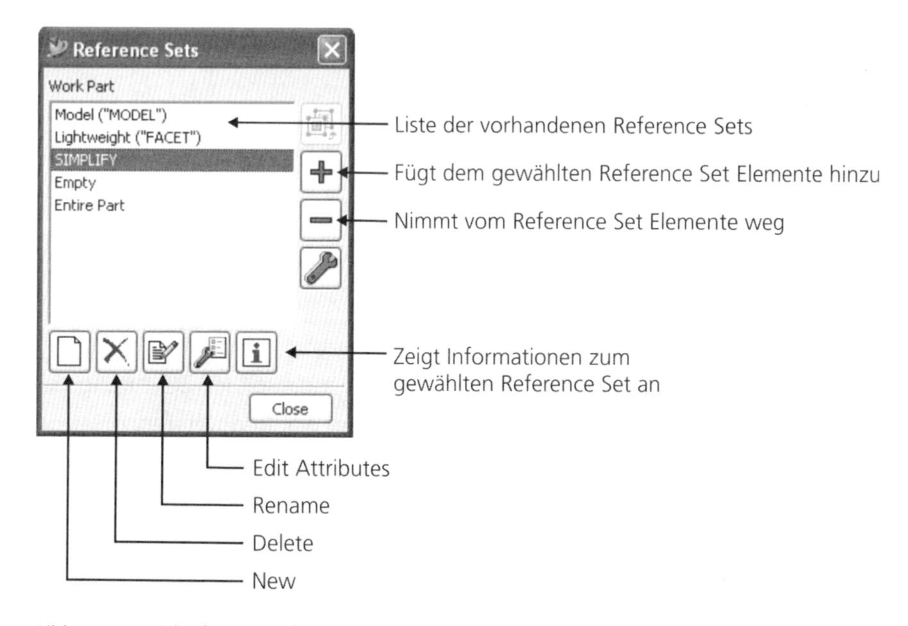

Bild 2.7 Dialogfenster Reference Sets

- Name für das neue Reference Set eingeben, z.B. SOLID
- Gewünschte Elemente (z.B. Volumenkörper) grafisch auswählen und OK.

In der Zeichnungsdatei kann nun angegeben werden, dass das zuvor im Master-Modell definierte Reference Set angezeigt werden soll. Dies geschieht entweder im Menü Assemblies → Components → Replace Reference Set oder direkt im Assembly Navigator mit MB3 auf die Komponente, dann Replace Reference Set wählen.

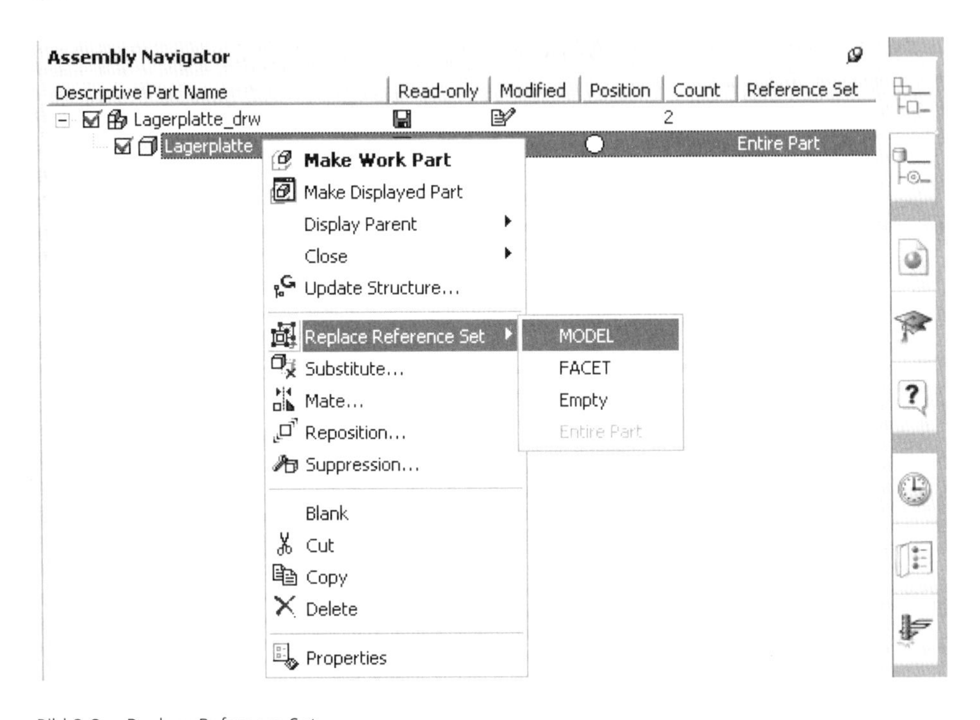

Bild 2.8 Replace Reference Set

Vom 3D Modell bzw. von der Baugruppe sind nun in der Zeichnungsdatei nur noch diejenigen Elemente sichtbar, die zu dem gewählten Reference Set gehören. Typischerweise sind dies für die Zeichnungsableitung der Volumenkörper und die Gewinde.

Hinweis: Standardmäßig sind in NX bereits zwei Reference Sets vorhanden, welche nicht verändert werden können: Empty und Entire Part.

2.2 Zeichnungserstellung

Dieses Kapitel behandelt die Handhabung von Zeichnungen, d.h. wie man eine oder mehrere Zeichnungen eröffnet, die Blattgröße (Format oder Zeichnungsrahmen) auswählt und ändern kann, und wie eine bestehende Zeichnung wieder gelöscht werden kann.

Tipp: Die meisten dieser Funktionen sind über die rechte Maustaste im Kontextmenü zu finden.

2.2.1 Neue Zeichnung erstellen

Um eine 2D Zeichnung zu erstellen, muss in die Applikation Drafting gewechselt werden (Menü Application → Drafting). Dabei verläßt man den 3-dimensionalen Raum und begibt sich in eine 2-dimensionale Arbeitsebene. Ein neues Zeichnungsblatt wird eröffnet:

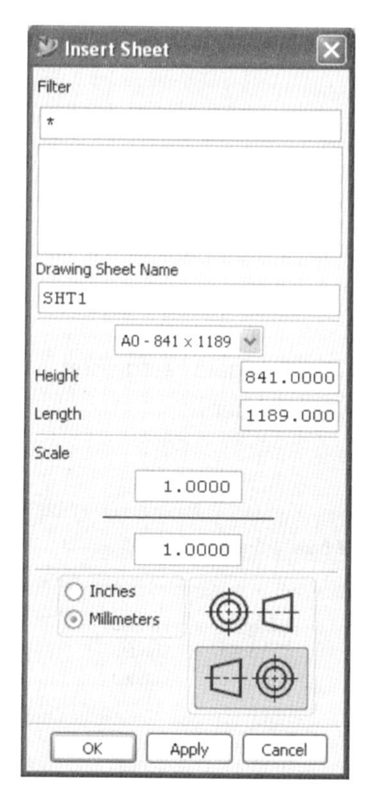

Liste der vorhandenen Zeichnungen

Name der gewählten Zeichnung
Zeichnungsgröße
Blatthöhe
Blattlänge

Genereller Zeichnungsmaßstab
Folgende Maßstäbe sollten verwendet werden:
Vergrößerung: 2:1, 5:1, 10:1, 20:1, 50:1
Verkleinerung: 1:2, 1:5, 1:10, 1:20, 1:50, 1:100.

Amerikanische Projektionsart (3rd Angle Projection)

Europäische Projektionsart (1st Angle Projection)

Bild 2.9 Dialogfenster Insert Sheet (neue Zeichnung einfügen)

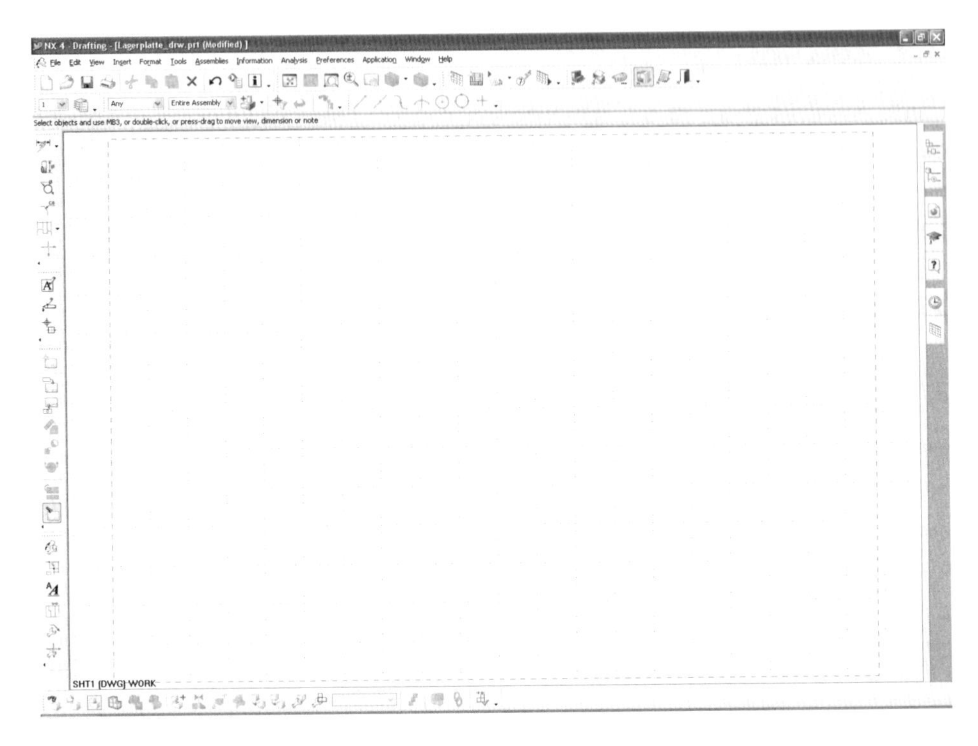

Bild 2.10 Leere Zeichnung

Das gestrichelte Rechteck zeigt die momentane Zeichnungsgröße an. Unten links wird der Zeichnungsname (SHT1) angezeigt, welcher von NX automatisch vergeben wurde. Hinweise:

- Die vorhandenen Zeichnungsblätter werden im Part Navigator aufgelistet.
- In einer Datei können mehrere Zeichnungen erstellt werden.
  (Menü Insert → Sheet)

Part Navigator

Name	Layer	Status	Out of Date	Created	Modified
+ Model Views					
− ✓ Drawing					
✓ Sheet "SHT1"		alive	No	Loaded	Loaded
✓ Sheet "SHT2"		alive	No	Loaded	Loaded
✓ Sheet "SHT3"		alive	No	Loaded	Loaded

Bild 2.11 Part Navigator: Darstellung der Zeichnungsblätter

2.2.2 Zeichnung öffnen

Menü Format → Open Sheet ( )

Im Falle mehrerer Zeichnungen kann nur eine aktiv sein. Das Wechseln zwischen den Zeichnungen geht am einfachsten über einen Doppelklick auf Sheet im Part Navigator (= MB3 → Open).

2.2.3 Zeichnung bearbeiten

Menü Edit → Sheet ( ) oder MB3 im Part Navigator, dann Edit Sheet.

Diese Funktion ruft das Dialogfenster zum Ändern von Name, Größe, Maßstab und Maßeinheit (siehe Bild 2.8).

Weiter läßt sich hier der Maßstab aller Ansichten und Schnitte auf einmal ändern.

2.2.4 Zeichnung löschen

Menü Edit → Delete Sheet ( ) oder MB3 im Part Navigator, dann Delete.

2.2.5 Drafting Werkzeugleisten

Beim Aktivieren der Applikation Drafting werden automatisch die entsprechenden Werkzeugleisten dargestellt. Standardmäßig ist nur ein Teil davon sichtbar. Dies kann über Menü Tools → Customize angepasst werden. Es folgt eine Übersicht:

 Voreinstellungen für Ansichten

 Voreinstellungen für Beschriftungen

 Voreinstellungen für Ursprungspunkte

 Voreinstellungen für Schnittlinien

 Voreinstellungen für Ansichtenbeschriftungen

Bild 2.12 Werkzeugleiste Drafting Preferences (Zeichnungs-Voreinstellungen)

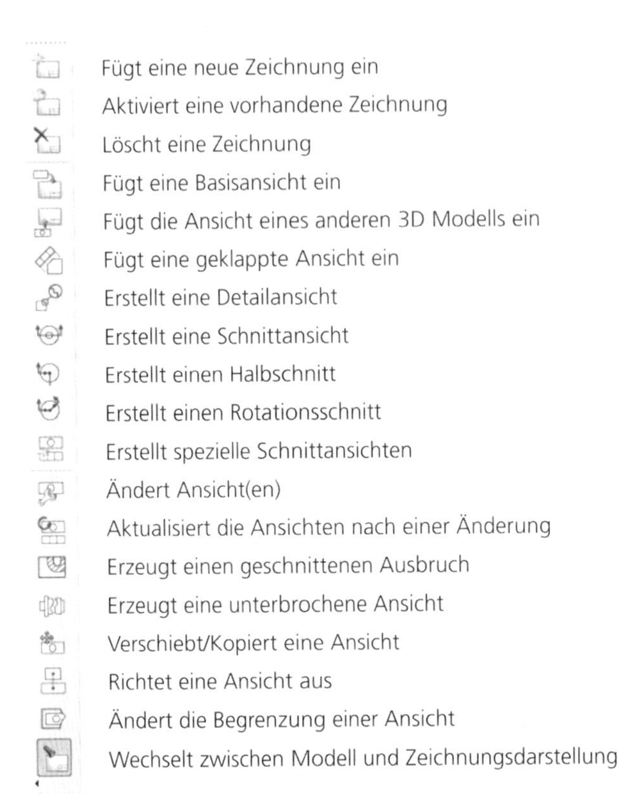

Bild 2.13 Werkzeugleiste Drafting Layout (Zeichnungslayout)

Übernimmt Form- und Lagetoleranzen des 3D Modells
Übernimmt Feature-Bemaßungen des 3D Modells
Erstellt Texte und Hinweise
Erstellt Tabellenhinweise
Erstellt Form- und Lagetoleranzen
Fügt Hilfssymbole ein (z.B. Mittellinien)
Fügt ID-Symbole ein
Fügt Spezialsymbole ein
Fügt anwenderdefinierte Symbole ein
Fügt ein Pixelbild ein
Fügt Schweißsymbole eine
Erzeugt eine Schraffur

Bild 2.14 Werkzeugleiste Drafting Annotation (Zeichnungsbeschriftung)

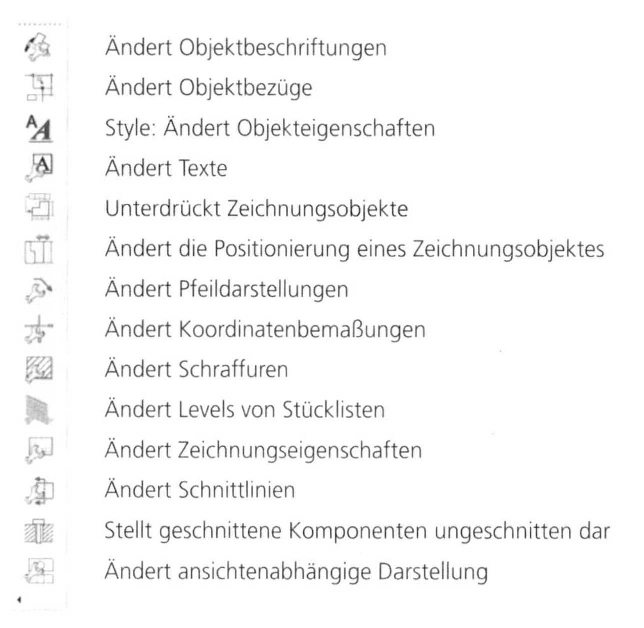

Bild 2.15 Werkzeugleiste Drafting Edit (Zeichnungsänderungsfunktionen)

2.2.6 Zeichnungsrahmen

Die in diesem Unterkapitel beschriebenen Funktionen sind nicht im Lieferumfang von NX enthalten. An der ETH Zürich sind diese Zeichnungsrahmenfunktionen installiert und eigenen Bedürfnissen angepasst worden. Die folgende Beschreibung bezieht sich also nur auf die Installationen an der ETH Zürich.

Bild 2.16 Werkzeugleiste für Zeichnungsrahmen (Drawing Frame)

Die Werkzeugleiste „Drawing Frame" ist normalerweise ausgeblendet und kann unter Menü Tools → Customize aktiviert werden.

Vorgehen für Zeichnungsrahmen einfügen:

- „Load Drawing Frame" aufrufen ( )
- Gewünschte Rahmengröße auswählen:

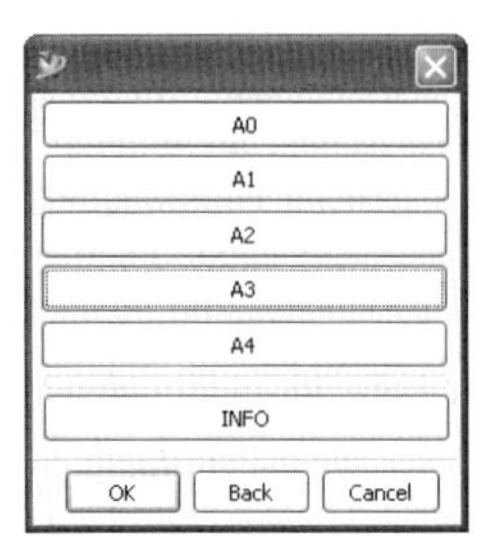

- Inhalte für die Zeichnungskopfbeschriftung eingeben:

Weiter mit **Finish**!

- Der Zeichnungsrahmen wird geladen und die Zeichnungsgröße angepasst.

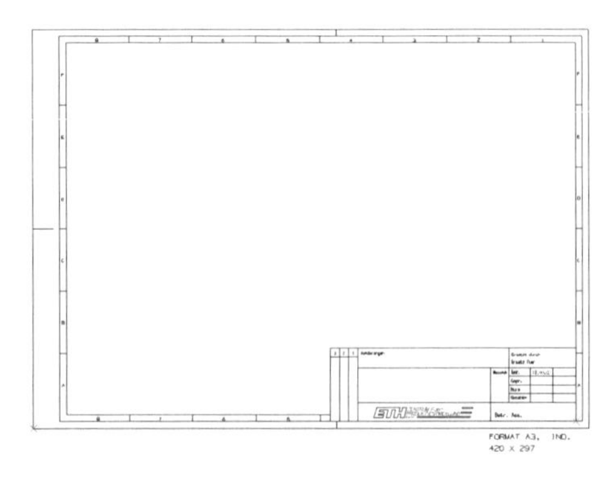

2.2.7 Zeichnungseinstellungen

Lokale Einstellungen werden unter Menü Preferences → Drafting gesetzt, globale Einstellungen unter Menü File → Utilities → Customer Defaults (siehe Kapitel 1.2).

Es wird hier nicht im Detail auf alle Einstellungsmöglichkeiten eingegangen. Einige möchte ich jedoch gerne herausgreifen.

Visualisierungseinstellungen

Voreingestellt ist für die Applikation Drafting eine monochrome Darstellung mit Gitternetzlinien. Dies kann wie folgt geändert werden.
Ändern der Hintergrundfarbe: Menü Preferences → Visualization (Color Settings)
Entfernen der Gitternetzlinien: Menü Preferences → Work Plane (Hide Grid)

Zeichnung allgemein: Preferences → Drafting

- **Preview** definiert die Art der Voranzeige beim Positionieren einer Ansicht.
- **View → Delay View Update** verzögert die Aktualisierung der Zeichnung nach einer Änderung des 3D Modells bzw. der Baugruppe. Vor allem bei komplexeren Zeichnungen empfiehlt es sich, diesen Schalter aktiviert zu lassen. Eine Aktualisierung muss dabei manuell ausgelöst werden mit Hilfe von Menü Edit → View → Update Views ( ).

  Hinweis: Eine nicht aktualisierte Zeichnung erkennt man daran, dass beim Zeichnungsnamen unten links ein **OUT OF DATE** angezeigt wird.
- **Annotation** definiert die Darstellung von Zeichnungsobjekten, deren Bezug (Assoziativität) zum Modell verloren gegangen ist, beispielsweise eine Bemaßung, deren Bezugskante nicht mehr existiert nach einer Änderung. Weiter lässt sich einstellen, dass diese Objekte gelöscht werden.

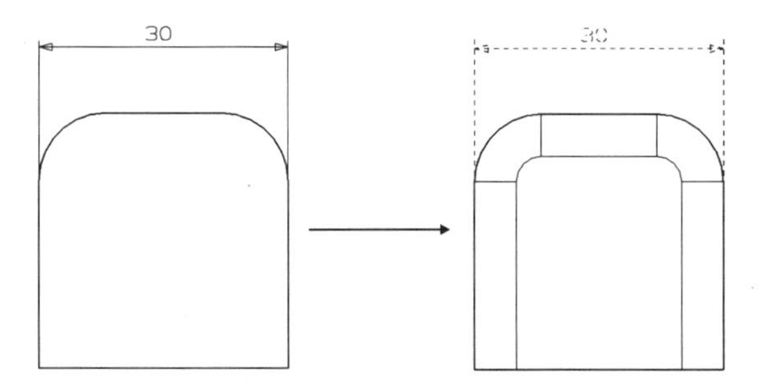

Bild 2.17 Beispiel einer Bemaßung, die ihre Assoziativität verloren hat nach einer Änderung

Ansichten-Darstellung: Preferences → View ()

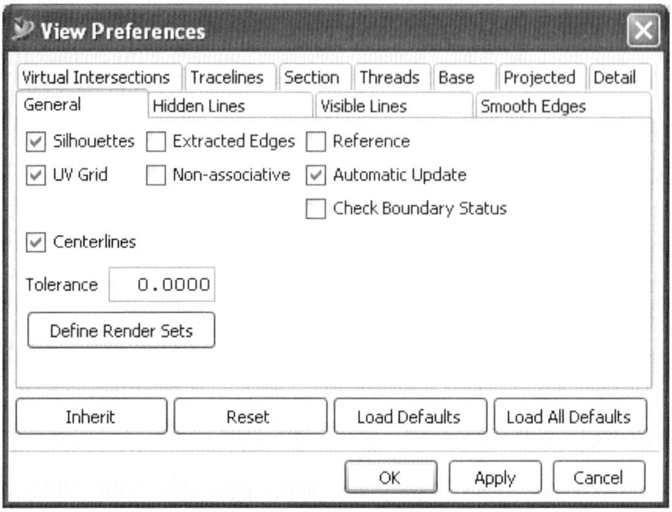

Bild 2.18 Dialogfenster View Preferences

In diesem umfangreichen Dialogfenster lassen sich verschiedenste Einstellungen für die Ansichten definieren, insbesondere die Darstellung von

- verdeckten Kanten (Hidden Lines)
- sichtbaren Kanten (Visible Lines)
- weiche Kanten (Smooth Edges)
- fiktiven Kanten (Virtual Intersections)
- Silhouettes (Silhouetten)
- Schraffuren (Hatching)
- Gewinden (Threads)

Das Dialogfenster View Preferences erscheint auch bei einem Doppelklick auf einen Ansichtsrahmen. Dabei erscheinen zusätzlich zwei weitere Eingabefelder zum Ändern des Maßstabs und des Winkels der Ansicht.

Define Render Sets können für Zusammenbauzeichnungen verwendet werden. Damit lässt sich die Darstellung einzelner Komponenten in einer Ansicht verändern. Dazu müssen vorher über "Define Render Sets" Komponenten ausgewählt und deren Darstellung definiert werden. Anschließend kann einer bestehenden Ansicht ein Render Set zugeordnet werden.

Hidden Lines (Verdeckte Kanten)

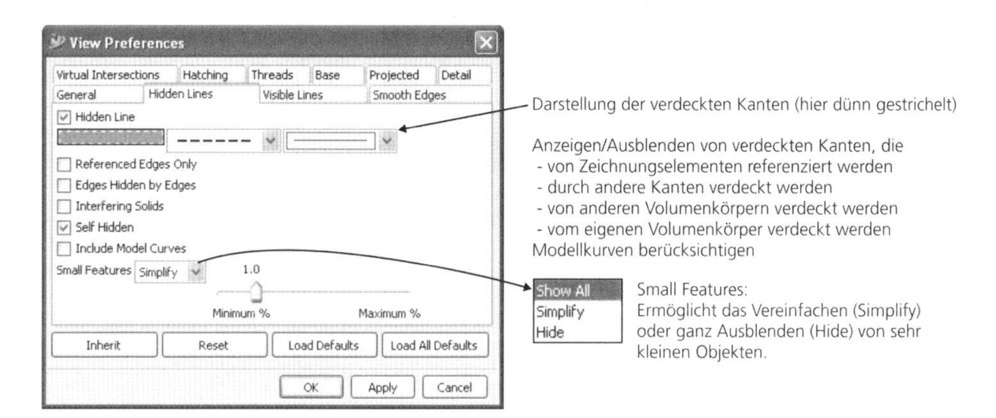

Bild 2.19 Optionen für verdeckte Kanten

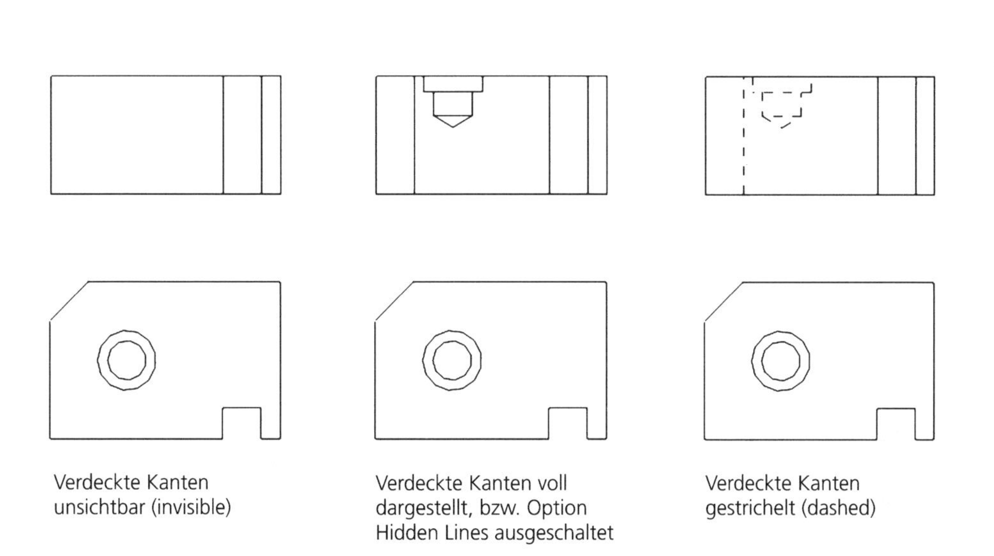

Bild 2.20 Beispiele für verschiedene Darstellungen der verdeckte Kanten

Smooth Edges (Weiche Kanten)

Hierbei handelt es sich um die Übergangskanten zwischen zwei sich tangential treffende Flächen.

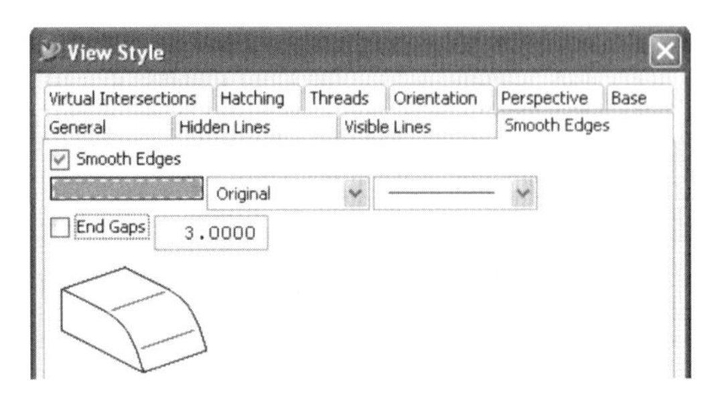

Weiche Kanten Ein/Aus.
Darstellung der weichen Kanten (hier dünn)
End Gaps: Verkürzt die Enden der weichen Kanten um den angegebenen Wert.

Bild 2.21 Optionen für „weiche" Kanten

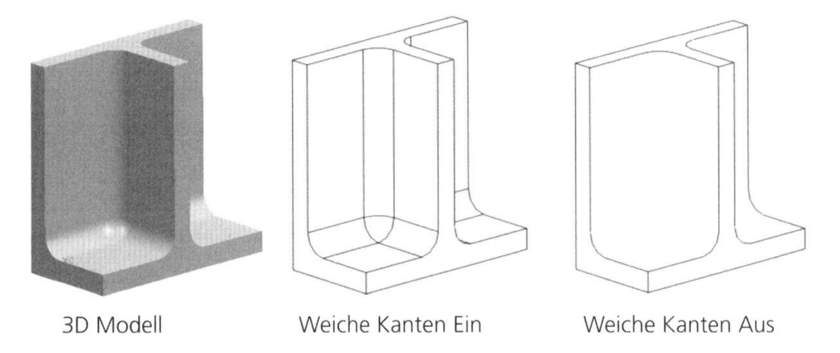

Bild 2.22 Beispiel für „weiche" Kanten

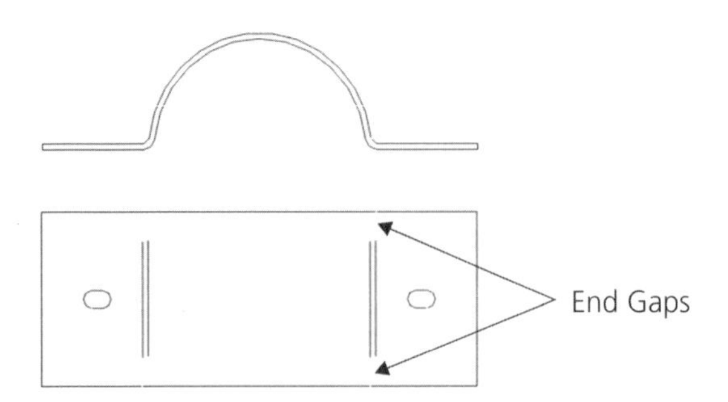

Bild 2.23 Beispiel für End Gaps bei „weichen" Kanten

Virtual Intersections (Fiktive Schnittkanten)

Dies sind Kanten, die aus den Schnittkanten bestehender Flächen extrapoliert werden. Sie sind mitunter recht nützlich, um Körperformen darzustellen.

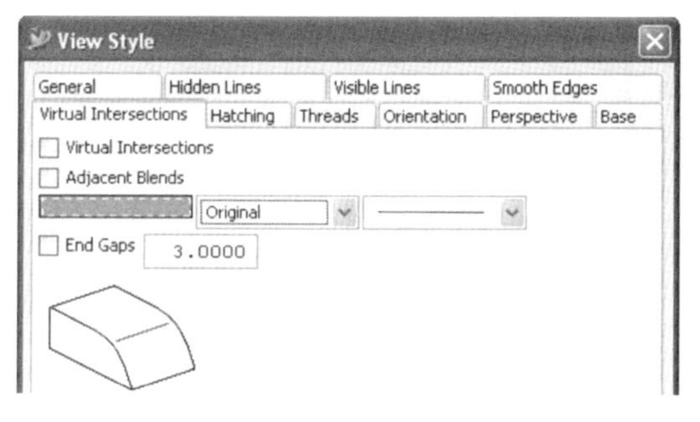

Fiktive Schnittkanten Ein/Aus
Angrenzende Verrundungen Ein/Aus
Darstellung der weichen Kanten (hier dünn)

End Gaps: Verkürzt die Enden der fiktiven Schnittkanten um den angegebenen Wert.

Bild 2.24 Optionen für fiktive Schnittkanten

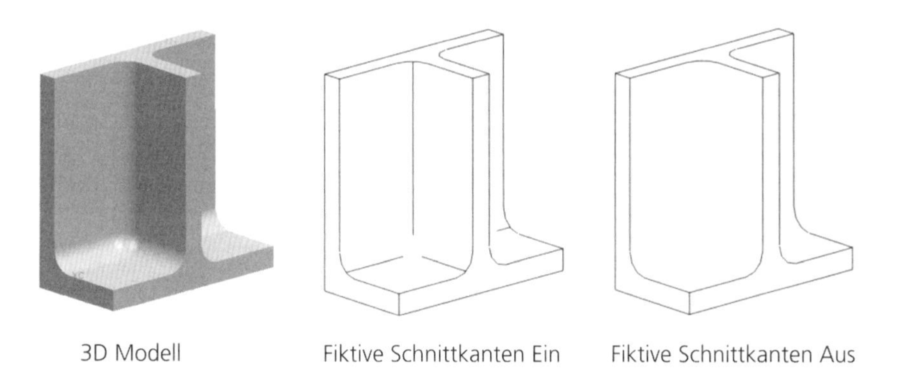

Bild 2.25 Beispiel für fiktive Schnittkanten

Hatching (Schraffur bei Schnittansichten)

Diese Optionen steuern die Darstellung der Schraffuren in Schnittansichten.

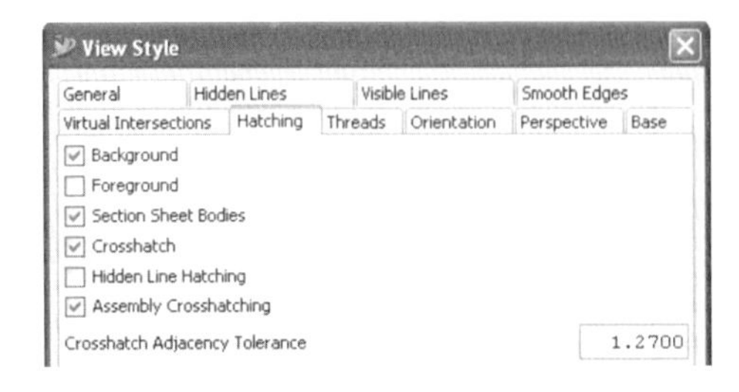

Kanten, die hinter der Schnittebene liegen, anzeigen Ja/Nein
Flächenkörper (Sheet Bodies) schneiden Ja/Nein
Schnitte schraffieren Ja/Nein
Verdeckte Schnittflächen auch schraffieren Ja/Nein
Baugruppenschnitte schraffieren Ja/Nein
Toleranzwert für Baugruppenschnitte

Bild 2.26 Optionen für Hatching

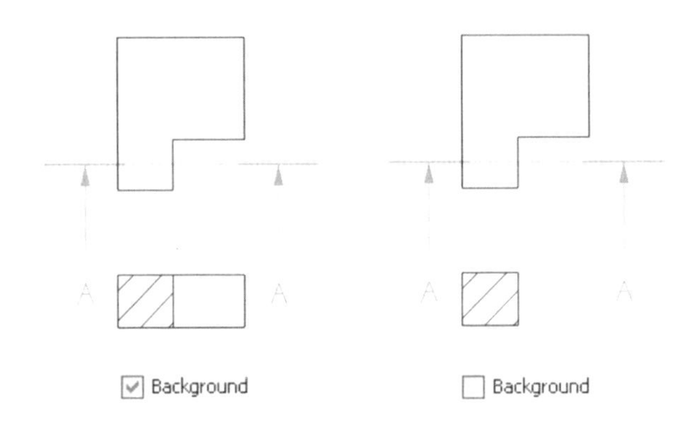

Bild 2.27 Einfluss der Option Background

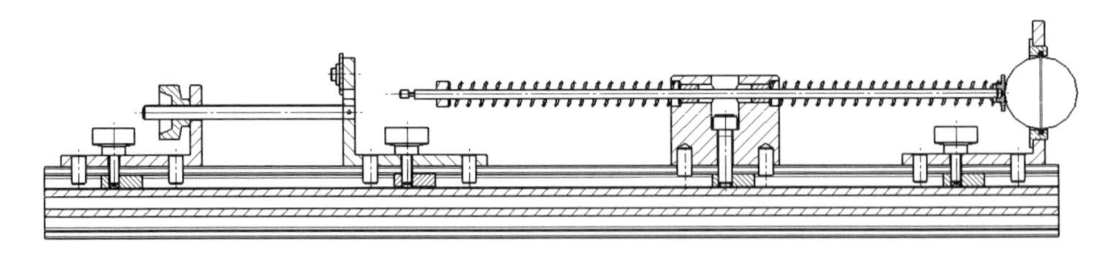

Bild 2.28 Automatisches Schraffieren eines Baugruppenschnittes

Beschriftungseigenschaften: Preferences → Annotations (A)

Diese Funktion setzt die Voreinstellungen für Bemaßungen, Beschriftungen, Symbole, Schraffuren und Stückliste. Diese Einstellungen werden normalerweise einmal firmenspezifisch festgelegt. Um einzelne Zeichnungsobjekte anzupassen, empfiehlt es sich die Funktion Edit → Style (A) zu verwenden (oder MB3 auf ein Objekt). Der Vorteil ist, dass nur die objektbezogenen Eigenschaften gezeigt werden.

Die Optionen sind weitgehend selbsterklärend und werden hier deshalb nicht detailliert beschrieben.

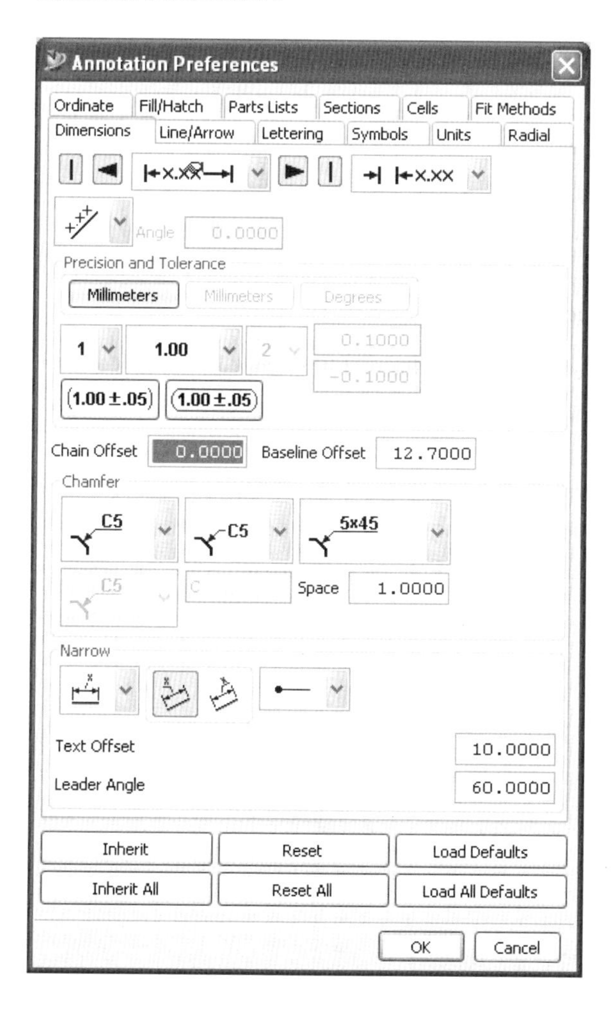

Bild 2.29 Dialogfenster Annotation Preferences

2.3 Ansichten erstellen

Dieses Kapitel beschreibt die Möglichkeiten zum Erstellen von Ansichten, Schnitten und Detailansichten.

Es ist zu erwähnen, dass praktisch alle Funktionen über die rechte Maustaste (MB3) auf Zeichnungsrahmen bzw. Ansichtsrahmen aufgerufen werden können. In der Beschreibung wird nicht mehr im Einzelnen darauf hingewiesen.

Hinweis: NX übernimmt beim Ableiten einer Ansicht des 3D Modells dessen Layer-Settings. Dies führt dazu, dass Datums, Sketches, Curves, usw. auch in der 2D Ansicht sichtbar sind, sofern der entsprechende Layer sichtbar ist. Es macht also Sinn, die Objekte auf verschiedene Layer zu legen und in der Zeichnung nur die gewünschten Layer sichtbar zu machen.

Eine andere Lösung ist das Verwenden von Reference-Sets zum Herausfiltern unerwünschter Objekte (siehe Kapitel 2.1.5). Layers und Reference-Sets kombiniert eingesetzt verhalten sich wie zwei überlagerte Filter.

2.3.1 Base View (Basisansicht)

Als Erstes wird bei einer neuen Zeichnung eine Basisansicht vom 3D Modell eingefügt. Diese Ansicht dient dazu, weitere Ansichten und Schnitte abzuleiten.

Die wichtigsten Basisansichten sind in NX bereits vordefiniert und können direkt in die Zeichnung eingefügt werden. Wird eine andere Ansicht benötigt, dann kann diese zuerst in der Applikation Modeling erzeugt werden, entweder mit Menü View → Operation → Save as oder im Part Navigator mit MB3 auf Model-Views, dann Add View)

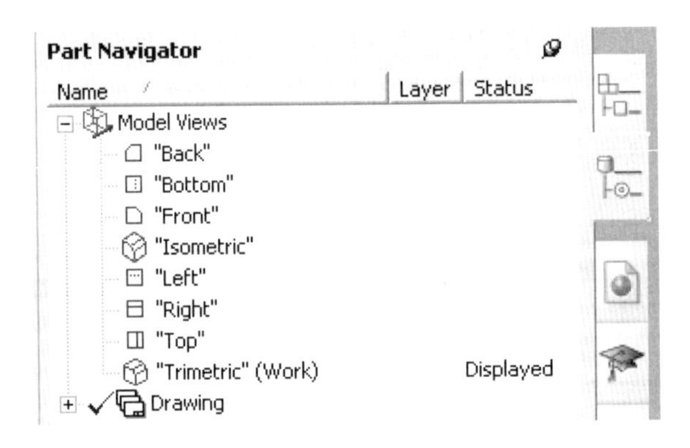

Bild 2.30 Vordefinierte Basisansichten (Model Views)

Eine andere Möglichkeit, um die Ansicht während dem Einfügen zu drehen, besteht mit Hilfe des Orient View Tools (siehe nächstes Bild).

Vorgehen:

- Menü Insert → View → Base View ( )
  Oben links erscheint folgende Symbolleiste,
  gleichzeitig hängt die Ansichtsvoranzeige am Mauszeiger:

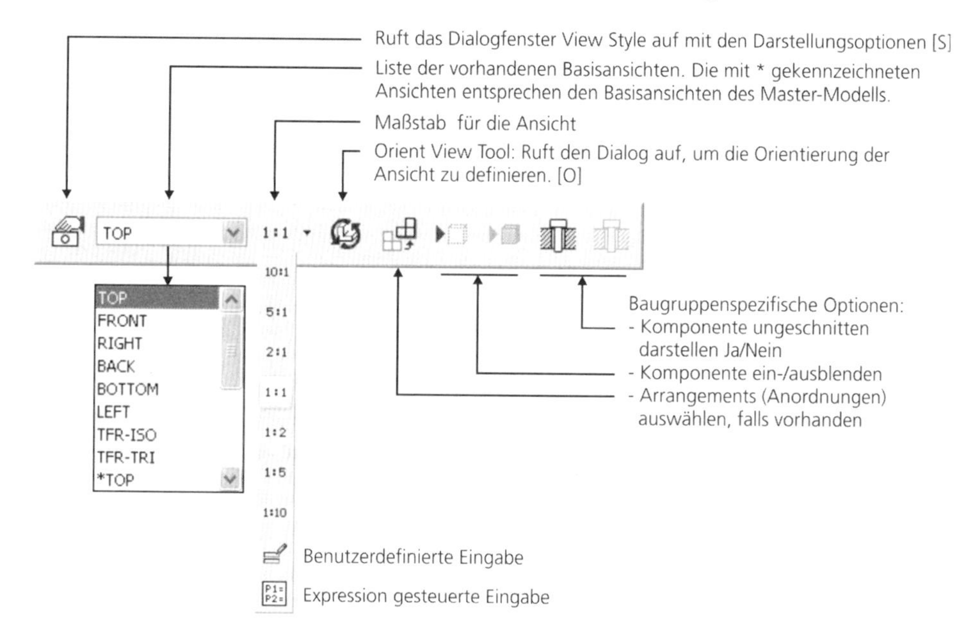

Bild 2.31 Symbolleiste Base View

- Gewünschte Ansicht aus der Liste wählen oder mit dem Orient View Tool eine neue Orientierung bestimmen.
- Wenn nötig, anderen Ansichtsmaßstab wählen.
- Ansicht in der Zeichnung platzieren.
  Nachdem die Ansicht platziert ist, bietet NX an, eine projizierte Ansicht davon abzuleiten. Abbrechen mit Taste <Esc> oder mittlere Maustaste.

Bild 2.32 Beispiel einer Basisansicht

Hinweis:

Mit der Funktion **Add View from Part** ( ) können Basisansichten von Bauteilen oder Baugruppen eingefügt werden, welche nicht in die aktuelle Datei hineinreferenziert sind.

2.3.2 Projected View (Projizierte Ansicht)

Eine projizierte Ansicht ist eine in einer beliebigen Richtung geklappte Ansicht und beinhaltet in erster Linie auch die orthogonalen Ansichten.

Für das Ableiten einer projizierten Ansicht benötigt man eine bereits erstellte Basisansicht. Der Maßstab wird von der Basisansicht übernommen, kann aber nachträglich geändert werden (Doppelklick auf Ansichtsrahmen oder Edit → Style).

Die Klapprichtung wird entweder dynamisch mit Hilfe des Mauszeigers oder des Vector Constructors bestimmt.

Vorgehen:

- Menü Insert → View → Projected View ( )
  Oben links erscheint folgende Symbolleiste,
  gleichzeitig hängt eine Ansichtsvoranzeige am Mauszeiger:

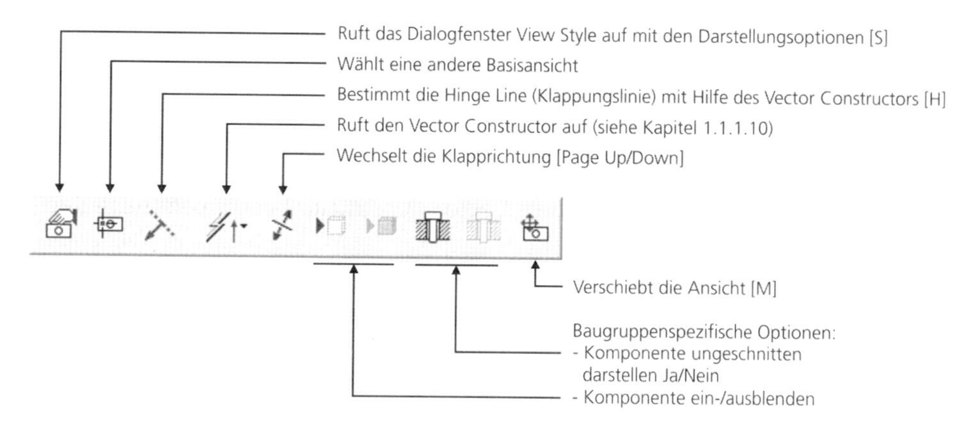

Bild 2.33 Symbolleiste Projected View

- Falls erwünscht, andere Basisansicht wählen.
- Eventuell eine Hinge Line (Klappungslinie) bestimmen mit Hilfe des Vector Constructors.
- Ansicht in der Zeichnung platzieren.
  Nachdem die Ansicht platziert ist, bietet NX an, eine weitere projizierte Ansicht davon abzuleiten. Abbrechen mit Taste <Esc> oder mittlere Maustaste.

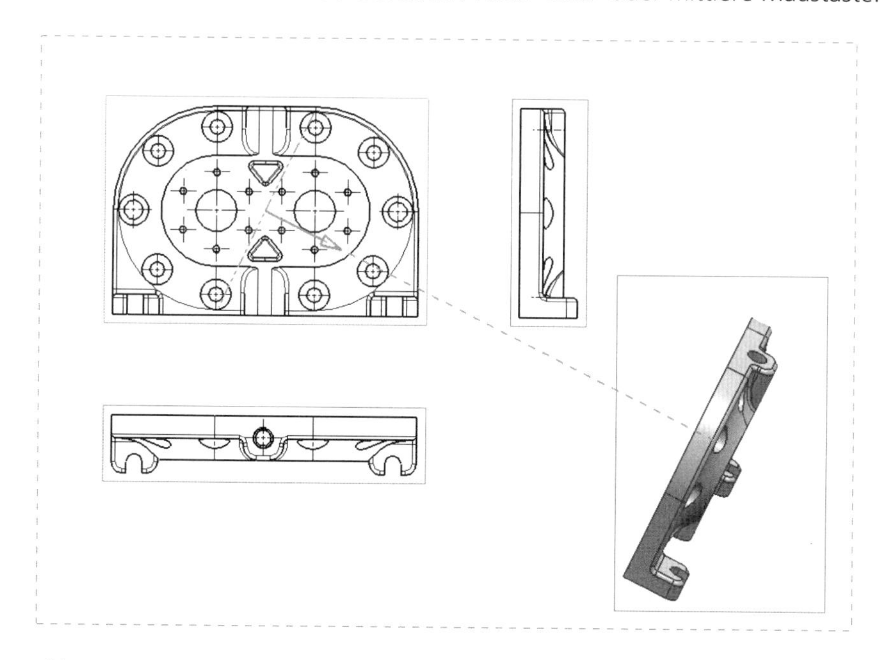

Bild 2.34 Beispiel: Projizierte Ansichten

Hinweis zur Hinge Line:

- Die Klappungslinie kann man sich wie ein Scharnier vorstellen. Dabei entspricht die Klappungslinie der Drehachse des Scharniers. Dazu kann man entweder eine gerade Körperkante selektieren oder den „Scharniervektor" mit einer der Optionen aus dem Vector Constructor bestimmen (siehe Kapitel 1.1.1.11).

2.3.3 Detail View (Detailansicht)

Eine Detailansicht ist eine Ausschnittsvergrößerung, normalerweise begrenzt durch einen Kreis oder ein Rechteck.

Vorgehen:

- Menü Insert → View → Detail View ()
  Oben links erscheint folgende Symbolleiste:

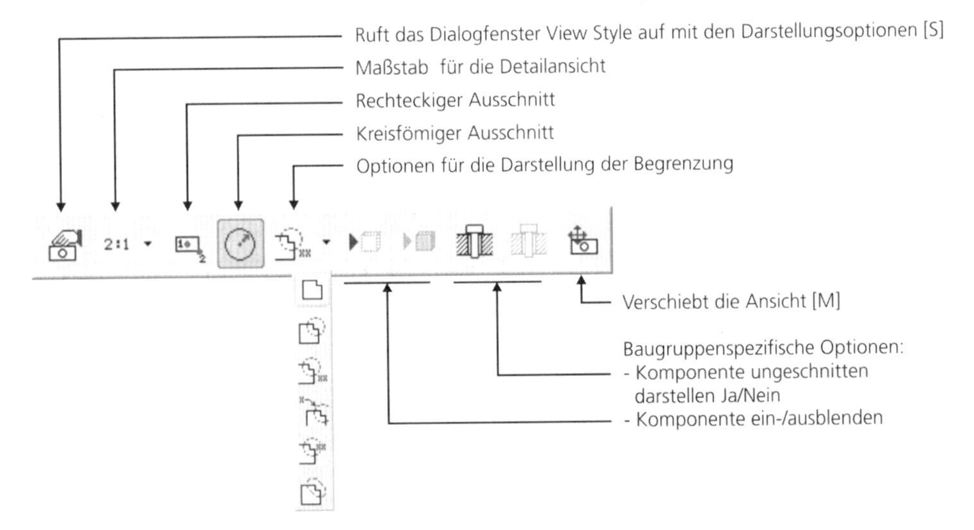

Bild 2.35 Symbolleiste Detail View

- Art des Ausschnittes wählen: Rechteck oder Kreis.
  Der Ausschnitt kann nachträglich geändert werden (siehe Kapitel 2.4.3).
- Definieren des Ausschnittes durch Ziehen mit der Maus.
- Eventuell anderen Maßstab wählen.
- Detailansicht in der Zeichnung platzieren.

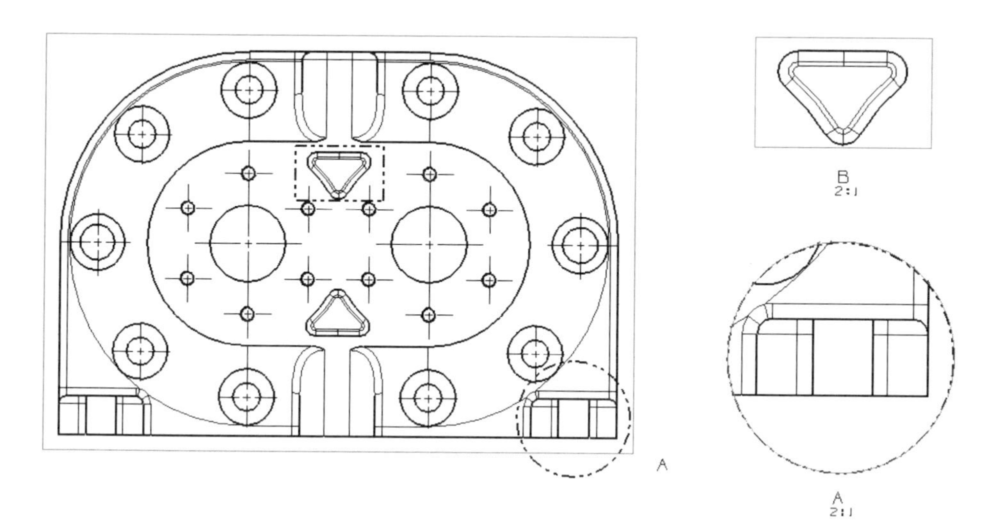

Bild 2.36 Beispiel: Detailansichten

2.3.4 Schnittansichten allgemein

Bei Schnittansichten wird unterschieden zwischen einfachem Schnitt, abgestuftem Schnitt, Halbschnitt und Rotationsschnitt. Zur Bestimmung eines Schnittverlaufs (Section Line) stehen drei Segmenttypen zur Verfügung:

Die **Cut Segments** definieren die Bereiche, die das Bauteil / die Baugruppe schneiden.

Bend Segments sind die senkrechten Verbindungslinien zwischen den Cut Segments.

Arrow Segments bilden den Abschluss des Schnittverlaufs.

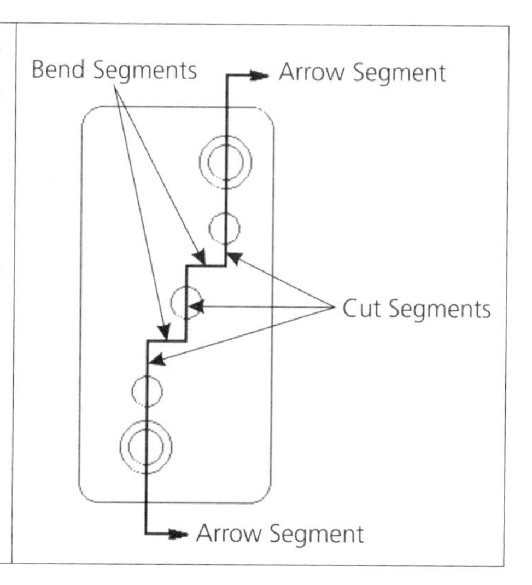

2.3.4.1 Section View (Schnittansicht)

Die Funktion Add Section View erzeugt einfache und abgestufte Schnittansichten.

Vorgehen:

- Menü Insert → View → Section View ( )
  Oben links erscheint folgende Symbolleiste:

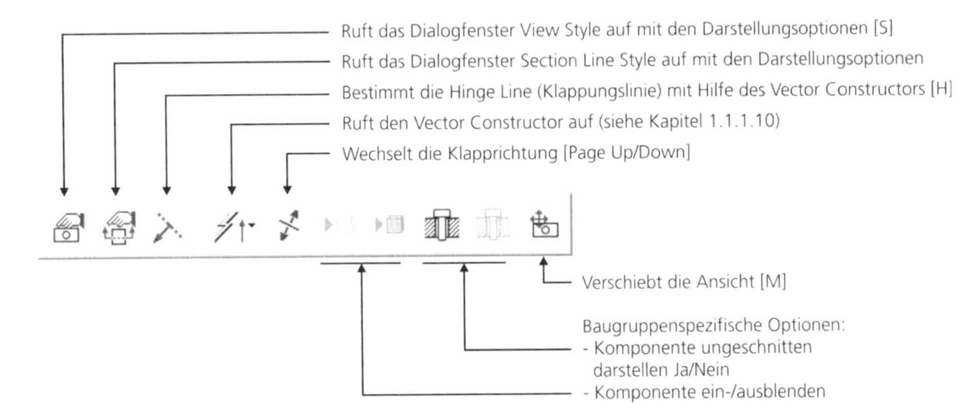

Bild 2.37 Symbolleiste Section View

- Basisansicht selektieren.
  → Eine gerade Schnittlinienvoranzeige hängt jetzt am Mauszeiger.
- Erste Schnittposition angeben mit Hilfe der Fangpunkteoptionen.
- Klapprichtung dynamisch mit der Maus oder mit Hilfe des Vector Constructors bestimmen.
- Eventuell Klapprichtung wechseln.
- Ansicht in der Zeichnung platzieren.
- Falls es sich um eine **gestufte Schnittansicht** handelt, weitere Schnittpositionen angeben.

- Eventuell mit MB3 → Move Segment die Verbindungslinien verschieben
- Ansicht in der Zeichnung platzieren.

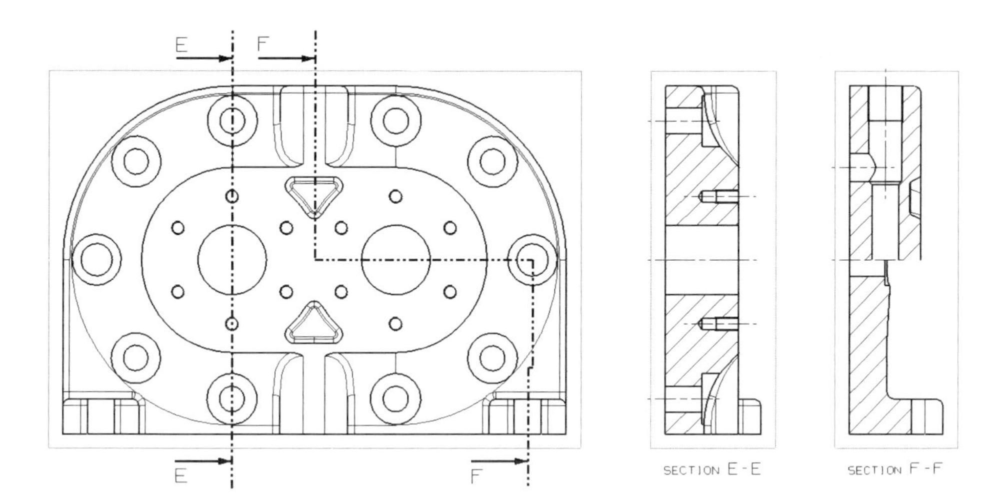

Bild 2.38 Beispiel eines einfachen und eines abgestuften Schnittes

Hinweis: Die Bend Segments (Verbindungslinien) können im Nachhinein wie folgt angepasst werden.

- Doppelklick auf die Schnittlinie oder Menü Edit → View → Section Line.
  Dabei öffnet sich folgender Dialog:

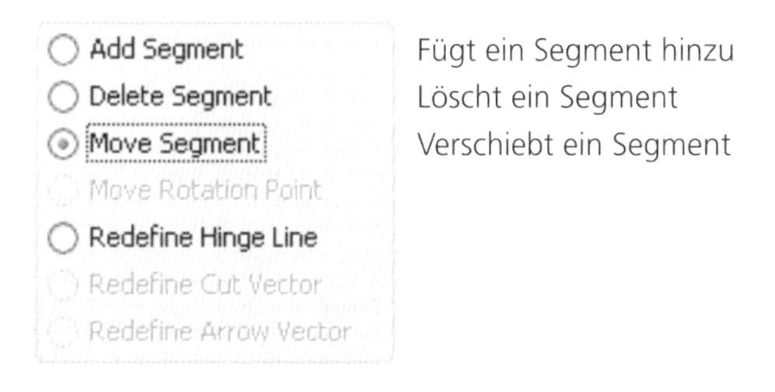

Fügt ein Segment hinzu
Löscht ein Segment
Verschiebt ein Segment

Bild 2.39 Edit → View → Section Line (Schnittliniensegmente editieren)

- Segment auswählen.
- Neue Position zeigen.
- Ansicht aktualisieren: Menü Edit → View → Update Views ( ).

2.3.4.2 Half Section View (Halbschnitt)

Diese Option erzeugt eine Ansicht, welche das Bauteil/die Baugruppe zur Hälfte geschnitten darstellt. Es ist zu beachten, dass die Schnittlinie hier nur ein Pfeilsegment enthält. Das Vorgehen ist ähnlich wie bei den Schnittansichten (vorheriger Abschnitt). Hier benötigt das System zwei Punkte zur Bestimmung der Schnittlinie: Eine Cut Position und eine Bend Position.

Vorgehen:

- Menü Insert → View → Half Section View (icon).
- Basisansicht selektieren.
- Cut Position (Schnittposition) angeben mit Hilfe der Fangpunkteoptionen.
- Bend Position (Verbindungspunkt) angeben.
- Klapprichtung dynamisch mit der Maus oder mit Hilfe des Vector Constructors bestimmen.
- Ansicht in der Zeichnung platzieren.

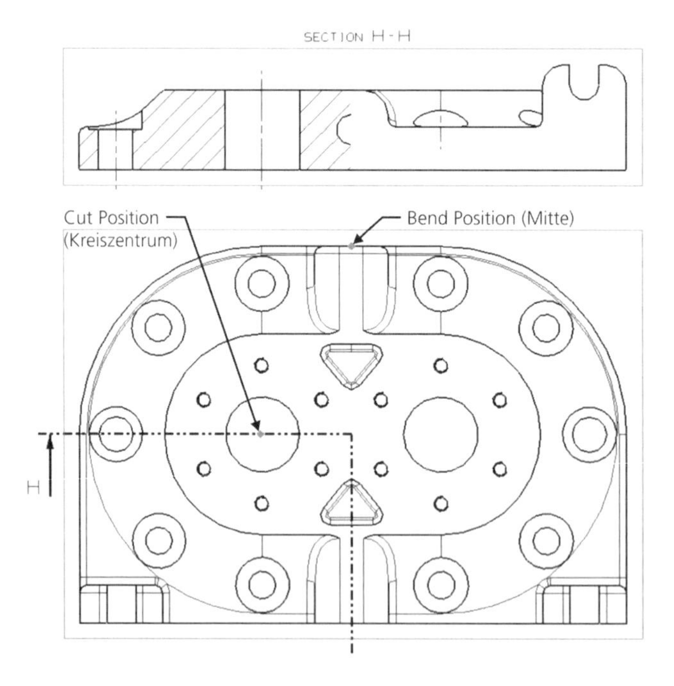

Bild 2.40 Beispiel eines Halbschnittes

2.3.4.3 Revolved Section View (Rotationsschnittansicht)

Rotationsschnitte werden hauptsächlich für Rotationsteile benötigt. Der Schnitt wird um eine Achse gedreht. Er enthält eine oder mehrere Schnittebenen. In beiden Fällen werden die Schnittebenen in eine gemeinsame Ebene gedreht.

Vorgehen:

- Menü Insert → View → Revolved Section View ().
- Basisansicht selektieren.
- Rotationspunkt zeigen.
- Erste Segmentposition zeigen.
- Zweite Segmentposition zeigen.
- Ansicht in der Zeichnung platzieren.

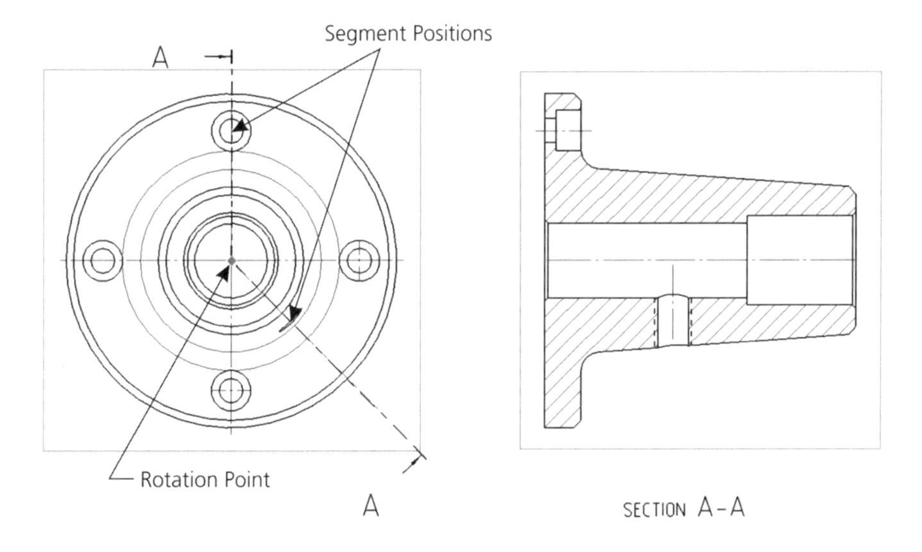

Bild 2.41 Beispiel eines Rotationsschnittes

Hinweis: Wie bei einem abgestuften Schnitt können auch hier weitere Segmente hinzugefügt werden ().

2.3.4.4 Räumliche Schnittansicht

Eine räumliche Schnittansicht entsteht auf der Basis einer beliebig gedrehten isometrischen Ansicht. Die Schnittebene wird über zwei Vektoren, den Cut Direction Vector und den Arrow Direction Vector definiert. Für die Schnittpositionen können beliebig viele Punkte angegeben werden.

Die Benutzerführung ist nicht besonders einfach und entspricht (noch) nicht dem Vorgehen bei anderen Schnittansichten. Die Ausgangslage ist eine bereits erzeugte isometrische Ansicht:

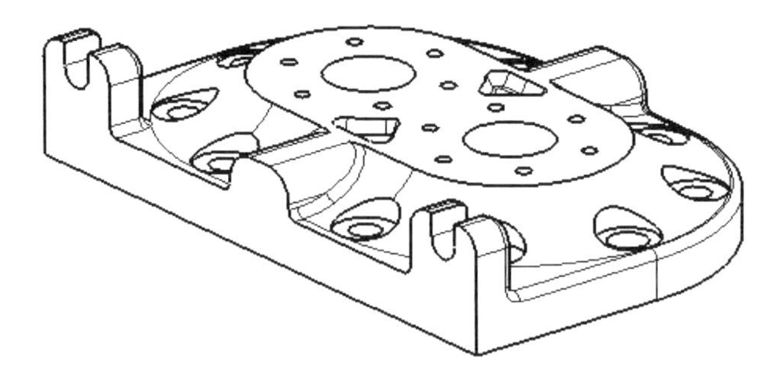

Bild 2.42 Ausgangslage für eine räumliche Ansicht

Vorgehen:

- Menü Insert → View → Other Section View ( ).
- Im Dialogfenster die dritte Option wählen "Simple/Stepped Section Cut from Pictorial View".

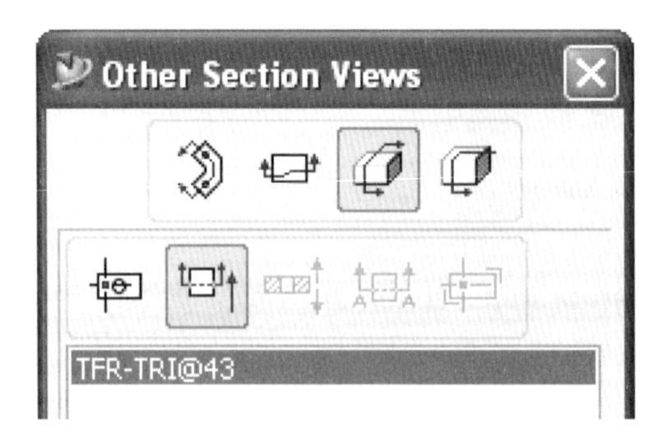

Bild 2.43 Dialogfenster mit den vier Optionen und den fünf Selection Steps

- Im Dialogfenster die Option „Use Parent View Orientation" wählen.
- Selection Step 1: Basisansicht selektieren.
- Selection Step 2: Arrow Direction Vector festlegen, dann Apply drücken.
- Selection Step 3: Cut Direction Vector festlegen, dann Apply drücken.
  Diese beiden Vektoren (Step 2 und 3) definieren die Haupt-Schnittebene und werden in der Mitte des Teils angezeigt, unabhängig davon, wie sie selektiert worden sind.

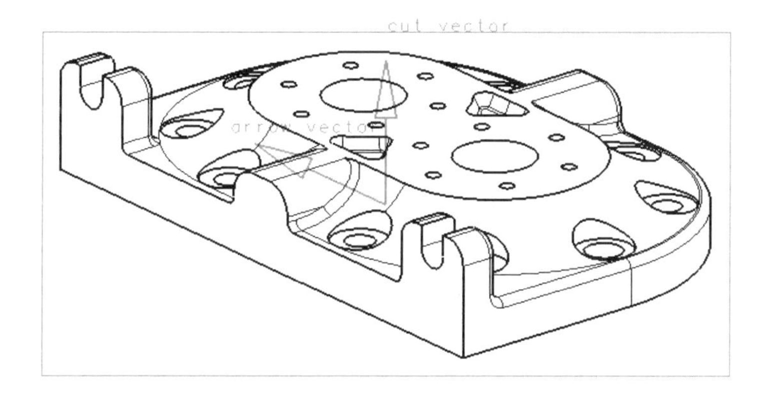

Bild 2.44 Cut und Arrow Vektoren der Haupt-Schnittebene

- Selection Step 4: Alle Schnittpositionen (Cut Positions) definieren, dann OK

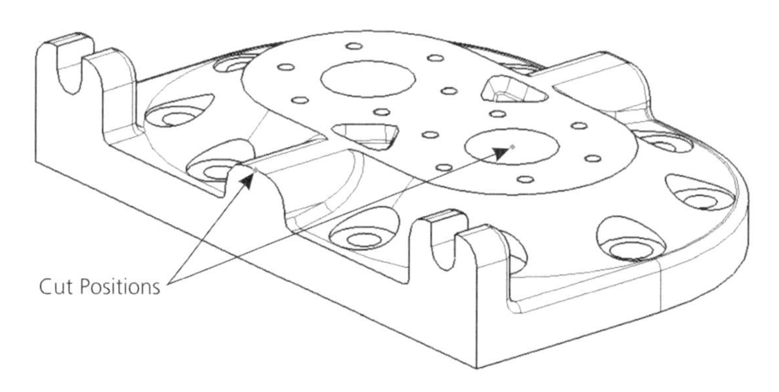

Bild 2.45 Cut Positions

- Ansicht in der Zeichnung platzieren

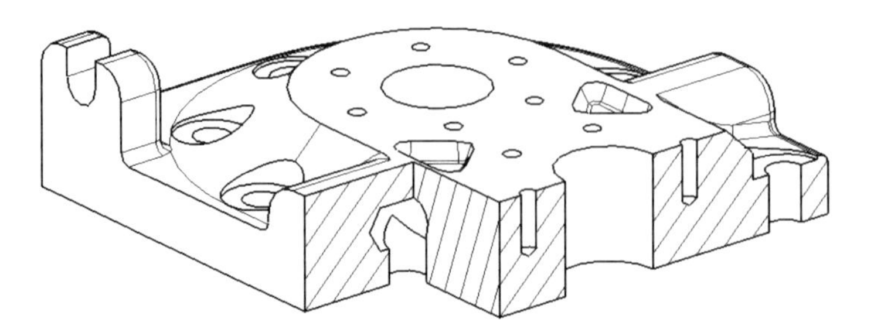

Bild 2.46 Räumliche Schnittansicht vor der Anpassung der Bend Segments

Die Bend Segments können optional wie folgt angepasst werden:

- Doppelklick auf die Schnittlinie oder Menü Edit → View → Section Line
  Dabei öffnet sich folgender Dialog:

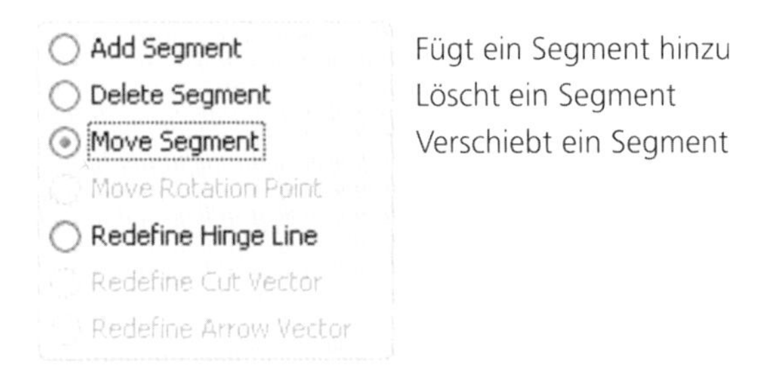

Bild 2.47 Edit → View → Section Line

- Segment auswählen
- Neue Position zeigen
- Ansicht aktualisieren: Menü Edit → View → Update Views ( )

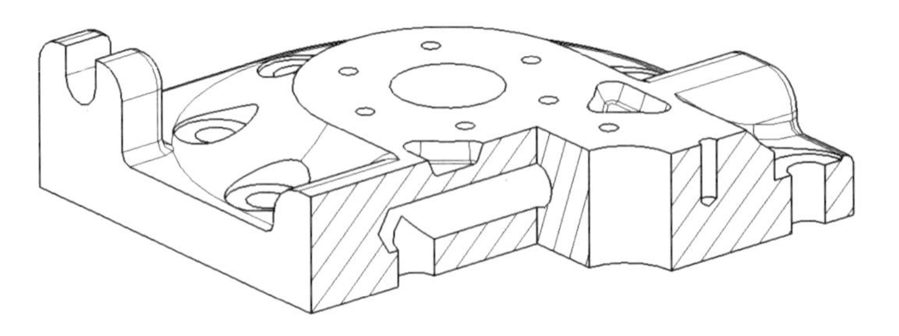

Bild 2.48 Räumliche Schnittansicht nach der Anpassung der Bend Segments

2.4 Ansichten ändern

Grundsätzlich sind alle Änderungsfunktionen unter dem Menü Edit zu finden oder in den Werkzeugleisten Drawing Layout und Drafting Edit (Übersicht siehe Kapitel 2.2.5). Meistens ist es einfacher, die Objekte über einen Doppelklick oder die rechte Maustaste zu bearbeiten. Dieses Kapitel beschreibt die wichtigsten Bearbeitungsmöglichkeiten von Ansichten.

2.4.1 Ansicht verschieben/ausrichten/kopieren (Move/Align/Copy)

Das Verschieben einer Ansicht geht am Einfachsten per Drag & Drop. Mauszeiger über die Ansicht bewegen, bis die Ansichtsbegrenzung hervorgehoben wird, dann mit der Maus packen und verschieben.

Ausgerichtet ist eine Ansicht dann, wenn eine gestrichelte Hilfslinie angezeigt wird (siehe Bild).

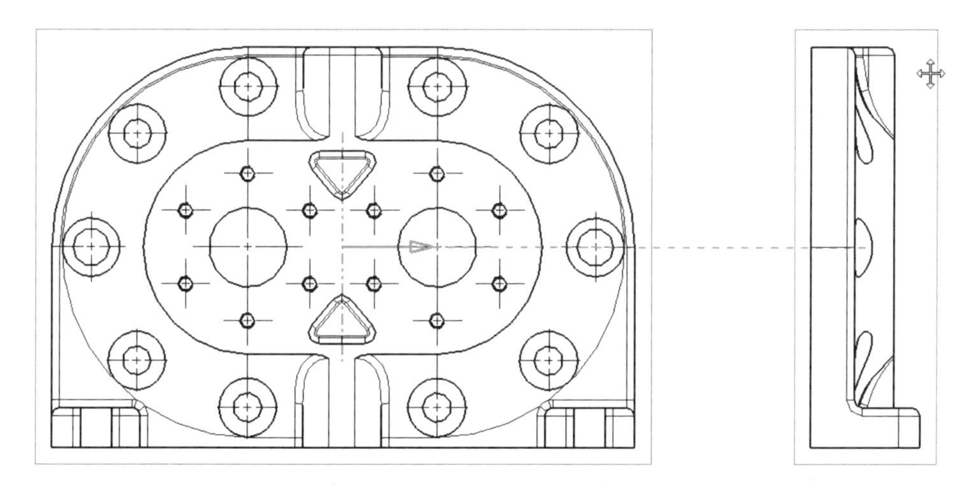

Bild 2.49 Ausrichten einer Ansicht

Das Kopieren einer Ansicht geht am einfachsten im Part Navigator über die rechte Maustaste mit Copy und Paste.

2.4.2 Ansichtsdarstellung bearbeiten (View Style)

Menü Edit → Style (A) oder Doppelklick auf die Ansichtsbegrenzung.

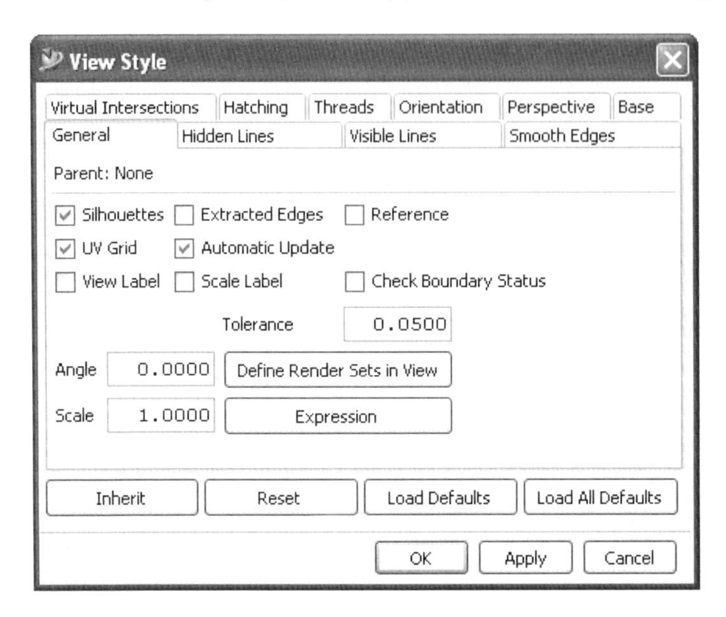

Bild 2.50 Dialogfenster View Style

Diese Optionen sind im Kapitel 2.2.7 (Zeichnungseinstellungen) erklärt.

Auf die Ansicht bezogen ist hier anzufügen, dass zusätzlich Maßstab und Winkel für die Ansicht geändert werden können. Eine Winkeleingabe ermöglicht eine Drehung der Ansicht auf der Zeichnung.

2.4.3 Ansichtsbegrenzung (View Boundary)

Menü Edit → View → View Boundary ()

Der sichtbare Bereich einer Ansicht wird durch die Ansichtsbegrenzung (View Boundary) bestimmt. NX berechnet die Darstellung so, dass alle Ansichtsobjekte innerhalb der Begrenzung liegen. Ausnahmen sind Detailansichten: da wird die Begrenzung bewusst so gewählt, dass nur ein Ausschnitt dargestellt ist.

Die Funktion Edit View Boundary ermöglicht es, die Darstellung einer vollständigen Ansicht einzugrenzen.

Hinweise:

- Die Ansichtsbegrenzungen lassen sich aus- bzw. einblenden unter Menü Preferences → Drafting: View → Display Borders.
- Ansichtsbegrenzungen werden nicht ausgedruckt mit Print/Plot. Sie müssen also zum Ausdrucken nicht ausgeblendet werden.

Eine Ansichtsbegrenzung kann auf vier verschiedene Arten definiert werden:

1. Break Line/Detail Die Begrenzung wird über eine vom Anwender erzeugte Kontur bestimmt. Diese Kontur zuvor muss der Ansicht hinzugefügt werden. (Menü Insert → Sketch, dann als die gewünschte Ansicht selektieren.)	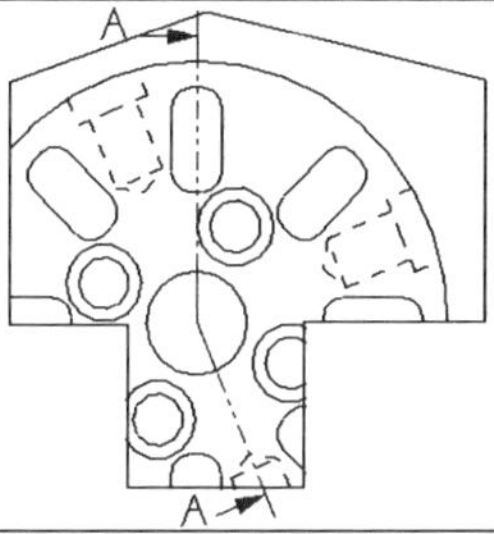
2. Manual Rectangle Die Begrenzung ist über ein gezogenes Rechteck definiert. Üblicherweise wird diese Methode verwendet, wenn nur ein Teil des 3D Modells dargestellt werden soll.	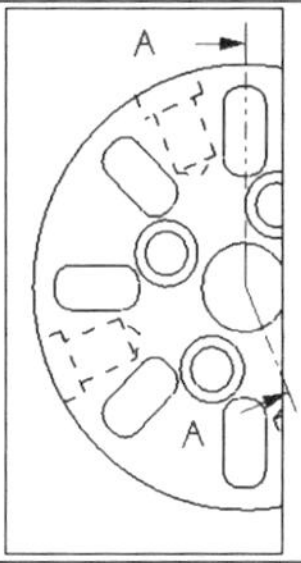
3. Automatic Rectangle Die Begrenzung wird aufgrund der Modellgröße automatisch berechnet. Verändert sich die Modellgröße, so wird bei einem Update auch die Begrenzung neu berechnet.	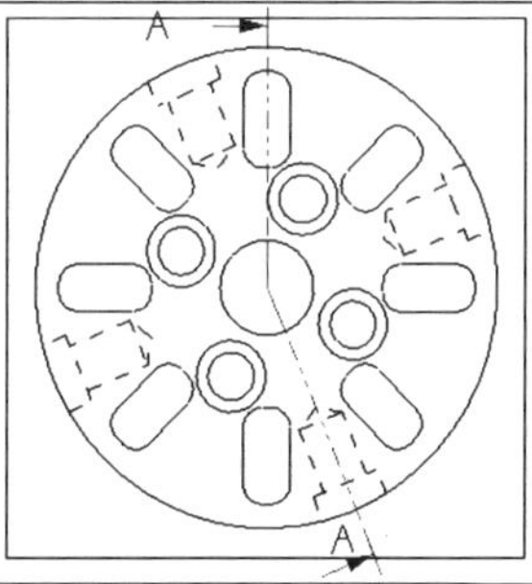
4. Bound by Objects Die Begrenzung wird berechnet mit den selektierten Geometrieelementen/Punkten. Üblicherweise wird diese Methode für rechteckige Detailansichten verwendet.	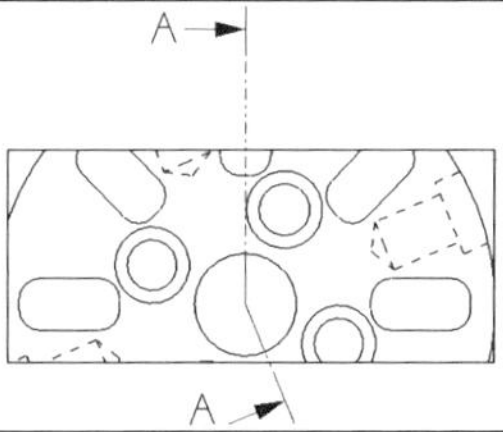

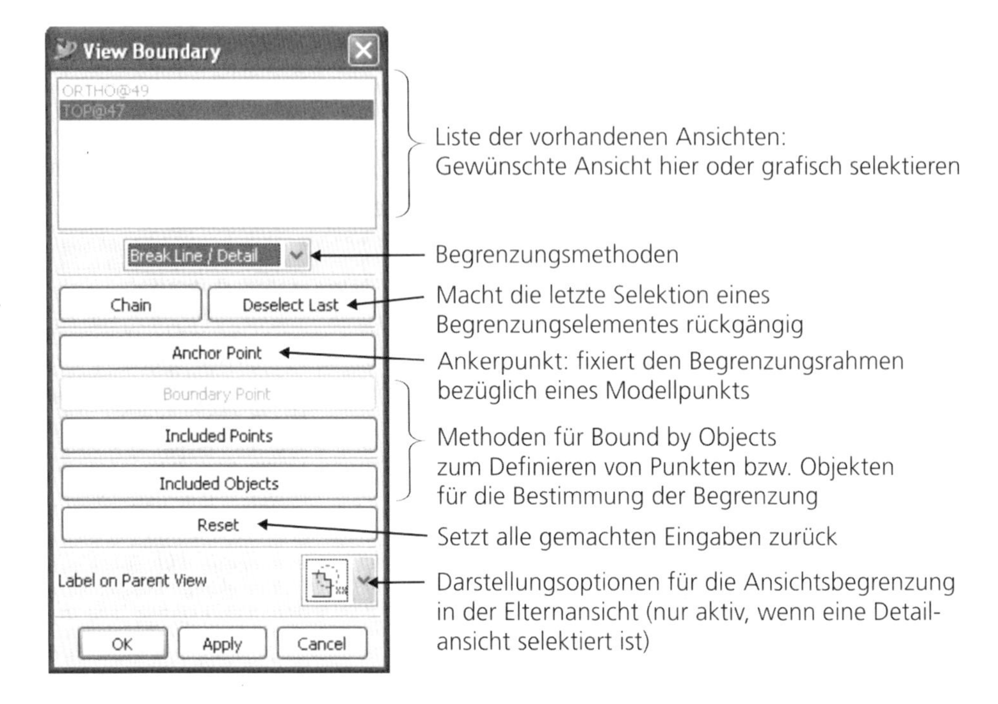

Bild 2.51 Dialogfenster zum Ändern einer Ansichtsbegrenzung

Hinweis: Der Ankerpunkt (Anchor Point) bewirkt, dass bei Modelländerungen der Inhalt einer Detailansicht nicht außerhalb der Begrenzung zu liegen kommt.

Beispiel für Methode Break Line/Detail (Begrenzung durch Kontur)

- Menü Insert → Sketch
- Gewünschte Ansicht wählen (wichtiger Schritt → die Skizze muss der Ansicht zugefügt werden)
- Geschlossene Begrenzungskontur skizzieren
- Finish Sketch (🏁)
  Tipp: Die Darstellung der Skizze kann mit Edit → Object Display angepasst werden.

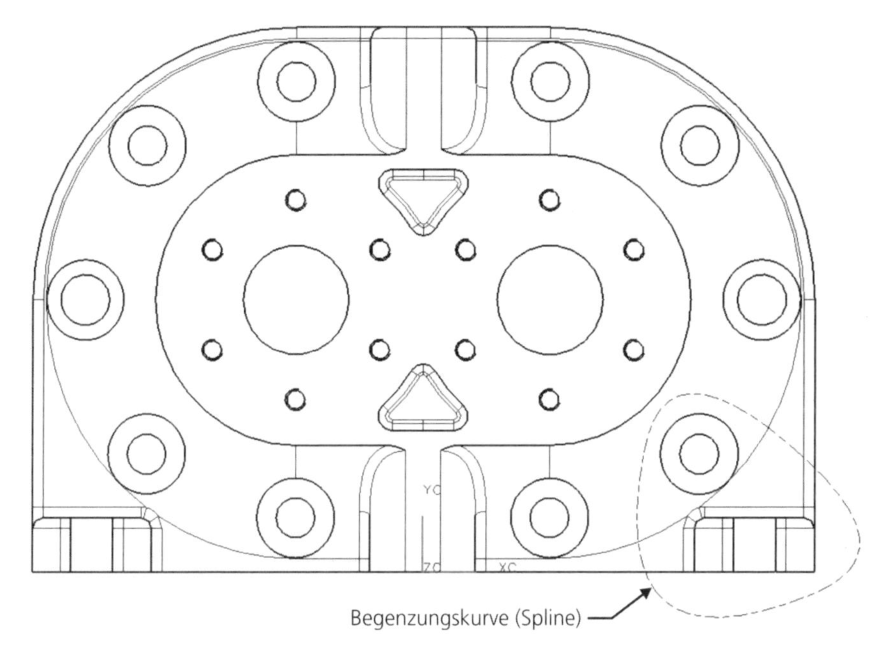

Bild 2.52 Beispiel für die Begrenzung einer Ansicht

- Menü Edit → View → View Boundary ( ).
- Ansicht auswählen.
- Option "Break Line/Detail" wählen.
- Geschlossene Kontur selektieren und OK.

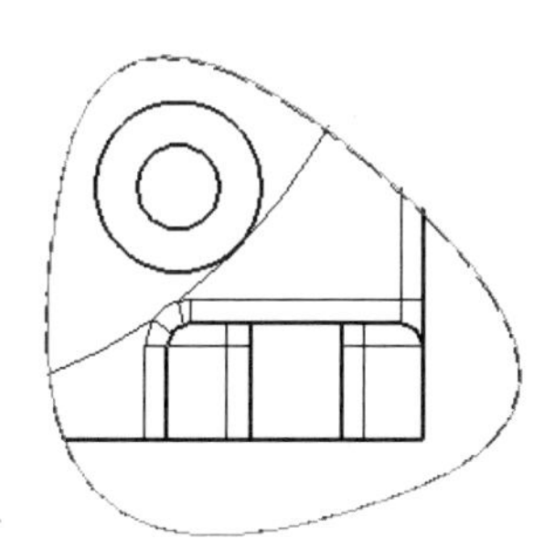

Bild 2.53 Ansicht begrenzt durch Kontur

2.4.4 Begrenzung einer Detailansicht ändern

Bei einer Kreisbegrenzung kann entweder die Größe oder die Position verändert werden.

Vorgehen:

- Menü Edit → View → View Boundary ().
- Detailansicht wählen.
- **Größe ändern**:
  - Kreis zeigen (in der Detail- oder Elternansicht).
  - Kreisgröße dynamisch ziehen.
  - Kreis wieder absetzen.
- **Position ändern**:
  - Kreismittelpunkt zeigen (in der Elternansicht).
  - Kreis dynamisch verschieben.
  - Kreis wieder absetzen.
- Detailansicht aktualisieren: Menü Edit → View → Update Views ().

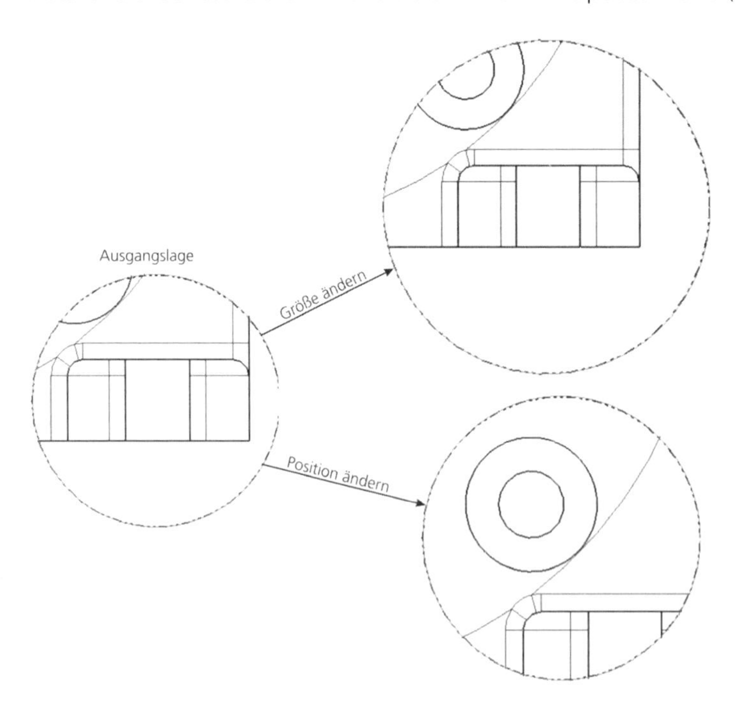

Bild 2.54 Detailansichtsbegrenzung ändern

2.4.5 Schnittlinie ändern (Edit Section Line)

Menü Edit → Section Line () oder MB3 auf Schnittlinie, dann Edit.

Diese Funktion ermöglicht das Ändern einer vorhandenen Schnittlinie. Dabei können Segmente hinzugefügt, gelöscht oder verschoben werden. Darüber hinaus ist es möglich, eine vorhandene Hauptschnittrichtung neu zu definieren oder den Rotationspunkt einer Rotationsschnittansicht zu verschieben.

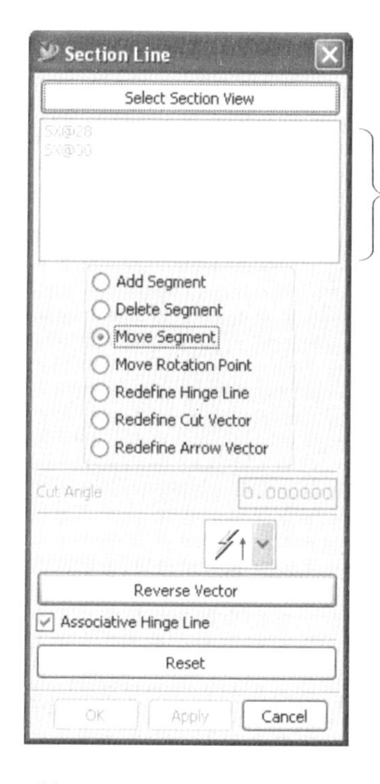

Schalter zum Selektieren der Schnittansicht, deren Schnittlinie verändert werden soll

Liste der vorhandenen Schnittansichten: Hier oder grafisch die Ansicht bzw. deren Schnittlinie selektieren

Fügt ein Segment hinzu
Löscht ein Segment
Verschiebt ein Segment
Verschiebt Rotationspunkt einer Rotationsschnittansicht
Definiert die Klappungslinie neu
Definiert Schnittvektor neu bei einer räumlichen Schnittansicht
Definiert Pfeilvektor neu bei einer räumlichen Schnittansicht

Winkel für Schnitte

Vector Constructor für Klappungslinie bzw. Vektoren

Wechselt die Vektorrichtung

Assoziativität zwischen Klappungslinie und Geometrie

Setzt die gemachten Eingaben zurück

Bild 2.55 Dialogfenster Edit Section Line

Beispiel für Hinzufügen eines Segmentes (Add Segment)

- Menü Edit → Section Line () oder MB3 auf Schnittlinie, dann Edit.
- Zu ändernde Schnittlinie grafisch selektieren.
- Option „Add Segment" aktivieren.
- Gewünschte Schnittposition grafisch zeigen.
- Eventuell Bend Segments verschieben mit „Move Segments".

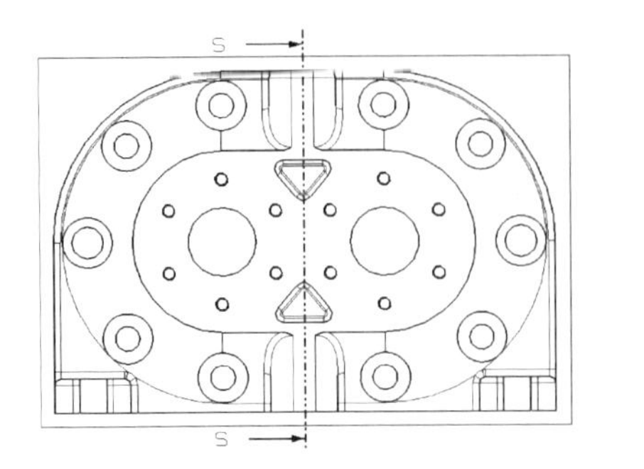

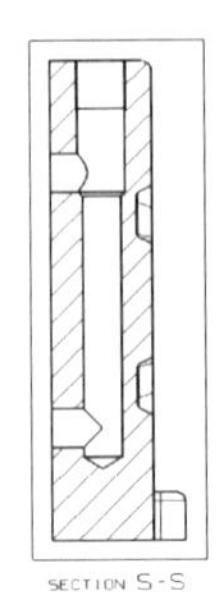

Bild 2.56 Schnittliniensegment hinzufügen: Ausgangszustand

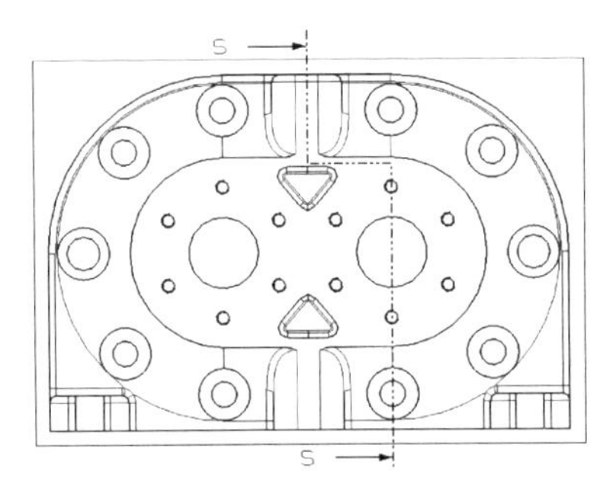

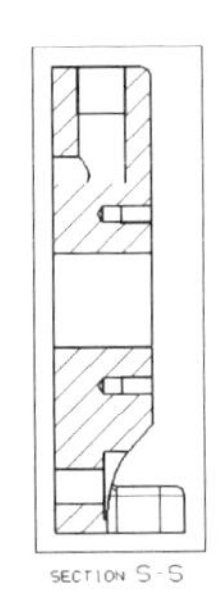

Bild 2.57 Schnittliniensegment hinzufügen: Endzustand

2.4.6 Break-Out Section (Schnittausbruch)

Menü Edit → View → Break-Out Section ( )

Bei einem Schnittausbruch wird das Bauteil begrenzt aufgebrochen, indem ein Bereich des Teils weggeschnitten wird. Der Bereich ist definiert durch eine geschlossene Kontur. Schnittausbrüche können sowohl auf orthogonale Ansichten als auch auf isometrische Ansichten angewendet werden.

Als Beispiel dient eine Welle mit einer Nut, welche im Seitenriss ausgebrochen werden soll.

Vorgehen:

- Menü Insert → Sketch
- Gewünschte Ansicht wählen (wichtiger Schritt → die Skizze muss der Ansicht zugefügt werden)

- Geschlossene Begrenzungskontur skizzieren (im Beispiel ein Spline)
- Finish Sketch ( )
  Tipp: Die Darstellung der Skizze kann mit Edit → Object Display angepasst werden.

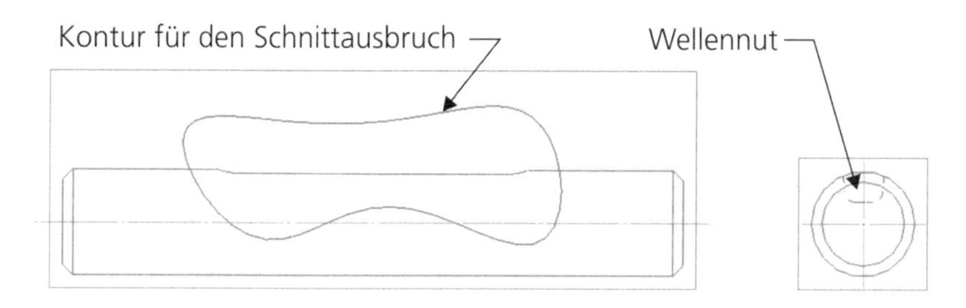

Bild 2.58 Beispiel für einen Schnittausbruch

- Menü Edit → View → Break-Out Section ( ).
  Folgendes Dialogfenster erscheint:

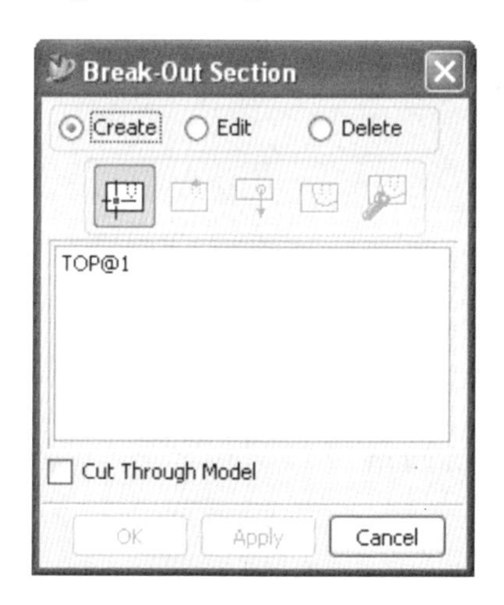

Optionen: Erzeugen, Ändern oder Löschen

Erzeugungsschritte

Liste der vorhandenen Ansichten, in denen ein Schnittausbruch erzeugt werden kann

Schneidet den Ausbruch durch das ganze Modell hindurch

Bild 2.59 Dialogfenster Ausbruch-Schnittansicht

- Ansicht auswählen
- Basispunkt, von wo aus weggeschnitten wird, in einer geeigneten Ansicht zeigen

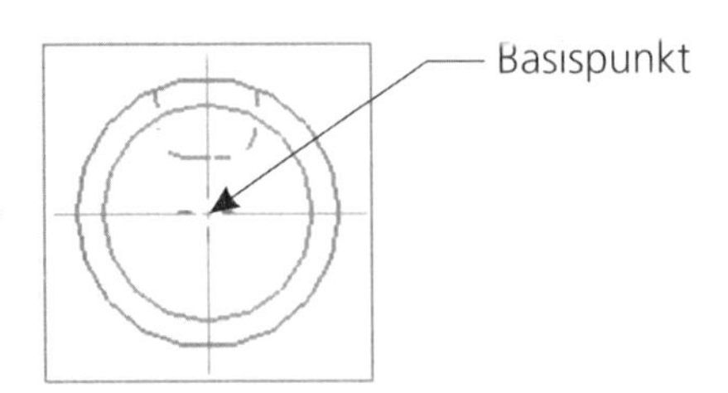

- Eventuell Extrusionsrichtung ändern (per Default ist diese normal zur Ansichtsebene)

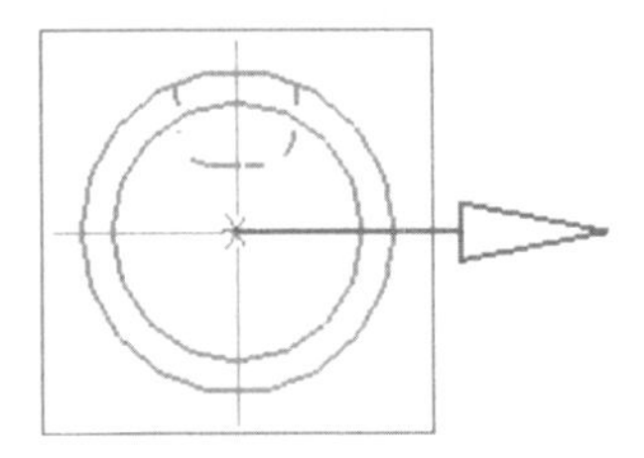

- Grenzkontur selektieren

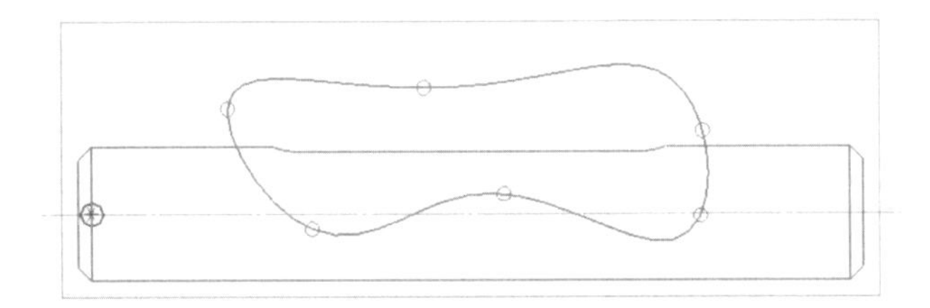

- Optional die Punkte der Grenzkontur ändern
- Apply

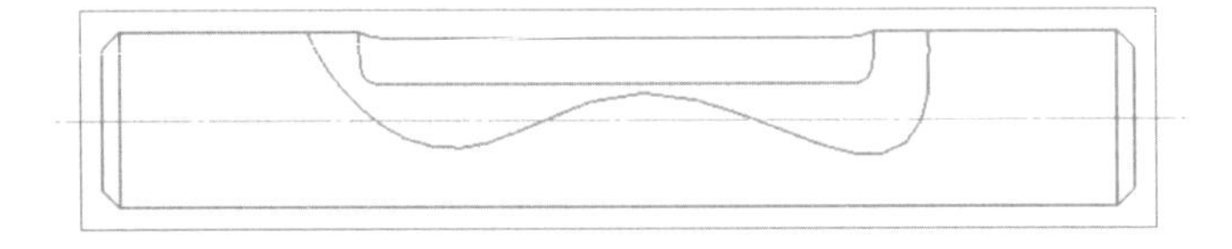

Bild 2.60 Ausbruchschnitt

2.4.7 Broken View (Unterbrochene Ansicht)

Unterbrochene Ansichten werden beispielsweise für dünne lange Wellen benötigt, bei welchen nur die Enden von Interesse sind. Broken View begrenzt eine bestehen Ansicht, so dass nur noch die relevanten Bereiche dargestellt sind.

Vorgehen:

- Menü Edit → View → Broken View ()
- Gewünschte Ansicht wählen

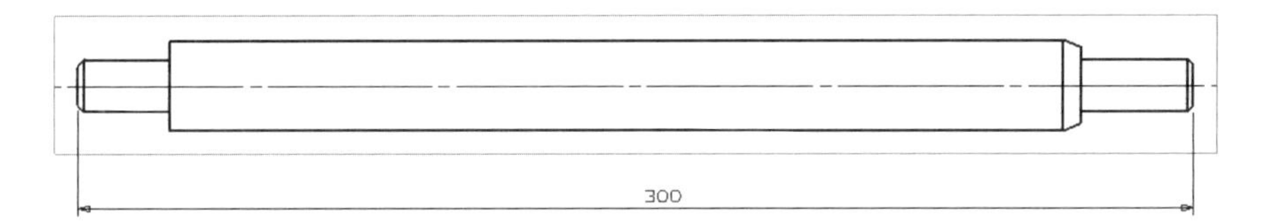

Bild 2.61 Beispiel für Broken View: Ansicht einer Welle

NX setzt die gewählte Ansicht automatisch in den Expand-Modus und stellt folgendes Dialogfenster dar:

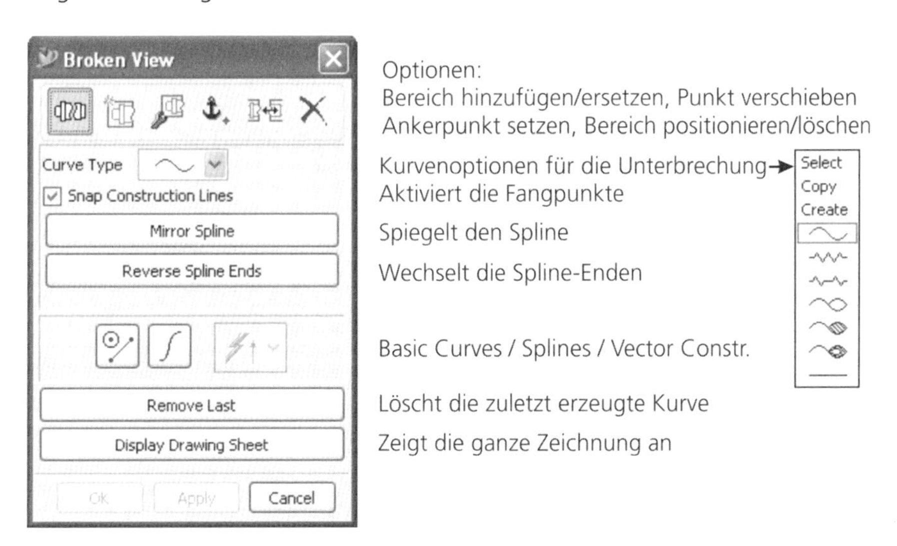

Bild 2.62 Dialogfenster Unterbrochene Ansicht

Jetzt werden die Bereiche (Break Regions) konstruiert mit Hilfe der Curve Types und den Fangpunkten:

- Ersten Konturzug erstellen.
  Sobald der Konturzug geschlossen ist, wird die Schaltfläche Apply aktiv, um eine weitere Kontur erzeugen zu können.
- Zweiten Konturzug erstellen, dann Apply, wenn Kontur geschlossen ist.

Bild 2.63 Zwei geschlossene Konturen für die beiden Bereiche

- Optional mit Move Boundary Point ( ) die Punkte des Konturzuges verschieben.
- Apply.

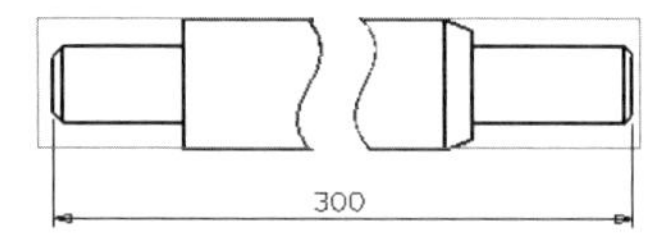

Bild 2.64 Unterbrochene Ansicht

Auch wenn die Darstellung der Gesamtlänge kürzer geworden ist, bleibt das Maß unverändert, weil es sich auf das 3D Modell bezieht.

2.5 Hilfssymbole (Utility Symbols)

Menü Insert → Symbol→ Utility Symbols ( )

Mit Hilfe dieser Funktion können verschiedene Symbole wie Mittellinien, Teilkreise, Abstands-Mittelpunkte, Zielpunkte und Schnittpunkte erzeugt werden.

NX erstellt Mittellinien teilweise automatisch, falls beim Erzeugen einer neuen Ansicht die Checkbox für „Create Centerline" gesetzt ist. Um eine normgerechte Zeichnung zu erhalten, müssen fehlende Mittellinien manuell eingefügt werden.

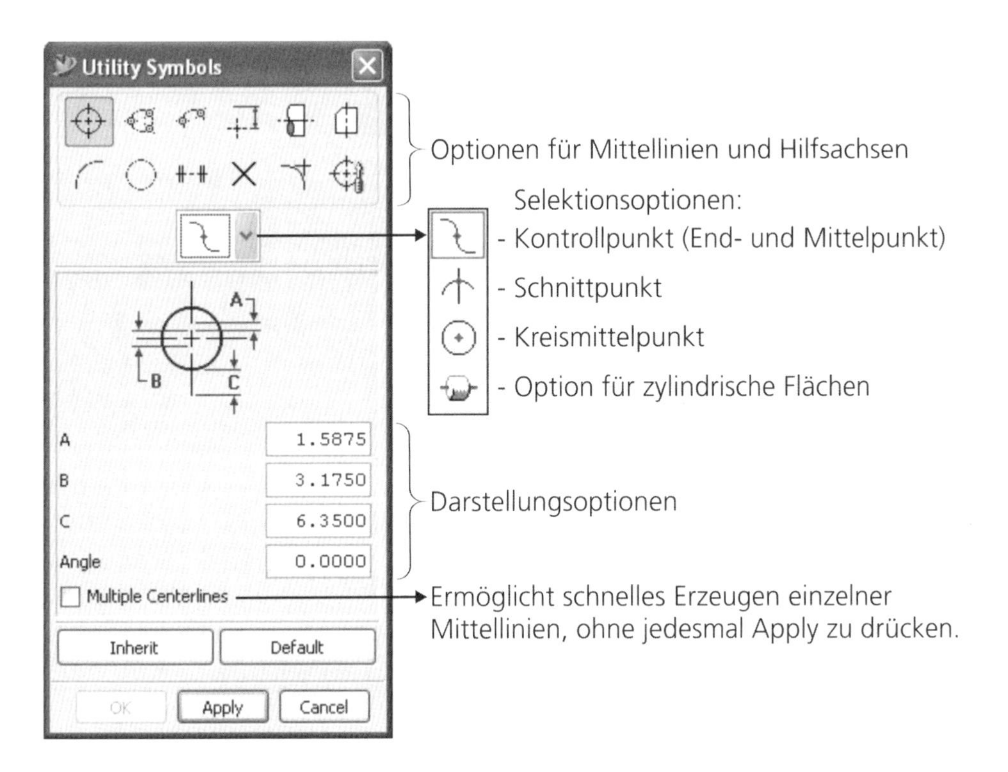

Bild 2.65 Dialogfenster Utility Symbols

2.5.1 Mittellinien erzeugen

Mittellinien sind assoziativ zur selektierten Modellgeometrie. Ändert sich z.B. die Position einer Bohrung, so wird das Symbol entsprechend aktualisiert.

Es folgt eine Beschreibung der verschiedenen Typen und ihren Besonderheiten.

Kreis-Mittellinie (Linear Centerline)

- Selektieren eines Kreisbogens und jeweils anschließend Apply.

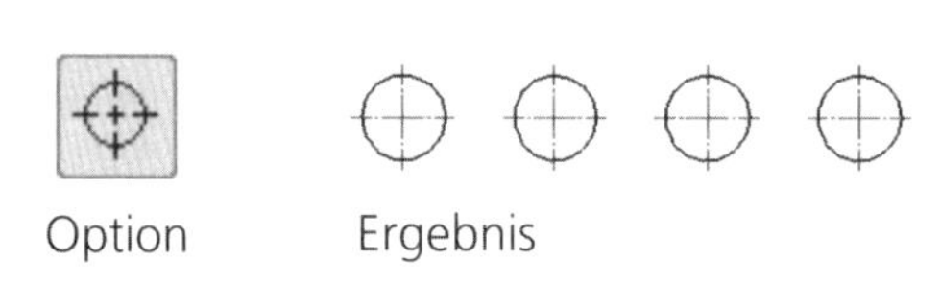

Bild 2.66 Mittellinien einzeln

- Selektieren von mehreren Kreisbogen, dann Apply.

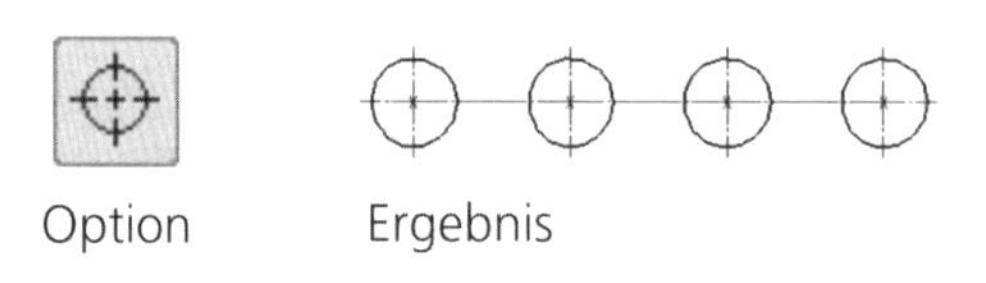

Bild 2.67 Mittellinien mehrfach

Lochkreismittellinie auf Vollkreis (Full Bolt Circle)

- Selektieren aller Kreise des Bohrungsmusters, dann Apply.

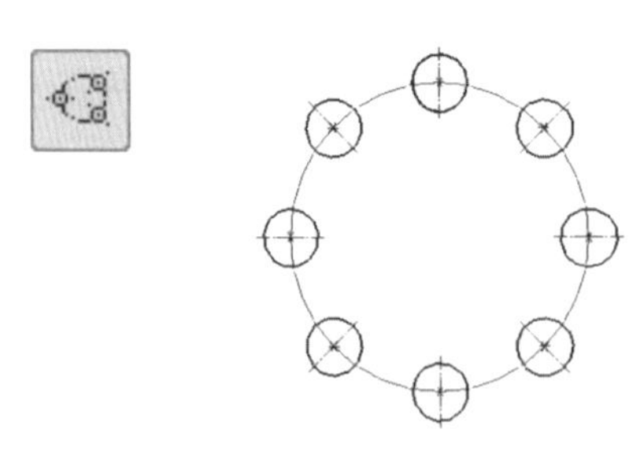

Bild 2.68

Lochkreismittellinie auf Teilkreis (Partial Bolt Circle)

- Selektieren jedes Kreises eines Teilkreisbohrungsmusters im Gegenuhrzeigersinn, dann Apply.

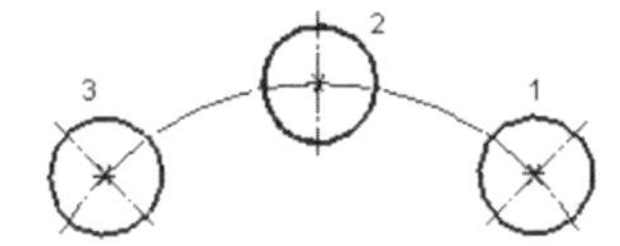

Bild 2.69

Teilkreis-Mittellinie (Partial Circular Centerline)

- Selektieren jedes Kreises eines Teilkreisbohrungsmusters im Gegenuhrzeigersinn, dann Apply.

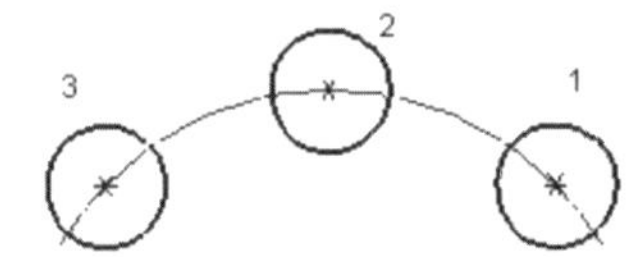

Bild 2.70

Vollkreis-Mittellinie (Full Circular Centerline)

- Selektieren jedes Kreises eines Bohrungsmusters, dann Apply.

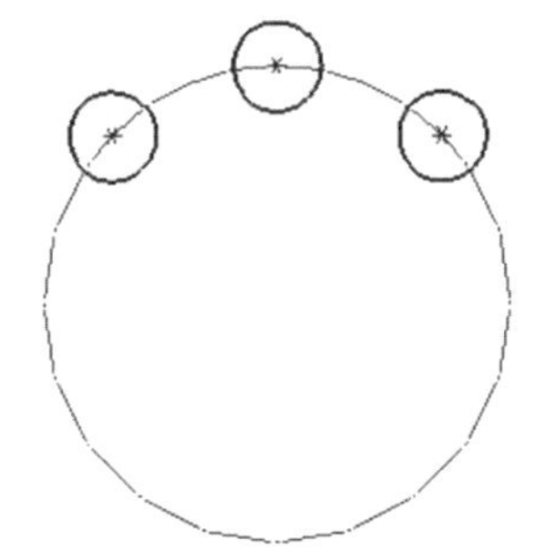

Bild 2.71

Zylinder-Mittellinie (Cylindrical Centerline)

- Selektionsoption „Cylindrical Face“ wählen (), die Bohrungsfläche selektieren, dann Anfangs- und Endposition für die Mittellinie zeigen.

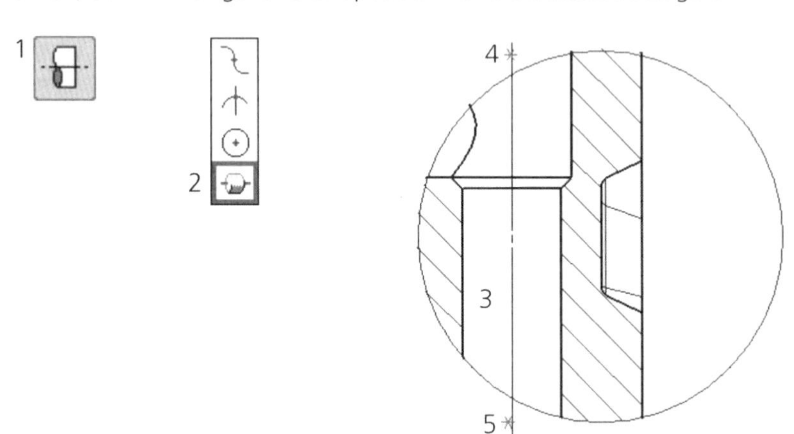

Bild 2.72 Mittellinie mit Option „Cylindrical Face“

Block Mittellinie (Block Centerline)

- Geometrie selektieren gemäß folgender Abbildung:

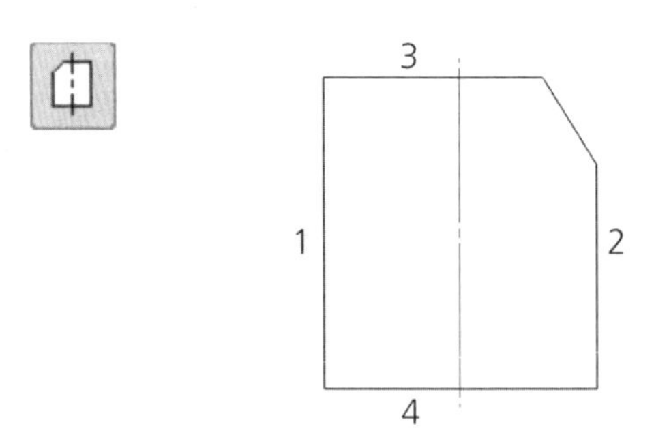

Bild 2.73

Diese Option ist nützlich bei rechteckigen Geometrien wie z.B. bei Platten oder konischen Bohrungen.

Automatische Mittellinie (Automatic Centerline)

Diese Option erzeugt automatisch Mittellinien für die gesamte(n) Ansicht(en). Dieser Automatismus funktioniert für Bohrungen und Knaufe, deren Achsen horizontal oder vertikal liegen bezüglich der Zeichnung.

Falls die Bohrungen nicht als Kreismuster erstellt wurden (Instance → Circular Array), dann wird für jede Bohrung eine einfache Mittellinie generiert.

Folgende Typen von Ansichten werden nicht unterstützt:

- Ansichten, welche mit der Option „Faceted Representation" erstellt wurden
- Abgewickelte Schnittansichten (Unfolded Section View)
- Rotationsschnitt (Revolved Section View)

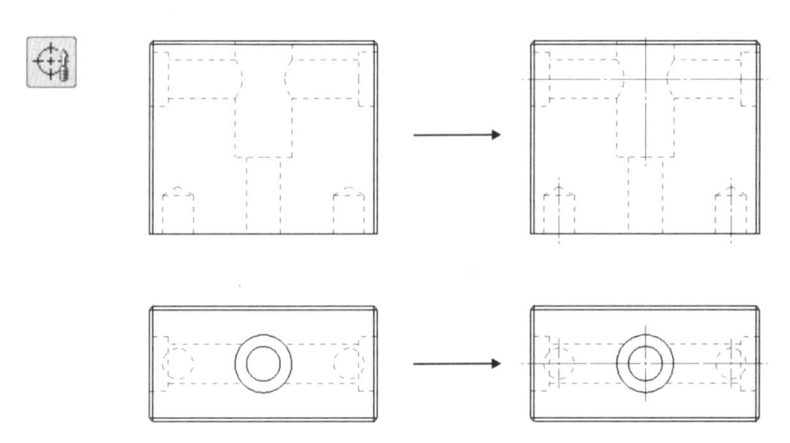

Bild 2.74 Automatisch erzeugte Mittellinien

Es ist zu erwähnen, dass diese Methode die Mittellinien nicht perfekt erstellt (siehe Ansicht oben rechts) und deshalb für eine normgerechte Darstellung in der Regel eine Nachbearbeitung notwendig ist.

2.5.2 Mittellinien ändern

Handelt es sich nur um eine Änderung der Darstellung, dann kann wie folgt vorgegangen werden:

- Gewünschte Mittellinie mit rechter Maustaste selektieren
- Option Edit wählen, dann im Dialogfenster (Bild 2.65) Änderung vornehmen
- Option Style wählen zum Ändern der Darstellung

Annotation Object Associativity

Menü Edit → Annotation Object Associativity ( ) ermöglicht das Neuverknüpfen von vorhandenen Bemaßungen und Mittellinien mit anderen Zeichnungsobjekten. Diese Optionen können auch zum Neuverknüpfen beibehaltener Zeichnungsobjekte mit gültiger Geometrie verwendet werden, deren Verknüpfung infolge von Konstruktionsänderungen aufgehoben wurde.

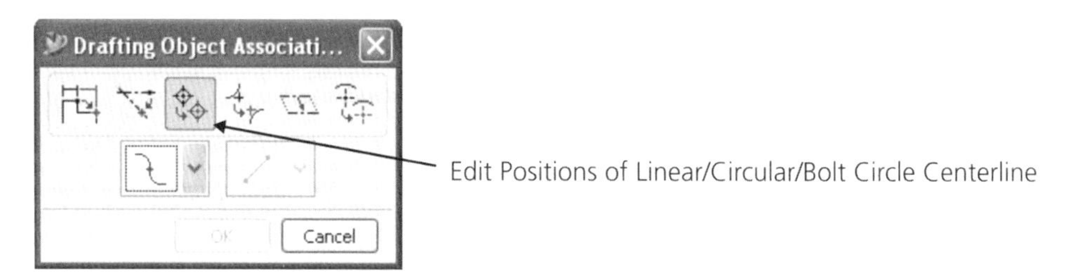

Bild 2.75 Dialogfenster zum Bearbeiten der Objekt-Assoziativität

Zum Beispiel lässt sich die Anzahl der Mittellinien eines Lochkreismusters ändern. Angenommen, ein Modell hat ursprünglich einen Lochkreis mit sechs Löchern und man hat bereits die Mittellinien hierfür in der Zeichnung erstellt, dann sieht das Bohrungsmuster in der Zeichnung in etwa wie folgt aus:

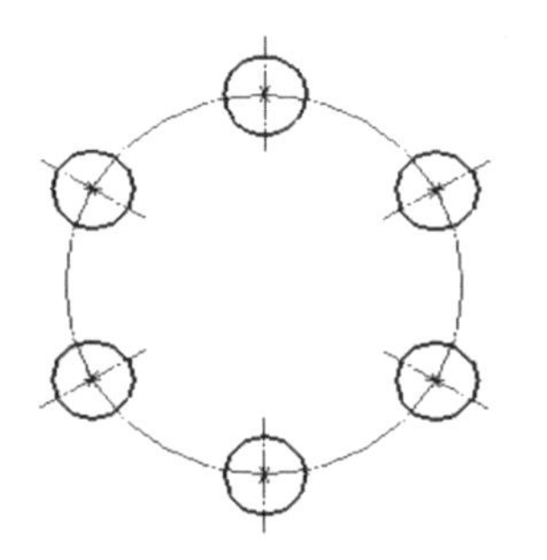

Bild 2.76 Ausgangslage: Lochkreis mit sechs Bohrungen

Ändert sich nun das Modell und weist nicht mehr sechs Bohrungen auf, sondern acht, so werden zwar die Mittellinien zu den bereits vorhandenen sechs Bohrungen assoziativ mit den Bohrungen verschoben, aber die zwei zusätzlichen Bohrungen besitzen noch keine Mittellinien.

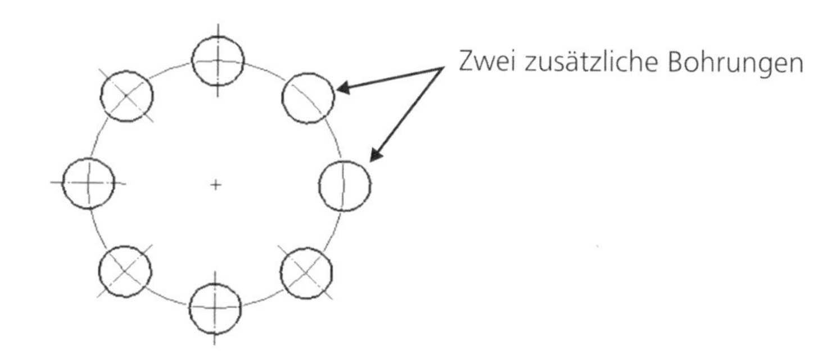

Bild 2.77 Kreisförmige Mittellinie mit zwei nicht assoziierten Bohrungen

Zuordnen der Mittellinien für die beiden neuen Bohrungen geht wie folgt:

- MB3 auf Mittellinie, dann Option Edit Associativity
- Zusätzliche Kreise selektieren

Ähnlich verhält es sich bei einer Modelländerung von acht auf sechs Bohrungen. In diesem Fall reicht es allerdings, einfach die Mittellinie zu selektieren. NX korrigiert dann die Mittelliniendarstellung auf die neue reduzierte Bohrungsanzahl.

2.5.3 Symmetrielinien

Menü Insert → Symbol→ Utility Symbols (→)

Diese Option dient zum Erzeugen eines Symmetrieliniensymbols. Dadurch erspart man sich den Aufwand, die zweite Hälfte einer symmetrischen Geometrieanordnung darzustellen.

Gemäß Norm sollten symmetrische Teile durch die Hälfte ihrer vollständigen Ansicht dargestellt werden. Die Frage stellt sich generell beim Einsatz von CAD-Systemen, ob der Aufwand gerechtfertigt ist, normgerechte Darstellungen zu erzeugen. Symmetrische 3D Modelle werden generell vollständig modelliert (also nicht nur die Hälfte). Für die Zeichnungsableitung entsteht praktisch kein Mehraufwand, das ganze Teil darzustellen.

Die folgende Beschreibung zeigt den Weg auf, wie es in NX möglich ist, eine halbe Ansicht mit einer Symmetrielinie zu generieren.

- Symmetrielinie einfügen durch zeigen von Start- und Endpunkt

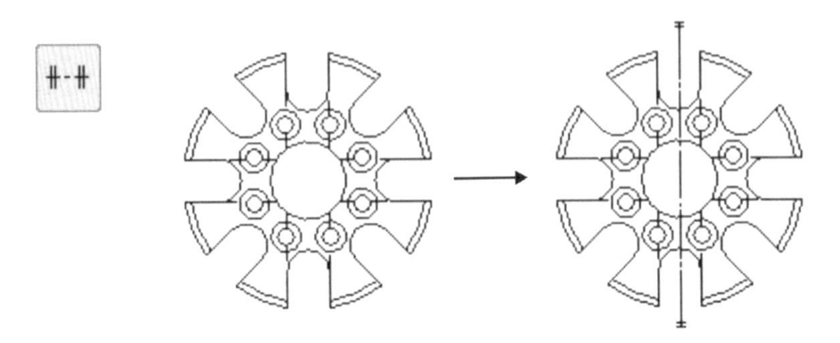

Bild 2.78 Symmetrielinie

- Ansichtsbegrenzung ändern:
  Menü Edit → View→ View Boundary (siehe Kapitel 2.4.3).
  Mit Hilfe eines Rechtecks (Option Manual Rectangle)die Begrenzung so definieren, dass nur noch die Hälfte sichtbar ist.

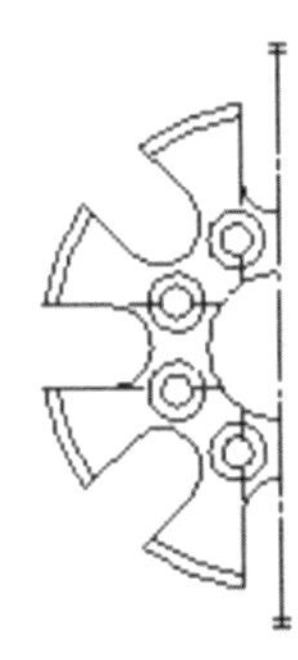

Bild 2.79 Halbe Ansicht

2.5.4 Fiktiver Schnittpunkt (Intersection)

Menü Insert → Symbol→ Utility Symbols (→)

Es kommt vor, dass man bei einem Maschinenbauteil einen Eckpunkt bemaßen sollte, der wegen einer Verrundung real nicht vorhanden ist. Diese Option erzeugt ein Symbol für den fiktiven Schnittpunkt, das durch Hilfslinien in der Ecke dargestellt wird. Diese Hilfslinien lassen sich anschließend bemaßen.

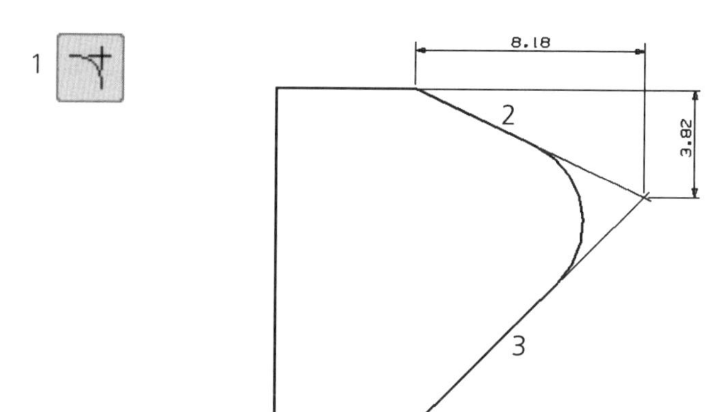

Bild 2.80 Hilfssymbol: Fiktiver Schnittpunkt

2.6 Bemaßungen (Dimensions)

Als Erstes folgen ein paar Bemerkungen, welche für das Verständnis von Modelländerungen und deren Auswirkungen wichtig sind.

- Bemaßungen in einer 2D Zeichnung werden in NX assoziativ zur selektierten Geometrie erzeugt. Dies bedeutet, dass die Bemaßung nach einer Modelländerung automatisch den neuen Wert erhält.
- Parameteränderungen an einem 3D Modell wären grundsätzlich sowohl im 3D Modell als auch in der 2D Zeichnung möglich. Allerdings trifft dies nur zu, wenn sich 2D Zeichnung und 3D Modell in derselben Datei befinden. Dies entspricht jedoch nicht dem Master-Modell Konzept, welche besagt, dass 3D Modell und 2D Zeichnung in zwei separaten Dateien abgelegt werden. Beim Master-Modell Konzept muss somit die Änderung in der Master-Modell Datei ausgeführt werden.

3D Modell Bemaßungen

Es gibt eine Möglichkeit, die Bemaßungen des 3D Modells automatisch in eine Ansicht einzufügen. Dies beschränkt sich jedoch nur auf Features vom Typ Sketch, Bohrungen und Gewinde. Deshalb wird diese Funktion in der Praxis weniger eingesetzt. Sie ist zu finden im Menü Insert → Feature Parameters ( ).

Das gleiche gilt auch für die im Modell erstellten Form- und Lagetoleranzen. Diese werden in die Ansicht eingefügt mit Menü Insert GDT Parameters ( ).

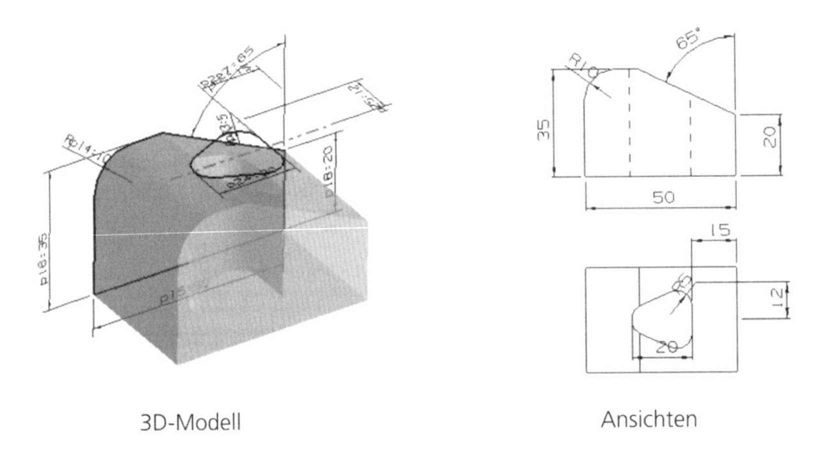

Bild 2.81 Bemaßung vom 3D Modell in die 2D Zeichnung übernehmen

2.6.1 Bemaßungen erzeugen

- Menü Insert → Dimensions → …
- Bemaßungstyp wählen (Inferred, Horizontal, Angular, Diameter, usw.)
  → Die Symbolleiste wird oben links angezeigt.
- Optional Bemaßungsoptionen setzen (Toleranz, usw.).
- Zu bemaßende Geometrie selektieren (Fangpunkteoptionen beachten).
- Bemaßung positionieren.

2.6.2 Bemaßungen ändern

- Doppelklick auf die gewünschte Bemaßung und eine der Optionen in der Symbolleiste wählen oder weiterer Doppelklick:
  - auf die Maßzahl, um die Darstellung (Style) zu ändern
  - auf angefügten Text, um den Text zu ändern
  - auf angefügte Toleranz, um die Toleranz zu ändern
- Bemaßung selektieren, dann mit MB3 das Popup-Menü aufrufen.

2.6.3 Bemaßungs-Symbolleiste

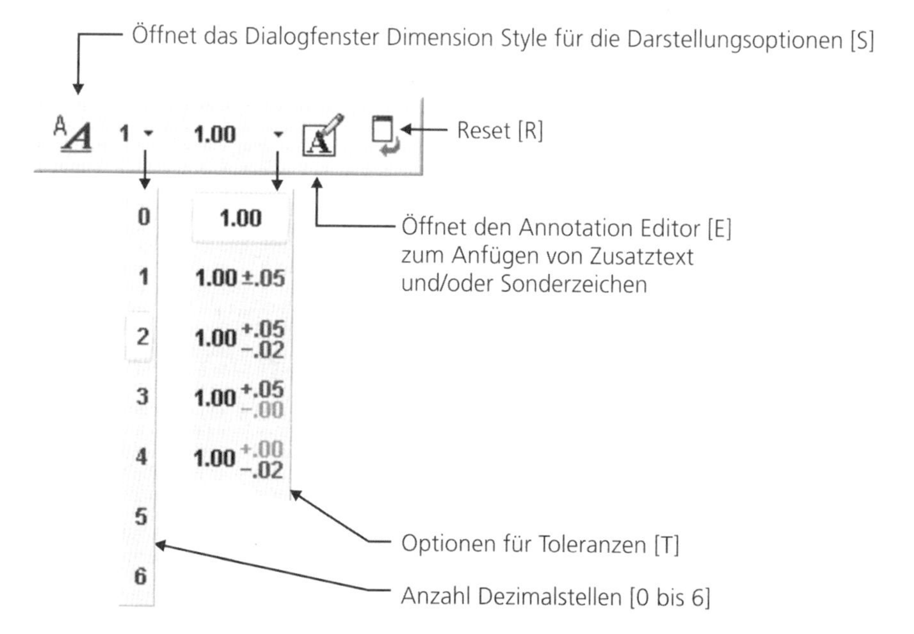

Bild 2.82 Symbolleiste Bemaßungen

2.6.4 Bemaßungstypen

Erstellen von neuen Bemaßungen (Dimensions) kann man entweder gezielt nach Typ oder man nutzt die Option Inferred Dimensions, welche automatisch den richtigen Bemaßungstyp ermittelt. Dies funktioniert für die meisten Fälle sehr gut. Bei speziellen Bemaßungen wählt man den Typ über das Menü Insert → Dimension oder über die Werkzeugleisten:

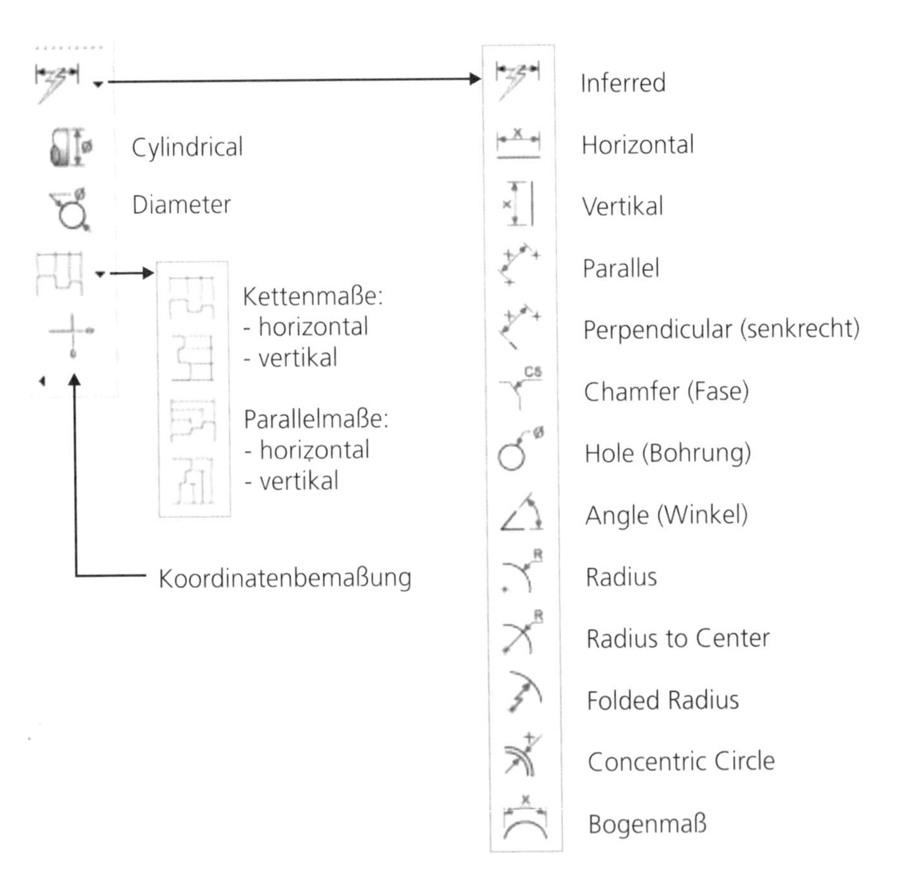

Bild 2.83 Bemaßungstypen

	**Inferred Dimensions** Die Bemaßung Inferred (= ermittelt) ist in der Anwendung am einfachsten und effizientesten, weil das System versucht, den Typ der Bemaßung automatisch zu ermitteln, abhängig von den gewählten Geometrieelementen. Sie funktioniert ähnlich wie das Bemaßen eines Sketches.	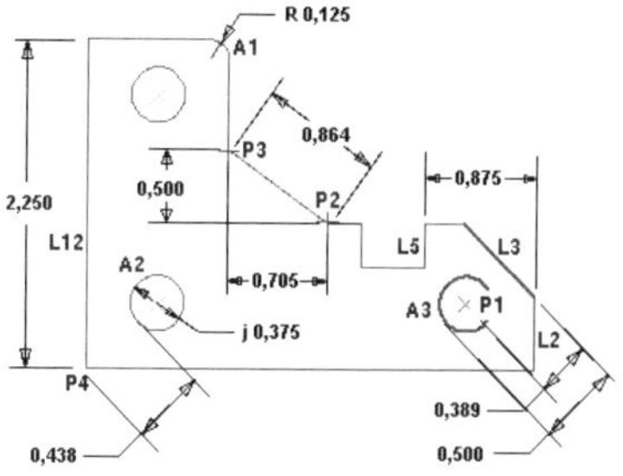
	**Horizontal** Erzeugt eine horizontale Bemaßung zwischen zwei Punkten.	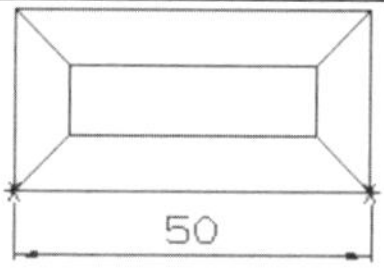
	**Vertikal** Erzeugt eine vertikale Bemaßung zwischen zwei Punkten.	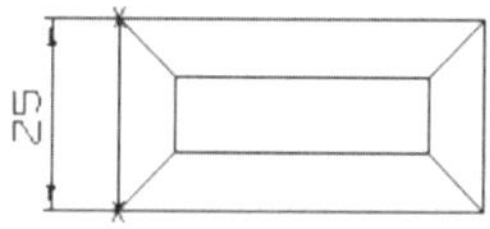
	**Parallel** Erzeugt eine parallele Bemaßung zwischen zwei Punkten.	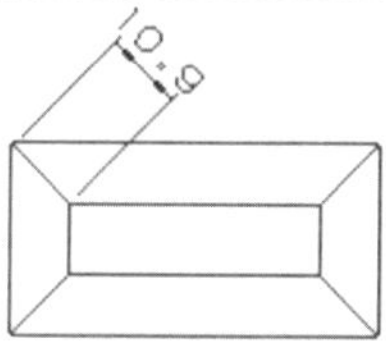
	**Perpendicular (senkrecht)** Erzeugt eine senkrechte Bemaßung zwischen einem Punkt und einer Linie (Kante, Mittellinie).	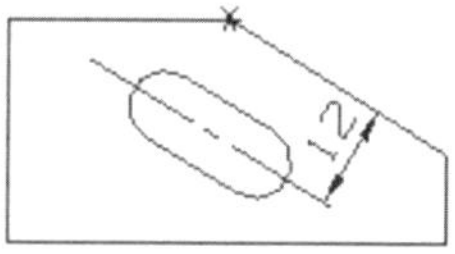
	**Chamfer (Fase)** Erzeugt eine Fasenbemaßung.	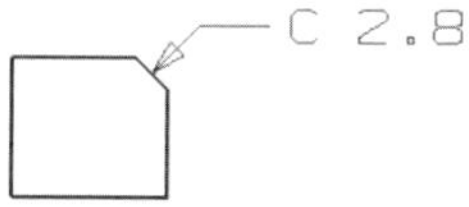
	**Hole (Bohrung)** Erzeugt eine Durchmesserbemaßung eines Kreises/Kreisbogens, dargestellt durch einen Bezugspfeil.	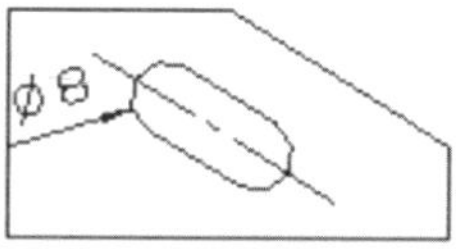

	**Diameter (Durchmesser)** Erzeugt eine Durchmesserbemaßung eines Kreises/Kreisbogens, dargestellt durch eine Maßlinie.	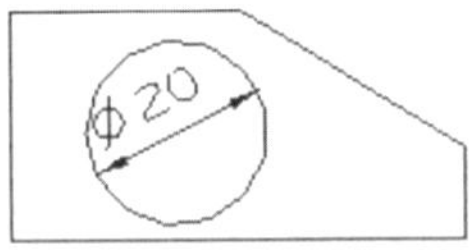
	**Cylindrical (Zylinder/Welle)** Erzeugt eine Bemaßung für den Durchmesser eines zylindrischen Elementes in der Seitenansicht. Dieser Typ ist auch geeignet für halb dargestellte, symmetrische Objekte. Dazu muss als erstes Element die Symmetrielinie selektiert werden.	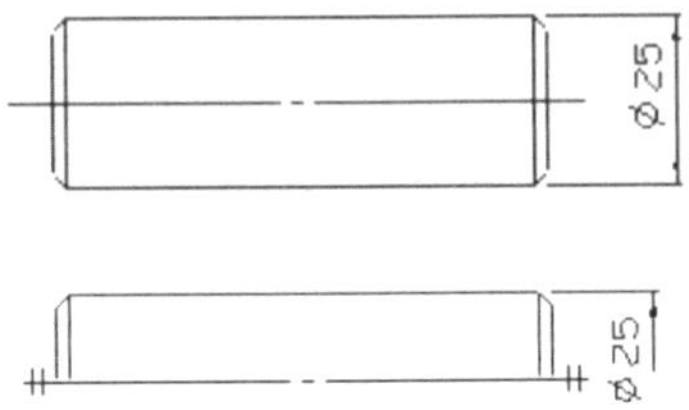
	**Angular (Winkel)** Erzeugt eine Winkelbemaßung. Der Winkel wird im Gegenuhrzeigersinn zwischen den Schenkeln gemessen. Die Schenkel müssen auf derjenigen Seite selektiert werden, auf welcher die Maßpfeile zu liegen kommen sollen. Für die Schenkelangabe stehen verschiedene Schenkeloptionen zur Verfügung (siehe weiter unten).	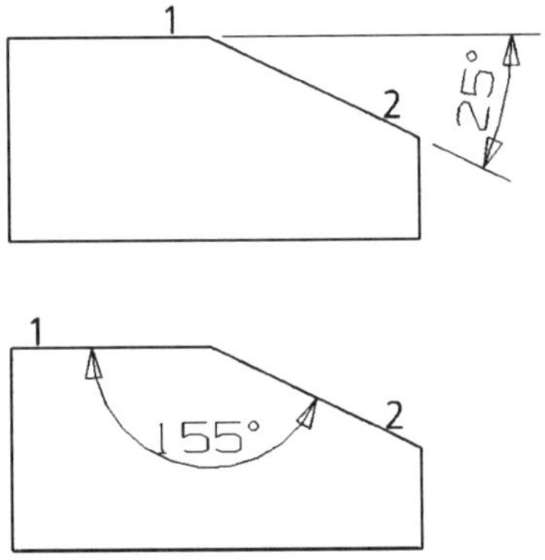
	**Radius / Radius to Center** Erzeugt eine Radiusbemaßung eines Kreisbogens oder Kreises. Je nach Option zeigt die Maßlinie ins Kreiszentrum oder nicht. Beim Typ Radius muss unter Umständen unter Style ( ) die Pfeilseite geändert werden mit der Option „Arrows – in" ( ).	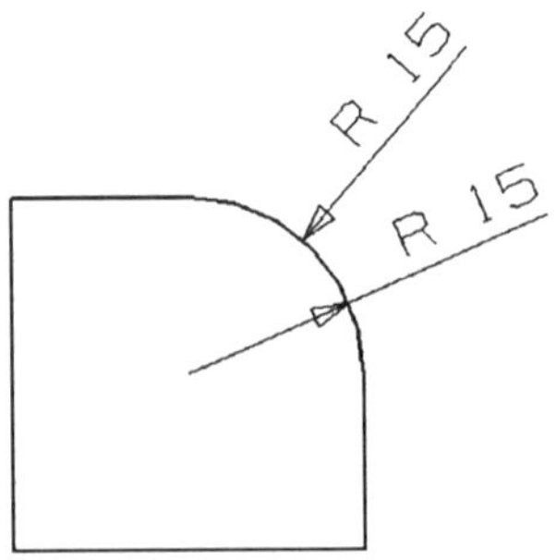

	**Folded Radius (Gefalteter Radius)** Erzeugt eine gefaltete Radiusbemaßung. Diese Option wird benötigt, wenn das Zentrum des Kreisbogens sehr weit entfernt oder gar außerhalb der Zeichnung liegt. Vorgehen: 1. Kreisbogen selektieren 2. Fiktiven Punkt wählen 3. Faltposition angeben 4. Bemaßung positionieren	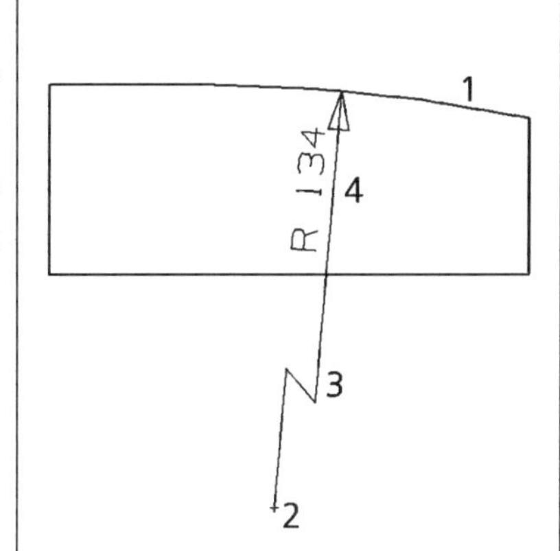
	**Concentric Circle (Konzentrisch)** Erzeugt ein Radiusdifferenzmaß zwischen zwei konzentrischen Kreisen oder Kreisbogen.	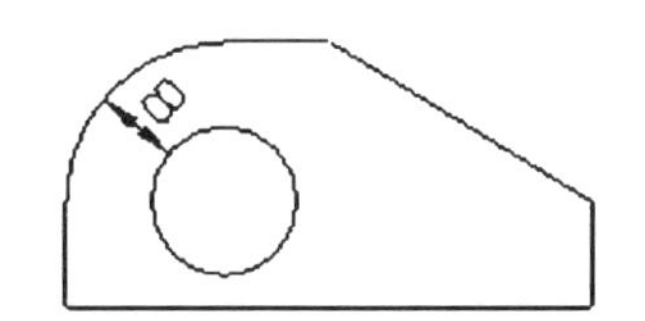
	**Arc Length** Erzeugt eine Bogenlängenbemaßung	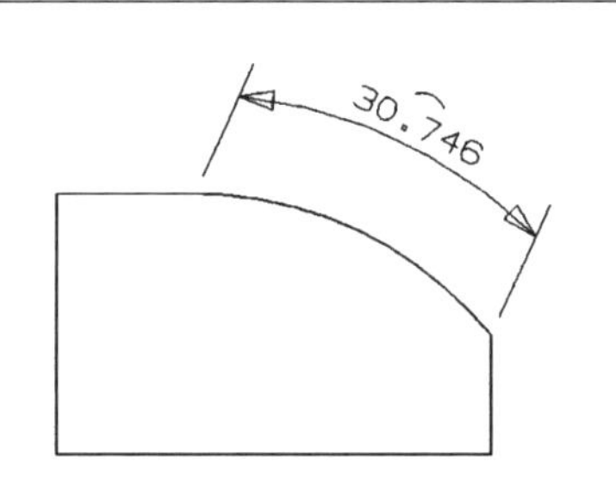
	**Ordinate Dimension** Erzeugt Koordinatenbemaßungen bezüglich eines Ursprungspunkts und einer Richtung. Dieser Typ eignet sich beispielsweise zum Bemaßen einer Bohrplatte mit vielen Objekten.	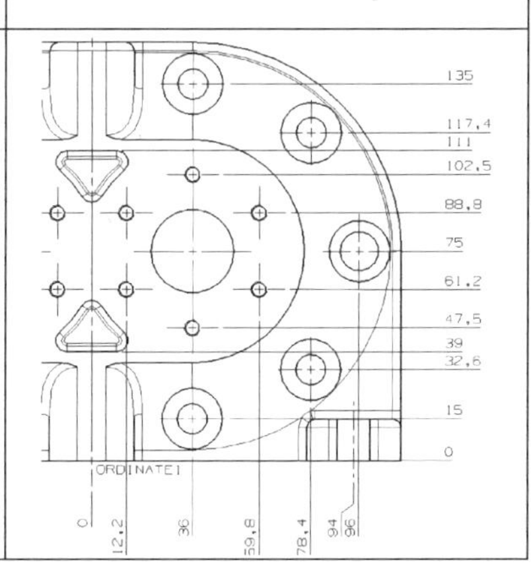

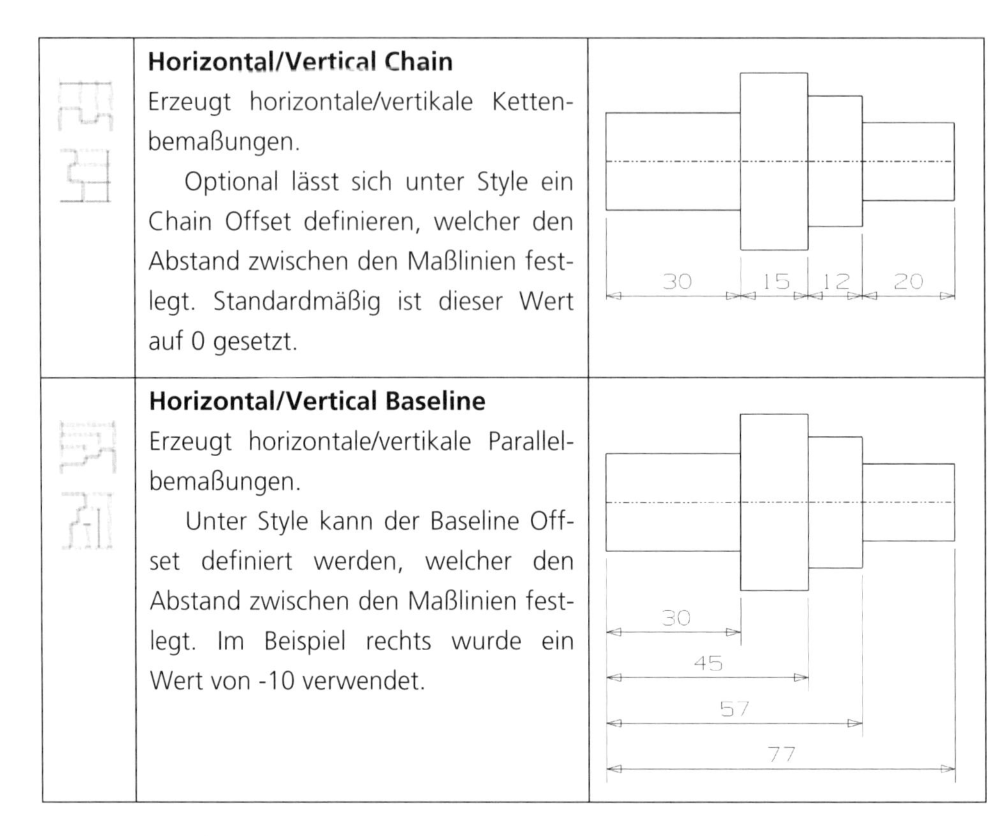

	Horizontal/Vertical Chain Erzeugt horizontale/vertikale Kettenbemaßungen. Optional lässt sich unter Style ein Chain Offset definieren, welcher den Abstand zwischen den Maßlinien festlegt. Standardmäßig ist dieser Wert auf 0 gesetzt.	30 15 12 20
	Horizontal/Vertical Baseline Erzeugt horizontale/vertikale Parallelbemaßungen. Unter Style kann der Baseline Offset definiert werden, welcher den Abstand zwischen den Maßlinien festlegt. Im Beispiel rechts wurde ein Wert von -10 verwendet.	30 45 57 77

Tabelle 2.2 Bemaßungstypen

2.6.4.1 Schenkeloptionen für die Winkelbemaßung

Bei Winkelbemaßungen gibt es Situationen, in denen man die Richtung der Schenkel nur über zusätzliche Hilfsmittel angeben kann.

Beispiel: Winkelbemaßung bezüglich der Horizontalen

Vorgehen:

- Winkelbemaßung aufrufen ()
- Ersten Schenkel (1) selektieren in der Nähe des rechten Endpunktes
- Aus der Symbolleiste oben links die Schenkeloption Horizontal Right wählen
- Punkt (2) für die Horizontale selektieren
- Winkelbemaßung positionieren (3)

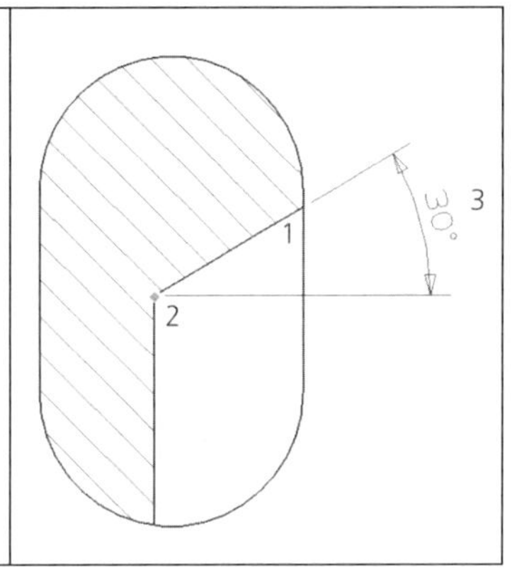

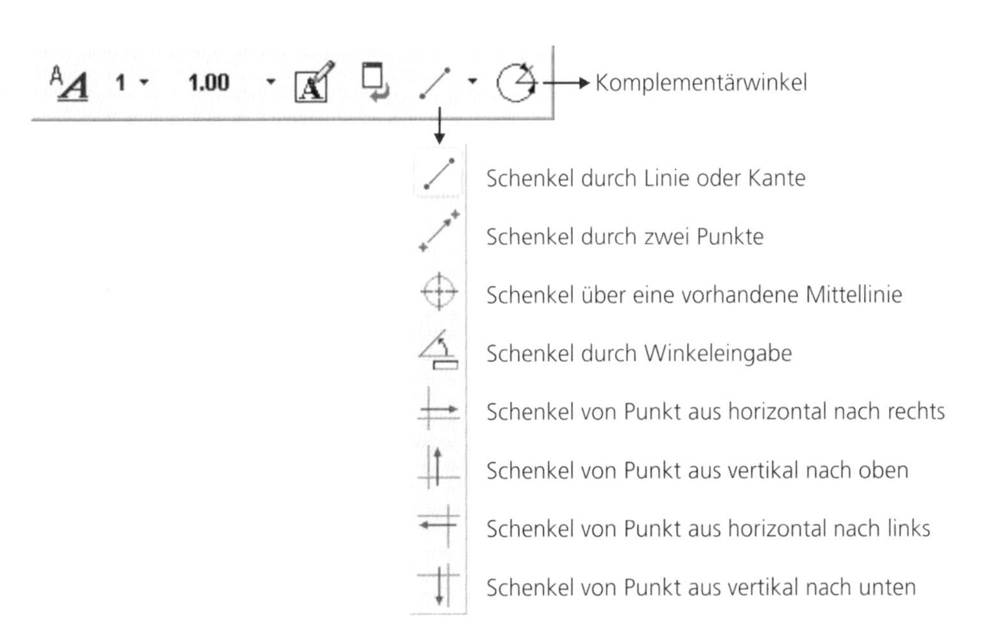

Bild 2.84 Symbolleiste Winkelbemaßung mit den Schenkeloptionen

2.6.4.2 Toleranzangaben

Die Auswahlliste der Toleranzangaben ist sehr vielfältig und erfüllt die unterschiedensten Anforderungen.

Das Anfügen einer Toleranz geht am einfachsten über die Symbolleiste Dimensions direkt beim Erzeugen oder nachträglich über einen Doppelklick auf die Bemaßung. Die Symbole sind selbsterklärend und werden hier deshalb nicht weiter beschrieben.

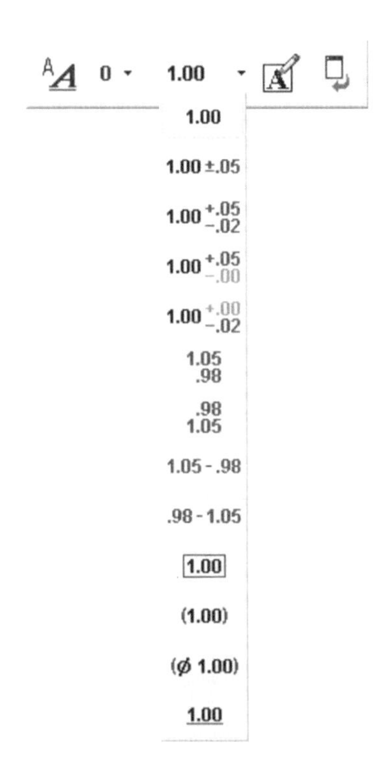

Bild 2.85 Toleranzen für Bemaßungen

2.6.5 Bemaßungstexte anfügen

Das Anfügen von Texten zu einer Bemaßung ist auf verschiedene Arten möglich.

- MB3 auf die selektierte Bemaßung, dann auf „Appended Text":

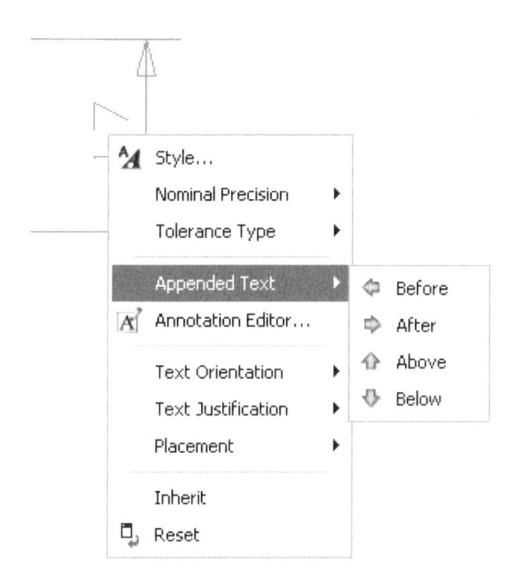

Bild 2.86 Bemaßungstext anfügen über die rechte Maustaste

- oder über den Annotation Editor ( ):
  Detaillierte Beschreibung siehe nächstes Kapitel (2.7)

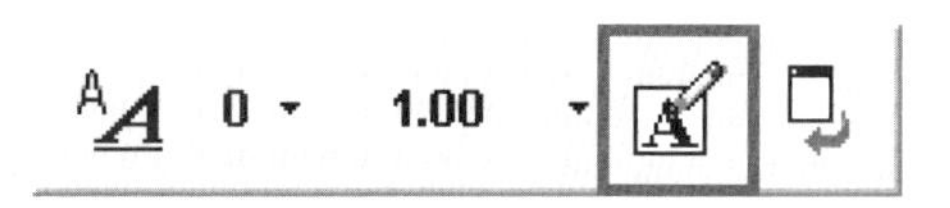

Bild 2.87 Annotation Editor [E] in der Drafting Symbolleiste

Hinweise:

- Nach einer Texteingabe bleibt dieser auch für nachfolgende Bemaßungen aktiv. Durch Drücken von Reset ( ) oder Taste [R] kann der aktive Text gelöscht werden, so lange die Symbolleiste geöffnet ist.
- Spezialsymbole wie Durchmesserzeichen oder Gradzeichen werden besser im Annotation Editor eingegeben.

2.7 Beschriftungen

2.7.1 Allgemeines

Zu Beschriftung gehören Texte, Hinweise, Basissymbole sowie Form- und Lagetoleranzen. Außer bei Texten werden zusätzlich Bezugspfeile angefügt, welche sich in der Regel auf ein Geometrieelement beziehen. Dabei können diese mit oder ohne Assoziativität erzeugt werden. Assoziativ bedeutet hier, dass bei einer Modelländerung die Positionen dieser Elemente automatisch nachgeführt werden. Bei Texten ist es anders. Möchte man erreichen, dass sich ein Text beispielsweise mit einer Ansicht zusammen verschiebt, dann muss dies mit Hilfe der Origin Tools bewerkstelligt werden (siehe Kapitel 2.7.3.2).

Für die Bezugspfeile selber stehen in der Werkzeugleiste „Annotation Placement" diverse Möglichkeiten zur Verfügung, welche im Kapitel 2.7.3 beschrieben werden.

2.7.2 Texte

Menü Insert → Annotation ( )

Beim Aufrufen der Funktion erscheinen oben links eine Symbolleiste und ein kleines Texteingabefeld. Der eingegebene Text hängt am Mauszeiger und kann dynamisch positioniert werden.

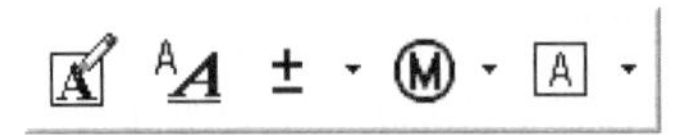

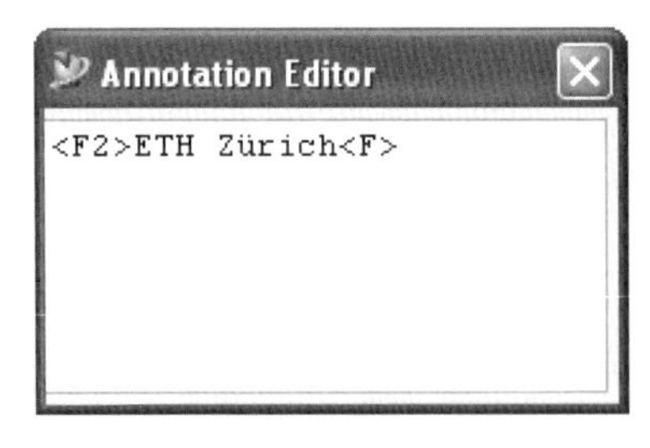

Bild 2.88 Symbolleiste mit Texteingabefeld und Textvoranzeige am Mauszeiger

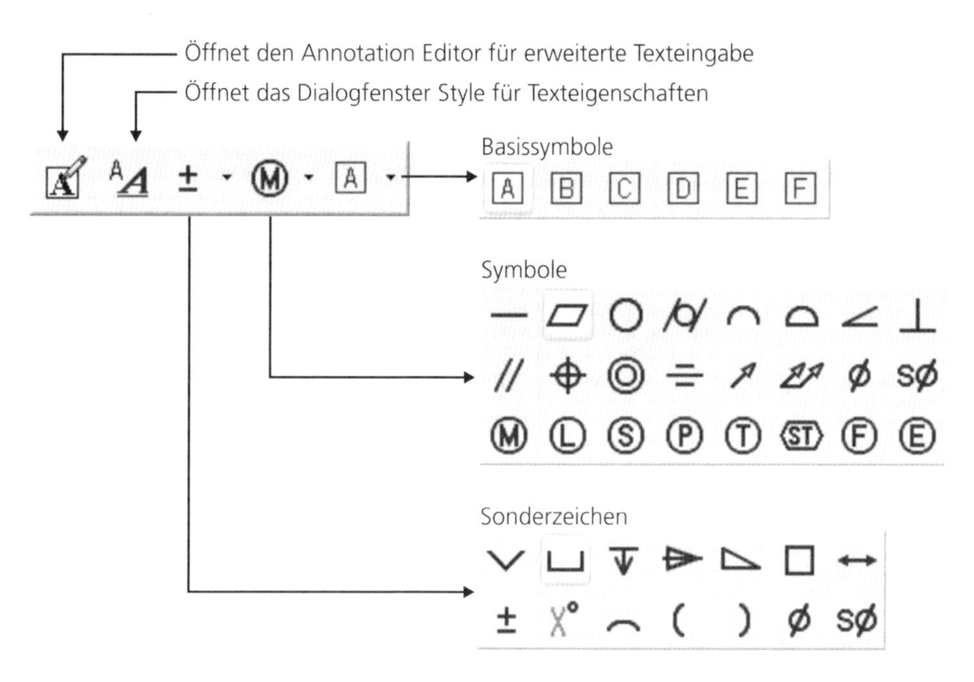

Bild 2.89 Symbolleiste Annotation

Das Dialogfenster Style beinhaltet vor allem Texteigenschaften wie Schriftart, Schrifthöhe, Ausrichtung, Zeilenabstand, usw.

Noch eine Bemerkung zu den europäischen Schriftzeichen wie ä, ö, ü, ß, usw. Diese Zeichen werden nur mit dem Font iso-1 dargestellt. Die anderen Fonts beinhalten diese Zeichen nicht.

2.7.2.1 Der Annotation Editor

Der Annotation Editor wird hauptsächlich dann benötigt, wenn spezielle Texteingaben erforderlich sind, beispielsweise Bruchzahlen, Bezüge zu Teileattributen und Expression, sowie generell für Form- und Lagetoleranzen (siehe Kapitel 2.7.6).

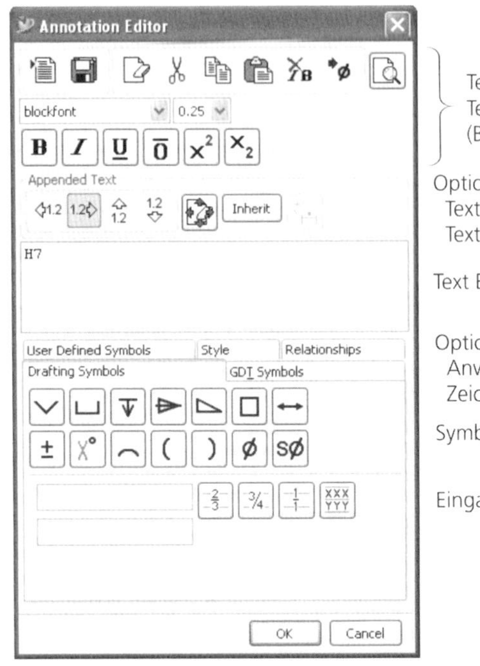

Text Operationen
Text Eigenschaften
(Beschreibung siehe weiter unten)

Optionen zum Anfügen von Bemaßungstext:
Text vor, nach, über, unter der Maßzahl, Text löschen
Text von einer anderen Bemaßung vererben (Inherit)

Text Eingabefeld

Optionen für Spezialsymbole:
Anwenderdef. Symbole, Text Style, Modellrelationen
Zeichnungssymbole, Form-Lagetoleranzsymbole

Symbolleiste, abhängig von der gewählten Option

Eingabe von Bruchzahlen

Bild 2.90 Der Annotation Editor

Vorgehen:

- Annotation Editor aufrufen ( )
- Text im Eingabefeld eingeben (die Voranzeige hängt am Mauszeiger)
- Texteigenschaften setzen und Text eingeben oder bestehenden Text markieren und mit Eigenschaften versehen
- Eventuell Sonderzeichen oder Symbol
- Text platzieren

Hinweise:

- Sobald Texteigenschaften oder Sonderzeichen gewählt werden, erscheinen im Eingabefeld Steuerparameter, welche im ersten Augenblick etwas verwirrend sind. Die Beschreibung der Steuerparameter findet man in der Online-Hilfe unter Symbols and Text Control Characters.
- Unter der Registerkarte Style kann mit der Option „Vertical Text" die Textrichtung von horizontal auf vertikal gewechselt werden.

2.7.2.2 Text-Operationen und Eigenschaften

	Insert from File Importiert den Text aus einer vorhandenen Textdatei (*.txt). Dazu wird das Windows Datei Dialogfenster aufgerufen.
	Save As Speichert den Textinhalt in einer Textdatei ab. Dazu wird das Das Windows Datei Dialogfenster aufgerufen.
	Clear (oder Taste Löschen/Delete) Löscht den Text im Eingabefenster.
	Cut (Ctrl+X) Schneidet den markierten Text aus und fügt ihn in die Zwischenablage ein.
	Copy (Ctrl+C) Kopiert den markierten Text in die Zwischenablage.
	Paste (Ctrl+V) Fügt den Text aus der Zwischenablage ein.
	Delete Text Attribute Löscht ein oder mehrere Textattribute. Dazu muss der Mauszeiger auf den Text positioniert werden. Bei verschachtelten Steuerparametern wird von innen nach außen gelöscht.
	Select Next Symbol Markiert das nächste Sonderzeichen/Symbol vom Mauszeiger aus. Dieses lässt sich daraufhin durch ein anderes Symbol ersetzen oder mit der Delete-Taste löschen.
	Show Preview Blendet ein zusätzliches Fenster für die Textvoranzeige ein.

blockfont blockfont_v1 blockfont_v2 blockmod1 blockslant blockvar cadds4 chinesef chineset clarendon computer cyrillic	**Font** (Schriftart) Umlaute, ä, ö, ü, usw. werden nur mit dem Font **iso-1** dargestellt. Die anderen Fonts beinhalten diese Zeichen nicht.
1 1.25 1.5 1.75 2 2.25 2.5 2.75 3 3.25 3.5 3.75	**Character Scale Factor** (Schriftgrößenskalierung) Skaliert die Schriftgröße um den gewählten Faktor. Die Schriftgröße selber ist definiert unter Annotation Style → Character Size.
B	**Bold** Setzt den markierten Text in Fettschrift.
I	**Italic** Setzt den markierten Text kursiv.
U	**Underline** Unterstreicht den markierten Text.
O	**Overline** Überstreicht den markierten Text.
x^2	**Super Script** Setzt den markierten Text in Hochschrift.
x_2	**Subscript** Setzt den markierten Text in Tiefschrift.

2.7.3 Bezugspfeile (Annotation Placement)

Die Werkzeugleiste Annotation Placement enthält Optionen für die Bezugspfeile von Hinweisen, Basissymbolen und Form-/Lagetoleranzen. Sie wird nur aktiviert, wenn die Funktion Annotation geöffnet ist. Unter Umständen muss diese Werkzeugleiste mit Hilfe von Menü Tools → Customize eingeblendet werden.

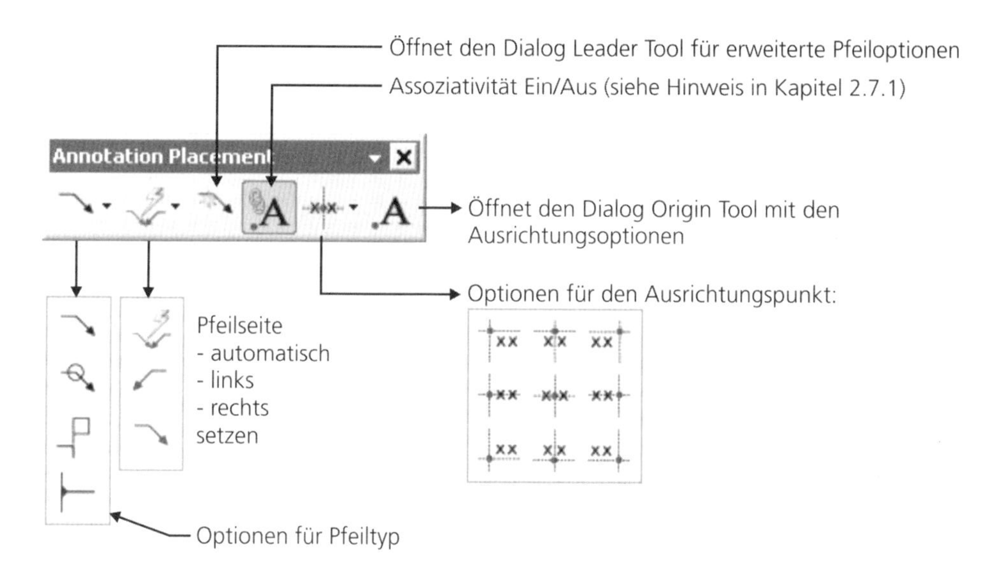

Bild 2.91 Werkzeugleiste Annotation Placement

2.7.3.1 Pfeiloptionen (Leader Tool)

Mit diesen Optionen lassen sich beispielsweise Mehrfachpfeile mit mehreren Pfeilpunkten erstellen:

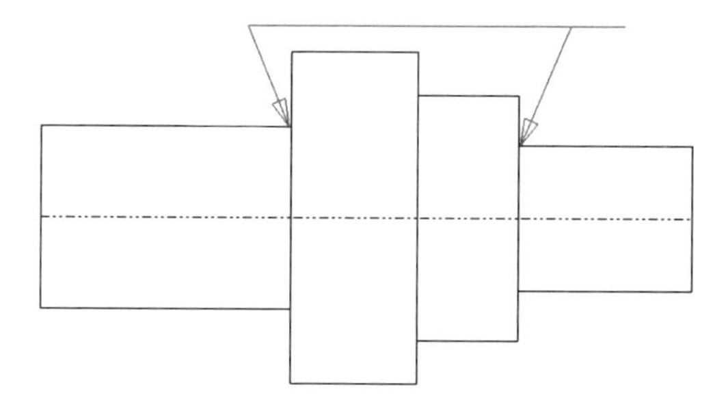

Bild 2.92 Beispiel: Hinweis mit zwei Pfeilen

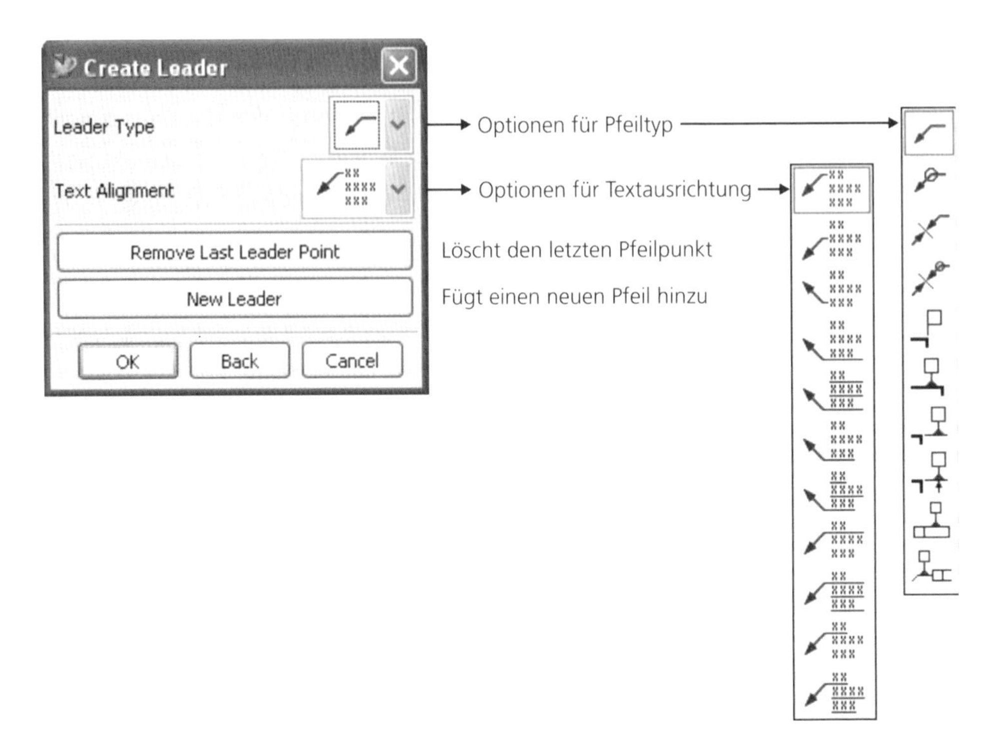

Bild 2.93 Dialogfenster Create Leader

2.7.3.2 Ausrichtungsoptionen (Origin Tool)

Mit Hilfe dieser Optionen wird eine assoziative Positionsbeziehung definiert zwischen einer Beschriftung und einer Ansicht oder einem Geometrieelement.

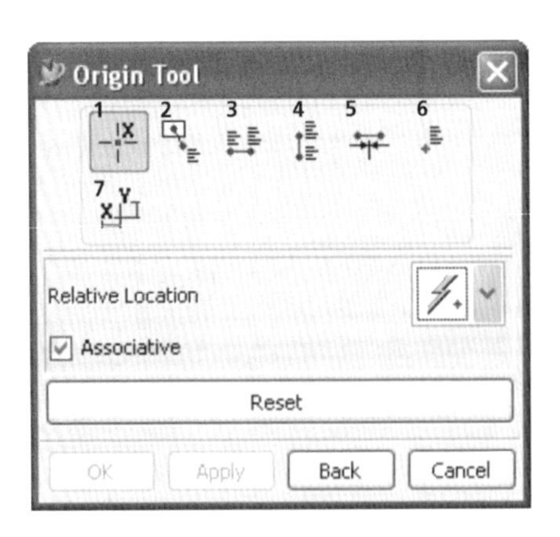

Optionen:
1) Drag: Manuell ausrichten
2) Relative to View (nach einer Ansicht ausrichten)
3) Horizontal ausrichten
4) Vertikal ausrichten
5) Bemaßungen ausrichten
6) Nach einem Punkt ausrichten
7) Offset Character: Mit Abstandsfaktor zu bestehender Beschriftung ausrichten

Assoziativität Ein/Aus

Bild 2.94 Dialogfenster Origin Tool

Diese Option entspricht dem Menü Edit → Origin (), womit man bestehende Beschriftungen noch nachträglich assoziieren kann.

2.7.4 Hinweise (Labels)

Das Erzeugen eines Hinweises (Text mit Bezugspfeil) funktioniert gleich wie bei einem normalen Text. Um den Bezugspfeil anzufügen, muss wie folgt vorgegangen werden:

- Menü Insert → Annotation ()
- Hinweistext eingeben
- Mauszeiger über das gewünschte Bezugsobjekt bewegen
- Linke Maustaste gedrückt halten und vom Objekt wegbewegen
- Für Mehrfachpfeile weitere Bezugsobjekte selektieren wie oben
- Hinweis platzieren

Optionen für Bezugspfeile siehe Kapitel 2.7.3.

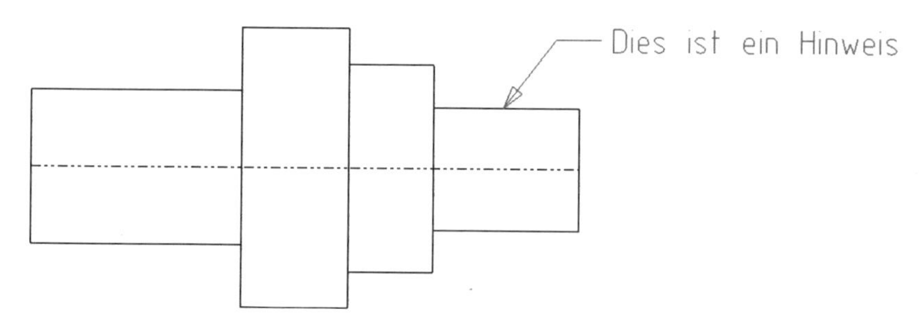

Bild 2.95 Beispiel: Hinweis

2.7.5 Basissymbole (Datum Callout)

Basissymbole werden im Zusammenhang mit Form-/Lagetoleranzen angewendet und werden wie folgt erstellt:

- Menü Insert → Annotation ()
- Aus Symbolleiste das gewünschte Basissymbol wählen

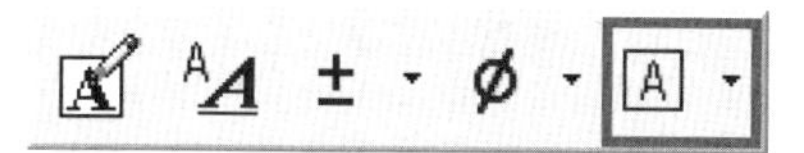

- Anderen Pfeiltyp wählen aus der Werkzeugleiste Annotation Placement

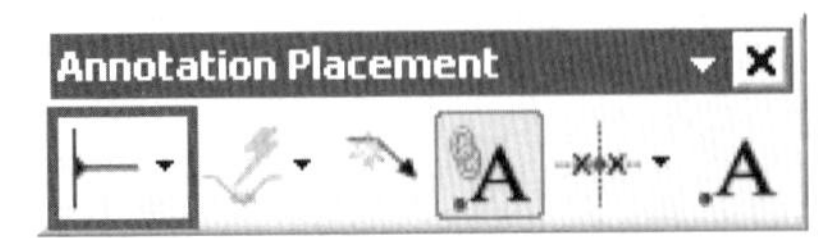

- Linke Maustaste gedrückt halten und vom Objekt wegbewegen

Weitere Optionen für Bezugspfeile siehe Kapitel 2.7.3.

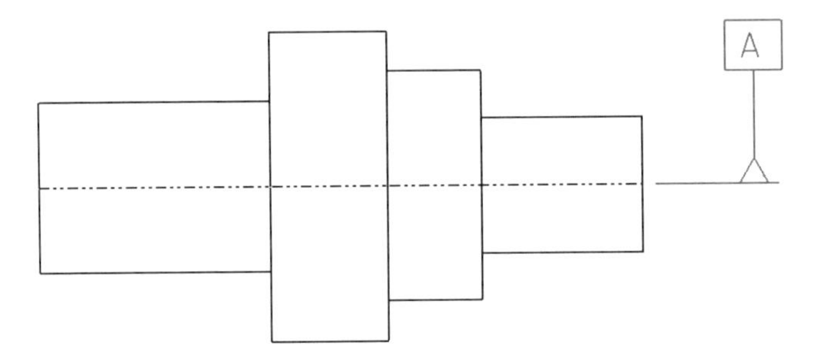

Bild 2.96 Beispiel: Basissymbol

2.7.6 Form- und Lagetoleranzen (GDT-Symbols)

Form-/Lagetoleranzangaben können über zwei Arten definiert werden:

- mit Hilfe des **Annotation Editors**, ähnlich wie ein ganz normaler Text mit Spezialsymbolen (herkömmliche Methode)
- mit Hilfe des **Feature Control Frame Builders** (neue Methode)

Der Feature Control Frame Builder ist seit NX 4 im Funktionsumfang enthalten und in der Anwendung wesentlich einfacher als der Annotation Editor.

Der Vollständigkeit halber folgt für jede Methode eine Beschreibung.

Beispiel: GDT-Symbol mit dem Annotation Editor

- Menü Insert → Annotation ( )
- Annotation Editor aufrufen ( )

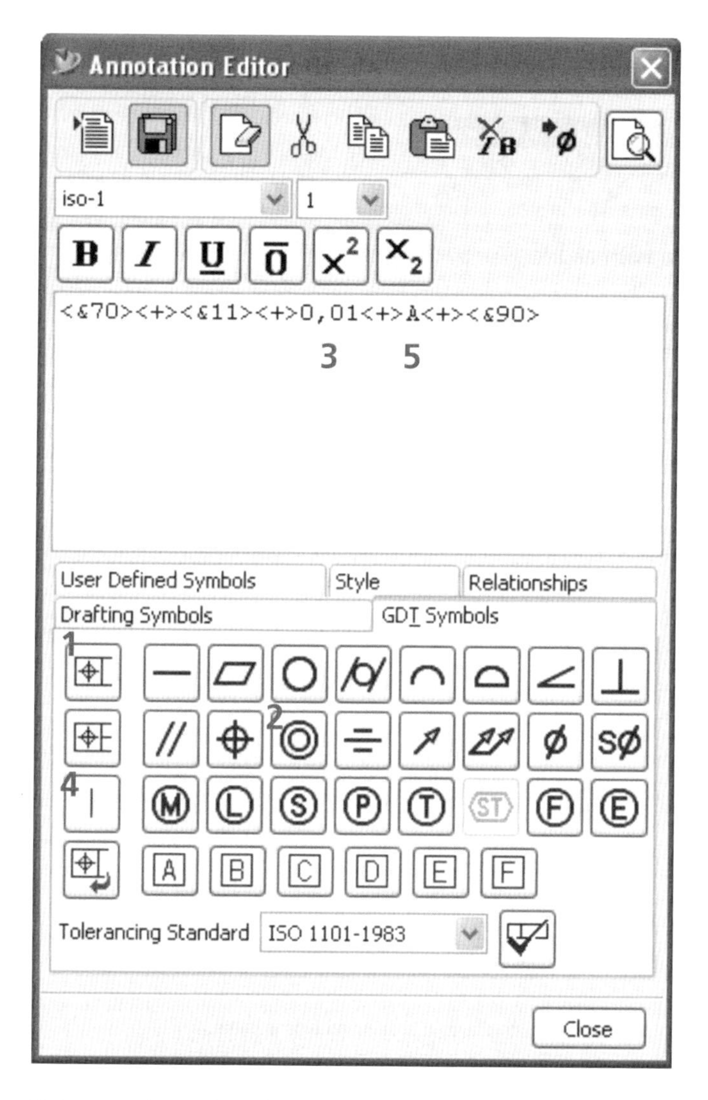

Bild 2.97 Annotation Editor

- Im unteren Bereich die Registerkarte „GDT Symbols" aktivieren
- Startsymbol einfügen (1)
- Form-/Lagetoleranzsymbol wählen, z.B. konzentrisch (2)
- Toleranzwert eingeben, z.B. 0,01 (3)
- Trennstrich einfügen (4)
- „A" als Bezugssymbol eingeben (5)

- Pfeiloptionen (Leader Tool) aufrufen

- Option „Plain with aligned Arrow" wählen

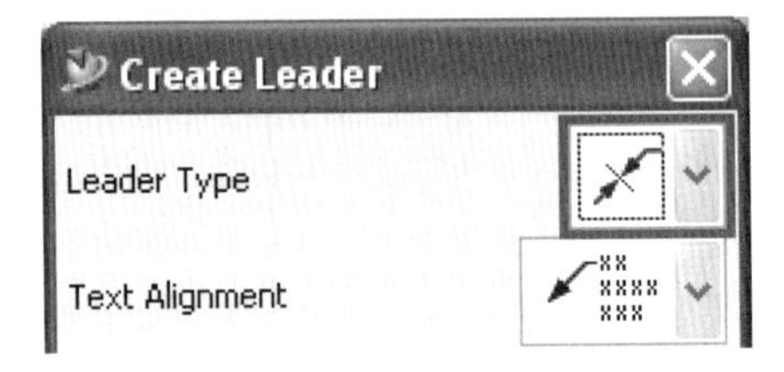

- Bezugsposition angeben (Bemaßungspfeil)
- Mittlere Maustaste drücken (hier könnten optional noch weitere Punkte angegeben werden)
- Form-/Lagetoleranz platzieren

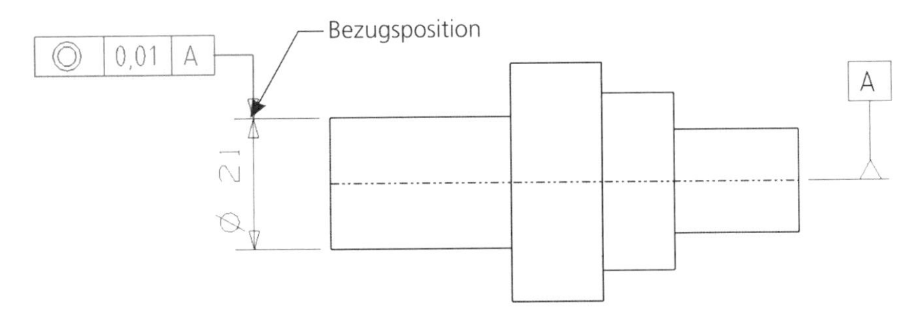

Bild 2.98 Beispiel: Form-/Lagetoleranz, assoziiert an eine Bemaßung

Hinweis:

NX fügt von sich aus eine kurze horizontale Linie bis zum Rahmen des Toleranzkastens hinzu.

Beispiel: GDT-Symbol mit dem Feature Control Frame Builder

- Menü Insert → Feature Control Frame Builder ()
- Optionen und Parameter eingeben:

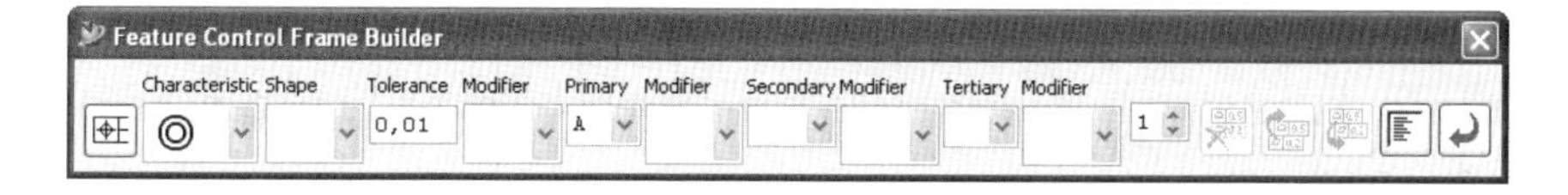

Bild 2.99 Dialogfenster "Feature Control Frame Builder"

Die restlichen Schritte sind gleich wie bei der Methode Annotation Editor (s.o.)

- Pfeiloptionen (Leader Tool) aufrufen

- Option „Plain with aligned Arrow" wählen

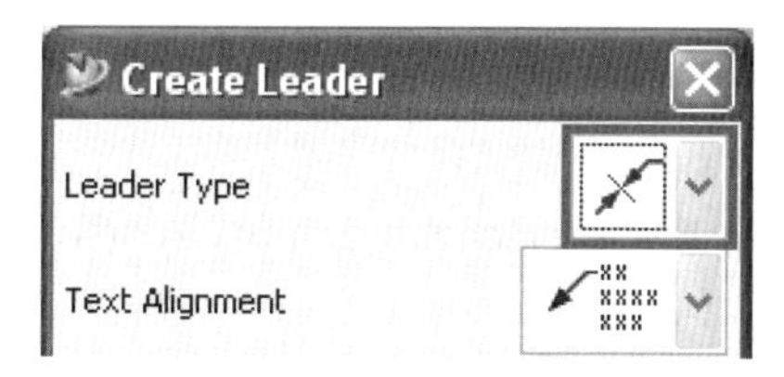

- Bezugsposition angeben (Bemaßungspfeil)
- Mittlere Maustaste drücken (hier könnten optional noch weitere Punkte angegeben werden)
- Form-/Lagetoleranz platzieren

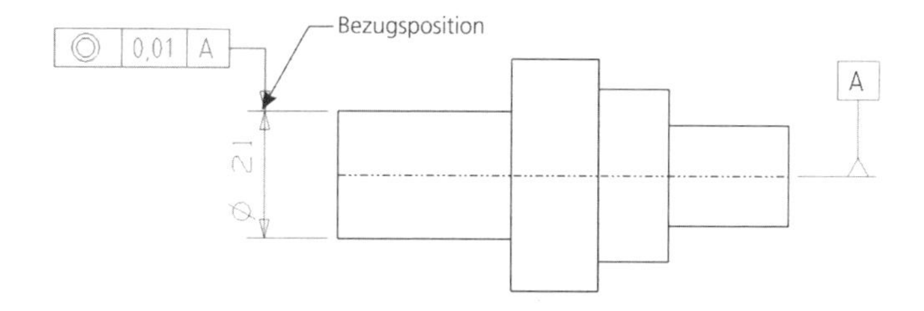

2.8 Spezialsymbole

2.8.1 Bearbeitungssymbole (Surface Finish Symbols)

Angaben über die Oberflächenbeschaffenheit und Bearbeitung erfordern Wissen in Bezug auf die Funktionalität des Fertigungsteils und dessen Einsatzgebiet sowie über mögliche Herstellungsverfahren. Folgendes Bild soll als kleine Hilfestellung dienen. Es zeigt, an welcher Stelle beim Symbol welche Eintragungen gemacht werden müssen.

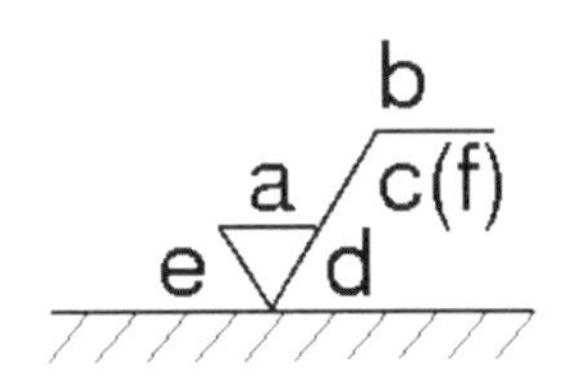

a: Rauheitsklassen N1 bis N12 oder Rauheitswert *Ra* in µm

b: Herstellverfahren, Behandlung oder Überzug

c: Bezugslänge bzw. Cutoff-Wert

d: Riefenrichtung

e: Bearbeitungszugabe

(f): andere Rauheitsangaben

Bild 2.100 Erklärung des Bearbeitungssymbols

Wichtiger Hinweis:

Damit die „Surface Finish Symbols" im Menü erscheinen, muss zuerst folgender Eintrag in der Datei ugii_env.dat gesetzt werden:

UGII_SURFACE_FINISH=ON

Nach dem Neustart von NX erscheint dann die Funktion unter dem Menü Insert → Symbol → Surface Finish Symbols.

Ein Icon ist nicht vorhanden. „Surface Finish Symbols" muss also über das Menü aufgerufen werden.

Erzeugen/Ändern von Bearbeitungssymbolen

Menü Insert → Symbol → Surface Finish Symbols

Das Dialogfenster dient für beides, zum Erstellen neuer und Ändern bestehender Bearbeitungssymbole.

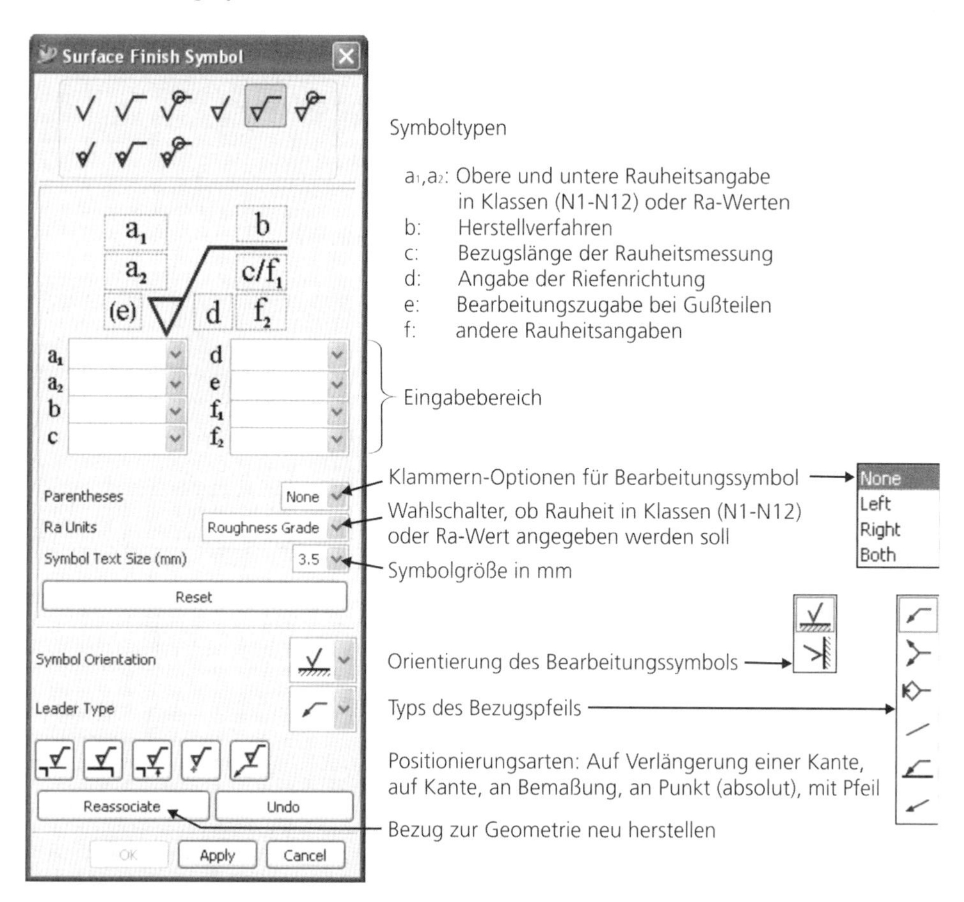

Bild 2.101 Dialogfenster für Bearbeitungssymbole

Hinweis: Die ersten drei Positionierungsarten erzeugen ein zur Geometrie assoziatives Bearbeitungssymbol.

Vorgehen zum Erzeugen:

- Menü Insert → Symbol → Surface Finish Symbols
- Symboltyp wählen
- Bearbeitungsangaben eingeben (z.B. Rauheit)
- Positionierungsart wählen
- Kante oder Bemaßung für die Positionierung selektieren
- Seite (z.B. unterhalb/oberhalb) für Positionierung definieren

Vorgehen zum Ändern:

- Menü Insert → Symbol → Surface Finish Symbols
- Bearbeitungssymbol selektieren
- Änderungen durchführen und OK

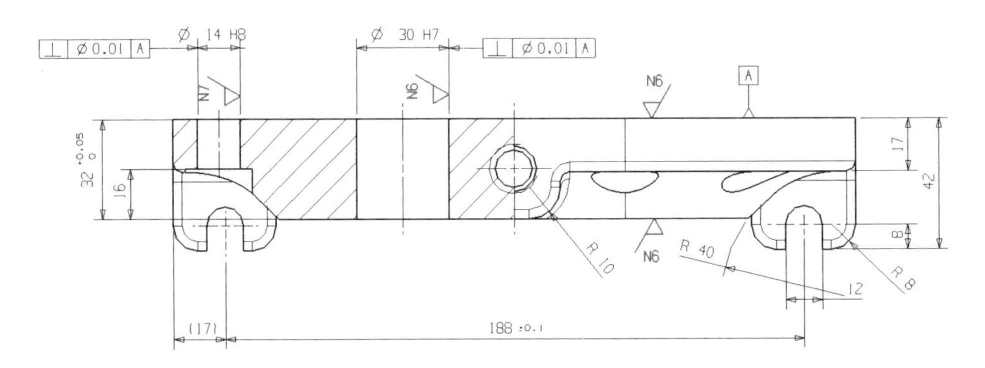

Bild 2.102 Beispiele für Bearbeitungssymbole

2.8.2 Schweißsymbole (Weld Symbols)

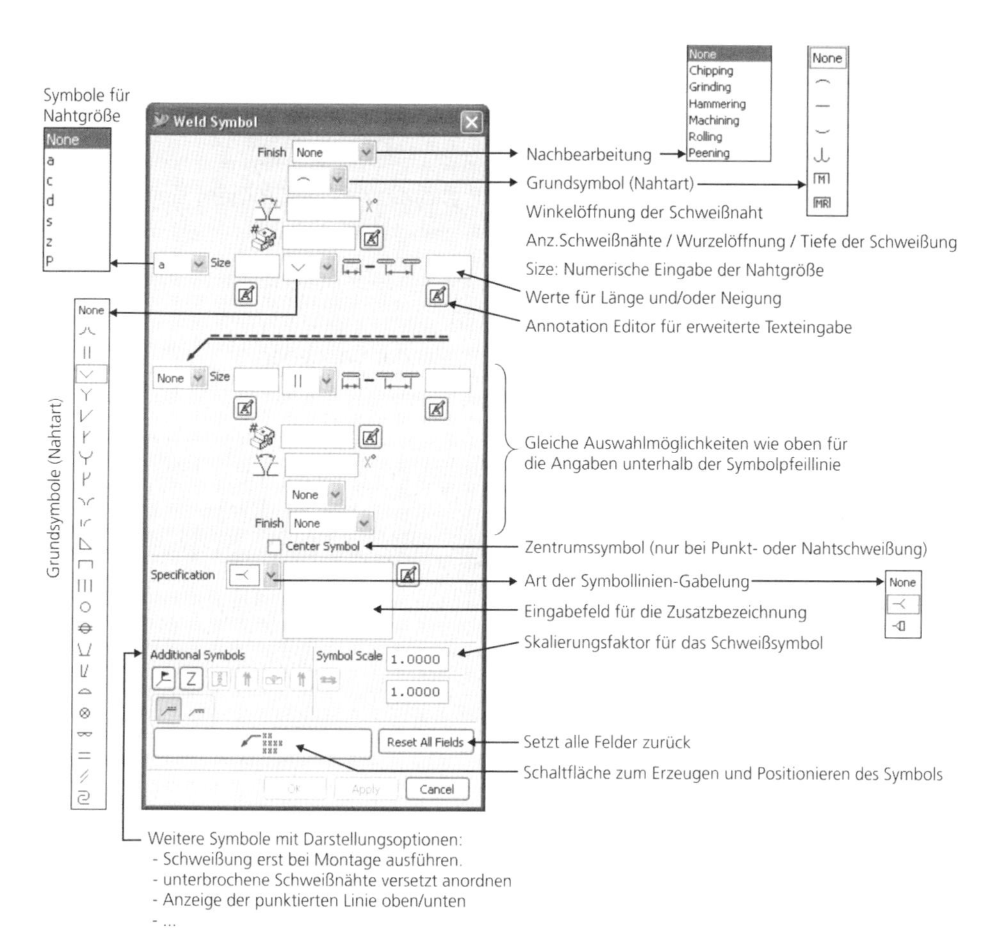

Bild 2.103 Dialogfenster Schweißsymbole

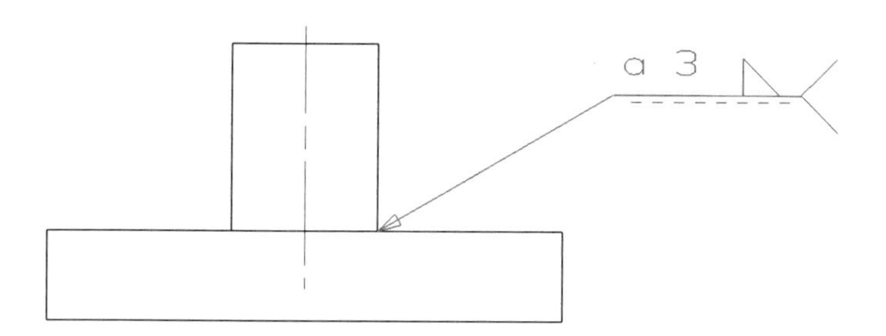

Bild 2.104 Beispiel eines Schweißsymbols

Vorgehen zum Erzeugen von Schweißsymbolen:

- Menü Insert → Symbol -→ Weld Symbol ()
- Grundsymbol wählen
- Notwendige Angaben eingeben
- Schaltfläche zum Erzeugen wählen ()
- Im Dialogfenster Create Leader die Pfeiloptionen bestimmen (siehe Kapitel 2.7.3.1)
- Schweißsymbol platzieren:
  - Bezugspunkt auf einer Kante zeigen
  - Eventuell weitere Punkte für den Pfeilverlauf angeben
  - Mittlere Maustaste drücken
  - Symbol positionieren

Vorgehen zum Ändern:

- Menü Insert → Symbol -→ Weld Symbol ()
- Schweißsymbol selektieren
- Änderungen durchführen und OK

⓪ Nahtlinie, -stoss usw.
① Pfeillinie und Pfeil
(2a) Bezugslinie (Vollinie)
(2b) Bezugslinie (Strichlinie)
③ Ergänzungssymbol
④ Nahtdicke a oder z
⑤ Grundsymbol (Nahtart)
⑥ Zusatzsymbol (Oberfläche)
⑦ Anzahl der Schweissstellen bei unterbrochenen Nähten
⑧ Nahtlänge ohne Kraterenden
⑨ Abstand der Schweissstellen bei unterbrochenen Nähten
⑩ Ordnungsnummer für Schweiss- oder Lötverfahren

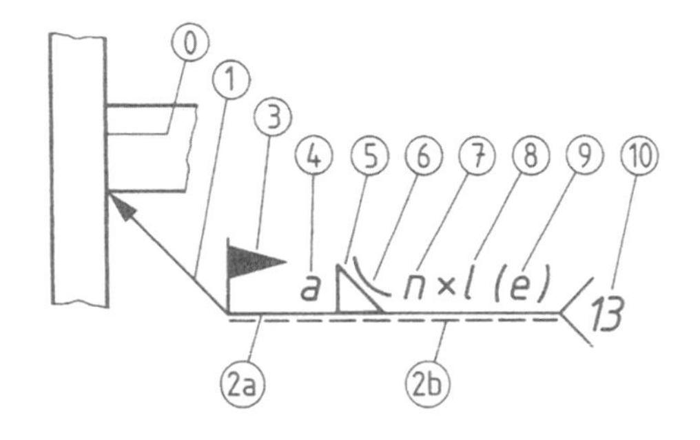

Bild 2.105 Erklärungen zu den Schweißsymbolen

2.8.3 Weitere Symbole

Weitere Symbole stehen zur Verfügung unter Menü Insert → Symbols.

- **User-Defined Symbols** (alte Methode) ermöglichen es, eigene und von UGS mitgelieferte Zeichnungssymbole zu verwenden. Eigene Symbole werden erstellt mit Hilfe von Menü File → Utilities→ Symbol Fonts.
- **Custom Symbols** (neue Methode) werden benötigt zum Erstellen und Ändern von Symbolen einer Symbolbibliothek und die es erlauben, Text und Zahlen während der Anwendung von Symbolen zu verändern. Diese Bibliothek wird vom System mitgeliefert und kann vom Anwender erweitert werden mit Hilfe von Menü File → Utilities → Create Custom Symbol.

Detaillierte Beschreibung siehe Online-Hilfe.

Vorgehen zum Platzieren von User-Defined Symbols:

- Menü Insert → Symbol → User-Defined Symbol ( )
  Es erscheint folgendes Dialogfenster:

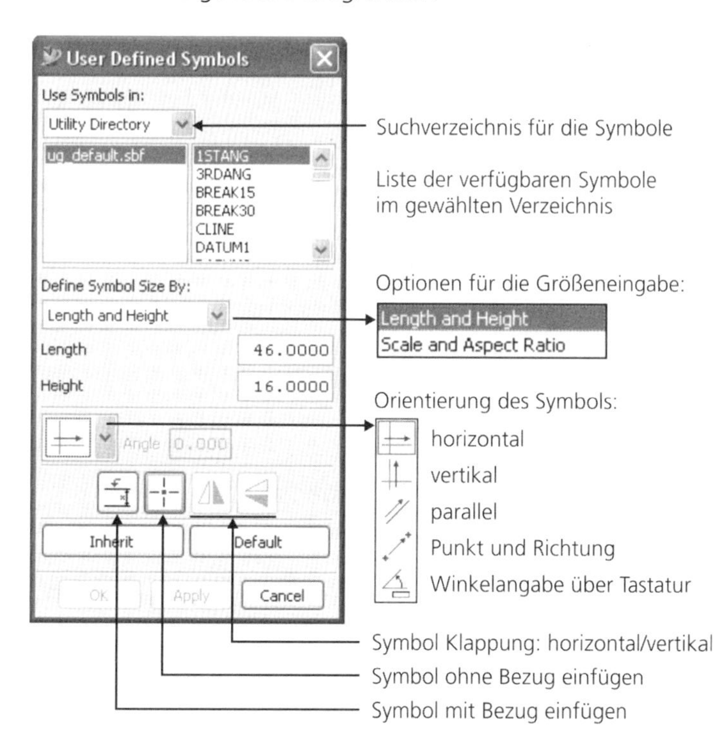

Bild 2.106 Dialogfenster User-Defined Symbols

- Verzeichnis „Utility Directory" wählen
- Gewünschtes Symbol auswählen
- Größe und Orientierung festlegen
- Einfügeoption wählen
- Symbol auf der Zeichnung platzieren

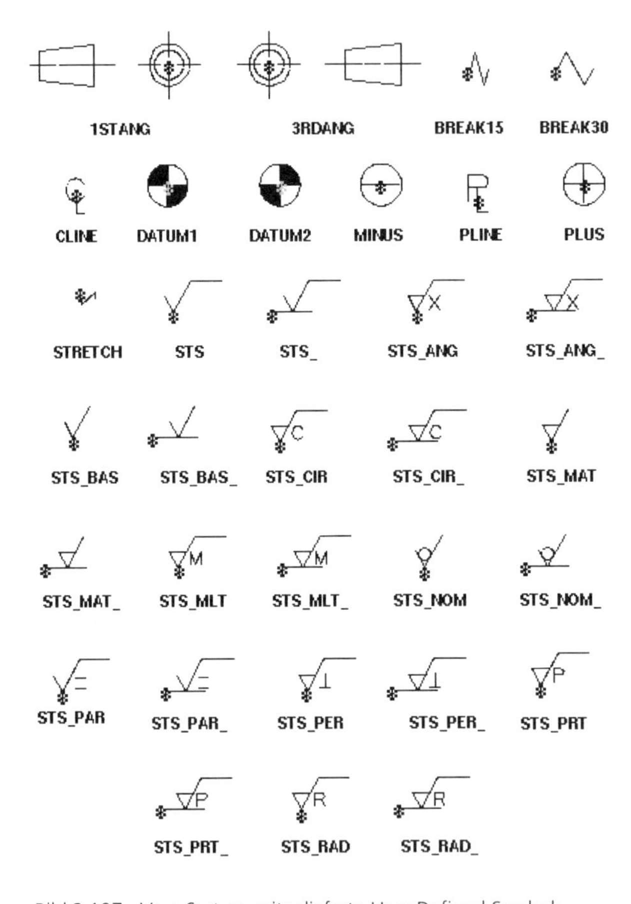

Bild 2.107 Vom System mitgelieferte User-Defined Symbols

Ändern eines User-Defined Symbols:

- Menü Insert → Symbol → User-Defined Symbol ( )
- Symbol selektieren
- Änderungen durchführen und OK

Vorgehen zum Platzieren von Custom Symbols:

- Menü Insert → Symbol → Custom Symbol ( )
- Gewünschtes Symbol aus einer der angezeigten Bibliotheken auswählen:

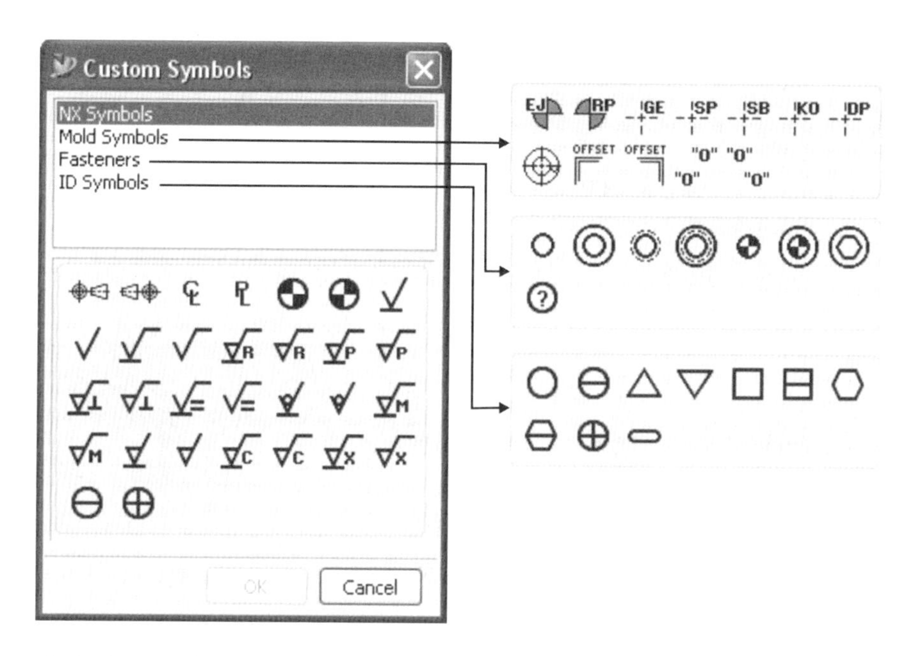

Bild 2.108 Vom System mitgelieferte Custom Symbols

- Darstellungseigenschaften, Größe und Orientierung festlegen
- Positionierungsart wählen

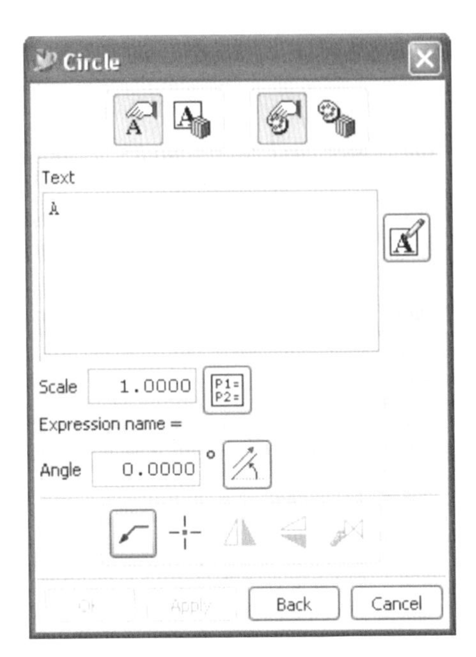

Bild 2.109 Dialogfenster Custom Symbols

- Symbol auf der Zeichnung platzieren

Ändern eines Custom Symbols:

- Doppelklick auf das Symbol
- Größe und Lage ändern durch Eingabe der Werte oder durch Ziehen an den Drag Handles

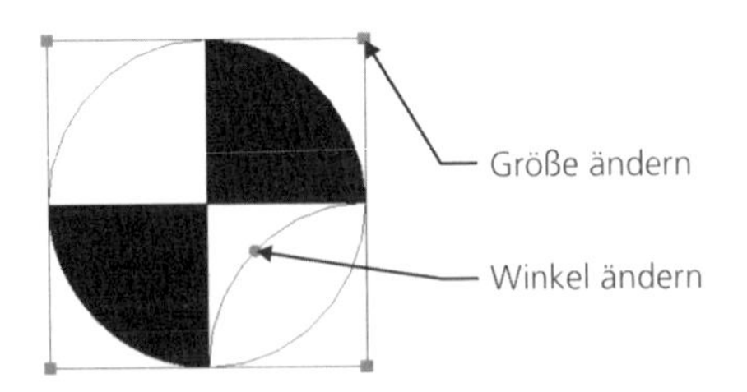

Bild 2.110 Custom Symbol ändern

2.9 Tabular Notes (Tabellen)

Mit Hilfe von Tabular Notes lassen sich Tabellen mit Informationen in die Zeichnung einfügen, beispielsweise Tabellen von Familienteilen (Family Table), Ausdrücken (Expressions) oder eine in der aktuellen NX-Datei erzeugte Tabelle (siehe Menü Tools → Spreadsheets).

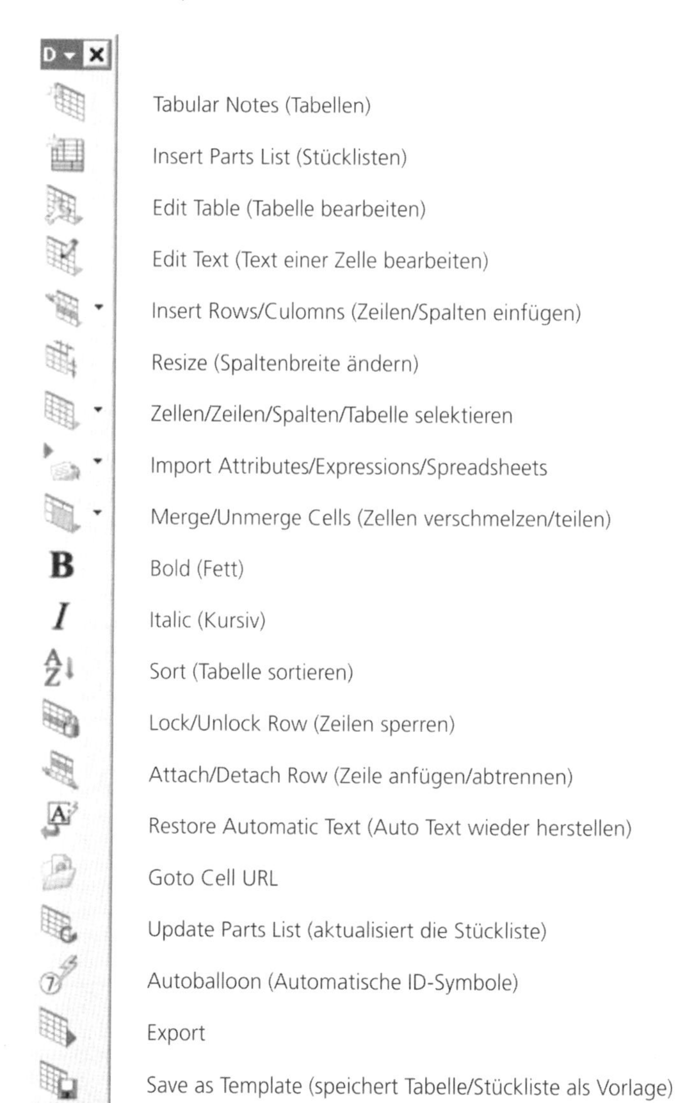

Bild 2.111 Werkzeugleiste Drafting Tables (Menü Tools →Table)

Erstellen einer Tabelle auf einer Zeichnung

- Menü Insert → Tabular Note ( )
- Tabelle auf der Zeichnung platzieren
- Zelle oben links hervorheben

- MB3 → Import → Spreadsheet
- Spreadsheet Typ = Modeling wählen und OK

Wichtig: Diese Tabelle muss zuvor erstellt werden mit Hilfe des Menüs Tools → Spreadsheets.

Bearbeiten einer Tabelle

Das Bearbeiten einer Tabelle kann über die Funktionen der Werkzeugleiste erfolgen. Die meisten Funktionen stehen auch im Kontextmenü zur Verfügung: Zelle/Zeile/Spalte/Tabelle selektieren und MB3 drücken. Die Darstellung der Tabelle wird unter Cell Style festgelegt.

3 Baugruppen

3.1 Allgemeines

Eine Baugruppe (Assembly) repräsentiert ein Produkt und besteht aus Einzelteilen und/oder Unterbaugruppen (Sub Assemblies), welche wiederum aus Einzelteilen und/oder weiteren Unterbaugruppen bestehen können.

Eine Baugruppe wird in NX in der Applikation Assemblies erstellt und enthält in der Regel keine Geometrie.

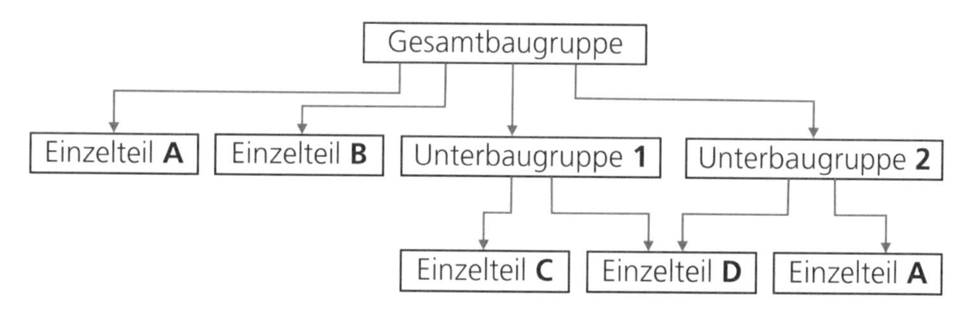

Bild 3.1 Beispiel einer Baugruppen-Struktur

Merkmale von Baugruppen:

- Es wird nicht die Geometrie der Einzelteile in die Baugruppendatei kopiert, sondern es werden nur Referenzen (Components) auf die Einzelteile bzw. Unterbaugruppen erzeugt. Die geometrischen Daten sind also nur einmal vorhanden. Dadurch ist der Speicherbedarf von Baugruppendateien sehr klein.
- Die Assoziativität zwischen Einzelteilen/Unterbaugruppe und der Baugruppe ist gewährleistet und Änderungen an einem Einzelteil werden in der Baugruppe nachgeführt.
- Die grafische Darstellung der Baugruppe kann verändert oder vereinfacht werden, ohne dass die Einzelteile verändert werden müssen.
- Eine Baugruppe kann verschiedene Zusammenbauzustände annehmen, so genannte Anordnungen (Arrangements).

3.1.1 Master-Modell Konzept der Baugruppe

Wie bereits im Kapitel 0.5 erwähnt, erlaubt Concurrent Engineering verschiedenen Personen eines Entwicklungsteams dasselbe 3D Modell zu verwenden, um davon weitere Daten (2D Zeichnungen, FEM-Daten, NC-Daten, usw.) abzuleiten. Dabei darf das 3D Modell zwecks Eindeutigkeit nur einmal vorhanden sein. Dies hat zur Folge, dass alle Datensätze als eigenständige Dateien existieren müssen. Diese enthalten nur eine Referenz auf das 3D Master-Modell. So ist gewährleistet, dass sich die Entwicklungsleute nicht gegenseitig die Arbeit überschreiben.

Wichtig: Es liegt in der Verantwortung der Anwender sicherzustellen, dass nicht gleichzeitig mehrere Personen die gleiche Datei bearbeiten. NX bietet leider keinen Mechanismus an, dies zu verhindern. Es gilt somit: Wer zuletzt speichert hat gewonnen. Die Lösung für diese Problematik ist der Einsatz eines integrierten PDM-Systems wie z.B. Teamcenter Engineering.

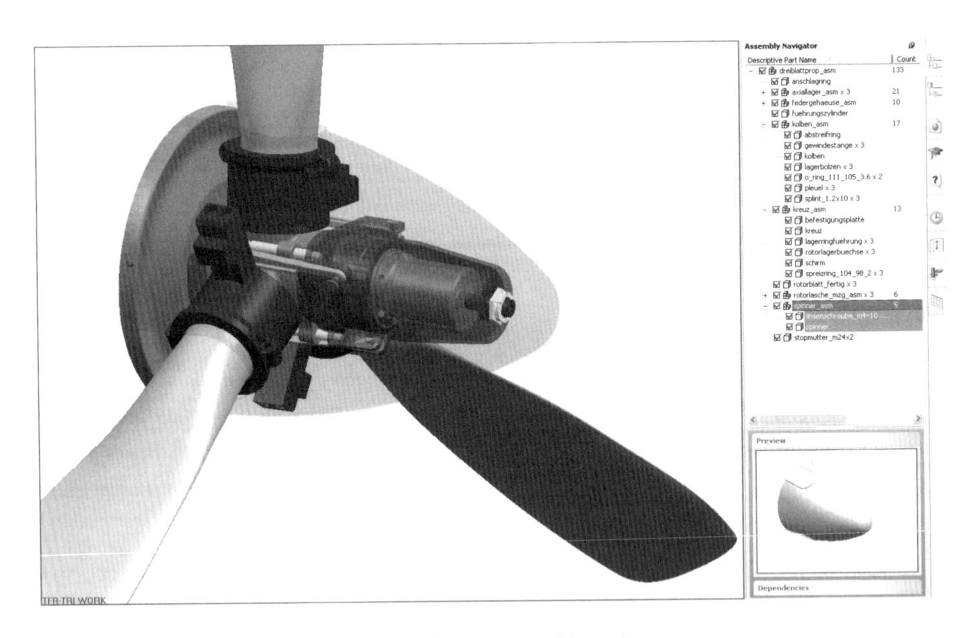

Bild 3.2 Beispiel einer Baugruppe, mit geöffnetem Assembly Navigator

3.1.2 Verwalten von Baugruppen und Einzelteilen

Beim Arbeiten mit Baugruppen sind in der Regel mehrere Dateien geöffnet und in Bearbeitung. Deshalb ist für das Speichern besonders auf Folgendes zu achten:

File → Save

Speichert das aktive Teil.

- Ist das aktive Teil die Hauptbaugruppe, werden alle geänderten Komponenten ebenfalls gespeichert.
- Ist das aktive Teil eine Unterbaugruppe werden die darüber liegenden Komponenten **nicht** gespeichert, auch wenn sie geändert wurden.

File → Save All

Speichert alle geladenen und geänderten Komponenten (unabhängig vom aktiven Teil). Daraus folgt: Wenn kein besonderer Grund vorhanden ist, wird für das Speichern dringend empfohlen, immer File → Save All zu verwenden.

File → Save Work Part only

Speichert **nur** das aktive Teil. Diese Option ist vor allem bei großen Baugruppen nützlich um Zeit zu sparen.

Dateien löschen/umbenennen

Vorsicht beim Löschen oder Umbenennen von Dateien in der Windows Betriebssystemumgebung. Baugruppen finden verloren gegangene Referenzen nicht selbständig. Diese müssen in diesem Fall manuell im Assembly Navigator wieder hergestellt werden mit MB3 → Open → Component As.

Hinweis:

Umbenennen kann auch in NX erfolgen mit File → Save As. Dabei wird die Struktur der Baugruppe korrekt nachgeführt. Die Originaldatei bleibt jedoch erhalten. Bemerkung: Alle Teile mit dem gleichen Namen werden umbenannt.

3.1.3 Der Assembly Navigator

Der Assembly Navigator dient zur grafischen Darstellung der Baugruppenstruktur und zur Bearbeitung der Komponenten einer Baugruppe. Die Stati und Symbole in den Spalten zeigen an, in welchem Zustand sich die einzelnen Komponenten befinden. Die Darstellung des Assembly Navigators kann nach den Bedürfnissen angepasst werden (MB3 auf die Titelleiste → Properties).

Das Öffnen des Assembly Navigators erfolgt durch Wählen des entsprechenden Symbols in der Hilfsleiste auf der rechten Seite oben:

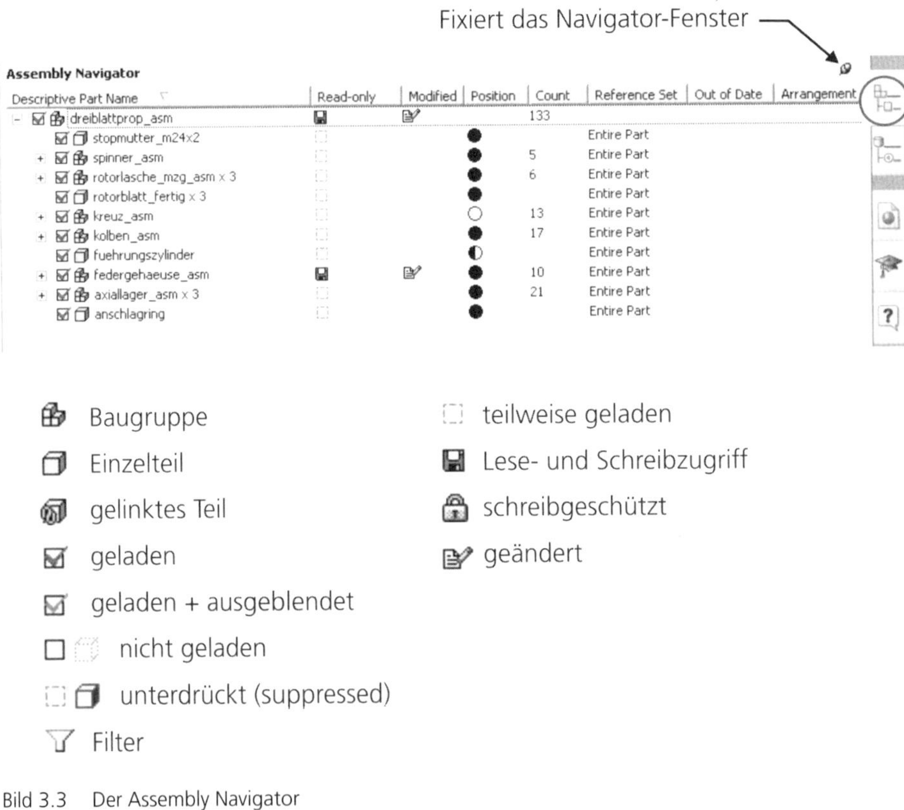

Bild 3.3 Der Assembly Navigator

Hinweis: Der Assembly Navigator kann auch von der Hilfsleiste losgelöst und als eigenständiges Fenster beliebig platziert werden.

3.1.3.1 Einstellungen des Assembly Navigators

Die Funktionen steuern hauptsächlich die Darstellung des Inhaltes im Assembly Navigator. Sie sind entweder im Menü Tools → Assembly Navigator zu finden oder können über die rechte Maustaste auf der Titelleiste aufgerufen werden.

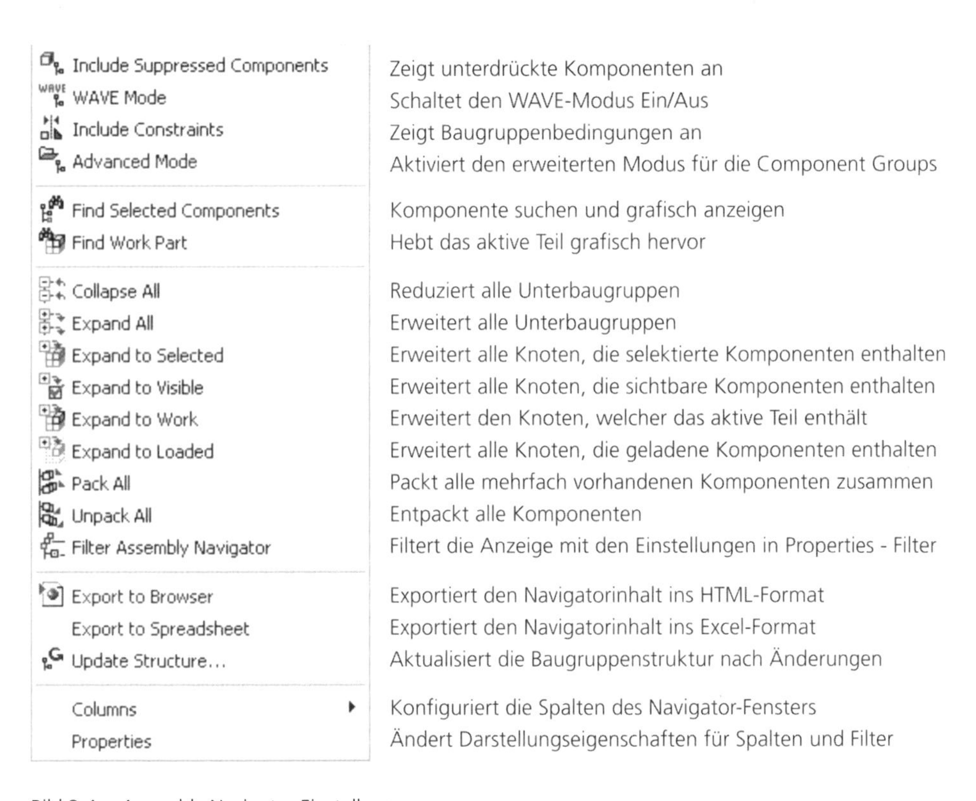

Bild 3.4 Assembly Navigator Einstellungen

3.1.3.2 Funktionen des Assembly Navigators

Die meisten Funktionen werden am einfachsten über die rechte Maustaste auf eine Komponente aufgerufen. Die WAVE- bzw. Gruppierungsoptionen erscheinen nur dann, wenn der entsprechende Modus aktiviert ist (MB3 auf Titelleiste, dann WAVE Mode bzw. Advanced Mode).

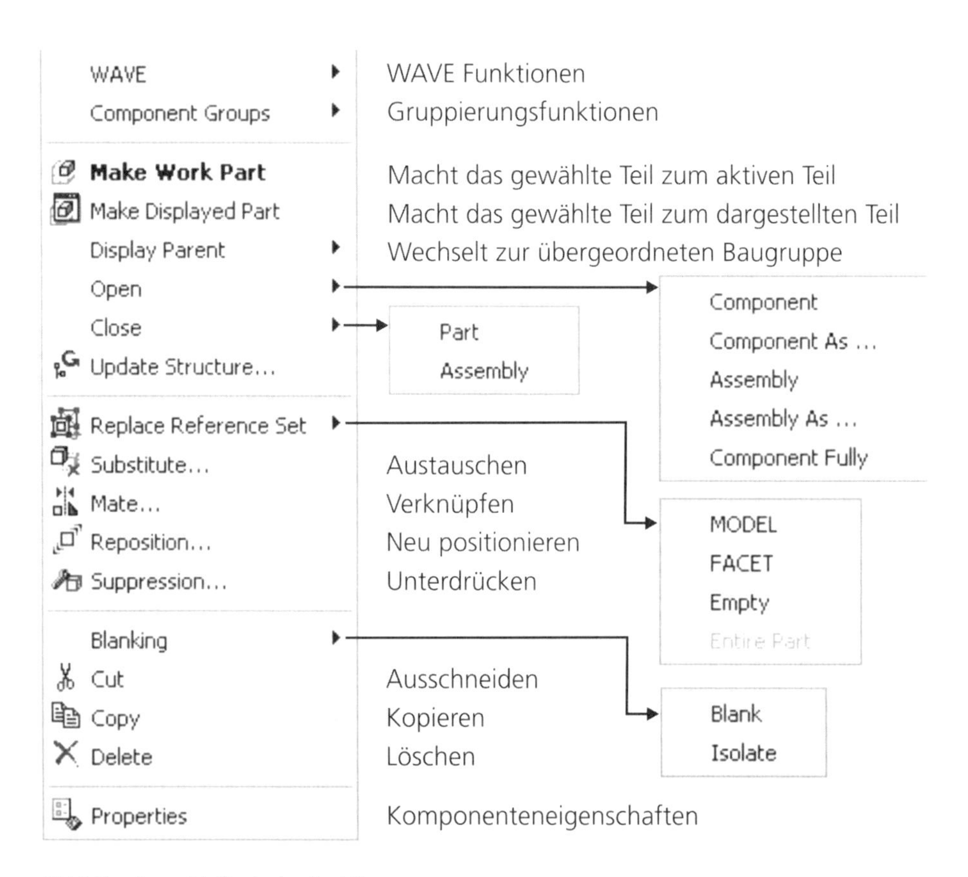

Bild 3.5 Assembly Navigator Funktionen

Hinweise:

- **Blank** blendet **alle** selektierten Komponenten aus.
- **Isolate** blendet **alle außer** die selektieren Komponenten aus.
- Die WAVE Funktionen sind beschrieben in den Kapiteln 3.2.2 und 3.3.3, die Gruppierungsfunktionen im Kapitel 3.5.2.8.

3.1.3.3 Displayed Part und Work Part

NX unterscheidet zwischen Displayed Part und Work Part.

- **Displayed Part** heißt, dass dieses Einzelteil geladen und dargestellt ist.
- **Work Part** bedeutet, dass dieses Einzelteil aktiv ist und im Baugruppenkontext geändert werden kann. Die Baugruppe bleibt das Displayed Part und wird andersfarbig dargestellt. Wenn nur Einzelteile geladen sind, ist das Displayed Part auch immer das Work Part.

Die Titelleiste des Programmfensters zeigt an, welche Datei momentan das Displayed Part ist:

Bild 3.6 Titelleiste des Programmfensters

Vorgehen:

1. Assembly Navigator einblenden
2. Mit MB3 auf gewünschte Komponente
3. Make Work bzw. Make Displayed Part wählen

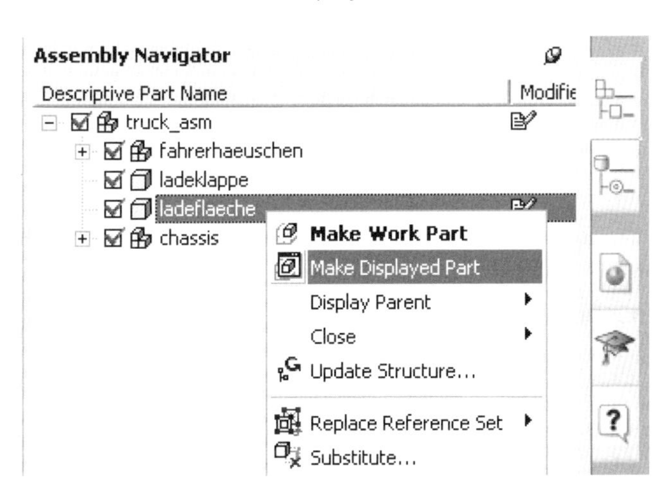

Bild 3.7 Make Work/Displayed Part

Tipp: Ein Doppelklick auf eine Komponente macht diese zum Work Part.

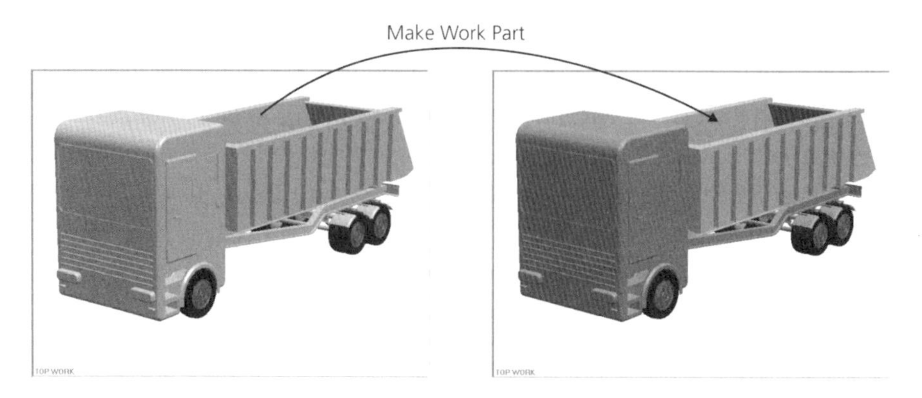

Bild 3.8 Make Work Part

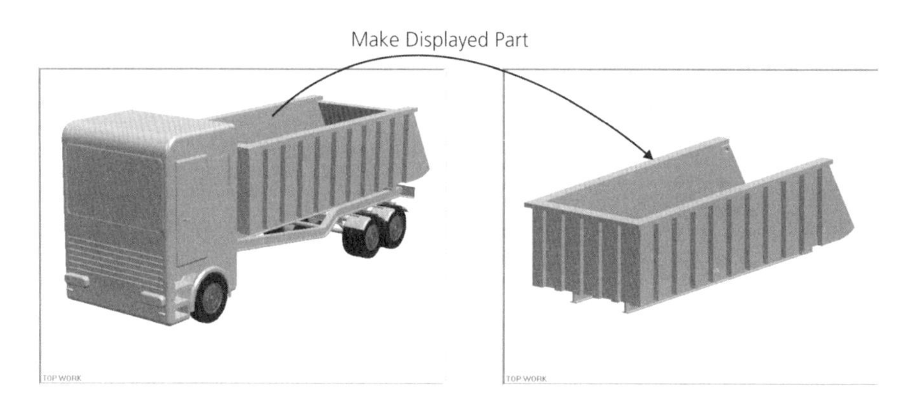

Bild 3.9 Make Displayed Part

Vom Displayed Part gelangt man wieder zurück zur übergeordneten Baugruppe mit MB3 im Assembly Navigator auf das Teil, dann auf Display Parent oder man geht über das Menü Window.

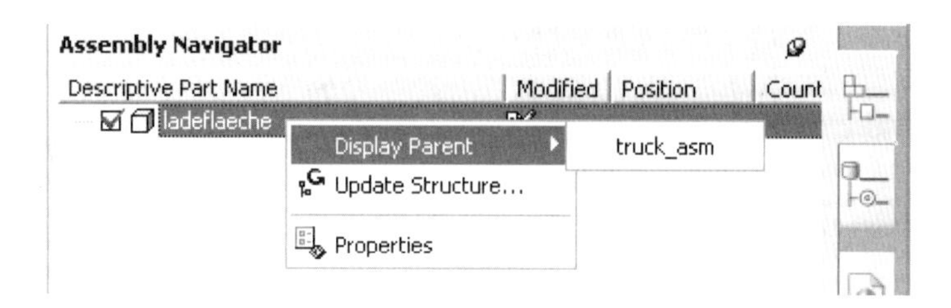

Bild 3.10 Displayed Parent (zur übergeordneten Baugruppe wechseln)

3.2 Konzepte der Baugruppenkonstruktion

Bei der Erzeugung einer Baugruppe in einem modernen CAD-Tool unterscheidet man grundsätzlich zwischen der Top-Down und der Bottom-Up Methode. Beiden Methoden liegt das Master-Modell Konzept zu Grunde. Die Praxis zeigt, dass in den meisten Fällen beide Methoden gemischt angewendet werden.

3.2.1 Die Bottom-Up Methode

Bei der Bottom-Up Methode werden die Einzelteile einer Baugruppe unabhängig voneinander modelliert oder sind bereits vorhanden (z.B. Normteile). Die Baugruppenstruktur entsteht von unten nach oben, indem die Einzelteile zu logischen Unterbaugruppen zusammengefasst und schließlich in die Hauptbaugruppe eingebaut werden.

Die Komponenten werden bei dieser Methode zueinander positioniert mit Hilfe der Mating Conditions (Verknüpfungen). Zusätzlich können parametrische oder geometrische Verknüpfungen zwischen den Komponenten definiert werden.

Baugruppe erstellen mit der Bottom-Up Methode

Bei der Erstellung einer Baugruppendatei gibt es keinen Unterschied zur Einzelteildatei. Bei der Vergabe des Namens sollte darauf geachtet werden, dass ein entsprechender Zusatz vergeben wird (z.B. Truck_**asm**). An dieser Endung erkennt jeder Anwender, dass es sich um eine Baugruppendatei handelt.

3.2.1.1 Komponenten hinzufügen

- Menü File → New
- Dateiname eingeben (z.B. Truck_asm)
- Menü Assemblies → Components → Add Existing ( )
- Einzelteil oder Unterbaugruppe auswählen, entweder aus der Liste der geöffneten Dateien oder über den Schalter „Choose Part File" (im Windows Datei Dialogfenster):

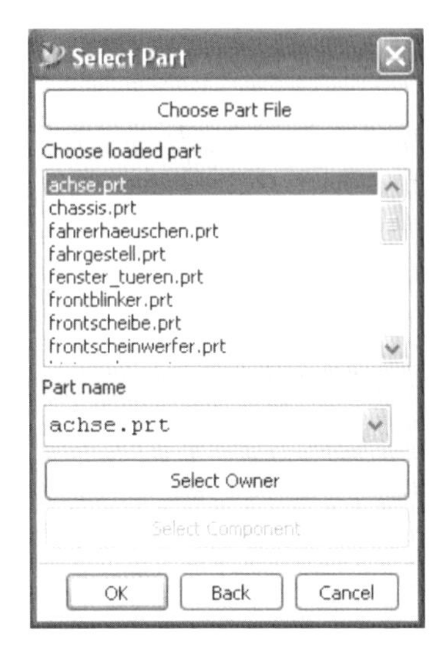

Wählt das Einzelteil/Unterbaugruppe über das Windows Datei Dialogfenster

Liste der momentan geöffneten Dateien

Gewähltes Einzelteil/Unterbaugruppe

Wählt die übergeordnete Baugruppe

Wählt die vorherige Komponente

- Einfügeoptionen definieren:

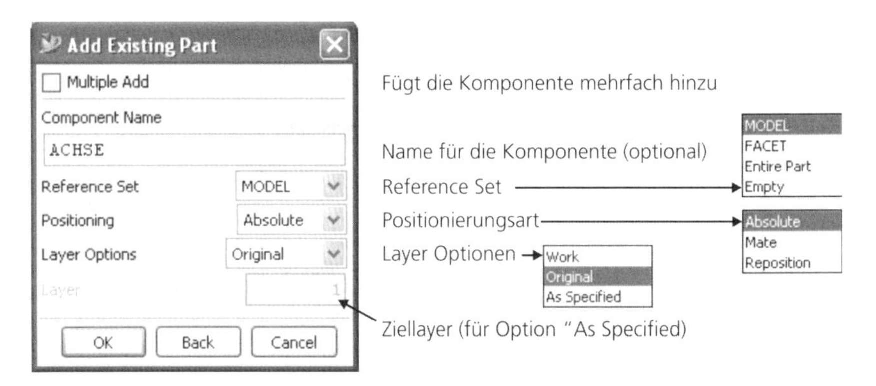

Positioning:

- **Absolute**. Die Positionierung der Komponente erfolgt absolut mit Hilfe des Point Constructor Menüs, also ohne Bezug auf andere Komponenten.
- **Mate**. Ermöglicht Positionieren der Komponente mit Hilfe der Mating Conditions (Verknüpfungen). Hier wird die Komponente zuerst absolut positioniert, danach gelangt man direkt ins Dialogfenster Mating Conditions (siehe Kapitel 3.2.1.3).
- **Reposition**. Auch hier wird die Komponente zuerst absolut positioniert, danach gelangt man direkt ins Dialogfenster Reposition (siehe Kapitel 0)

Layer-Optionen:

- **Work**. Alle Elemente werden auf den Work-Layer verschoben
- **Original**. Die Layerzuordnung wird beibehalten (empfohlen)
- **As Specified**. Alle Elemente werden auf den Ziellayer verschoben

Diese Layer-Option kann nachträglich geändert werden über die Properties der Komponente.

Tipps:

- Die erste Komponente einer Baugruppe auf den absoluten Nullpunkt setzen. Weitere Komponenten mit dem Mauszeiger frei platzieren.
- Absolut positionierte Komponenten lassen sich mit Hilfe von „Reposition Component" verschieben und drehen (siehe nächstes Kapitel).
- Zuerst mehrere Komponenten absolut hinzufügen, danach mit „Mate Components" die Komponenten positionieren.
- Das Hinzufügen einer Komponente ist auch über die Hilfsleiste rechts per Drag & Drop möglich. Dazu muss wie folgt vorgegangen werden:
  - Neue Registerkarte für Ordner hinzufügen mit Menü Preferences → Palettes, dann „Open Directory as Palette". Mit Browse gewünschtes Verzeichnis durchsuchen.

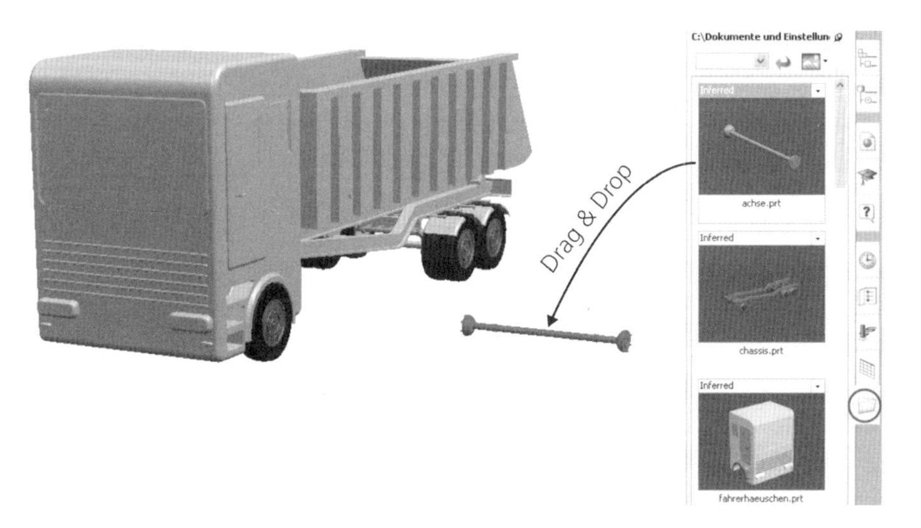

Bild 3.11 Komponenten einfügen per Drag & Drop

Nach dem Einfügen erscheint automatisch das Dialogfenster Reposition zum freien Positionieren (siehe nächsten Abschnitt).

3.2.1.2 Reposition (Neu positionieren)

Menü Assemblies → Components → Reposition Components ( ) oder MB3 auf die Komponente, dann Reposition.

Reposition ermöglicht freies Verschieben oder Drehen von Komponenten unter Berücksichtigung von bereits erstellten Verknüpfungen (Mating Conditions).

Neu positionieren geht entweder mit

- den Drag Handles
- den Optionen im Dialogfenster oder
- Shift + SpaceMouse™

Hinweis: Mehrere Komponenten können nur selektiert werden, wenn diese zur gleichen übergeordneten Baugruppe gehören.

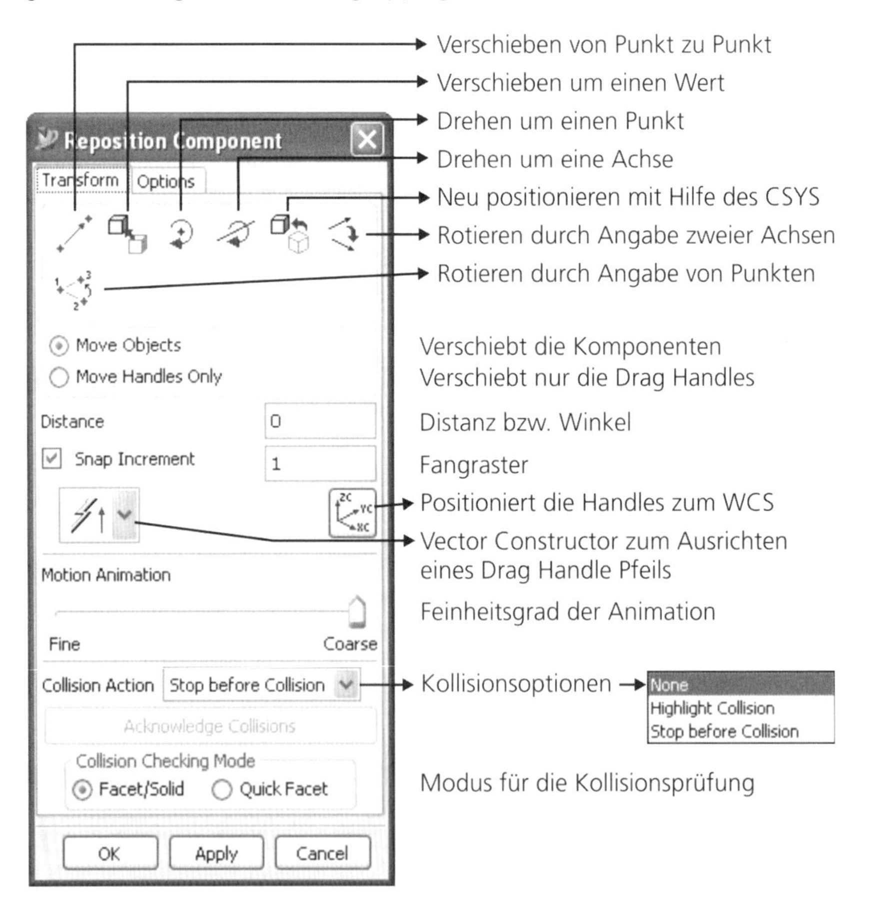

Bild 3.12 Dialogfenster Reposition

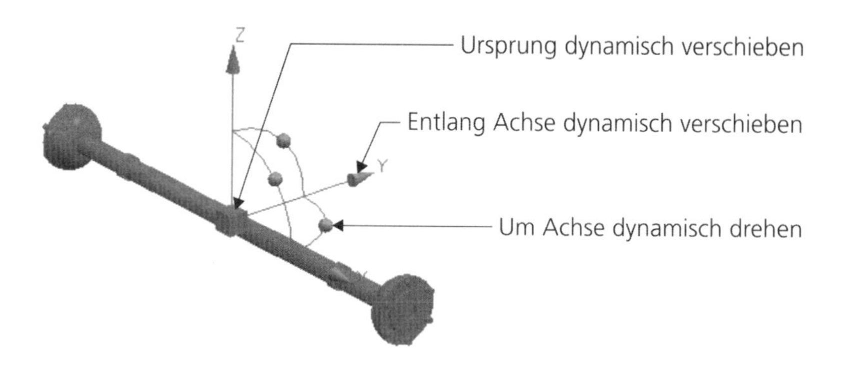

Bild 3.13 Positionieren mit Drag Handles

3.2.1.3 Assembly Constraints (Baugruppenbedingungen)

Menü Assemblies → Components → Constraints

Die Assembly Constraints dienen dazu, Positionsbeziehungen zwischen den Komponenten herzustellen. Diese Funktion ist neu in NX 4 und wird erst in einer späteren Phase zur Verfügung stehen. Bis dahin werden diese Beziehungen mit Hilfe der Mating Conditions erstellt (siehe folgenden Abschnitt).

Für Assembly Constraints gilt:

- Mindestens eine Komponente muss fixiert werden.
- Es sollen nur so viele Beziehungen wie nötig bestimmt werden.
- Eine Komponente muss nicht vollständig positioniert sein (offene Freiheitsgrade sind möglich). Dies gilt vor allem für Rotationsteile: Bei einer Schraube z.B. genügt es, die Achse und die Auflagefläche des Kopfes auszurichten. Die Drehung darf frei bleiben.
- Unvollständige Positionsbeziehungen können dazu führen, dass bei Konstruktionsänderungen die Lage der Komponenten nicht mehr richtig ist und Überschneidungen entstehen (gilt auch für absolut positionierte Objekte).
- Die noch offenen Freiheitsgrade der gewählten Komponente werden angezeigt.

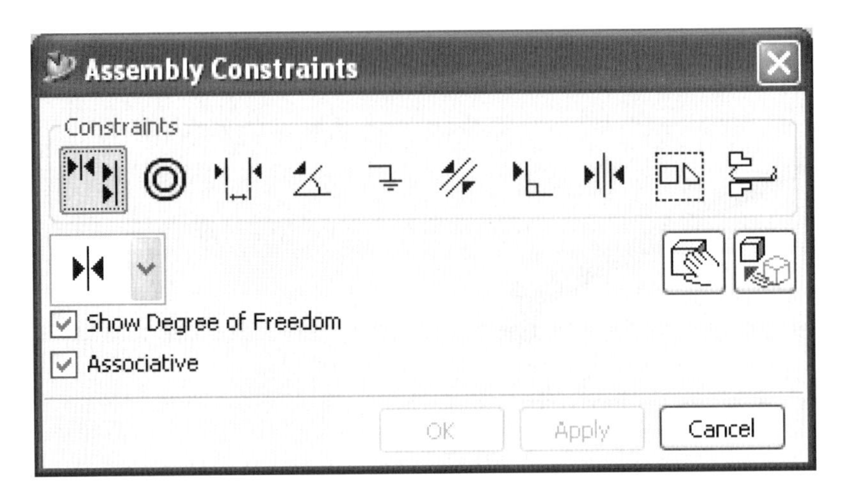

Bild 3.14 Dialogfenster Assembly Constraints

3.2.1.4 Mating Conditions (Verknüpfungen)

Menü Assemblies → Components → Mate Components ()

Mating Conditions dienen dazu, Positionsbeziehungen zwischen den Komponenten herzustellen. Wie bereits im vorherigen Abschnitt Kapitel erwähnt, werden diese Beziehungen in einer späteren Phase von NX 4 mit den **Assembly Constraints** erstellt.

Für Mating Conditions gilt:

- Die zuerst gewählte Komponente verschiebt sich gegenüber der zweiten.
- Wenn mehr Beziehungen als notwendig definiert werden, bleibt die Mating Condition gültig. Es sollen jedoch nur so viele Beziehungen wie nötig bestimmt werden.
- Eine Komponente muss nicht vollständig positioniert sein (offene Freiheitsgrade sind möglich). Dies gilt vor allem für Rotationsteile: Bei einer Schraube z.B. genügt es, die Achse und die Auflagefläche des Kopfes auszurichten. Die Drehung darf frei bleiben.
- Unvollständige Positionsbeziehungen können dazu führen, dass bei Konstruktionsänderungen die Lage der Komponenten nicht mehr richtig ist und Überschneidungen entstehen (gilt auch für absolut positionierte Objekte).
- Die noch offenen Freiheitsgrade der gewählten Komponente werden durch Pfeile dargestellt.

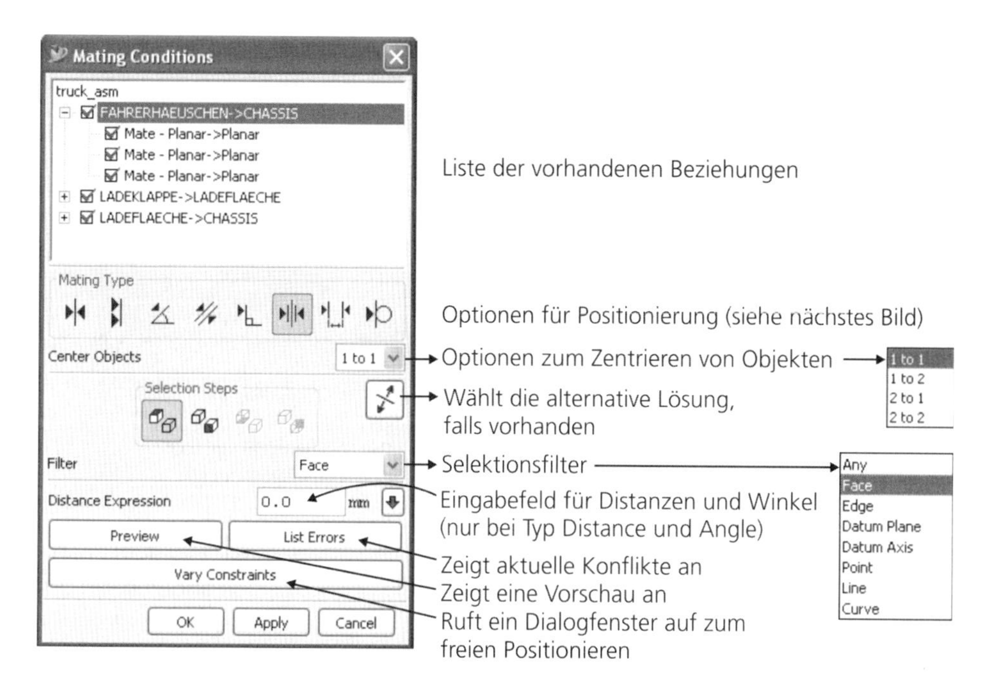

Bild 3.15 Dialogfenster Mating Conditions

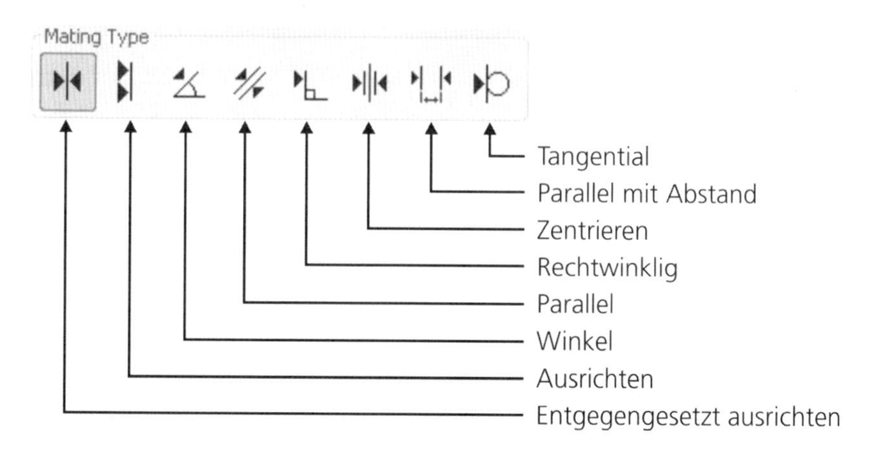

Bild 3.16 Mating Types

Ändern von Mating Conditions

Sowohl absolut als auch relativ positionierte Komponenten können nachträglich in Positionierungsarten und Bedingungen geändert werden. Dies erfolgt im gleichen Dialogfenster wie beim Erzeugen von Mating Conditions.

- Mating Conditions von Komponenten können sowohl einzeln als auch komplett gelöscht werden.

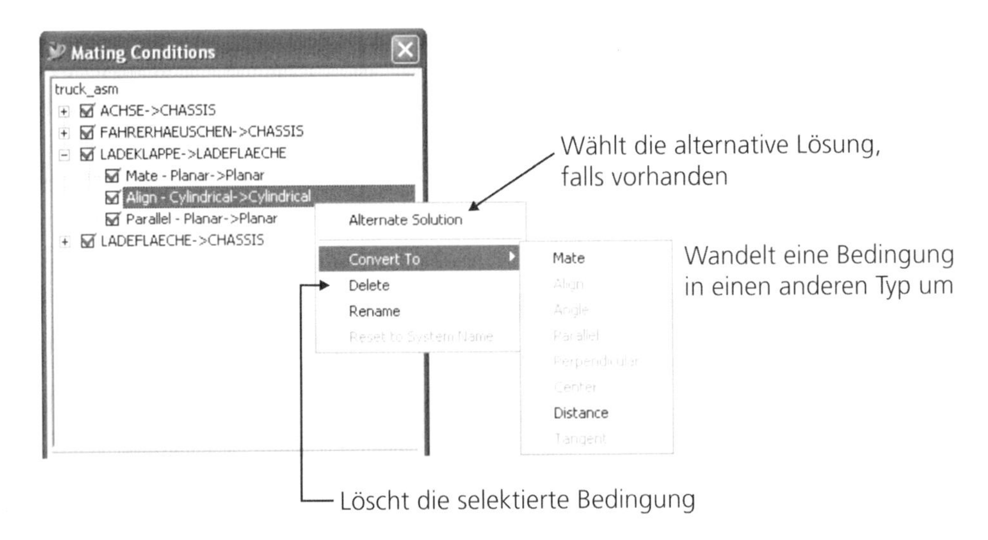

Bild 3.17 Mating Conditions bearbeiten

Hinweise:

- Nach dem Löschen der Mating Conditions einer Komponente ist diese nur noch absolut positioniert.
- Beim Selektieren einer Mating Condition in der Liste werden die dazu gehörenden Flächen/Kanten grafisch hervorgehoben.
- Der Assembly Navigator zeigt in der Spalte „Position" den Status der Positionierung an (vollständig, teilweise oder nicht positioniert).
- Menü Assemblies → Reports → List Components öffnet ein Informationsfenster, in dem alle wesentlichen Angaben aller Komponenten aufgelistet sind, unter anderem auch die Mating Conditions.

3.2.2 Die Top-Down Methode

Bei der Top-Down Methode gibt es mehrere ähnliche Ansätze, eine Baugruppe aufzubauen. Die angewendete Technik ist dabei von der Größe der Gesamtbaugruppe und des involvierten Entwicklungsteams abhängig. Dabei wird der Ansatz des Concurrent Engineering (siehe Kapitel 0.5) berücksichtigt.

Das Vorgehen lässt sich in folgende fünf Schritte unterteilen:

1. Konstruktionsabsicht klären
2. Produktstruktur definieren
3. Kontrolldatei mit den Produkteigenschaften erstellen
4. Produkteigenschaften in die Komponenten verteilen
5. Komponenten und Unterbaugruppen fertig stellen

Diese fünf Schritte sind in den folgenden Unterkapiteln detailliert beschrieben.

Vorteile der Top-Down Methode:

- Sie ermöglicht das Organisieren von Abhängigkeiten zwischen den Komponenten einer Baugruppe. Dies erleichtert vor allem das Durchführen von Änderungen und das Erstellen von Variantenbaugruppen.
- Die gesamte Baugruppe kann von einer so genannten Kontrolldatei aus gesteuert werden. Diese Kontrolldatei enthält alle geometrischen Spezifikationen und Interpart Expressions.
- Da bereits am Anfang die Baugruppenstruktur festgelegt wird, erfolgt die Aufteilung der Unterbaugruppen an die verschiedenen Teams sehr früh im Entwicklungsprozess. Dank der Assoziativitäten werden die Änderungen bei allen Teams laufend nachgeführt.

Nachteil der Top-Down Technik:

- Es besteht die Gefahr des unkontrollierten Erzeugens von Abhängigkeiten zwischen Komponenten, die ein ändern oder wieder verwenden von Komponenten in einer anderen Baugruppe unmöglich machen.

3.2.2.1 Konstruktionsabsicht

Vor Beginn der Modellierung von Einzelteilen und Baugruppen ist die Konstruktionsabsicht zu definieren. Meistens ist das Pflichtenheft eines Produktes zu diesem Zeitpunkt bekannt. Folgende Fragen sollen helfen, die Konstruktionsabsichten zu klären:

- Was ist die Absicht dieses Produktes?
- Mit welchen Funktionen wird es die Produktabsicht erfüllen und die Ansprüche des Benutzers zufrieden stellen?
- Welches sind die wichtigsten Subsysteme, um eine Funktion zu erfüllen?
- Wie werden die individuellen Subsysteme in das Produkt integriert?
- Welches sind die Schnittstellen zwischen den Subsystemen?
- Welche Auswirkungen werden die Schnittstellen haben?
- Welche Änderungen können während des Entwicklungsprozesses auftreten?
- Welches sind die kritischen Konstruktionsbedingungen (Größe, Gewicht, Kosten, Umweltverträglichkeit, Abstände, etc.)?
- ...

Es macht Sinn, die Antworten im Team während eines längeren Zeitraums zu erarbeiten. Hier wird mitunter festgelegt, wie elegant das virtuelle Produkt zu einem späteren Zeitpunkt geändert werden kann. Im ungünstigsten Fall, wenn z.B. die Abhängigkeiten ungeschickt gewählt wurden, kann ein ändern sehr schwierig oder sogar unmöglich sein. Es lohnt sich daher, in dieser frühen Phase genügend Zeit zu investieren. Dies zahlt sich später oft um das Mehrfache aus.

3.2.2.2 Produktstruktur definieren

Die Resultate aus der Konstruktionsabsicht dienen als Basis, um die Produktstruktur aufzubauen. Die Struktur beinhaltet die wichtigsten Unterbaugruppen eines Produktes und kann mehrere Ebenen besitzen, d.h. eine Unterbaugruppe kann wiederum mehrere Unterbaugruppen besitzen.

Man beachte, dass die Produktstruktur zu diesem Zeitpunkt noch nicht vollständig definiert sein muss. Es ist durchaus möglich, die Struktur zu ergänzen, während das Produkt entsteht.

Diese Struktur ermöglicht es nun, bestimmte Teilbereiche des Produktes den verschiedenen Entwicklungsteams zuzuordnen.

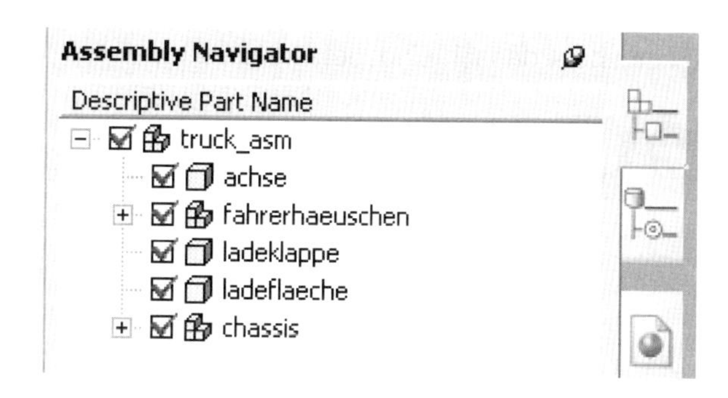

Bild 3.18 Beispiel einer einfachen Produktstruktur (Baugruppenstruktur)

Erzeugen einer Produktstruktur

Als Erstes wird eine neue, leere Datei erstellt. Diese Datei soll sinnvoll benannt werden, damit für alle Beteiligten ersichtlich ist, um was es sich handelt (z.B. truck_asm.prt).

Vorgehen:

- WAVE Mode aktivieren (die Applikation Assembly muss aktiviert sein).
  Entweder mit MB3 in der Titelleiste des Assembly Navigators oder
  Menü Tools → Assembly Navigator → WAVE Mode
- Neuen Level (Einzelteil/Unterbaugruppe) erzeugen.
  MB3 auf Baugruppe, dann WAVE → Create New Level

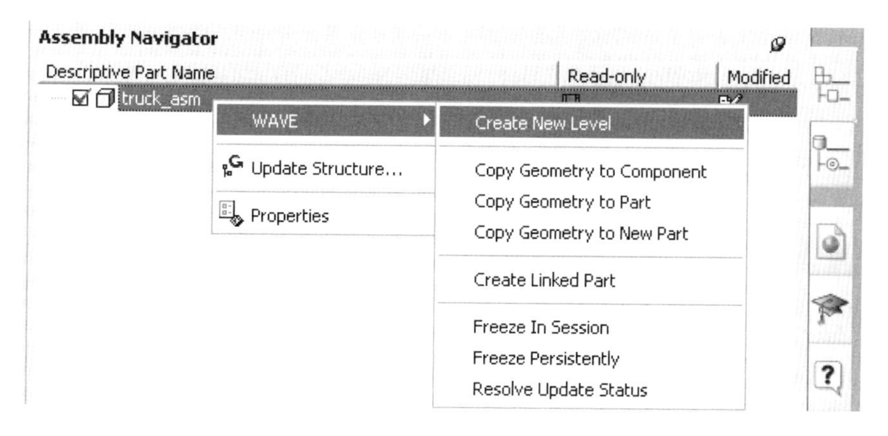

Bild 3.19 Create New Level

- Name für die Komponente eingeben, danach Eingabetaste drücken!

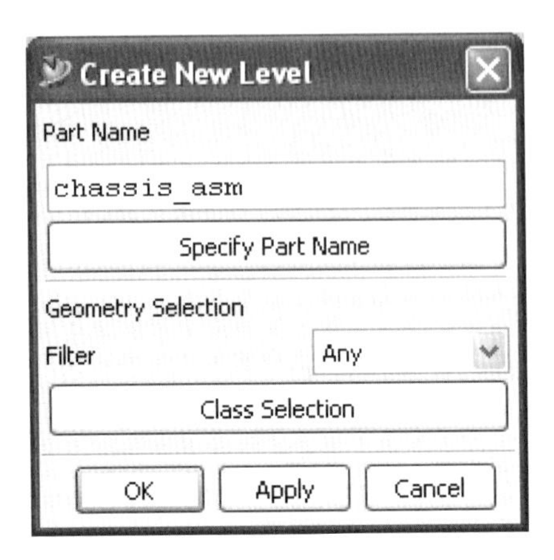

- Optional Geometrieelemente von der aktuellen Datei in die neue kopieren (direkt grafisch selektieren, eventuell Filter verwenden).
  Hinweis: Dieser Schritt kann auch noch später erfolgen im Assembly Navigator über WAVE → Copy Geometry to Component.
- Mit OK wir die neue Komponente in die Produktstruktur eingefügt

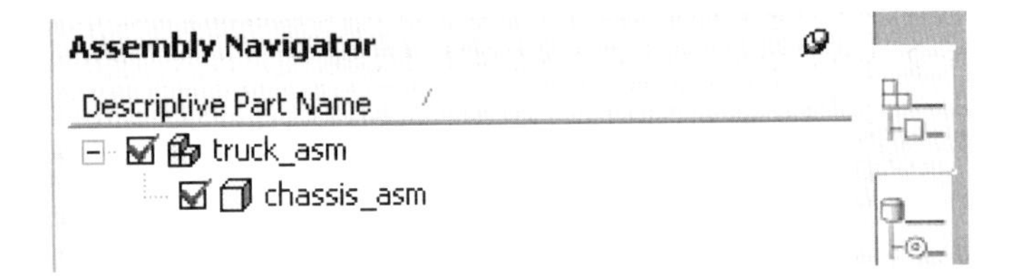

Durch Wiederholen dieser Schritte erhält man die Baugruppenstruktur:

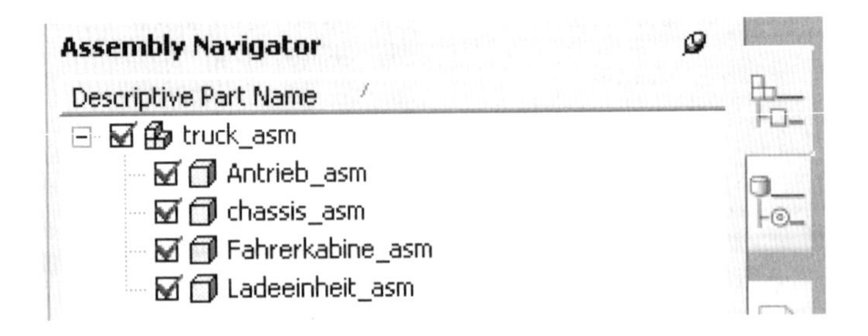

Bild 3.20 Beispiel einer einfachen Produktstruktur

3.2.2.3 Kontrolldatei erstellen

Bei der Kontrolldatei handelt es sich um eine ganz normale NX-Datei mit der Endung „.prt". In dieser Datei werden alle relevanten geometrischen und parametrischen Produkteigenschaften erfasst mit dem Zweck, später die ganze Baugruppe zu steuern, sprich Änderungen vornehmen oder Varianten abzuleiten.

Geometrische Produkteigenschaften sind 2D oder 3D Objekte wie z.B. Basiskonturen, Anschlussflächen, Hilfs-Ebenen/Achsen, usw.

Parametrische Produkteigenschaften wie z.B. maximales Gewicht, Leistung, Fördermenge, Gesamtabmessungen, Achsabstand, usw. können als eigenständige Variablen definiert werden unter Menü Tools → Expressions (siehe Kapitel 3.3.1).

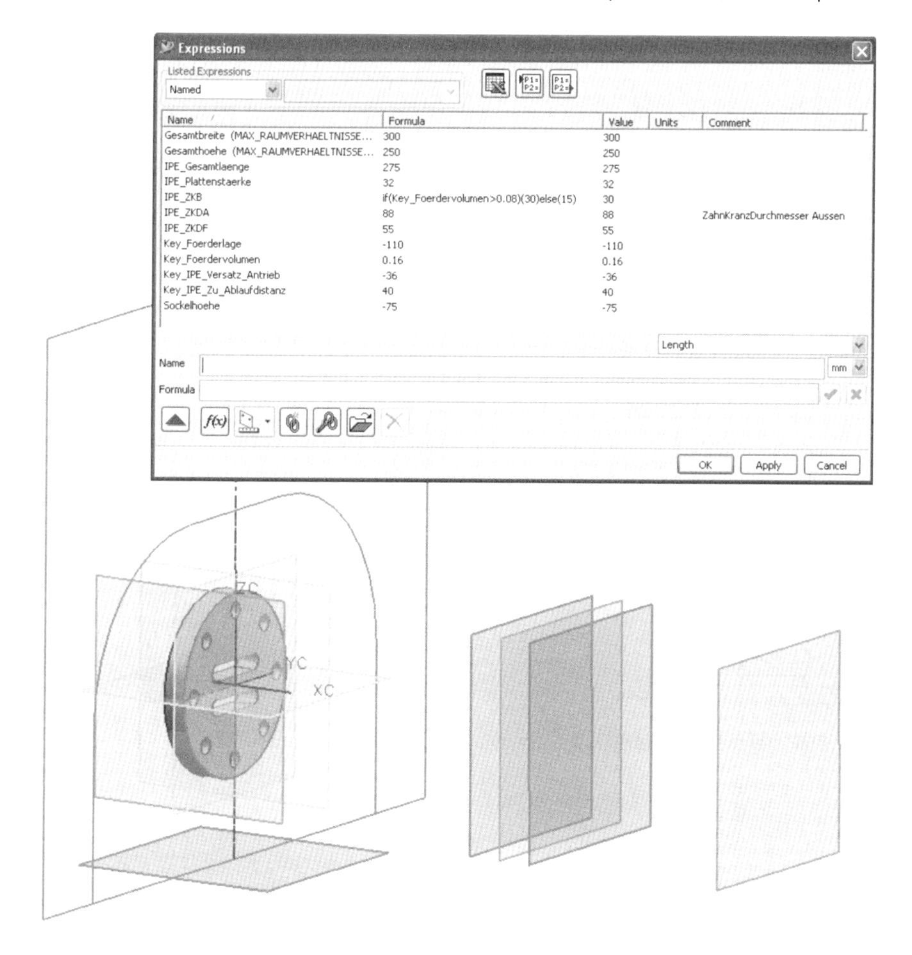

Bild 3.21 Beispiel einer Kontrolldatei mit geometrischen und parametrischen Produkteigenschaften

3.2.2.4 Produkteigenschaften in die Komponenten verteilen

Die in der Kontrolldatei definierten Produkteigenschaften sollen nun assoziativ in die Komponenten verteilt werden. Dies geschieht für Geometrie mit Hilfe der Teile übergreifenden Kopierfunktionen. In NX ist dies der WAVE Geometrie Linker (siehe weiter unten sowie Kapitel 3.3.3). Das Linken der Parameter erfolgt mit Hilfe der Interpart Expressions (siehe Kapitel 3.3.1.1).

Beispiel: Die Kontrolldatei im folgenden Bild enthält eine Basiskontur, welche für die drei Komponenten Antriebslager, Käfig und Lagerplatte die gleiche ist. Durch das Linken dieser Kontur in alle drei Komponenten muss erstens die Kontur nur einmal skizziert werden und zweitens die Änderung der Kontur nur an einer Stelle (in der Kontrolldatei) durchgeführt werden.

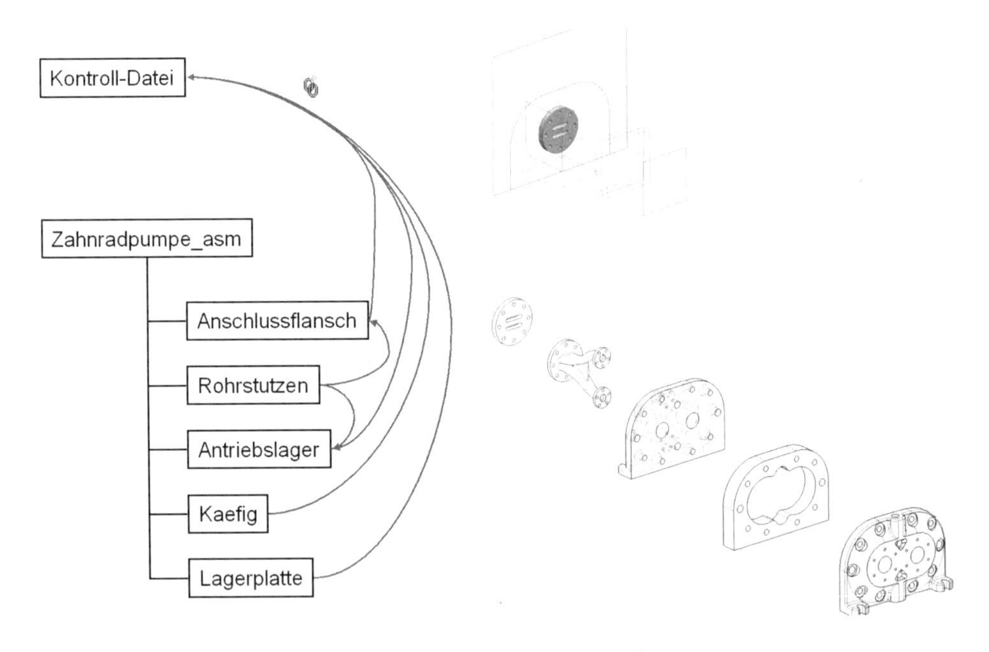

Bild 3.22 Kontrolldatei mit den geometrischen Verknüpfungen zu den Komponenten

Neue leere Datei der Baugruppe hinzufügen

- Neue, leere NX-Datei eröffnen:
  File → New (z.B. Kaefig)
- Wechseln in die Baugruppendatei:
  Menü Window → Zahnradpumpe_asm
- Neues Teil „Kaefig" der Baugruppe hinzufügen:
  Menü Assemblies → Components → Add Existing (oder Icon)
  „Kaefig" aus der Liste auswählen und OK
- Einfügeoptionen:
  - Reference Set = Entire Part
  - Positioning = Absolute
  - Layer Options = Original
- „Kaefig" in den absoluten Nullpunkt positionieren
- Prüfen, ob der „Kaefig" in die Baugruppenstruktur eingefügt wurde:

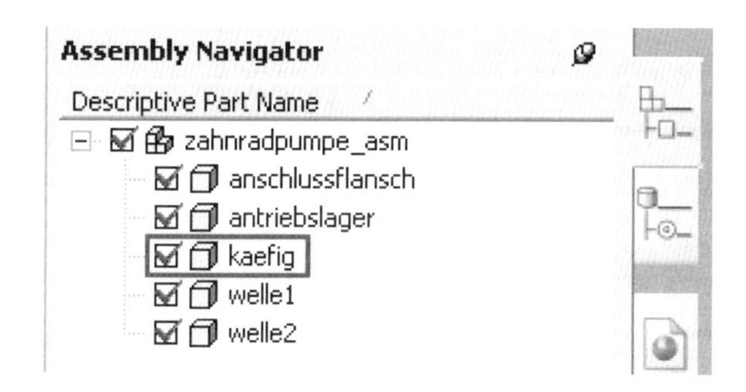

Bild 3.23 Leeres Teil „Kaefig" der Baugruppe hinzugefügt

Geometrieelemente von der Kontrolldatei in die Komponente linken

- Kontrolldatei öffnen (im Beispiel „ctr_zahnradpumpe")
- WAVE Mode aktivieren (die Applikation Assembly muss aktiviert sein):
  Entweder mit MB3 in der Titelleiste des Assembly Navigators oder
  Menü Tools → Assembly Navigator → WAVE Mode
- Im Assembly Navigator mit MB3 auf ctr_zahnradpumpe, dann WAVE → Copy Geometry to Part

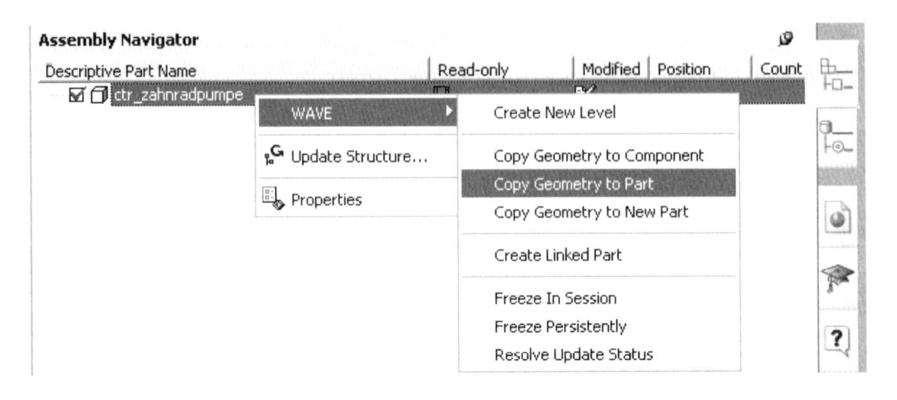

Bild 3.24 WAVE → Copy Geometry to Part

- Folgende Meldung mit OK bestätigen:

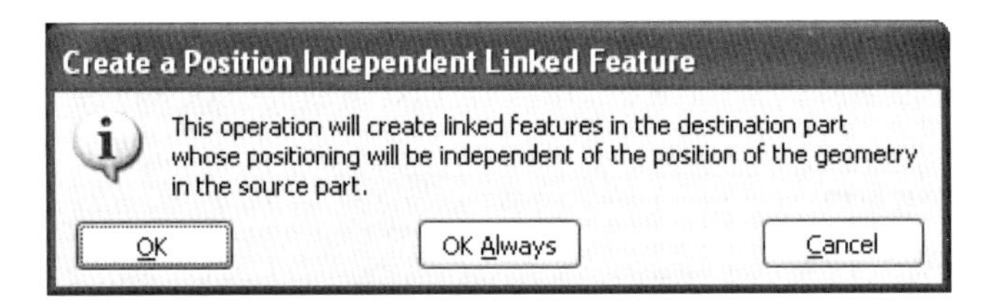

- Part „Kaefig" selektieren, dann OK

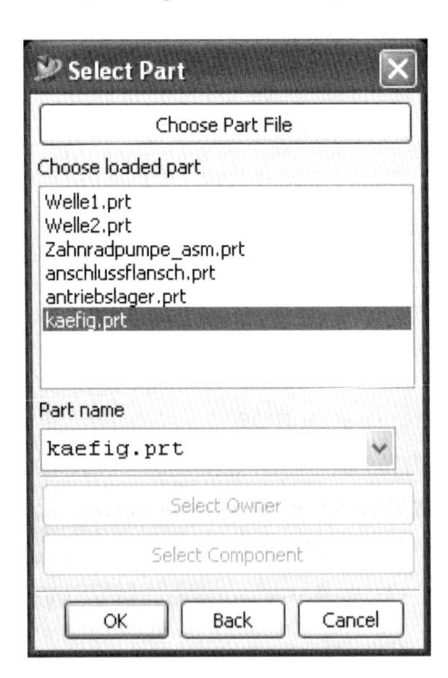

- Zu linkende Geometrie (eventuell mit Hilfe des Filters) selektieren, dann OK.

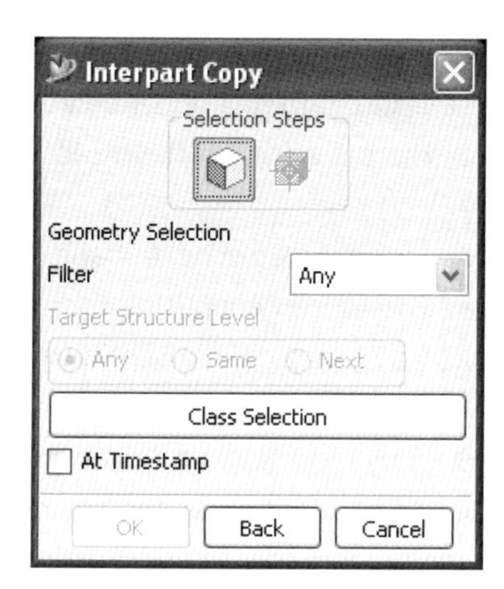

- Wechseln in die Datei „Kaefig“: Menü Window → Kaefig
  Eventuell müssen die Layer der gelinkten Objekte sichtbar gemacht werden.

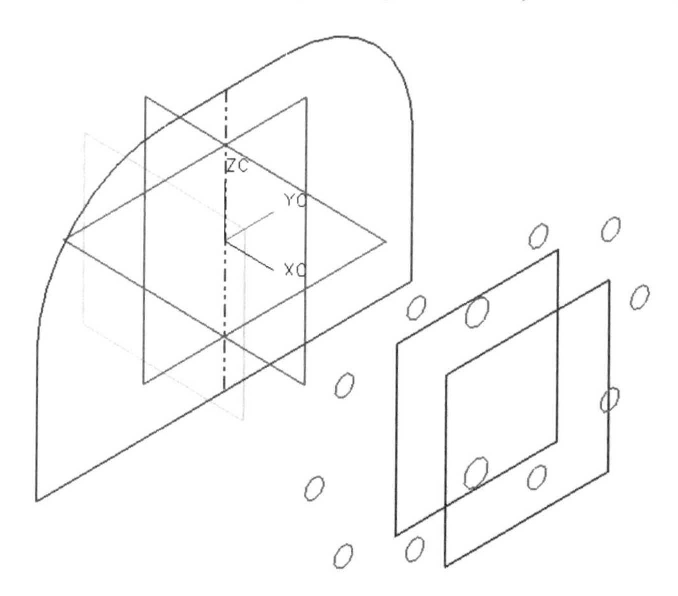

Bild 3.25 „Kaefig“ mit den gelinkten Objekten

Im Model-Navigator sind diese Objekte als Linked Sketch, Datum Plane, Curve, usw. bezeichnet. Basierend auf diesen Objekten lässt sich nun das Bauteil fertig modellieren. In der Praxis sieht dies natürlich nicht immer so einfach aus.

3.2.2.5 Komponenten und Unterbaugruppen fertig stellen

Zum Fertigstellen der Komponenten gibt es die Möglichkeit, entweder die gesamte Baugruppe, eine Unterbaugruppe oder gar nur das Einzelteil selber darzustellen. Dies hängt von der Organisation der Teams ab. Hierbei gelangen hauptsächlich die 3D Modellierfunktionen zur Anwendung.

Beim Konstruktionsprozess kommt es vor, dass geometrische Abhängigkeiten zwischen zwei Komponenten benötigt werden. Dieses Vorgehen ist ähnlich wie im vorherigen Abschnitt beschrieben. Der Unterschied ist einzig beim Schritt WAVE → Copy Geometry **to Part**. Anstelle der Kontrolldatei ist die gewünschte Komponente zu selektieren, danach die Option WAVE → Copy Geometry **to Component** zu verwenden. Diese Option deshalb, weil sich eine Positionsänderung der Ursprungskomponente direkt auf die Zielkomponente auswirkt. Bei der Kontrolldatei ist dies nicht von Bedeutung, deshalb muss diese hier auch nicht in der Baugruppe vorhanden sein.

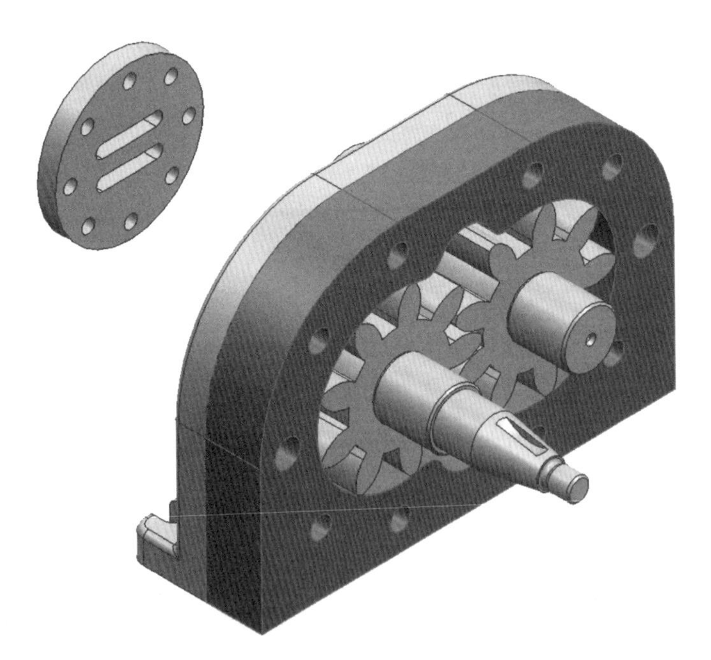

Bild 3.26 Beispiel: Zahnradpumpe_asm mit fertig modelliertem Kaefig

3.3 Werkzeuge

3.3.1 Expressions (Ausdrücke)

Menü Tools → Expressions (Ctrl+E)

Expressions sind algebraische oder arithmetische Ausdrücke, welche die Merkmale von Features bestimmen. Expressions werden auch verwendet, um parametrische Beziehungen zwischen den Features eines Einzelteils oder zwischen zwei Einzelteilen zu erstellen.

Jedem Parameter wird vom System automatisch eine Variable mit fortlaufender Nummer zugeordnet (p0, p1, p2, usw.). Anstelle der standardmäßigen Wertzuordnung kann einer Variablen auch eine Gleichung oder eine Bedingung zugeordnet werden. Beispiele:

- Standardzuordnung: p12=45.3
- Gleichungszuordnung: p12=sqrt(p34 * Hebellaenge/2)
- Bedingungsgleichung: p12=if(Hebellaenge>=120)(85)else(p2 * p4)
  Diese Bedingungsgleichung liest sich wie folgt: Falls die Hebellänge größer oder gleich 120 ist, dann ist p12=85, andernfalls ist p12=p2*p4.

Das Dialogfenster Expressions zeigt bei Parametern, welche vom System erstellt wurden, noch weitere Informationen an. Dieser zusätzliche Text beschreibt den Featuretyp und Parameteroptionen.

Beispiel:

- p0 (Sketch_1; Horizontal Dimension between LINE1 and LINE2)

Im Weiteren kann der Anwender eigene Ausdrücke erstellen (User Defined). Diese können dann mit bestehenden Ausdrücken verknüpft werden.

Beispiel: Gegeben ist ein Rechteck mit den Abmessungen *Laenge* und *Breite*. Der Flächeninhalt ist vorgegeben und soll konstant bleiben. Bei der Änderung der Laenge soll sich die Breite automatisch anpassen. Als Erstes wird ein neuer Ausdruck (*Flaeche*) erstellt, danach die Parameter wie folgt verknüpft:

- Flaeche = 240
- Breite = Flaeche / Laenge

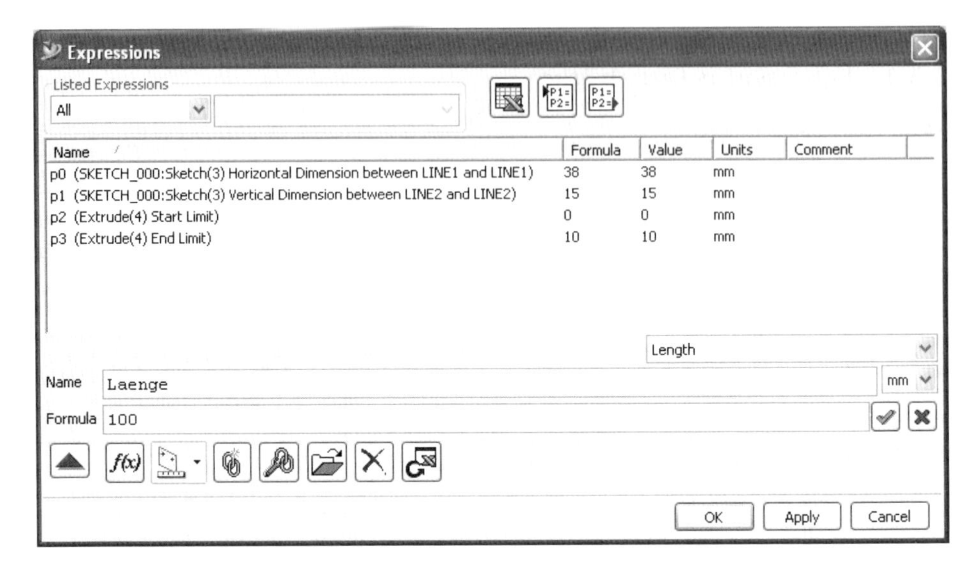

Bild 3.27 Dialogfenster Expressions

Beschreibung der Funktionen:

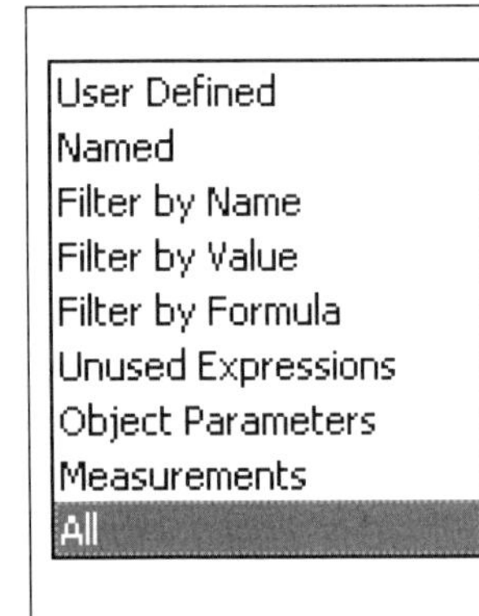

Listed Expressions:

All zeigt alle Expressions an.

User defined zeigt nur die vom Anwender selbst erstellten Expressions an.

Named zeigt alle vom Anwender selbst erstellten und alle umbenannten Expressions an.

Filter by Name/Value/Formula filtert die Anzeige gemäss den im Suchfeld eingegebenen Kriterien.

Unused Expressions zeigt nur diejenigen Expressions an, welche von keinem andern Objekt verwendet ist in der aktuellen Datei.

Object Parameters zeigt nur diejenigen Expressions an, welche zum selektierten Feature gehören.

Measurements zeigt nur die Expressions an, welche mit der Option Measure ( ) erzeugt wurden.

Spreadsheet Edit

Öffnet MS Excel zum Bearbeiten der Expressions.

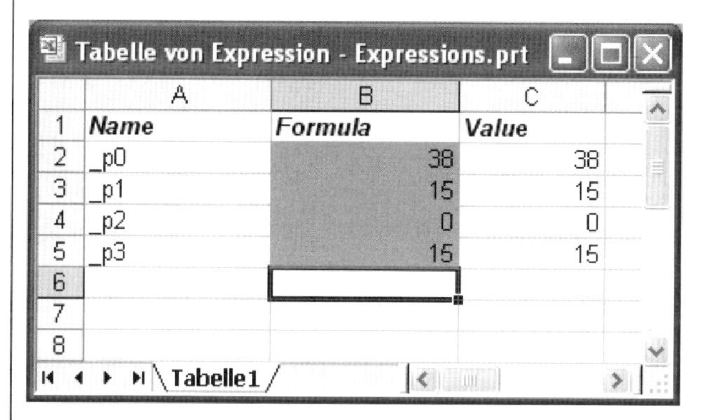

	A	B	C
1	*Name*	*Formula*	*Value*
2	_p0	38	38
3	_p1	15	15
4	_p2	0	0
5	_p3	15	15
6			
7			
8			

Excel beenden mit Menü Datei → Schließen und zurückkehren nach Expressions.

Export Expressions to File

Exportiert Expressions in eine Textdatei mit der Endung „.exp".

Dabei stehen folgende Optionen zur Verfügung:

- **Work Part** exportiert alle Expressions des aktiven Teils.
- **All in Assembly Tree** exportiert alle Expressions von der aktiven Datei und allen Komponenten der gesamten Baugruppe.
- **All Parts** exportiert alle Expressions aller geöffneten Dateien.

Import Expressions from File

Importiert Expressions aus einer Textdatei.exp.

Für Expressions, die in der aktuellen Datei bereits existieren, gibt es folgende Optionen:

- **Replace Existing** ersetzt existierende Expressions.
- **Keep Existing** behält vorhandene Expressions.
- **Delete Imported**: Löscht alle Expressions, welche sich in der zu importierenden Datei befinden.

Refreshes Values from External Spread Sheet

Aktualisiert die Expressions von einer externen Excel-Datei.

Expressions Liste

Die Liste der Expressions lässt sich sortieren nach den in der Titelleiste vorhandenen Kriterien ähnlich wie beim Windows Explorer.

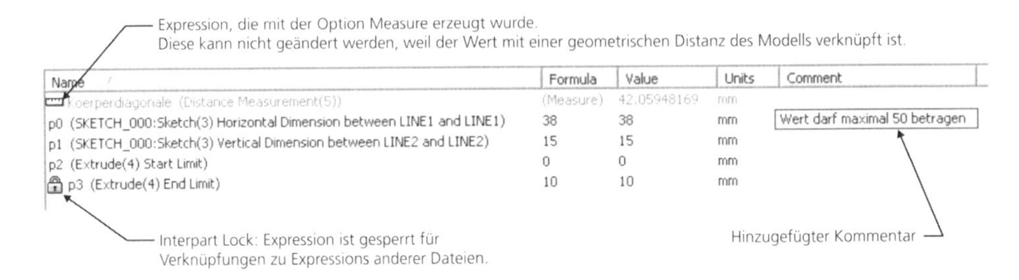

Bild 3.28 Expressions Liste

Über die rechte Maustaste können folgende Optionen aufgerufen werden:

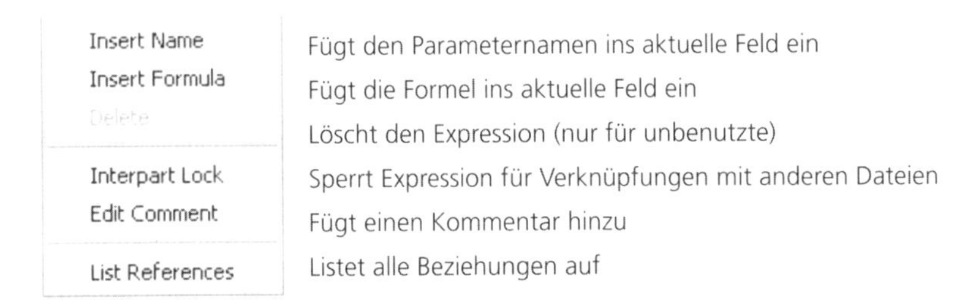

Bild 3.29 MB3 Optionen

Tipp: Das Menü Information → Expressions → … listet alle Expressions nach diversen Kriterien auf.

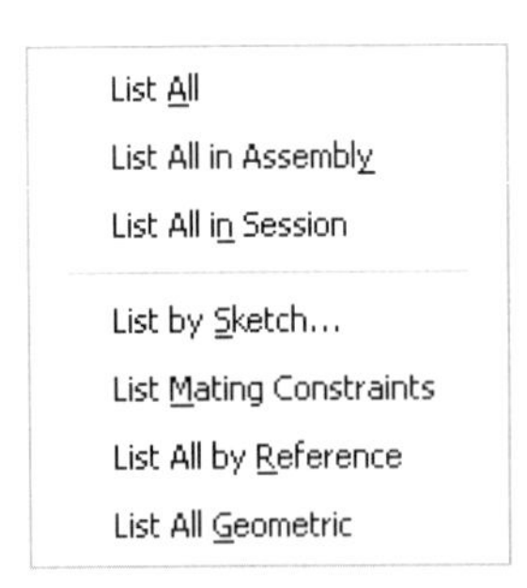

Bild 3.30 Optionen für Menü Information → Expressions

Expressions erstellen

- Im Eingabefeld Name für die Variable eingeben:
  → Das erste Zeichen muss ein Buchstabe sein. Unterstriche „_" sind erlaubt.
- Dimensionalität wählen:

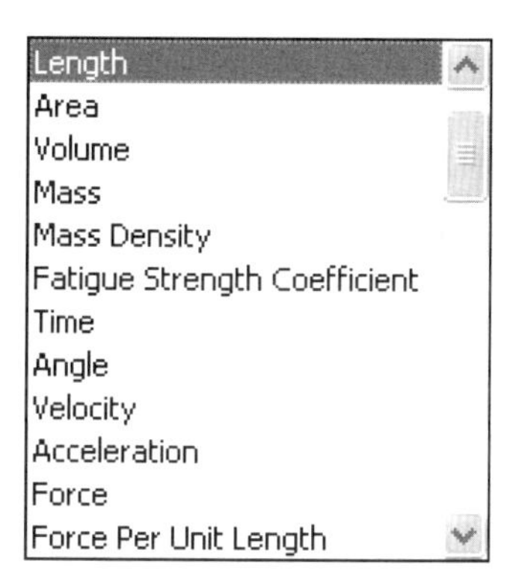

- Maßeinheit bestimmen:

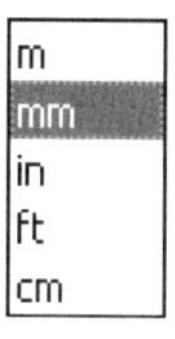

- Formel eingeben. Dies ist möglich:
  - über die Tastatur
  - durch Übernehmen des Inhaltes einer Expression in der Liste mit MB3 → Insert Formula
  - mit Hilfe des Funktionseditors (f(x))
  - über die Messfunktionen ( )
  - durch Erzeugen einer Verknüpfung zu einem Expression in einer anderen Datei (Interpart Expression) → siehe weiter unten
- Eingabetaste drücken (oder ✔)

Der Funktionseditor ($f(x)$)

Der Funktionseditor bietet eine Fülle von vordefinierten Funktionen. Diese können hier ausgewählt und ins Formula Feld eingefügt werden.

Zum Finden der gewünschten Funktion gibt man entweder ein Keyword als Suchbegriff ein oder wählt eine Kategorie aus.

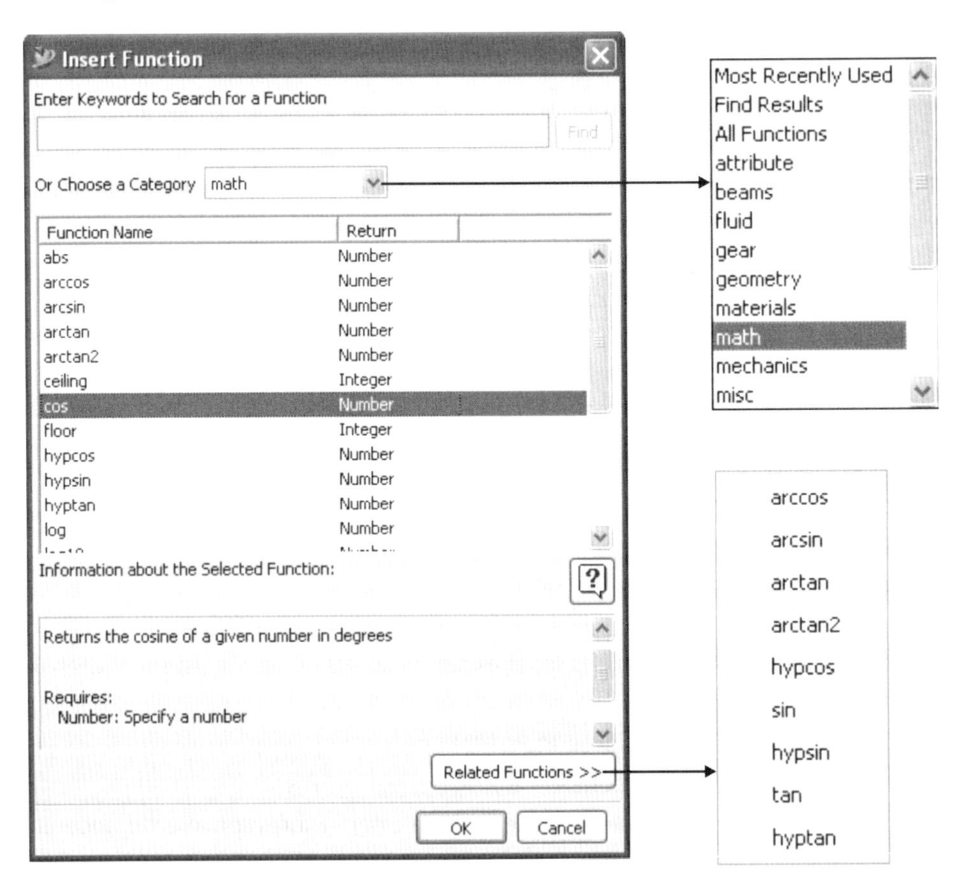

Bild 3.31 Der Funktionseditor

Messen

Diese Funktion ermöglicht das Messen eines Wertes im 3D Modell. Dieser Wert erscheint in der Expressionsliste und wird gleichzeitig als Measurement Feature im Part Navigator eingefügt.

Detaillierte Beschreibung siehe Messfunktionen im Kapitel 3.6.

 Distanz

 Länge einer Kurve oder Kontur

 Winkel

 Körper (Masse, Volumen, Oberfläche, ...)

 Oberfläche und Umfang einer Fläche

Bild 3.32 Optionen für Messen

3.3.1.1 Interpart Expressions (IPE)

Ein Interpart Expression ist eine Verknüpfung der Parameter zwischen zwei Einzelteilen. Für Geometrieverknüpfungen wird der WAVE Geometry Linker benutzt (siehe Kapitel 3.3.3).

Vorgehen für eine Verknüpfung zwischen Rad und Nabe:

- Aktives Teil = Nabe.prt
- Menü Tools → Expressions (Ctrl+E)
- Variablen-Name eingeben, hier „IPE_Durchmesser"
- Funktion „Create Interpart Reference" wählen

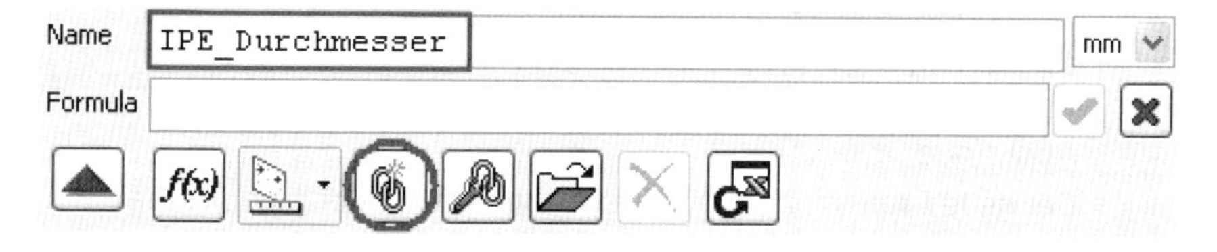

Bild 3.33 Create Interpart Reference

- Zieldatei (Rad_asm) wählen und OK

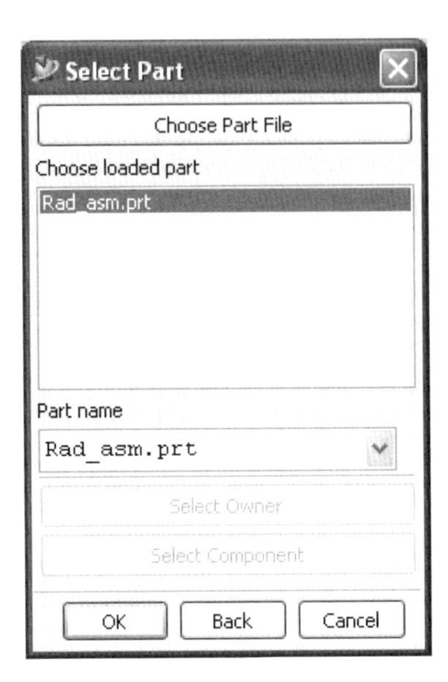

- Expression IPE_Durchmesser auswählen und OK

Die Verknüpfung wird ins Feld Formula eingefügt:

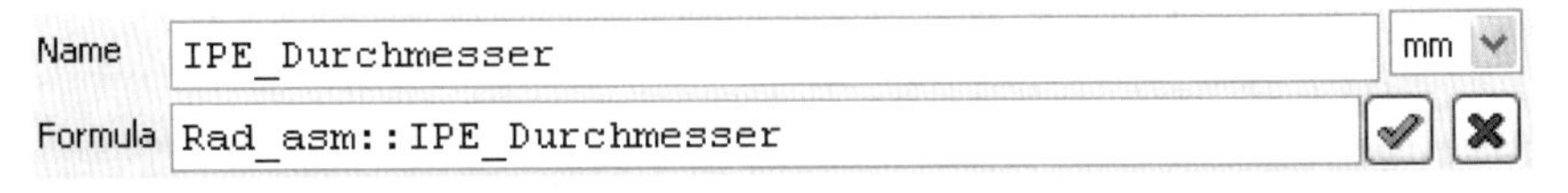

- Apply (oder ☑).
  Der neue Expression ist nun gespeichert und in der Liste sichtbar.

Die allgemeine Syntax für eine Interpart Expression sieht wie folgt aus:

- p0= Rad_asm::IPE_Durchmesser

Dabei stehen die obigen Bezeichnungen für Folgendes:

- p0: Variablen-Name in der aktuellen Datei
- Rad_asm: Dateiname, auf welchen sich die Variable bezieht
- IPE_Durchmesser: Variablen-Name in der Datei „Rad_asm"

Selbstverständlich braucht man diese Syntax nicht zu kennen. Diese wird von NX automatisch erzeugt.

Allgemeine Richtlinien zu Interpart Expressions (IPE)

Zwecks Übersichtlichkeit wird empfohlen, die zu verknüpfenden Parameter in einer Kontrolldatei oder in der übergeordneten Baugruppe zu definieren (keine Querverweise!). Im folgenden Bild sind Welle und Nabe parametrisch verknüpft mit der Baugruppe Rad_asm. Änderungen der Parameter erfolgen im Rad_asm.

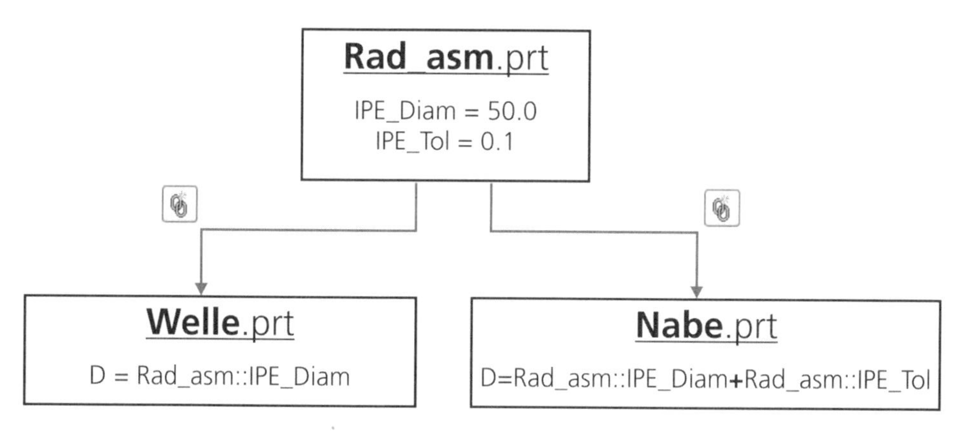

Bild 3.34 Interpart Expressions

Hinweis: Zur einfacheren Identifikation sollten Variablen-Namen für Verknüpfungen mit der Bezeichnung „IPE_" beginnen.

3.3.2 Der Visual Editor

Menü Tools → Visual Editor

Um das Verwalten der Parameter eines 3D Modells zu vereinfachen, wurde von NX der Visual Editor entwickelt. Mit diesem Hilfsmittel kann das Modell mit seinen Variablen grafisch dargestellt werden.

Es besteht kein Unterschied, ob die Parameter im Visual Editor oder im Dialogfenster Expressions geändert werden. Für die Benutzung des Visual Editors sind folgende Voraussetzungen zu beachten:

- Die Ausdrücke müssen vorher im Menü Tools → Expressions definiert werden.
- Der Schalter „Import Image" übernimmt den Inhalt des Grafikfensters in den Visual Editor.
- Notizen und Bemaßungen, welche in der Bildschirmebene liegen und einem Variablen-Namen der Expressions-Liste entsprechen, werden beim Importieren des Bildes direkt in die Parameterliste des Visual Editors übernommen.
- Mit dem Schalter Add/Remove können zusätzliche Expressions in die Parameterliste hinzugefügt bzw. entfernt werden.
- Unter Sheets → Add/Remove können mehrere Seiten erstellt bzw. wieder gelöscht werden.
- Damit Skizzen-Bemaßungen sichtbar bleiben, muss vor dem Verlassen der Sketchumgebung unter Menü Preferences → Sketch der Schalter „Retain Dimensions" aktiviert werden.
- Es können nur Skizzen-Bemaßungen ins Bild übernommen werden.

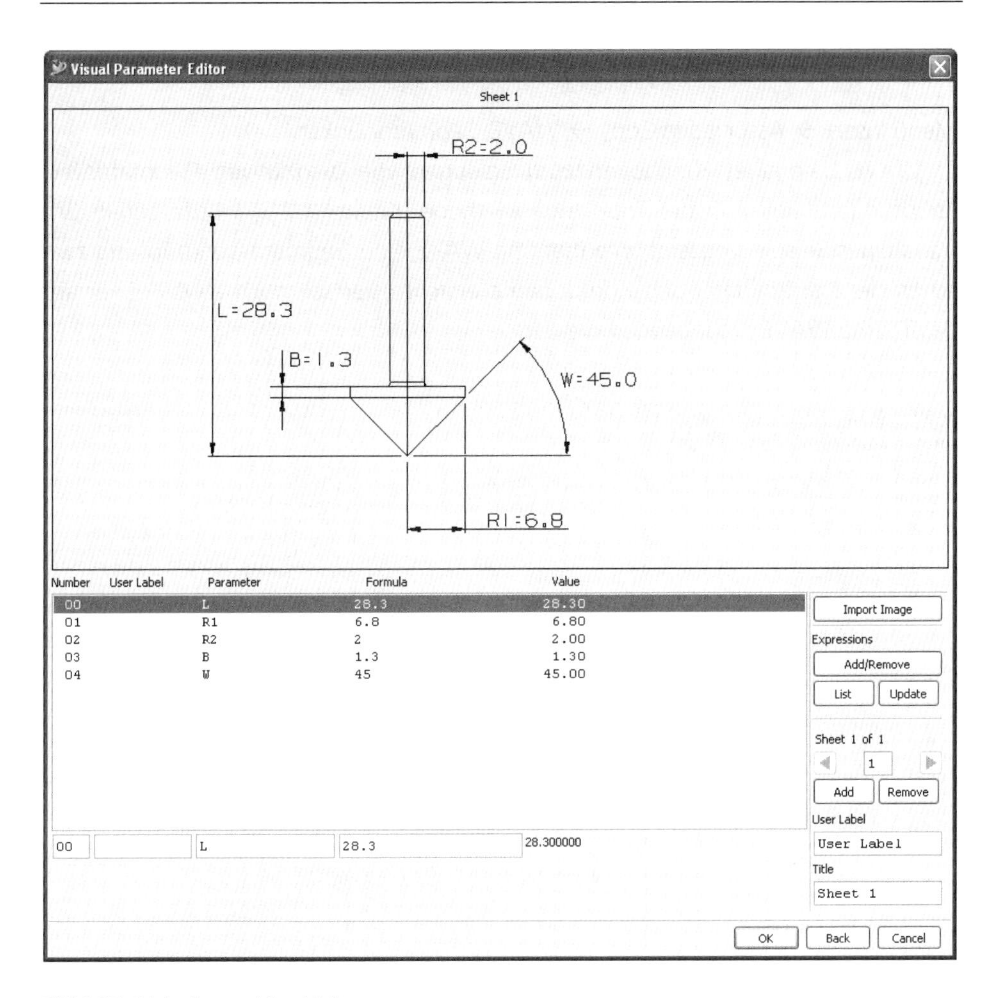

Bild 3.35 Dialogfenster Visual Editor

3.3.3 WAVE Geometry Linker

Menü Insert → Associative Copy → WAVE Geometry Linker ( )

WAVE beinhaltet Funktionen zum Erzeugen von assoziativen Geometrieverknüpfungen (Links). In der Top-Down Methode (Kapitel 3.2.2) wurde bereits anhand eines Beispiels gezeigt, wie man mit WAVE eine Geometrieverknüpfung zwischen der Kontrolldatei und Komponente erstellt. Hier soll noch etwas näher auf das Thema WAVE eingegangen werden.

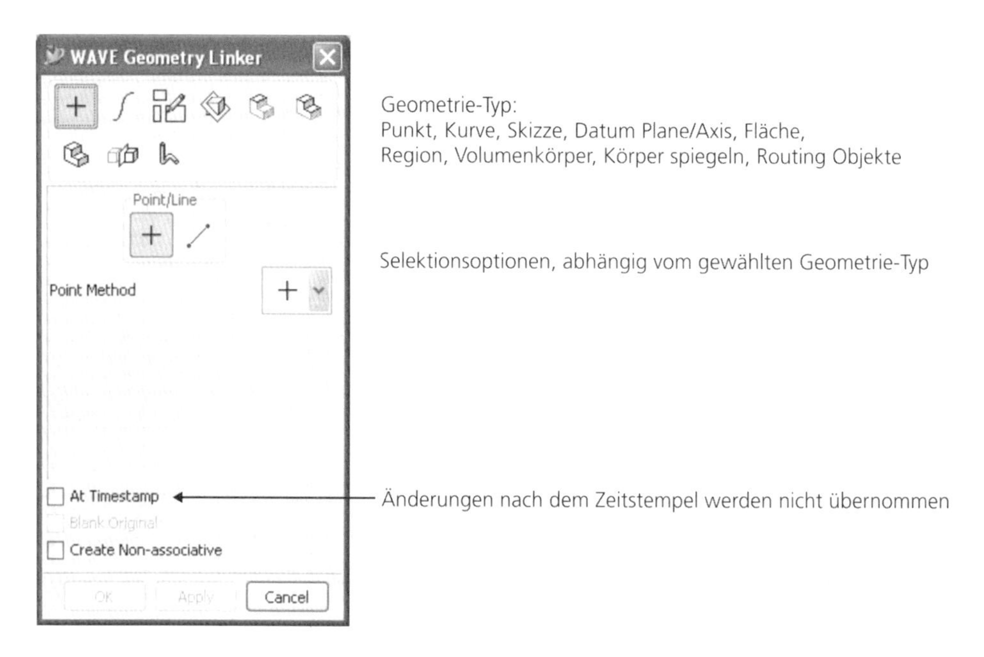

Bild 3.36 Dialogfenster WAVE Geometry Linker

3.3.3.1 WAVE Links erzeugen

Im folgenden Beispiel geht es darum, Flächen aus zwei verschiedenen Dateien in eine dritte Zieldatei zu referenzieren. Dabei müssen sich alle betroffenen Dateien in der gleichen Baugruppe befinden.

- Baugruppe öffnen
- Zieldatei (im Beispiel die Rohrverbindung) zum Work Part machen (Doppelklick im Assembly Navigator)

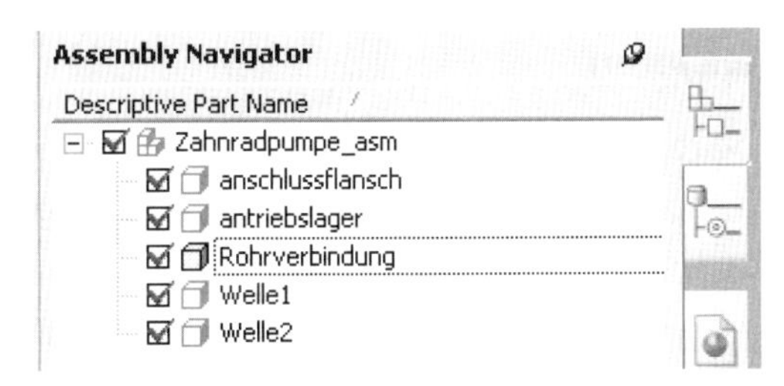

- Menü Insert → Associative Copy → WAVE Geometry Linker ( )
- Im Dialogfenster die Option Face aktivieren ()
- Die Anschlussflächen der beiden benachbarten Teile selektieren, dann OK.

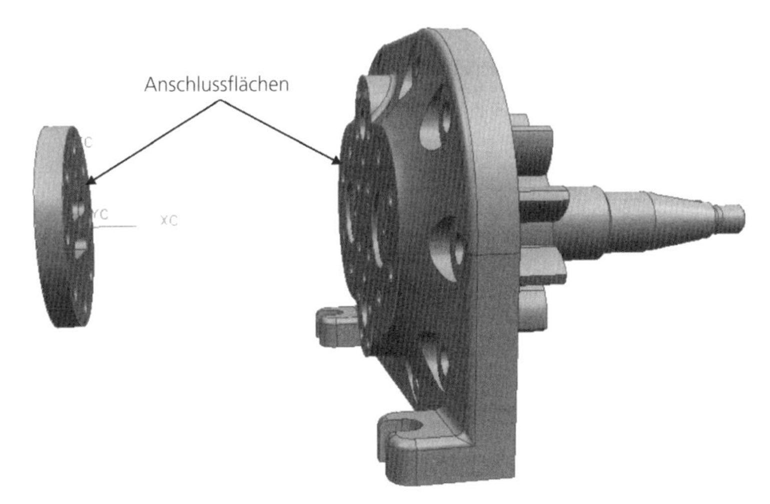

Die beiden Flächen erscheinen im Part Navigator als Linked Faces.

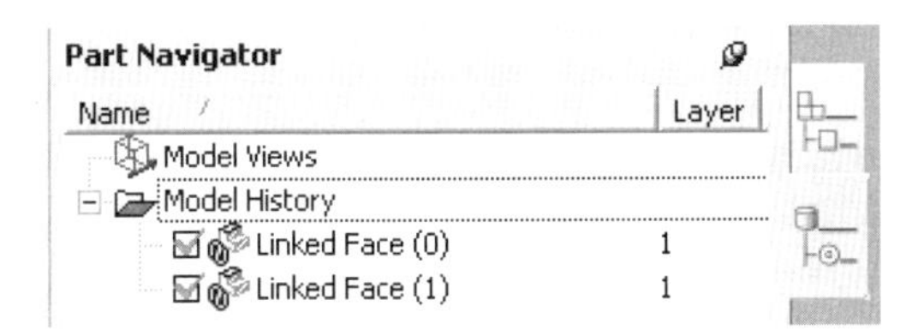

3.3.3.2 WAVE Links aktualisieren

Wenn die Baugruppe mit allen betroffenen Teilen geöffnet wird, dann findet die Aktualisierung automatisch statt, sofern die Komponenten vollständig geladen wurden. Dies lässt sich vor dem Öffnen der Baugruppe in den Load Options wie folgt setzen:

- Menü File → Options → Load Options: Use Partial Loading deaktivieren.

Ist die Baugruppe bereits geladen, dann kann das gleiche bewirkt werden mit MB3 im Assembly Navigator → Open → Component Fully.

Will man hingegen aus Zeitgründen eine Aktualisierung verhindern, dann geht dies entweder über Menü Tools → Update → Delay Interpart für die aktuelle Baugruppe oder als generelle Einstellung unter Menü File → Utilities → Assembly – General - Interpart Modeling: **Delay Interpart Update = ON**.

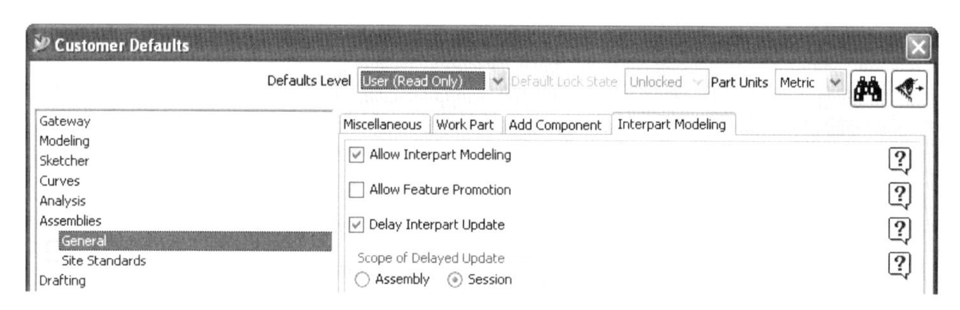

Bild 3.37 Interpart Modeling Einstellungen

Eine nicht aktualisierte Baugruppe erkennt man daran, dass in der Titelleiste ein Ausrufezeichen (!) erscheint.

NX 4 - Gateway - [zahnradpumpe_asm.prt (Modified) (!)]

Bild 3.38 Baugruppe ist nicht aktualisiert

Eine manuelle Aktualisierung erfolgt durch Menü Tools → Update → Update Session. Dazu müssen alle betroffenen Dateien geöffnet sein.

3.3.3.3 WAVE Links verwalten

Das Menü Assemblies → WAVE enthält diverse Funktionen zum Verwalten der geometrischen Verknüpfungen. Diese Funktionen sind vor allem bei größeren Baugruppenstrukturen sinnvoll. Dazu wird jedoch eine WAVE Volllizenz benötigt.

Steuert die Aktualisierung von Verknüpfungen

Liefert Informationen über gelinkte Objekte

Zeigt die gelinkten Objekte von selektierten Komponenten an

Zeigt die Eltern-Kind -Abhängigkeiten an

Erzeugt ein Diagramm mit den WAVE Links der aktiven Baugruppe

Erzeugt ein Diagramm mit den WAVE aller geladenen Komponenten

Zeigt ein gespeichertes WAVE Diagramm an

Lädt alle mit verknüpften Dateien, welche noch nicht oder nur teilweise geladen sind

Bild 3.39 Menü Assemblies → WAVE

Beispiel eines WAVE Diagram:

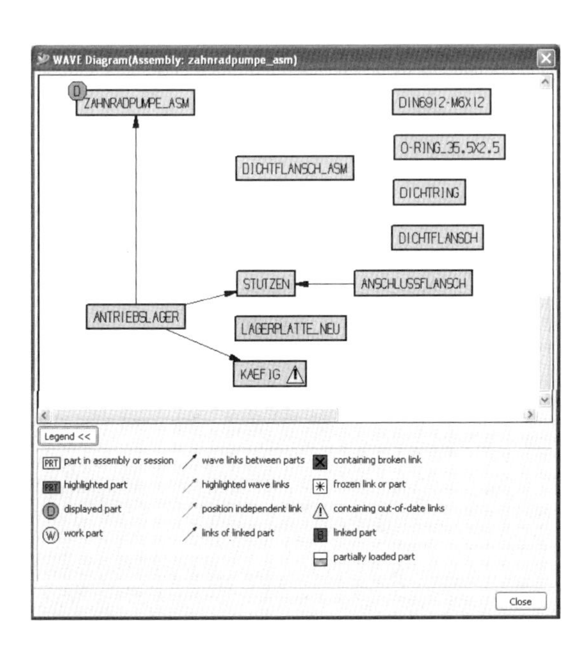

Bild 3.40 Beispiel: WAVE Diagram of Current Assembly

Der WAVE Associativity Manager

Menü Assemblies → WAVE → Associativity Manager

Dieses Werkzeug ist behilflich beim Verwalten der Aktualisierung von Komponenten in einer Baugruppe. Berücksichtigt werden WAVE Geometry Links, Interpart Expressions und Assembly Constraints bzw. Mating Conditions.

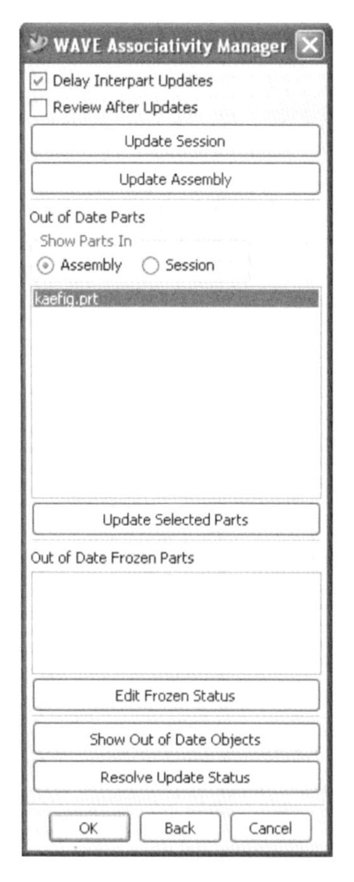

Bild 3.41 Der WAVE Associativity Manager

Geometry Navigator / Part Link Browser / Part Navigator

Diese drei Funktionen liefern Informationen über die Abhängigkeiten von gelinkten Objekten auf drei verschiedene Arten. Je nach gewählter Option wechselt die Sicht auf die Objekte. Man kann beliebig zwischen den Sichten hin- und herschalten. Es ist von hier aus auch möglich, eine Komponente zum dargestellten Teil zu machen.

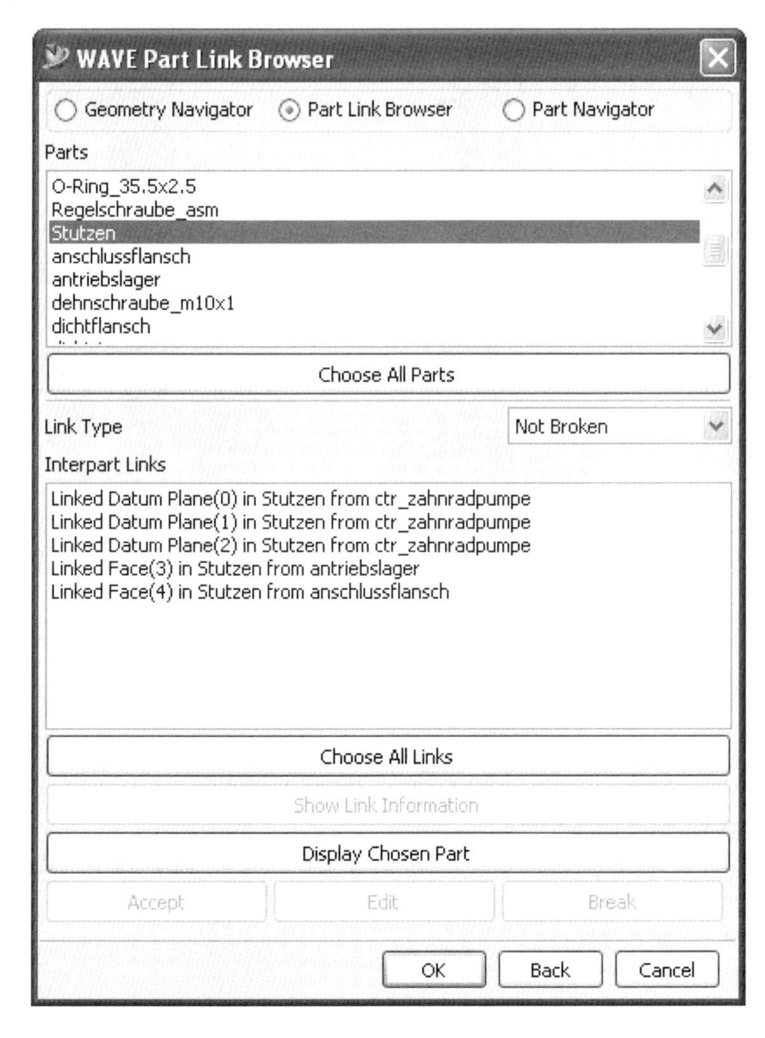

Bild 3.42 Der Part Link Browser

3.4 Weitere Baugruppenfunktionen

3.4.1 Arrangements (Anordnungen)

Menü Assemblies → Components → Arrangements ()

Baugruppen-Anordnungen dienen dazu, alternative Positionen für eine oder mehrere Komponenten zu bestimmen.

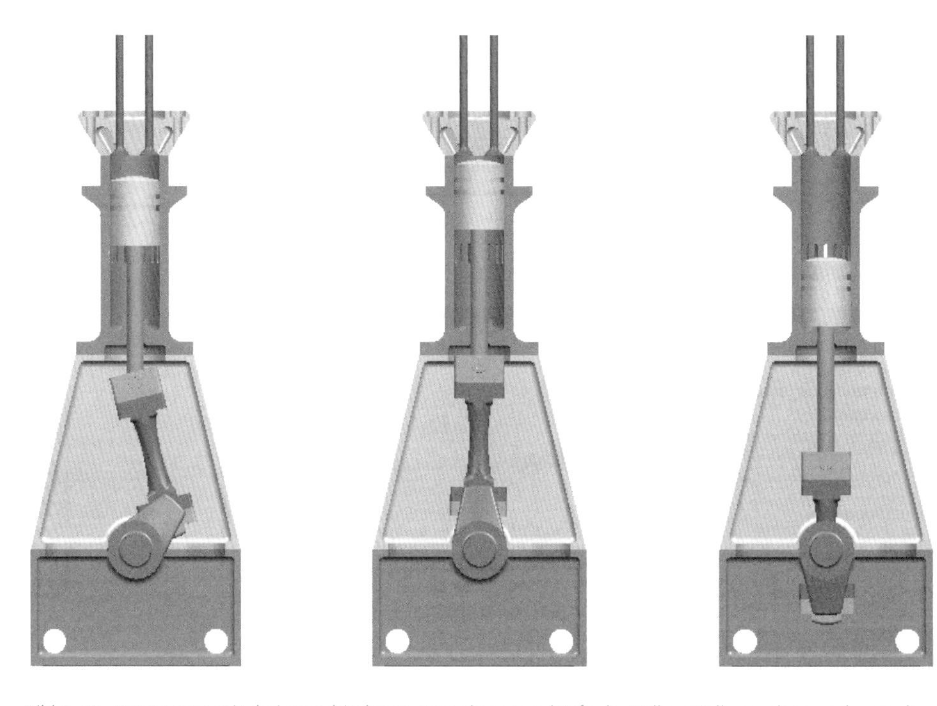

Bild 3.43 Baugruppe mit drei verschiedenen Anordnungen (Default, Kolbenstellung oben und unten)

Vorgehen:

- Im Assembly Navigator eine Baugruppe oder Unterbaugruppe auswählen.
- MB3 → Arrangements → Edit
  Das Dialogfenster Assembly Arrangement erscheint. Dieses enthält bereits eine vom System erzeugte Anordnung (Arrangement 1).
- „Arrangement 1" auswählen
- Kopieren ()
  Dies erzeugt eine neue Anordnung, deren Name direkt geändert werden kann (oder nachträglich mit Doppelklick).

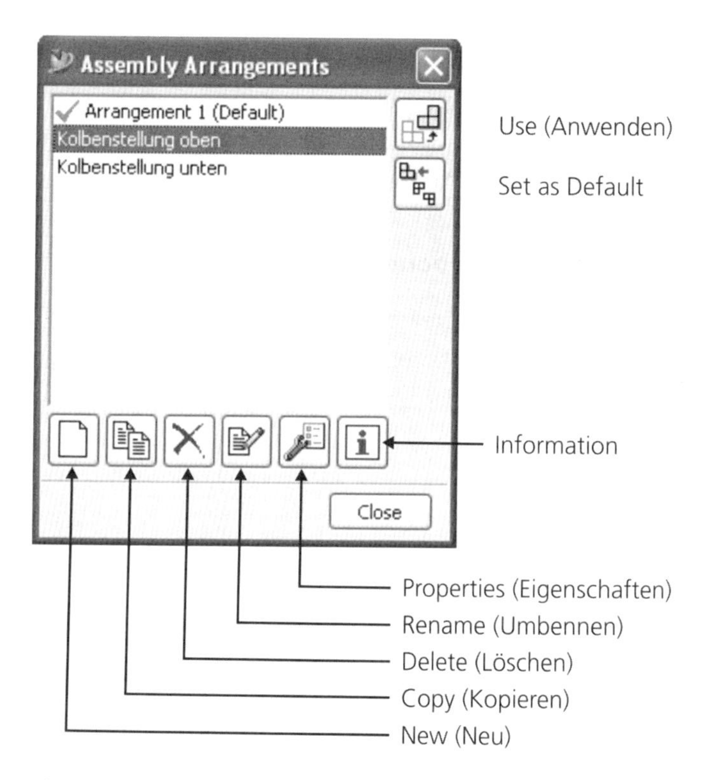

Bild 3.44 Dialogfenster Arrangements

- Gewünschte Anordnung wählen und mit Use ( ) auf die Baugruppe anwenden, danach Dialogfenster schließen mit Close.
- Im Assembly Navigator mit MB3 auf eine Komponente, dann die Properties aufrufen und in der Registerkarte Parameters die Option „Individually Positioned" aktivieren.

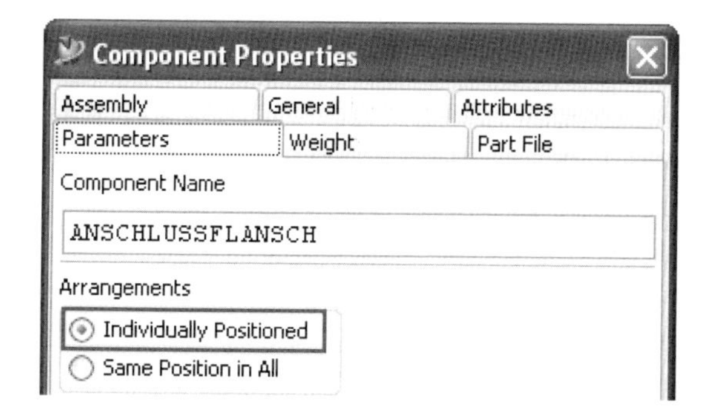

Bild 3.45 Component Properties

Nun können die Komponenten verschoben werden in die Positionen, die diese in der neuen Anordnung einnehmen sollen.

Die verschiedenen Anordnungen lassen sich aktivieren über den Assembly Navigator → MB3 auf die Baugruppe → Arrangements → …

3.4.2 Component Arrays (Komponentenfeld)

Menü Assemblies → Components → Create Array ()

Diese Funktion erstellt Kopien von Komponenten, abhängig von einem Feature Instance Sets (siehe Kapitel 1.6.7), oder unabhängig davon lineare oder kreisförmige Felder.

Beispiel: Flansch mit Lochkreis

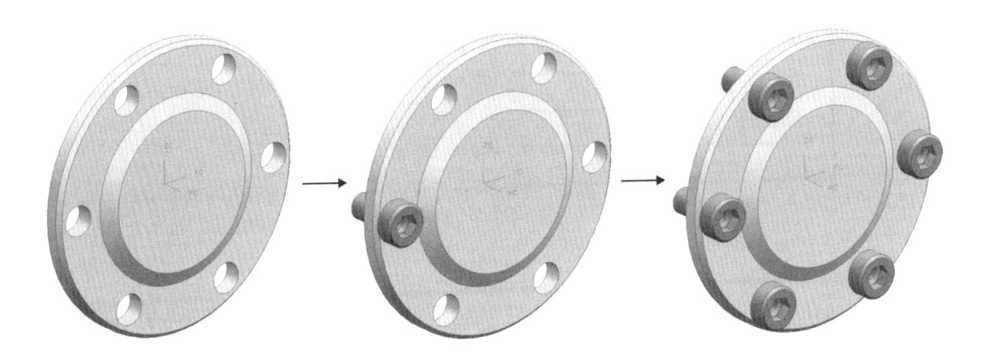

Bild 3.46 Beispiel Component Array

Voraussetzungen:

- Der Lochkreis im Flansch wurde mit Menü Insert → Associative Copy → Instance () als Circular oder Rectangular erstellt.
- Die Mating Conditions (Assembly Constraints) beziehen sich auf die Geometrie des Lochkreises. Auf das Beispiel bezogen heißt das: Die Schraube muss auf die Bohrung zentriert sein.

Vorgehen:

- Menü Assemblies → Components → Create Array ()
- Schraube selektieren, dann OK.

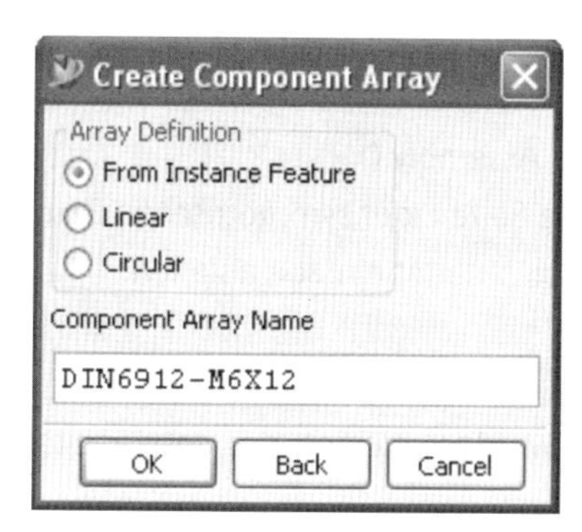

Übernimmt die Informationen der Featuremusters
Erzeugt ein lineares Muster
Erzeugt ein kreisförmiges Muster

Bild 3.47 Component Array Dialog

Die Option "From Instance Feature" verhält sich assoziativ zum Featuremuster, die beiden anderen Optionen (Linear und Circular) hingegen nicht. Diese müssen bei einer Änderung manuell nachgeführt werden.

- Für dieses Beispiel die Option "From Instance Feature" wählen, dann OK.

Das Komponentenfeld wird erstellt. Die Eigenschaften wie Farbe, Layer und Name der Ursprungskomponente werden übernommen.

Component Arrays bearbeiten

Menü Assemblies → Components → Edit Component Array

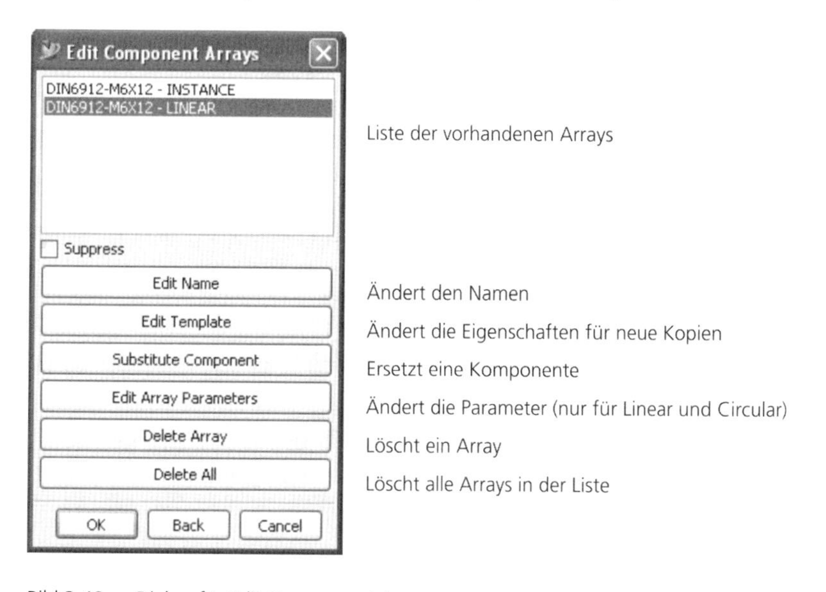

Bild 3.48 Dialog für Edit Component Array

3.4.3 Mirror Assembly (Baugruppe spiegeln)

Menü Assemblies → Components → Mirror Assembly ( )

Dank dieser Funktion muss nur noch eine Seite einer symmetrischen Baugruppe erzeugt werden. Die gespiegelte Seite lässt sich damit einfach ableiten.

Hinweise:

- Die Baugruppe wird in Bezug auf eine Datum Plane gespiegelt.
- Es können Komponenten bestimmt werden, die von der gespiegelten Baugruppe ausgeschlossen werden sollen.
- Komponenten können auch neu positioniert werden, damit diese an einer anderen Position in der gespiegelten Baugruppe erscheinen.
- Komponenten müssen untergeordnete Elemente der aktiven Baugruppe sein, um für die gespiegelte Baugruppe selektierbar zu sein.

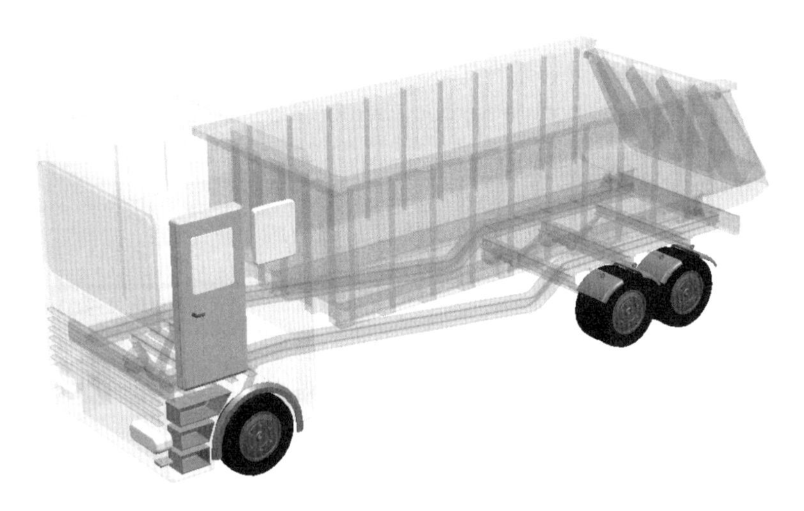

Bild 3.49 Beispiel für Mirror Assembly

Der **Mirror Assembly Wizard** führt den Anwender schrittweise durch die Funktionen.

- Als erstes wird ein Welcome Fenster angezeigt. Weiter mit Next.
- Es folgt das Selektieren der zu spiegelnden Komponenten, grafisch oder im Assembly Navigator. Weiter mit Next.
- Spiegel-Ebene bestimmen, entweder eine vorhandene wählen oder eine neue Datum-Plane erstellen ( ).

- Der Schritt **Mirror Setup** legt die Optionen zum Spiegeln fest:

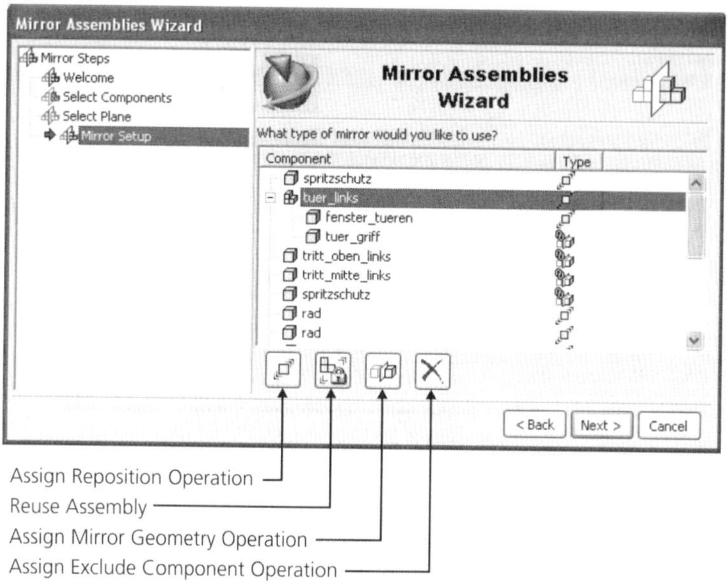

Assign Reposition Operation
Reuse Assembly
Assign Mirror Geometry Operation
Assign Exclude Component Operation

Bild 3.50 Mirror Assembly Optionen

  - **Assign Reposition Operation**: Dreht nur das Teil um 180 Grad ohne die Geometrie zu spiegeln.
  - **Reuse Assembly:** Spiegelt die Komponente bei gleichbleibender Position.
  - **Assign Mirror Geometry Operation:** Spiegelt die Geometrie und erstellt dabei neue Teiledateien.
  - **Assign Exclude Component Operation**: Schließt die Komponente aus der Operation aus. (Diese Option ist besonders hilfreich zum Abwählen von untergeordneten Komponenten, die automatisch mit den übergeordneten Elementen ausgewählt wurden.)
- Mit Next werden neue Teiledateien erzeugt und als Komponenten der Baugruppe hinzugefügt.
- Die meisten Komponenten, für die Reposition gewählt wurde, haben sechs mögliche Positionierungslösungen. Hier kann eine Lösung aus dem Optionsmenü ausgewählt oder einzeln durch die Lösungen gegangen werden.

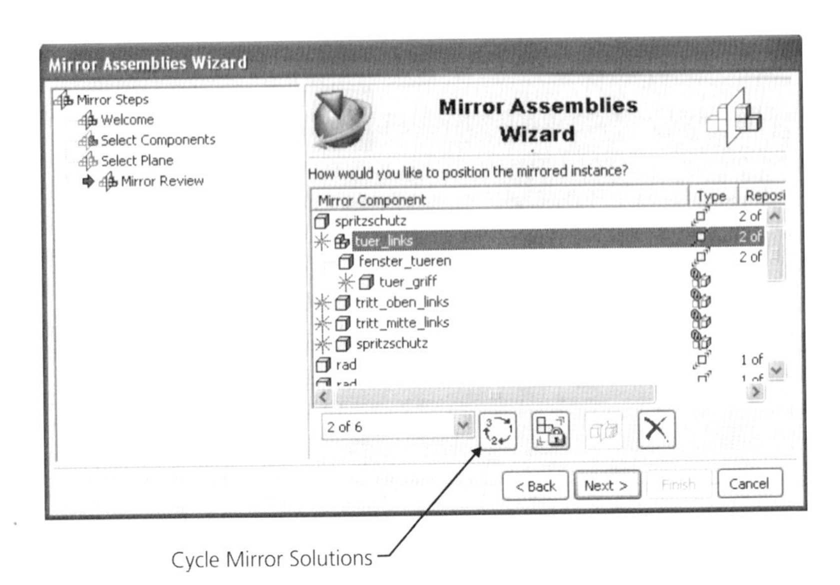

Bild 3.51 Mirror Assembly Optionen für Neupositionierung

- Naming Rule / Directory Rule ermöglicht es, die Benennung der gespiegelten Teile mit einem Präfix oder Suffix zu versehen und - falls erwünscht – ein Verzeichnis anzugeben, wo die neuen Teile abgelegt werden sollen.

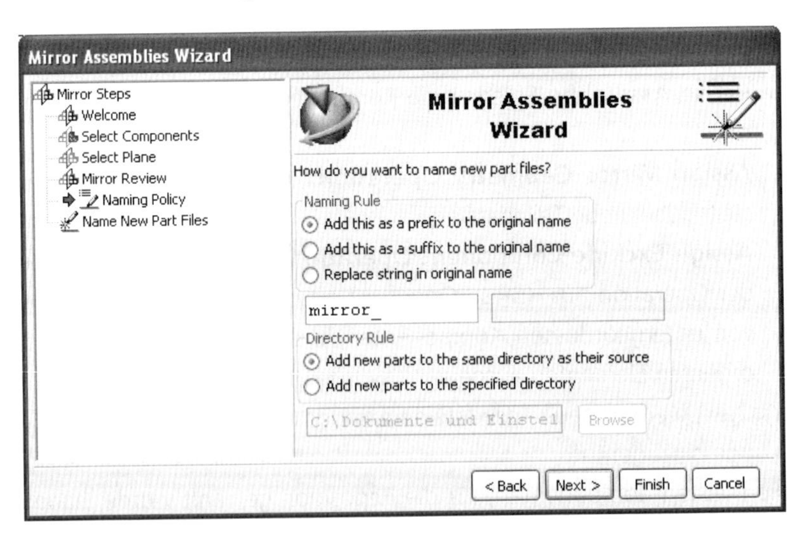

Bild 3.52 Mirror Assembly Regeln für Benennung und Ordner

Name New Part File erlaubt das direkte Umbenennen der neuen Teile.

3.4.4 Deformable Parts (deformierbare Teile)

Es gibt in Baugruppen Teile, die verschiedene Formen annehmen können je nach Einbauzustand, beispielsweise Federn, Schläuche, usw.

Mit deformable Parts kann erreicht werden, dass eine Komponente verschiedene geometrische Zustände erhält für den Einbau in einer Baugruppe.

Vorgehen am Beispiel einer Spiralfeder:

- Spiralfeder öffnen
- Menü Tools → Define Deformable Part
- Auswählen der Features für das deformierbare Teil (hier alle Features)

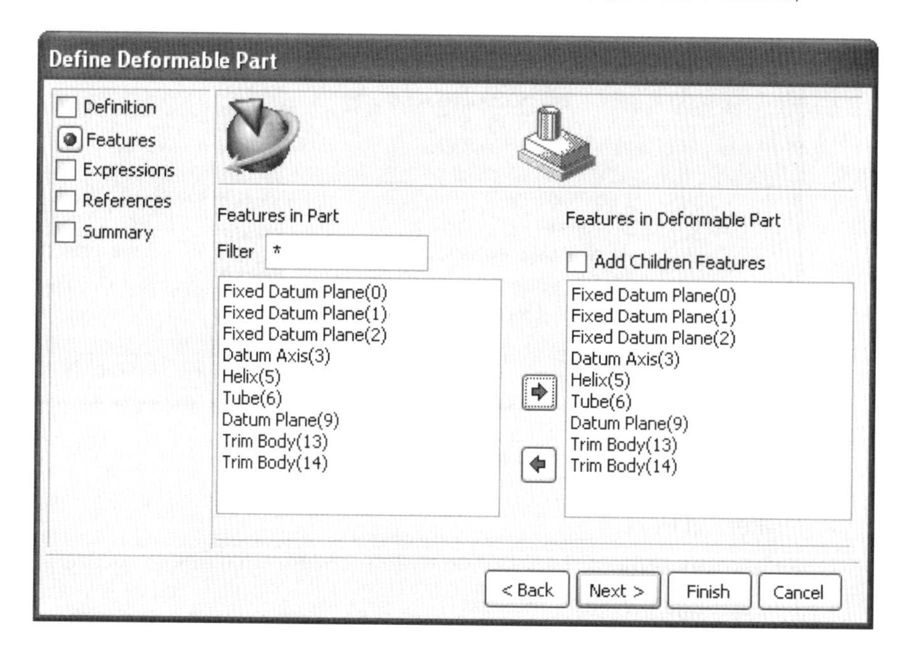

Bild 3.53 Deformable Part: Featureauswahl

- Weiter mit Next.

- Auswählen der zu variierenden Parameter. Im Beispiel ist es die Länge, und zwar im Bereich Min. = 20 und Max = 50.

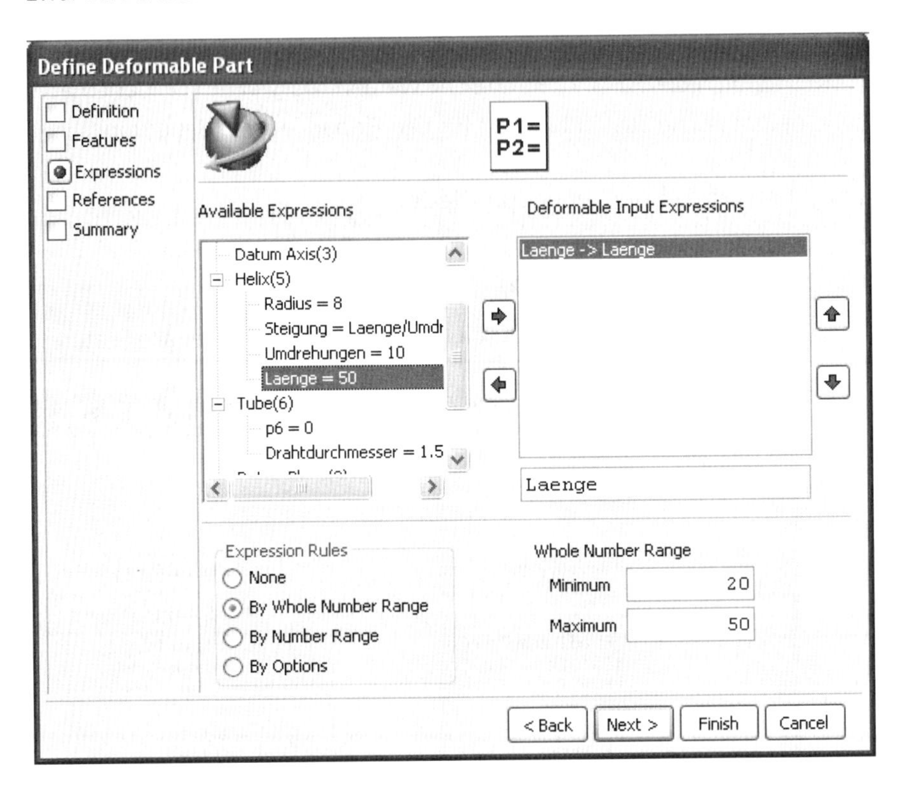

Bild 3.54 Deformable Part: zu variierender Parameter

- Weiter mit Next.
- References ermöglichen optional Referenzinformationen anzuzeigen und hinzuzufügen. Weiter mit Next.
- Summary zeigt die Zusammenfassung der Daten für das deformierbare Teil an. Weiter mit Finish.

Das Teil ist jetzt so weit aufbereitet, um in einer Baugruppe als deformierbare Komponente verwendet werden zu können. Dies geht dann wie folgt:

- Baugruppe öffnen und deformierbare Komponente (Spiralfeder) hinzufügen.
- Menü Assemblies → Components → Deform Part… aufrufen.
- Im Dialogfenster „Deform Component" die Komponente auswählen.

- Mit Create (□) Wert für die Länge eingeben und OK.
  Die Länge passt sich entsprechend an.

- Mit Edit (▣) Wert ändern:

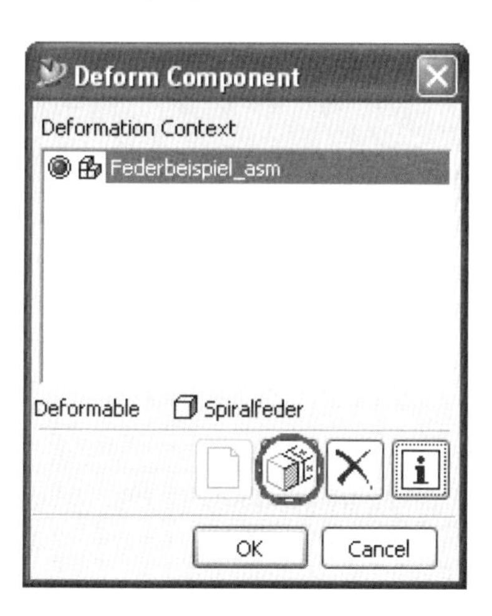

Tipp: Der Wert kann auch über einen Doppelklick auf die Komponente geändert werden.

3.4.5 Sequences and Motion (Sequenzen und Bewegungsabläufe)

Menü Assemblies → Sequencing ( )

Diese Funktion dient zum Erstellen von Montageanweisungen durch Definieren der Montagereihenfolge. Für jeden Montageschritt können die Attribute Montagezeit und Montagekosten angegeben werden.

Der Aufruf von Sequencing aktiviert eine eigene Arbeitsumgebung.

Vorgehen:

- Neue Sequence ( ) erstellen

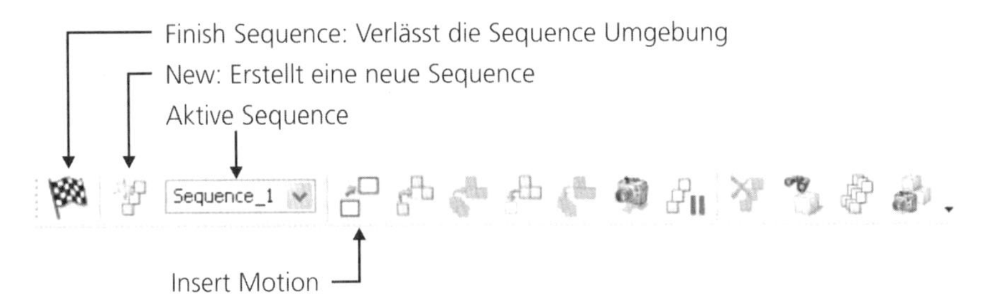

Bild 3.55 Werkzeugleiste Sequencing

- Mit Insert Motion die Demontageschritte einfügen:
  - Komponenten grafisch oder im Assembly Navigator auswählen, dann zum nächsten Schritt mit MB2.
  - Reposition oder Disassemble.
  - OK.

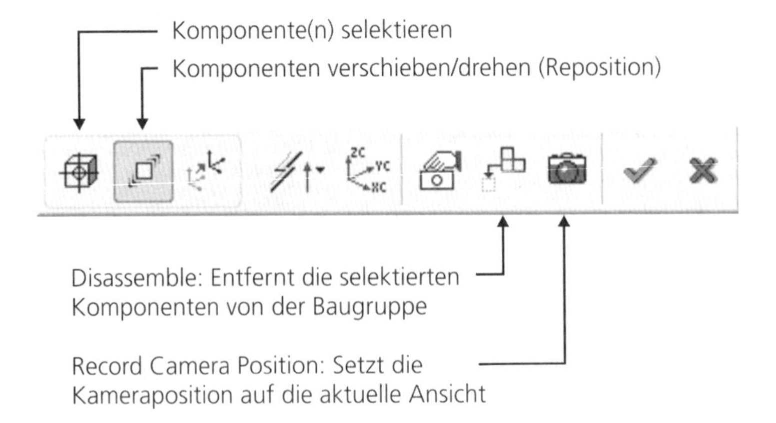

Bild 3.56 Symbolleiste Insert Motion

Die Schritte werden im Sequence Navigator aufgelistet:

Sequence_1

Object Name	Step	Description	Count	Start	Duration
Sequence_1		Created on 2005-08-28 17:57			59
Kolbenstellung oben					
Ignored			0		
Preassembled			80		
Motion 1	10			1	3
Sequence Group 1	20			4	8
Motion 2	30			12	7
lagerdeckel	40			19	8
dichtring	50			27	8
dichtflansch	60			35	8
O-Ring_35.5x2.5	70			43	8
O-Ring_35.5x2.5	80			51	8
Camera	90			59	1

Bild 3.57 Sequence Navigator

- Mit den Funktionen der folgenden Werkzeugleiste lässt sich die Sequenz animieren:

Bild 3.58 Werkzeugleiste Assembly Sequencing Playback

Hinweise:

- Das Vorgehen kann auch in umgekehrter Reihenfolge durchgespielt werden, indem man zuerst im Sequence Navigator alle Preassembled Komponenten entfernt und dann mit der Montage von vorne beginnt.
- Die Animation kann mit Hilfe der Kollisionskontrolle überwacht werden:

Bild 3.59 Kollisionsprüfung während der Animation

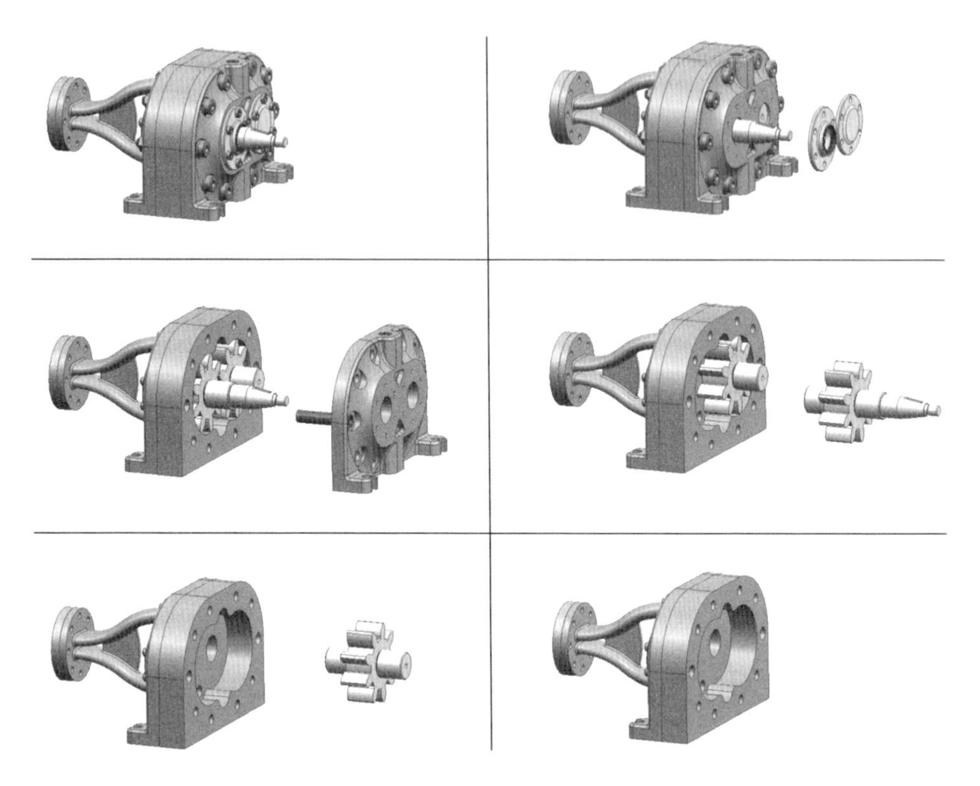

Bild 3.60 Beispiel: Assembly Sequence

3.5 Große Baugruppen

3.5.1 Problematik

Beim Arbeiten mit großen Baugruppen stößt man früher oder später vor allem auf folgende Grenzen:

- Grosse Ladezeit (bis zu mehreren Stunden)
- Überforderung der Grafikkarte (dynamisches Drehen ruckartig)
- Lange Dauer der Aktualisierung bei Konstruktionsänderungen

Aus diesen Gründen wird es sehr schwierig, effizient zu arbeiten. NX bietet diverse Ansätze, um diese Problematiken abzuschwächen. Im Wesentlichen geht der Lösungsansatz dahin, sowohl beim Laden als auch beim Arbeiten die Baugruppe so reduziert wie möglich darzustellen. Das heißt, Teilbereiche der Baugruppe, welche zum Arbeiten gerade nicht relevant sind, werden vereinfacht oder gar nicht dargestellt.

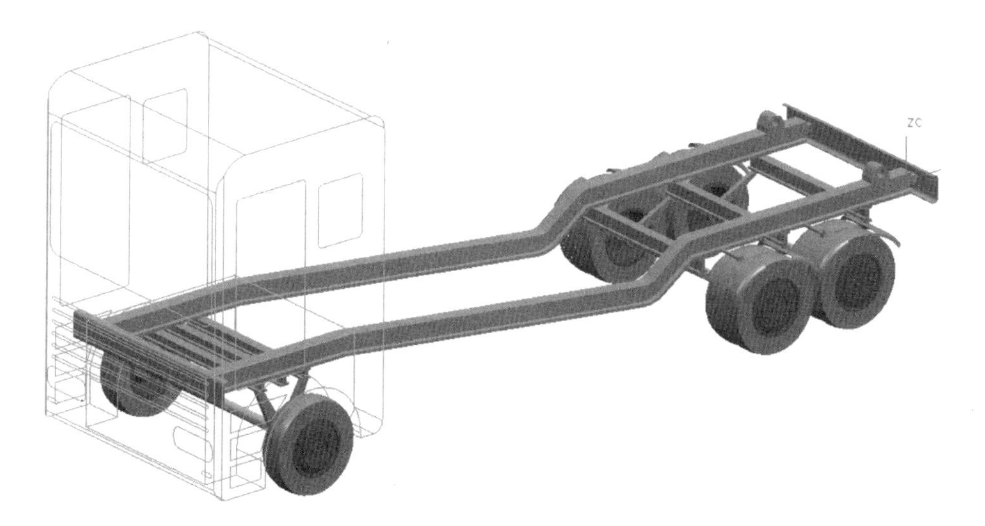

Bild 3.61 Vereinfachte Darstellung eines Lastwagens

3.5.2 Arbeitstechniken bei großen Baugruppen

NX bietet eine ganze Reihe von Mechanismen um das Arbeiten mit großen Baugruppen zu erleichtern. Die Leistungsverbesserung steht in Relation zum Aufwand, wobei erwähnt werden muss, dass dies nicht alleine entscheidend ist, sondern auch praktische Gründe berücksichtigt werden müssen. Folgende Tabelle gibt einen Überblick über die Arbeitstechniken.

Arbeitstechnik	**Kurzbeschreibung**	**Kapitel**
Load Options	Legt fest, wie eine Baugruppe geladen wird.	3.5.2.1
Representations	Leitet von den Komponenten eine facettierte Darstellung ab. Dies ermöglicht das Laden der Baugruppe ohne Komponenten mit Visualisierung.	3.5.2.2
Open by Proximity	Ermöglicht das Selektieren von Komponenten, die sich in der Nähe einer zu bestimmenden Komponente befinden.	3.5.2.3
Reference Sets	Vereinfachen die Darstellung von Komponente.	3.5.2.4
Wrap Assembly	Erstellt eine Umhüllung der Baugruppe durch ein konvexes Polyhedron ebener Flächen.	3.5.2.5
Product Outline	Wird bestimmt durch Geometrieelemente, welche die Baugruppenumrisse andeuten.	3.5.2.6
Linked Exterior	Extrahiert die Außenflächen der Komponenten einer Baugruppe in ein Feature.	3.5.2.7
Component Grouping	Ermöglicht das Gruppieren von Features mit Hilfe von Kriterien, ähnlich wie ein Filter.	3.5.2.8
Zonen	Unterteilt eine Baugruppe in verschiedene Zonen	3.5.2.9
Scripts	Sind Befehlsfolgen, um Baugruppenfunktionen auszuführen.	3.5.2.10

Tabelle 3.1 Arbeitstechniken bei großen Baugruppen

3.5.2.1 Load Options

Menü File → Options → Load Options

In den Lade-Optionen wird bestimmt, wie eine Baugruppe geladen wird.

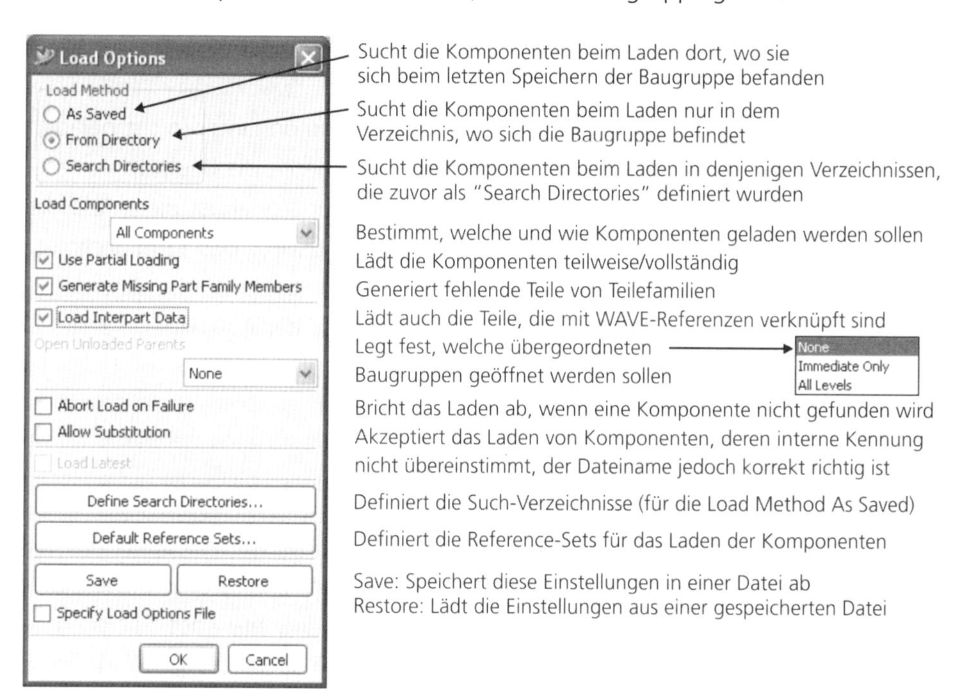

Bild 3.62 Dialogfenster Load Options

Die im Bild rechts markierten Optionen müssen **vor** dem Öffnen der Baugruppe gesetzt werden.

Die Verkürzung der Ladezeit ist enorm, da keine Komponenten geladen werden müssen, sondern nur die Baugruppenstruktur.

Bei der Option „**Partial Loading**" wird zwar der exakte Volumenkörper dargestellt, die Konstruktionselemente werden jedoch nicht mitgeladen. Diese werden erst in den Speicher geholt, wenn der Benutzer bestimmte Aktionen ausführt wie Make Work oder Displayed Part. Vollständiges Laden kann auch im Assembly Navigator erwirkt werden mit MB3 auf die gewünschte(n) Komponente(n), dann Open → Component Fully.

Bei der Option „**No Components**" werden die Komponenten nicht geladen und somit die Volumenkörper nicht dargestellt, es sei denn, die Baugruppendatei beinhaltet Representations (siehe nächstes Kapitel). Der Vorteil ist hier, dass die Baugruppenstruktur im Assembly Navigator dargestellt wird. Das ermöglicht es, gezielt auszuwählen und zu laden (MB3 auf die gewünschte(n) Komponente(n), dann Open → Component Fully). Dies setzt voraus, dass der Anwender die Struktur und die Namen der Komponenten kennt.

3.5.2.2 Representations

Menü Assembly → Advanced → Representations

Mit Hilfe von Representations lassen sich facettierte Objekte erzeugen, die mit dem Körper bzw. mit der Fläche, von denen diese abgeleitet wurden, assoziativ verknüpft sind. Representations benötigen nur einen Bruchteil des Speicherbedarfs, verglichen mit der Originalgeometrie. Das System speichert die facettierten Objekte in der aktiven Datei. Das hat zur Folge, dass diese Datei etwas größer wird.

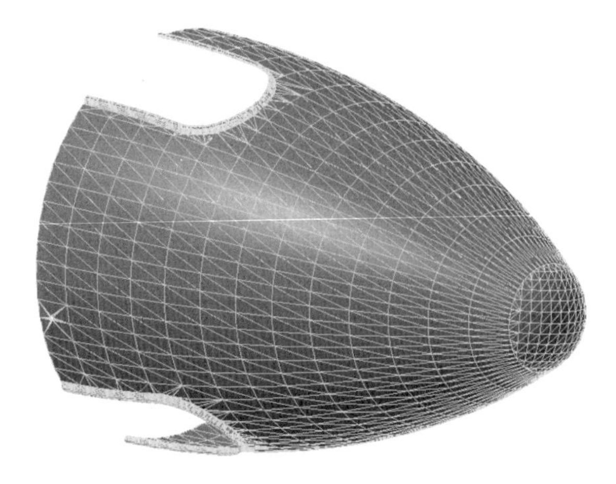

Bild 3.63 Darstellung der facettierten Objekte einer Representation

Der Nutzen von Representations ist, dass beim Laden einer Baugruppe mit der Option „No Component" die Komponenten nicht sichtbar sind, sondern nur deren Abbild und somit die Ladezeit wesentlich kürzer ist.

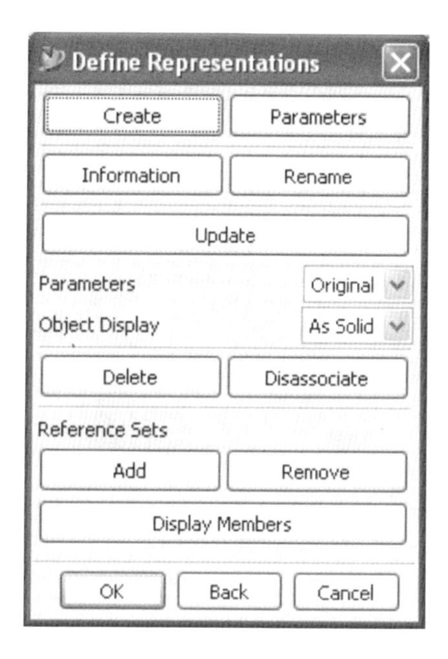

Create: Erzeugt Facettenobjekte
Parameters: Parameter für die Facettenberechnung
Rename: Representation umbenennen
Informationen zu bestehenden Representations
Aktualisiert Representations

Delete: Löscht eine Representation
Disassociate: Trennt die Assoziativität zwischen Representation und Geometrie

Hinzufügen/Entfernen einer Representation zu/von einem bestehenden Reference Set
Stellt die Representations dar, welche einem Reference Set zugeordnet sind

Bild 3.64 Dialogfenster Representations

3.5.2.3 Open by Proximity

Menü Assembly → Context Control → Open by Proximity ()

Open by Proximity (= nach Nähe öffnen) vereinfacht das Laden von Komponentensätzen, die sich in einem kleinen Bereich einer größeren Baugruppe befinden.

Open by Proximity eignet sich besonders dann,

- wenn angrenzende Komponenten geladen werden sollen, um den Konstruktionskontext zu verdeutlichen.
- wenn angrenzende Komponenten geladen werden sollen, um eine präzise volumenbasierende Kollisionsprüfung durchzuführen.
- um teileübergreifende Beziehungen zu erzeugen (WAVE Links, Assembly Constraints).

Vorgehen:

- Baugruppe öffnen mit Load Option „No Component"
- Gewünschte Komponente(n) vorselektieren
- Menü Assembly → Context Control → Open by Proximity

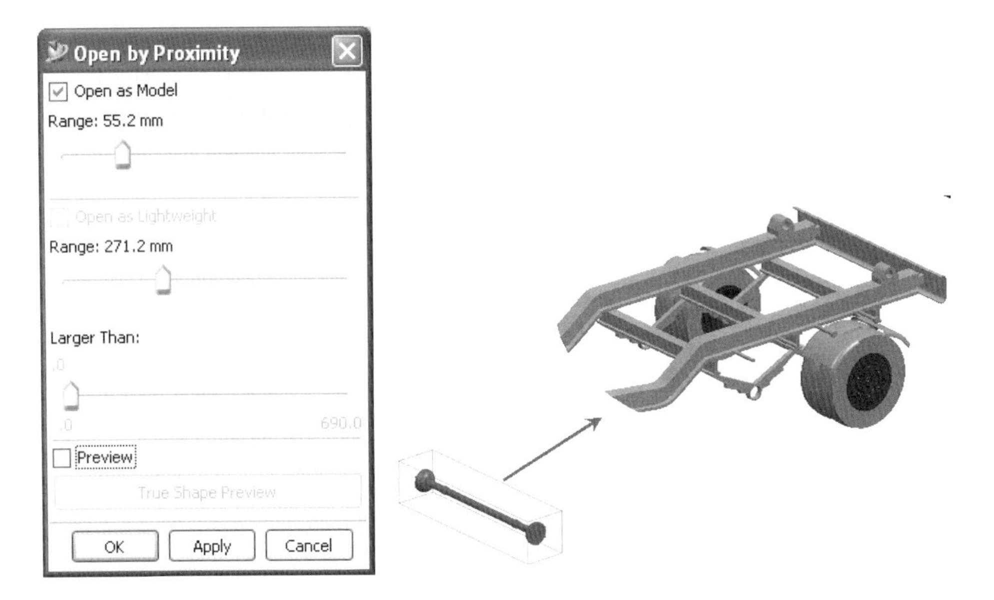

Bild 3.65 Open by Proximity: Dialogfenster und Beispiel

3.5.2.4 Reference Sets

Bei einem Reference Set handelt es sich um eine Teilmenge von Daten einer Teiledatei. Er kann über einen ihm zugeordneten Namen angesprochen werden.

Verwendungszweck:

- Herausfiltern unerwünschter Objekte einer Komponente
- Vereinfachtes Darstellen einer Komponente

Dadurch kann die Grafik wesentlich entlastet werden.

In einer Firma sollte mit einem Standard von Reference Sets gearbeitet werden, an den sich alle Mitarbeiter halten. Dadurch wird das Arbeiten mit großen Baugruppen stark vereinheitlicht. In NX sind zwei Reference Sets bereits vordefiniert: Empty und Entire Part.

Reference Set Name	Bedeutung	Definiert durch	Beispiel
Empty	Leeres Modell	NX	
Entire Part	Gesamtes Modell mit allen Objekten	NX	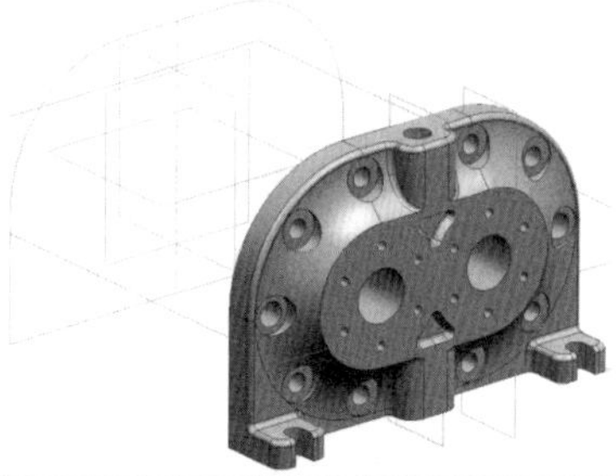
MODEL	Nur der Volumenkörper	NX	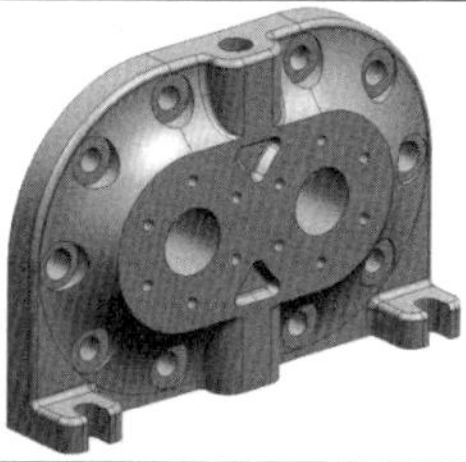
FACET	Lightweight	NX	
SIMPLIFY	Z.B. assoziative Extracted Curves	Anwender	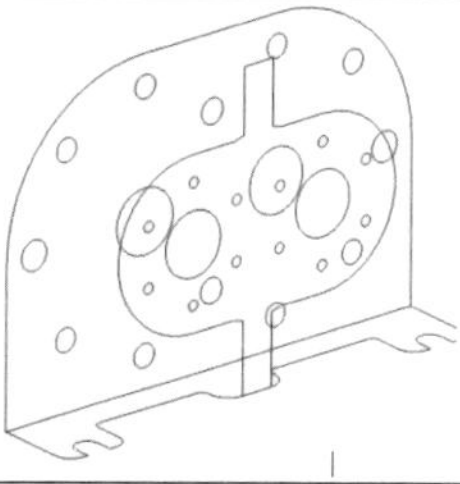

Tabelle 3.2 Reference Sets

Der Reference Set FACET ist eine Lightweight Facet Representation. Diese wird von der Originalgeometrie abgeleitet und durch Dreiecksflächen angenähert. Die Anwendung dieses Reference Sets ermöglicht es, Baugruppen bis zu acht Mal schneller zu schattieren als das vollständige 3D Modell.

Anwendungsbeispiele von Reference Sets

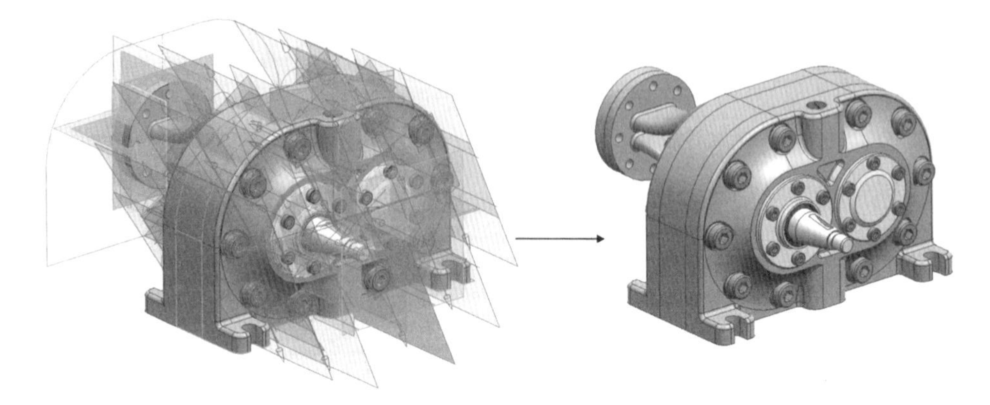

Bild 3.66 Beispiel: Herausfiltern von unerwünschten Objekten einer Baugruppe

Erstellen eines Reference Sets

- Wechseln in die Master-Modell Datei
- Menü Format → Reference Sets...
- Im Dialogfenster einen neuen Set definieren (New)

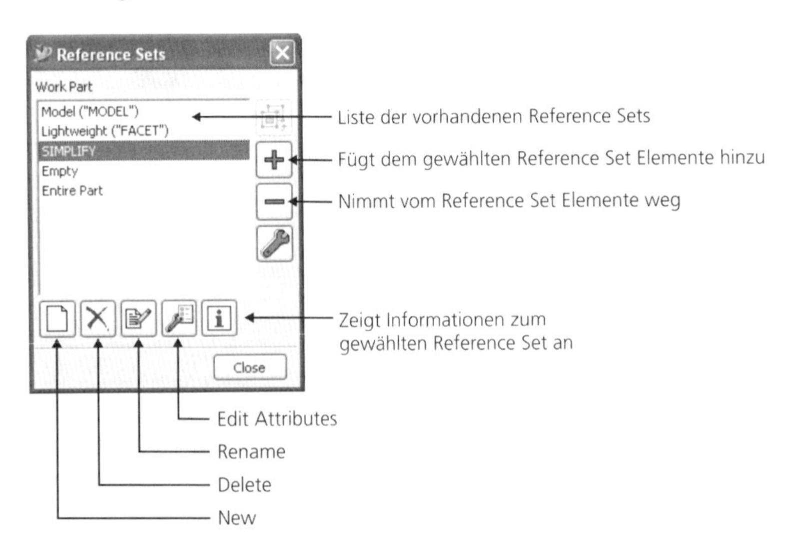

Bild 3.67 Dialogfenster Reference Sets

- Name für den neuen Reference Set eingeben, z.B. SOLID
- Gewünschte Elemente (z.B. Volumenkörper) grafisch auswählen und OK.

In der Baugruppe kann nun angegeben werden, dass das vorher definierte Reference Set angezeigt werden soll. Dies geschieht entweder im Menü Assemblies → Components → Replace Reference Set oder direkt im Assembly Navigator mit MB3 auf die Komponente, dann Replace Reference Set wählen.

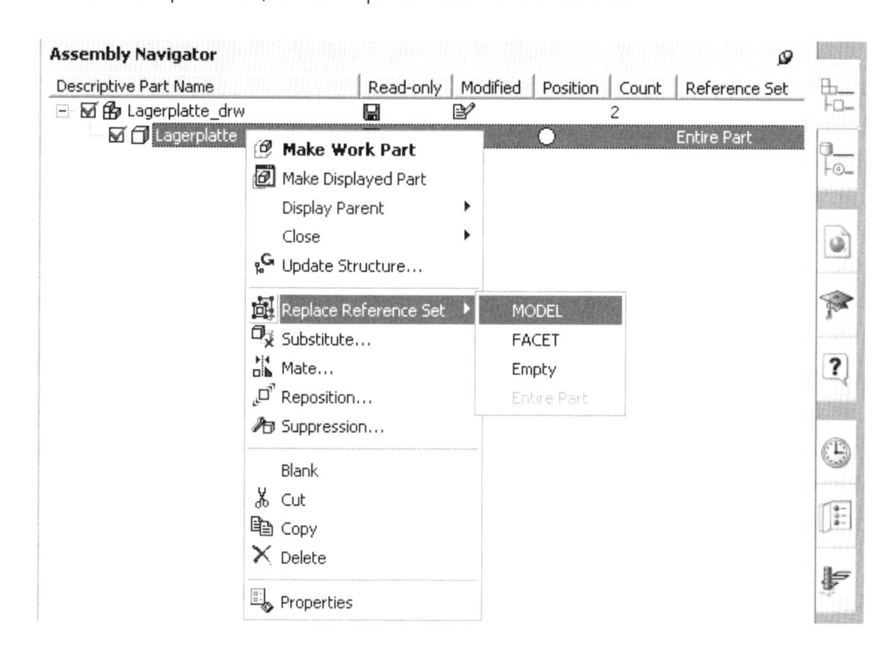

Bild 3.68 Replace Reference Set

Von der Baugruppe sind jetzt nur noch diejenigen Elemente sichtbar, die zum gewählten Reference Set gehören. Typischerweise ist dies der Volumenkörper.

Hinweise:

- Die Reference Sets MODEL und FACET lassen sich automatisch beim Speichern generieren (Menü File → Utilities → Customer Defaults → Assemblies → Site Standards). Der Reference Set MODEL legt fest, von welchen Geometriedaten ein FACET Representation abgeleitet wird.
- Dem Reference Set LIGHTWEIGHT werden automatisch Wraps (Kapitel 3.5.2.5) und Linked Exteriors (Kapitel 3.5.2.7) zugewiesen.

Reference Set und Load Options

Beim Laden einer Baugruppe kann zuvor in den Load Options angegeben werden, welcher Reference Set dargestellt werden soll. Die Reference Sets werden in der Reihenfolge, wie sie im Dialogfenster aufgelistet sind, durchsucht und, falls vorhanden, dargestellt.

Vorgehen:

- Menü File → Options → Load Options
- Schaltfläche Default Reference Sets ...
- Im folgenden Dialogfenster Reference Sets hinzufügen, wegnehmen und die Reihenfolge bestimmen.

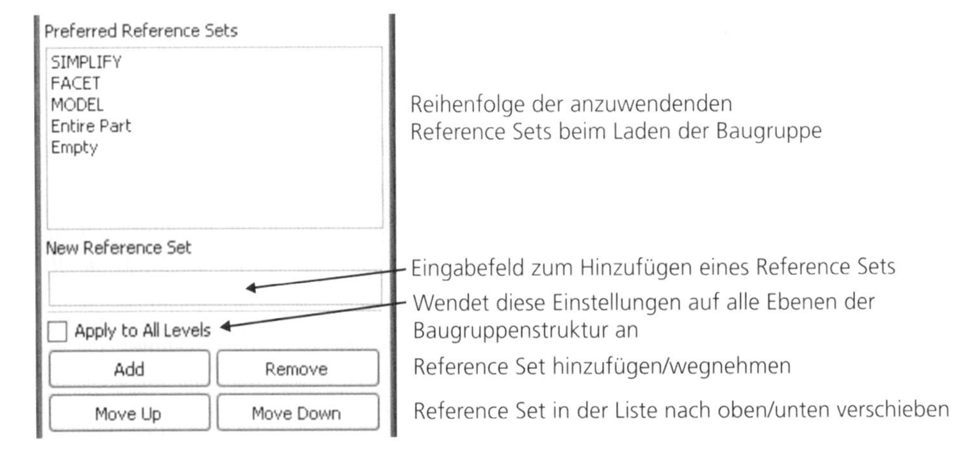

Bild 3.69 Definition der Reference Sets in den Load Options

3.5.2.5 Wrap Assembly

Menü Assemblies → Advanced → Wrap Assembly

Diese Funktion ermöglicht das Definieren eines Geometriesatzes, der Informationen zur Gesamtgröße und -form einer Baugruppe enthält, ohne dass dazu Komponenten geladen werden müssen. Die Baugruppe wird auf ein konvexes Polyhedron ebener Flächen „reduziert" und sieht fast so aus, als wenn man das Objekt in Geschenkpapier verpackt hätte. Diese Darstellung eignet sich übrigens auch für die Kommunikation mit Kunden und Lieferanten.

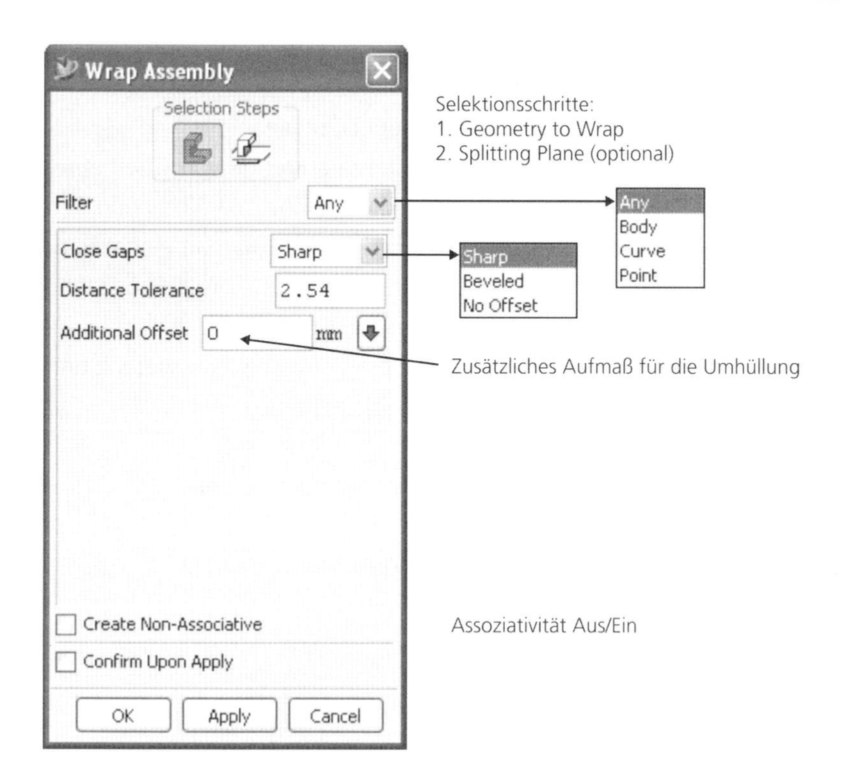

Bild 3.70 Dialogfenster Wrap Assembly

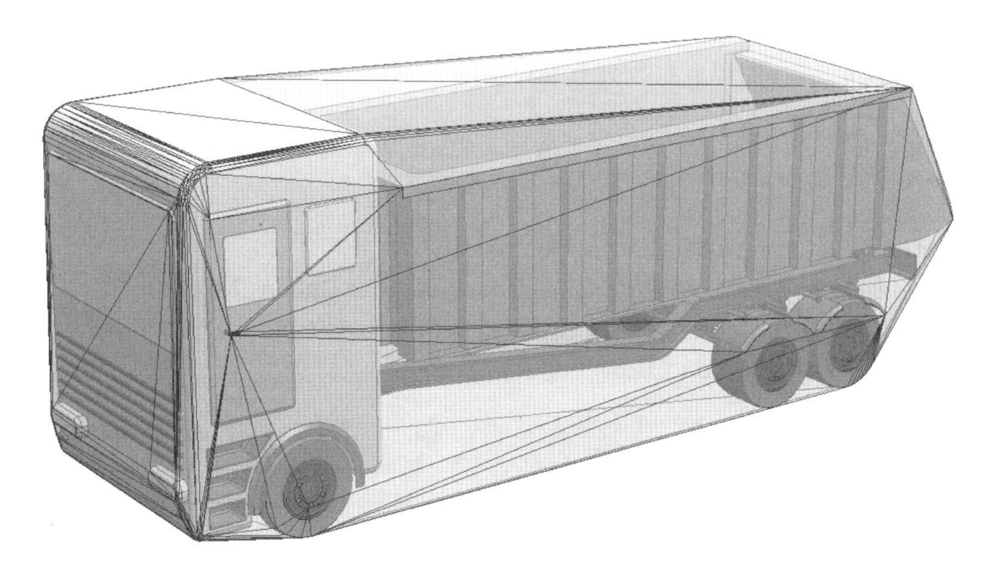

Bild 3.71 Wrap Assembly: Baugruppe ohne und mit Umhüllung

3.5.2.6 Product Outline

Menü Assemblies → Context Control→ Define Product Outline

Ein Product Outline ist definiert durch eine bestimmte Menge von Geometrieelementen, welche die Baugruppenumrisse andeuten, ohne die Komponenten laden zu müssen. Dies ist beispielsweise dann nützlich, wenn man an einem Bauteil arbeitet, welches zu einer viel größeren Baugruppe gehört. Diese Baugruppe muss nicht geladen werden, sondern nur deren Outline (Umriss).

Die Darstellung der Umrisse lässt sich durch Ändern der Farbe, Transparenz und Linienstärke von den Ursprungsobjekten abheben.

Vorgehen:

- Menü Assemblies → Context Control→ Define Product Outline
- Einstellungen im Dialogfenster setzen
- Objekte auswählen, welche zum Umriss gehören sollen, dann OK

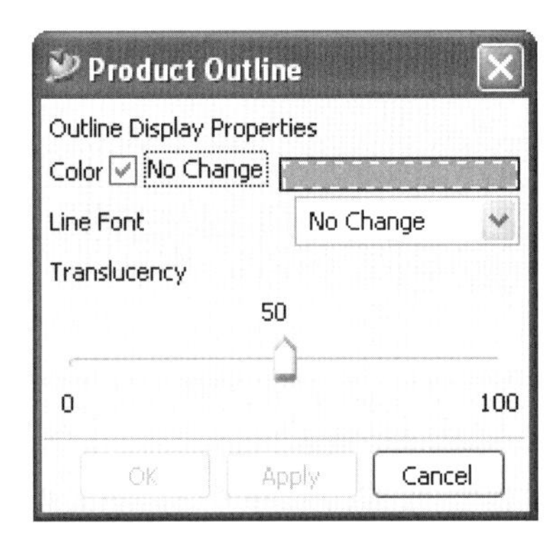

Bild 3.72 Dialogfenster Product Outline

Um die Product Outline darzustellen:

- Baugruppe ausblenden (oder Laden mit der Load Option „No Component“)
- Product Outline ein- und ausblenden mit Menü Assemblies → Context Control→ Show Product Outline

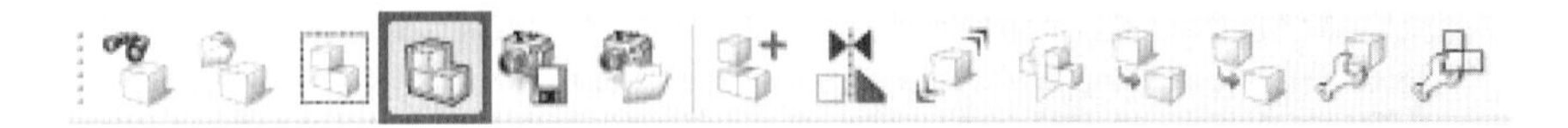

Bild 3.73 Show Product Outline Toggle

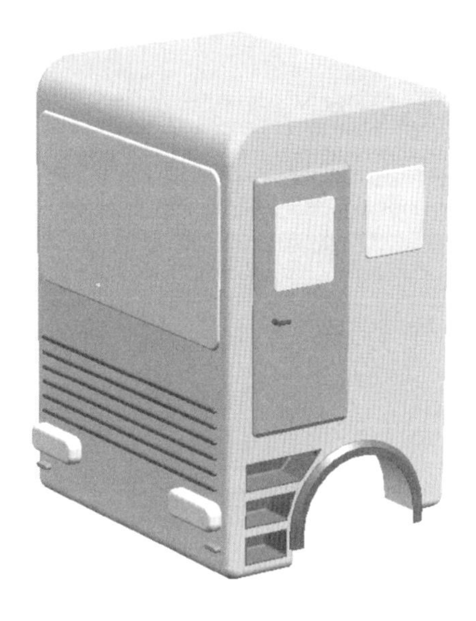

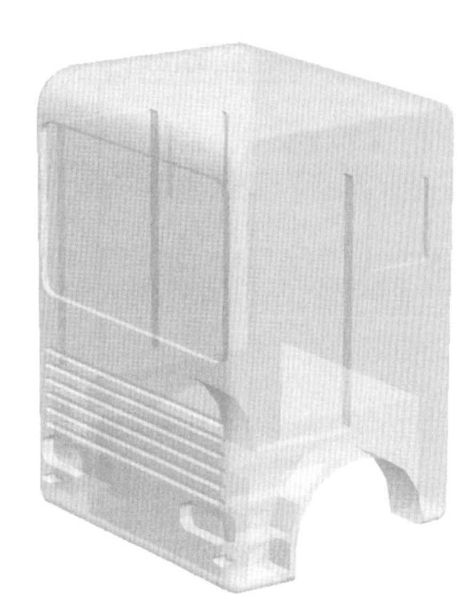

Bild 3.74 Beispiel: Baugruppe Product Outline

Hinweise:

- Die gewählte Umrissgeometrie wird standardmäßig auf den Layer 190 gelegt. Diese Layerzuordnung kann geändert werden unter Menü File → Utilities → Customer Defaults → Assemblies → Site Standards → Tab Miscellaneous: Product Outline Layer. Zusätzlich wird eine Layer-Kategorie erstellt mit dem Namen: PRODUCT_OUTLINE
- Show Product Outline steuert die Sichtbarkeit des Outline Layers

3.5.2.7 Linked Exterior

Menü Assemblies → Advanced → Linked Exterior

Extrahiert die Außenflächen verschiedener Komponenten einer Baugruppe in ein Feature. Es lassen sich alle oder nur ein Teil der Flächen extrahieren. Dieses Feature kann als vereinfachte Repräsentation verwendet werden und eignet sich sehr gut für die Kommunikation mit Kunden und Lieferanten.

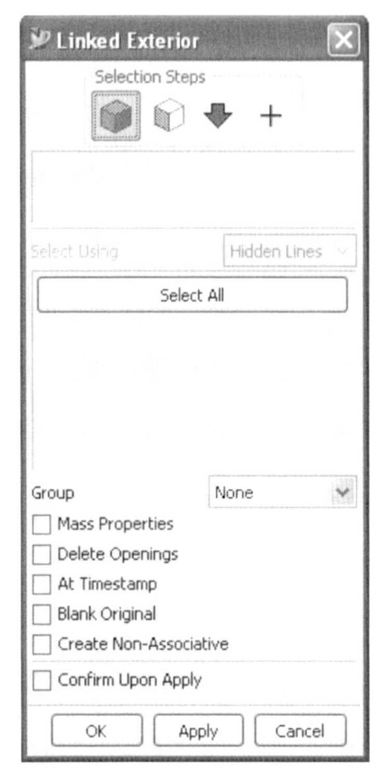

Bild 3.75 Dialogfenster Linked Exterior

Selektionsschritte:

1. Candidate Bodies: Beteiligte Komponenten wählen
2. Exterior Faces: Zu extrahierende Flächen selektieren
3. Hidden Line Direction: Richtung für die automatische Auswahl der Außenflächen
4. Ray Origin: Ursprungspunkt für die automatische Methode

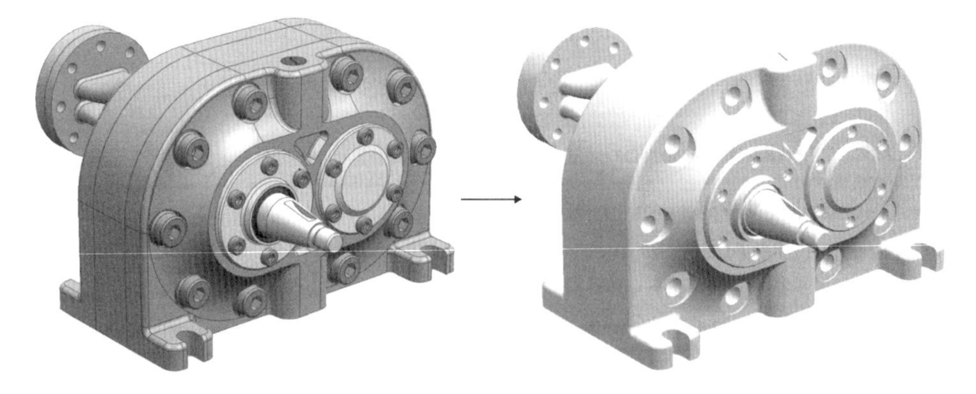

Bild 3.76 Beispiel für Linked Exterior

3.5.2.8 Component Groups

Menü Tools → Assembly Navigator → Component Grouping

Component Groups ermöglichen das Gruppieren von Komponenten, welche bestimmte Kriterien erfüllen, um eine Operation auszuführen wie Selektieren, Ausblenden, Einblenden, Isolieren, Öffnen, Schließen und Reference Set ändern.

Mögliche **Kriterien**:

- Komponenten-Name, Status, Attribut, Größe, Zone, Nähe (Proximity)

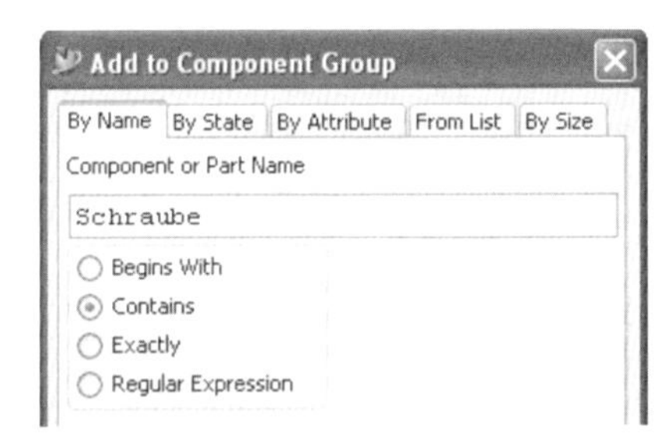

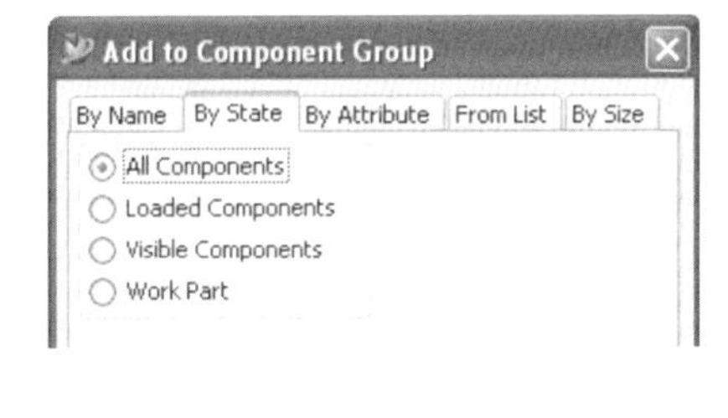

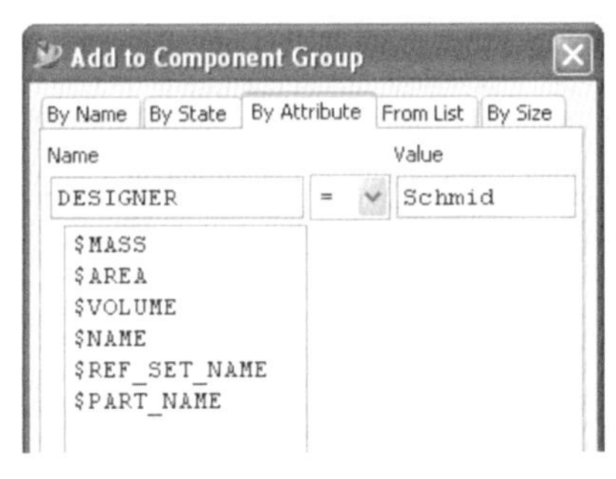

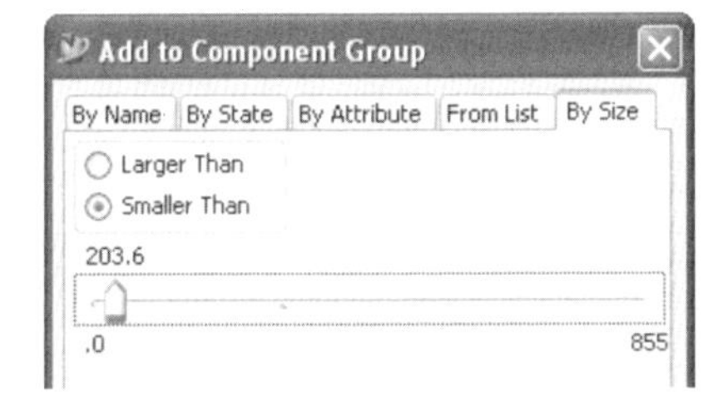

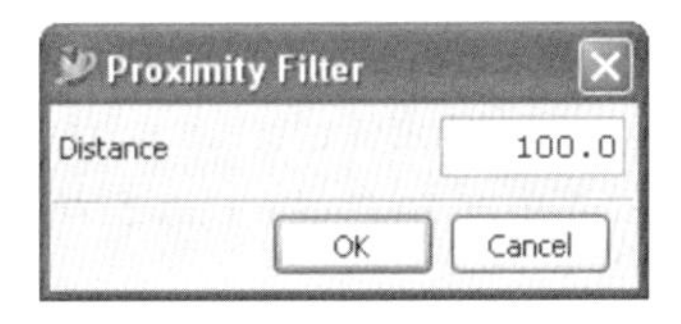

Bild 3.77 Kriterien für Component Groups

Kriterien können auch miteinander kombiniert werden, z.B.:

- Komponentenname = Schraube und Größe kleiner als 30 mm.

Die Anwendung funktioniert so, dass vor dem Laden einer Baugruppe in den Load Options (Kapitel 3.5.2.1) „**Load Component = No**" gesetzt wird. Nachdem die Baugruppe geöffnet ist, lassen sich über Component Groups die gewünschten Komponenten auswählen, welche z.B. vollständig geladen werden sollen.

Am einfachsten werden Component Groups über die rechte Maustaste im Assembly Navigator erstellt und geändert. Dazu muss der „Advanced Mode" aktiviert sein (MB3 auf Titelleiste oder Menü Tools → Assembly Navigator).

Erzeugen einer neuen Component Group

- Entweder per Drag & Drop die gewünschten Komponenten nach oben ziehen ...

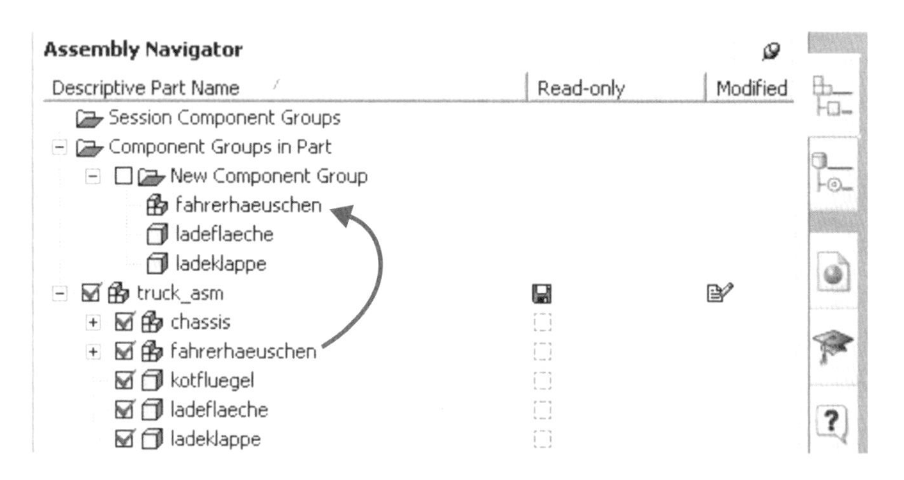

Bild 3.78 Drag & Drop

... oder MB3 auf Component Groups in Part, dann "Add to Component Group". Dabei erscheint das Dialogfenster mit den Tabs für die verschiedenen Kriterien (siehe Bild 3.76).

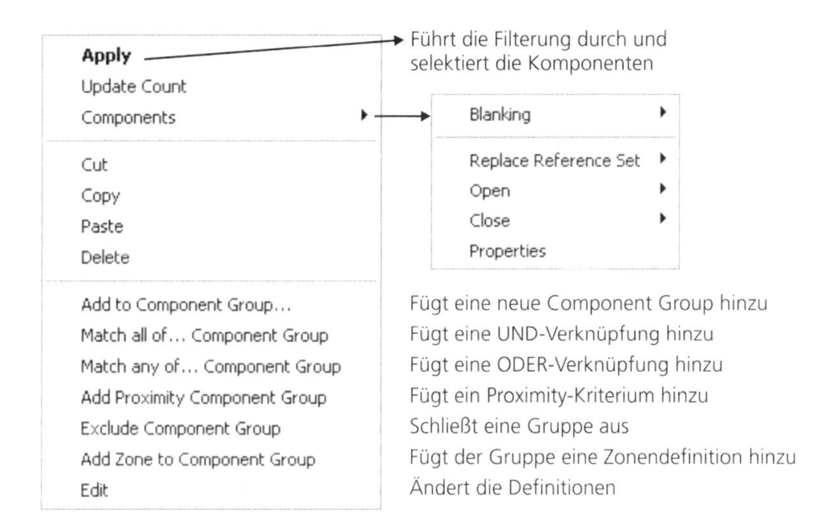

Bild 3.79 Component Group Popup Menü

Hinweise:

- Die Groups können auch miteinander verschachtelt werden.
- Definieren von Zonen siehe nächsten Abschnitt.

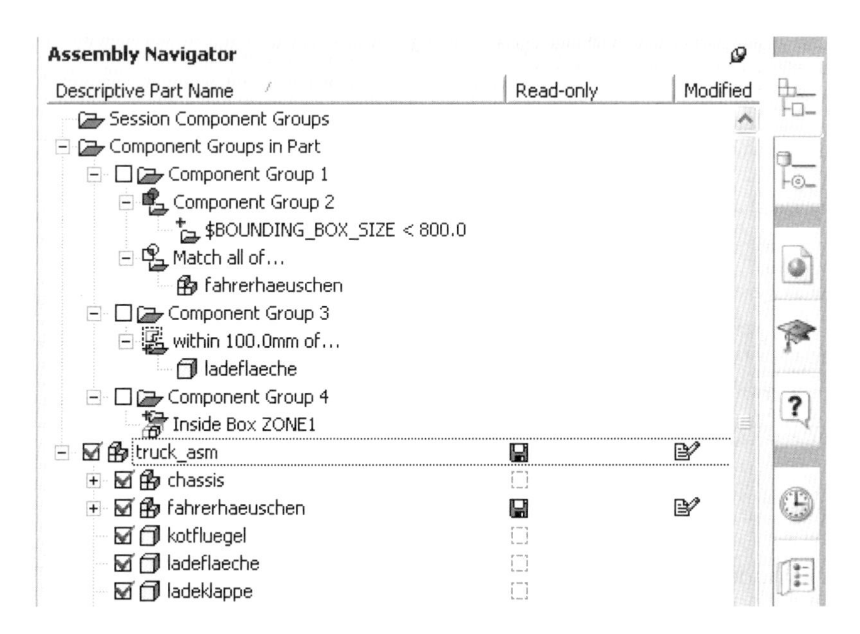

Bild 3.80 Beispiele für Component Groups

3.5.2.9 Zonen

Menü Assemblies → Advanced → Zones

Mit Hilfe der Zonen kann eine große Baugruppe in Teilbereiche unterteilt werden. Diese Zonen lassen sich zusammen mit den Component Groups (siehe vorherigen Abschnitt) verwenden. Dadurch ist es beispielweise möglich, nur diejenigen Komponenten auszuwählen, die sich in der Zone x befinden.

Zonen sind wie folgt definiert:

- Eine Zone ist entweder eine 3-dimensionale Box oder eine 2-dimensionale Ebene
- Zonen werden im Displayed Part definiert und gespeichert
- Zonen werden in Bezug zum absoluten Koordinatensystem definiert

Box-Zone manuell erzeugen

- Menü: Assemblies → Advanced → Zones
- Option „Create Box Zone" () wählen

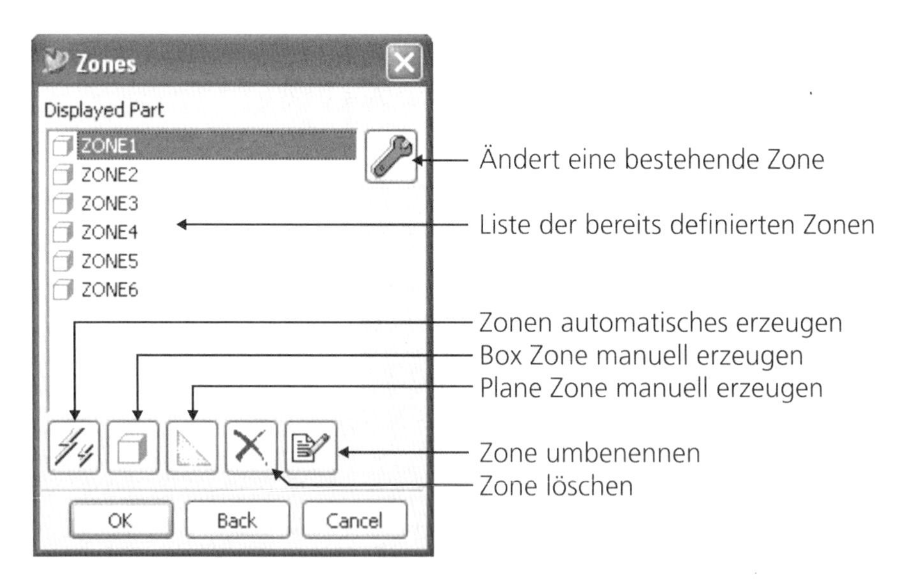

Bild 3.81 Dialogfenster für die Zonenerzeugung

- Box Methode wählen (z.B. Edge Length, Corners)

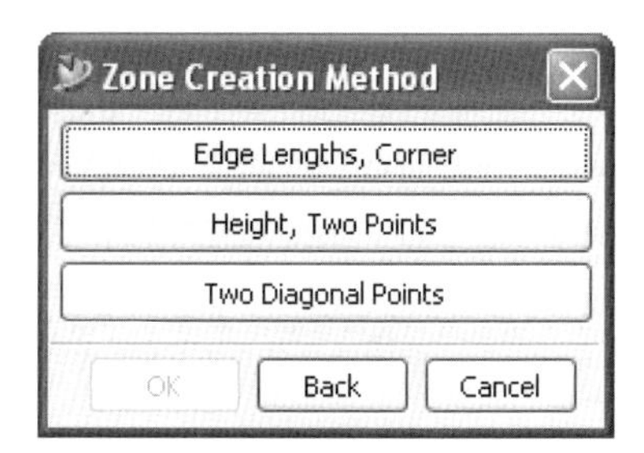

- Größe der Zone bestimmen

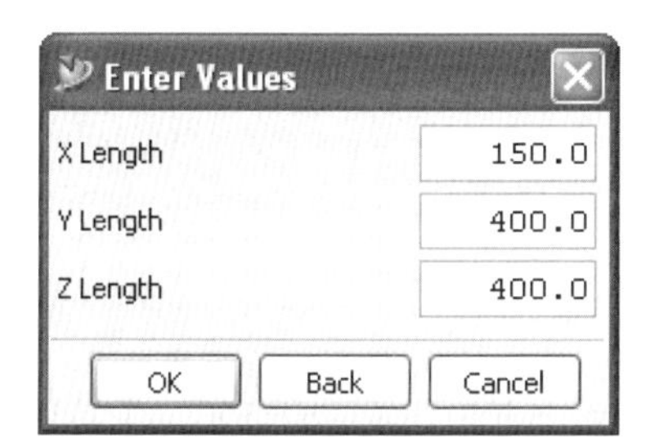

- Box über das Point Constructor Menü im Raum positionieren.
  Dabei ist der Positionierungspunkt diejenige Ecke, welche dem WCS am nächsten liegt. Die Richtung der X-, Y-, Z-Längen beziehen sich auf das WCS. Gespeichert wird die Zone jedoch gegenüber dem absoluten Nullpunkt.
- Eventuell Namen für die soeben erstellte Zone eingeben.

Automatisch Zonen erzeugen

- Menü: Assemblies → Advanced → Zones.
- Option „Auto Generate Zones" wählen ().
- Zonentyp wählen (hier Boxes).

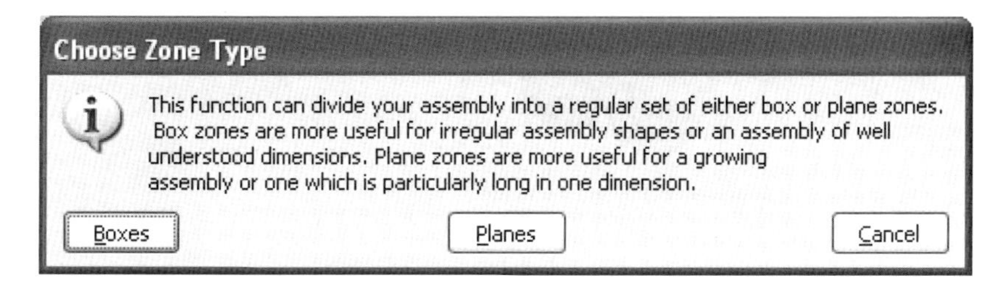

- Boxes definieren:

Anzahl der Zonen in X-, Y- und Z-Richtung

Präfix für die automatische Zonenbenennung

Die Zonen werden über die ganze Baugruppe berechnet.
Der zu unterteilende Bereich wird vom Benutzer festegele

Bild 3.82 Dialogfenster für die automatische Zonenerzeugung

Bei der Option „Use Specified Volume" kann zusätzlich mit „Specify Volume to be Zoned" die Größe und die Position des rechteckigen Volumens definiert werden, welches in Zonen unterteilt werden soll.

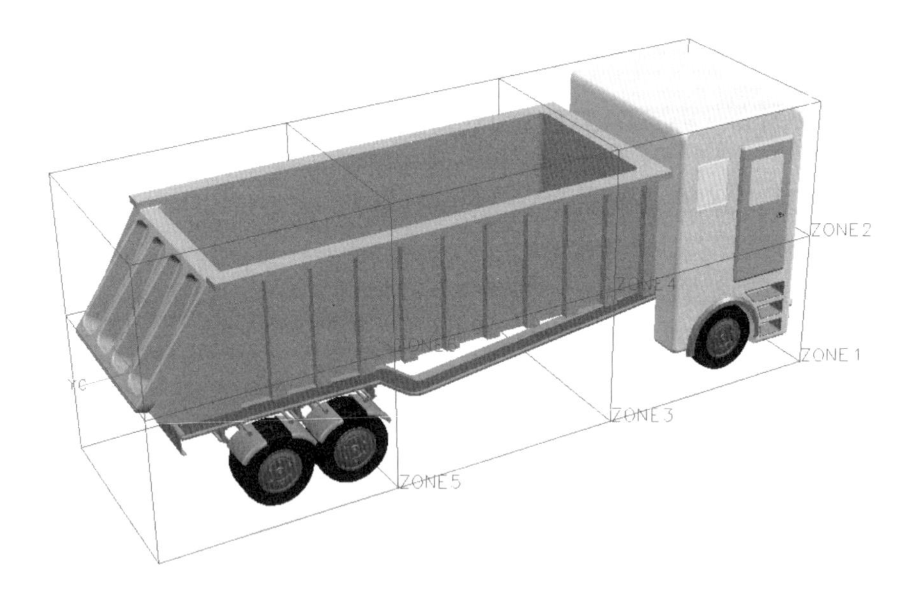

Bild 3.83 Beispiel: Automatisch in sechs Zonen unterteilte Baugruppe

3.5.2.10 Scripts

Menü Assemblies → Advanced → Scripts

Ein Script ist eine ausführbare Befehlsfolge mit Operationen wie Open, Close, Blank, Unblank usw., die auf die Baugruppenstruktur angewendet werden kann. Scripts können nicht für das Laden von Baugruppen benutzt werden.

Ein Script kann aus einem oder mehreren Script-Statements bestehen, die nacheinander ausgeführt werden, z.B.

- Script-Name: Open Work Part
- Open(FILTER_WORKPART)
- CLOSE(!FILTER_WORKPART)
- SetRefSet("FACET")(FILTER_WORKPART)

Dieses Script öffnet alle Komponenten, welche durch den Filter WORKPART gefunden werden, schließt dann alle anderen Komponenten und setzt bei den durch den Filter WORKPART gefundenen Komponenten das Reference Set auf „FACET".

Script erstellen/ändern

Script umbenennen

Script löschen

Bild 3.84 Dialogfenster Filter mit den Icons für Scripts

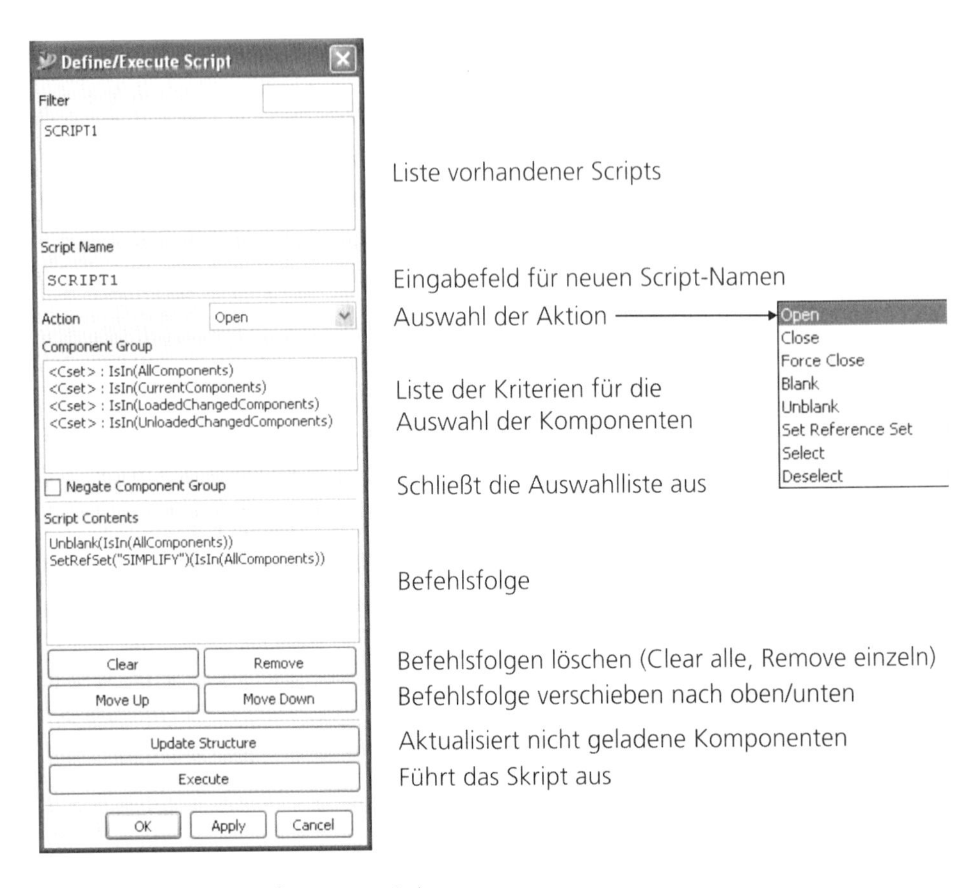

Bild 3.85 Dialogfenster Define/Execute Script

3.6 Analyse-Funktionen

Der Vorteil eines 3D CAD-Systems ist, dass das Produkt vollständig dreidimensional als Volumenkörper definiert wird. Dies ermöglicht es, die physikalischen Eigenschaften eines Bauteils oder einer Baugruppe auf Knopfdruck zu berechnen. Zu den Analysefunktionen gehören natürlich auch die einfachen Messfunktionen.

Übersicht:

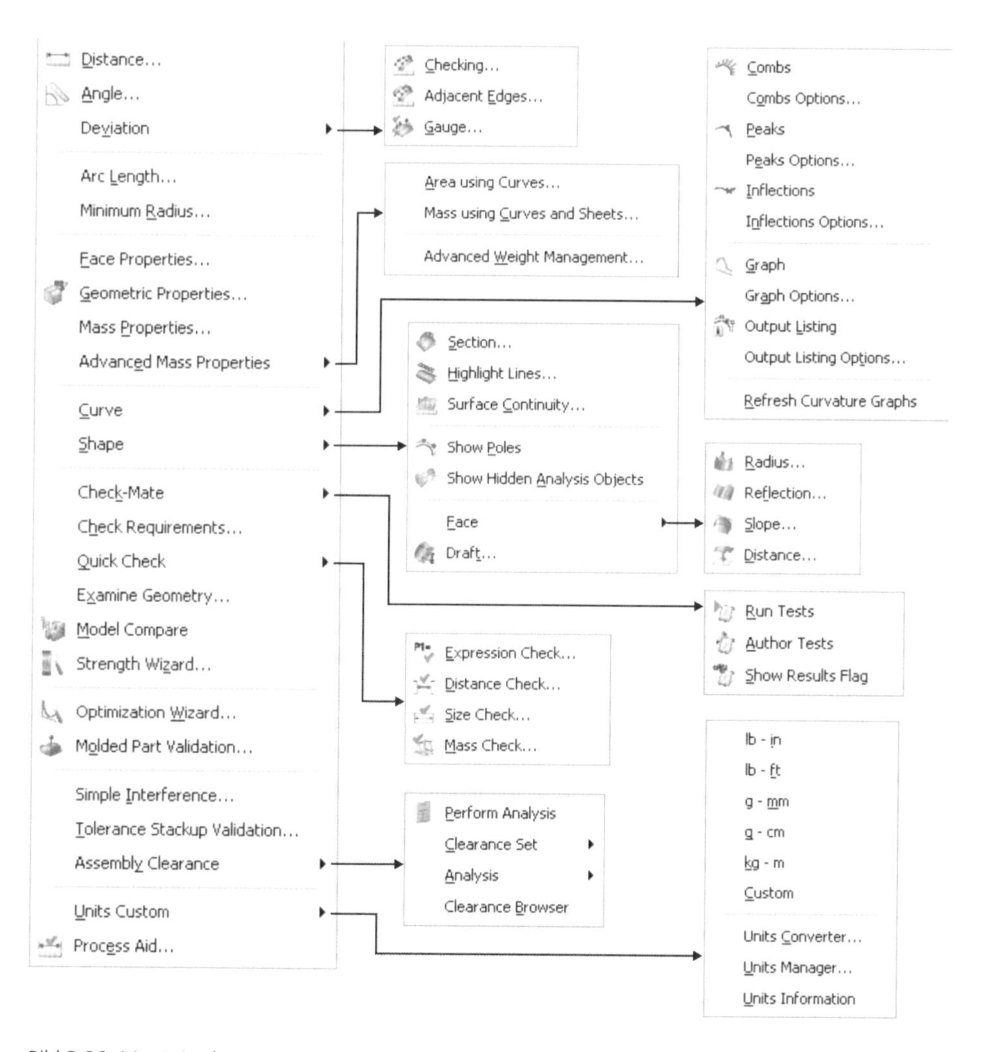

Bild 3.86 Menü Analyze

3.6.1 Messen

Diese Messfunktionen werden im Konstruktionsprozess häufig verwendet, um Distanzen, Längen oder Winkel am 3D Modell oder in der Baugruppe zu überprüfen. Die gemessenen Werte lassen sich als Expression speichern und können für andere Funktionen verwendet werden. Diese Measurement Expressions sind assoziativ zur Geometrie und werden automatisch nachgeführt bei einer Änderung.

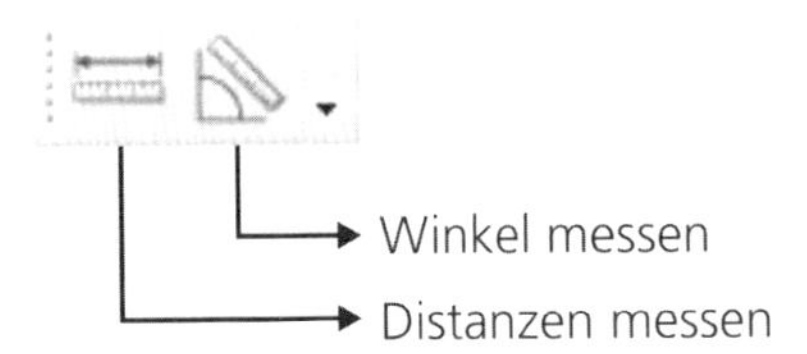

Bild 3.87 Werkzeugleiste Messen

3.6.1.1 Distanz messen

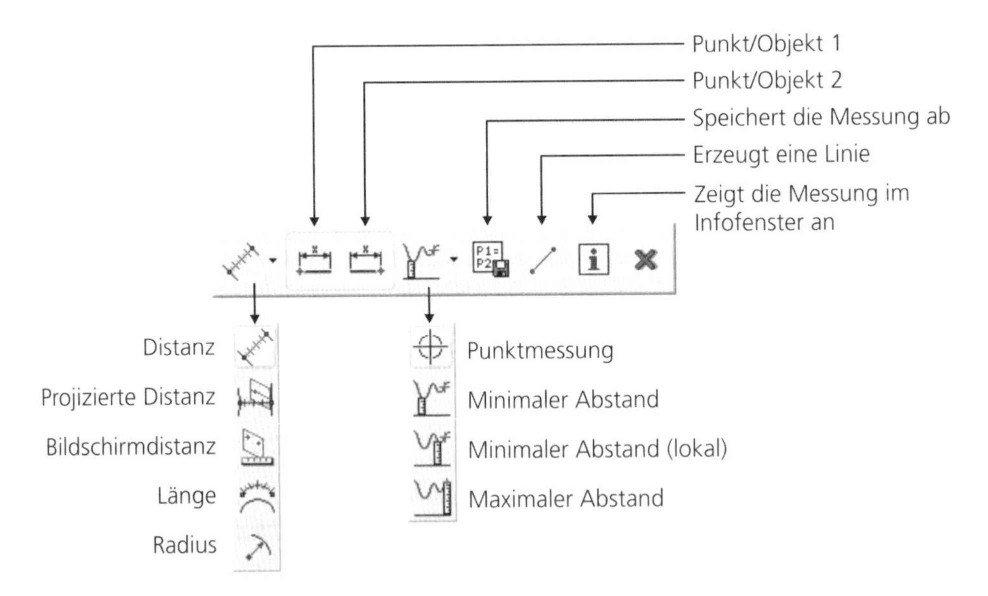

Bild 3.88 Symbolleiste Measure Distance

Tipps für Distanzmessungen:

- Beim Selektieren von Punkten die Optionen in der Werkzeugleiste **Fangpunkte** beachten.
- Das **Informationsfenster** zeigt die gemessenen X/Y/Z-Werte an in Bezug zum WCS:

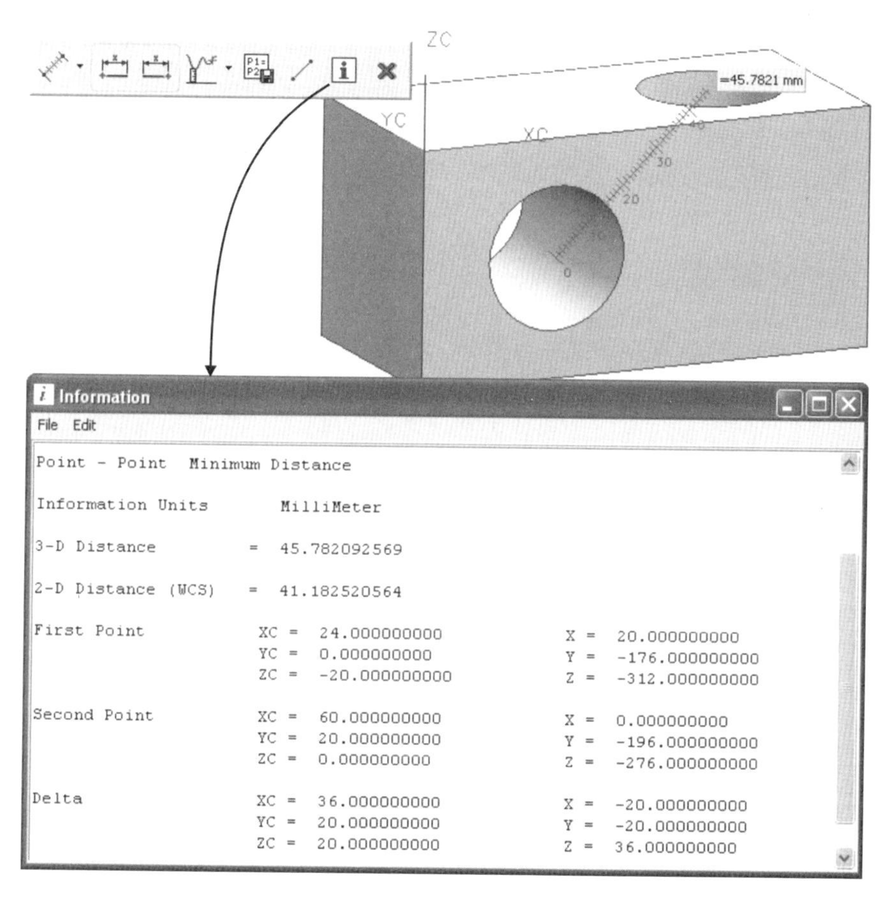

Bild 3.89 Projizierte Distanz

- Distanz messen zwischen zwei Punkten bezüglich einer Richtung:
  Option „**Projizierte Distanz**" verwenden (zuerst Richtung, dann die beiden Punkte/Objekte zeigen).

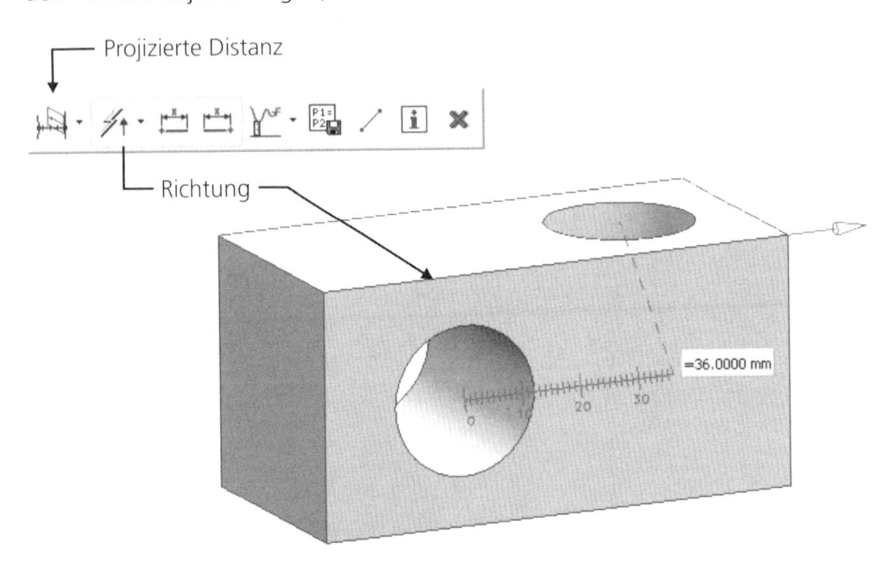

Bild 3.90 Projizierte Distanz

- Um eine andere Richtung oder Messpunkt zu wählen, muss der Dialog nicht verlassen werden: einfach entsprechendes Symbol in der Leiste aktivieren und neu selektieren.
- Bild auffrischen mit Taste F5

3.6.1.2 Winkel messen

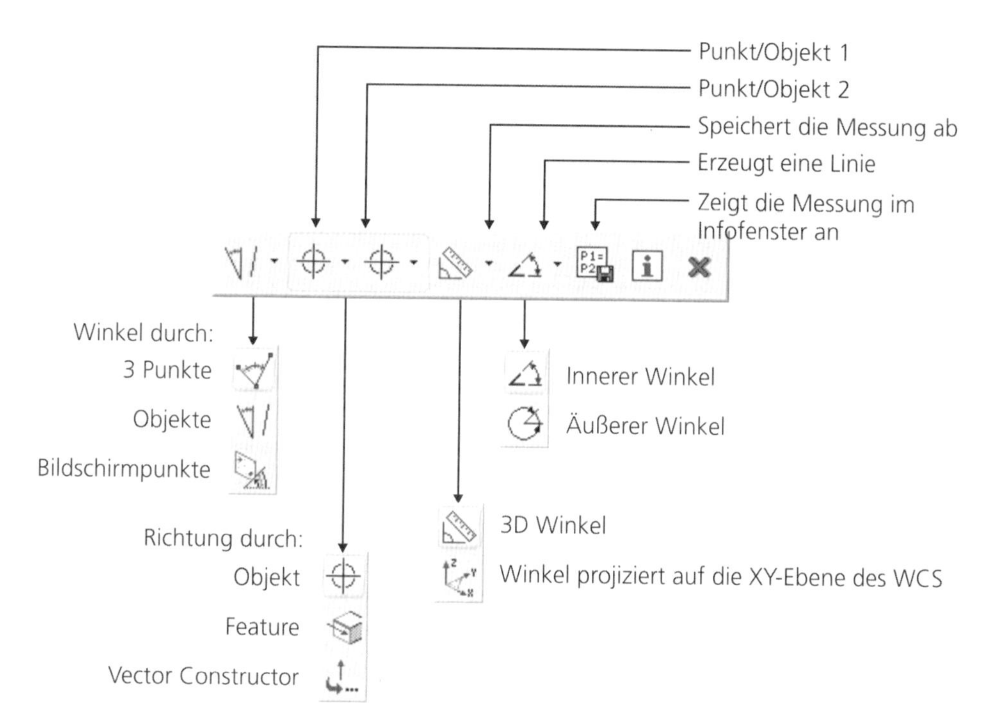

Bild 3.91 Symbolleiste Measure Angle

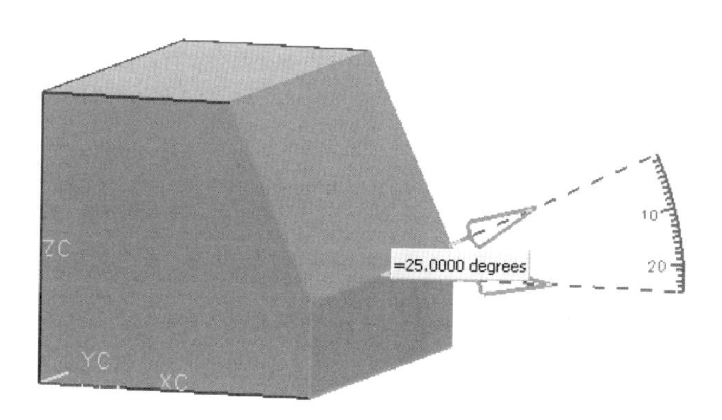

Bild 3.92 Beispiel für Winkelmessung

3.6.2 Model Compare (Modell vergleichen)

Model Compare ist eine Analysefunktion zum geometrischen Vergleichen von zwei Modellen. Die beiden Volumenkörper können sich entweder innerhalb einer oder zwei verschiedenen Dateien befinden.

Vorgehen für Volumenkörper in zwei verschiedenen Dateien

- Erste Datei öffnen
- Menü Analysis → Model Compare ( )
- Im Dialogfenster die Option "Select all bodies in each part" deaktivieren
- Ersten Volumenkörper auswählen
- Zweite Teiledatei öffnen
- Zweiten Volumenkörper auswählen
- Im Dialogfenster die Einstellungen für die Anzeige der Ergebnisse ändern (z.B. identische, geänderte und eindeutige Flächen bzw. Kanten).

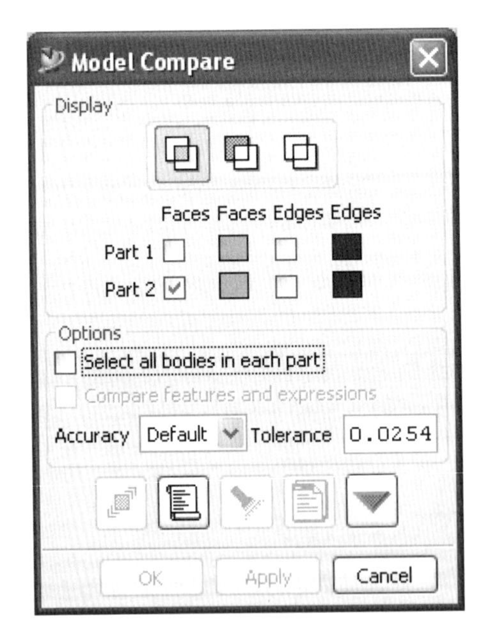

Bild 3.93 Dialogfenster Model Compare

Optionen im Dialogfenster "Model Compare"

<table>
<tr><td>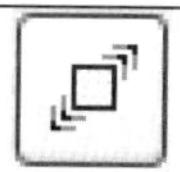</td><td>Mit Reposition kann einer der beiden Körper neu positioniert werden.</td></tr>
<tr><td></td><td>Rules for classifying Faces ruft ein weiteres Dialogfenster auf, um erweiterte Regeln für die Flächenklassifizierung zu definieren.
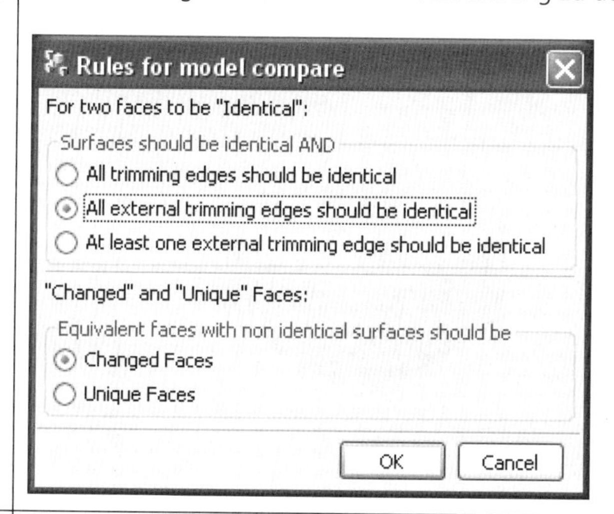
</td></tr>
<tr><td></td><td>Mit Display Matches kann eine Fläche/Kante eines Teils selektiert werden und die entsprechende übereinstimmende Fläche/Kante wird am zweiten Teil hervorgehoben.</td></tr>
<tr><td></td><td>Create Report erzeugt eine Ausgabe der Ergebnisse im HTML Format.</td></tr>
<tr><td></td><td>More Options erweitert das Dialogfenster um weitere Optionen, mit welchen die Teiledarstellung und die Transparenz gesteuert werden kann.
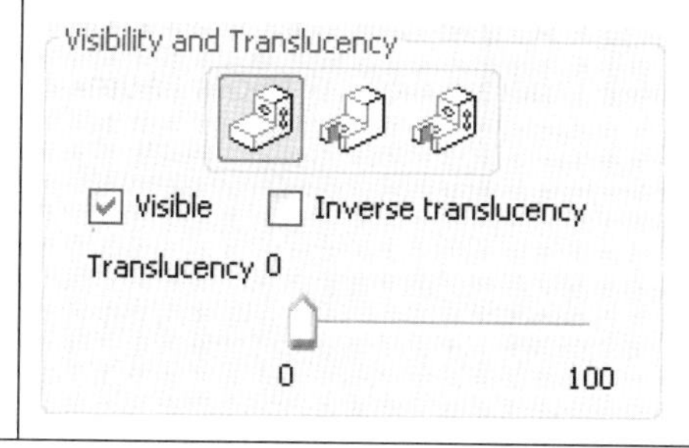
</td></tr>
</table>

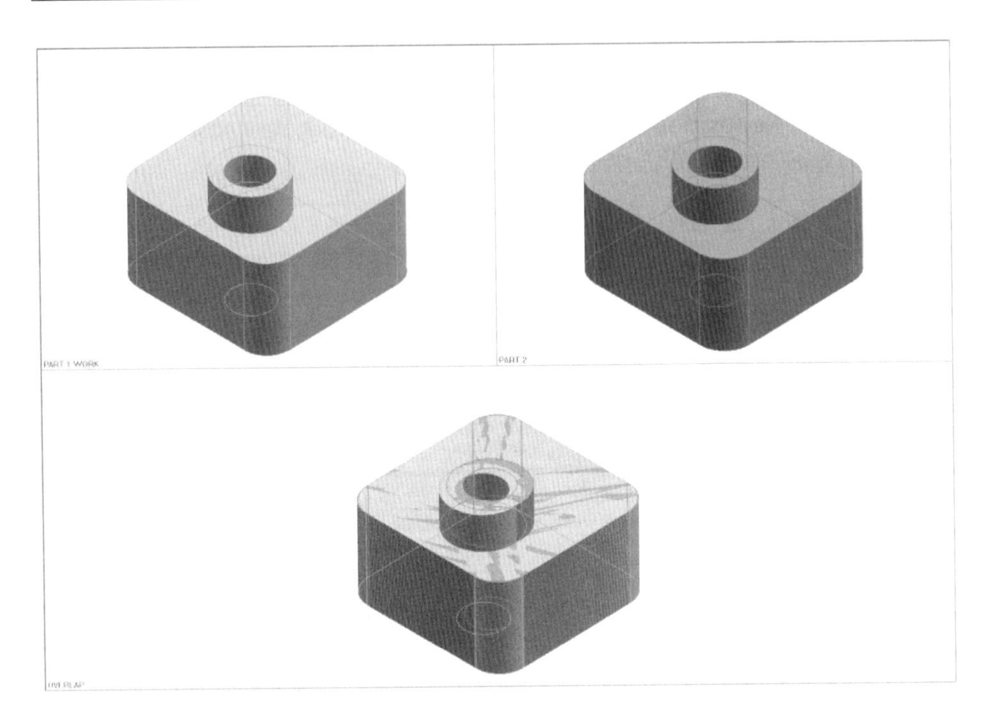

Bild 3.94 Beispiel für Model Compare

3.6.3 Dichte eines Einzelteils

Beim Erzeugen eines 3D Volumenkörpers übernimmt das System die Dichte aus der Voreinstellung im Menü Preferences → Modeling. In diesem Fenster können sowohl die Einheit als auch der Zahlenwert voreingestellt werden. Zu beachten ist, dass sich Modifikationen erst auf neu erzeugte Bauteile auswirken. Möchte man bei einem bestehenden Bauteil die Dichte ändern, so ist dies über Menü Edit → Feature → Solid Density möglich.

Mittels Menü Information → Object (Ctrl+I) und durch Selektion eines Volumenkörpers wird im Info-Fenster unter anderem die Dichte des Bauteils angezeigt.

3.6.4 Berechnung von Volumen, Gewicht und Massenträgheit

Bei **Einzelteilen** geht man am besten über das Menü Analysis → **Mass Properties.** Diese Funktion zeigt verschiedene Eigenschaften eines Volumenkörpers an:

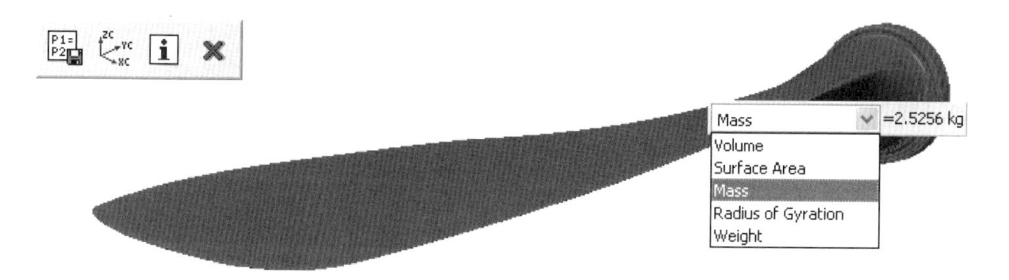

Bild 3.95 Beispiel für ein Einzelteil

Bei **Baugruppen** hingegen muss die Funktion Analysis → Advanced Mass Properties -→ **Advanced Weight Management** verwendet werden.

Diese Funktion berechnet Volumen, Gewicht und die verschiedenen Massenträgheitswerte einer Komponente oder einer ganzen Baugruppe.

Die Genauigkeit für die Berechnung von nicht analytisch beschreibbaren Flächen (z.B. NURBS-Flächen) kann durch den Schieberegler beeinflusst werden. Der Default-Wert ist 0.99. Dieser Wert ist für viele Anwendungen genügend. Eine höhere Genauigkeit wird mit einem Wert gegen 1 erreicht, während ein Wert gegen 0 die Genauigkeit verschlechtert. Eine höhere Genauigkeit hat wesentlichen Einfluss auf die Dauer der Berechung.

Ist die Berechnung beendet, dann erscheint ein Informationsfenster (bzw. Excel-Dokument), welches dem Benutzer die Berechnungsergebnisse anzeigt.

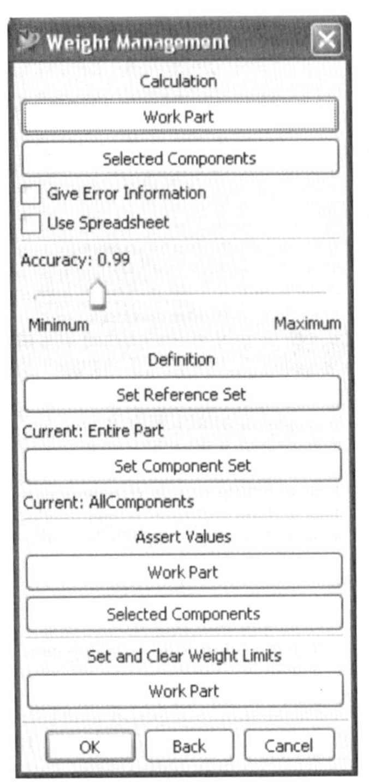

Bild 3.96 Dialogfenster Advanced Weight Management

Berechnete Werte	**Bedeutung**
Density	Dichte
Area	Bereich, Fläche
Volume	Volumen
Mass	Masse
First Moments	Momente 1. Ordnung
Center of Mass	Schwerpunkt
Moments of Inertia	Trägheitsmomente relativ zum WCS
Products of Inertia	Trägheitsprodukte
Radii of Gyration	Trägheitsradien
Principal Axes	Hauptachsen
Principal Moments of Inertia	Hauptträgheitsmomente

Tabelle 3.3 Analyseresultate

3.6.5 Fehleranalyse von Geometriedaten

Menü Analysis → Examine Geometry ...

Diese Option ermöglicht das Analysieren von Volumenkörpern, Oberflächen oder Kanten bezüglich Warnungen, welche NX eventuell bei der Manipulation von Geometrien ausgibt. Dabei kann es sich um eine einfache Warnung bis hin zu einer korrupten Datenstruktur handeln. Das System kann solche Fehler nicht selber korrigieren, es hebt jedoch die entsprechenden Elemente hervor, sodass man diese selber korrigieren kann. Im Dialogfenster Examine Geometry kann man auswählen, welche Tests das Programm ausführen soll. Wird das Ergebnis eingeblendet, so lassen sich im Fenster „Highlight Results" die fehlerhaften Elemente nach Objekttypen im grafischen Arbeitsbereich anzeigen.

3.6.6 Analysieren von Oberflächen

Menü Analysis → Shape → Face → Radius

Diese Option dient zum Analysieren der Oberflächenkrümmung.

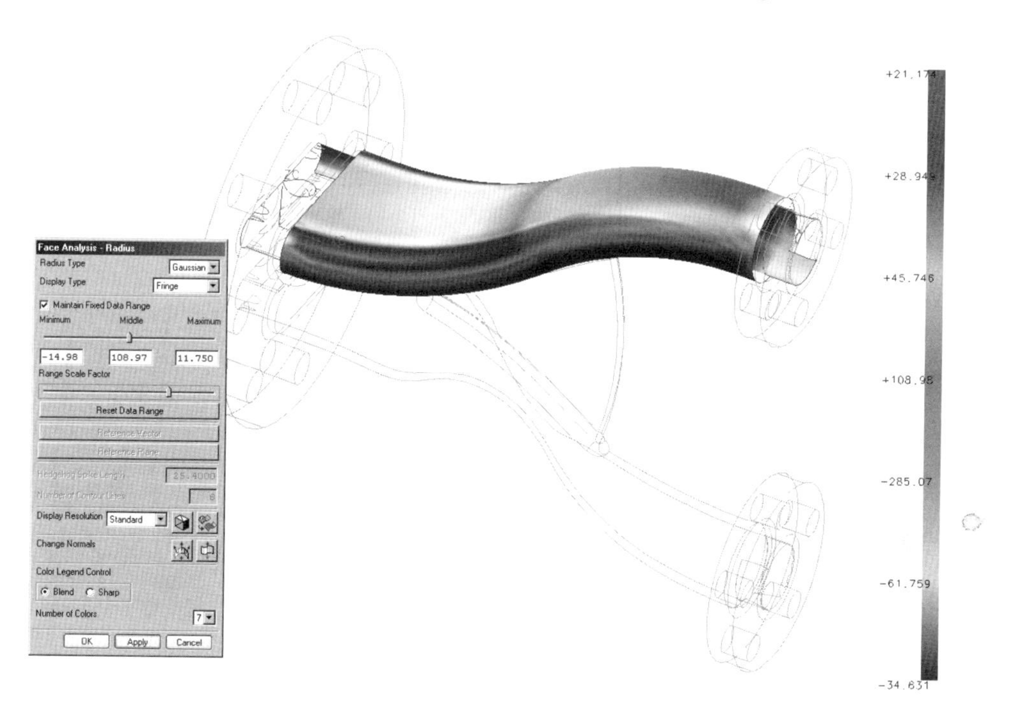

Bild 3.97 Beispiel für Radiusanalyse

Menü Analysis → Shape → Face → Reflection

Diese Option dient zum Analysieren der Oberflächenstetigkeit. Das Muster sagt aus, wie die Übergänge zwischen zwei Flächen verlaufen.

Die Musterlinien treffen nicht zusammen: Die Flächen sind **nicht tangential** (**G0**).	
Die Musterlinien treffen zusammen, jedoch mit geknicktem Übergang: Die Flächen sind **tangential** (**G1**).	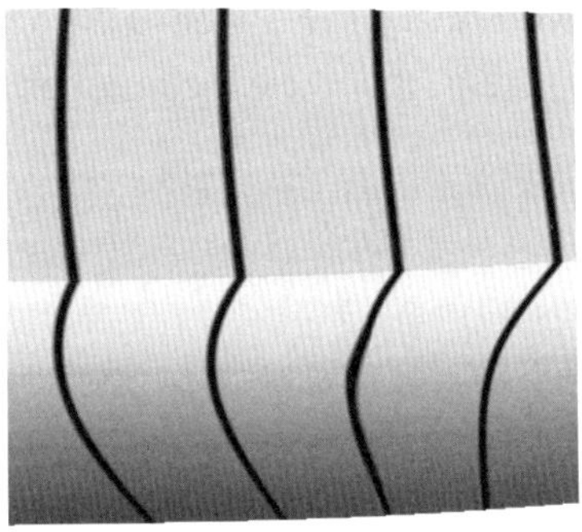
Musterlinien treffen zusammen mit harmonischem Verlauf: Die Flächen sind **krümmungsstetig** (**G2**).	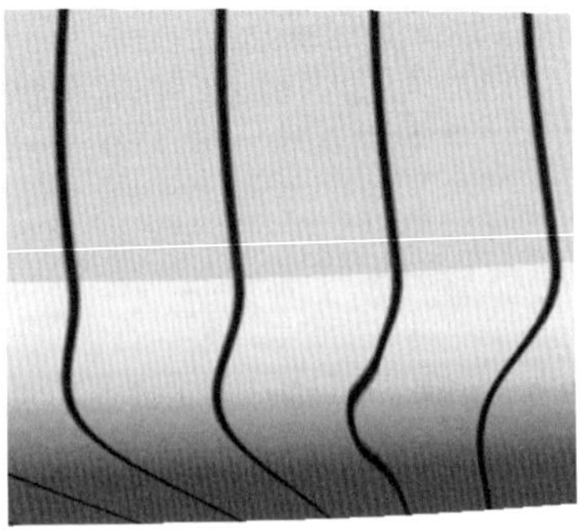

Bild 3.98 Stetigkeit bei Flächenübergängen

3.6.7 Baugruppen-Überlappungsanalyse

NX bietet dazu zwei verschiedene Funktionen an:

- Analysis → **Simple Interference** für eine vereinfachte Überlappungsberechnung. Damit lässt sich überprüfen, ob sich zwei Volumenkörper überschneiden. Es besteht die Möglichkeit, die Überlappung anzuzeigen oder das Kollisionsvolumen zu erzeugen.
- Assembly → Components → **Check Clearances** ( ) für eine teilweise Prüfung einer Baugruppe auf Überlappung, Berührung und/oder minimale Distanzeinhaltung. Hier muss der Anwender eine oder mehrere Komponenten auswählen, die mit allen anderen auf Überlappung geprüft werden sollen.
- Analysis → **Assembly Clearance** für die vollständige Prüfung aller oder spezifischer Komponenten einer Baugruppe auf Überlappung, Berührung und/oder minimale Distanzeinhaltung. Die Berechnung berücksichtigt den momentan zusammengebauten Zustand. Die Resultate werden in einem Clearance Browser dargestellt.

Vorgehen für Assembly Clearance

- Es empfiehlt sich, zuerst den **Clearance Browser** zu **öffnen**.
  Menü → Analysis → Assembly Clearance → Clearance Browser
- Als Nächstes muss ein **Clearance Set** definiert werden.
  MB3 im Browserfenster, dann Clearance Set → New

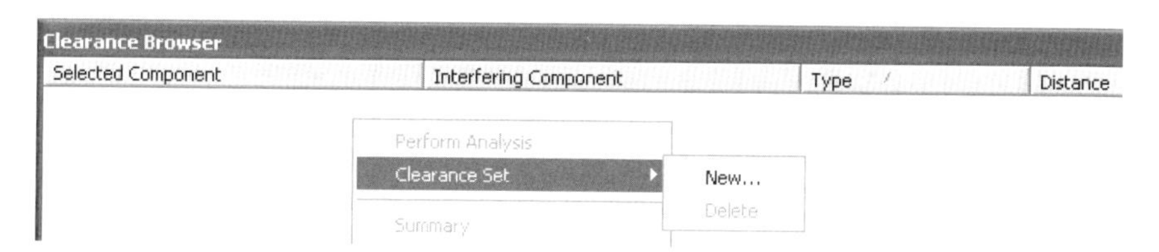

Bild 3.99 Neues Clearance Set erstellen

Hinweis: Ein Clearance Set beinhaltet eine Liste von Objekten, welche in die Berechnung mit einbezogen werden, die Clearance Zonen und die berechneten Resultate.

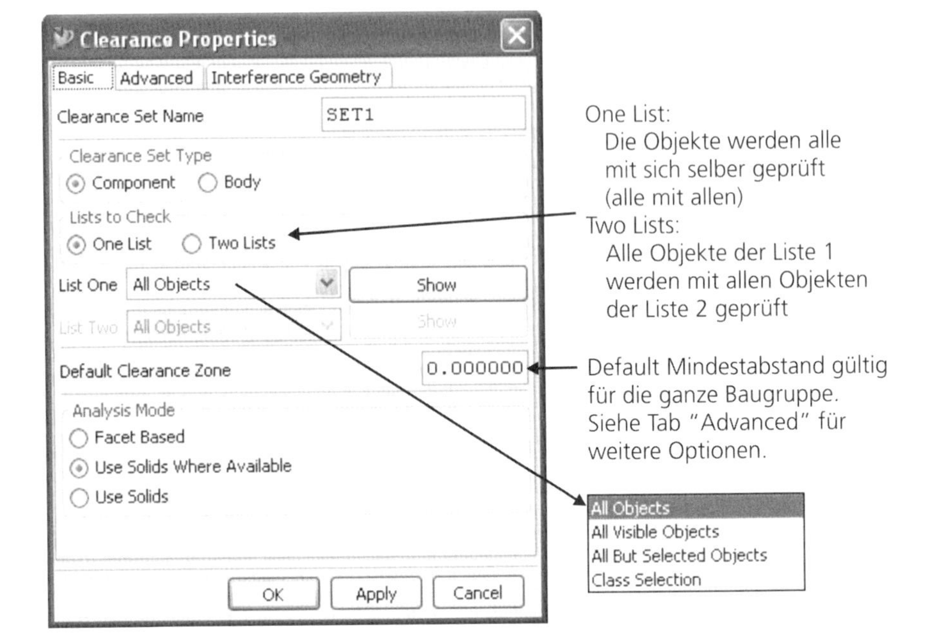

Bild 3.100 Dialogfenster für Clearance Sets

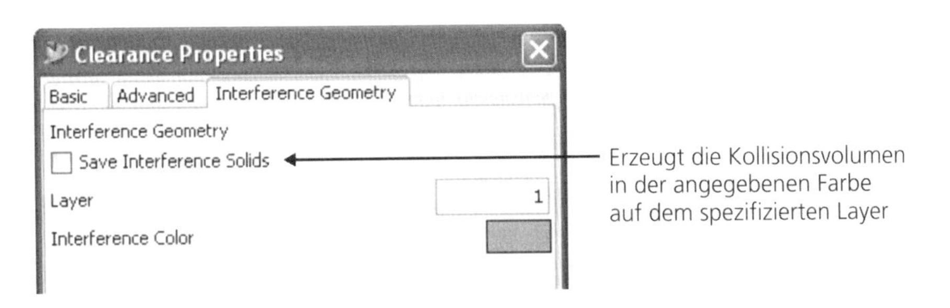

Bild 3.101 Optionen für die Überlappungen

Clearance Zones

Im Tab "Advanced" können Mindestabstände (clearance zones) zwischen Objekten der Baugruppe vorgegeben werden. Objekte, die näher beieinander liegen, werden bei der Berechnung als Überlappung (Hard Interference) gekennzeichnet, obwohl sie sich nicht berühren.

Das Setzen einer Clearance Zone erzeugt automatisch einen Expression. Dieser kann nicht gelöscht werden, außer das Clearance Set wird gelöscht.

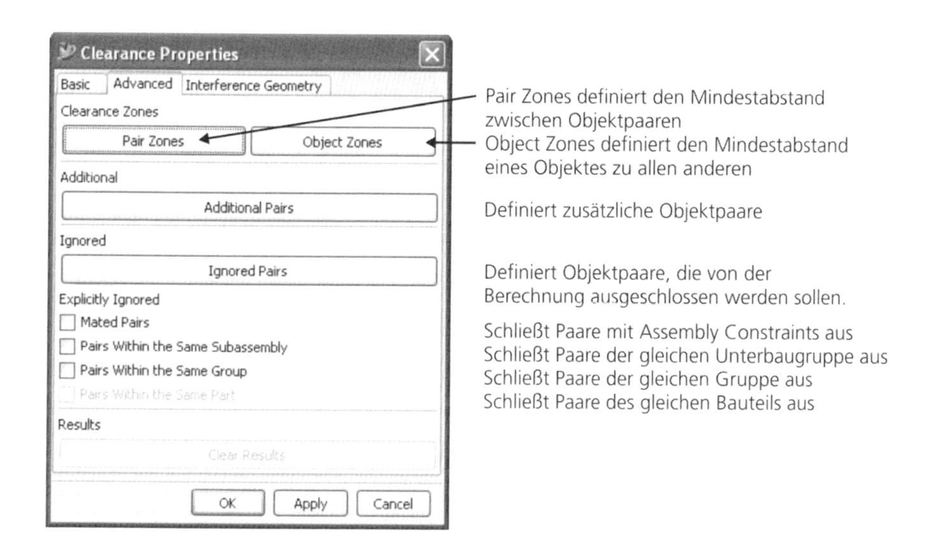

Bild 3.102 Dialogfenster für Clearance Zonen

- Nachdem die Einstellungen gesetzt sind, kann die Überlappungsanalyse gestartet werden.
  MB3 auf das Clearance Set im Browser, dann Perform Analysis oder Menü Analysis → Assembly Clearance → Perform Analysis

Clearance Browser

Der Clearance Browser stellt die berechneten Resultate des aktiven Clearance Sets dar. Dieses Browser-Fenster kann beim Weiterarbeiten in der Baugruppe geöffnet bleiben, z.B. um Überlappungen zu beheben und die Resultate der Änderungen zu prüfen.

Clearance Browser

Selected Component	Interfering Component	Type	Distance	Clearance
Clearance Set: SET1	Version: 1			0.000000
Interferences				
Lagerplatte_neu (20367)	regelschraube (132609)	New (Hard)	0.000000	0.000000
zentrierhuelse (49778)	kaefig (12330)	New (Hard)	0.000000	0.000000
zentrierhuelse (49753)	kaefig (12330)	New (Hard)	0.000000	0.000000
welle1 (11236)	antriebslager (3101)	New (Touching)	0.000000	0.000000
O-Ring_35.5x2.5 (48642)	Lagerplatte_neu (20367)	New (Touching)	0.000000	0.000000
lagerdeckel (49532)	antriebslager (3101)	New (Touching)	0.000000	0.000000
Lagerplatte_neu (20367)	ventilkegel (158775)	New (Touching)	0.000000	0.000000
lagerdeckel (49532)	Stutzen (28000)	New (Touching)	0.000000	0.000000
zentrierhuelse (49778)	Lagerplatte_neu (20367)	New (Touching)	0.000000	0.000000

Bild 3.103 Clearance Browser

Bild 3.104 Clearance Browser Optionen

Typ	Bedeutung
No Interference	Der Abstand der Objekte ist größer als der definierte Wert für die Clearance Zone. Diese Objekte und Paare erscheinen nicht im Clearance Browser.
Soft Interference	Zwei Objekte haben einen Mindestabstand, welcher kleiner oder gleich ist als der Wert für die Clearance Zone. Die Objekte berühren sich nicht.
Touching Interference	Zwei Objekte berühren sich. Es ist keine Überlappung vorhanden.
Hard Interference	Die Objekte überschneiden sich.
Containment Interference	Ein Objekt wird vollständig umschlossen von einem anderen Objekt

Tabelle 3.4 Resultate bei der Überlappungsanalyse

3.7 Die Zusammenbauzeichnung

Dieses Kapitel enthält nützliche Hilfen zum Erstellen einer Montage gerechten Zusammenbauzeichnung. Das Ableiten der Zeichnung von einer Baugruppe funktioniert genau gleich wie beim Einzelteil (siehe Kapitel 2) und wird deshalb nicht mehr beschrieben. Insbesondere soll hier auf Themen wie Baugruppen-Schnitt, Explosionsdarstellung, Schnittansichten und Stücklisten eingegangen werden.

3.7.1 Baugruppenschnitt (Assembly Cut)

Menü Insert → Combine Bodies → Assembly Cut ()

Diese Funktion erzeugt einen räumlichen Schnitt (Boolesche Operation) durch eine Baugruppe (nicht zu verwechseln mit einer 2D Schnittansicht, welche im Kapitel 3.7.3 beschrieben ist). Mit einem Hilfskörper lassen sich in einer Operation beliebig viele Komponenten schneiden.

Hinweise:

- Dieser Baugruppenschnitt ist nur in der Baugruppe vorhanden. Die Einzelteile bleiben ungeschnitten.
- Die Applikation Modeling muss aktiviert sein.
- Die zu schneidenden Zielkörper werden assoziativ in die aktuelle Datei kopiert. Danach wird diese mit dem Hilfskörper (Tool Body) geschnitten. Der Hilfskörper kann zum aktiven Teil oder zu einer Komponente gehören.
- Es können mehrere Hilfskörper (Tool Bodies) verwendet werden.
- Der Baugruppenschnitt erscheint als ein Assembly Cut Feature im Part Navigator. Dieses Feature kann
  - editiert werden, um Hilfskörper oder Zielkörper hinzuzufügen oder zu entfernen.
  - unterdrückt werden.

Vorgehen:

- Baugruppe öffnen.
- Tool Body erstellen als separate Komponente oder direkt in der Baugruppe.
- Menü Insert → Combine Bodies → Assembly Cut ().
- Target Bodies (zu schneidende Komponenten) wählen, dann MB2.
- Tool Bodies (Hilfskörper) wählen, dann OK.
- Unerwünschte Komponenten ausblenden

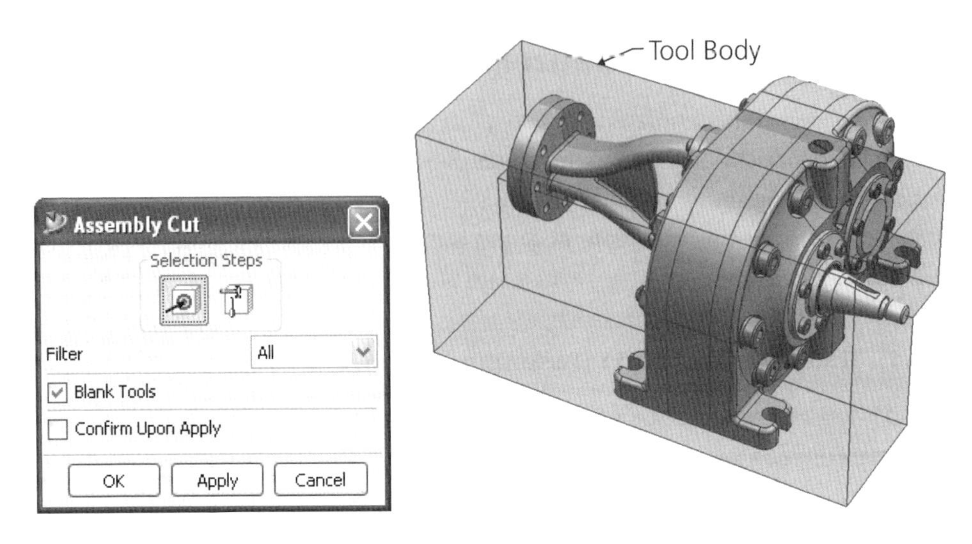

Bild 3.105 Dialogfenster Assembly Cut

Assembly Cut vorher

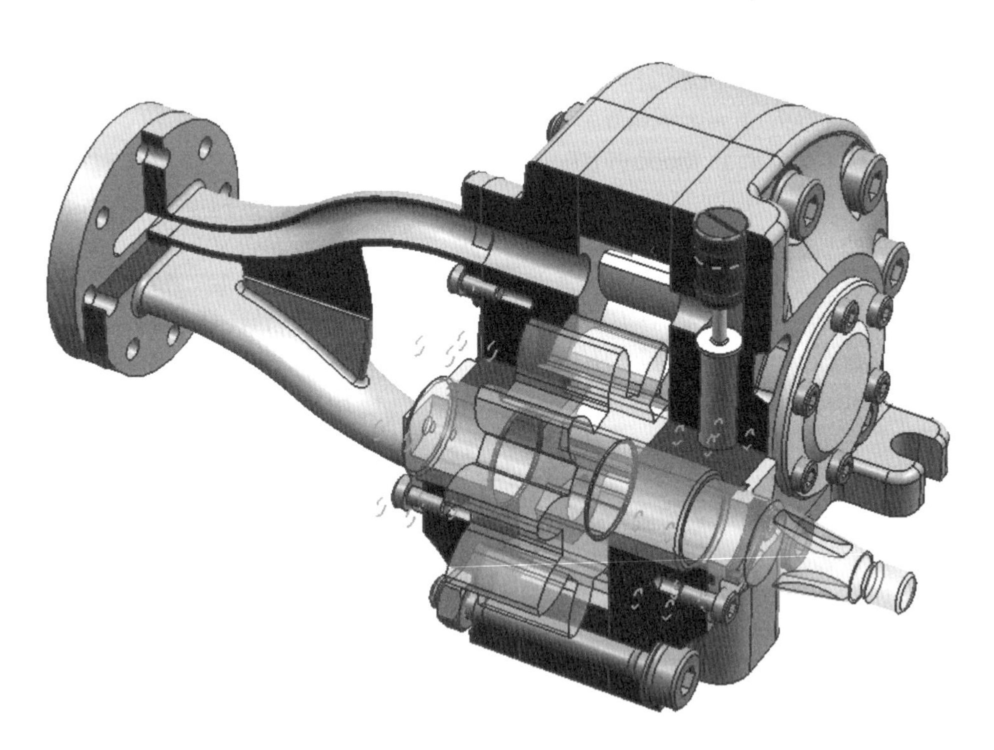

Bild 3.106 Assembly Cut

3.7.2 Explosionsdarstellung (Exploded Views)

Menü Assembly → (oder Werkzeugleiste) Exploded Views ( )

Explosionsdarstellungen dienen vor allem Montagezwecken und Produkthandbüchern. In NX wird eine Explosionsansicht in der Applikation Modeling erzeugt. Dabei werden nicht die Komponenten verschoben, sondern nur ihre grafischen Darstellungen.

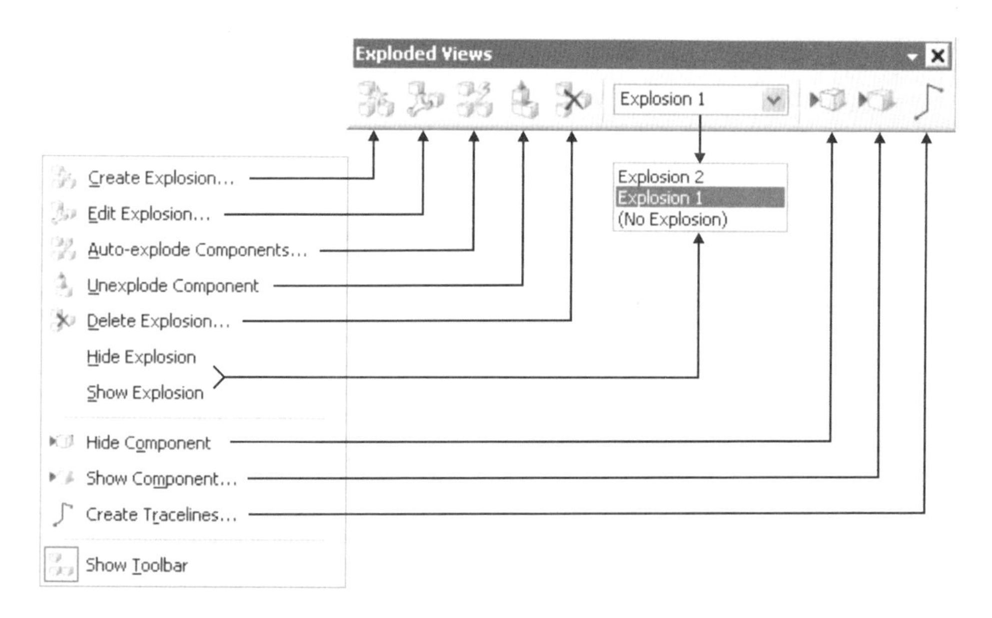

Bild 3.107 Menü und Werkzeugleiste Exploded Views

Auch hier wird das Master-Modell Konzept angewendet, indem die Explosionsdarstellung nicht in der Baugruppendatei selbst, sondern in einer separaten Datei, z.B. in einer Zeichnungsdatei, erstellt wird.

Vorgehen:

- Neue Zeichnungsdatei anlegen. File → New (<Baugruppenname>_**drw**.prt)
- Baugruppe hinzufügen. Menü Assembly → Components → Add Existing
- Application → Modeling
- Baugruppe in eine für die Explosion geeignete Darstellung drehen
- Ansicht speichern. Menü View → Operation → Save As (z.B. EXPLOSION)
  Hinweis: Die Ansicht kann später noch geändert werden mit View → Operation → Save. Dieser Schritt ist sehr wichtig, weil die Ansicht für die Zeichnungsableitung benötigt wird.
- Menü Assembly → Exploded Views→ Show Toolbar ( )
- Create Explosion

- Name eingeben oder übernehmen.

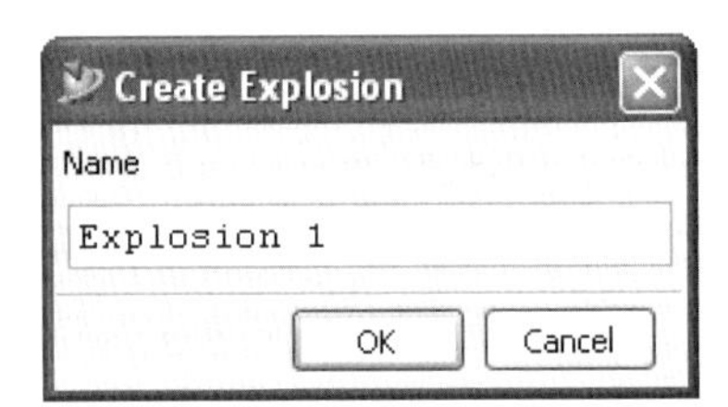

- Mit Edit Explosion die Komponenten verschieben.

  - Komponente(n) selektieren
  - MB2 drücken
  - Ziehen an den gelben Drag Handles

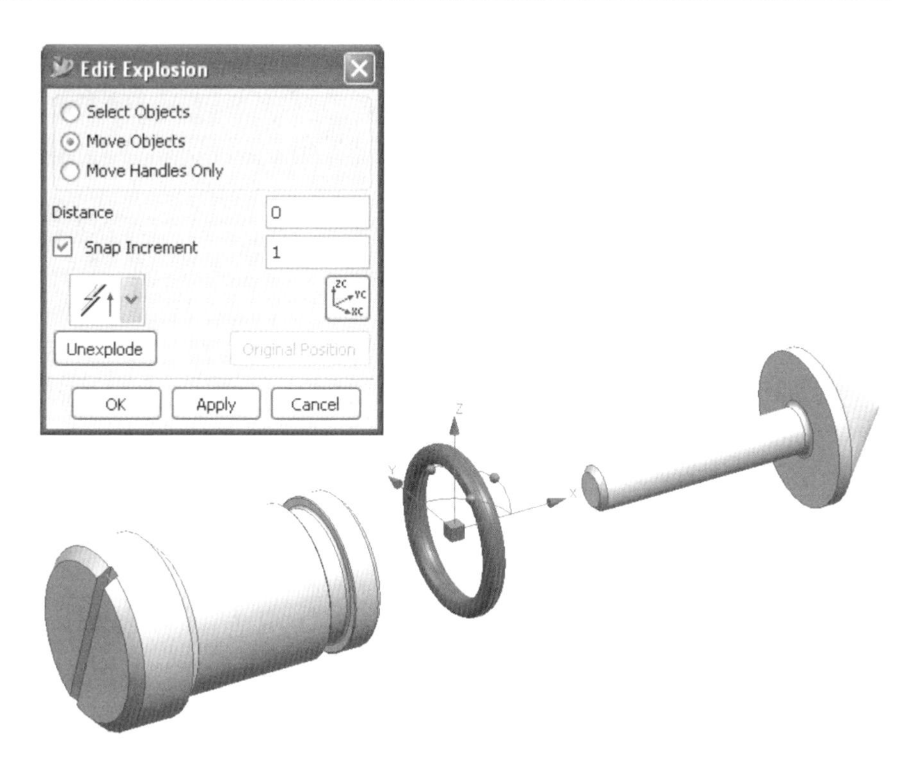

Bild 3.108 Edit Explosion Dialog

Hinweise:

- Die Option „Auto-Explode" wäre ganz praktisch, führt jedoch meistens nicht zum gewünschten Resultat. Sie dient höchstens als Basis für die Erstellung einer Explosionsansicht. Diese muss manuell nachbearbeitet werden mit Edit Explosion.
- Unexplode stellt wieder den zusammengebauten Zustand her.
- Mit Hide Component können einzelne Komponenten ausgeblendet werden. Dies wirkt sich nur auf die aktive View EXPLOSION aus.

Tracelines

Tracelines sind Linien, welche die Verbindung zwischen den Komponenten darstellen. Sie werden erzeugt durch selektieren eines Start- und eines Endpunktes. Mit Hilfe der Drag Handles kann der Verlauf beeinflusst werden. MB3 auf die Drag Handles zeigt die jeweils möglichen Optionen an.

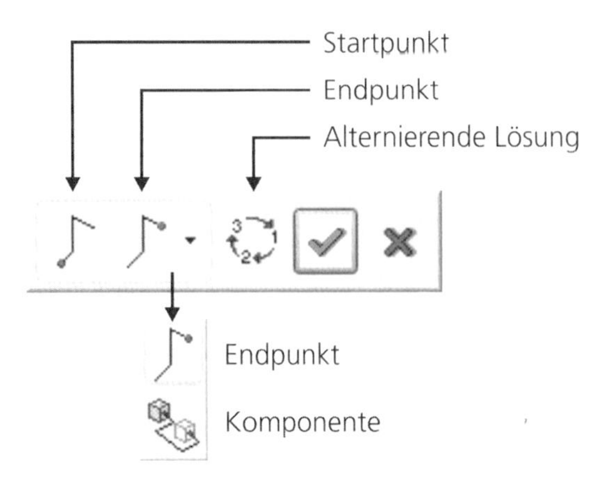

Bild 3.109 Symbolleiste für Tracelines

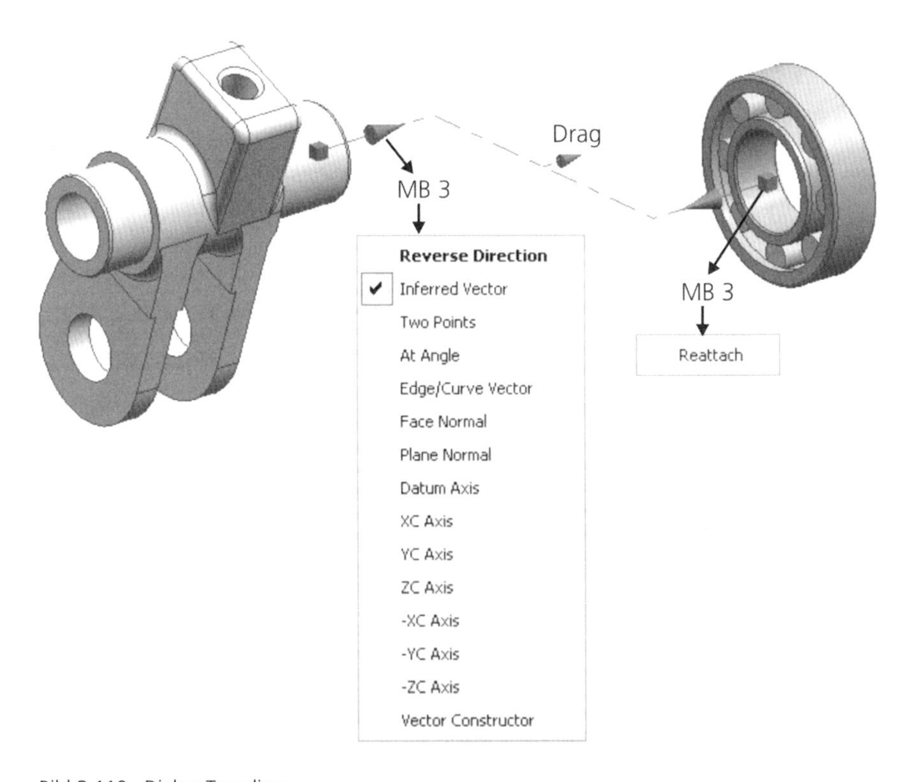

Bild 3.110 Dialog Tracelines

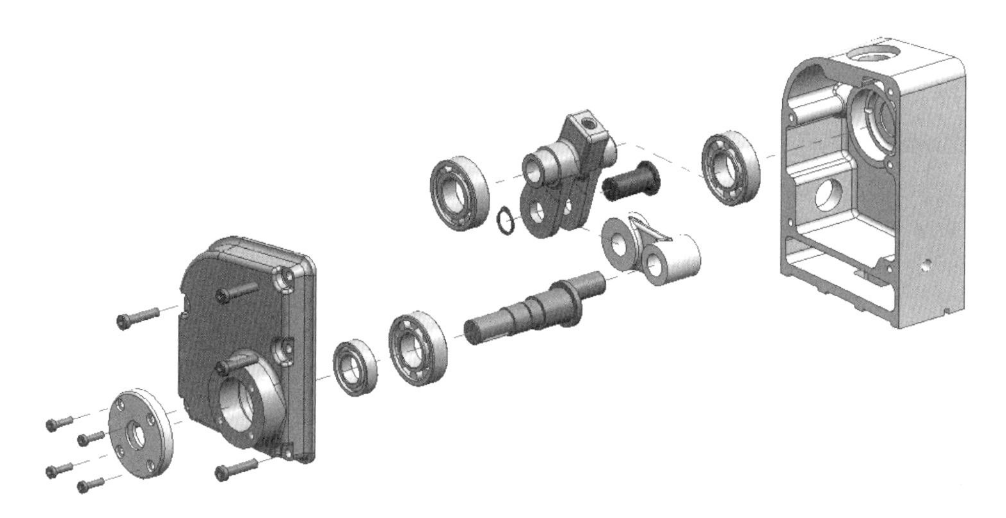

Bild 3.111 Beispiel einer Explosionsdarstellung mit Tracelines

Zeichnungsableitung der Explosionsdarstellung

- Wechseln zur Applikation Drafting
- Zeichnungsblatt anpassen und Rahmen einfügen
- Add Base View ( ) „EXPLODED"

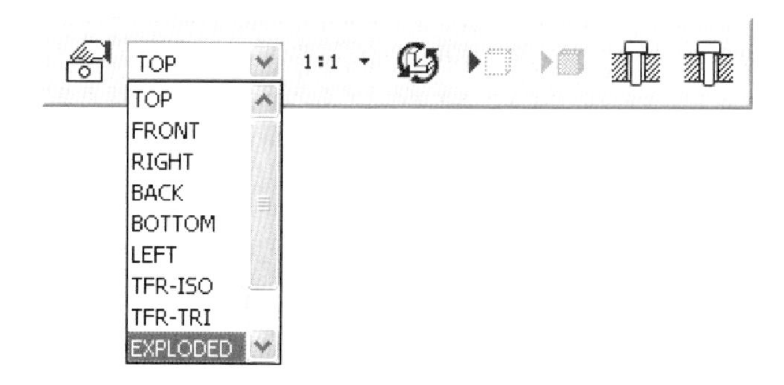

Bild 3.112 Add Base View

- Ansicht auf der Zeichnung positionieren

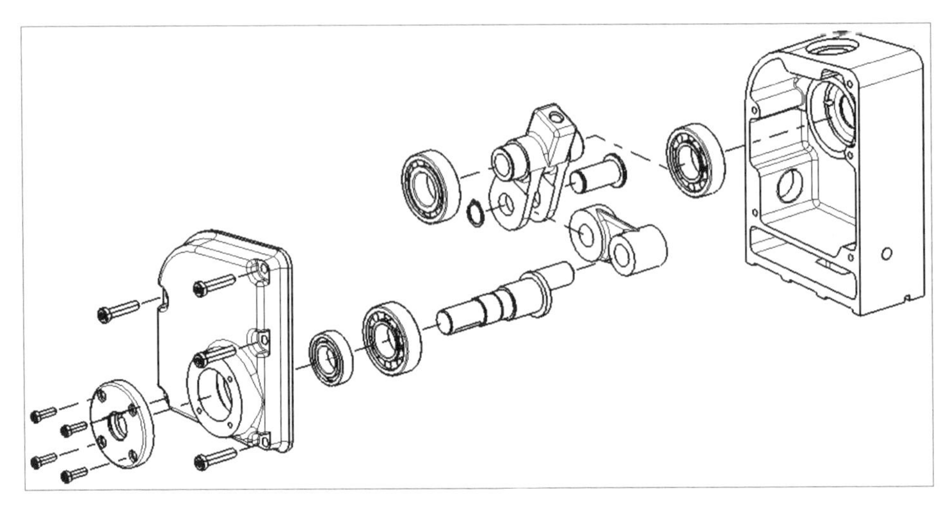

Bild 3.113 Explosionsansicht in der Zeichnung

3.7.3 Schnittansicht einer Baugruppe

Das Ableiten einer Schnittansicht von einer Baugruppe funktioniert genau gleich wie beim Einzelteil (siehe Kapitel 2.3.4) und wird deshalb nicht mehr beschrieben. Was bei Baugruppen jedoch hinzukommt, sind die ungeschnittenen Komponenten. Gemäß Norm sollen Vollkörper wie Wellen, Schrauben und Bolzen nicht geschnitten dargestellt werde. In NX gibt es dazu zwei Lösungswege.

- A) Permanentes Zuweisen des Attributs „SECTION COMPONENT = NO" am Einzelteil (empfohlen bei häufig verwendeten Komponenten wie z.B. Normteilen).
- B) Direktes Ändern der Komponentendarstellung in der Schnittansicht.

Vorgehen A) Attribut „SECTION COMPONENT = NO"

Zuerst einige Hinweise zu Attributen:

- Attribute werden benutzt, um Bauteildateien oder Objekten nichtgeometrische Informationen hinzuzufügen. Diese finden vorwiegend in Stücklisten Verwendung.
- Systemattribute sind Informationen, welche vom System automatisch zugeordnet werden, z.B. Username, Node Name, Erstelldatum und Uhrzeit, Farbe, Layer, Gewicht, usw.

Vorgehen:

- Teil, welches ein Attribut erhalten soll, zum Displayed Part machen
- Menü File → Properties: Attributes
- Title = „SECTION-COMPONENT"
- String Value = „NO"
- OK oder Apply

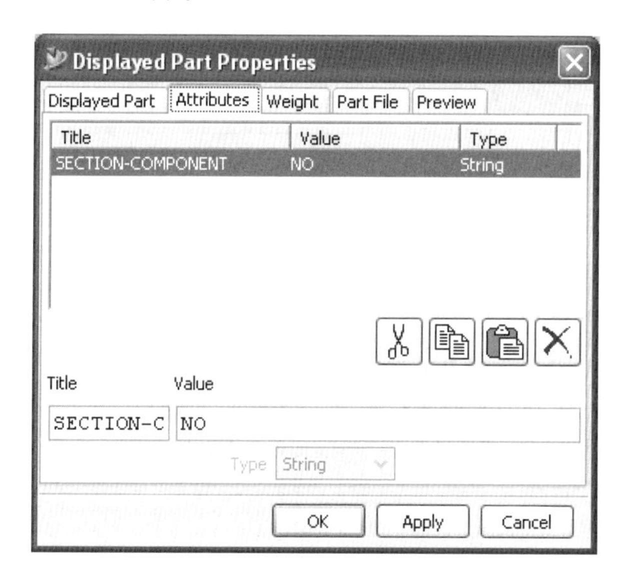

Bild 3.114 Dialogfenster Attributes

Wichtig! Nach dieser Änderung muss die betroffene Schnittansicht manuell aktualisiert werden (Menü Edit → Views → Update Views oder)

Vorgehen B) Ändern der Komponentendarstellung in der Zeichnung

- Menü Edit → View → Section Components in View ()
  Macht eine Komponente in einer Schnittansicht ungeschnitten.
- Gewünschte Komponente(n) selektieren
- Ansicht aktualisieren: Menü Edit → Views → Update Views ()

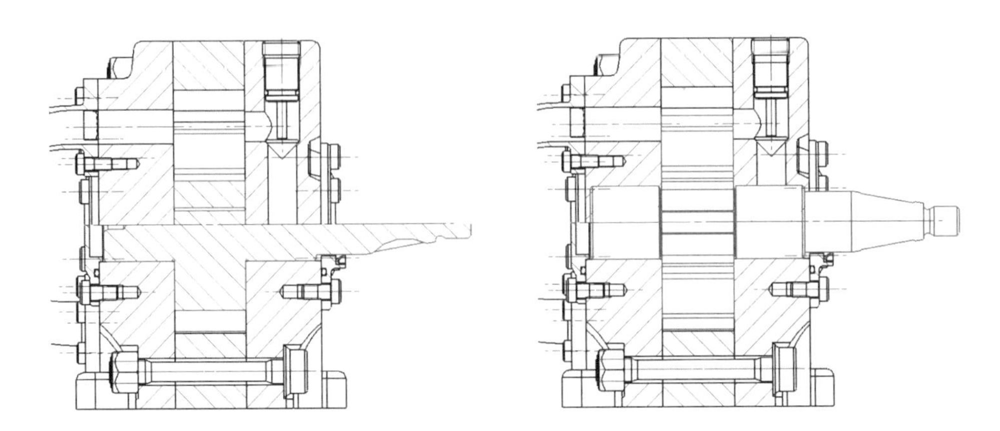

Bild 3.115 Nicht geschnittene Komponenten in Schnittansichten

3.7.4 Stücklisten (Parts List)

Eine Stückliste hat den Zweck, einen Baugruppeninhalt in Form einer Tabelle auszugeben. Jede Zeile stellt den Inhalt einer Komponente dar. Eine Spalte enthält ein Attribut (= Feld) der Komponente. Es gibt drei Typen von Attributen:

- Quantity (Menge)
- Key (Benennung, Pos., Werkstoff, ...)
- Non-Key (SECTION-COMPONENT)

In einer Firma wird den Anwendern in der Regel eine Stücklistenvorlage zur Verfügung gestellt (siehe Kapitel 3.7.4.4).

3.7.4.1 Stückliste erzeugen

Menü Insert → Parts List ( )

Mit dieser Funktion erzeugt Unigraphics eine 3-spaltige Stückliste mit den Attributen Pos.-Nr., Benennung und Anzahl. Diese Stückliste hängt am Mauszeiger und muss erst einmal auf der Zeichnung abgesetzt werden. Die Stückliste kann durch ziehen mit der Maus verschoben werden.

13	D5412-NJ206	2
12	D5412-NU206	1
11	GEHAEUSE	1
10	EXZENTERWELLE	1
9	SCHWINGHEBEL	1
8	DECKEL	1
7	D625-6005	1
6	LAGERDECKEL	1
5	EXZENTERHEBEL	1
4	BOLZEN	1
3	D6912-M6X20	4
2	D6912-M8X35	5
1	DIN471-19X1.2	1
PC NO	PART NAME	QTY

Bild 3.116 Standard-Stückliste

3.7.4.2 Stückliste bearbeiten

Hier geht es darum, eine bestehende Stückliste zu formatieren und mit weiteren Spalten zu ergänzen. Das Bearbeiten einer Stückliste erfolgt interaktiv. Praktisch alle Funktionen sind im Kontextmenü der rechten Maustaste zu finden. Einige wichtige Funktionen sind nachfolgend beschrieben.

Spalten hinzufügen

- Gewünschte Spalte markieren
- MB3 → Insert → Columns to the Right/Left

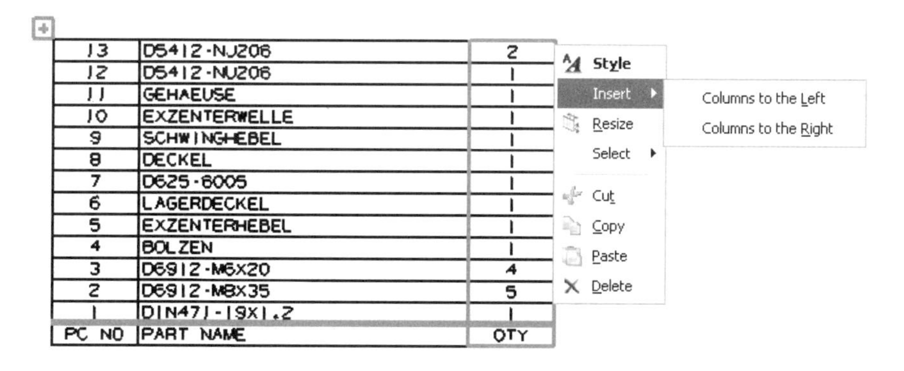

Bild 3.117 Spalte hinzufügen

Spalten formatieren

Spalte markieren und MB3 drücken, dann

- **Resize** zum Festlegen der Breite oder
- **Style** zum Festlegen von Schriftart, Attribut und Zelleneigenschaften.

Die Spaltenbreite lässt sich auch dynamisch ändern:

- Bewegen des Mauszeigers auf die Spaltentrennung, dann mit gedrückter Maustaste ziehen.

Neue Spalte mit Stücklistenattribut konfigurieren

- Neue Spalte markieren
- MB3 → Style
- Registerkarte „Columns" wählen
- Attribute Name (z.B. $MASS auswählen) und OK

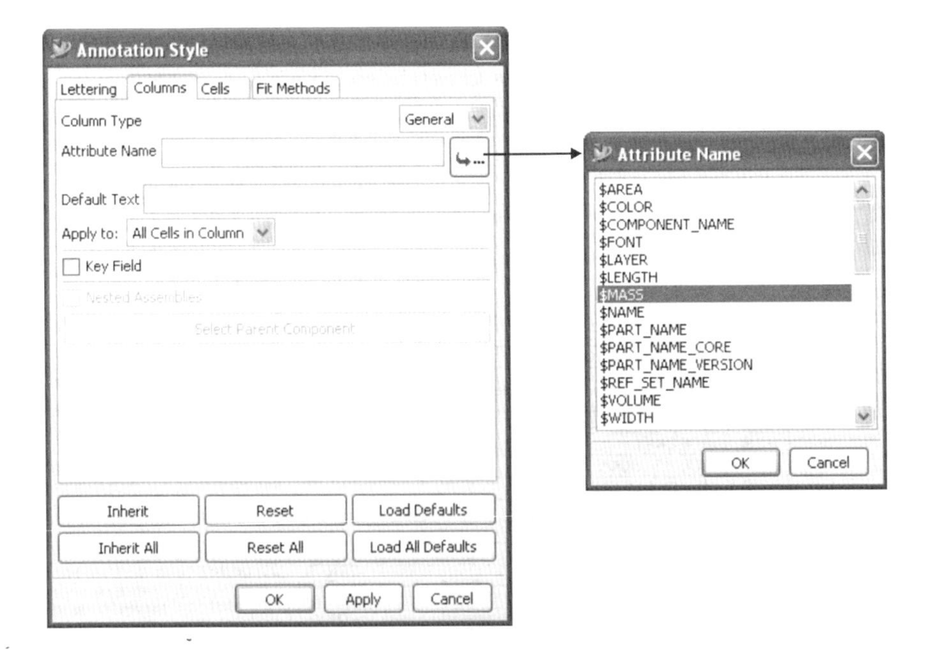

Bild 3.118 Spalte konfigurieren

Zelleninhalt bearbeiten

- Doppelklick auf die gewünschte Zelle

Ganze Stückliste selektieren

- Mauszeiger auf die obere linke Ecke bewegen, bis das Symbol ⊞ erscheint.
- Linke Maustaste, dann rechte Maustaste drücken.
  Dabei werden folgende Funktionen angezeigt:

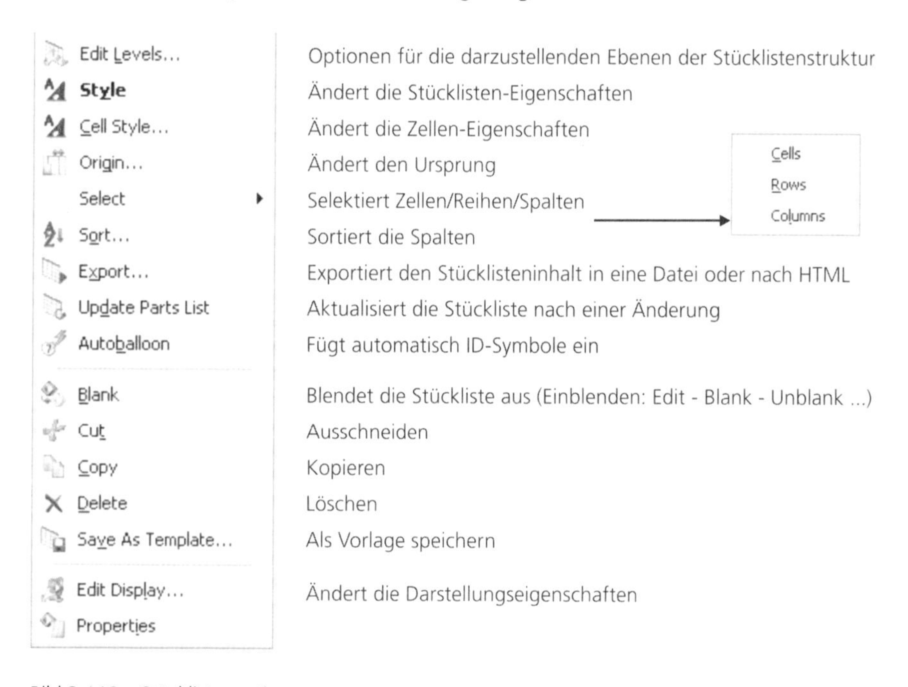

Bild 3.119 Stücklistenoptionen

Schriftart ändern

- Ganze Stückliste selektieren und über MB3 → Cell Style Schriftart **iso-1** wählen (iso-1 unterstützt europäischen Schriftzeichen wie ä, ö, ü, ß, usw.).

3.7.4.3 Stücklistenstufen (Parts List Levels)

Menü Format → Parts List Level ( )

Diese Optionen beeinflussen den Inhalt der Stückliste und ermöglichen es beispielsweise, Komponenten, Unterbaugruppen oder den Top-Level aus der Stückliste auszuschließen. Nach dem Aufrufen der Funktion muss die Stückliste selektiert werden, danach erscheint oben links eine Symbolleiste mit folgenden Optionen:

	Select/Deselect Subassemblies Aktiviert = Wählt beim Selektieren die ganze Unterbaugruppe aus. Deaktiviert = Wählt beim Selektieren Komponenten einzeln aus. Das Selektieren ist grafisch oder im Assembly Navigator möglich.
	Master Model Entfernt in der Stückliste die oberste Stufe (Top Level) der referenzierten Baugruppe, im Bild die „zahnradpumpe_asm".
	Top Level Only Bei dieser Option erscheinen in der Stückliste nur die Komponenten des obersten Levels. Komponenten in Unterbaugruppen werden ignoriert.
	Leaves Only Bei dieser Option werden in der Stückliste nur die Einzelteilkomponenten angezeigt. Unterbaugruppen, welche untergeordnete Komponenten enthalten, erscheinen nicht in der Stückliste.

3.7.4.4 Stücklistenvorlagen (Templates)

Vorgehen:

- Ganze Stückliste selektieren, dann MB3 → Save As Template
- Gespeicherte Templates können aus der Hilfsleiste rechts per **Drag & Drop** ins Blatt eingefügt werden. Das Gleiche gilt übrigens auch für Tabellen (Tabular Notes).

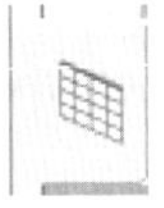

  Eventuell muss die Hilfsleiste zuvor wie folgt angepasst werden:
  - Menü Preferences → Palettes
  - Open Palette File
  - Browsen nach ...ugii\table_files\tables.pax

3.7.5 Autoballoon

Diese Funktion erzeugt automatisch ID-Symbole.

Vorgehen:

- Stückliste erzeugen
- Menü Tools → Table → Autoballoon ( )
- Stückliste selektieren
- Im Dialogfenster „Parts List Autoballoon" eine oder mehrere Ansichten auswählen
- ID-Symbole anordnen durch ziehen mit der Maus

Hinweise:

- Die Darstellungseigenschaften der ID-Symbole können unter Preferences → Annotations (Parts List) geändert werden.
- Es ist zu bemerken, dass das Ergebnis dieser Funktion häufig nicht befriedigend ausfällt. Die Anordnung lässt sich zwar einfach ändern, aber die Position der Hinweispfeile kann nicht beeinflusst werden. Deshalb ist es in der Regel erforderlich, die ID-Symbole manuell zu erzeugen (siehe nächsten Abschnitt).

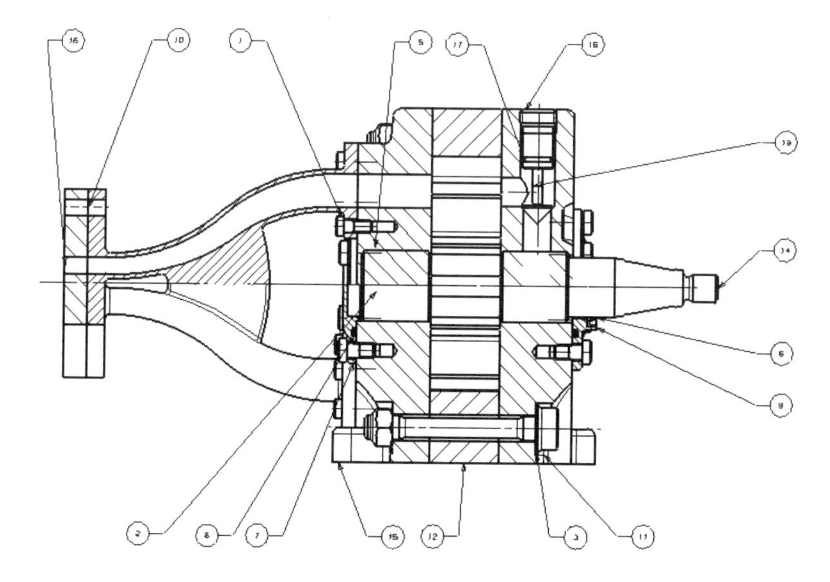

Bild 3.120 ID-Symbole, erstellt mit Autoballoon

3.7.6 ID-Symbole

Die Zuweisung der Positionsnummern erfolgt gemäß der Sortierung in der Stückliste. Damit NX diese Nummern in die ID-Symbole übernimmt, muss wie folgt vorgegangen werden:

- Menü Insert → Symbols → ID Symbols (⑦)
- Im Dialogfenster
  - Nummernfeld leer lassen
  - Option für Symboldarstellung wählen
  - Schaltfläche "Specify Leader" wählen zum Erzeugen des Symbols
- Bezugskante einer Komponente selektieren (NX erkennt dabei automatisch, um welche Komponente es sich handelt)
- mittlere Maustaste (MB2) drücken
- Symbol positionieren oder
- optional mit Hilfe des Origin Tools Symbol nach einem anderen Objekt ausrichten

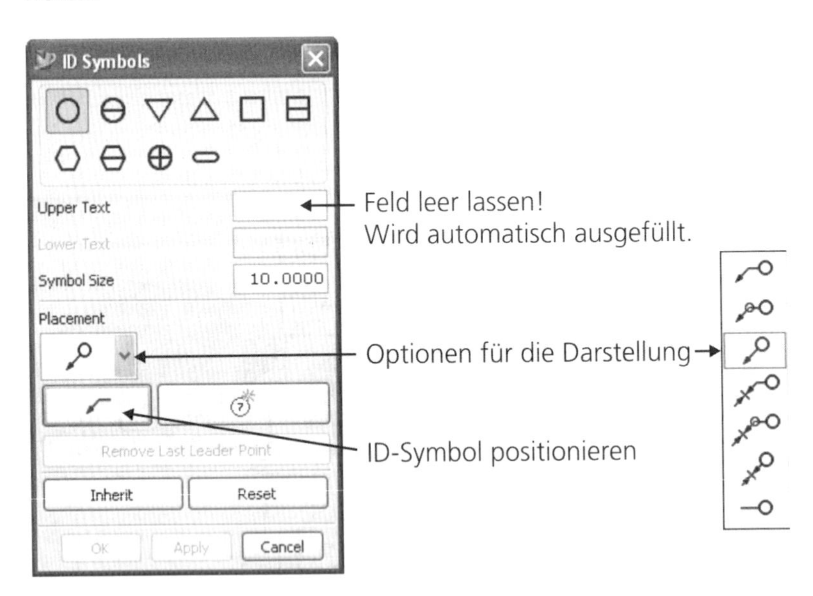

Bild 3.121 Dialogfenster ID Symbols

- Positionsnummern von der Stückliste in die ID-Symbole übertragen: MB3 auf Stückliste, dann Update Parts List.

4 Freiform-Modellieren – Eine Einführung

Freiformflächen werden im heutigen Maschinenbau immer wichtiger. Viele Geräte im täglichen Gebrauch enthalten frei gestaltete Formen. Diese Formen werden oft von Designern auf speziellen Programmen entworfen und danach ins CAD-System importiert. Immer häufiger jedoch entstehen solche Produkte direkt im CAD-System, da die Freiform-Funktionalität der modernen high-end CAD-Systeme einen hohen Level erreicht hat.

Was zeichnet eigentlich eine Freiformfläche aus?

- Eine Freiformfläche zeichnet sich dadurch aus, dass sie nicht auf einer Regelgeometrie (lineare und kreisförmige Elemente) basiert.
- Durch Freiformflächen ist es möglich, beliebige bzw. beliebig gekrümmte Flächen parametrisch zu beschreiben.

Eine weitere Frage, die sich stellt, ist: Wie sollen diese Freiformen hergestellt werden? Antwort: Moderne Fertigungsbetriebe verfügen über leistungsfähige CAM-Systeme, welche die Möglichkeit bieten, basierend auf der 3D Geometrie ein NC-Programm zu erstellen. Zulieferer verwenden oft das gleiche System wie der Lieferant, so dass ein reibungsloser Datentransfer gewährleistet ist.

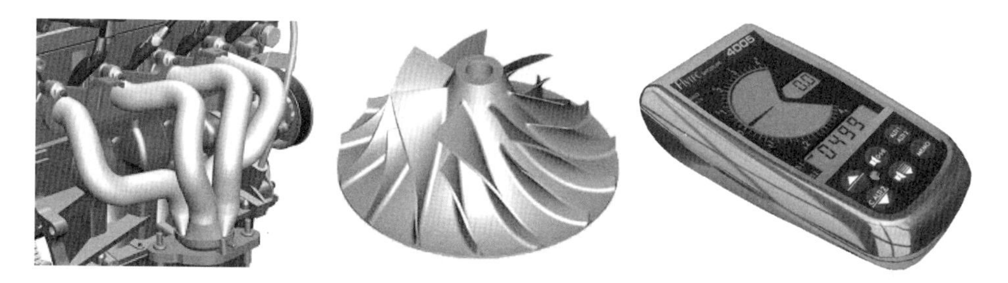

Bild 4.1 Beispiele von Freiform-Modellen

Weiter spielt im Zusammenhang mit Freiformflächen vor allem die **fotorealistische Darstellung** eine große Rolle. NX bietet hierzu diverse Möglichkeiten, welche im Kapitel 1.3.6 zu finden sind.

4.1 Freiformkurven

4.1.1 Allgemeines

Der aus dem Englischen stammende Begriff Spline könnte übersetzt werden als Freiformkurve. Zur Erzeugung von Freiformflächen werden als Begrenzungselemente und Stützkurven oft Splines verwendet. Diese bilden die Basis für die gute Qualität einer Freiformfläche. Die Möglichkeiten zur Erstellung eines Splines sind vielfältig: Von der einfachen Stützpunktdefinition über die Angabe von Polygonpolen und Spiral-Splines bis hin zu Splines, welche über Gleichungen definiert werden.

Über das Menü Information → Object (oder Ctrl+I) können Informationen über bestehende Splines abgerufen werden. Dabei werden nicht nur die mathematischen Eigenschaften im Informationsfenster angezeigt, sondern auch die Pole des Splines im graphischen Arbeitsfenster dargestellt.

4.1.2 Definition

Ein Spline ist eine Freiformkurve, welche durch eine bestimme Anzahl Punkte verläuft. Diese Punkte werden im CAD-System intern durch eine Funktion beschrieben bzw. angenähert.

Ein Spline soll folgende Forderungen erfüllen:

- Der Spline muss „glatt" verlaufen, d.h. er darf keine Knickstellen enthalten.
- Neigung und Krümmung sollen definierbar sein.
- Der Spline muss geändert werden können.
- Der Spline soll in Segmente aufgeteilt werden können.
- Die Segmente sollen stetig aneinander schließen.

Kubischer Spline

Eine segmentierte Kurve mit Polynomsegmenten 3. Grades heißt kubischer Spline. Dieser enthält äquidistante Parameter, welcher eine schnelle Berechnung der Kurvenparameter ermöglicht. Nachteil: Überschwingen des Splines bei starken Änderungen im Kurvenverlauf.

Bezier Splines

Man greift hier bei der Berechnung der Kurven auf ein numerisch stabiles und für Computer geeignetes Verfahren, den Casteljau-Algorithmus, zurück. Dabei gilt:

- Grad der Kurve = Anzahl Punkte - 1
- Bezier Kurve 1. Grades ist eine gestreckte Kurve (Gerade)

Vorteile der Bezier Kurven sind das leichte Aneinanderfügen von verschiedenen Kurven sowie die problemlose Erhöhung des Kurvengrades ohne Änderung der Kurvenform.

Als Nachteil wirkt sich aus, dass der Grad der Kurve mit der Anzahl der Kontrollpunkte verknüpft ist. Dies führt zu Polynomen mit sehr hohem Grad. Hinzu kommt, dass die Kurve lokal nicht leicht zu verändern ist. Wird beispielsweise ein Kontrollpunkt verändert, so verändert sich der gesamte Kurvenverlauf.

B-Splines

Die Nachteile des globalen Charakters und der Ordnungsabhängigkeit der Bezier Kurve sind beim B-Spline nicht mehr vorhanden. Ein B-Spline ist durch Polynome dritten Grades beschrieben und bietet folgende Vorteile:

- Die Änderung eines Kontrollpunktes wirkt sich nur lokal - auf einen eng begrenzten Bereich - der Kurve aus.
- Ein B-Spline ist auch mit 20 Stützpunkten immer noch eine Kurve 3. Grades.
- Ein B-Spline enthält einen Polygonzug.
- Bei Start- und End-Punkt verläuft der Polygonzug tangential zum B-Spline.
- Alle in NX erzeugten Splines sind ungleichförmige, rationale B-Splines (Non Uniform Rational B-Splines: NURBS), in der Dokumentation häufig B-Spline genannt.

4.1.3 Studio Splines

Menü Insert → Curve → Studio Spline ()

Studio Splines sind vollständig assoziativ und werden entweder unabhängig oder in der Skizzier-Umgebung erzeugt. In der Skizzier-Umgebung können den Stützpunkten des Splines maßliche Bedingungen angefügt werden.

Weiter können optional an jedem Stützpunkt die Tangentenrichtung und die Krümmung beeinflusst werden.

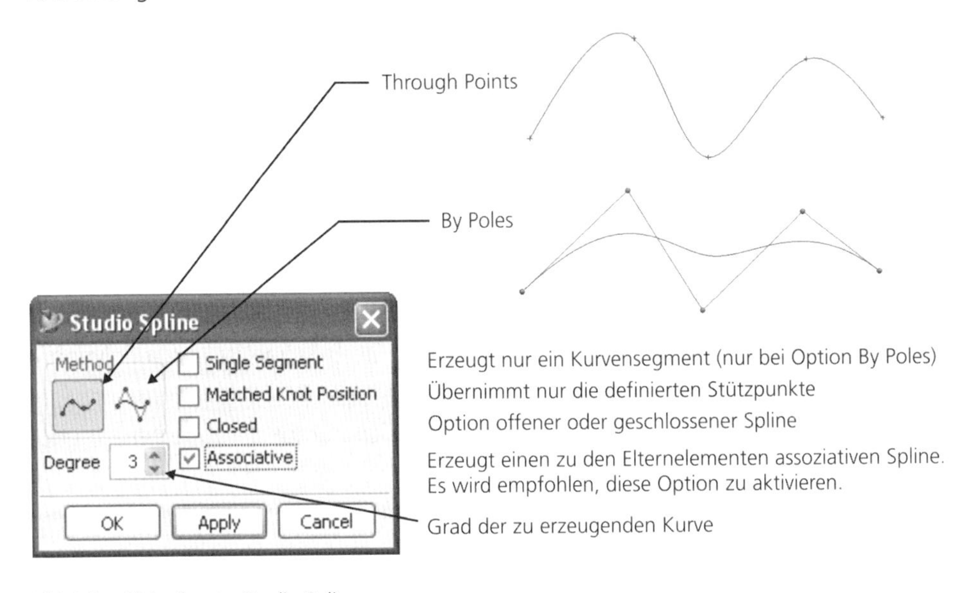

Bild 4.2 Dialogfenster Studio Spline

Vorgehen:

- Optionen im Dialogfenster setzen (siehe Hinweis weiter unten)
- Ersten Stützpunkt des Splines zeigen mit Hilfe der Snap Points.
  Startet man bei einem Punkt auf einer Kurve oder Fläche, dann zeigt das System die Bedingungsoptionen G1 (tangential) und G2 (krümmungsstetig) an. Die Auswahl einer Bedingung ist optional. Die Bedingung G0 (Punkteübereinstimmung) wird automatisch zugeordnet.

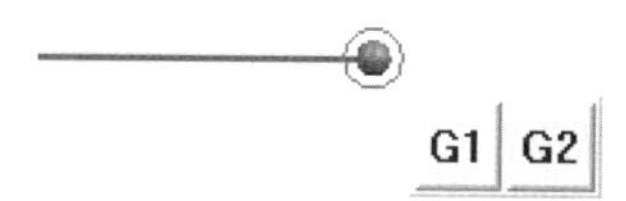

Bild 4.3 Bedingung bei Startpunkt auf einer Kurve/Fläche

- Weitere Stützpunkte zeigen
- Um weitere Bedingung anzufügen oder einen Punkt zu löschen, einfach mit MB3 auf den gewünschten Punkt.

Bild 4.4 MB3 auf Punkt: Bedingung hinzufügen / Punkt löschen

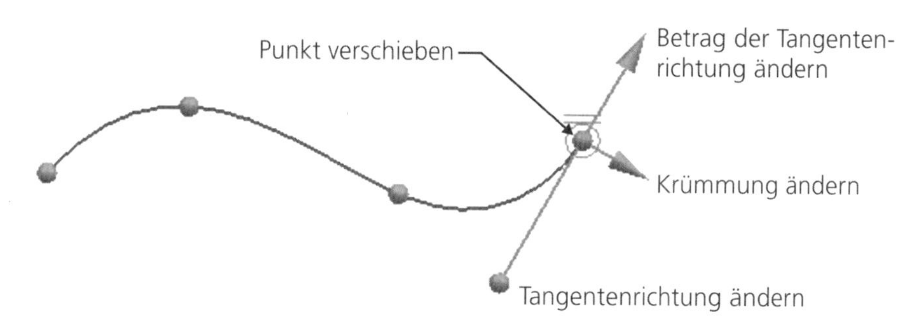

Bild 4.5 Bedingungen ändern (Modify Constraints)

- Sobald alle Punkte definiert sind, kann durch drücken der mittleren Maustaste (MB2) oder mit OK/Apply beendet werden. Liegen nicht genug Punkte vor, um einen Spline des gewählten Polynomgrades zu erzeugen, gibt das System eine Meldung aus (siehe Hinweis zu Curve Degree weiter unten).
- Das Ändern eines Splines geht am einfachsten über einen Doppelklick auf die Kurve.

Ergänzungen zum Dialogfenster Studio Spline

- **Single Segment**
  Splines By Poles können mit einem oder mehreren Segmenten erzeugt werden. Dies ermöglicht Splines durch beliebig viele Punkte zu definieren. Ein Segment hat ein Limit von maximal 25 Punkten. Die minimale Anzahl Punkte beträgt bei allen Splines einen mehr als der Grad des Splines, wobei dieser auf 24 limitiert ist. Die Segmente sind nicht direkt sichtbar.
- **Degree**
  Die mathematische Größe eines B-Splines wird mit dem Polynomgrad angegeben. Dieser ist im Allgemeinen eins weniger als die Anzahl Punkte eines Segmentes. Aus diesem Grunde kann ein Spline nicht weniger Punkte als der Wert des Polynomgrades besitzen. Ein höherer Grad bewirkt einen steiferen Spline, sodass es einer großen Veränderung der Pole bedarf, bis sich die Form des Splines ändert. Niedriggradige Splines sind besser beeinflussbar und tendieren eher dazu, den Polynompolen zu folgen. Es wird empfohlen, mit kubischen Splines (3. Grad) zu arbeiten, außer es gibt einen guten Grund, einen anderen Grad zu gebrauchen. Auch für den Datenaustausch sind Kurven dritten Grades besser geeignet.
- **Closed**
  Bei aktiviertem Schalter schließt das Programm den Spline automatisch, indem eine Kurve vom zuletzt angegebenen Punkt zum ersten Punkt gezogen wird.

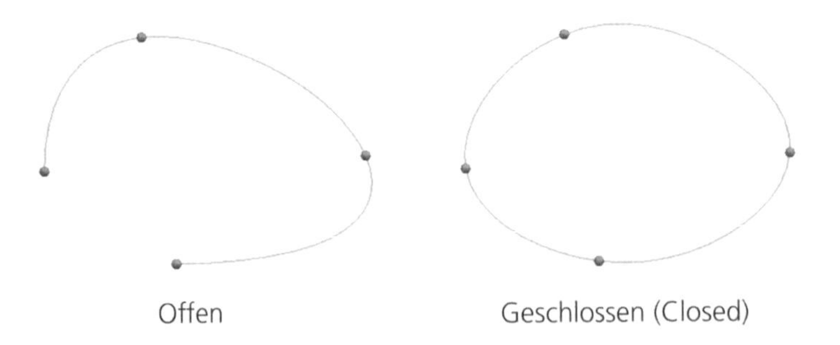

Bild 4.6 Option Closed

4.1.4 Fit Spline

Menü Insert → Curve → Fit Spline ( )

Fit Spline erzeugt einen Spline durch Anpassen an Punkte, Kurven, Flächen oder facettierte Körper. Diese Funktion steht auch in der Skizzierumgebung zur Verfügung.

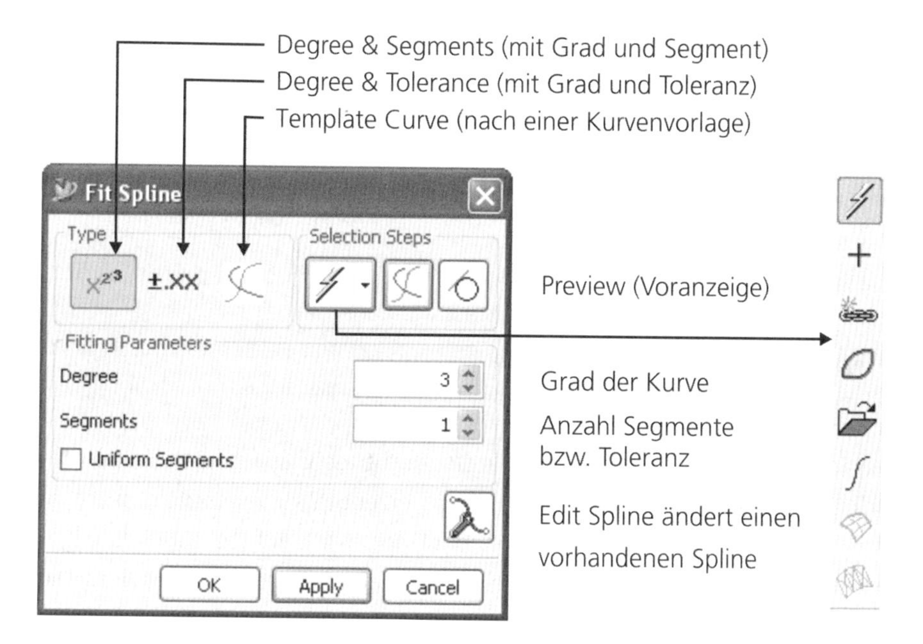

Bild 4.7 Dialogfenster Fit Spline

Vorgehen:

- Typ für die Anpassung wählen.
- Zielobjekt(e) selektieren: Start und Endpunkt einer Punktefolge, Kurve, Fläche, Facettierter Körper oder eine Region.
- Bedingungen definieren: Grad, Anzahl Segmente, Toleranz.
  Unter Toleranz ist die maximale Abweichung zwischen Kurve und Zielobjekten zu verstehen.

Bild 4.8 Beispiel: Fit Spline durch Start- und Endpunkt einer Punktefolge mit Toleranzeingabe

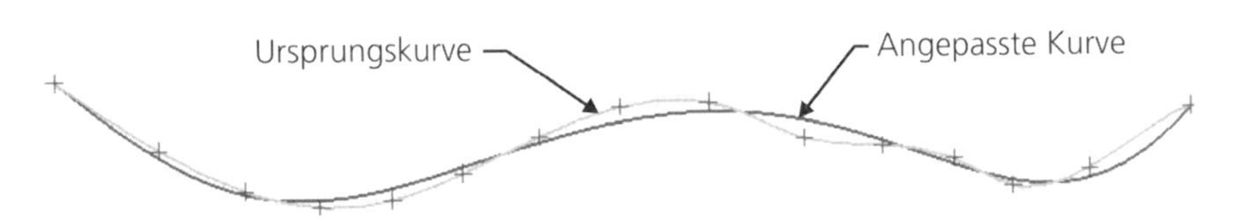

Bild 4.9 Beispiel: Glätten einer bestehenden Kurve mit kleinerem Grad (Degree = 5)

4.1.5 Nicht assoziative Splines

Menü Insert → Curve → Spline (~)

Diese Funktion erzeugt Splines, welche sich nicht assoziativ zu den definierenden Punkten verhalten. Eine mit dieser Funktion erzeugte Kurve erscheint nicht im Part Navigator. Änderungen können mit einem Doppelklick auf die Kurve durchgeführt werden. Dabei erscheint das Studio Spline Dialogfenster (Kapitel 4.1.3). Die vom Spline abgeleitete Modellgeometrie ist assoziativ und wird automatisch nachgeführt.

Obwohl zu empfehlen ist, den Studio Spline zu verwenden, wird diese Funktion hier trotzdem beschrieben, weil sie zum Funktionsumfang gehört.

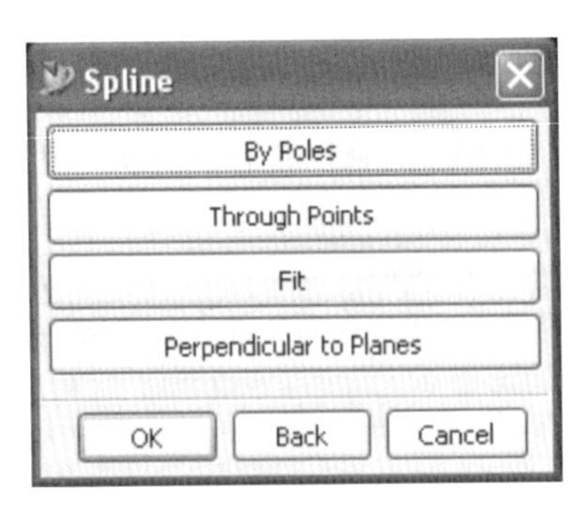

Erzeugt nicht assoziative Splines

- durch Pole
- durch Punkte
- Einpassen der Kurve in eine Menge von Punkten
- zu bestehenden Ebenen

Bild 4.10 Spline-Optionen

4.1.6 Analyse von Splines

Menü Analysis → Curve → …

Splines und andere Kurven können mit einer Reihe von Hilfsmitteln analysiert werden, um die Form und den Verlauf zu überprüfen. Es folgt hier eine Übersicht:

Bild 4.11 Analyse-Möglichkeiten für Curves

Eine Darstellung mit Krümmungskamm zeigt grafisch den Verlauf der Kurve besser an als nur die einfache Kurve. Mit diesem Hilfsmittel erkennt man z.B. Stetigkeitssprünge (sprunghafte Krümmungsänderungen) sehr gut.

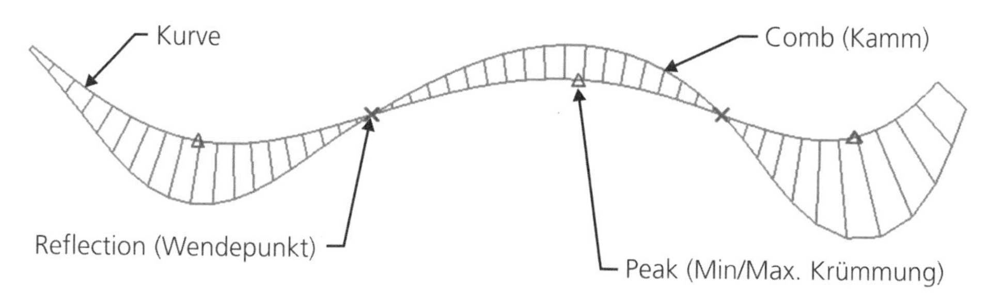

Bild 4.12 Spline mit dargestelltem Krümmungskamm

4.1.7 Helix

Menü Insert → Curve → Helix ()

Eine Helix ist eine spiralförmige Freiformkurve und dient beispielsweise als Leitkurve für Federn oder Spezialgewinde.

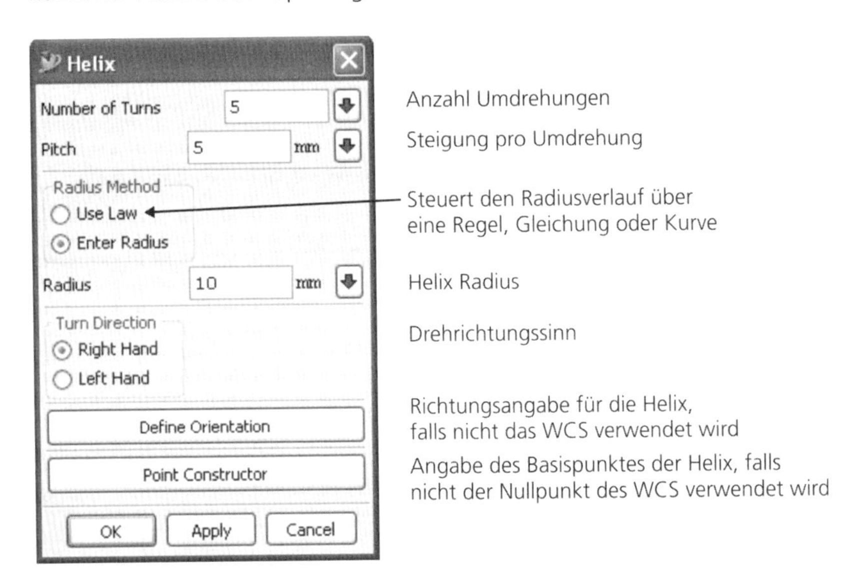

Bild 4.13 Dialogfenster Helix

Für die Orientierung der Helix kann das WCS verwendet werden. Dabei liegt der Basispunkt der Spirale im Ursprung, der Startpunkt auf der +X-Achse und die Drehachse ist die Z-Achse.

Tipp: Bei einem Pitch-Wert von Null dreht die Spirale ohne Ausdehnung in Z-Richtung, liegt also in der XY-Ebene.

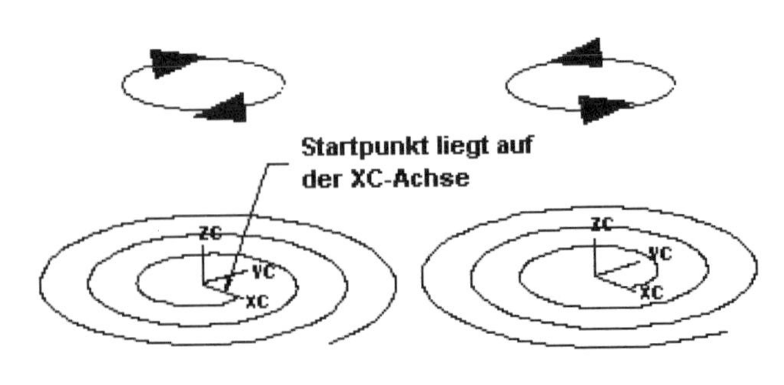

Bild 4.14 Turn Direction: Right Hand Left Hand (Pitch = 0)

4.1.7.1 Law Curve Methode

Anstelle eines konstanten Radius für die Helix lässt sich mit Hilfe dieser Option der Verlauf des Radius über diverse Regeln steuern:

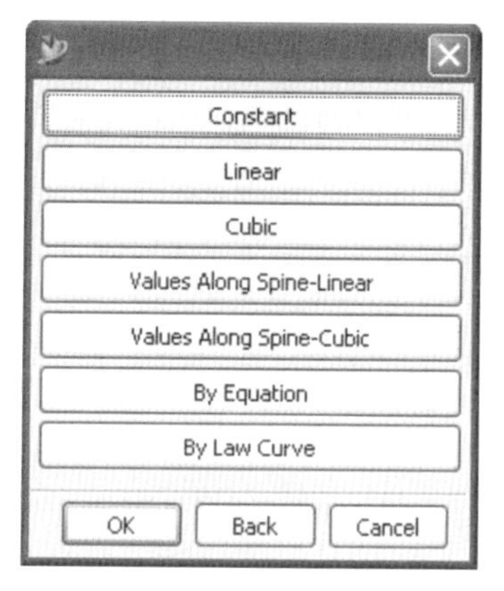

- Radius ist konstant
- Radius geht linear vom Anfangs- zum Endwert über
- Radius verändert sich kubisch vom Anfangs- zum Endwert
- Radius verändert sich linear entlang einer selektierten Kurve und definierten Kurvenpunkten mit Radiuswertangaben
- Radius verändert sich kubisch entlang einer selektierten Kurve und definierten Kurvenpunkten mit Radiuswertangaben
- Radiusverlauf wird über eine Gleichung definiert
- Radiusverlauf verändert sich entlang einer selektierten Kurve

Bild 4.15 Optionen für Law Curves

Weitere Erklärungen

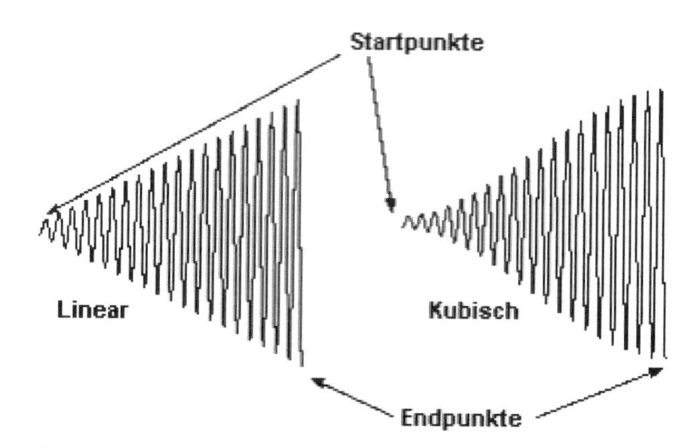

Bild 4.16 Vergleich: **Linear und Cubic**

By Equation. Bei dieser Option muss vorher unter Menü Tools → Expressions sowohl eine Verlaufsvariable (Parameter Expression) mit dem Wert 1 (typischerweise **t**) als auch eine Gleichungsvariable (Function Expression) mit einer dahinter liegenden Funktion definiert werden. Dabei spielt der Wert der Verlaufsvariablen keine Rolle, da das System diesen Wert beim Erzeugen der Spirale automatisch von 0 bis 1 wachsen läßt. Die Variablen-Namen müssen nach dem Selektieren des Schalters By Equation bekannt gegeben werden (im Beispiel t und Y):

- Verlaufsvariable t=1
- Gleichungsvariable Y=10+(sin(180*t)*30)

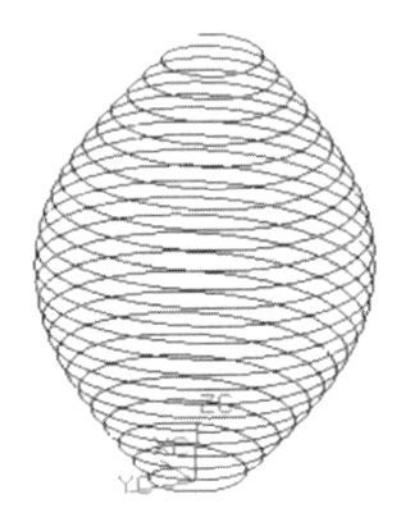

Bild 4.17 Helix, definiert durch eine Gleichung (By Equation)

By Law Curve. Diese Option erlaubt das Selektieren einer Kette von harmonisch ineinander übergehende Kurven, welche den Radiusverlauf steuern. Dabei wird die Veränderung der Verlaufskurve proportional zur Länge der zu erzeugenden Spirale berechnet. Da die Verlaufskurve die Darstellung einer Funktion y=f(x) wiedergibt, muss zwecks Bestimmung der x-Achse dieser Funktion eine Base Line selektiert werden. Selektiert der Benutzer diese nicht, so nimmt das System die Absolute X-Achse als Base Line, d.h. die Verlaufskurve muss sich dann in der absoluten X-Y-Ebene befinden.

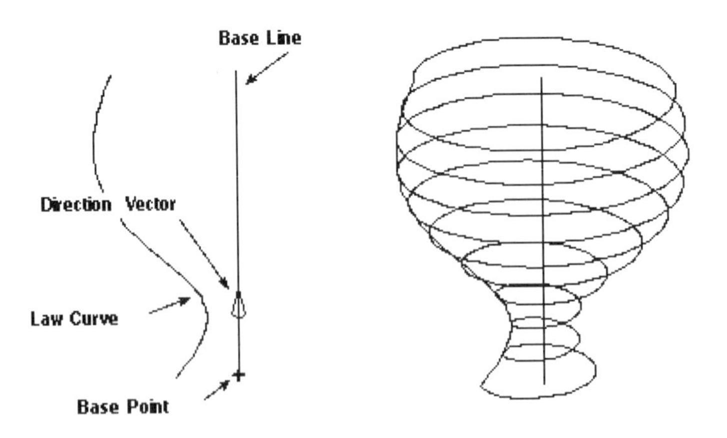

Bild 4.18 Helix, definiert durch eine Regelkurve (By Law Curve)

4.1.8 Bridge Curves

Menü Insert → Curve from Curves → Bridge Curve ()

Mit dieser Funktion ist es möglich, auf einfache Art und Weise eine tangentiale oder krümmungsstetige Verbindungskurve zu erstellen. Zusätzlich lässt sich der Formverlauf interaktiv mit Schiebereglern beeinflussen. Bridge Curves sind sehr hilfreich als Stützgeometrie für tangentiale Flächenübergänge.

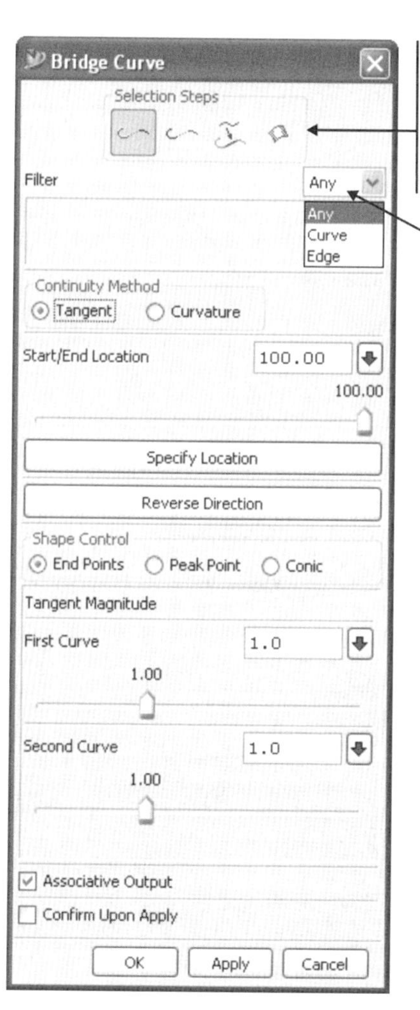

Auswahlschritte:
- Erste Kurve
- Zweite Kurve
- Reference Shape Curve: passt die Form der Bridge Curve einem zu selektierenden Spline an
- Constraint Faces

Selektionsfilter

Erzeugt tangentiale (G1) bzw. krümmungsstetige (G2) Kurve

Definiert Start- und Endpunkt auf der ersten bzw. zweiten Kurve, falls die Bridge Curve nicht am gewählten Endpunkt beginnen soll. Eingabe in % der Kurvenlänge oder mit dem Schieberegler oder durch einen Punkt (Specify Location).

Wechselt die Anfangsrichtung

Ändert die Form der Kurve interaktiv am
- Endpunkt
- Peakpunkt
- durch Eingabe des Kegelschnittparameters

Assoziativität bezüglich der Elternelemente Ein/Aus

Bild 4.19 Dialogfenster Bridge Curves

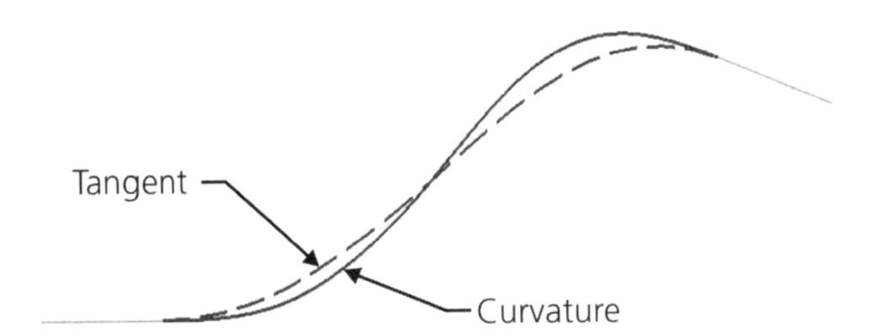

Bild 4.20 Unterschied zwischen Option Tangent und Curvature

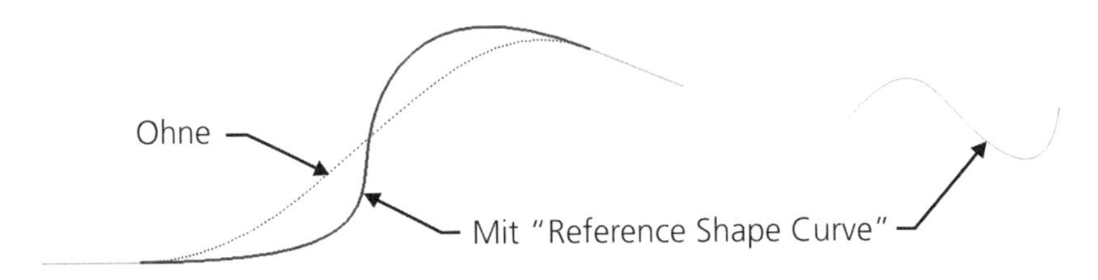

Bild 4.21 Option „**Reference Shape Curve**" (nur für Tangent verfügbar)

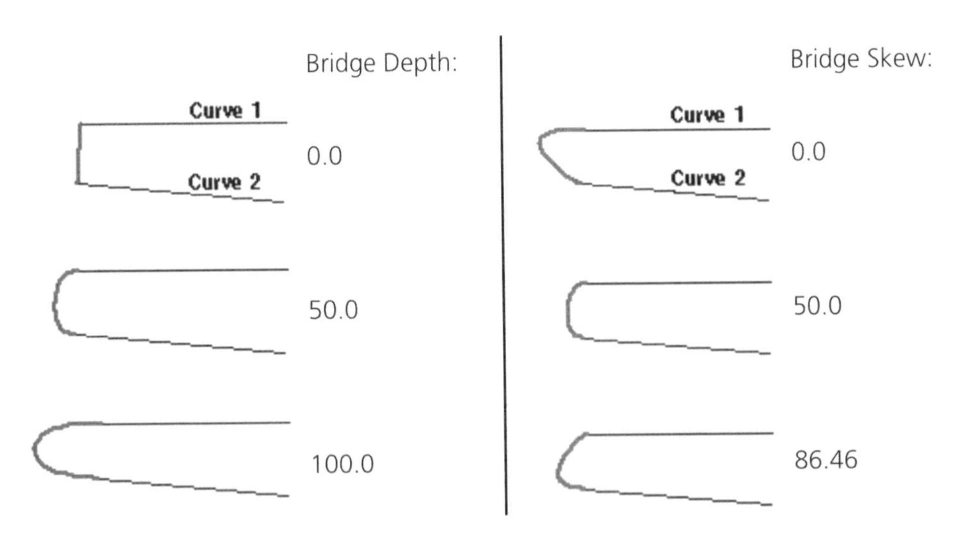

Bild 4.22 Shape Control → Peak Point: Option Bridge Depth und Bridge Skew

4.2 Freiformflächen

4.2.1 Allgemeines

Mit den Flächenfunktionen können sowohl eigentliche Flächenkörper mit der Dicke 0 (Sheet Bodies) als auch Volumenkörper (Solid Bodies) erzeugt werden. In manchen Fällen ist einfacher mit Flächenkörpern zu arbeiten mit dem Ziel, ein 3D Modell als geschlossenen Volumenkörper zu bilden.

Sheet Bodies (Flächenkörper) können benutzt werden, um

- Formen zu bilden, welche auf einem anderen Weg kaum erstellt werden können.
- einen Solid Body zu erzeugen, welcher aus mehreren Sheet Bodies besteht, die ein Volumen einschließen.
- einen Solid Body zu schneiden, damit dieser anschließend eine bestimmte Form besitzt.

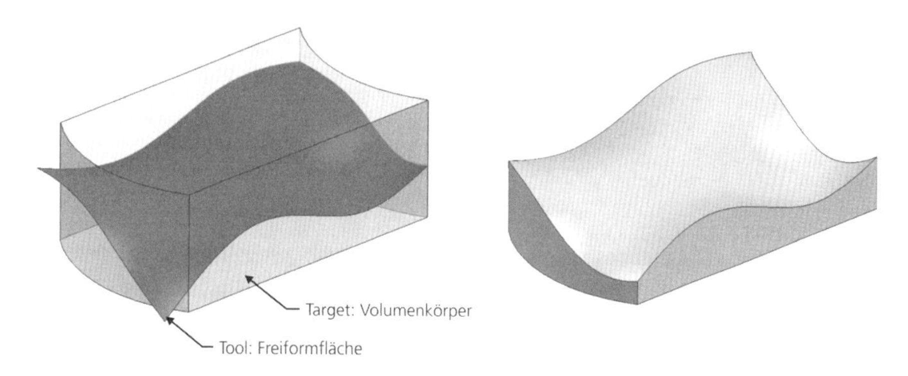

Bild 4.23 Volumenkörper mit einer Freiformfläche schneiden

4.2.2 Begriffe

Im Zusammenhang mit Freiformflächen sollte man mit folgenden grundlegenden Begriffen vertraut sein.

Row/Column (Reihe/Spalte)

Manche Flächenfunktionen verwenden das Konzept von Reihen und Spalten. Dabei definiert eine Reihe (Row) von Punkten oder Kurven die U-Richtung, während eine Spalte (Column) die V-Richtung darstellt. Die U- und V-Richtungen spannen ein flächeneigenes Koordinatensystem auf.

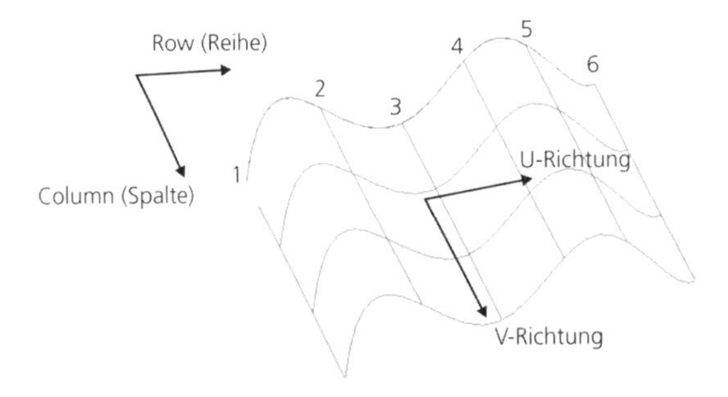

Bild 4.24 Fläche mit Reihen und Spalten dargestellt

Grad

NX verwendet bei der Erzeugung von Freiformflächen den Begriff Polynomgrad. Dieser wird sowohl in U- als auch in V-Richtung definiert.

Patch

Ein Patch ist ein Teilstück einer Fläche, ähnlich wie die Segmente bei den Splines. Bei der Verwendung von mehreren Patches erlaubt dies eine bessere lokale Kontrolle über die Form der Fläche. Man sollte darauf achten, dass möglichst wenig Patches für eine Fläche erzeugt werden. Das verbessert die Rechenleistung und ergibt eine harmonischere Fläche.

U-, V-Grid Lines

Die U-, V-Gitternetzlinien von Flächen können im unschattierten Modus (Static Wireframe) dargestellt werden. Die Anzahl der Gitternetzlinien für bestehende Flächen lassen sich ändern mit Edit → Object Display (Ctrl+J).

Die Dichtheit des Gitternetzes ist kein Indiz für die Genauigkeit der Fläche.

Flächen- oder Volumenkörper

Bei Freiform-Funktionen wie Swept, Through Curves, Ruled, Section lassen sich **Flächen- oder Volumenkörper** erzeugen. Dies kann festgelegt werden im Menü Preferences → Modeling:

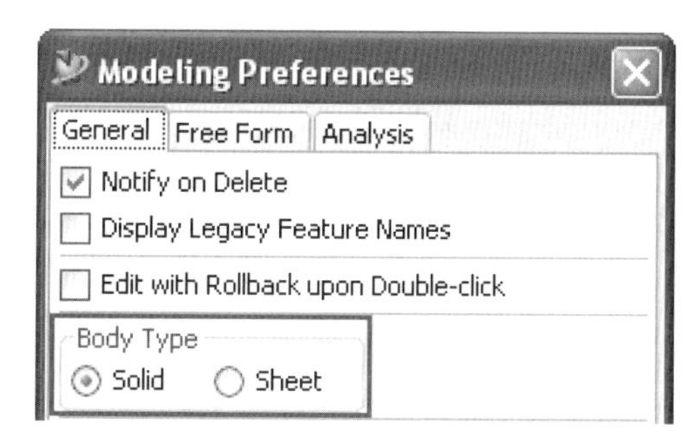

Bild 4.25 Einstellung Body Type für Flächen- oder Volumenkörper

Falls Body Type auf **Solid** gesetzt und die selektierten Basiskonturen einen geschlossenen Kettenzug bilden, so wird ein Volumenkörper erzeugt. Ist einer der selektierten Kettenzüge nicht geschlossen oder sind die Enden nicht planar, so wird automatisch ein Flächenkörper erzeugt, unabhängig davon, was unter Preferences eingestellt wurde.

Wenn der Body Type auf **Sheet** gesetzt ist, dann erzeugt NX immer einen Flächenkörper.

Flächenanalyse

Wie Splines können auch Flächen auf verschiedene Eigenschaften hin überprüft werden, z.B. Selbstüberschneidung oder Glattheit: Menü Analysis → Examine Geometry → Faces Self-Intersection/Faces Smoothness.

Weitere Flächenanalysen siehe Kapitel 3.6.6.

Section Strings (Stützkurven)

Bei verschiedenen Freiform-Funktionen muss der Anwender Section Strings selektieren. Ein String kann aus einer oder mehreren Kurven, Volumenkanten, Volumenflächen, Endpunkten von Kurven und Punkten bestehen. Dabei kann Freiform-Feature aus maximal 150 Strings und ein String aus maximal 5000 Objekten bestehen.

Selektieren von Section Strings

Beim Selektieren von Section String ist es wichtig, dass sowohl der Richtungssinn als auch die Startpunkte übereinstimmen. Ist dies nicht der Fall, dann wird der erzeugte Körper eine Verwindung aufweisen (siehe Bild). Folgende Grundsätze müssen beachtet werden:

- Das Startelement muss bei jedem Section String als Erstes selektiert werden.
- Als Startpunkt übernimmt NX den näher gelegenen Endpunkt der Kurve. Man sollte also Kurven möglichst nahe am gewünschten Endpunkt wählen.

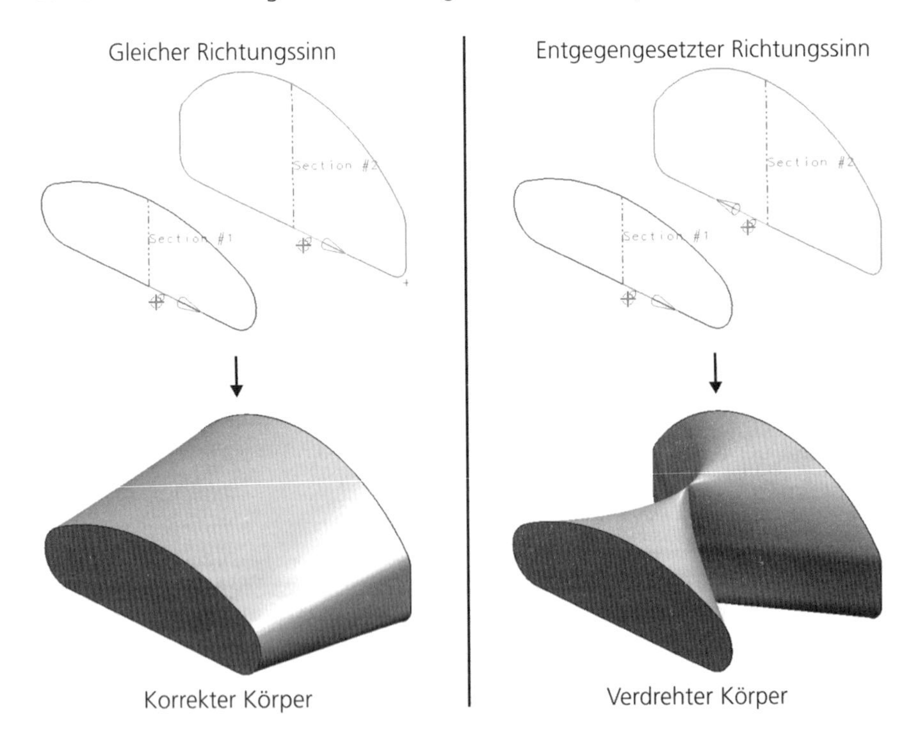

Bild 4.26 Einfluss des Selektierens der Section Strings auf die Form der Fläche

4.2.3 Freiformflächen-Funktionen

NX bietet eine große Anzahl Funktionen zum Erstellen von Freiformflächen. Die Funktionen sind in der Menüstruktur verteilt auf verschiedene Untermenüs. Am einfachsten ist es, man konfiguriert sich die Werkzeugleiste Surface so, dass alle Funktionen angezeigt werden.

 Through Points
 From Poles
 From Point Cloud
 Ruled
 Through Curves
 Through Curve Mesh
 Swept
 Variational Sweep
 Section Body
  Bridge
 N-Sided Surface
 Transition
 Extension
 Law Extension
 Silhouette Flange
 Offset Surface
 Rough Offset
 Quilt

 Global Shaping
 Trimmed Sheet
 Trim and Extend
 Ribbon Builder
 Fillet Surface
 Midsurface
 Foreign
 Sheet from Curves
 Bounded Plane
 Thicken Sheet
 Sheets to Solid Assistant
 Face Blend
 Soft Blend
 Sew
 Wrap Geometry
 Emboss Sheet
 Divide Face
 Join Face

Bild 4.27 Übersicht Freiformflächen-Funktionen

Die Beschreibung aller Möglichkeiten würde den Rahmen des Buches sprengen, deshalb ist dieses Kapitel nur als Einführung in die Welt des Freiform-Modellierens gedacht. Daher beschränken sich die Inhalte hier auf die häufigsten und wesentlichsten Freiform-Funktionen. Für eine detaillierte Beschreibung kann die Online-Dokumentation im Menü Hilfe verwendet werden.

4.2.3.1 Fläche durch Punkte/Pole

Through Points Erzeugt eine Freiformfläche, welche durch eine Anzahl definierter Punkte verläuft.	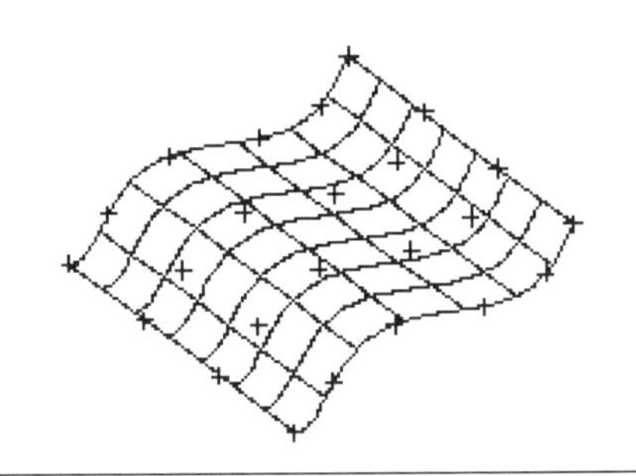
From Poles Erzeugt eine Freiformfläche durch definieren von Punkten. Dabei werden die Punkte als Polygonpole verwendet. Die Fläche verläuft nicht durch die selektierten Punkte.	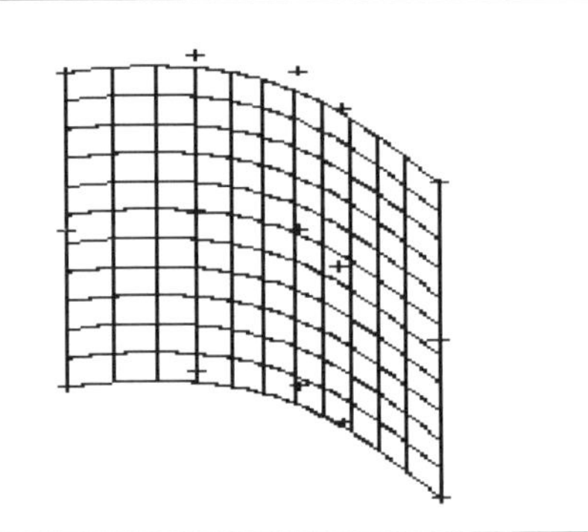
From Point Cloud Erzeugt eine Freiformfläche, die einer 'Wolke' aus einer großen Anzahl von Datenpunkten ähnelt, wie sie typischerweise beim Scannen oder Digitalisieren auftritt.	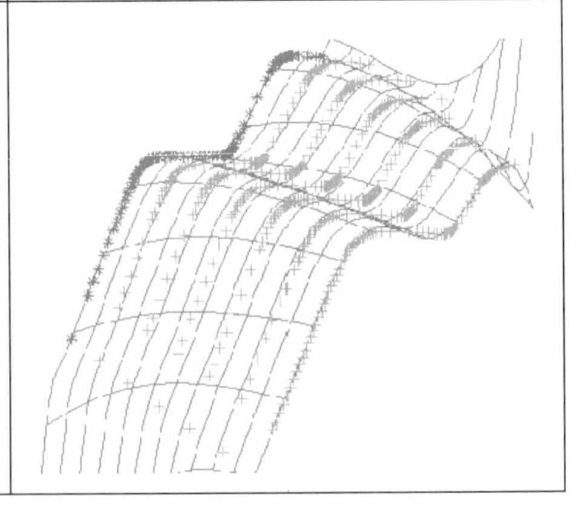

4.2.3.2 Ruled (Regelfläche)

Erzeugt einen Regelflächenkörper (Flächen- oder Volumenkörper), definiert durch zwei Konturen.

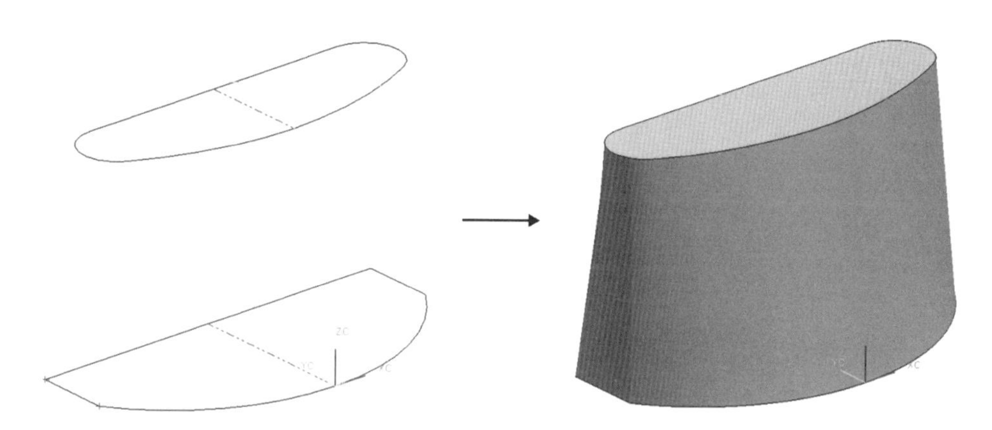

Bild 4.28 Beispiel: Ruled (Regelfläche)

4.2.3.3 Through Curves (Fläche durch Kurven)

Erzeugt eine Freiformfläche durch mehrere Section Strings.

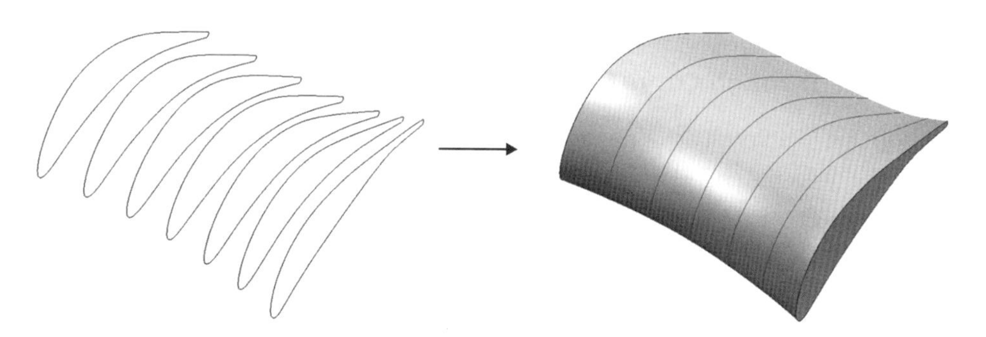

Bild 4.29 Beispiel: Through Curves

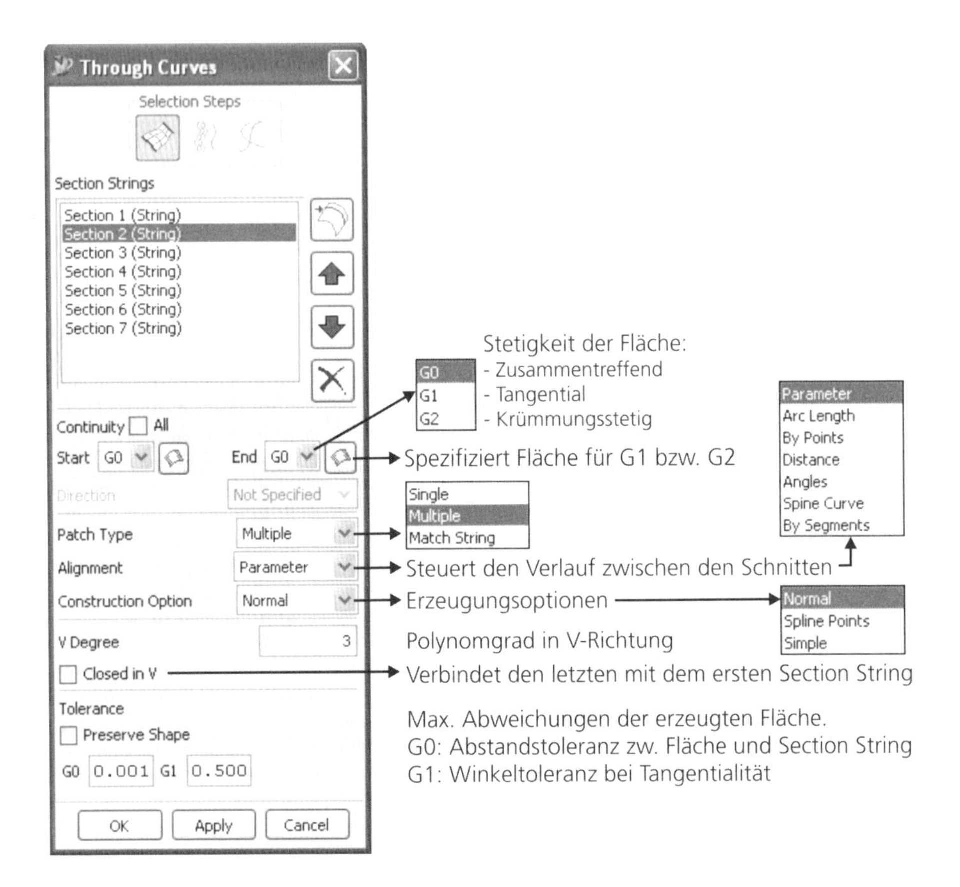

Bild 4.30 Dialogfenster Through Curves

4.2.3.4 Through Curve Mesh (Netzfläche)

Erzeugt eine Freiformfläche durch mehrere Schnitte und Querschnitte (Stützkurven in U- und V-Richtung).

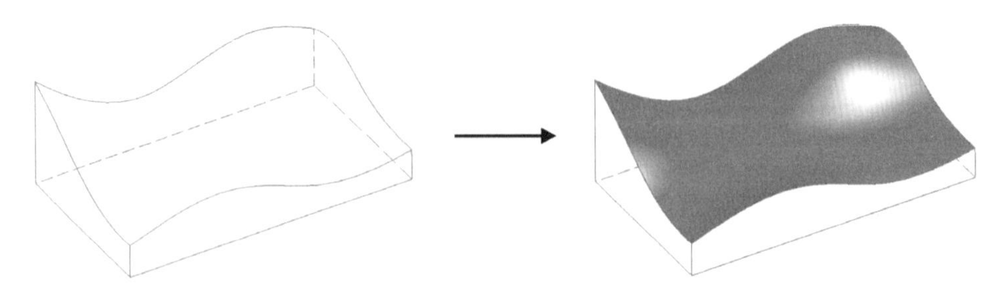

Bild 4.31 Beispiel Through Curve Mesh aus je zwei Stützkurven

In folgendem Beispiel sind zwei Dinge speziell zu beachten:

- Der erste Primary String ist ein Punkt. NX lässt es zu, an Stelle des ersten oder letzten Strings einen Punkt zu verwenden. So lassen sich auch Formen erzeugen, die in einem Punkt beginnen oder enden.
- Der Cross String 1 wurde nach dem Selektieren des Cross Strings 4 noch einmal selektiert, um einen geschlossenen Körper zu erhalten.

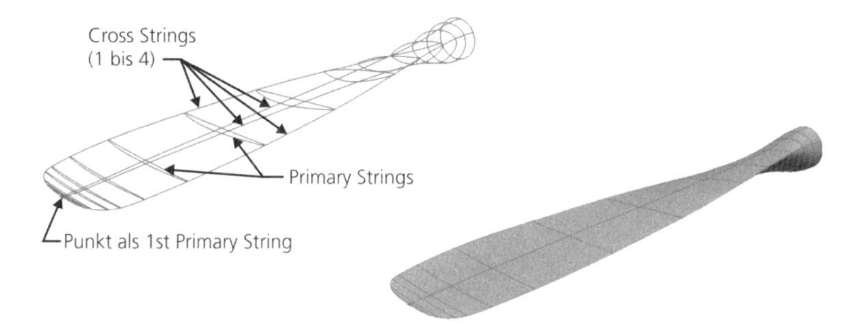

Bild 4.32 Beispiel Through Curve Mesh mit einem Punkt

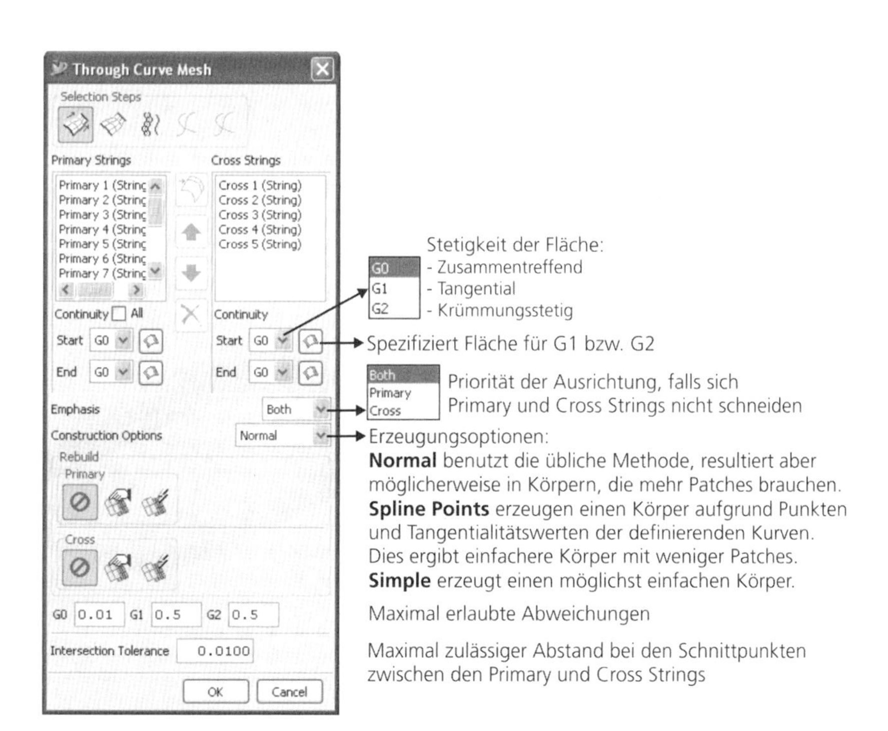

Bild 4.33 Dialogfenster Through Curve Mesh

4.2.3.5 Swept

Swept erzeugt eine Freiformfläche durch führen einer oder mehrerer Section Strings entlang einer, zwei oder drei Guide Strings (Leitkonturen).

Hinweise:

- Die Leitkonturen müssen einen „weichen" Verlauf aufweisen.
- Es können bis zu 150 Section Strings verwendet werden.

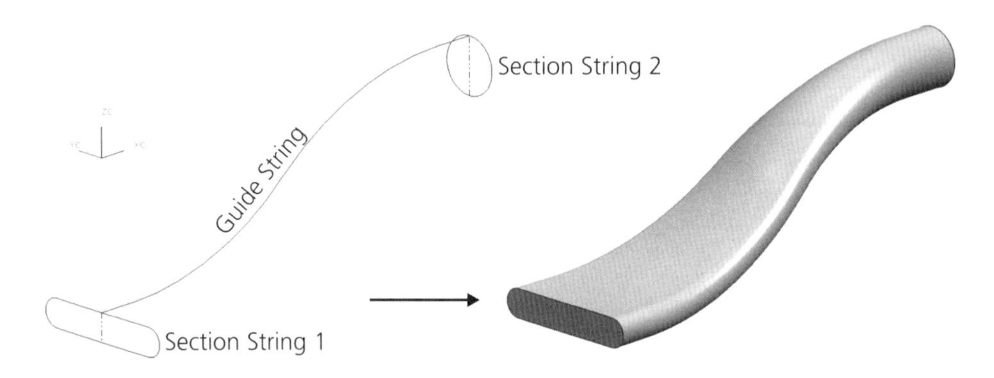

Bild 4.34 Beispiel Swept

Wenn die Leitkontur geschlossen ist, dann kann der zuerst selektierte Section String am Schluss noch einmal selektiert werden. Dies gilt natürlich nur, wenn mehr als ein Section String vorhanden ist.

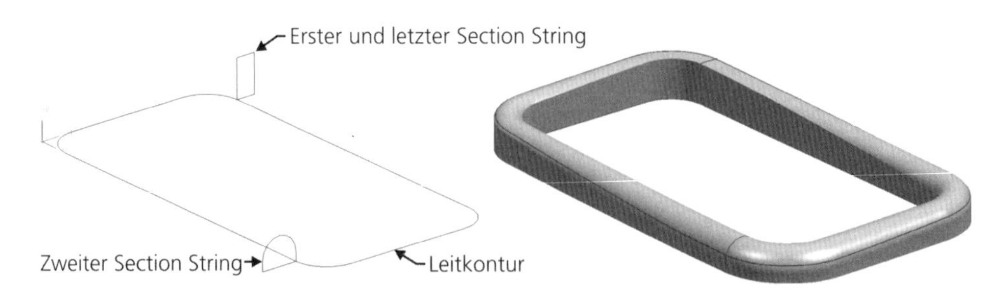

Bild 4.35 Swept mit geschlossener Leitkontur und zwei Section Strings

Swept-Optionen

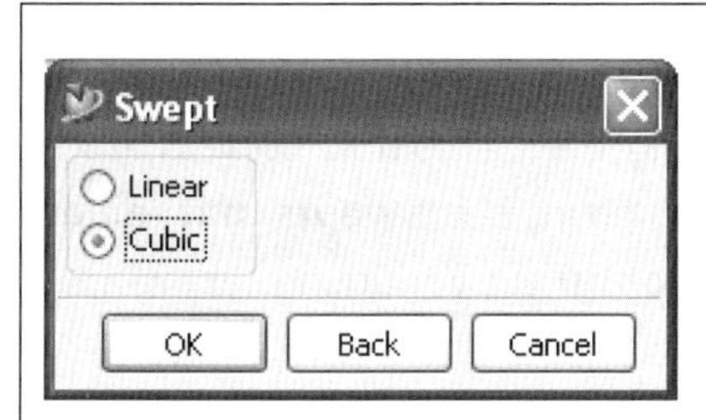

Diese Option bestimmt den Flächenverlauf zwischen den Section Strings. Meistens ist ein harmonischer Verlauf gefordert (Cubic).

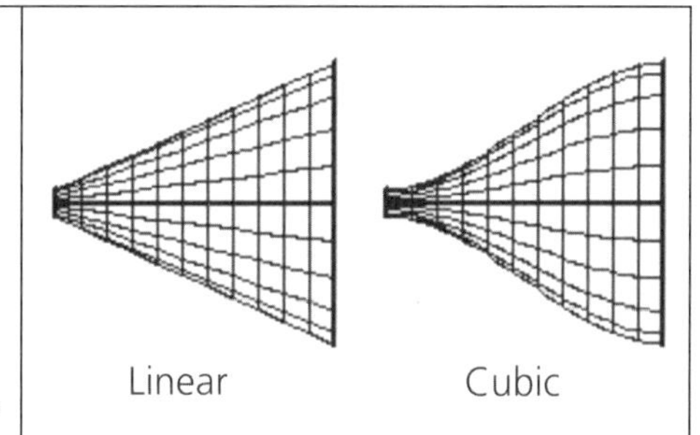

Linear Cubic

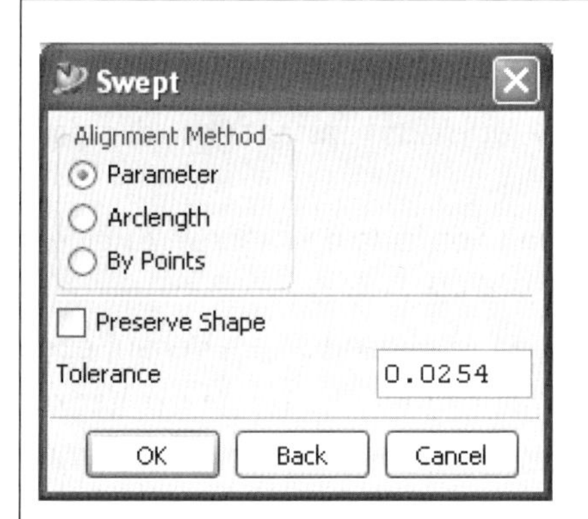

Die **Alignment Methods** bestimmen, wie Section Strings aufeinander ausgerichtet werden sollen.

Parameter interpoliert die Section Strings durch gleich lange Segmente.

Arclength interpoliert die Section Strings basierend auf der Kurvenlänge.

By Points ermöglicht bei unterschiedlicher Anzahl Section Strings, Punkte einander zuzuordnen.

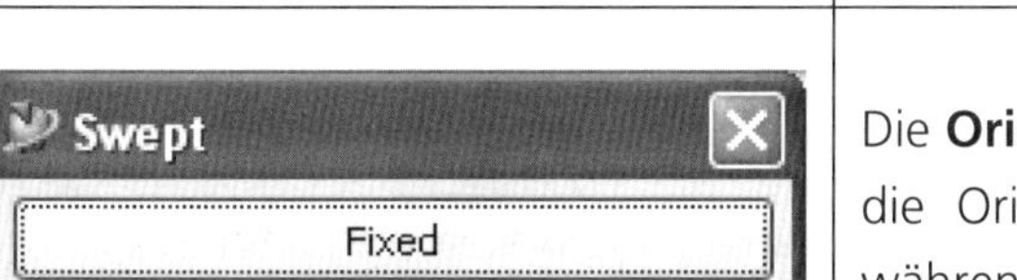

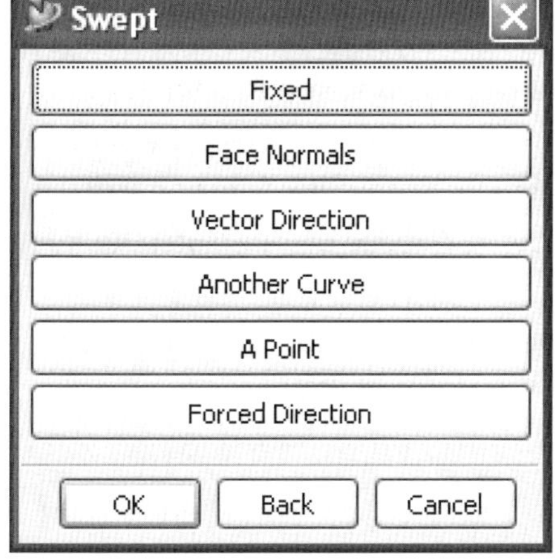

Die **Orientation Methods** bestimmen die Orientierung der Section Strings während des Führens entlang der Guide Strings.

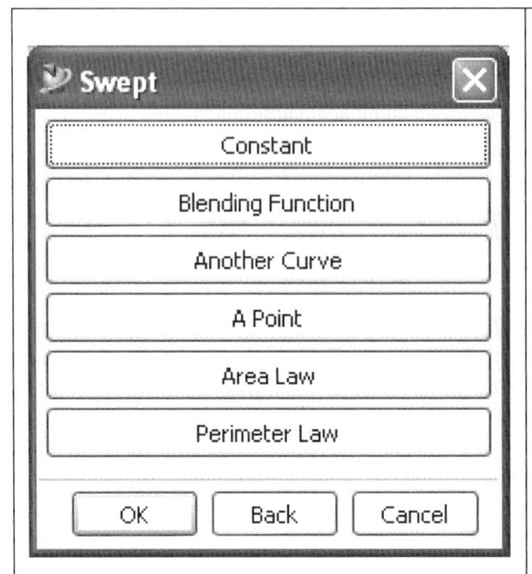

Die **Scaling Methods** steuern die Querschnittsänderung beim Führen entlang der Leitkontur. Diese Methoden stehen bei **Swepts mit einer Leitkontur** zur Verfügung.

- **Constant**: Der Querschnittsskalierungsfaktor bleibt konstant über den ganzen Guide-String Verlauf.
- **Blending Function**: Der Querschnitt kann von einem Anfangs- zu einem Endskalierungsfaktor linear oder kubisch verändert werden.
- **Another Curve**: Die Querschnittsränderung ist abhängig vom Verlauf einer zweiten Kurve. Dabei wird die Änderung auf Grund der Länge der Verbindungsgeraden zwischen dem Guide-String und dieser zweiten Kurve für jeden Punkt des Guide-Strings berechnet.
- **A Point**: Die Querschnittsänderung ist abhängig von der Länge der Verbindungsgeraden zwischen dem Guide-String und einem vom Benutzer definierten Punkt. Dabei entspricht die Verbindung zwischen dem Guide-String Startpunkt und dem angegebenen Punkt dem Skalierungsfaktor 1.
- **Area Law**: Die Querschnittsänderung kann über eine selektierte Kurve angegeben werden. Dabei entspricht der Querschnitt der Funktion y=f(x) (siehe Beispiel). Diese Funktion muss in der X-Y-Ebene des absoluten Koordinatensystems erzeugt worden sein.
- **Perimeter Law**: Gleiche Funktionsweise wie Area Law, außer dass hier der Umfang des Querschnittes durch die Kurve gesteuert wird.

Diese **Scaling Methoden** stehen bei **Swepts mit zwei Leitkonturen** zur Verfügung. Hier der Unterschied:

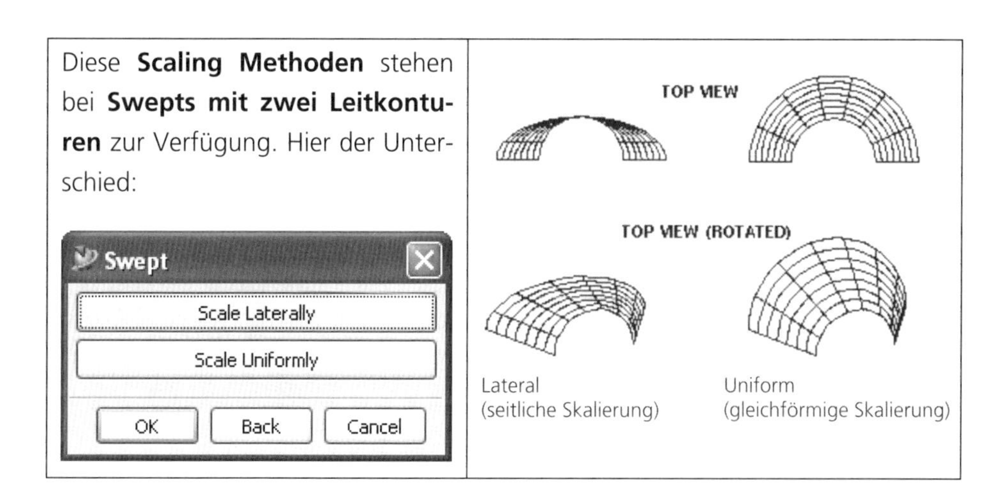

Spine Curve

- Die Verwendung einer Spine Curve ist optional und ermöglicht es, die Orientierung der Section Strings während des Führens entlang der Guide Strings zu kontrollieren, indem eine Kurve als Maß benutzt wird. Diese Kurve sollte in etwa parallel zu den Guide Strings verlaufen. In jedem Punkt dient die Normalenebene dieser Kurve als Schnittebene für den Querschnitt des Swept. Die Guide Strings werden durch Kurven approximiert, die wie der Spine String parametrisiert werden.

Mehreren Leitkonturen

- **Zwei Leitkonturen** bestimmen sowohl die Orientierung als auch die Veränderung der Section Strings entlang der Führungskurven.

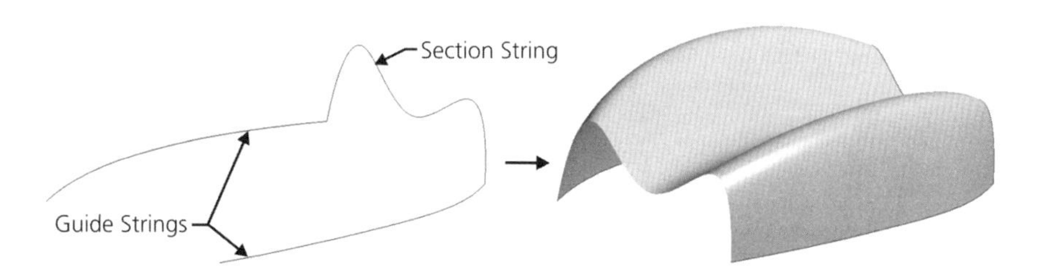

Bild 4.36 Swept mit zwei Leitkurven

- Bei **drei Leitkonturen** ist es etwas schwieriger zu verstehen, wie sich die Form des Section Strings entlang der drei Leitkurven verändert. Die dritte Leitkurve beeinflusst zusätzlich den Verlauf der Fläche.

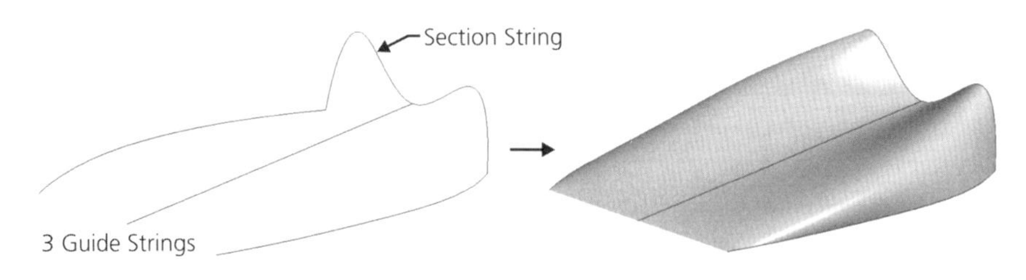

Bild 4.37 Swept mit drei Leitkurven

4.2.3.6 Variational Sweep

Erzeugt eine Freiformfläche, indem ein variierbarer Querschnitt entlang einer oder mehrerer Leitkonturen geführt wird.

Im folgenden Beispiel soll eine Fläche erzeugt werden, indem ein variabler Querschnitt entlang zweier Leitkonturen geführt wird, so dass die resultierende Fläche senkrecht zur ersten und tangential zur zweiten Nachbarfläche verläuft.

Der Querschnitt muss mit der Option „Sketch on Path" erstellt werden.

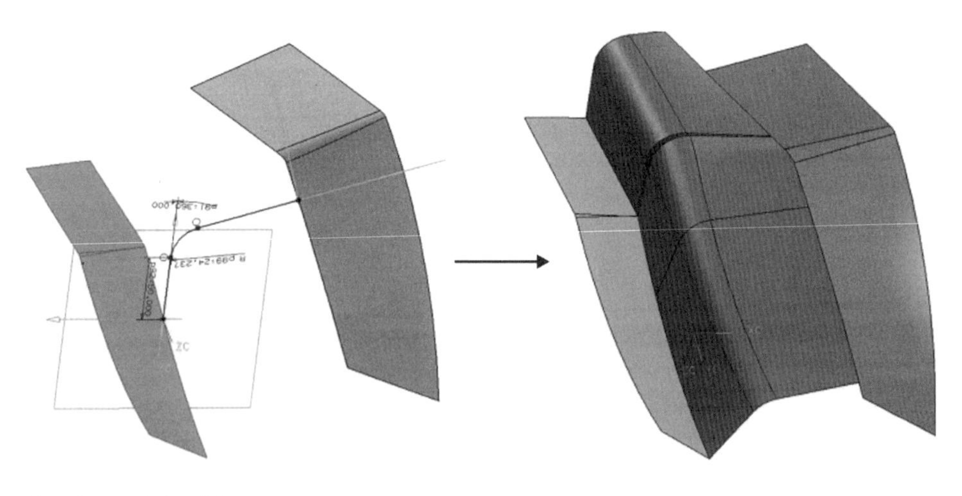

Bild 4.38 Variational Sweep

4.2.3.7 Section (Fläche durch Kegelschnitte)

Erzeugt Freiformflächen unter Verwendung von Kegelschnitten.

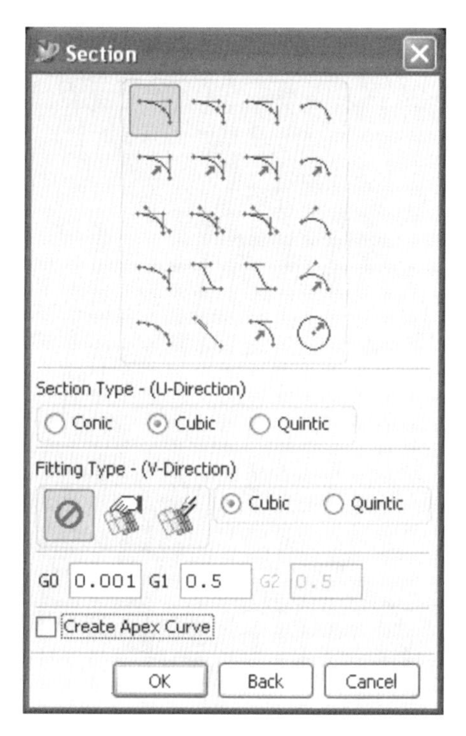

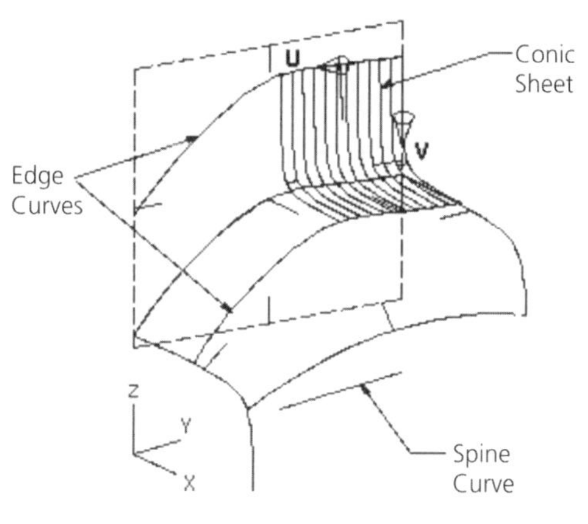

Bild 4.39 Section

4.2.3.8 Bridge (Verbindungsfläche)

Erzeugt eine Verbindungsfläche zwischen zwei Flächen. Dabei kann sowohl die Tangentialitäts- als auch die Krümmungsbedingung angegeben werden. Optional kann seitlich eine oder zwei Leitkurven angegeben werden, um den Verlauf der Verbindungsfläche zu kontrollieren.

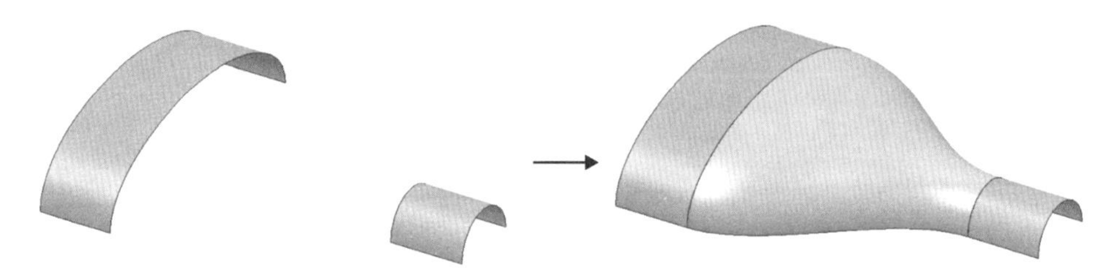

Bild 4.40 Verbindungsfläche zwischen zwei Flächen

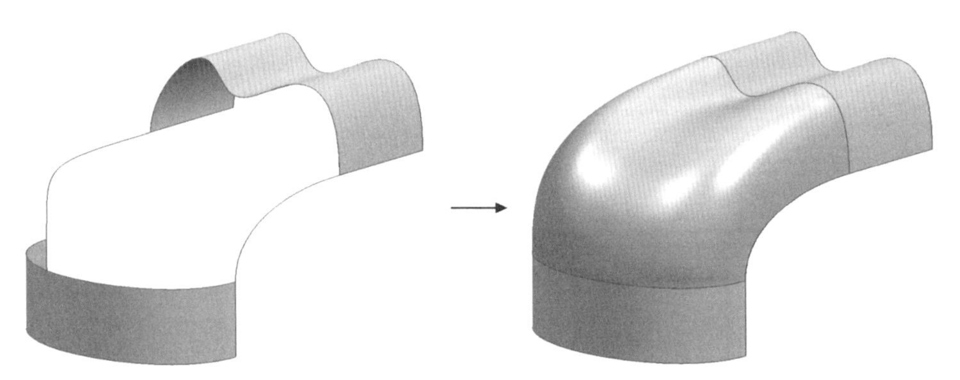

Bild 4.41 Verbindungsfläche zwischen zwei Flächen mit zwei seitlichen Leitkurven (erzeugt mit Insert → Curve from Curves → Bridge)

4.2.3.9 N-Sided Surface (Fläche durch n Randkurven)

Erzeugt eine Fläche durch eine unbeschränkte Anzahl Kurven oder Kanten, die eine geschlossene Kontur bilden. Optional kann bezüglich der Nachbarflächen eine Tangentialitätsbedingung zugewiesen werden.

Diese Funktion eignet sich sehr gut zum Füllen von Lücken in Flächen.

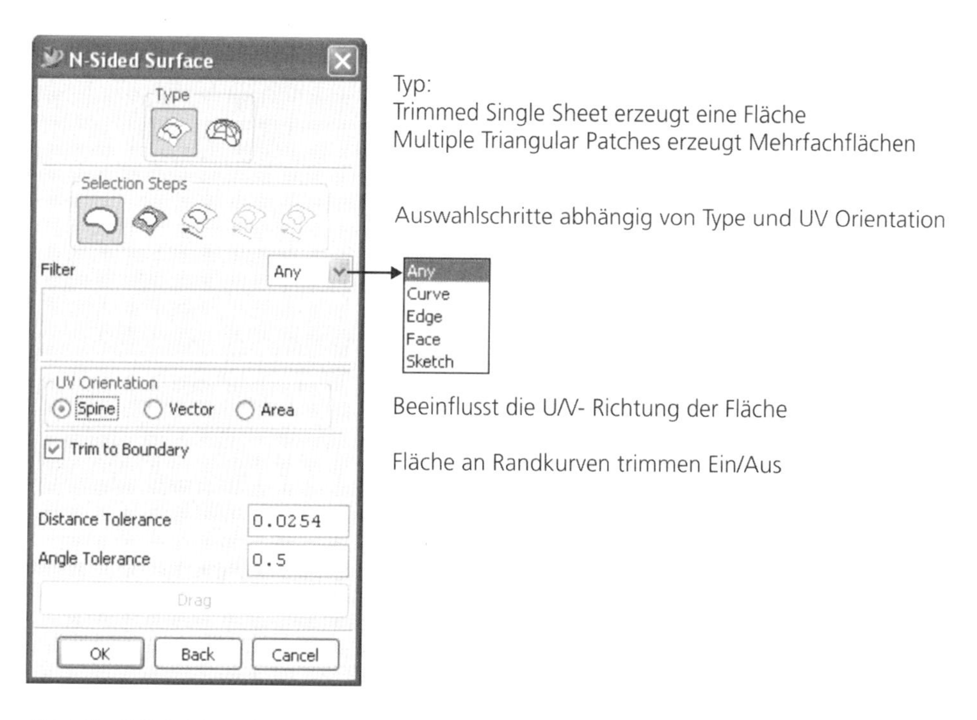

Bild 4.42 N-Sided Dialogfenster

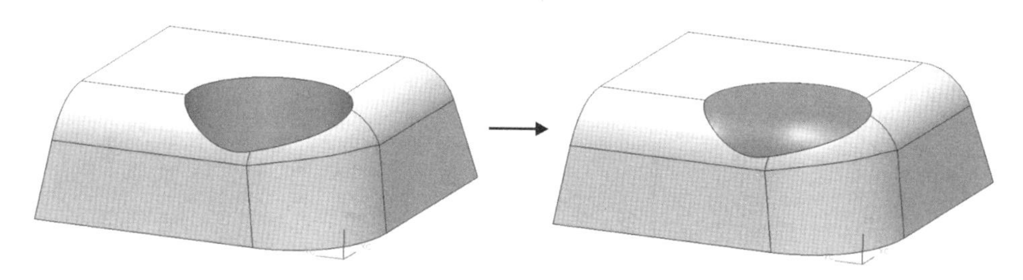

Bild 4.43 Beispiel N-Sided Surface tangential zu den Nachbarflächen

4.2.3.10 Transition (Flächenübergang)

Transition erzeugt einen Flächenübergang zwischen zwei oder mehr Querschnitten. Dabei kann sowohl die Tangentialitäts- als auch die Krümmungsbedingung angegeben werden.

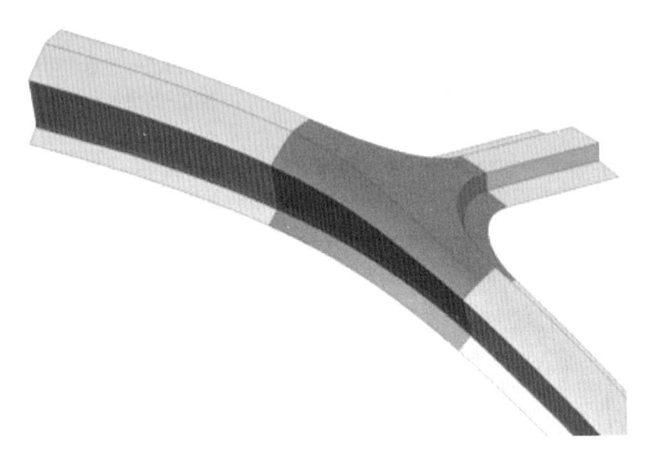

Bild 4.44 Transition: Übergangsfläche zwischen drei Querschnitten

4.2.3.11 Extension (Flächenverlängerung)

Erzeugt eine tangentiale, senkrecht zur Fläche verlaufende, gewinkelte oder kreisförmige Verlängerungsfläche.

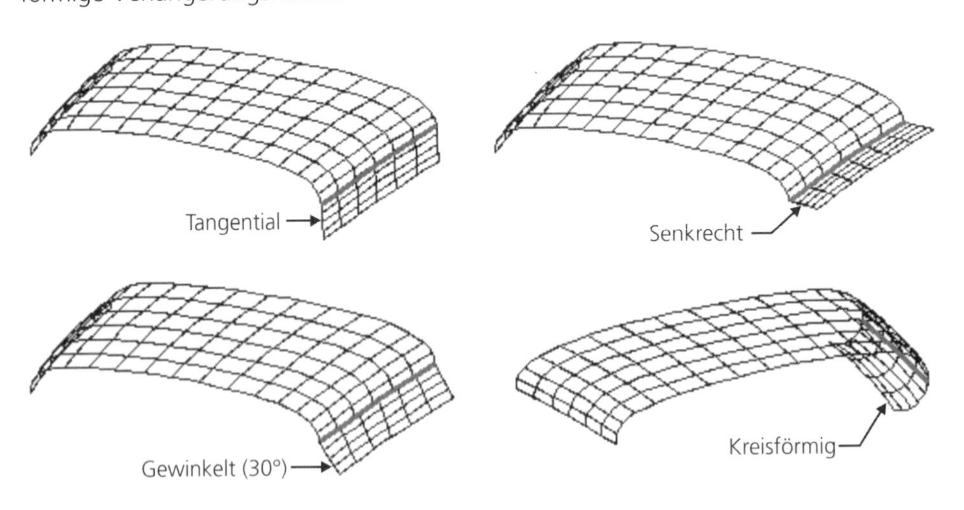

Bild 4.45 Optionen für Surface Extension

4.2.3.12 Law Extension (Regelgesteuerte Flächenverlängerung)

Erzeugt eine über Regeln gesteuerte Verlängerungsfläche.

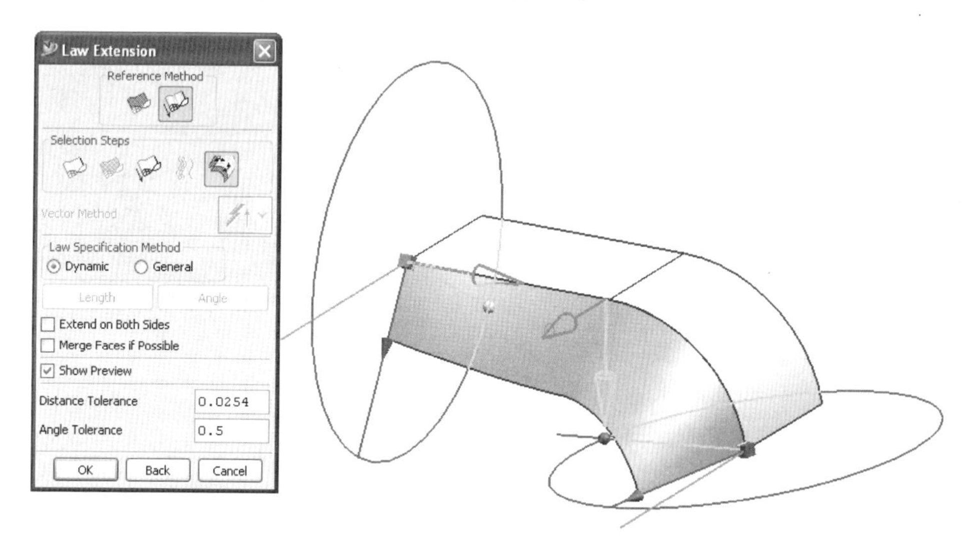

Bild 4.46 Beispiel einer Flächenvergrößerung

4.2.3.13 Offset Surface (Aufmaß-Fläche)

Erzeugt eine oder mehrere Aufmaß-Flächen in einem bestimmten Abstand zur Flächennormale.

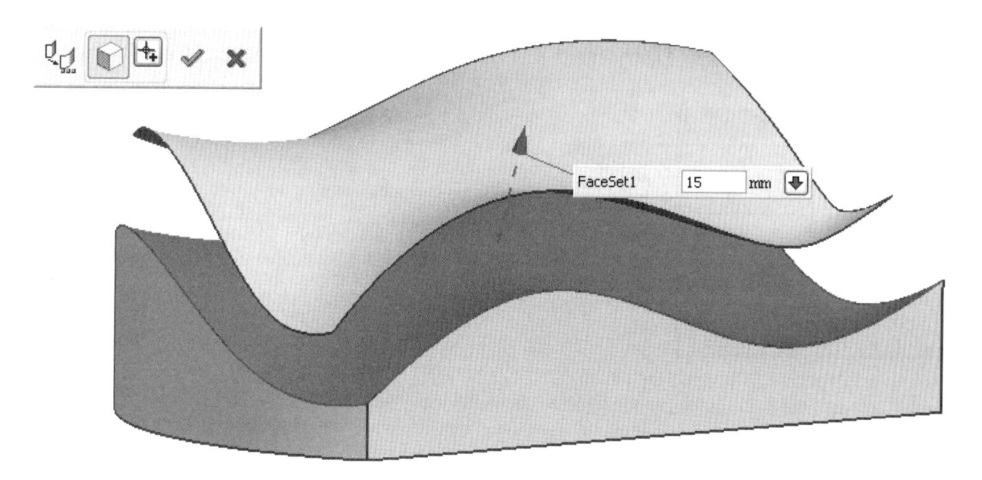

Bild 4.47 Beispiele für Offset-Flächen

4.2.3.14 Quilt

Quilt ermöglicht das Verschmelzen mehrerer Oberflächen zu einer einzigen B-Fläche durch Annäherung eines vierseitigen umspannenden Bereichs.

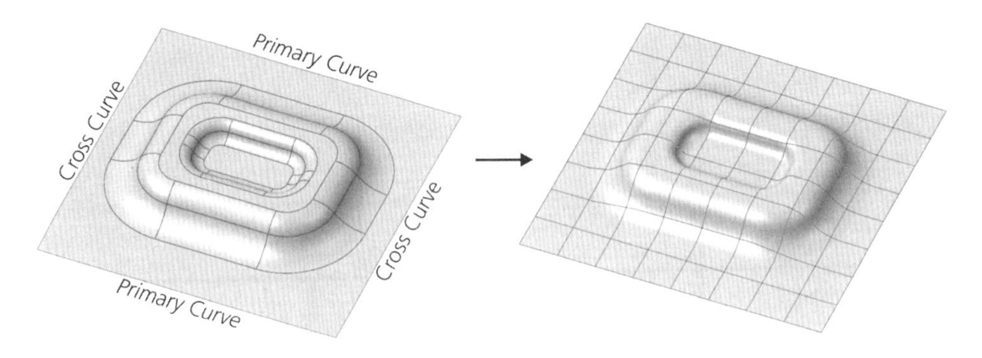

Bild 4.48 Quilt (mit Option Mesh of Curves)

4.2.3.15 Global Shaping

Mit diesem Werkzeug kann man eine Fläche auf vorhersehbare Art und Weise verformen. Das ist z.B. interessant, wenn man beim Styling eine Oberfläche verändern möchte, ohne ihre ästhetischen Eigenschaften preiszugeben. Auch zum Modellieren von Deformationen kann diese Option benutzt werden.

4.2.3.16 Trim and Extend (Trimmen und Verlängern)

Verkürzt oder verlängert Flächen an Kurven, Datum Planes oder anderen Flächen.

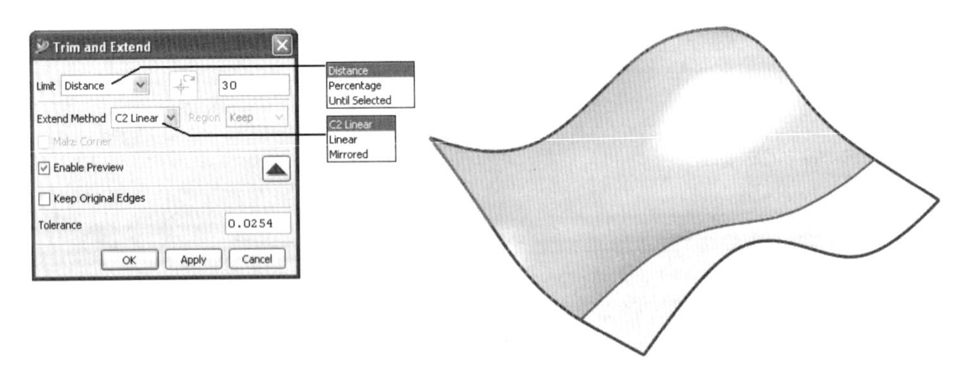

Bild 4.49 Fläche verlängern

4.2.3.17 Trimmed Sheet (Fläche trimmen)

Ermöglicht das Ausschneiden einer Fläche durch Angabe von Begrenzungselementen.

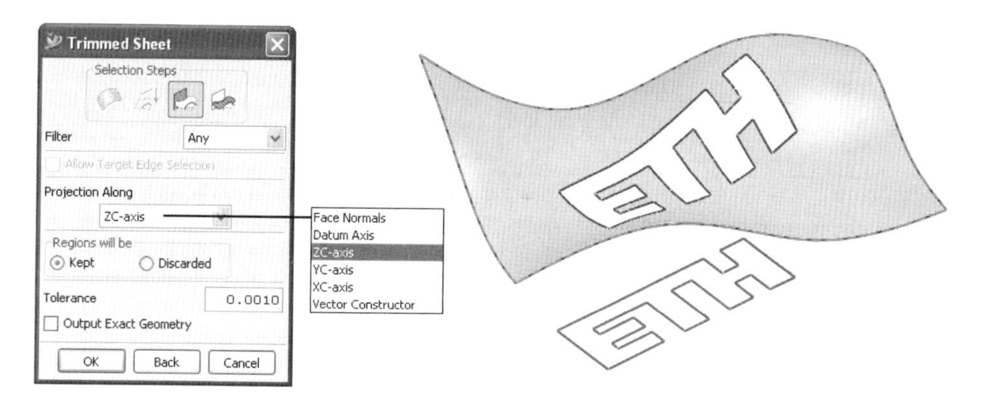

Bild 4.50 Fläche trimmen

4.2.3.18 Face Blend (Flächenverrundung)

Face Blend bietet - neben der am häufigsten verwendeten Edge Blend - erweiterte Verrundungsmöglichkeiten. Der Hauptunterschied zwischen den beiden Verrundungsfunktionen besteht darin, dass bei Edge Blend Kanten selektiert werden, während bei Face Blend zwei Flächen-Sets ausgewählt werden.

Face Blend bietet mit den Optionen Law und Tangency Controlled die Möglichkeit, den Radius über den Verlauf der Verrundung in einer Art zu verändern, wie sie in der Funktion Edge Blend nicht verfügbar ist.

Vorgehen:

- Erstes Flächen-Set selektieren mit Hilfe von Selection Intent.
- Eventuell Richtungsvektor ändern mit Doppelklick auf den Pfeil (→ muss in Richtung der zu erzeugenden Verrundung zeigen).
- Zweites Flächen-Set selektieren (und eventuell Richtungsvektor ändern).
- Optional Coincident Edges und Tangent Curves wählen.

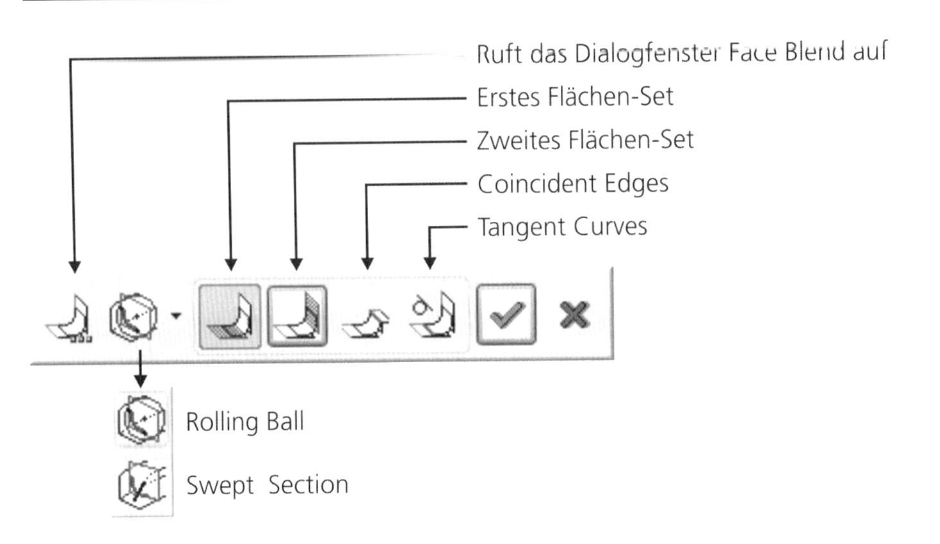

Bild 4.51 Symbolleiste Face Blend

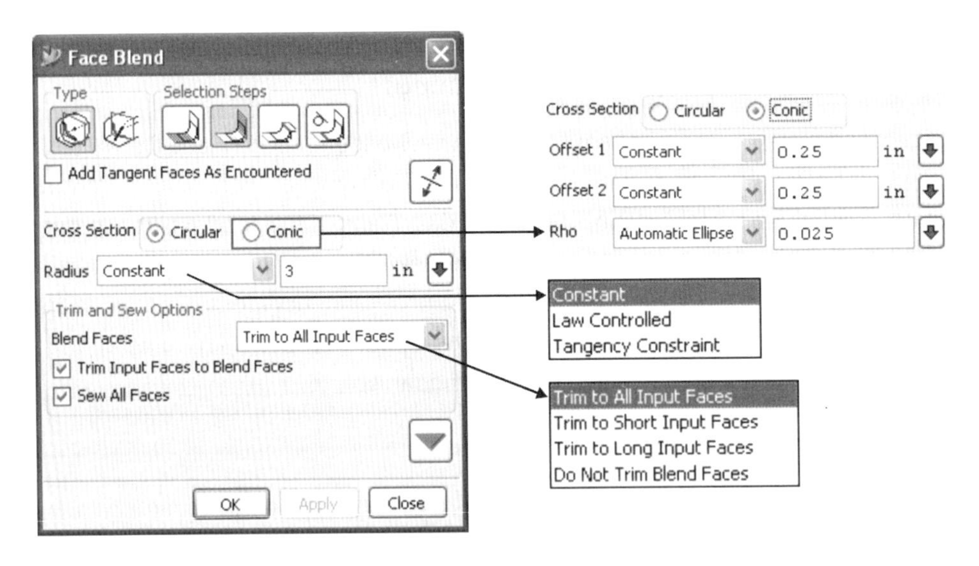

Bild 4.52 Dialogfenster Face Blend mit weiteren Optionen

Die Radius-Option **Law Controlled** öffnet ein weiteres Dialogfenster mit Optionen, welche im Abschnitt 4.1.7.1 beschrieben sind.

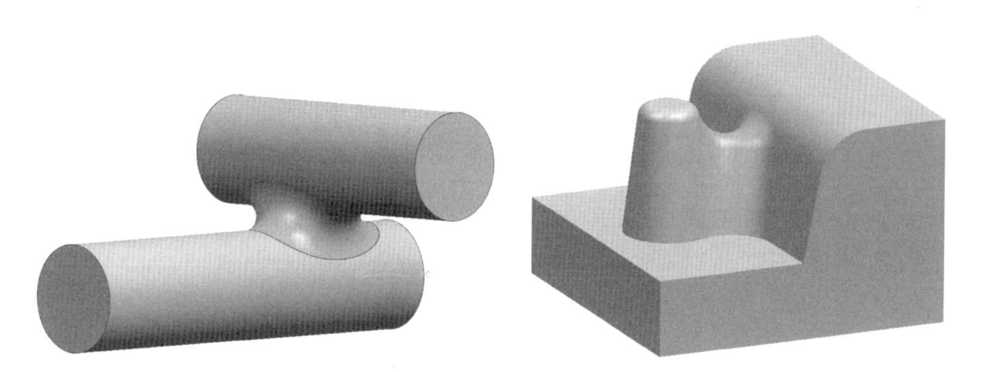

Bild 4.53 Beispiele für Face Blend zwischen zwei Flächen (oder Körpern), die sich nicht berühren

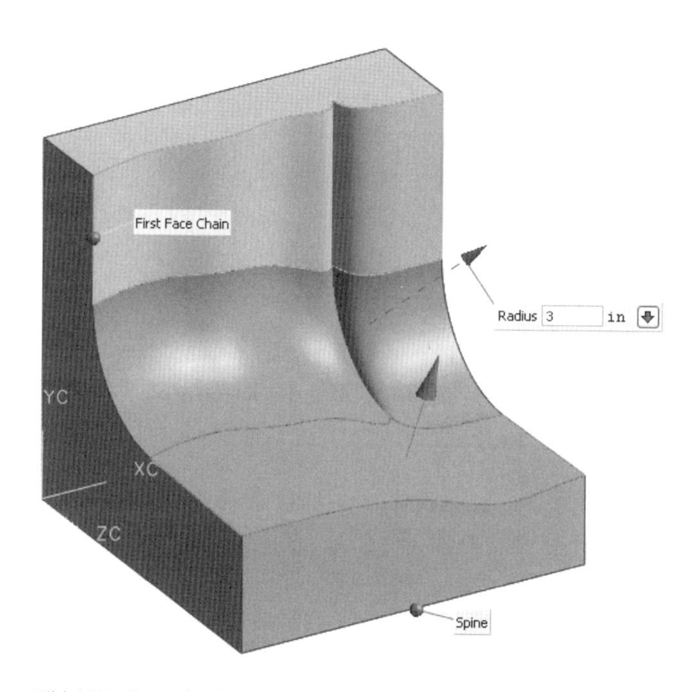

Bild 4.54 Face Blend mit der Option Swept Section mit Angabe einer Spine Curve

Index

C

D

E

F

G

Q

R

S

T

U

V

W

Z